Strategien gegen Rechtsextremismus im Fußballstadion

Daniel Duben

Strategien gegen Rechtsextremismus im Fußballstadion

PETER LANG
EDITION

Bibliografische Information der Deutschen Nationalbibliothek
Die Deutsche Nationalbibliothek verzeichnet diese Publikation
in der Deutschen Nationalbibliografie; detaillierte bibliografische
Daten sind im Internet über http://dnb.d-nb.de abrufbar.

Zugl.: Mainz, Univ., Diss., 2014

D 77
ISBN 978-3-631-66296-0 (Print)
E-ISBN 978-3-653-05540-5 (E-Book)
DOI 10.3726/978-3-653-05540-5

© Peter Lang GmbH
Internationaler Verlag der Wissenschaften
Frankfurt am Main 2015
Alle Rechte vorbehalten.
Peter Lang Edition ist ein Imprint der Peter Lang GmbH.

Peter Lang – Frankfurt am Main · Bern · Bruxelles ·
New York · Oxford · Warszawa · Wien

Diese Publikation wurde begutachtet.

www.peterlang.com

Inhaltsverzeichnis

7

I. Vorwort

Die inhaltlichen Arbeiten an diesem Buch wurden Anfang 2014 abgeschlossen. Kurz danach trat mit den *Hooligans gegen Salafisten* eine neue Gruppierung unter großem Medieninteresse in Erscheinung. Obwohl diese Entwicklung also nicht Gegenstand der folgenden Untersuchungen sein konnte, zeigt sie doch deutlich, wie wichtig eine fundierte Auseinandersetzung mit Strategien gegen Rechtsextremismus im Fußballstadion ist. Das haben freilich einige Personen schon zu Beginn meiner Forschungen erkannt und mich ermutigt, dieses Buch zu schreiben.

Daher möchte ich mich bei all jenen Menschen herzlich bedanken, die mich auf dem langen Weg begleitet, unterstützt und immer wieder motiviert haben. An erster Stelle sind das meine Eltern Heidi und Klaus, die mir die Chance eröffnet haben, meinen Weg so zu gehen, wie ich es für richtig halte und mich dabei immer und jederzeit bedingungslos unterstützt haben. Dann gilt mein Dank natürlich meinem Doktorvater Jürgen W. Falter, der mich in zahllosen Sprechstunden beraten und sich meinen kleinen und großen Problemen gewidmet hat. Ein großer Dank geht überdies an die Friedrich-Ebert-Stiftung für die fruchtbare ideelle und wichtige materielle Hilfe, ohne die ein gezieltes Arbeiten an einem solch umfangreichen Projekt kaum möglich gewesen wäre. Weiterhin möchte ich mich ganz herzlich bei Phoebe bedanken, die mit endloser Geduld den bösen Fehlerteufel aus den folgenden Zeilen vertrieben hat. Svaantje und all meine Freunde waren während all der Tage, Wochen, Monate und Jahre bis zur Fertigstellung dieses Buches immer für mich da und haben mich daran erinnert, vor lauter Arbeit nicht das Leben zu vergessen. Danke dafür! Weiterhin möchte ich mich ganz herzlich bei Jürgen R. Winkler bedanken, der mir mit wertvollen Ratschlägen zur Seite stand. Abschließend gebührt mein besonderer Dank noch den lieben Mitarbeiterinnen und Mitarbeitern des Bildungszentrums Kirkel, in dessen Wänden ich die nötige Ruhe fand, um den Großteil meiner Gedanken niederzuschreiben.

II. Abkürzungsverzeichnis

ABB	Am Ball bleiben
BAFF	Bündnis Aktiver Fußballfans
BAG	Bundesarbeitsgemeinschaft der Fanprojekte
BDT	Bündnis für Demokratie und Toleranz – gegen Extremismus und Gewalt
BK	Bunte Kurve
BVB	Ballspielverein Borussia Dortmund
BVerfG	Bundesverfassungsgericht
BVerfGE	Entscheidungen des Bundesverfassungsgerichts
DFB	Deutscher Fußball-Bund
DFL	Deutsche Fußball Liga
DSJ	Deutsche Sportjugend
FAP	Freiheitliche Deutsche Arbeiterpartei
FAZ	Frankfurter Allgemeine Zeitung
GdP	Gewerkschaft der Polizei
KOS	Koordinierungsstelle Fanprojekte
MDR	Mitteldeutscher Rundfunk
NDC	Netzwerk für Demokratie und Courage
NKSS	Nationales Konzept Sport und Sicherheit
NPD	Nationaldemokratische Partei Deutschlands
PF	ProFans
SZ	Süddeutsche Zeitung
UEFA	Vereinigung Europäischer Fußballverbände
UK	Unsere Kurve
WAZ	Westdeutsche Allgemeine Zeitung
ZEDF	Zum Erhalt der Fankultur
ZIS	Zentrale Informationsstelle Sporteinsätze

1. Einleitung

Hintergrund

Es sind Sätze, die eigentlich nicht besonders auffallen, weil sie so oder so ähnlich Wochenende für Wochenende in den Fankurven der Bundesliga[1] auszumachen sind. Gesprayt auf Tapeten, gemalt auf Stoffbahnen, gedruckt auf Fahnen oder gesungen in zahllosen Liedern, finden sie so Spieltag für Spieltag ihren Weg in die Öffentlichkeit. Es sind Sätze wie diese: „Stehplätze als Grundpfeiler der Fankultur sind unbedingt zu erhalten", „Wir lehnen die Videoüberwachung des Zuschauerbereichs im Stadion ab und setzen auf eine Selbstdisziplinierung innerhalb der Fanblöcke", „Alle V-Mann-Aktivitäten und die systematische Überwachung der Fanorganisationen sind sofort einzustellen", „Fußball darf nicht für populistische und zum Teil verfassungswidrige Forderungen der Politik- und Polizeifunktionären[2], wie die Übernahme von Polizeikosten, ausgenutzt werden."

Diese Sätze sind vielleicht etwas umständlich formuliert, in jedem Fall diskutabel, aber etwas pointierter vorgetragen könnten diese Forderungen eben durchaus aus den Fankurven der Republik stammen. Wohlgemerkt: könnten. Denn sie stammen nicht von Fans, die jedes Wochenende im Stadion stehen, um ihre Mannschaft zu unterstützen. Diese Sätze stammen von der Nationaldemokratischen Partei Deutschlands (NPD). Genauer gesagt, sind sie in ihrem Schreiben „Sport frei! Politik raus aus dem Stadion!" (NPD 2013) zu lesen, das der thüringische Ableger der rechtsextremen Partei Anfang 2013 im Zuge der Debatten über Gewalt im Fußball an Vereine, Fanprojekte und Fans verschickte (vgl. ProFans 2013).

Instrumentalisierungsversuche wie diese zeigen deutlich, dass die Fußballfanszenen noch immer beliebte Rekrutierungsfelder von Rechtsextremen

---

1 Wenn im Kontext dieser Arbeit von Bundesliga und Fußball die Rede ist, so sind damit stets, soweit nicht explizit anders gekennzeichnet, die deutschen Herren-Bundesligen sowie der Männer-Fußball gemeint. Dies ist alleine der Tatsache geschuldet, dass sich die in dieser Arbeit zu untersuchenden Phänomene hauptsächlich beim Männer-Fußball manifestieren und beim Frauen-Fußball so gut wie nicht zu beobachten sind.

2 Grammatikalische, orthographische und Zeichensetzungsfehler in Zitaten werden nicht korrigiert.

sind, auch wenn dies von der breiten Öffentlichkeit nicht immer bemerkt wird. Durch die Vermischung von populären Forderungen aus den Fanszenen mit nationalistischem Gedankengut versucht sich die NPD als eine Art Anwalt der Fans zu profilieren, vorhandene Ressentiments zu verstärken und für ihre Zwecke zu nutzen. Mit Blick auf die vor allem Ende 2012 extrem aufgeheizt geführte Debatte um die Sicherheit in deutschen Stadien ist diese Strategie nicht ungefährlich, da sich noch immer viele Fußballfans unverstanden und zu Unrecht vorverurteilt fühlen.

Auslöser dieser inzwischen etwas abgeklungenen Diskussion um Gewalt im Fußball, die weit über die Stadien hinaus ihre Kreise zog und in sämtlichen Medien Widerhall fand, waren damals unter anderem die chaotischen Zustände beim Relegationsspiel im Mai 2012 zwischen Hertha BSC Berlin und Fortuna Düsseldorf, bei dem Pyrotechnik in großem Stil abgebrannt wurde und Düsseldorfer Fans voller Euphorie aufgrund des nahenden Aufstiegs vorzeitig den Platz stürmten. Daneben waren vor allem die Ausschreitungen beim Derby zwischen Borussia Dortmund und Schalke 04 im Oktober 2012 sowie die Randale von Dresden-Anhängern beim DFB-Pokalspiel bei Hannover 96 im gleichen Monat Aufhänger für den Sturm der Entrüstung, der häufig recht undifferenziert über alle Fußballfans hereinbrach (vgl. z.B. Catougno 2012). Die Debatte führte schließlich zur Erarbeitung des Konzeptpapiers ‚Sicheres Stadionerlebnis‘ (vgl. DFL 2012) durch eine Arbeitsgruppe der Deutschen Fußball Liga (DFL). Fans protestierten gegen dieses in ihren Augen überzogene Maßnahmenpapier mit öffentlichkeitswirksamen Schweigeaktionen während der darauf folgenden Bundesligapartien (vgl. 12doppelpunkt12 2012).

In Erinnerung geblieben sind freilich weniger die nicht wirklich neuen Maßnahmen des umstrittenen Konzeptpapiers ‚Sicheres Stadionerlebnis‘ als vielmehr die mitunter sehr scharfen Töne der Diskussionen um die Sicherheit in Stadien. Nicht nur der damalige Innenminister Hans-Peter Friedrich warnte dabei regelmäßig vor der grassierenden Gewalt im Fußball und drohte mindestens implizit mit der Abschaffung der Stehplätze (vgl. SpiegelOnline 2012b). Fans beklagten auf der anderen Seite, dass ihren Argumenten zu wenig Beachtung geschenkt und stattdessen in den meisten (TV-) Diskussionen ebenso undifferenziert wie weitgehend unwidersprochen die Risiken von Pyrotechnik mit Gewalt auf den Rängen, Ultras, Hooligans und Fußballfans in einen Topf geworfen würden (vgl. z.B. Kuhlhoff 2012).

Diese aus Sicht vieler Fans unfaire und durch Einseitigkeit geprägte ,Diskussionskultur' nutzt die NPD, mehr oder weniger analog zu ihren sonstigen politischen Bestrebungen, um in den Stadien diejenigen anzusprechen, die sich von der Politik im Besonderen und der Gesellschaft im Allgemeinen ungerecht behandelt fühlen. Die Adressaten der NPD-Propaganda sind in diesem Fall also eindeutig die aktiven Fußballfans. Zwar waren die Instrumentalisierungsversuche der rechtsextremen Partei bislang allenfalls partiell erfolgreich, doch gleichzeitig sind die demokratischen Parteien von einem differenzierten Umgang mit Fußballfans noch weit entfernt. Offenbar traut sich niemand so richtig an das komplizierte Thema heran und Fußballfans dienen vor allem harten Law-and-Order-Politikern als Profilierungsfläche. Mit Papieren wie dem beschriebenen „Sport frei! Politik raus aus dem Stadion!" (NPD 2013) möchte die NPD diese Lücke gezielt besetzen.

Doch nicht nur organisierte Parteien des äußersten rechten Randes wollen auf den Rängen Tritt fassen und dort Anhänger gewinnen. Die Gefahren von rechtsaußen sind im Fußballstadion wesentlich vielfältiger. Freie Kameradschaften, Autonome Nationalisten sowie andere überzeugte Neonazis infiltrieren immer wieder Fanszenen und wollen auf diesem Wege ihre Ideologien verbreiten, neue Kameraden gewinnen und ihre rechtsextremen Überzeugungen in die Welt hinaus tragen. Dafür haben sie die Fußballstadien Deutschlands seit Langem als eine attraktive Plattform entdeckt. Doch anders als noch vor einigen Jahren treten rechtsextreme Akteure in den Fankurven der Republik mittlerweile wieder deutlich aggressiver auf und setzen körperliche Gewalt nicht nur gegen Fans anderer Vereine, sondern auch immer häufiger gegen diejenigen Teile der eigenen Fanszene ein, die sich aktiv gegen Rechtsextremismus in all seinen Facetten von Rassismus bis Homophobie aussprechen. Wie das aussieht, konnte man in den vergangenen Monaten sogar in den großen überregionalen Medien nachlesen.

Die linksgerichteten Aachen Ultras: unter dem Druck rechtsoffener sowie rechtsextremer Fangruppen aufgelöst (vgl. z.B. Fritsch 2013). Die antifaschistischen Ultras Braunschweig: nach Auseinandersetzungen mit Teilen der rechten Fanszene vom Verein mit einem Stadionverbot belegt (vgl. z.B. Reisin 2013). Die bekennend linken Ultras der Kohorte Duisburg: von rechtsgerichteten Hooligans und Kadern Freier Kameradschaften überfallen und verprügelt (vgl. z.B. Ruf 2013: 29). Meldungen wie diese ließen nicht nur ganz Fußballdeutschland aufhorchen. Offenbar melden sich die Rechtsextremen nach Jahren des scheinbaren Rückzugs aus dem Fußballstadion wieder offensiv zurück. Doch während über rechtsextreme Umtriebe im Umfeld des Fußballs mittlerweile recht ausführlich berichtet wird, sind Meldungen über erfolgreiche Gegenstrategien rar.

Dabei ist der Rechtsextremismus[3] im Umfeld deutscher Fußballstadien keineswegs ein neues Phänomen. Sein Gesicht hat sich im Laufe der Jahre jedoch gewandelt. Noch in den 1980er Jahren waren rechtsextreme Hegemonien in den Fanszenen Deutschlands eher die Regel als die Ausnahme. Damals wurden viele Fankurven von gefestigten Hooliganstrukturen[4] regiert, deren personelle Zusammensetzung oftmals große Schnittmengen mit mehr oder weniger festen rechtsextremen Vereinigungen aufwies. Exemplarisch steht dafür die berüchtigte Dortmunder Hooligangruppe Borussenfront, die sich 1984 fast vollständig der später verbotenen rechtsextremen Freiheitlichen Deutschen Arbeiterpartei (FAP) anschloss und lange Zeit als besonders brutale Truppe rechtsextremer Schläger für Schlagzeilen sorgte (vgl. Van Ooyen 1986: 29ff.).

Durch die zunehmende Kommerzialisierung des Bundesligafußballs sowie der Begegnung des Problemfelds Rechtsextremismus mit konkreten Maßnahmen wie verstärktem Polizeieinsatz und der flächendeckenden Einführung von Fanprojekten schien sich die Situation im Laufe der vergangenen 20 Jahre, seit Einführung des Nationalen Konzepts Sport und Sicherheit (NKSS)[5], positiv verändert zu haben. In den Fankurven der Bundesliga geben heute fast nirgendwo mehr die örtlichen Hooligan-Truppen den Ton an. Stattdessen sorgen Ultra-Gruppierungen, die sich mehrheitlich deutlich gegen Rechtsextremismus positionieren, maßgeblich für Stimmung auf den Rängen. Doch wie die besonders 2013 an Intensität gewinnenden Übergriffe auf offen antifaschistische Ultra-Gruppierungen in Aachen, Braunschweig, Duisburg und anderen Orten gezeigt haben, sind die (mindestens) ins

---

3 Die zweckmäßige Definition des Begriffs erfolgt in Kapitel 2.
4 Spezielle im Fußballkontext gebräuchliche Begriffe wie „Hooligan" oder „Ultra" werden im Kapitel 4 definiert und im fußballfanspezifischen Kontext genauer vorgestellt.
5 Das NKSS wird ebenfalls in Kapitel 4 näher beschrieben.

Rechtsextreme tendierenden Hooliganstrukturen keineswegs verschwunden, sondern waren allenfalls untergetaucht oder desinteressiert an den stimmungstechnisch dominierenden Ultras in der Kurve. Nun zeigen rechtsextreme Akteure in den Fanszenen jedoch vielerorts wieder Muskeln und spielen ihre häufig manifeste körperliche Überlegenheit aus, um die Politisierung der Fankurven nach links zu verhindern oder auch nur ihre Positionierung gegen Rechtsextremismus zu torpedieren. „Fanbeauftragte aus Dortmund, Braunschweig, Aachen, Frankfurt oder Düsseldorf berichten, dass Hooligans, die bereits in den neunziger Jahren aktiv waren, wieder in den Fankurven Präsenz zeigen. [...] Der Verfassungsschutz spricht von einer 15-prozentigen Überschneidung zwischen fußballaffinen Hooligans und Rechtsextremen. Die Dunkelziffer, so sagen es Staatsschützer aus dem Ruhrgebiet, dürfte deutlich höher liegen" (Buschmann 2013: 1). Nur auf den ersten Blick schien der Rechtsextremismus also aus den Stadien verschwunden zu sein. Dass dies ein Trugschluss war, wird nun immer deutlicher.

Denn neben dem Wiedererstarken rechtsextremer Hooligans sind Parteien des äußersten rechten Randes weiter im Umfeld des Stadions aktiv. Der eingangs beschriebene Versuch der NPD, Fußballfans für ihre Zwecke zu gewinnen, war keineswegs ein Einzelfall. 2009 baute die NPD im Stadionumfeld des Fußballvereins Lokomotive Leipzig gezielt ihre Wahlkampfstände auf und mischte sich auch im Vorfeld kräftig unter die Fanszene des Clubs (vgl. Blaschke 2011: 35ff.). 2010 versuchte der NPD-Funktionär Uwe Pastörs mit einer Gruppe von Unterstützern ein Spiel des FC Hansa Rostock für Wahlkampfzwecke seiner Partei zu nutzen. Der Versuch scheiterte letztlich am beherzten Eingreifen von rund 150 Mitgliedern der Rostocker Fanszene (vgl. Spiller 2010). 2013 kassierte zudem der damalige NPD-Vorsitzende Holger Apfel ein Stadionverbot von Eintracht Braunschweig, nachdem bemerkt wurde, dass er sich im Mai jubelnd bei der Aufstiegsfeier des Clubs für sein Facebook-Profil hatte fotografieren lassen (vgl. Welt.de 2013). Doch wenngleich diese Beispiele zeigen, dass eine offensichtliche Instrumentalisierung der Fußballfans durch bekannte rechtsextreme Parteikader nicht immer von Erfolg gekrönt ist, unterstreichen sie eindeutig das gesteigerte Interesse von rechtsextremen Akteuren an einem Andocken in den Fanszenen.

In der Regel werden rechtsextreme Überzeugungen nicht von bekannten Parteikadern ins Stadion getragen. In Aachen hat man die schleichende und zunächst unauffällige Infiltrierung der Fanszene offensichtlich zu lange unterschätzt. Im Januar 2013 war daher ein in dieser Form bislang einmaliger Vorgang in der deutschen Fanszene zu beobachten. Die linksgerichteten Aachen Ultras, die sich offen gegen Rassismus sowie andere Dimensionen des Rechtsextremismus einsetzten, haben sich unter dem Druck der mindestens rechtsoffenen Ultragruppierung Karlsbande aufgelöst. Wohlgemerkt: Es ging dabei nicht um einen Streit verfeindeter Fanszenen unterschiedlicher Vereine. Sowohl die Aachen Ultras als auch die Karlsbande unterstützen Alemannia Aachen. Nur über das Wie herrschte Uneinigkeit.

Bis 2010 gehörten beide Fangruppen noch zusammen. Doch nach der Abspaltung der Karlsbande blieben die Aachen Ultras bei ihrem explizit antifaschistischen Kurs, während bei der Karlsbande „auch rechtsoffene bis offen rechtsextreme Fans ein Zuhause" (Schwickerath 2013) fanden. Natürlich wurde die Auseinandersetzung später medial mit allerlei Geschichten von beiden Seiten nacherzählt. Es ging dabei um Überfälle, körperliche Gewalt, verbale Diffamierungen und andere Vorfälle. Am Ende lässt sich der Konflikt, „der von vornherein politisch konnotiert war" (Ruf 2013c: 157), aber wohl tatsächlich auf die wesentliche Konfliktlinie ‚rechts gegen links‘ herunterbrechen beziehungsweise auf die vermeintliche Politikferne eines Teils der Fanszene zurückführen. Denn während sich die Aachen Ultras auch nach der Spaltung weiter politisch links positionierten, firmierte die Karlsbande unter dem Motto ‚Keine Politik im Stadion‘, hatte aber augenscheinlich keine Probleme damit, dass sich rechtsextreme Parteikader und Mitglieder von Autonomen Kameradschaften in ihren Reihen fanden (vgl. Fritsch 2012). Die Aachen Ultras wurden in der Folge nicht nur immer wieder von den körperlich überlegenen Mitgliedern der Karlsbande bedrängt (vgl. Ruf 2013c: 157ff.), sondern sie fühlten sich überdies vom Verein alleine gelassen, der sich in ihren Augen nicht klar genug gegen Rechtsextremismus positioniert hatte (vgl. Aachen Ultras 2013). Mit Schuldzuweisungen an den Verein, das Fanprojekt und natürlich die Karlsbande lösten sich die antifaschistischen Aachen Ultras unter den Kondolenzbezeugungen von rund 250 befreundeten, linksgerichteten Fans anderer Vereine am 12. Januar 2013 nach der Mittelrheinpokalbegegnung gegen Viktoria Köln schließlich auf. Auch bei dieser Partie kam es erneut zu Auseinandersetzungen zwischen den Aachen Ultras und der Karlsbande (vgl. Schwickerath 2013).

Die Auflösung der Aachen Ultras unter dem Druck von rechtsaußen schlug medial hohe Wellen und führte dazu, dass rechtsextreme Agitationen im Fußballstadion wieder verstärkt in den Fokus des öffentlichen Interesses rückten. Gleichzeitig verdichten sich die Indizien, dass ähnlich gelagerte Konflikte in Zukunft bei anderen Fanszenen zunehmen werden. Denn weitgehend unbemerkt von der Öffentlichkeit sind rechtsextremistische Aktivitäten seit Jahren Wochenende für Wochenende in deutschen Fußballstadien festzustellen. Sie sind mal versteckter und mal offensichtlicher, insgesamt aber kontinuierlich zu beobachten. Im Folgenden seien nur einige Beispiele dokumentierter rechtsextremistischer Vorfälle der vergangenen Spielzeiten genannt:

Im Februar 2012 wurde der israelische Spieler Itay Shechter des 1. FC Kaiserslautern beim Training von Fans der eigenen Mannschaft antisemitisch beleidigt und eine kleine Gruppe zeigte „den Hitler-Gruß" (SZ 2013: 28). Beim Auswärtsspiel von Borussia Dortmund in Donezk wurden Anfang 2013 zwei Mitarbeiter des Dortmunder Fanprojekts auf der Toilette von BVB-Fans unter dem Brüllen von rechtsextremen Parolen angegriffen (vgl. Buschmann 2013b). Energie Cottbus hat im Vorfeld der Saison 2013/2014 die immer wieder durch rechtsextreme Provokationen wie dem Zeigen von SS-Runen oder Skandieren antisemitischer Parolen aufgefallene Fangruppierung Inferno Cottbus mit einem Stadionverbot belegt. Das hinderte die Gruppe freilich nicht daran, ihr Erscheinen für das Testspiel gegen die israelische Mannschaft Maccabi Tel Aviv in Österreich anzukündigen, was schließlich sogar zu dessen Absage führte (vgl. Ruf 2013b: 27). In Braunschweig hat die ‚Initiative gegen rechte (Hooligan-) Strukturen' gleich eine umfassende Chronik rechtsextremer Aktivitäten aus dem Umfeld der Braunschweiger Fanszene zusammengestellt, die vom Angriff auf antifaschistische Fans über den Besuch von Rechtsrock-Konzerten einzelner Braunschweig-Fans bis zur Präsentation rechtsextremer Symbole durch bestimmte Fangruppen bei Spielen des Vereins eine breite Palette umfasst (vgl. Initiative gegen rechte (Hooligan-)Strukturen 2012: 38ff.). Teile der linksalternativen Fanszene Düsseldorfs klagen über rechtsextrem konnotierte Übergriffe und der Vorsänger einer dieser Fangruppen wurde von einem Hooligan niedergeschlagen (Malzcaks 2013). Die überwiegend bekennend linken Fans von Babelsberg 03 wurden in der vergangenen Saison immer wieder durch homophobe, rassistische und antisemitische Sprüche provoziert, von denen „Arbeit macht frei – Babelsberg 03" (BAFF 2013) noch einer der harmloseren war. Ende 2013 wurden, wie bereits beschrieben, Mitglieder der Duisburger Ultra-Gruppierung Kohorte überfallen, nachdem sie sich mit der linksgerichteten und vom Verein inzwischen mit Stadionverbot belegten Fangruppierung Ultras Braunschweig durch das Zeigen eines Transparents solidarisch gezeigt hatten (vgl. Fritsch 2013). Damit, so die Argumentation hinter dem Angriff, sei eine Verabredung gebrochen worden, wonach sich die ‚linke' Fangruppe im Stadion mit politischen Äußerungen zurückhalten solle (vgl. Proud Generation Duisburg 2013, in Verbindung mit Kohorte-Ultras 2013) – eine Verabredung, die freilich eher den Charakter einer Drohung hatte.

Die Aufzählung ließe sich leicht fortsetzen, ohne weit in die Vergangenheit blicken zu müssen. Doch schon dieser kurze Auszug unterstreicht deutlich, dass der Rechtsextremismus nicht aus den Fußballstadien verschwunden ist, sondern allenfalls untergetaucht war und sich nun immer häufiger zeigt. Auf mehr oder weniger verschlungenen Wegen versuchen Rechtsextreme, wieder verstärkt Einfluss innerhalb der Fanszenen zu gewinnen und ihn durch ihre häufig vorhandene körperliche Überlegenheit auch gewalttätig durchzusetzen. Das Bündnis aktiver Fußballfans (BAFF) spricht in seinem Jahresbericht von einer zunehmenden Polarisierung der Fanszenen in rechts und links (vgl. BAFF 2013). Damit kommt das BAFF zu einer Einschätzung, die viele Experten teilen (vgl. z.B. Ruf 2013c: 124ff., Buschmann 2013: 2). Die Ereignisse in Aachen, wo eine linke Fangruppe vor dem Druck von rechtsaußen kapituliert und sich aufgelöst hat, dienen dabei offenbar als eine Art Blaupause für rechtsextrem orientierte Gruppierungen in anderen Fanszenen. Vor dem Hintergrund der zunehmenden körperlichen Übergriffe auf bekennend antirechtsextreme Fangruppierungen in anderen Städten ist diese Entwicklung äußerst alarmierend.

Für die Praxis heißt das, dass der Kampf gegen Rechtsextremismus fortgesetzt werden muss. Für die Forschung bedeuten diese Entwicklungen, dass die Suche nach geeigneten Strategien gegen Rechtsextremismus im Fußballstadion angesichts der dynamischen Entwicklungen in diesem Feld nicht aufgegeben, sondern konsequent weiterentwickelt sowie beständig angepasst werden muss.

Das war allerdings nicht immer selbstverständlich. Denn „lange wollte der DFB die dunklen Schatten des Fußballs nicht genügend zur Kenntnis nehmen und entzog sich mit dem Argument, dass die Gesellschaft und nicht der Fußball für Gewalt, Rassismus und Diskriminierung verantwortlich sei, ein Stück weit der notwendigen Verantwortung" (Wagner 2008: 78). Diese Argumentation war zwar insoweit richtig, als der Fußball ebenso wenig alleiniger Grund für die Herausbildung rechtsextremer Einstellungen ist wie alleiniger Katalysator von Verhaltensformen wie rechtsmotivierter Gewalt, herabwürdigenden Äußerungen oder Ähnlichem. Dennoch spielt der Fußball in unserer Gesellschaft eine bedeutende Rolle und wird von vielen Wissenschaftlern gerne als das „,Brennglas' gesellschaftlicher Entwicklungen und Problemfelder" (Pilz 2008: 16) bezeichnet. Da Rechtsextremismus zudem ein sehr vielfältiges Phänomen ist und sich die Herausbildung rechtsextremer Einstellungsmuster niemals nur unter Einbeziehung einer einzigen konkreten Ursache erklären lässt, sondern vielmehr aus einem Zusammenspiel verschiedener Faktoren auf verschiedenen Ebenen resultiert, kann und darf sich der DFB als maßgeblicher Vertreter des Fußballsports in Deutschland genauso wenig wie andere Akteure im Umfeld des Fußballstadions auf eine solche Argumentation zurückziehen.

Diese Erkenntnis ist über die Jahre auch beim DFB gereift. Noch unter der bis 2006 andauernden Präsidentschaft Gerhard Mayer-Vorfelders führte der Verband im Jahre 2001 einen medial vielbeachteten Kleinkrieg gegen das BAFF und dessen kritische Ausstellung ‚Tatort Stadion', da unter anderem Mayer-Vorfelder selbst in besagter Wanderausstellung mit einigen Äußerungen zitiert wurde, „die dessen Vorbildrolle in Sachen Antidiskriminierung öffentlich in Frage stellten" (Dembowski 2008: 55). Daraufhin verweigerte der DFB den Machern der Ausstellung die Zahlung bereits zugesicherter Unterstützungsgelder und der öffentliche Skandal zog seine Kreise. Heute besteht weitgehend Einigkeit darüber, dass die Antidiskriminierungsarbeit des DFBs mit der Übernahme der Präsidentschaft von Theo Zwanziger im Jahre 2006 Aufwind bekam und sich der Verband seiner gesellschaftlichen Verantwortung in Bezug auf das Problemfeld Rechtsextremismus im Fußball inzwischen bewusst ist (vgl. z.B. Wagner 2008: 80). Die (verkürzt) dargelegte Kontroverse zwischen dem DFB und den im Kampf gegen Rechtsextremismus engagierten Fußballfans erwies sich jedoch rückblickend als eine Art Initialzündung für eine breitere Auseinandersetzung mit Rechtsextremismus im Fußball auf gesamtgesellschaftlicher Ebene. Mit der Etablierung von Faninitiativen gegen Rechtsextremismus, der stärker werdenden Rolle von Fanprojekten und dem Aufbau einer strukturell gefestigten Gegenkultur nahm schließlich auch das wissenschaftliche Interesse an diesem Themengebiet zu.

Wie die wissenschaftliche Beschäftigung mit dem Begriff des Rechtsextremismus, der zweifellos „zu den amorphesten Begriffen der Sozialwissenschaft" (Winkler 2000: 39) gehört, im Allgemeinen, so brachte auch die Forschung auf dem Spezialgebiet des Rechtsextremismus in Fußballstadien bislang eine unüberschaubare Vielzahl an Publikationen hervor. Diesen Publikationen fehlt jedoch leider eine gemeinsame wissenschaftliche Basis, da selbst in der scientific community immer noch keine Einigkeit darüber herrscht, was genau vom immer wieder unterschiedlich definierten Begriff des Rechtsextremismus eigentlich umschlossen wird. Zudem basieren viele Untersuchungen bezüglich des Rechtsextremismus im Fußballstadion eher auf journalistischem als wissenschaftlichem Interesse (vgl. z.B. Blaschke 2008 oder Ruf 2013c). Das Ergebnis der jahrelangen Beschäftigung mit diesem Thema sind daher unzählige Schriften mit zum Teil völlig verschiedenen wissenschaftlichen Ansprüchen. Da diese unterschiedlichen Ansätze überdies bislang weitgehend unsystematisiert sind, stellt sich das Forschungsgebiet Rechtsextremismus im Fußballstadion momentan als ein äußerst unübersichtliches Feld voller loser Ideen, wissenschaftlich nicht näher begründeter Thesen, induktiver Schlüsse und rein empirischer Erfahrungsberichte dar. Aus diesem Wust an differierenden und sich mitunter durchaus widersprechenden Ideen, Meinungen, Vorschlägen, Handlungsempfehlungen, Texten und Anleitungen haben sich in den vergangenen Jahren etliche Ansätze zur Bekämpfung des Rechtsextremismus im Fußballstadion gebildet. Diese äußerst unterschiedlichen Ansätze kann man natürlich als vielfältig bezeichnen. Eher drängt sich jedoch das Bild des Wildwuchses auf.

Basierend auf diesem allenfalls porösen theoretischen Untergrund leiden die darauf aufbauenden praktischen Handlungen an mangelhafter wissenschaftlicher Verankerung. Ohne ein erkennbares Gesamtkonzept operieren daher zahllose Akteure, beginnend bei den Vereinen und Verbänden über die Fans und Fanprojekte bis hin zur Politik und Polizei, im komplexen Umfeld des Fußballstadions immer mal wieder gegen Rechtsextremismus. Dabei agieren die relevanten Akteure zum Teil eher gegen- als miteinander. Was genau wer macht, vermag in diesem Dickicht aus Maßnahmen,

Strategien, Aktionen, Vorhaben und Planungen niemand mehr so ganz genau zu sagen. Ein nachvollziehbares theoretisches Gesamtkonzept im Kampf gegen Rechtsextremismus im Fußballstadion ist nicht zu erkennen. Es ist daher höchste Zeit, eine systematische wissenschaftliche Grundordnung im Themenkomplex ‚Strategien gegen Rechtsextremismus im Fußballstadion' herzustellen, die auch Basis zur Beendigung des ungerichteten Aktionismus in der Praxis sein könnte. Dies soll im Rahmen dieser Arbeit geschehen. Es sollen also die vorhandenen Fragmente dieses speziellen, aber bislang weitgehend ungeordneten wissenschaftlichen Teilbereichs aufgearbeitet, geordnet und anschließend systematisch aufbereitet werden.

Fragestellungen

Die vorliegende Arbeit möchte den Grundstein dafür legen, dass in Zukunft sinnvoller über den zielführenden Einsatz von Strategien gegen Rechtsextremismus im Fußballstadion nachgedacht werden kann, indem eine systematisch dargestellte sowie theoretisch fundierte Diskussionsgrundlage geschaffen wird. Dazu soll diese Arbeit den Stand der Forschung zunächst ordnend darstellen, später systematisch analysieren und anschließend Bausteine bereitstellen, die sowohl Grundlage späterer Forschungen als auch Vorraussetzungen für die Entwicklung eines schlüssigen Gesamtkonzepts für Strategien gegen Rechtsextremismus im Fußballstadion sein können.

Grundlage dafür ist es, zunächst herauszuarbeiten, welche Strategien gegen Rechtsextremismus im Fußballstadion überhaupt existieren. Dabei interessiert einerseits die Frage danach, welche Maßnahmen in der Praxis bereits umgesetzt werden und andererseits, welche Handlungsempfehlungen die (unübersichtliche) wissenschaftliche Literatur gibt. Dieses Spannungsfeld zwischen Praxis und Theorie soll in der Folge unter einer Reihe von Fragestellungen näher untersucht werden. Einerseits soll geklärt werden, ob beziehungsweise in welchen Bereichen die real existierenden Strategien/Maßnahmen/Projekte[6] gegen Rechtsextremismus Handlungsempfehlungen aus der Wissenschaft umsetzen. Darauf aufbauend soll der Frage nachgegangen werden, warum einige Handlungsempfehlungen aus

---

6 Eine genaue Differenzierung zwischen Strategien, Maßnahmen und Projekten erfolgt in Kapitel 3.

der Forschung ihren Weg in die Praxis finden, andere aber nicht. Außerdem soll die sich in diesem Zusammenhang aufdrängende Frage beantwortet werden, ob nicht einfach alle Handlungsempfehlungen aus der Wissenschaft umfassend umgesetzt werden müssten, um dem Rechtsextremismus in Fußballstadien konsequent zu begegnen. Schließlich soll mit Hilfe von leitfadengestützten Experteninterviews herausgefunden werden, ob Experten aus der Praxis mit den Handlungsempfehlungen aus der Wissenschaft übereinstimmen.

Um jedoch all diese Fragen beantworten zu können, ist zunächst eine Reihe theoretischer Vorarbeiten nötig. Hierbei wird von der Prämisse ausgegangen, dass es momentan weder ein schlüssiges Gesamtkonzept für Strategien gegen Rechtsextremismus im Fußballstadion noch ein wissenschaftlich fundiertes theoretisches Fundament gibt, auf dem ein solches Gesamtkonzept fußen könnte. Die darauf aufbauende These lautet, dass bislang kaum systematisierend dargestellt wurde, wo die speziellen Anknüpfungspunkte[7] für den Rechtsextremismus im besonderen Kontext des Fußballstadions liegen, diese aber die Basis für ein zweckmäßiges theoretisches Fundament von Gegenstrategien bilden. Aus diesem Grunde sollen diese speziellen Anknüpfungspunkte, die durchaus auch helfen können zu erklären, warum das Fußballstadion für Rechtsextreme ein solch interessantes Rekrutierungsfeld ist, herausgearbeitet werden. Auf ihrer Basis soll ein theoretisches Fundament für Strategien gegen Rechtsextremismus im Fußballstadion entstehen. Dieses soll deutlich machen, auf welchen Ebenen sich Rechtsextremismus in welchen Formen im Fußballstadion manifestiert und was das für mögliche Gegenstrategien bedeutet. Ein solches schlüssiges theoretisches Fundament, auf dem Strategien gegen Rechtsextremismus zielgenau aufgebaut und idealerweise zu einem abgestimmten

---

7   Der von Endemann/Dembowski (2010) eingeführte Begriff des Anknüpfungspunktes wird in Kapitel 5 näher definiert. Im Wesentlich werden in dieser Arbeit darunter dem Fußballstadion (sowie natürlich dem Umfeld des Fußballstadions) immanente Möglichkeiten zum Anknüpfen von Rechtsextremen an die lokalen Fanszenen verstanden. Anknüpfungspunkte können demnach auf verschiedenen Ebenen liegen und manifestieren sich beispielsweise auf der Einstellungsebene durch dem Fußball immanente Freund-Feind-Konstruktionen oder auf der Handlungsebene durch das Singen von antisemitischen Liedern.

Gesamtkonzept zusammengeführt werden können, fehlt dem Forschungs-feld bislang völlig.

Vor diesem Hintergrund erscheint es überdies nötig, explizit deutlich zu machen, was nicht Ziel dieser Arbeit sein kann und soll: Es soll nicht die Frage geklärt werden, welche Strategien gegen Rechtsextremismus im Fuß-ballstadion sinnvoll oder sinnlos sind. Eine Klärung dieser Frage würde ein völlig anderes, überwiegend empirisches Untersuchungsdesign erfordern. Dafür müssten nicht nur sämtliche Strategien respektive Einzelmaßnah-men im Kampf gegen Rechtsextremismus im Stadion identifiziert werden, sondern sie müssten darüber hinaus jeweils individuell empirisch auf ihre Effizienz hin überprüft werden. Im konkreten Fall würde das zum Bei-spiel bedeuten, dass vor der Einführung der entsprechenden Maßnahme die zu untersuchende Gruppe der Fans hinsichtlich ihrer (rechtsextremen) Einstellung befragt werden müsste. Dann müsste die Maßnahme imple-mentiert, ihre korrekte Umsetzung überwacht und die Gruppe hinsicht-lich ihrer Einstellungen nach gewissen Zeiträumen erneut befragt werden. Und diese stark vereinfachte Forschungsskizze geht nicht einmal auf sim-ple Besonderheiten wie intervenierende Variablen sowie sich womöglich verändernde Rahmenbedingungen ein. Ganz abgesehen davon, dass diese Untersuchung, wollte sie wissenschaftlichen Standards entsprechen, nicht nur bei einer, sondern bei mehreren ähnlich zusammengesetzten Gruppen durchgeführt werden müsste. Ob sich aber überhaupt nur eine Gruppe ak-tiver Fußballfans finden würde, die sich an einer derart aufwendigen wis-senschaftlichen Untersuchung beteiligen würde, darf bezweifelt werden.

Aufbau der Arbeit und Arbeitsthesen

Wie bei wissenschaftlichen Arbeiten unerlässlich, wird auch diese Arbeit zunächst grundlegende definitorische Klärungen vornehmen, um Un-genauigkeiten bei der Verwendung von Begriffen zu vermeiden. Das ist auch deshalb von herausragender Bedeutung, weil ein Großteil der Pu-blikationen im Bereich der Rechtsextremismusforschung im Fußball von begrifflichen Ungenauigkeiten hinsichtlich des Phänomens Rechtsextre-mismus geprägt ist. Dabei soll zunächst in Kapitel 2.1 eine im Hinblick auf die Forschungsausrichtung dieser Arbeit zweckmäßige Definition ge-funden werden. Kapitel 2.2 soll anschließend deutlich machen, in welchen

Dimensionen sich Rechtsextremismus auf welchen Ebenen manifestiert. Weiterhin soll in Kapitel 2.3 knapp dargestellt werden, wie rechtsextreme Einstellungen entstehen können.

Im Kapitel 3 soll eine Systematik erarbeitet werden, um sowohl die existierenden Strategien gegen Rechtsextremismus im Fußballstadion als auch die Handlungsempfehlungen aus der wissenschaftlichen Literatur sinnvoll ordnen zu können. Denn eine bloß deskriptive Auflistung würde keinen Erkenntnisgewinn erzeugen und nachgeordnete Analysen erschweren. Durch die zweidimensionale Systematisierung der Gegenstrategien hinsichtlich ihrer Zielsetzungen sowie des Handlungsfeldes, auf dem sie maßgeblich angesiedelt sind, können jedoch weiterführende Aussagen getroffen werden, die beispielsweise zeigen, dass wissenschaftliche Handlungsempfehlungen mit bestimmten Zielsetzungen auf einigen Handlungsfeldern wesentlich häufiger in die Praxis umgesetzt werden als in anderen. Überdies soll im dritten Kapitel auch ein kurzer, exemplarischer Überblick über allgemeine Strategien gegen Rechtsextremismus gegeben werden, um einerseits die Vielfältigkeit dieser Strategien zu zeigen und andererseits die erarbeitete Systematik zu testen.

Das vierte Kapitel rundet die theoretischen Vorarbeiten ab, indem es die spezielle Situation in Fußballstadien nachzeichnet und dabei den Fokus auf Fußballfans legt, da sie die zentralen Adressaten von Strategien gegen Rechtsextremismus im Fußballstadion sind. Die genauere Betrachtung der Zielgruppe ist systematisch unverzichtbar, aber darüber hinaus auch deshalb äußerst lohnend, da der öffentliche wie mediale Diskurs über die Situation in Fußballstadien im Allgemeinen und Fußballfans im Besonderen von erheblicher Unkenntnis geprägt ist. Da werden Begriffe wie Ultras, Hooligans und Neonazis mitunter undifferenziert miteinander vermischt, synonym benutzt und ohne Kenntnis der dahinter stehenden Personengruppen skandalisiert. Daher sollen in diesem Kapitel auch zentrale Begrifflichkeiten, die bei der Beschäftigung mit der Situation im und um das Fußballstadion von Bedeutung sind, insbesondere die verschiedenen Typen von Fußballfans, näher beschrieben respektive definiert werden. Aktuelle Konfliktlinien zwischen Fußballfans und anderen Akteuren im Umfeld des Stadion sollen ebenfalls skizziert werden.

Erst wenn all diese für die Bearbeitung des Themas erforderlichen und dennoch bislang häufig vernachlässigten theoretischen Grundlagen gelegt wurden, ist es in Kapitel 5 möglich, sich dem Rechtsextremismus in Fußballstadien zuzuwenden. Nachdem unter Rückgriff auf die Erkenntnisse des vierten Kapitels kurz dargelegt wird, warum nicht einfach die allgemeinen Strategien gegen Rechtsextremismus aus Kapitel 3 ins Fußballstadion übertragen werden können, sollen die aufgezeigten Erkenntnisse bezüglich der Rechtsextremismusforschung aus Kapitel 2 auf die spezielle Situation im Fußballstadion, beschrieben in Kapitel 4, angepasst werden. Ziel soll es dabei sein, Anknüpfungspunkte für Rechtsextreme im Fußballstadion herauszuarbeiten, diese in ihrer Verschiedenheit näher zu beschreiben und schließlich in einem theoretischen Modell auf mehreren Ebenen zu verorten. Dabei wird im Wesentlichen auf die Einstellungs- sowie Handlungsebene abgehoben und ein vorläufiges Modell eingeführt, das theoretisch fundiert beschreiben kann, auf welchen Ebenen sich welche Anknüpfungspunkte für Rechtsextremismus im Fußballstadion manifestieren. Für Strategien gegen Rechtsextremismus im Stadion wird so deutlich, wo genau sie Anknüpfungspunkte des Rechtsextremismus angreifen können, das heißt, wo sie beim Kampf gegen Rechtsextremismus ansetzen können. Insofern liefert das theoretische Modell ein solides, wissenschaftliches Fundament, auf dem weiter aufgebaut werden kann. Ein kurzer Ausblick darauf, wie diese wissenschaftlich begründete Basis künftig bebaut werden könnte, schließt das fünfte Kapitel ab.

In Kapitel 6.2 werden die bislang nur fragmentarisch vorhandenen Forschungsansätze des Teilbereichs Strategien gegen Rechtsextremismus im Fußballstadion vorgestellt und aufgearbeitet. Aus der erdrückenden Masse an Literatur zum eher allgemein gehaltenen Thema Rechtsextremismus und Fußball sollen konkrete Handlungsempfehlungen zum Kampf gegen Rechtsextremismus im Stadion destilliert und dargestellt werden, um so in einem ersten Schritt die Frage nach den existierenden Handlungsempfehlungen aus der Forschung zu beantworten. Anschließend sollen diese Vorschläge in das zweidimensionale Raster aus Kapitel 3 eingearbeitet und systematisiert werden. Weiterhin werden die Handlungsempfehlungen operationalisiert und in Form eines Kurzfragebogens den 13 im Rahmen dieser Arbeit befragten Experten aus sämtlichen als relevant identifizierten Handlungsfeldern bei leitfadengestützten Experteninterviews vorgelegt. Durch diese qualitativen Interviews soll geklärt werden, welche Maßnahmen die in der Praxis tätigen Experten als sinnvoll respektive sinnlos im

Kampf gegen Rechtsextremismus im Fußballstadion erachten. Der angesprochene Kurzfragebogen bildet in den zweistufigen Interviews einen Stimulus zwischen den beiden Fragerunden und ermöglicht gleichzeitig eine spätere quantitative Bewertung der in Kapitel 6.2 herausgearbeiteten sowie operationalisierten Handlungsempfehlungen aus der Wissenschaft durch die im Feld tätigen Experten. Die Ergebnisse der qualitativen Befragung werden in Kapitel 6.3 vorgestellt. Besondere Bedeutung kommt dabei den kritischen Bemerkungen der Experten im Hinblick auf die Gegenstrategien zu, die ausführlich dargestellt und diskutiert werden, da sie wesentliche, empirisch unterfütterte Argumente enthalten, welche auch im späteren Verlauf der Arbeit, besonders in Kapitel 8, von Bedeutung sein werden. Anschließend soll in Kapitel 6.4 die Frage beantwortet werden, ob Experten aus der Praxis mit den Handlungsempfehlungen aus der Wissenschaft übereinstimmen. Dazu werden die Ergebnisse der Befragung aus Kapitel 6.3, insbesondere die quantitative Auswertung des Kurzfragebogens, mit den herausgearbeiteten und bereits in der Matrix aus Kapitel 3 systematisierten wissenschaftlichen Handlungsempfehlungen aus Kapitel 6.2 in Verbindung gebracht, um herauszufinden, in welchen Bereichen die Experten mit den Handlungsempfehlungen aus der Forschung einverstanden sind und wo sie diesen ablehnend gegenüberstehen.

Kapitel 7 wendet sich schließlich den existierenden Maßnahmen zu und beantwortet die Frage, welche Strategien gegen Rechtsextremismus in der Praxis bereits umgesetzt werden. Dazu soll zunächst ein Überblick über die mannigfaltigen Projekte, Aktionen, Maßnahmen und Strategien, durchgeführt von verschiedenen Akteuren, gegeben werden. Anschließend sollen diese Maßnahmen ebenfalls in die Systematik aus Kapitel 3 eingeflochten werden, um auch hier analysieren zu können, in welchen Bereichen besonders viele Projekte umgesetzt werden und wo deren Realisierung bislang nur in geringem Maße erfolgte. Darüber hinaus soll in diesem Kapitel erstmals die Brücke zu dem in Kapitel 5 eingeführten theoretischen Fundament geschlagen werden, indem deutlich gemacht wird, welche Anknüpfungspunkte von Rechtsextremen im Fußballstadion durch welche Arten von Gegenmaßnahmen angegriffen werden. Die Verbindung der Systematik aus Kapitel 3 mit dem theoretischen Modell aus Kapitel 5 ermöglicht die Verortung der in diesem Kapitel (7) herausgearbeiteten konkret-praktischen Maßnahmen auf gefestigtem theoretischen

Fundament und es kann gezielt unterschieden werden, welche Maßnahme, durchgeführt von welchem Akteur, auf welcher Ebene welche Formen des Rechtsextremismus im Fußballstadions angreift. Das schafft die Grundlagen für den Aufbau einer schlüssigen Gesamtstrategie im Kampf gegen Rechtsextremismus im Stadion, in der die verschiedenen Akteure effektive, auf sie zugeschnittene Rollen einnehmen, statt nach Gutdünken theoretisch mangelhaft begründete Aktionen umzusetzen. Weiterhin ermöglichen diese Vorarbeiten eine kritische Würdigung der sowohl in Tageszeitungen als auch in wissenschaftlicher Literatur häufig mindestens implizit vertretenen These, wonach Fanprojekte eine Art Rückgrat der Arbeit gegen Rechtsextremismus in Deutschen Fußballstadien bilden und deswegen breiter gefördert werden müssten (vgl. z.B. Gabriel 2008: 35ff oder Glaser 2008: 152). Diese These soll am Ende dieses Kapitels daher in gebotener Kürze auf ihre Gültigkeit untersucht werden.

Das achte Kapitel soll die Erkenntnisse dieser Arbeit zusammenführen; es beschäftigt sich daher mit dem Spannungsfeld zwischen theoretischer Forschung und Praxis. Zunächst soll in Kapitel 8.2 beantwortet werden, ob beziehungsweise in welchen Bereichen die real existierenden Strategien gegen Rechtsextremismus die Handlungsempfehlungen aus der Wissenschaft umsetzen. Dazu werden die in Kapitel 6.2 aus der wissenschaftlichen Literatur aufgearbeiteten und in der Systematik aus Kapitel 3 eingefügten Handlungsempfehlungen mit den in der Praxis identifizierten, in Kapitel 7 aufgearbeiteten und ebenfalls bereits systematisierten Gegenstrategien abgeglichen. So kann systematisch dargestellt und auf dieser Basis ausführlich analysiert werden, in welchen Bereichen die Handlungsempfehlungen aus der Forschung in der Praxis bereits implementiert wurden und wo eine Umsetzung in die Praxis bislang erst in Teilen oder noch gar nicht stattgefunden hat. Weiterhin sollen diese Erkenntnisse anschließend auch auf das theoretische Fundament aus Kapitel 5 angewendet werden. Dies soll zeigen, welchen Anknüpfungspunkten des Rechtsextremismus in Fußballstadien bislang schon in der Praxis begegnet wird, welche Anknüpfungspunkte derzeit nur teilweise bekämpft werden und welche beim Kampf gegen Rechtsextremismus noch so gut wie gar nicht beachtet werden.

Kapitel 8.3 widmet sich der Frage, warum einige Handlungsempfehlungen aus der Wissenschaft umgesetzt werden, während andere ihren Weg in die Praxis nicht finden. Dazu soll zunächst analysiert werden, wie die befragten Experten die bereits implementierten sowie in der Praxis (noch) nicht umgesetzten Handlungsempfehlungen aus der Wissenschaft bewerten. In der daraus entstehenden Systematik soll also deutlich werden, ob die befragten Experten die tatsächliche (Nicht-)Umsetzung der jeweiligen Maßnahme für sinnvoll halten. Dazu sollen einerseits die quantitativen Ergebnisse der Kurzfragebogenauswertung auf die Systematik aus Kapitel 8.2 bezogen werden. Andererseits sollen vor diesem Hintergrund Umsetzungskriterien herausgearbeitet werden, deren Erfüllung eine Umsetzung von Handlungsempfehlungen aus der Wissenschaft erklärt (beziehungsweise deren Nicht-Erfüllung die Nicht-Umsetzung dieser Handlungsempfehlungen erklärt). Dies soll anhand ausführlicher problembezogener Diskussionen geschehen, die sich auf die Erkenntnisse dieser Arbeit im Allgemeinen und auf die inhaltlichen Argumente aus den qualitativen Experteninterviews (Kapitel 6.3) im Besonderen stützen.

Schließlich soll in Kapitel 8.4 die Frage geklärt werden, ob nicht einfach nur alle wissenschaftlichen Handlungsempfehlungen konsequent umgesetzt werden müssten, um den Rechtsextremismus in Fußballstadien erfolgreich zu bekämpfen. Dazu soll ein Beispiel aus der Praxis zeigen, dass auch theoretisch gut abgestimmte Projekte in der Realität scheitern und sowohl von Experten als auch von Wissenschaftlern positiv bewertete Handlungsempfehlungen unter bestimmten Umständen ins kontraproduktive Gegenteil umschlagen können.

In Kapitel 9 werden die Ergebnisse dieser Arbeit zusammenfassend dargestellt. Daraus sollen weiterhin einige Empfehlungen für die Erarbeitung eines Gesamtkonzepts für Strategien gegen Rechtsextremismus im Fußballstadion abgeleitet werden. Ein kurzer Ausblick auf sich anbietende, an diese Arbeit anknüpfende zukünftige Forschungsprojekte schließt das Kapitel ab.

Methodik

Methodisch stützt sich diese Arbeit zum einen auf umfassende Literaturrecherchen, die mit dem Ziel der Systematisierung eines bislang weitgehend ungeordneten Forschungsgebiets vorgenommen werden. Diese Methode wird sowohl in den theoretischen Kapiteln 2, 3 und 4 als auch bei der umfassenden Literaturaufarbeitung in Kapitel 6.2 angewendet. Daneben greift diese Arbeit auf die Methode der leitfadengestützten Experteninterviews zurück, die in Kapitel 6.3 zum Einsatz kommt und an dieser Stelle näher erläutert wird. Kapitel 7 stützt sich nicht nur auf eine umfangreiche wissenschaftliche Literaturrecherche in den einschlägigen Bibliotheken, mithin unter Einbeziehung von vor allem klassisch-wissenschaftlichen Quellen, sondern basiert (wie auch zum Teil in Kapitel 4) darüber hinaus auf einer umfangreichen Recherche im Internet sowie in fußballspezifischen Magazinen, Flyern, Informationsbroschüren und Fanzines. In Kapitel 5 und 8 werden vor dem Hintergrund der Ergebnisse dieser Arbeit unter lediglich partiellem Rückgriff auf bislang vorliegende Erkenntnisse anderer Autoren überwiegend eigene Schlussfolgerungen gezogen.

Darüber hinaus sammelte der Autor im Verlauf der vergangenen Jahre immer wieder eigene Erfahrungen im Feld, die insbesondere vom Besuch zahlreicher Fußballspiele, aber auch aus informellen Gespräch mit Akteuren des fußballerischen Kontexts stammen. Diesen Erfahrungen wurde aus Gründen der Zweckmäßigkeit, wie in Kapitel 6 näher ausgeführt, kein eigenes Kapitel gewidmet. Dennoch spielen die Erfahrungen natürlich in Form des praktischen Wissens um die Situation im Stadion insofern eine Rolle, als sie die Möglichkeit der fundierten empirischen Einordnung von bestimmten Meinungen, Gedanken, Einschätzungen und Forderungen der verschiedenen Akteure im Kontext des Forschungsfelds Fußballstadion ermöglichten. Daher ergänzt diese Methode der Feldforschung in gewisser Weise die übrige Methodik dieser Arbeit, was besonders in den fußballspezifischen Abschnitten 4 bis 8 zum Tragen kommt.

2. Rechtsextremismus

Nicht nur in Berichten über Vorfälle im Fußballstadion fällt häufig das Schlagwort Rechtsextremismus. Immer wieder wird in den Medien über Taten mit rechtsextremistischem Hintergrund, rechtsextreme Parteien oder Rechtsextremisten im Allgemeinen informiert. Die Grenzen zu Begrifflichkeiten wie Rechtspopulisten, Rechtsradikalen oder Verfassungsfeinden verlaufen in dieser Berichterstattung meist fließend. Das ist angesichts des journalistischen Bemühens, Leser, Zuhörer oder Zuschauer auch sprachlich abwechslungsreich zu informieren zwar nachvollziehbar, führt jedoch unweigerlich dazu, dass in der öffentlichen Wahrnehmung der Begriff ‚Rechtsextremismus' unpräzise bleibt. Da der Begriff auch in der wissenschaftlichen Literatur alles andere als konsistent definiert wird, sollen zu Beginn dieses Kapitels zunächst einige grundlegende Überlegungen zur Definitionen des Begriffs ‚Rechtsextremismus' dargestellt werden, um auf dieser Basis eine für diese Arbeit zweckmäßige Definition zu generieren. Anschließend soll in Kapitel 2.2 umrissen werden, auf welchen Ebenen sich Rechtsextremismus in welchen Dimensionen manifestiert, bevor in Abschnitt 2.3 in gebotener Kürze die Fragestellung behandelt wird, wie rechtsextreme Einstellungen überhaupt entstehen.

2.1. Grundlegende Überlegungen zur Begriffsbestimmung

Wissenschaftler, die sich mit dem Forschungsfeld Rechtsextremismus auseinandersetzen, werden früher oder später zwangsläufig zu der Überzeugung gelangen, dass die „Beschäftigung mit Rechtsextremismus [...] eine derart große Anzahl von Publikationen hervorgebracht [hat], dass das Forschungsfeld von niemandem völlig überschaut wird." (Winkler 1996: 25). Einigkeit herrscht in der scientific community lediglich darüber, dass „keine allgemein anerkannte Definition und schon gar keine Theorie des Rechtsextremismus" (Stöss 2005: 13) existiert. Dafür sind verschiedene theoretische Ansätze, differierende Forschungsobjekte, die Vermischung unterschiedlicher Fragestellungen sowie die diffuse Anhäufung ähnlicher und manchmal sogar identischer Begrifflichkeiten für unterschiedliche Untersuchungsobjekte, die alle unter dem Forschungsfeld Rechtsextremismus subsumiert wurden und werden, verantwortlich (vgl. Winkler 1996: 25).

„Resümieren wir die Probleme, die sich aus den unterschiedlichen Begriffs-verständnissen ergeben, so besteht das zentrale Problem der ‚Rechtsextre-mismusforschung' (alltagssprachliche Bedeutung) im Nichtverfügen über eine exakte Wissenschaftssprache. Daraus folgt, dass es die Rechtsextre-mismusforschung als gemeinsame Forschungstätigkeit einer wissenschaft-lichen Gemeinschaft nicht gibt" (Druwe 1996: 78).

Nun kann über das Für und Wider verschiedener Ansätze innerhalb der Extremismusforschung ausführlich gestritten werden. Angefangen bei der Frage nach dem Sinn eines grundlegenden Extremismuskonzepts, welches Links- und Rechtsextremismus gleichermaßen umfasst (vgl. Jesse 2008: 8ff.) bis zu dem Problem, wonach Definitionen von Rechts- und Links-extremismus zum Teil auf völlig unterschiedlichen Forschungsfeldern er-bracht werden, was Vergleiche häufig unmöglich macht (vgl. Neugebauer 2010: 6ff.), werden etliche interdisziplinäre Diskussionen geführt.

Im Zentrum des Interesses dieses Kapitels steht jedoch keinesfalls die umfassende theoretische Aufarbeitung des Extremismus- oder Rechts-extremismusbegriffs. Vielmehr sollen in diesem Abschnitt die nötigen theoretischen Vorarbeiten geleistet werden, um sich zielführend mit Stra-tegien gegen Rechtsextremismus im Fußballstadion beschäftigen zu kön-nen. Dazu sind umfassende Darstellungen des gesamten Forschungsfeldes nicht nötig. Dagegen sind im Hinblick auf die Fragestellungen dieser Ar-beit zweckmäßige Definitionen der Begrifflichkeiten „Extremismus" und „Rechtsextremismus" unabdingbar. Nur wenn geklärt ist, was überhaupt bekämpft werden soll, ist es möglich, fundierte wissenschaftliche Diskus-sionen bezüglich der Strategien im Kampf gegen eben diese Phänomene zu führen. Die grundlegenden theoretischen Vorüberlegungen in diesem Ka-pitel dienen insofern ‚nur' der Klärung wissenschaftlicher Begrifflichkeiten hinsichtlich des konkreten Forschungsgegenstandes, nicht der Diskussion der (Rechts-)Extremismusforschung generell.

Pfahl-Traughber bemerkt treffend, dass eine Definition von Rechtsext-remismus „einerseits die Begriffsbestimmung von Extremismus allgemein und andererseits die Benennung seiner inhaltlichen Besonderheiten gegen-über anderen Extremismen" (Pfahl-Traughber 2001: 11/12) voraussetzt. „Es liegt nahe, bei der inhaltlichen Bestimmung des Rechtsextremismus-begriffs vom Extremismusbegriff auszugehen" (Winkler 2000: 41). Da-her ist es angebracht, zunächst eine grundlegenden Definition des Begriffs

‚Extremismus' zu erarbeiten, bevor die Definition des Begriffs ‚Rechtsextremismus' erfolgt.

„Extremismus gilt gemeinhin als Oberbegriff für Rechts- und Linksextremismus" (Neugebauer 2000: 13). Gleichzeitig weist Neugebauer jedoch darauf hin, dass die These, wonach das politische Spektrum entlang einer Links-Rechts-Achse verläuft, bei der die äußeren Ränder als Extreme anzusehen sind (vgl. z.b. Stöss 2005: 14, Graphik 1), aufgrund ihrer Eindimensionalität „vielfältige Zuordnungs- und Abgrenzungsprobleme" (Neugebauer 2000: 13) schafft.

Andere Autoren verweisen auf andere extremistische Spielarten, die das eindimensionale Links-Rechts-Modell sprengen. Heckmann untersucht beispielsweise das Verhältnis islamistischer Milieus „zu extremistischen und terroristischen Organisationen" (Heckmann 2004: 273) und weist damit zumindest implizit auf eine Form des Extremismus hin, die weder als Rechts- noch Linksextremismus, sondern als islamistischer Fundamentalismus, mithin als religiöse Variante des politischen Extremismus, bezeichnet werden kann (vgl. Kailitz 2004: 164ff.). Weiterhin weist auch der Verfassungsschutzbericht längst nicht mehr nur eine Unterscheidung zwischen rechts- und linksextremistischen Bestrebungen und Verdachtsfällen auf, sondern benennt ‚islamistische/islamistisch-terroristische Bestrebungen und Verdachtsfälle' sowie ‚sicherheitsgefährdende und extremistische Bestrebungen von Ausländern und Verdachtsfälle (ohne Islamismus)' explizit als weitere Punkte extremistischer Strömungen innerhalb der Bundesrepublik Deutschland (vgl. Bundesministerium des Innern 2009). Eine bloße Definition von Extremismus als Oberbegriff von Rechts- und Linksextremismus ist daher offenbar unzureichend. Gleichwohl kann und muss eine Definition des Extremismusbegriffs diese beiden Spielarten einschließen. Andere Bestrebungen darf sie dabei jedoch nicht ausschließen, da auch sie unter dem Oberbegriff ‚Extremismus' subsumiert werden.

Moreau/Lang liefern in diesem Sinne einen brauchbaren allgemeinen Ansatzpunkt zur Definition des Extremismus, indem sie darlegen, dass „der Begriff des politischen Extremismus [...] sich als Antithese zu dem des demokratischen Verfassungsstaat bestimmen" (Moreau/Lang 1996: 18) lässt. Damit geben sie eine Grunddefinition von politischem Extremismus jedweder Spielart, die zumindest in demokratischen Systemen ihre Gültigkeit entfaltet. Dass diese Definitionen für extremistische Strömungen außerhalb demokratischer Verfassungsstaaten ihre Gültigkeit verliert, liegt auf der Hand. Die Frage nach einer umfassenden Definition des politischen Extremismus soll jedoch nicht Thema dieser Arbeit sein. Da sich die folgenden Untersuchungen auf Strategien gegen Rechtsextremismus in deutschen Fußballstadien beziehen, also innerhalb des demokratischen Verfassungsstaats Bundesrepublik Deutschland angesiedelt sind, sollten die Definitionen von Extremismus im Allgemeinen und Rechtsextremismus im Besonderen ihre Gültigkeit in eben diesem Rahmen entfalten. In diesem Sinne ist Moreau/Langs Definition zweckmäßig.

Auch Backes/Jesse gehen davon aus, dass „der Begriff des politischen Extremismus [...] als Sammelbezeichnung für unterschiedliche politische Gesinnungen und Bestrebungen fungieren [soll], die sich in der Ablehnung des demokratischen Verfassungsstaates und seiner fundamentalen Werte und Spielregeln einig wissen" (Backes/Jesse 1993: 40). Das heißt, dass mit „Extremismus [...] jene politische Richtung gemeint [ist], die die Werte der freiheitlichen Demokratie ablehnt. Alle Formen des politischen Extremismus zeichnen sich durch die direkte oder indirekte Ablehnung des politischen Pluralismus aus" (Jesse 2007: 11).

Eine ähnliche wenngleich positive Definition des Extremismusbegriffs entwickelt auch Kailitz. Er kennzeichnet extremistische Strömungen als diejenigen, die „auf die Bewahrung oder Errichtung einer autoritären oder totalitären Diktatur zielen" (Kailitz 2004: 15). Dieser Definition liegt das Konzept zur Differenzierung unterschiedlicher Herrschaftsformen in totalitäre Diktaturen, autoritäre Diktaturen und Demokratien zugrunde, welches zum Beispiel Lauth ausführlich beschreibt (vgl. Lauth 2002: 105ff.), das im Zusammenhang mit dieser Arbeit jedoch keiner näheren Erläuterung bedarf, da es für kommende Analysen unbedeutend bleibt. Vielmehr ist an dieser Stelle festzuhalten, dass auch Kailitz Extremismus als Gegenpol zu zentralen Prinzipien demokratischer Verfassungsstaaten definiert.

Die vorgestellten Definitionen eint also der Gedanke, dass diejenigen politischen Strömungen als extremistisch anzusehen sind, die fundamentale Werte und Spielregeln des demokratischen Verfassungsstaats, also Werte der freiheitlichen Demokratie, ablehnen. Bezogen auf die Bundesrepublik Deutschland spiegelt sich eine Ablehnung dieser demokratischen Grundprinzipien in der Ablehnung der freiheitlich demokratischen Grundordnung. Was unter dieser freiheitlich demokratische Grundordnung zu verstehen ist, definierte das Bundesverfassungsgericht in seinem ersten Parteiverbotsurteil gegen die Sozialistischen Reichspartei (SRP) im Jahre 1952. Darin bezeichnet es sie als eine Ordnung, „die unter Ausschluss jeglicher Gewalt und Willkürherrschaft eine rechtsstaatliche Herrschaftsordnung auf der Grundlage der Selbstbestimmung des Volkes nach dem Willen der jeweiligen Mehrheiten und der Freiheit und Gleichheit darstellt" (Entscheidungen des Bundesverfassungsgerichtes [im Folgenden mit BVerfGE abgekürzt] Bd. 2: 13). Weiterhin führt das Gericht in seinem Grundsatzurteil aus, dass zu diesen grundlegenden Prinzipien mindestens „die Achtung vor den im Grundgesetz konkretisierten Menschenrechten, vor allem dem Recht auf Persönlichkeit auf Leben und freie Entfaltung, die Volkssouveränität, die Gewaltenteilung, die Verantwortlichkeit der Regierung, die Gesetzmäßigkeit der Verwaltung, die Unabhängigkeit der Gerichte, das Mehrparteienprinzip und die Chancengleichheit für alle politischen Parteien mit dem Recht auf verfassungsmäßige Bildung und Ausübung einer Opposition" (BVerfGE Bd. 2: 13) zählen.

Diese Definition bildet auch die Grundlage der Extremismusdefinition der Verfassungsschutzämter. Deren Aufgabe besteht nach eigenen Angaben in der Sammlung und Auswertung von Informationen über „Bestrebungen, die gegen die freiheitliche demokratische Grundordnung, den Bestand oder die Sicherheit des Bundes oder eines Landes gerichtet sind, oder eine ungesetzliche Beeinträchtigung der Amtsführung der Verfassungsorgane des Bundes, eines Landes oder ihrer Mitglieder zum Ziel haben" (Bundesministerium des Inneren 2009: 19). Der sogenannte „amtliche Extremismusbegriff" (Neugebauer 2008: 1) definiert Bestrebungen also dann als extremistisch, wenn sie gegen die freiheitlich demokratische Grundordnung vorgehen beziehungsweise drauf zielen, diese Ordnung zu beseitigen.

Die Ablehnung demokratischer Verfassungsprinzipien, vom Bundesverfassungsgericht als freiheitliche demokratische Grundordnung definiert, ist ebenfalls entscheidendes Kriterium aller bisher angeführten Extremismusdefinitionen aus der Wissenschaft. Es ist daher lohnenswert, diese zur Grundlage der Definition des Begriffs ‚Extremismus' innerhalb dieser Arbeit zu machen.

Fraglich bleibt allerdings weiterhin, ob schon die innere Ablehnung der freiheitlich demokratischen Grundordnung als Kernelement der Definition des Begriffs ‚Extremismus' angesehen werden kann oder ob erst eine aktive

Handlung gegen diese Ordnung eine Gruppe beziehungsweise Einzelperson als extremistisch ausweist.

In seiner Rechtsprechung machte das Bundesverfassungsgericht mit dem Urteil zum Verbot der Kommunistischen Partei Deutschland (KPD) bereits 1956 deutlich, dass es für ein Parteiverbot nicht ausreiche, wenn die Partei beziehungsweise deren Mitglieder die Grenzen der freiheitlich demokratischen Grundordnung einmalig verlassen haben. Ebenso wenig genüge eine bloße Weigerung der Anerkennung dieser Grundsätze zur Begründung eines Parteiverbots. Die Parteien, beziehungsweise deren Mitglieder, müssten vielmehr „eine aktiv kämpferische, aggressive Haltung gegenüber der bestehenden Ordnung" (BVerfGE Bd. 5: 141) an den Tag legen.

Nun beschäftigt sich diese Arbeit jedoch nicht mit Parteiverboten, sondern mit Rechtsextremismus im Fußballstadion. Deshalb bleibt fraglich, ob auch diese zusätzliche Anforderung des Bundesverfassungsgerichts in die zweckmäßige Definition von Extremismus innerhalb dieser Arbeit übernommen werden sollten. Zieht man in Betracht, dass die Ergänzung nicht den eigentlichen Charakter extremistischer Ansichten oder gar Handlungen als Aktivitäten gegen zentrale Prinzipien des demokratischen Verfassungsstaats, zusammengefasst als freiheitlich demokratische Grundordnung, in Frage stellt, sondern sich mit den Voraussetzungen für ein Parteiverbot auseinandersetzt, ist dies zu verneinen. Dass für Parteiverbote höhere Hürden aufgestellt werden als für die bloße Charakterisierung einer Einstellung oder Handlung als extremistisch, ist offensichtlich richtig. Da das Forschungsinteresse dieser Arbeit jedoch auf Strategien gegen Rechtsextremismus in Fußballstadien gerichtet ist, die maßgeblich auf die Bekämpfung von rechtsextremistischen Einstellungen und Handlungen im Kontext des Stadions zielen, wäre es unzweckmäßig, die hohen Anforderungen des Bundesverfassungsgerichts an ein Parteiverbot auf die Definition des Extremismusbegriffs im Rahmen dieser Arbeit zu übertragen. Extremismus als Verstoß, gleich ob als innere Überzeugung oder konkrete Handlung, gegen Elemente der freiheitlich demokratischen Grundordnung, insbesondere der darin postulierten Menschenrechte oder des Rechts auf freie Entfaltung der Persönlichkeit, zu definieren, ist dagegen im Hinblick auf den Untersuchungsgegenstand dieser Arbeit ausreichend und sinnvoll.

Das Recht auf Leben wird gegnerischen Spielern oder Fans in Stadien gesanglich regelmäßig abgesprochen. Menschenverachtende Äußerungen sind ebenso an der Tagesordnung wie rassistische, homophobe oder sexistische Beschimpfungen. Deshalb ist im Zuge dieser Arbeit die von vielen Forschern vertretene und von Stöss (2005: 13) zu Recht als „konzise" charakterisierte Definition von Extremismus als Verstoß gegen fundamentale Werte und Prinzipien des demokratischen Verfassungsstaats, zusammengefasst als freiheitlich demokratische Grundordnung, zweckmäßig. Ob der Verstoß dabei auf der Einstellungs- oder Handlungsebene (vgl. Kapitel 2.2) erfolgt, ist unerheblich.

Demnach sind in Bezug auf den Forschungskontext dieser Arbeit Einstellungen, Äußerungen oder Handlungen von Fußballfans dann als extremistisch einzustufen, wenn sie gegen Teile der freiheitlich demokratischen Grundordnung verstoßen beziehungsweise Teile davon in Abrede stellen.

Wenn nun Personen, Gruppen, Handlungen oder beliebige andere Untersuchungsobjekte als extremistisch definiert werden, ist über das entsprechende Untersuchungsobjekt zunächst nur so viel gesagt, dass es gegen Elemente der freiheitlich demokratischen Grundordnung der Bundesrepublik verstößt, diese ablehnt oder darauf bedacht ist, diese zu beseitigen. Da es jedoch verschiedene Formen der Verfassungsablehnung geben kann, die mit unterschiedlichen Zielsetzungen einhergehen, muss und kann die jeweilige extremistische Spielart genauer beschrieben werden. Ansonsten, so bemängelt beispielsweise Butterwege, befänden sich „Todfeinde wie der Faschismus und der Kommunismus [...] plötzlich im ‚selben Boot'" (Butterwege 1996: 67).

Während hinsichtlich der Definition des Extremismusbegriffs in der scientific community grundlegende Einigkeit herrscht, strotz die wissenschaftliche Literatur vor differierenden, sich oftmals widersprechenden Definitionen des Begriffs Rechtsextremismus. Er „gehört zu den amorphesten Begriffen der Sozialwissenschaft" (Winkler 2000: 39). Aufgrund der unüberschaubaren Vielfalt unterschiedlicher Verwendungszwecke des Begriffs ist es zwingend notwendig, dass im Vorfeld jedweder Beschäftigung mit dem Phänomen Rechtsextremismus oder seiner Teilbereiche „aus den Ausführungen hinreichend klar hervorgeht, wie die benützten Ausdrücke verwendet werden" (Winkler 2000: 39). Zu diesem Zweck soll nun eine Definition des Rechtsextremismusbegriffs erarbeitet werden, die im Hinblick auf die Fragestellungen dieser Arbeit zweckmäßig ist und die gleichzeitig den Anforderungen des grundlegenden Extremismusbegriffs genügt.

Obwohl der Rechtsextremismusbegriff in der Literatur immer noch nicht annähernd konsistent benutzt wird, herrscht inzwischen zumindest Einigkeit darüber, dass zwischen Links- und Rechtsextremismus genau zu differenzieren ist. Das war in der Vergangenheit durchaus umstritten. „Die Lokalisierung von politischen Organisationen auf ein Kontinuum ‚links-rechts' ist intellektuell für ein Land wie die Bundesrepublik kaum zu rechtfertigen. Im Inhalt lassen sich wesentliche Teile der von Führungsgruppen und Propagandisten der DKP und der NPD vorgetragenen Ideologien kaum unterscheiden" (Scheuch 1974: 457), schrieb Scheuch noch Mitte der 70er Jahre. Heutzutage ist jedoch weitgehend unstrittig, dass solche Aussagen „kein Extremismusforscher mehr unterschreiben" (Kailitz 2004: 16) würde.

Freilich existieren immer noch Schnittmengen zwischen Links- und Rechtsextremismus. Strukturelemente extremistischer Ideologien wie ideologische Absolutheitsansprüche, Dogmatismus, Utopismus, Freund-Feind-Stereotypen, Verschwörungstheorien oder Fanatismus münden in der Ablehnung des demokratischen Verfassungsstaats und unterscheiden sowohl rechts- als auch linksextreme Strömungen (ebenso wie sonstige Spielarten, die nach der bereits vorgestellten Definition als extremistisch auszuweisen sind) von demokratischen. Sie sind daher als allgemeine Merkmale extremistischer Strömungen zu charakterisieren (vgl. Backes 1989: 298ff.). Folglich müssen andere inhaltliche Komponenten als differenzierende Spezifika des Rechtsextremismus herausgearbeitet werden.

„Zur inhaltlichen Unterscheidung der verschiedenen Varianten bei der Ablehnung des demokratischen Verfassungsstaates haben sich die Begriffe Links- und Rechtsextremismus eingebürgert, die ebenfalls Sammelbezeichnungen bilden. Für ihre weitere Differenzierung bedarf es nicht einer formalen, sondern einer inhaltlichen Komponente. […] hierüber gibt es bereits seit längerer Zeit eine kontroverse Diskussion, die um die Benennung eines zentralen Kriteriums zur Unterscheidung bemüht ist" (Pfahl-Traughber 2001: 13). Diese mitunter ausufernde Diskussion um brauchbare Unterscheidungsmerkmale zwischen extremistischen Strömungen (vgl. z.B. Butterwege 1996: 71, mit Verweisen auf Jesse 1991: 984 und Stöss 1989: 18) werden im Rahmen dieser Arbeit nicht umfassend referiert. Vielmehr sollen in der Folge einige Unterscheidungsmerkmale dargelegt werden, die den Rechtsextremismus von den übrigen extremistischen Strömungen unterscheiden und die im Hinblick auf die Fragestellung dieser Arbeit als zweckmäßig einzustufen sind.

Von vielen Autoren wird die zwischen Links- und Rechtsextremismus differierende Einstellung zur Gleichheit, was „letztendlich dem Unterschied zwischen Egalitarismus und Nicht-Egalitarismus" (Pfahl-Traughber 2001: 13) entspricht, als geeignetes Unterscheidungsmerkmal zwischen den beiden Überzeugungssystemen angesehen. „Im Unterschied zur extremen Rechten, die bereits das – den Menschenrechten zugrunde liegende – Ethos fundamentaler Menschengleichheit negiert, dehnt die extreme Linke den ‚Gleichheitsgrundsatz auf alle Lebensbereiche aus', so dass das Freiheitsprinzip überlagert wird (Kommunismus) oder ins Leere läuft, weil ‚jede Form von Staatlichkeit als repressiv gilt' (Anarchismus)" (Moreau/Lang 1996: 19).

Schon 1789, im Jahr der französischen Revolution, hätten sich, wie Backes/Jesse (1989) anführen, die Begriffe ‚links' als Beschreibung derjenigen, die dem König lediglich ein suspensives Vetorecht zugestehen wollten, und ‚rechts' für die Befürworter einer starken Monarchie, aufgrund der Sitzordnung in der französischen Nationalversammlung etabliert. Im Prinzip sei es also auch damals um die Einstellung zur fundamentalen Menschengleichheit gegangen, die von ‚links' bejaht und von ‚rechts' verneint wurde (vgl. Backes/Jesse 1989: 40). Innerhalb des demokratischen Parteienspektrums der Bundesrepublik Deutschland lassen sich diese Richtungsbegriffe heute freilich „in ihrer ursprünglichen Bedeutung [...] nicht mehr sinnvoll verwenden" (Backes/Jesse 1989: 41), da das Prinzip der fundamentalen Menschengleichheit tragende Säule des heutigen Verfassungsstaats geworden ist. Gleichgültig, ob heute eine demokratische Partei als eher rechts oder eher links bezeichnet wird, identifiziert sie sich doch in jedem Fall mit dieser fundamentalen Menschengleichheit. „Dagegen ist die Ausgangslage des Jahres 1789 im Bereich der politischen Extreme in gewisser Weise erhalten geblieben" (Backes/Jesse 1989: 41). Linksextremismus und Rechtsextremismus unterscheiden sich demnach weiterhin in ihrer Einstellung zur fundamentalen Menschengleichheit, die von rechts verneint und von links überzeichnet wird.

Diese Ansicht teilt auch Pfahl-Traughber, der jedoch unterstreicht, dass mit einer Ablehnung der fundamentalen Menschengleichheit nicht schon gemeint sei, „dass die Aussage, wonach Menschen ungleich sind, als rechtsextremistisch zu gelten hat" (Pfahl-Traughber 2001: 14). Die Unterschiede zwischen Menschen bezüglich körperlicher, geschlechtlicher, ethnischer und geistiger Hinsicht bestehen ohne Frage. „Von Anhängern rechtsextremistischer Ideologie wird aus diesen aber eine Ungleichwertigkeit der jeweiligen Menschen abgeleitet" (Pfahl-Traughber 2001: 14). Dies könne sich einerseits in offenem Rassismus, das heißt in einer Hierarchisierung von Menschengruppen in höherwertig und minderwertig, ausdrücken, oder aber auch durch die Verwehrung von Rechten für bestimmte Menschengruppen, beispielsweise „durch die Betonung von nicht näher begründeten Exklusivrechten für die eigene ethnische Gruppe" (Pfahl-Traughber 2001: 14) deutlich werden.

Als weiteres Unterscheidungs- beziehungsweise Alleinstellungsmerkmal des Rechtsextremismus wird von vielen Autoren ein völkisch verwurzelter Nationalismus ins Feld geführt: „Der Einzelne ist Diener seines Volkes, dem er ethnisch und kulturell unaufhebbar angehört" (Jaschke 2006: 33). Dies habe sich bei der „Systemopposition von Rechts im Kaiserreich [...] nicht nur [durch] die Forderung nach einem im Inneren und nach außen autoritären und gegenüber seinen Feinden bzw. Gegnern unnachgiebigen Nationalstaat, sondern zugleich – sozusagen als Kehrseite der Medaille – [durch] die völkische Fundierung dieses Nationalstaats" (Stöss 2000: 104) ausgedrückt. Noch heute ist dieser übersteigerte Nationalismus zentrales Element rechtsextremistischer Überzeugungssysteme und Einstellungsmuster. Diese Form des Nationalismus bedeutet freilich „mehr als nur die Liebe zur oder die Identifikation mit der eigenen Nation. Nationalismus stellt vielmehr ein gesellschaftsgestaltendes Prinzip mit außen- und innenpolitischen Implikationen dar, das andere Prinzipien, wie etwa Menschen- und Bürgerrechte, Demokratie oder den Völkerbundsgedanken, ablehnt und bekämpft" (Stöss 2000: 109). Verbunden ist dieser übersteigerte Nationalismus meist mit Großmachtstreben, das heißt dem Willen, die Deutsche Nation auszudehnen, was mit einer feindlichen Einstellung gegenüber anderen Völkern und Staaten einhergeht (vgl. Stöss 2005: 23). Da dieses Gedankenkonstrukt bei Ideologien anderer extremistischer Strömungen wie beispielsweise dem Linksextremismus zumindest in Deutschland nicht nachzuweisen ist, kann der (übersteigerte) Nationalismus als weiteres Unterscheidungsmerkmal des Rechtsextremismus gegenüber anderen extremistischen Strömungen in der Bundesrepublik angesehen werden.

Das Kriterium der reinrassigen Volksgemeinschaft ist ein weiteres Unterscheidungsmerkmal. Es drückt die gesellschaftliche Leitidee des Rechtsextremismus aus, wonach Volk und Staat zu einem Objekt verschmelzen, „dessen Einheit sich zumeist in einer völkischen bzw. rassistischen Ideologie und vielfach auch in einer Person (Führer) manifestiert" (Stöss 2005: 24). Wesentlich ist bei der Idee der Volksgemeinschaft die bedingungslose Unterordnung des Individuums unter das Wohl der völkischen Allgemeinheit sowie die Abgrenzung der reinrassigen, das heißt nur aus einer privilegierten Ethnie bestehenden Volksgemeinschaft gegenüber anderen Volksgruppen. An dieser Stelle ist also ebenfalls die Negation der Gleichheit verschiedener Bevölkerungsgruppen zentrales Ideologieelement.

Jaschke definiert Rechtsextremismus als „Gesamtheit von Einstellungen, Verhaltensweisen und Aktionen, organisiert oder nicht, die von der rassisch oder ethnisch bedingten sozialen Ungleichheit der Menschen ausgehen, nach ethnischer Homogenität von Völkern verlangen und das Gleichheitsgebot der Menschenrechts-Deklaration ablehnen, die den Vorrang der Gemeinschaft vor dem Individuum betonen, von der Unterordnung des Bürgers unter die Staatsräson ausgehen und die den Wertepluralismus einer liberalen Demokratie ablehnen und Demokratisierung rückgängig machen wollen" (Jaschke 1994: 31). Damit vereint er allgemeine Merkmale extremistischer Strömungen mit speziellen inhaltlichen Merkmalen des Rechtsextremismus und liefert eine brauchbare Definition des Rechtsextremismus.

Dieser zusammenfassenden Definition Jaschkes unter Berücksichtigung der bisher herausgearbeiteten Unterscheidungsmerkmale folgend, dienen in dieser Arbeit also vor allem folgende Merkmale zur Unterscheidung des Rechtsextremismus von anderen extremistischen Strömungen:

- Die Verneinung der fundamentalen Menschengleichheit, das heißt die Nicht-Anerkennung von Menschen- und Bürgerrechten für bestimmte ethnische Gruppierungen sowie die Diskriminierung, Abwertung oder gar Verfolgung bestimmter Menschengruppen aufgrund ihrer ethnischen oder religiösen Zugehörigkeit.
- Ein übersteigerter Nationalismus, das heißt die unverhältnismäßige Glorifizierung des eigenen Vaterlandes verbunden mit Großmachtstreben und einer feindseligen Haltung gegenüber anderen Staaten und Völkern.

– Die Betonung der nationalistisch verbundenen Volksgemeinschaft, das heißt die Bereitschaft, sich zum ‚Wohl' des Heimatlandes einem einzelnen Führer oder anderen Autoritäten bedingungslos unterzuordnen.

2.2. Die verschiedenen Ebenen und Dimensionen des Rechtsextremismusbegriffs

Im vorherigen Kapitel ist geklärt worden, was im Rahmen dieser Arbeit unter den Begriffen Extremismus und Rechtsextremismus verstanden wird. In der Folge soll nun umrissen werden, welche inhaltlichen Dimensionen den Begriff des Rechtsextremismus innerhalb dieser Arbeit ausmachen und auf welchen Ebenen diese Dimensionen angesiedelt sind.

Da die „Diskussion über Rechtsextremismus […] durch eine Vielfalt unterschiedlicher theoretischer Ansätze, Forschungsfelder, methodischer Verfahren und intendierter Verwendungszusammenhänge geprägt" (Dubiel et al. 1994: 15) ist, erschwert die Vielzahl der Publikationen zu diesem Thema nicht nur die eindeutige Definition zentraler Begrifflichkeiten, sondern darüber hinaus eine allgemein anerkannte Zuordnung der Dimensionen und Ebenen, in und auf denen sich Rechtsextremismus manifestiert. „Es besteht kein Einvernehmen darüber, wie rechtsextreme Einstellungen inhaltlich zu definieren sind. In der Regel wird von einem vielschichtigen Einstellungsmuster ausgegangen" (Stöss 2000b: 22). Analog zum vorherigen Kapitel sollen jedoch auch an dieser Stelle die umfassenden theoretischen Debatten hinsichtlich dieser inhaltlichen Ausgestaltung weder neu aufgerollt noch detailliert nachgezeichnet werden. Vielmehr sollen mit Blick auf die vorliegenden Fragestellungen diejenigen Dimensionen und Ebenen des Rechtsextremismus identifiziert werden, die im Kontext dieser Arbeit relevant sind.

Einen guten Einstieg für nähere Untersuchungen ermöglicht aufgrund seines grundlegenden Charakters ein Schaubild von Winkler, das freilich in variierenden Formen bei ähnlichem Informationsgehalt auch von andern Autoren angeboten wird (vgl. z.B. Decker/Brähler 2006: 13 oder Stöss 2000b: 22).

Abbildung 1: Fremdenfeindlichkeit und Rechtsextremismus als Forschungsobjekte der Politikwissenschaft (Winkler 2007)

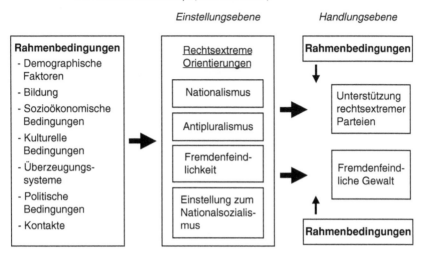

Wie das Schaubild verdeutlicht, tritt Rechtsextremismus auf der Einstellungs- und auf der Handlungsebene auf. Diese Unterscheidung ist innerhalb der einschlägigen Literatur weitgehend unstrittig (vgl. z.B. Stöss 2000b: 21). Differenzierter kann auch hinsichtlich „gesellschaftlich-institutionellen Rahmenbedingungen (Makroebene), kollektiven Akteuren wie Parteien oder politischen Gruppen (Mesoebene), individuellen Einstellungen und Verhaltensweisen (Mikroebene) sowie konkreten Ereigniskontexten" (Kaase 1996: 606) unterschieden werden. Zöge man diese Unterscheidung heran, würde Winklers Schaubild die Mikroebene auf zwei Ebenen darstellen (Einstellungs- und Handlungsebene). Diese würde von der Makroebene (Rahmenbedingungen) sowie der davon in diesem Schaubild nicht scharf getrennten Mesoebene (Politische Akteure etc.) beeinflusst. Diese Arbeit soll jedoch auf der groben Unterscheidung „zwischen rechtsextremistischen Einstellungen und rechtsextremistischem Verhalten" (Stöss 2000b: 21) basieren. Daher ist die Differenzierung zwischen Handlungs- und Einstellungsebene in Bezug auf die Forschungsausrichtung vollkommen ausreichend.

Auf diesen beiden Ebenen kann sich Rechtsextremismus wiederum in verschiedenen Formen manifestieren (vgl. Abbildung 1). Diese sind auf der

Handlungsebene problemlos zu erkennen, da bestimmte Verhaltensformen in der Regel unmittelbar empirisch nachgewiesen werden können. So können etwa sowohl die Wahl einer rechtsextremen Partei als auch fremdenfeindliche Gewalttaten (oder sonstige politisch rechtsextrem gefärbte Gewalttaten gegen bestimmte Bevölkerungsgruppen, wie zum Beispiel Gewalt gegen homosexuelle, politisch links denkende oder sozial schwache Menschen) prinzipiell beobachtet werden und tauchen in Wahl- beziehungsweise polizeilichen Statistiken auf. Wenngleich auch diese Zahlen mitunter unterschiedlich interpretiert und diskutiert werden können[8], sind diese Daten für Forscher leicht zugänglich. Im Unterschied zu den Formen des Rechtsextremismus auf der Handlungsebene sind dessen Ausformungen auf der Einstellungsebene jedoch wesentlich schwerer auszumachen, da Überzeugungen nicht beobachtet werden können. Möchte man Daten auf dieser Ebene gewinnen, muss man sich daher mit Umfragen, Interviews und ähnlichen indirekten Mitteln behelfen. Das macht den Nachweis rechtsextremer Überzeugungen auf der Einstellungsebene ungleich schwieriger.

Gleichwohl werden auf dieser Ebene die verschiedenen Dimensionen des Rechtsextremismus deutlich, da sich ein gefestigtes rechtsextremistisches Weltbild aus vielen Facetten, die im Folgenden als Dimensionen definiert werden, zusammensetzt. Diese „Dimensionen des Rechtsextremismus sind säuberlich voneinander zu unterscheiden. Sie haben jeweils ihren besonderen Stellenwert und oft sogar eigenständige Ursachen. Dessen ungeachtet bilden sie nur gemeinsam den Rechtsextremismus. Es ist unzulässig, nach dem Prinzip Pars pro Toto von einer einzigen Dimension auf das Gesamtphänomen zu schließen" (Stöss 2000b: 24). Fremdenfeindlichkeit alleine ist also zum Beispiel nicht *der* Rechtsextremismus, sondern eine Dimension des Rechtsextremismus, angesiedelt auf der Einstellungsebene.

Was genau zu den Dimensionen des Rechtsextremismus zu zählen ist, wird von Autor zu Autor unterschiedlich definiert. Bei der Aufarbeitung der relevanten Literatur zeigt sich, besonders bei genauerer Betrachtung

---

8 Zum Beispiel kann trefflich über die Effektivität und Genauigkeit des Definitionssystems zur „Politisch motivierten Kriminalität" (Bundesministerium des Inneren 2004: 29ff.) des Bundesamts für Verfassungsschutz gestritten werden (vgl. z.B. Kohlstruck 2010: 5ff.), was an dieser Stelle aber unterbleiben soll.

der existierenden Fragebögen zur Erfassung rechtsextremer Einstellungen, „dass es eine Fülle von Befragungen zu rechtsextremen Einstellungen, mithin eine kaum überschaubare Anzahl von Items zur Erfassung eben dieser Einstellungen gibt" (Duben 2009: 45). Dies überrascht angesichts der umfangreichen Rechtsextremismusforschung wenig, rundet das äußerst vielschichtige Bild dieser Forschungsrichtung jedoch in gewisser Weise ab.

Winkler nennt in seinem Schaubild (vgl. Abbildung 1) die Dimensionen ‚Nationalismus',,,Antipluralismus',,,Fremdenfeindlichkeit' und ‚Einstellung zum Nationalsozialismus'. Falter zählt zu den relevanten Dimensionen rechtsextremer Einstellungen „‚Nationalismus', ‚Pluralismus und Demokratie', ‚Haltung gegenüber dem Nationalsozialismus', ‚Einstellung gegenüber Ausländern' und ‚Antisemitismus'" (Falter 2000: 406). Andere Autoren bringen darüber hinaus die Dimensionen ‚Autoritarismus' (vgl. z.B. Kleinert/de Rijke 2000: 170),,,Sexismus' (vgl. z.B. Heitmeyer 2002: 20/21),,,Ethnozentrismus' (vgl. z.B. Arzheimer et al. 2000: 222 mit Verweis auf Gabriel 1996),,,(Wohlstands-)Chauvinismus' (vgl. z.B. Decker/Brähler 2005: 11),,,Sozialdarwinismus' (vgl. z.B. Decker 2008 et al.: 11),,,Rassismus' (vgl. Küchler 1996: 248) oder ‚Homophobie' (vgl. z.B. Heitmeyer 2006: 22) ins Spiel. Stöss greift viele der genannten Dimensionen auf und kommt zu dem Schluss, dass sich ein rechtsextremes Einstellungsmuster „mindestens aus folgenden Bestandteilen zusammensetzt: Autoritarismus, Nationalismus, Fremdenfeindlichkeit, Antisemitismus und pronazistische, den Nationalsozialismus verherrlichende oder wenigstens doch verharmlosende Einstellungen" (Stöss 2000b: 22).

Natürlich können an dieser Stelle weitere Dimensionen genannt sowie zahllose Debatten über die treffende Beschreibung beziehungsweise Zuordnung der sich mitunter überschneidenden Dimensionen des Rechtsextremismus dargestellt werden. Wichtiger ist jedoch eine im Hinblick auf die Forschungsausrichtung dieser Arbeit zielführende Benennung derjenigen Dimensionen, die im Rahmen dieser Arbeit als maßgebliche Dimensionen des Rechtsextremismus definiert werden sollen. Nur wenn klar ist, welche Dimensionen als dem Begriff des Rechtsextremismus inhärent gelten, kann sinnvollerweise über deren Bekämpfung im Fußballstadion nachgedacht werden. In dieser Arbeit zählen dazu die folgenden Dimensionen:

- *Sozialdarwinismus* als die Abwertung aller sozial Schwächeren.
- *(Übersteigerter) Nationalismus* als die Überbetonung Deutschlands verbunden mit der Abwertung anderer Nationen, was mitunter auch mit einer Glorifizierung/Verharmlosung des Nationalsozialismus einhergehen kann.
- *Antisemitismus* als die Abwertung alles Jüdischen.
- *Homophobie* als die Abwertung alles Homosexuellen.
- *Sexismus* als die Überbetonung des Männlichen bei gleichzeitiger Abwertung des Weiblichen.
- *Xenophobie*[9] als die Abwertung von ‚Ausländern' beziehungsweise von Menschen, die als ausländisch/fremdartig/nicht-deutschstämmig wahrgenommen werden.
- *Rassismus* als die Abwertung von Menschen aufgrund ihrer ethnischen Zugehörigkeit, insbesondere aufgrund ihrer nicht-weißen Hautfarbe.[10]

Bei der Erforschung des Phänomens Rechtsextremismus kommt den Rahmenbedingungen seiner Entstehung eine nicht unbedeutende Rolle zu (vgl. Abbildung 1). Einerseits spielen soziale Kontakte, Bildungsgrad, kulturelle Bedingungen und andere Faktoren eine entscheidende Rolle bei der Herausbildung politischer Überzeugungen auf der Einstellungsebene. Andererseits wirken sie sich auf der Handlungsebene konkret auf Aktionen aus, das heißt sie fördern oder hemmen rechtsextreme Handlungen. Auch bei den Rahmenbedingungen gilt es etliche unterschiedliche Faktoren zu berücksichtigen, was den Untersuchungsgegenstand ‚Rechtsextremismus' noch vielschichtiger macht. Da jedoch die genauere Untersuchung des Einflusses dieser Rahmenbedingungen auf die Herausbildung rechtsextremer Einstellungen ein umfangreiches, jedoch im Hinblick auf die Fragestellungen

---

9 Die Begriffe ‚Xenophobie' und ‚Fremdenfeindlichkeit' werden in der scientific community weitgehend synonym verwendet (vgl. z.B. Küchler 1996: 248).
10 Die Dimensionen ‚Rassismus' und ‚Xenophobie' überlappen sich natürlich an vielen Stellen. Dennoch müssen sie für die Untersuchungen dieser Arbeit voneinander getrennt werden, da sich erstens viele Initiativen, Projekte, Aktionen und Fangruppen im Umfeld des Fußballstadions explizit als ‚antirassistisch' bezeichnen (vgl. z.B. UEFA 2014 oder Schickeria München 2014) und zweitens „Phänomene des positiven Rassismus (‚Schwarze können besser Fußball spielen') mit dem Begriff der Fremdenfeindlichkeit nicht beschrieben werden" (Behn/Schwenzer 2006: 323) können.

dieser Arbeit nicht wirklich zielführendes Gebiet ist, da dies weitgehend abseits des Fußballstadions geschieht, soll es im Folgenden nicht näher verfolgt und in Kapitel 2.3 lediglich gestreift werden.

Doch nicht nur Rahmenbedingungen beeinflussen rechtsextreme Einstellungen und Handlungen. Auch Einstellungs- und Handlungsebene selbst stehen in einem kausalen Verhältnis zueinander.[11] Nach Meinung von Stöss stellen „rechtsextremistische Einstellungen die notwendige Voraussetzung für rechtsextremistisches Verhalten" (Stöss 2000b: 25) dar. Allein das Vorhandensein rechtsextremer Einstellungselemente muss sich jedoch nicht zwangsläufig in rechtsextremen Handlungen niederschlagen. In der scientific community ist in diesem Sinne mittlerweile weitestgehend unstrittig, dass „zwischen Einstellungen und Handlungen […] ein Zusammenhang [besteht], der aber auf keinen Fall deterministisch ist" (Decker et al. 2008: 10). So stellen beispielsweise Decker und seine Kollegen in ihrer Untersuchung zur Verbreitung von rechtsextremen Einstellungen in Deutschland fest: „Im Gegenteil zeigten sich die Einstellungen verbreiteter, als es die Handlungen, etwa die Wahl rechtsextremer Parteien, vermuten ließen" (Decker et al. 2008: 10). In ihren sogenannten Mitte-Studien im Auftrag der Friedrich-Ebert-Stiftung zeigen die Forscher, dass mit „teilweise über 40 % der Befragten" (Decker/Brähler 2006: 158) offensichtlich wesentlich mehr Menschen rechtsextremen Aussagen zustimmen, als tatsächlich rechtsextreme Parteien wählen. Ältere Untersuchungen kamen zu ähnlichen Erkenntnissen (vgl. z.B. Decker/Brähler 2005). Rechtsextreme Einstellungen sind demnach in der Gesellschaft deutlich verbreiteter als rechtsextreme Handlungen, weshalb Stöss resümiert, es „existiert hierzulande ein erheblicher Bodensatz an latentem Rechtsextremismus" (Stöss 2000b: 35).

Es bleibt also festzuhalten, dass sich Rechtsextremismus auf der Einstellungsebene in verschiedenen Dimensionen manifestiert. Diese beeinflussen wiederum entsprechende Handlungen, sind jedoch keinesfalls deterministisch zu verstehen. Allein das Vorhandensein einzelner Dimensionen des Rechtsextremismus auf der Einstellungsebene führt nicht zwangsläufig zu rechtsextremen Handlungen. Diese grundlegenden Erkenntnisse sollen

---

11 Die Einseitigkeit dieses Kausalzusammenhangs, wie sie in Abbildung 1 durch die Pfeile dargestellt wird, kann übrigens durchaus kritisch hinterfragt werden kann.

nun mit Blick auf den speziellen Kontext des Untersuchungsgegenstands Fußballstadion spezifiziert werden. Dabei wird sich zeigen, dass diese allgemeinen Überlegungen der Rechtsextremismusforschung zwar wichtig sind, für den Gebrauch innerhalb des speziellen Kontexts des Fußballstadions jedoch angepasst werden müssen (vgl. dazu auch Kapitel 5).

Denn die Dimensionen des Rechtsextremismus sollen im Kontext dieser Arbeit nicht nur rechtsextreme Überzeugungen auf der Einstellungsebene differenziert abbilden, sondern darüber hinaus dazu dienen, rechtsextremistische Handlungen wie etwa Gewaltanwendungen, Sprüche oder Gesänge im Stadion genauer klassifizieren zu können. Das unterscheidet die Definition der verschiedenen Dimensionen des Rechtsextremismus innerhalb dieser Arbeit von anderen Untersuchungen, bietet sich im speziellen Kontext des Fußballstadions jedoch an, da in diesem Zusammenhang Handlungen von Fußballfans eher erfasst werden können als ihre Einstellungen. Das liegt nicht zuletzt daran, dass wissenschaftliche Befragungen bei aktiven Fußballfans in der Regel auf wenig Gegenliebe stoßen, was bislang vor allem valide quantitative empirische Untersuchungen bezüglich ihrer Einstellung unmöglich gemacht hat.[12]

Dabei ist zu beachten, dass bei bloßer Beobachtung einer als rechtsextrem definierten Handlung nicht näher bestimmt werden kann, ob diese auch tatsächlich auf einer rechtsextremistischen Einstellung des Handelnden beruht. Somit kann eine Handlung nach Definition dieser Arbeit auch dann als rechtsextrem charakterisiert werden, wenn das Überzeugungssystem auf der Einstellungsebene des handelnden Akteurs nicht als rechtsextrem identifiziert werden kann oder er sich sogar an anderer Stelle verbal vom Rechtsextremismus distanziert. Die Definition dieser Arbeit widerspricht also der These von Stöss, wonach „rechtsextremistische Einstellungen die notwendige Vorraussetzung für rechtsextremistisches Verhalten" (Stöss 2000b: 25) sind. Mit Blick auf das spezielle Setting im Fußballstadion (vgl. Kapitel 4) wird klar, dass hier häufig „rassistische und fremdenfeindliche Beleidigungen [...] nicht von anderen vulgären

---

12 Qualitativ sind vor allem Behn/Schwenzer rechtsextremen Einstellungen im Fußballstadion nachgegangen (vgl. Behn/Schwenzer 2006: 320ff.). Einen quantitativen, jedoch nicht repräsentativen Ansatz hat Jörger verfolgt (vgl. Jörger 2012: 51ff.).

Formen der Beleidigung unterschieden" (Behn/Schwenzer 2006: 353) werden und beispielsweise die in dieser Arbeit als rechtsextrem-antisemitisch definierte Handlung der Beleidigung eines Spieler mit den Worten ‚Du Jude!' nicht notwendigerweise eine gefestigte antisemitische Einstellung des beleidigenden Fans voraussetzt (vgl. dazu ausführlich Kapitel 5). Stöss unterscheidet in diesem Sinne zwar „zwischen politisch zielgerichtetem, einem Programm verpflichteten Verhalten und zwischen Protestverhalten, das primär der Provokation und/oder dem Ausleben von aggressiven Persönlichkeitsmerkmalen dient" (Stöss 2000b: 22), macht aber zugleich deutlich, die dazwischen liegenden Grenzen seien „fließend" (Stöss 2000b: 23). Die Beleidigung, basierend auf antisemitischen Einstellungen, würde demnach zielgerichtetes rechtsextremes Verhalten darstellen. Die Beleidigung ohne antisemitische Überzeugungen wäre als rechtsextremistisches Protestverhalten zu bewerten. Innerhalb dieser Arbeit würden jedoch beide Fälle als rechtsextremes Verhalten definiert.

Einige Beispiele aus dem Umfeld des Fußballstadions sollen dies veranschaulichen:

Das Singen des U-Bahn Lieds, in dem vom Bau einer U-Bahn vom Heimatort des rivalisierenden Fußballvereins bis nach Auschwitz die Rede ist, fällt eindeutig in die Dimension des Antisemitismus. Dieser wiederum gehört nach Definition dieser Arbeit zweifelsfrei zum Rechtsextremismus, weil er die fundamentale Menschengleichheit in Frage stellt, den Nationalsozialismus glorifiziert und eine Menschengruppe aufgrund ihrer religiösen Überzeugung diffamiert. Weiterhin wird mit diesem Lied implizit einer Gruppe von Menschen (den gegnerischen Fans), das Recht auf Leben abgesprochen. Es fördert also eine Ideologie der Ungleichheit. Würde man sich nun lediglich auf die in Kapitel 2.1 formulierte Definition stützen, könnte nur festgestellt werden, dass das Singen dieses Liedes rechtsextremistisch ist. Mit Hilfe der in diesem Kapitel dargestellten Dimensionen des Rechtsextremismusbegriffs kann nun noch genauer differenziert werden, dass dieses Lied innerhalb des Phänomens Rechtsextremismus der Dimension des Antisemitismus zuzuordnen ist. Gleichwohl ist ein kausaler Schluss dahingehend, dass der Sänger des U-Bahn-Liedes zwangsläufig auch antisemitische, also rechtsextremistische Überzeugungen auf der *Einstellungsebene*, an den Tag legt, unzulässig. Im Kontext dieser Arbeit ist seine Handlung dennoch als antisemitisch, das heißt rechtsextremistisch zu definieren, selbst dann, wenn er sich womöglich bei genauerer Nachfrage davon distanzieren würde, Antisemit zu sein und eine ausführliche empirische Einstellungsanalyse tatsächlich ergeben würde, dass er wohl lediglich aus dem Affekt heraus (mit-)gesungen hat und keinerlei antisemitische Einstellungen an den Tag legt. Die Handlung bleibt dennoch per Definition dieser Arbeit eine antisemitische, also rechtsextremistische.

Ein weiteres Beispiel für die genauere Klassifizierung einer nach Definition dieser Arbeit rechtsextremen Handlung im Fußballstadion wäre das Schwenken einer schwarz-rot-weißen Flagge, die im Kaiserreich als Reichskriegsflagge diente und von den Nationalsozialisten mit dem Hakenkreuz versehen wurde. Das Schwenken der Reichskriegsflagge ohne Hakenkreuz ist in den meisten Bundesländern zwar nicht verboten, doch „immer wieder greifen Neonazis bei ihren Demonstrationen gerne auf die ursprüngliche Reichskriegsflagge ohne Hakenkreuz zurück" (Feldmann-Wojtachnia 2008: 48). Daher fällt das Schwenken der Fahne im Stadion zweifelsfrei unter die Dimension ‚(übersteigerter) Nationalismus', der wiederum dem rechtsextremen Definitionsmerkmal übermäßiger Betonung des völkischen Nationalismus entspricht und ebenfalls der Ideologie der Ungleichheit zuzuordnen ist, da die Überbetonung der eigenen Volksgruppe andere abwertet. Auch hier kann nicht zwangsläufig kausal auf rechtsextremistische, weil (übersteigert) nationalistische Einstellungen des Fahnenschwenkers geschlossen werden. Die Handlung an sich ist gleichwohl nach Definition dieser Arbeit als rechtsextremistisch zu bewerten, auch wenn sich der handelnde Akteur nicht als rechtsextrem bezeichnen würde und eine Befragung diese Selbsteinschätzung empirisch belegen könnte.

Die folgende Tabelle zeigt diejenigen Dimensionen des Rechtsextremismus, die im Rahmen dieser Arbeit in Bezug auf das Untersuchungsobjekt Fußballstadion relevant sind, mitsamt einiger Beispiele von Handlungen im Kontext des Fußballstadions, die diesen Dimensionen zuzuordnen sind und auf die später ausführlich eingegangen wird (vgl. Kapitel 5).

Tabelle 1: Dimensionen des Rechtsextremismus mit Beispielen von Handlungen aus diesen Dimensionen im Fußballstadion (eigene Darstellung)

Dimension des Rechtsextremismus	Beispiel von Handlungen in und um das Fußballstadion
Antisemitismus	Singen von antisemitischen Liedern wie dem U-Bahn-Lied
Rassismus	Affenlaute gegenüber schwarzen Spielern
(übersteigerter) Nationalismus	Schwenken der Reichskriegsflagge
Xenophobie	Beleidigung anderer Spieler aufgrund ihres Geburtslandes
Homophobie	Titulieren von Spielern als ,Schwuchteln' o.Ä.
Sexismus	Titulierung von Spielern als ,Fotzen' o.Ä.
Sozialdarwinismus	Titulierung von Spielern als ,Behinderte' o.Ä.

In dieser Arbeit umfasst der Begriff des Rechtsextremismus also im Wesentlichen die Dimensionen Antisemitismus, Rassismus, (übersteigerter) Nationalismus, Xenophobie, Homophobie, Sexismus und Sozialdarwinismus. Ferner manifestieren sich diese Dimensionen des Rechtsextremismus in Form von Überzeugungen einerseits auf der Einstellungsebene und in Form von bestimmten Taten andererseits auf der Handlungsebene. Ein kausaler Schluss von der Beobachtung bestimmter rechtsextremistischer Handlungen auf das Vorhandensein rechtsextremistischer Einstellungen ist allerdings ebenso wenig zulässig, wie nach der Identifikation einzelner rechtsextremer Einstellungsmerkmale davon auszugehen ist, dass die entsprechende Person auch zwangsläufig rechtsextrem handeln wird.

Damit wurden elementare Erkenntnisse der Rechtsextremismusforschung auf das Spezialgebiet des Fußballstadions übertragen, die in der Folge weiter spezifiziert werden sollen (vgl. Kapitel 5).

Ein kurzer Blick auf die Theorien zur Herausbildung rechtsextremer Einstellungen soll diese Grundlagen der allgemeinen Rechtsextremismusforschung im folgenden Kapitel vervollständigen.

2.3. Erklärungsansätze zur Herausbildung rechtsextremer Einstellungen

Nachdem geklärt wurde, welche Definition des Rechtsextremismus in dieser Arbeit verwendet wird, auf welchen Ebenen er sich manifestiert und welche Dimensionen ihm inhärent sind, wendet sich dieses Kapitel einer der bedeutendsten Fragestellungen innerhalb der Rechtsextremismusforschung zu: Warum bilden manche Menschen rechtsextreme Einstellungen heraus und andere nicht? Auch im Hinblick auf das Forschungsinteresse dieser Arbeit ist diese Frage nicht unwichtig, wenngleich Strategien gegen Rechtsextremismus im Fußballstadion davon nur bedingt tangiert werden. Daher sollen in diesem Kapitel lediglich einige Erklärungsansätze zur Herausbildung rechtsextremer Einstellungen ohne Anspruch auf Vollständigkeit skizziert werden.

Für allgemeine Strategien gegen Rechtsextremismus sind theoretische Kenntnisse über die Herausbildung von rechtsextremen Einstellungen essentiell. Erst wenn im Vorfeld untersucht wurde, warum sich rechtsextremes Gedankengut bei manchen Menschen festsetzt und bei anderen nicht, können Lösungswege zur Änderung entsprechender Einstellungen und eventuell daraus resultierender Verhaltensweisen erarbeitet werden. Für die Untersuchung von konkreten Strategien gegen Rechtsextremismus im Fußballstadion nach dem Forschungsdesign dieser Arbeit sind diese theoretischen Erkenntnisse jedoch lediglich nützlich, da sich die dargelegten Diskussionen eher auf Anknüpfungspunkte des Rechtsextremismus im speziellen Kontext des Fußballstadions beziehen (vgl. Kapitel 5). Die konkrete Analyse der Herausbildung von rechtsextremen Einstellungen einzelner Personen, die sich in Abhängigkeit von bestimmten Rahmenbedingungen maßgeblich außerhalb des Fußballstadions vollzieht, ist nicht Thema der folgenden Untersuchungen.

Grundsätzlich kann bei der Frage nach der Entstehung rechtsextremer Einstellungen zwischen individualistischen und strukturalistischen Ansätzen unterschieden werden. Erstere, die mitunter auch als persönlichkeitsbezogene Ansätze bezeichnet werden, gehen davon aus, dass „die zu erklärenden Tatbestände aus der Persönlichkeitsstruktur von Menschen hergeleitet werden. Die Idee ist, dass sich hinter den Bewertungen von Objekten verschiedener Bereiche eine konstante Größe verberge, die der Persönlichkeit des Menschen entstamme" (Winkler 1996: 28).

Demgegenüber stehen strukturalistische Erklärungsansätze, die davon ausgehen, dass rechtsextreme Einstellungen weniger aus der Persönlichkeit des Individuums heraus entstehen, sondern vielmehr Ergebnis externer Beeinflussung, wie zum Beispiel „der Zugehörigkeit von Personen zu Kollektiven, deren Veränderung und Interaktion" (Winkler 1996: 33), sind oder aber „Folgen des sozialen Wandels der modernen Industriegesellschaft" (Winkler 1996: 37) darstellen. Ausschlaggebend sind bei den letztgenannten Theorien externe Faktoren, weniger eine, wie auch immer geartete konstante Größe, die in der individuellen Persönlichkeit des Individuums zu finden ist.

Zunächst sollen die individualistischen Ansätzen behandelt werden.

Wer sich mit der Frage nach der Entstehung rechtsextremer Einstellungen beschäftigt, kommt nicht umhin, auf Adorno und die sogenannte Berkeley-Gruppe einzugehen. Sie beeinflussten mit ihrem 1950 veröffentlichten Werk ‚The Authoritarian Personalitiy‘ die Diskussion um die Entstehung rechtsextremer Einstellungen maßgeblich. Wenngleich ihre grundlegende Arbeit auf älteren „weniger bekannten, aber richtungsweisenden" (Decker et al. 2010: 20) Studien, etwa von Fromm, Horkheimer oder Reich, sowie auf bereits existierenden theoretischen Traditionen wie dem marxistisch geprägten historischen Materialismus, der Psychoanalyse Freuds und der Massenpsychologie Le Bons fußt, so wird das Werk der Berkley-Gruppe um Adorno dennoch oftmals als Ausgangspunkt der modernen Rechtsextremismusforschung beschrieben (vgl. Oesterreich 1996: 17ff.). Im Zentrum von Adornos Theorie steht die Annahme, dass manche Menschen über eine autoritäre Persönlichkeit, „das heißt eine tief verankerte, stabile autoritäre Persönlichkeitsstruktur" (Winkler 1996: 29) verfügen, aufgrund derer sie dazu neigen, sich Autoritäten zu unterwerfen und gegenüber Schwachen als überlegen und mitunter aggressiv aufzutreten. „We should expect them to exhibit in their relations with their children much the same moralistically punitive attitudes that they express toward minority groups – and toward their own impulses" (Adorno et al. 1950: 975). Die innere autoritäre Persönlichkeitsstruktur wirkt sich also auf die externe Interaktion ihrer Träger mit anderen Akteuren aus. „Menschen mit einer autoritären Persönlichkeit weisen nach Adorno (1950) eine geschlossene rechtsextreme Ideologie auf und neigen dazu, rechtsextreme Gruppierungen und Herrschaftssysteme zu unterstützen" (Winkler 1996: 29).

Schon bald war die Theorie Adornos jedoch auch Gegenstand zum Teil sehr heftiger Kritik. Ein bedeutender Vorwurf zielt darauf, dass Personen mit linken politischen Einstellungen nach Adornos Theorie nie als autoritäre Persönlichkeiten gekennzeichnet werden könnten, da die Faschismus-Skala, ein empirisches Messinstrument, mit dem Adorno und seine Mitstreiter nachweisen wollten, ob eine Person eine autoritären Persönlichkeit hat, „auch eine Reihe politisch konservativer Statements enthält, bei denen von vornherein unterstellt werden kann, dass politisch dem linken Spektrum sich zurechnende Befragte, egal ob sie nun autoritär sind oder nicht, mit Sicherheit nicht zustimmend antworten werden" (Oesterreich 1996: 57).

Diesen Gedanken griff unter anderem Rokeach auf. Er schlug vor, dass Dogmatismus eine bessere Begriffsalternative zur Autoritären Persönlichkeit sei, weil er ideologiefrei und sowohl im rechten als auch im linken Spektrum zu finden sei. Zur Erfassung dieses Persönlichkeitsmerkmal sei die Faschismusskala jedoch ungeeignet, das sie lediglich rechte Einstellungen als autoritär einstufen könne. Aus diesem Grund entwarf Rokeach als Reaktion auf die Faschismusskala der Berkeley-Gruppe eine Dogmatismusskala, die zwischen geschlossenen und offenen Orientierungssystemen unterscheiden soll. „Geschlossene Orientierungssysteme lägen um so eher vor, je undifferenzierter Informationen abgelehnt, die Welt und die eigene Lebenssituation als bedrohlich eingeschätzt, Autoritäten verabsolutiert werden" (Winkler 1996: 30). „Die Kritik am Dogmatismus-Anstaz war überwiegend methodisch orientiert" (Schumann 2001: 112). Beispielsweise wurde unterstellt, die Dogmatismus-Skala beinhalte eine Zustimmungstendenz, bewahre keine ideologische Neutralität, vermische auf Itemebene Richtung und Extremität der Antworten und messe zudem nur angenommene Ursachen für geschlossene Systeme (vgl. Schumann 2001: 112/113).

Inglehart sieht ebenso wie Rokeach und Adorno den Ursprung rechtsextremer Einstellungen in einer bestimmten Persönlichkeitsstruktur. Seiner Meinung nach entsteht diese jedoch nicht primär (wie in den Theorien Adornos oder Rokeachs) durch Erziehung, sondern durch den zentralen Einfluss der sozio-ökonomischen Situation, in der ein Mensch groß geworden ist. Ingleharts Erklärungsansatz fußt zum einen auf der Mangelhypothese, die besagt: „Die Prioritäten eines Menschen reflektieren sein sozio-ökonomisches Umfeld: Den größten subjektiven Wert mißt man den

Dingen zu, die relativ knapp sind" (Inglehart 1989: 92) und zum anderen auf der Sozialisationshypothese, die besagt: „Wertprioritäten ergeben sich nicht unmittelbar aus dem sozio-ökonomischen Umfeld. Vielmehr kommt es zu einer erheblichen Zeitverschiebung, denn die grundlegenden Wertvorstellungen eines Menschen spiegeln weithin die Bedingungen wider, die in seiner Jugendzeit vorherrschend waren" (Inglehart 1989: 92). Wachsen Kinder also unter günstigen ökonomischen Bedingungen auf, bilden sie ein postmaterialistisches Überzeugungssystem heraus. Wachsen sie unter ungünstigen wirtschaftlichen Bedingungen aus, generieren sie ein materialistisches Überzeugungssystem. An diesen Überzeugungssystemen halten Individuen nach Inglehart auch noch im hohen Alter fest. Seine Überlegungen münden daher in dem Schluss: „Personen, die in Zeiten ökonomischer Knappheit aufwachsen, orientieren sich auch noch im hohen Alter an materialistischen Wertüberzeugungen und gehören somit zu den potentiellen Trägern rechtsextremer Bewegungen" (Winkler 1996: 32).

Kritik an Ingleharts Erklärungsansatz wurde vor allem hinsichtlich seiner Betonung der wirtschaftlichen Situation geübt, die von vielen Autoren als überzeichnet angesehen wurde. Andere Einflussfaktoren auf die Herausbildung eines Wertüberzeugungssystems wie etwa die politischen Kultur spielen bei Inglehart nur eine untergeordnete Rolle (vgl. Winkler 1996: 32).

Einen grundlegend anderen Erklärungsansatz zur Entstehung rechtsextremer Einstellungen tragen Hofstadter/Lipset vor (vgl. z.B. Hofstadter 1955: 75ff.). Sie sehen die Ursache für die Herausbildung rechtsextremer Ansichten nicht in erster Linie innerhalb der individuellen Persönlichkeitsstruktur, sondern in externen Einflüssen begründet: „We do live in a disordered world, threatened by a great power and powerful ideology. [...] There was a sort of automatic built-in status elevator in the American social edifice. Today that elevator no longer operates automatically, or at least no longer operates in the same way" (Hofstadter 1955: 93/94), weshalb viele Menschen heutzutage ihre Status in Gefahr sehen. Hofstadter/Lipset leiten daraus ihre zentrale These ab, dass „Personen, die ihren Status in Gefahr sehen, [dazu] neigen [...], rechtsextreme Bewegungen zu unterstützen und auch andere rechte Handlungsformen zu wählen" (Winkler 1996: 33).

Auf dieser Basis entwickelten Scheuch/Klingemann (1967) ihre in der Folge von etlichen Wissenschaftlern (vgl. z.B. Falter 1994) in diversen

Zusammenhängen aufgegriffene, überprüfte und weiterentwickelte These, welche unter den Bewohnern westlicher Industrieländer sogenannte Modernisierungsverlierer oder Modernisierungsopfer ausgemacht hat, die besonders anfällig für rechtsextreme Einstellungen seien. „Entsprechend der scheinbar praktischen Orientierung einer Mehrzahl der Wähler erfolgt der entscheidende Durchbruch rechtsextremistischer Bewegungen jeweils dann, wenn das herkömmliche System der politischen Entscheidungen und dessen Akteure als nicht mehr leistungsfähig erscheinen" (Scheuch/Klingemann 1967: 28), also besonders dann, wenn entsprechende Personen mit ihrer (ökonomischen) Situation unzufrieden sind und die Schuld dafür bei den herrschenden politischen Eliten suchen. Dies ist nach Scheuch/Klingemann jedoch keine Ausnahmeerscheinung, da sie den „Rechtsradikalismus [als] eine ‚normale' Pathologie industrieller Gesellschaften" (Scheuch/Klingemann 1967: 26) identifizieren. Modernisierungsverlierer sind also Personen, die an den geforderten Anpassungsleistungen dieser sich rasch weiterentwickelnden modernen Gesellschaft scheitern. Scheuch/Klingemann sehen in diesen Modernisierungsverlierern eine stabile Gruppe von Menschen, die stärker zu rechtsextremen Einstellungen tendiert als diejenigen, denen der Anschluss an moderne Industriegesellschaften gelungen ist. Häufig wird in diesem Zusammenhang auch vom Begriff der ‚relativen Deprivation' gesprochen, worunter man „einen Zustand der Enttäuschung und Unzufriedenheit, dessen Grund in einer Kluft zwischen dem Ist und dem Wunsch liegt" (Winkler 1996: 34) versteht. „So flüchten sich die Modernisierungsverlierer in rassische und nationalistische Überlegenheitsphantasie, um wenigstens bezüglich dieser invarianten Merkmale auf der Siegerseite zu stehen" (Klein/Falter 1996: 290). Allerdings, so bemängeln Kritiker dieses Ansatzes, bleiben „alle Arbeiten, in denen Ausdrücke wie Deprivation, Statuspolitik, Modernisierungsverlierer, Frustration etc. im Zentrum des Erklärungsansatzes stehen, [...] die Antwort auf die Frage schuldig, warum gerade eine rechtsextreme Bewegung und nicht eine andere politische Gruppierung Aufschwung erlebte" (Winkler 1996: 34).

Zu den bedeutendsten jüngeren Erklärungsansätzen, die mehrere Elemente klassischer Ansätze verbinden, gehört Heitmeyers Desintegrationsthese, die er später in seinen Studien zur Gruppenbezogenen Menschenfeindlichkeit „differenzierter dargestellt und nicht allein auf Jugendliche bezogen hat" (Pfeiffer 2007: 43). Das Konzept der Gruppenbezogenen

Menschenfeindlichkeit besagt, stark verkürzt, dass, wo immer Menschen desintegriert, das heißt vom gesellschaftlichen, sozialen oder politischen Leben ausgeschlossen sind, oder sich ausgeschlossen fühlen, mithin dann, wenn „Ängste zu- und Sicherheiten abnehmen, werden feindselige Einstellungen gegenüber gesellschaftlichen Minderheiten wahrscheinlich" (Pfeiffer 2007: 43, mit Verweisen auf Heitmeyer 2007; vgl. dazu auch Heitmeyer 2002: 15ff.). Sozialer Ausschluss, nicht zuletzt bedingt durch die kapitalistischen Strukturen der Gesellschaft, in denen „das Kapital nach seiner eigenen Logik kein Interesse an gesellschaftlicher Integration hat" (Heitmeyer 2012: 18), fördert nach Heitmeyer also die Entstehung rechtsextremer Einstellungen, die er als „Ideologie der Ungleichwertigkeit" (Heitmeyer 2005: 19) bezeichnet und im Konstrukt „des Syndroms Gruppenbezogene Menschenfeindlichkeit" (Heitmeyer 2005: 19) zusammenfasst.

Der kurze Exkurs über Erklärungsansätze zur Herausbildung rechtsextremer Einstellungen hat gezeigt, dass diese ebenso vielfältig sind wie die Definitionen zentraler Begrifflichkeiten dieses Forschungsfeldes (vgl. Kapitel 2.1) oder die dem Rechtsextremismus inhärenten Dimensionen (Kapitel 2.2). Es verwundert daher nicht, dass Winkler (1996) seine exzellente Übersicht über den Stand der Rechtsextremismusforschung ‚Bausteine einer allgemeinen Theorie des Rechtsextremismus' genannt hat (vgl. Winkler 1996). Doch diese Bausteine zu einer kohärenten Theorie des Rechtsextremismus zusammenzufügen, ist bis heute nicht gelungen und es bleibt fraglich, ob dies aufgrund der Diversität des weiten Forschungsfeldes jemals gelingen wird.

Mit Blick auf diese Arbeit bleibt zu resümieren, dass angesichts der Vielfalt des Untersuchungsobjekts Rechtsextremismus, das sich auf mehreren Ebenen in unterschiedlichen Dimensionen manifestiert, zu vermuten ist, dass Strategien gegen Rechtsextremismus im Fußballstadion ebenfalls mehrdimensional aufgebaut, auf unterschiedlichen Ebenen angesiedelt und mit verschiedenen, sich ergänzenden Zielsetzungen ausgestattet sein müssen.

Vor diesem Hintergrund soll nun im nächsten Kapitel in die allgemeinen Strategien gegen Rechtsextremismus eingeführt werden.

3. Die Systematisierung von Strategien gegen Rechtsextremismus

3.1. Grundsätzliche Probleme bei der Systematisierung von Strategien gegen Rechtsextremismus

Schon die Skizze des weiten Forschungsfelds Rechtsextremismus hat in Kapitel 2 gezeigt, wie vielfältig dieses Themengebiet ist. Es verwundert daher nicht, dass sich auch das Feld der Strategien gegen Rechtsextremismus äußerst unübersichtlich präsentiert. Bereits „in den 90er-Jahren wurde [...] eine intensive wissenschaftliche Diskussion geführt, so dass mittlerweile eine kaum zu überblickende Bandbreite sowohl an empirischen Befunden als auch an theoretischen und praktischen Modellen bzw. Ansätzen vorliegt" (Schubarth 2000: 251). Diese Entwicklung hat sich zu Beginn des neuen Jahrtausends im Zuge der Evaluation von verschiedenen Projekten, besonders solchen, die im Rahmen der breit angelegten Bundesprogramme ‚Jugend für Toleranz und Demokratie – gegen Rechtsextremismus, Fremdenfeindlichkeit und Antisemitismus' sowie ‚Vielfalt tut gut. Jugend für Vielfalt, Toleranz und Demokratie' gegen Rechtsextremismus durchgeführt wurden, weiter verstärkt. Sowohl in der theoretischen Nachbereitung als auch in der Praxis herrscht inzwischen ein kaum zu überschauendes Nebeneinander aus verschiedenen, einerseits noch aktiven und andererseits bereits ausgelaufenen, Bundesprogrammen, zivilgesellschaftlichen Projekten und staatlich geförderten Maßnahmen gegen Rechtsextremismus. Hinzu kommt das Engagement von vielen Privatpersonen, etlichen Vereinen sowie zahllosen Initiativen. Verschiedene Studien versuchen im Vorfeld der eigentlichen Evaluation konkreter Projekte eine gewisse Ordnung in den existierenden Dschungel aus Projekten, Maßnahmen und Strategien zu bringen (vgl. z.B. Emminghaus et al. 2007: II). Eine allgemein gültige Systematik, nach der Projekte beziehungsweise Maßnahmen gegen Rechtsextremismus geordnet, katalogisiert oder gar systematisiert werden, ist jedoch weiterhin nicht in Sicht.

Die Gründe dafür sind vielfältig. Schon der Versuch, sich einen umfassenden Überblick über die verschiedenen Projekte gegen Rechtsextremismus zu verschaffen, ist angesichts ihrer Vielzahl äußerst schwierig. Alleine im Rahmen des Bundesprogramms ‚Vielfalt tut Gut' sind „90 Lokale

Aktionspläne unterstützt worden, die fast 5000 Einzelprojekte initiierten"
(Regiestelle Vielfalt 2011: 2). Damit sind nach Angaben des vorliegenden
Abschlussberichts 2.066.568 Menschen erreicht worden (vgl. Regiestelle
Vielfalt 2011: 53). Zum Teil existieren die damals geförderten Projekte
noch heute, zum Teil mussten sie nach dem Ende der staatlichen Förderung eingestellt werden. Teilweise laufen sie inzwischen in veränderter
Form und/oder unter anderem Namen weiter. Zudem sind häufig Akteure verschiedener Ebenen an der Projektarbeit gegen Rechtsextremismus
beteiligt, was eine konsistente Systematisierung behindert. So ist ein Projekt, das beispielsweise von Bürgern ehrenamtlich durchgeführt, aber von
einem Verein gesteuert wird, dessen Koordinierungsaufgaben wiederum
ein hauptamtlich Angestellter wahrnimmt, der sein Gehalt zum Teil aus
dem Budget eines Bundesförderprogramms bekommt, nicht ohne weiteres
als staatliche Maßnahme gegen Rechtsextremismus zu werten, wenngleich
eine Einordnung der Maßnahme als zivilgesellschaftliches Projekt ebenfalls schwerfällt.

Weiterhin geht aus den Beschreibungen und Selbstdarstellungen einzelner Projekte nicht immer ihre konkrete Zielsetzung hervor, was eine
Systematisierung hinsichtlich der Ziele von Projekten erschwert. Programme des Bundes, die wie ‚Vielfalt tut Gut' nur kommunalpolitisch
verankerte lokale Aktionspläne oder lediglich innovative neue Modell-
projekte fördern (vgl. Bundesministerium für Familie, Senioren, Frauen
und Jugend 2008: 1/2), gefährden außerdem mitunter bestehende etablierte Programme, indem sie ihnen die finanzielle Grundlage entziehen
und sie zur Suche nach innovativen neuen Methoden zwingen, obwohl
dadurch oftmals bewährte Strukturen aufgegeben werden müssen (vgl.
Drucksache 16/4807). Aus diesem Grund sind Projekte gegen Rechtsextremismus häufig einem sehr dynamischen, wenngleich nicht immer
intendierten, Wandel unterworfen, was eine systematische Einordnung
nicht vereinfacht.

Weiterhin zeigen sich auch an dieser Stelle begriffliche Unschärfen, die
offensichtlich der Vielzahl an unterschiedlich nuancierten Publikationen
zum Forschungsgebiet Rechtsextremismus geschuldet sind (vgl. Kapitel
2.2). Manchmal ist die Rede von Strategien gegen Rechtsextremismus, ein
anderes Mal sprechen Autoren von Aktionen gegen Rechtsextremismus.
An einigen Stellen wird auf Projekte gegen Rechtsextremismus abgehoben,

an anderen stehen dagegen die Maßnahmen gegen Rechtsextremismus im Mittelpunkt. Die Unterscheidung zwischen diesen Begrifflichkeiten mag marginal erscheinen, dennoch steht die vorliegende Arbeit immer wieder vor der Herausforderung, diverse Aktionen, Maßnahmen, Strategien und Projekte gegen Rechtsextremismus beschreiben zu müssen. Daher sollen an dieser Stelle die für diese Arbeit zweckmäßigen Begriffe definiert werden.

Strategien gegen Rechtsextremismus bezeichnen in dieser Arbeit die Gesamtheit aller Maßnahmen, Projekte und Aktionen gegen Rechtsextremismus. Projekte gegen Rechtsextremismus zeichnen sich durch eine gewisse Regelmäßigkeit aus, mit der sie durchgeführt werden. Aktionen gegen Rechtsextremismus sind dagegen durch ihren einmaligen Charakter gekennzeichnet. Als Maßnahmen können indes sowohl einmalige Aktionen als auch regelmäßige Projekte bezeichnet werden, solange sie von einem oder mehreren Trägern durchgeführt werden (was de facto immer der Fall ist, da sich weder Aktionen noch Projekte gegen Rechtsextremismus von selbst ausführen). Der Begriff Maßnahme ist also in gewisser Weise ein Synonym für Strategie, was durchaus auch die Lesbarkeit dieser Arbeit erhöht, da nicht immer nur mit einem Begriff operiert werden muss. Generell bleibt festzuhalten, dass die Unterscheidung der Begrifflichkeiten Strategie, Projekt, Aktion und Maßnahme wichtig ist, die Grenzen jedoch fließend sind. Aktionen können demnach durch mehrmaliges Wiederholen zum Projekt werden, in beiden Fällen als Maßnahme bezeichnet werden und gehören stets zur Gesamtheit der Strategien gegen Rechtsextremismus. Eine ähnlich scharfe Trennung wie bei den Begrifflichkeiten zum Rechtsextremismus ist nicht notwendig, gleichwohl müssen die Definitionen zur Vermeidung von Missverständnissen an dieser Stelle geklärt werden.

Trotz der beschriebenen Schwierigkeiten bezüglich der Kategorisierung von Strategien gegen Rechtsextremismus gibt es einige Ansätze zur Einbeziehungsweise Unterteilung der bestehenden Projekte, die in der Folge unter bestimmten Gesichtspunkten näher dargestellt werden sollen, um daraus eine für die Fragestellungen dieser Arbeit zweckmäßige Systematik zur Einordnung von Maßnahmen gegen Rechtsextremismus im Fußballstadion zu entwickeln.

3.2. Schritte zu einer zweckmäßigen Systematik

Keiner der bereits existierenden Ansätze, allgemeine Strategien gegen Rechtsextremismus zu systematisieren, hat sich bislang in der Praxis als allgemein anerkanntes Prinzip durchgesetzt. Daher sollen nun in Kapitel 3.2.1 einige Systematisierungsversuche dargestellt werden, bevor auf deren Basis eine eigene Systematik für die Einordnung von Maßnahmen gegen Rechtsextremismus im Fußballstadion entworfen wird. Nach Darstellung der dazu notwendigen grundlegenden Definitionen in Kapitel 3.2.2 sollen anschließend in Kapitel 3.2.3 einige allgemeine Strategien gegen Rechtsextremismus abseits des Fußballstadions knapp vorgestellt werden, um einen Überblick über deren Vielfalt zu geben. Durch die Einordnung dieser allgemeinen Projekte in die erarbeitete Systematik (Kapitel 3.2.4) soll überdies getestet werden, ob sich die Matrix tatsächlich zur systematischen Ausdifferenzierung verschiedener Strategien gegen Rechtsextremismus eignet. Mit Hilfe der Matrix wird quasi en passant eine gewisse Systematik für die bestehenden allgemeinen Strategien gegen Rechtsextremismus in Deutschland vorgeschlagen[13], um darauf aufbauend eine zweckmäßige Systematik für die später zu untersuchenden Strategien gegen Rechtsextremismus im Fußballstadion entwickeln zu können.

3.2.1. Systematische Ansätze

Schubarth systematisiert Maßnahmen gegen Rechtsextremismus nach ihrem theoretischen Ansatz. „Wenn Strategien gegen Rechtsextremismus erfolgreich sein wollen, dann müssen sie dort ansetzen, wo Rechtsextremismus entsteht" (Schubarth 200: 251). Er richtet seinen Fokus dabei auf Strategien der Präventionsarbeit.

---

13 Diese wird gleichwohl in der Folge nicht weiter auf ihre Validität getestet, da sie, wie beschrieben, nur als Zwischenschritt zur Entwicklung einer für den Forschungsgegenstand ‚Fußballstadion' zweckmäßigen Systematik für Strategien gegen Rechtsextremismus dienen soll.

Tabelle 2: Einteilung von Strategien gegen Rechtsextremismus nach ihrem theoretischen Ansatz (vgl. Schubarth 2000: 252)

Zugrunde liegender theoretischer Ansatz	Kurzcharakteristik	Kern der Präventionsarbeit
Theorie vom ‚autoritären Charakter'	autoritäres Einstellungssyndrom als Folge defizitärer frühkindlicher/ familiärer Sozialisation	Erkennen der verborgenen Ängste, Einzelfallhilfe, Verhaltenstraining, Anerkennung fördern, Selbstwertverletzung vermeiden
Individualisierungstheoretischer Ansatz	Rechtsextremismus als Folge von Modernisierungsprozessen und Erfahrungen von Desintegration und Verunsicherung	Schattenseiten von Individualisierung abfedern, Beratung und Hilfe, Partizipation fördern, solidarische Erfahrungen und Integration ermöglichen
Politischer Kultur-Ansatz	traditionelle Mentalitätsbestände (Etatismus, Autoritarismus Privatismus u.a.) werden u.U. reaktiviert	Erziehung zu Demokratie und Zivilcourage durch politische Bildung und Partizipation im Alltag
Konflikttheoretischer Ansatz	Rechtsextremismus als Folge individuell und politisch nicht verarbeiteter Fremdheits- und Konkurrenzerlebnisse	Ethnisierung sozialer Probleme entgegenwirken durch Aufklärung in Politik und Öffentlichkeit, angemessene Integrationspolitik
Geschlechtsspezifischer Ansatz	Rechtsextremismus als Form männlicher Lebensbewältigung und als ‚gelebte Männlichkeit'	Abbau patriarchalischer Strukturen, Kritik herrschender ‚Männerbilder', geschlechtsreflektierende Arbeit
Sozialisationstheoretischer Ansatz	Rechtsextremismus als Form ‚produktiver Realitätsverarbeitung', Nichtanpassung von Kompetenzen und gesellschaftlichen Anforderungen	Verbesserung der Lebensbedingungen, Entwicklung sozialer Handlungskompetenz, Schule als sozialemotionalen Erfahrungsraum gestalten

Einige der in dieser Tabelle aufgeführten theoretischen Ansätze, die nach Darstellung Schubarths den entsprechenden Strategien gegen Rechtsextremismus als Fundament dienen sollten, wurden in Kapitel 2.3 skizziert. An dieser Stelle soll daher auf ihre umfassende Schilderung verzichtet werden. Vielmehr soll deutlich werden, wie eine Systematisierung nach dem Vorschlag Schubarths funktionieren könnte. Strategien würden demnach zunächst auf den ihnen zugrunde liegenden theoretischen Ansatz hin untersucht und entsprechend diesem katalogisiert. Das heißt, Strategien, die auf den gleichen theoretischen Annahmen beruhen, würden innerhalb der Systematik beieinander liegen. Vergleichende Analysen könnten so schnell Strategien mit gleichem theoretischen Fundament ausmachen.

Dennoch überwiegen bei einer solchen Einteilung mit Blick auf die Forschungsausrichtung dieser Arbeit die Nachteile. Zwar wirkt die Anordnung auf den ersten Blick übersichtlich, doch tatsächlich werden in dieser Systematik stark divergierende Strategien im gleichen Bereich verortet. Wenn sich beispielsweise ein Projekt für Aussteiger aus der rechtsextremen Szene ebenso wie eine Initiative zur politischen Bildung von Schulklassen auf den konflikttheoretischen Ansatz beruft, würden beide Projekte nach dieser Einteilung in der gleichen Kategorie aufgeführt, obwohl sie inhaltlich so gut wie keine Schnittmengen aufweisen, völlig unterschiedliche Zielgruppen ansprechen und wahrscheinlich nicht einmal den gleichen Träger haben.

Eine Sortierung nach der theoretischen Grundlage ist bei der Analyse der Güte von Projekten gegen Rechtsextremismus zweifelsohne von Vorteil, da somit schnell überprüft werden kann, ob sich der theoretische Ansatz zum Erreichen des gesetzten Ziels der entsprechenden Maßnahme grundsätzlich eignet. Als Basis einer zweckmäßigen systematischen Einteilung von Strategien gegen Rechtsextremismus im Rahmen dieser Arbeit sind die zugrunde liegenden theoretischen Ansätze jedoch eher nicht geeignet, da die Güte der einzelnen Maßnahmen im Umfeld des Fußballstadions hier nicht überprüft werden soll.

Gleichwohl weist Schubarth zu Recht darauf hin, dass Rechtsextremismus „ein komplexes Phänomen, das sehr verschiedene Ursachen haben kann" (Schubarth 200: 254), darstellt. Strategien müssten daher immer mehrdimensional sein und auf verschiedenen Ebenen ansetzen. Er entwickelt seine Systematisierungsvorschläge daher nicht nur mit Blick auf die zugrunde liegenden Theorien, sondern auch unter Berücksichtigung der Ebenen, auf denen Gegenstrategien umgesetzt werden können. Dazu zählen für ihn vor allem folgende Ebenen:

Tabelle 3: Einteilung von Strategien gegen Rechtsextremismus nach den Ebenen, auf denen sie durchgeführt werden (vgl. Schubarth 2000: 255-257)

Ebene	Beispiele
Ökonomisch-Soziale Ebene	Abbau sozialer Ungleichheiten
Politische Ebene	Stärkung der politischen Kultur, Verhinderung von Ethnisierung sozialer Probleme, Festigung des demokratischen Wertekonsenses
Ebene der Polizei und Justiz	Rasches und konsequentes Handeln gegen rechtsextreme Straftäter, präventive Polizeiarbeit
Ebene der Kommune	Lokale Präventionsansätze stärken, zivilgesellschaftliche demokratische Kultur stärken
Alltagsebene	Verminderung von Desintegrationserfahrungen, demokratische Jugendarbeit
Ebene der Pädagogik und der politischen Bildung	Stärkung des Selbstwertgefühls, Förderung der Kompetenzen beim Umgang mit Minderheiten, politische Mündigkeit

Bei einer Einteilung von Strategien gegen Rechtsextremismus hinsichtlich der Ebene, auf der sie durchgeführt werden, ergeben sich wiederum einige Vor- und Nachteile. Die Vermischung verschiedener Akteure findet auch hier statt. So können beispielsweise auf der Ebene der Pädagogik und der politischen Bildung staatliche Akteure (insbesondere bei der Gestaltung der Lehrpläne oder bei der politischen Bildungsarbeit) ebenso tätig werden wie Vereine oder Initiativen, die beispielsweise in Schulklassen aufsuchende Bildungsarbeit durchführen. Besser funktioniert hier die Ausdifferenzierung hinsichtlich der Zielsetzungen dieser Maßnahmen. So ist davon auszugehen, dass sowohl die staatlich gesteuerte Bildungsarbeit als auch die politische Bildungsarbeit von Vereinen oder Initiativen das gemeinsame Ziel verfolgen, unter anderem das demokratische Bewusstsein von

Schülerinnen und Schülern zu stärken, um sie gegenüber rechtsextremen Argumenten unempfänglicher zu machen.

Schwierig wird es bei dieser systematischen Einteilung jedoch dann, wenn Projekte nicht eindeutig einer bestimmten Ebene zugeordnet werden können. Eine Stärkung der politischen Kultur durch die staatliche Förderung von Projekten, die in Trägerschaft von gemeinnützigen Vereinen dank der Mitarbeit diverser ehrenamtlicher Mitarbeiter Bildungsarbeit in Schulklassen durchführen, lässt sich beispielsweise nicht zweifelsfrei entweder der politischen, der pädagogischen oder der Alltagsebene zuordnen. Dennoch ist dieser Versuch der Kategorisierung im Hinblick auf die Fragestellung dieser Arbeit erfolgversprechender als die Systematisierung nach der theoretischen Grundlage, da die Maßnahmen mit verschiedenen Zielsetzungen nicht so stark vermischt werden und eine Differenzierung hinsichtlich verschiedener Ebenen grundsätzlich sinnvoll ist. Wird dazu berücksichtigt, dass die überwiegende Anzahl der Publikationen zur Evaluation von Strategien gegen Rechtsextremismus zu dem Schluss kommt, dass erfolgsversprechende Strategien mehrdimensional auf verschiedenen Ebenen operieren müssen (vgl. z.B. Roth 2010: 81ff.), erscheint die Schubarthsche Einteilung ebenfalls fruchtbar.

Auf der Hand liegt weiterhin eine Differenzierung der verschiedenen Strategien gegen Rechtsextremismus hinsichtlich ihrer Zielsetzung. Eine solche Einteilung liefert zum Beispiel Davolio. Zum besseren Verständnis ist der von ihr gebrauchte Begriff der Interventionsstrategie durch den im Zusammenhang mit dieser Arbeit zweckmäßigeren Begriff der Zielsetzung, das heißt der Ausrichtung der verschiedenen Strategien hinsichtlich ihres Ziels, ersetzt worden.

Wie bei den übrigen bisher vorgestellten Systematiken ergeben sich auch hier positive und negative Aspekte im Hinblick auf die Erarbeitung einer zweckmäßigen Matrix zur Systematisierung von Strategien gegen Rechtsextremismus im Fußballstadion. Als Vorteil erweist sich die Ausdifferenzierung hinsichtlich gemeinsamer Ziele. Daraus ergibt sich weiterhin eine gewisse Kongruenz bezüglich der eingesetzten Mittel/Methoden und der Zielgruppen. Gleichgültig ob beispielsweise ein hessischer Verein Opferhilfe in privater Trägerschaft leistet oder ob staatliche Akteure sich für die Bedürfnisse der Opfer in Brandenburg einsetzen, so sind die Zielgruppe stets Menschen, die unter rechtsextremer Gewalt gelitten haben und die konkrete Ausgestaltung der Hilfen für die Zielgruppe ähnelt sich ebenfalls.

Tabelle 4: Einteilung von Strategien gegen Rechtsextremismus nach ihrer Zielsetzung (vgl. Davolio 2007: 81/82)

Zielsetzung	Beispiele
Prävention und Aufklärung	Informationsveranstaltungen, Workshops, Öffentlichkeitsarbeit, politische Bildungsarbeit
Mediation und Konfrontation	Vermittlung zwischen rivalisierenden Jugendgruppierungen, Eingreifen der Polizei
Minderheiten im Kontext stärken	Einbindung von Minderheitenvertretern in die Interventionsarbeit, Unterstützung von (organisierten) Minderheiten
Deeskalation und Opferhilfe	Koordinierte Repression gegenüber Rechtsextremen, breite gesellschaftliche Hilfe für die Opfer von Rechtsextremen

Problematisch ist bei der Einteilung Davolios eine Vermischung der Ebenen. So kann beispielsweise Präventionsarbeit einerseits auf pädagogischer Ebene, etwa durch politische Bildungsarbeit, auf polizeilicher Ebene durch die präventive Polizeipräsenz an Treffpunkten der rechtsextremen Szene oder aber auf der Alltagsebene durch demokratische Jugendarbeit durchgeführt werden. Innerhalb dieser Systematik würden alle Maßnahmen aufgrund ihrer ähnlichen Zielsetzung trotz differierender Träger aus unterschiedlichen Ebenen in eine Kategorie subsumiert, während sie in der Systematik aus Tabelle 3 aufgrund der Trennung nach Ebenen in drei verschiedenen Bereichen verortet werden müssten.

Darüber hinaus kann bei der Einteilung von Davolio die Unschärfe hinsichtlich der Trennung zwischen dem Ziel Konfrontation (beispielsweise durch Eingreifen der Polizei) sowie dem Ziel Deeskalation (beispielsweise durch koordinierte Repression gegenüber Rechtsextremen) bemängelt werden. Dabei scheint es durchaus Vermischungen zu geben, da ein Eingreifen der Polizei als zentraler Bestandteil der koordinierten Repression nach Davolio dem Ziel der Deeskalation zugeordnet werden müsste, gleichzeitig aber ebenso als Konfrontation aufgefasst werden kann. Diese Unschärfe ist jedoch dem Kontext geschuldet, in dem Diavolio diese Systematik erarbeitet hat. Sie unterscheidet im Rahmen ihrer Evaluation von zivilgesellschaftlichen Projekten gegen Rechtsextremismus zwischen „verschiedenen Interventionsmilieus in Abhängigkeit des Verfestigungsgrades rechtsextremer Einstellungen" (Davolio 2007: 81). Innerhalb ihrer konkreten Forschungsausrichtung macht es daher Sinn, Konfrontation auf der Ebene einer vom Rechtsextremismus distanzierten Bevölkerung anzusetzen und Deeskalation auf der Ebene einer sich kaum vom Rechtsextremismus abgrenzenden Bevölkerung anzusiedeln. Im Rahmen der Forschungsausrichtung dieser Arbeit würde es sich dagegen eher anbieten, diese beiden Zielsetzungen unter dem Stichwort ‚Konfrontation' als eigenständige Zielsetzung auszugliedern, da sie sich, löst man sich von den verschiedenen Ebenen der Verfestigung rechtsextremer Einstellungen in der Bevölkerung nach Davolios Forschungsansatz, ansonsten zu sehr ähneln und bei einer differenzierten Einteilung überlappen. Eine in dieser Form abgeänderte Tabelle würde wie folgt aussehen:

Tabelle 5: Einteilung von Strategien gegen Rechtsextremismus nach ihrer Zielsetzung (eigene Darstellung nach Davolio 2007: 81/82)

Zielsetzung	Beispiele
Prävention und Aufklärung	Informationsveranstaltungen, Workshops, Öffentlichkeitsarbeit, politische Bildungsarbeit
Mediation	Vermittlung zwischen rivalisierenden Jugendgruppierungen
Konfrontation	Eingreifen der Polizei, Koordinierte Repression gegenüber Rechtsextremen
Minderheiten im Kontext stärken	Einbindung von Minderheitenvertretern in die Interventionsarbeit, Unterstützung von (organisierten) Minderheiten
Opferhilfe	Breite gesellschaftliche Hilfe für die Opfer von Rechtsextremen

Als letztes Beispiel für Vorschläge zur Systematisierung von Strategien gegen Rechtsextremismus soll an dieser Stelle Roths Systematik vorgestellt werden. Bei ihm dienen die verschiedenen Handlungsfelder, auf denen die Akteure angesiedelt sind, welche die jeweilige Maßnahme ausführen, als Unterscheidungsmerkmal.

Tabelle 6: Einteilung von Strategien gegen Rechtsextremismus nach den Handlungsfedern, aus denen die ausführenden Akteure kommen (vgl. Roth 2010: 37-79)

Handlungsfeld	Beispiele
Staat	Polizeiarbeit, Gerichtsarbeit, Gefängnisarbeit
Zivilgesellschaft	Mobile Beratung, Bürgerbündnisse, Interreligiöse Projekte
Wirtschaft	Boykott-Aktionen, Bildungsprojekte, betriebliche Handlungskonzepte

„Wie jedes Ordnungsmodell hat auch die Unterscheidung von Markt, Staat und Zivilgesellschaft offensichtliche Unschärfen und Schwächen" (Roth 2010: 36). Explizit weist Roth die bereits mehrfach implizit angesprochene intersektorale Kooperation, wonach Akteure aus mehreren Bereichen zusammenwirken, als Problem seines Modells aus. Diese tritt beispielsweise bei der staatlichen Förderung zivilgesellschaftlicher Aktivität auf. Weiterhin verweist er auf bezüglich der Systematik problematische hybride Praxisformen, die Handlungslogiken aus verschiedenen Sektoren kombinieren sowie auf hybride Organisationsformen, die, wie beispielsweise Parteien, sowohl zivilgesellschaftlich als auch politisch oder wirtschaftlich auftreten beziehungsweise handeln (vgl. Roth 2010: 36).

Die Vorteile dieser Systematik im Hinblick auf die Einordnung von Maßnahmen gegen Rechtsextremismus im Fußballstadion liegen jedoch in einer trotz allem relativ klaren Trennung hinsichtlich der Handlungsfelder. Akteure beziehungsweise die von ihnen getragenen Strategien gegen Rechtsextremismus können der Systematik folgend also schnell und meistens problemlos demjenigen Handlungsfeld zugeordnet werden, auf dem sie agieren. Vor dem Hintergrund der diversen im Umfeld des Fußballstadions aktiven Akteursgruppen ist diese Differenzierung äußerst wertvoll und zweckmäßiger als Schubarths Unterscheidung hinsichtlich der Ebenen, auf denen die Maßnahmen angesiedelt sind (vgl. Tabelle 3). Leider vermischen sich innerhalb der Handlungsfelder jedoch erneut Strategien mit völlig verschiedenen Zielsetzungen. In dieser Hinsicht ähneln die Probleme innerhalb Roths Einteilung denen aus der Schubarthschen Systematik.

Bereits an dieser Stelle wird klar, warum sich bislang keine allgemein gültige wissenschaftliche Systematik von Strategien gegen Rechtsextremismus durchgesetzt hat: Alle Möglichkeiten haben Vor- und Nachteile, die in Abhängigkeit von der jeweiligen Forschungsausrichtung der Untersuchungen jeweils individuell zu bewerten sind. Je nach Fragestellung können sich also die gleichen Einteilungen manchmal als zweckmäßig, manchmal als unzweckmäßig erweisen. „Es gibt keine allgemeingültige Strategie, die eine optimale Bekämpfung der radikalen Rechten garantiert. Tatsächlich können Strategien nur dann erfolgreich sein, wenn sie dem spezifischen politischen und sozialen Kontext gerecht werden und sich möglichst viele Akteure (aus Politik, Justiz, Medien, Bildungsinstitutionen und Zivilgesellschaft) auf sie verständigen" (Schellenberg 2009: 6). Dementsprechend können diese unterschiedlichen, individuell auf den entsprechenden Kontext zugeschnittenen, mehrdimensionalen Strategien auch nur schwerlich allgemeingültig systematisiert werden. Vielmehr muss eine zweckmäßige Systematisierung immer wieder in Abhängigkeit von der Ausrichtung der jeweiligen Fragestellung sowie des Untersuchungsdesigns gefunden werden.

Folglich soll nun eine für diese Arbeit zweckmäßige Einteilung erarbeitet werden. Dazu ist es sinnvoll, die beiden Ansätze aus Tabelle 5 und 6 zu kombinieren. Denn sie enthalten zwei zentrale Unterscheidungsmerkmale, die im Rahmen dieser Arbeit von essentieller Bedeutung sind: erstens die Trennung nach dem Handlungsfeld, auf dem die Maßnahme beziehungsweise die sie ausführenden Akteure angesiedelt sind; zweitens die Zielsetzung, die eine Implementierung der Maßnahme verfolgen soll. Eine Zusammenführung beider Ansätze könnte folgendermaßen aussehen:

Tabelle 7: Einteilung von Strategien gegen Rechtsextremismus nach ihrer Zielset-
zung und den Handlungsfeldern, auf denen die ausführenden Akteure angesiedelt
sind (eigene Darstellung)

Handlungsfeld / Zielsetzung	Staat	Zivilgesellschaft	Wirtschaft
Prävention und Aufklärung			
Mediation			
Konfrontation			
Minderheiten im Kontext stärken			
Opferhilfe			

Bezogen auf die Fragestellungen dieser Arbeit bietet die Einteilung von Strategien gegen Rechtsextremismus im Fußballstadion in die zweidimensionale Systematik mehrere Vorteile. Einerseits ermöglicht die Fokussierung auf die Zielsetzung der jeweiligen Maßnahme eine differenzierte Darstellung der unterschiedlichen Ansätze und erlaubt überdies eine eventuell später vorzunehmende Ableitung von Handlungsempfehlungen. Andererseits werden alle relevanten Akteure aus dem staatlichen, wirtschaftlichen und zivilgesellschaftlichen Handlungsfeld berücksichtig und unterschieden. Dazu zählen die Verbände und Vereine als Wirtschaftsunternehmen (als welche mittlerweile alle Profifußballvereine der Bundesliga zweifelsfrei zu bezeichnen sind), die (organisierten) Fans sowie die Fanprojekte aus dem Handlungsfeld der Zivilgesellschaft und letztlich die Politik sowie die Polizei als Repräsentanten des Staats.

Eine Erweiterung dieser zweidimensionalen Systematik um die zusätzliche Dimension der den jeweiligen Maßnahmen zugrunde liegenden Theorie ist im Zusammenhang dieser Arbeit unzweckmäßig. Damit würde das theoretische Raster stark überfrachtet. Im Gegensatz zur Systematisierung von allgemeinen Strategien gegen Rechtsextremismus erscheint es überdies fraglich, ob im speziellen Kontext des Fußballstadions ausreichend viele differierende Strategien existieren, um die zahlreichen Kategorien einer dreidimensionalen Systematik überhaupt füllen zu können. Alleine die vorliegende zweidimensionale Matrix unterscheidet bereits zwischen 15 verschiedenen Kategorien. Würde diese Systematik um eine weitere

Dimension mit fünf zugrunde liegenden Theorien erweitert, ergäben sich insgesamt 75 verschiedene Kategorien für Strategien gegen Rechtsextremismus im Fußballstadion, was unzweckmäßig viele wären. Daher ist die zweidimensionale Matrix ausreichend.

Um diese Systematik in der Folge nutzen zu können, müssen die darin enthaltenen Begrifflichkeiten definiert werden. Dies soll im folgenden Kapitel geschehen.

3.2.2. Definitionen

Bei den folgenden Definitionen der Begrifflichkeiten aus der im vorherigen Kapitel erarbeiteten Systematik ist zu beachten, dass der Begriff des Akteurs weit gefasst ist. Darunter fallen also nicht nur Einzelpersonen, sondern auch Vereine, Parteien oder Staat, die als Akteur bezeichnet werden. Weitere Definitionen lauten wie folgt:

Tabelle 8: Definitionen von Handlungsfeldern, denen Strategien gegen Rechtsextremismus nach der Systematik aus Tabelle 7 zugeordnet werden können (eigene Darstellung)

Handlungsfeld	Definition
Staat	Zum Handlungsfeld Staat gehören staatliche Institutionen sowie alle Akteure, die beim Staat auf Bundes- oder Landesebene beschäftigt sind. Dazu zählen z.B. Richter, Polizisten, Staatsanwälte, aber auch Sozialarbeiter, die im staatlichen Auftrag überwiegend weisungsgebunden arbeiten und nicht an einen unabhängigen Verein angegliedert sind und lediglich vom Staat bezahlt werden. Weiterhin berühren staatliche Hilfsleistungen, vor allem durch finanzielle Unterstützung von Projekten gegen Rechtsextremismus, das staatliche Handlungsfeld. Werden Projekte von Vereinen, Bündnissen oder ähnlichen Institutionen maßgeblich vom Staat getragen sowie programmatisch gestaltet und nicht nur finanziell unterstützt, fallen sie auch in dieses Handlungsfeld. *Wesentliche Akteure:* – Politik – Polizei

Zivilgesellschaft	Zum Handlungsfeld Zivilgesellschaft gehören zivilgesellschaftliche Institutionen sowie alle Akteure, deren programmatische Arbeit weitgehend unabhängig von staatlichen Stellen oder Akteuren der Wirtschaft erfolgt. Dazu gehören z.b. ehrenamtlich tätige Projektmitarbeiter, Bürgerzusammenschlüsse, aber auch Sozialarbeiter, die von unabhängigen Vereinen beschäftigt werden. Auch ehrenamtlich arbeitende Vereine oder Projektträger selbst können natürlich als Akteuere aus dem Handlungsfeld Zivilgesellschaft angesehen werden, selbst dann, wenn sie teilweise oder fast vollständig aus staatlichen Mitteln finanziert werden, solange sie unabhängige Strukturen aufweisen, weisungsungebunden arbeiten und der Staat nicht unmittelbar in ihre konkrete programmatische Arbeit eingreift. *Wesentliche Akteure*: – Fans – Fanprojekte
Wirtschaft	Zum Handlungsfeld Wirtschaft gehören wirtschaftliche Institutionen sowie alle Akteure, die von einzelnen Wirtschaftsunternehmen oder Zusammenschlüssen mehrerer Wirtschaftsunternehmen beschäftigt werden bzw. deren Arbeit von ihnen finanziert und maßgeblich programmatisch gestaltet wird. Das können z.B. Mitglieder des Betriebsrats, der Betriebsrat selbst oder auch Weiterbildungsbeauftragte sein. Auch Wirtschaftsunternehmen selbst können als Akteure auftreten, indem sie z.B. lokale Feste für Toleranz organisieren oder betriebsinterne Leitlinien gegen Rechtsextremismus innerhalb des Unternehmens verabschieden. *Wesentliche Akteure*: – DFB – DFL – (Bundesliga-)Vereine

Tabelle 9: Definitionen von Zielsetzungen, denen Strategien gegen Rechtsextremismus nach der Systematik aus Tabelle 7 zugeordnet werden können (eigene Darstellung)

Zielsetzung	Definition
Prävention und Aufklärung	Darunter fallen Maßnahmen, die das Ziel haben, Menschen zu informieren bzw. weiterzubilden, idealerweise bevor sich rechtsextreme Vorfälle ereignen, um sie für rechtsextremistische Ideologien unempfänglicher zu machen. Ihr Ziel ist es zu verhindern, dass es überhaupt zur rechtsextremistischen Übergriffen und der Herausbildung rechtsextremer Einstellungen kommt. Überdies klären sie über Elemente des Rechtsextremismus gezielt auf. Darunter fallen z.B. Projekte zur politischen Bildungsarbeit oder die Information über Codes der rechtsextremen Szene.
Konfrontation	Darunter fallen Maßnahmen, die das Ziel haben, aktiv gegen Rechtsextreme vorzugehen. Das können Mittel des Rechtsstaates wie Polizeieinsätze, das Verhängen von Strafen gegen rechtsextreme Straftäter, andere Gerichtsbeschlüsse etc. ebenso sein wie etwa restriktive Betriebspolitik gegen auffällige rechtsextreme Mitarbeiter, Demonstrationen gegen Rechtsextremismus oder Boykottaufrufe gegen rechtsextreme Firmen.
Mediation	Darunter fallen Maßnahmen, deren Charakter in erster Linie vermittelnder Natur ist. Im Unterschied etwa zur Konfrontation werden Prozesse hier ergebnisoffen mit allen Beteiligten, eventuell unter Leitung eines unbeteiligten, vermittelnden Dritten diskutiert.

Minderheiten im Kontext stärken	Darunter fallen Maßnahmen, die das Ziel haben, bestimmte Gruppen von Minderheiten in ihrer jeweiligen Umgebung zu unterstützen. Dies kann z.b. über finanzielle Förderung oder über ideelle Unterstützung erfolgen.
Ausstiegs- und Opferhilfe	Darunter fallen Maßnahmen, die nach rechtsextremistischen Vorfällen aktiv werden und sich mit den daraus resultierenden Konsequenzen besonders im Hinblick auf die Opfer der Vorfälle zu beschäftigen. Auch Maßnahmen zur Ausstiegshilfe von Menschen aus der rechtsextremen Szene fallen unter diese Kategorie.

Der folgende Abschnitt 3.2.3 soll die Vorarbeit leisten, um die neu erarbeitete und nun mit den nötigen Definitionen versehene Systematik zur Einordnung von Strategien gegen Rechtsextremismus (vgl. Tabelle 7) abschließend in Kapitel 3.2.4 testen zu können.

3.2.3. Vorstellung exemplarischer Projekte gegen Rechtsextremismus

Anhand von Beispielen aus der Praxis soll nun zweierlei gezeigt werden: Einerseits soll die Vorstellung von einigen allgemeinen Strategien gegen Rechtsextremismus exemplarisch verdeutlichen, wie vielfältig das existierende Bündel von Maßnahmen gegen Rechtsextremismus ist. Andererseits soll durch die Einordnung dieser Projekte in die neu entworfene zweidimensionale Systematik (vgl. Kapitel 3.2.4) überprüft werden, ob sie sich in der Praxis bewährt, das heißt, ob die Systematik die Vielzahl der real existierenden Strategien gegen Rechtsextremismus hinsichtlich Zielsetzung und Handlungsfeld tatsächlich scharf ausdifferenzieren kann.

Die Auswahl der Projekte, welche nun exemplarisch vorgestellt und später in der Systematik verortet werden sollen, orientiert sich maßgeblich an einer Studie Roths (vgl. Roth 2010).

„Die Debatte über ein Verbot der Nationaldemokratischen Partei Deutschlands (im Folgenden mit NPD abgekürzt) ist in den vergangenen Jahren oftmals geführt worden" (Duben 2009: 14) und immer noch aktuell. Unvergessen ist der Aufruf des damaligen Bundeskanzlers Gerhard Schröder zum ‚Aufstand der Anständigen' nach einem Brandanschlag auf eine Düsseldorfer Synagoge im Oktober 2000 (vgl. Flemming 2003: 164), was zu einem NPD-Verbotsantrag führte, der letztlich vor Gericht aufgrund formaler Mängel scheitern sollte. Dass jedoch nicht nur härtere Gesetze oder Parteiverbote, sondern vielmehr eine ebenso konsequente wie phantasievolle Auslegung der bestehenden Gesetze effektive Zeichen gegen Rechtsextremismus setzten können, hat der Bernauer Jugendrichter Andreas Müller bewiesen. Er „hat sich gegen populäre Vorschläge gewendet, das Jugendstrafrecht zu verschärfen. Er setzt stattdessen auf eine schnelle und die Motive des Täters bzw. der Täterin aufhellende Gerichtsarbeit, von der dann auch präventive Wirkungen ausgehen können" (Roth 2010: 47). Angeordnete Besuche in NS-Gedenkstätten umfassen seine Strafen ebenso wie das Verbot des Tragens von Springerstiefeln während der Verhandlung sowie die Auflage, „diese Stiefel auch im Alltag nicht zu tragen" (Roth 2010: 47), da sie Müller als Waffen eingestuft hat. Mit Bezug auf die im vorherigen Kapitel entworfene Systematik wird deutlich, dass Müller in seiner Funktion des Jugendrichters als Akteur auf dem Handlungsfeld Staat agiert. Seine Urteile fallen per Definition unter die Kategorie Konfrontation, da er gegenüber rechtsextremen Straffälligen Sanktionen ausspricht. Folglich ist diese Strategie gegen Rechtsextremismus in die Kategorie ‚staatliche Konfrontation' einzuordnen. Zu dieser könnten freilich auch klassische konfrontative Strategien wie beispielsweise polizeiliche Auseinandersetzungen oder konventionelle Gerichtsurteile gegen Rechtsextreme gezählt werden.

Doch konfrontative Auseinandersetzungen mit dem Rechtsextremismus gibt es nicht nur auf dem staatlichen Handlungsfeld. Das Schleusinger Bürgerbündnis ist ein Beispiel dafür, wie zivilgesellschaftliches Engagement wachsen und schließlich Rechtsextremismus aktiv entgegentreten kann. „Seit dem Jahr 2002 kam es in dem 6.000 Einwohner zählenden Schleusingen immer wieder zu Übergriffen aus der rechtsextremen Szene" (Hotop 2007: 30). Nach mehreren dieser Übergriffe schloss sich im Sommer 2003 ein kleines Bündnis gegen Rechtsextremismus zusammen, das 2004 eine Podiumsdiskussion anlässlich der rechtsextremen Gewalt veranstaltete. Die Resonanz darauf war mäßig. „Rechtsextremismus, so schien es, war in Schleusingen kein Thema" (Hotop 2007: 30). Das engagierte

Bündnis aus Kirchenvertretern und Jugendlichen gab trotzdem nicht auf und konnte weitere Schüler rekrutieren. Unterdessen wurden die losen Kameradschaftsstrukturen in Schleusingen „durch eine massive Unterstützung der NPD angehoben und organisiert" (Hotop 2007: 30). Es folgte die Gründung eines NPD-Kreisverbandes. Im Zuge der zunehmenden Gewaltbereitschaft des rechtsextremen Spektrums sowie der fortschreitenden Etablierung der NPD konnten immer mehr Menschen für das Bürgerbündnis gewonnen werden. Daraufhin verbreitete sich das ‚Bündnis gegen Rechts', dem es „gelang, Vertreter beider Kirchen, alle im Stadtrat vertretenen Parteien (CDU, SPD, PDS, Freie Wähler), das Jugendzentrum Wiesenbauschule, die Jusos sowie die junge Gemeinde mit einzubinden" (Hotop 2007: 31). Aufmärsche von Neonazis wurden in der Folge von Protesten, organisiert durch das ‚Bündnis gegen Rechts', begleitet. Mit Unterstützung durch ‚Civitas – Initiativ gegen Rechtsextremismus in den neuen Bundesländern' als Teil des Bundesprogramms ‚Jugend für Toleranz und Demokratie' (vgl. Korb/Seckendorf 2004) wurde eine Koordinierungsstelle zur Bekämpfung der rechtsextremen Strukturen aufgebaut. Mittlerweile finden in Schleusingen „kontinuierlich Veranstaltungen, Ausstellungen und Gespräche" (Hotop 2007: 31) statt. Das Engagement der Schleusinger Bürger ist trotz der temporären Unterstützung des Bundesprogramms, also des Staates, eindeutig auf dem zivilgesellschaftlichen Handlungsfeld anzusiedeln, da es klar von den Bürgern Schleusingens, das heißt von zivilgesellschaftlichen Akteuren getragen wird. Darüber hinaus hat es mit Blick auf die angesprochenen Gesprächsrunden und Ausstellungen zwar auch einen präventiven Charakter, aber in erster Linie zeichnet sich das Bündnis durch die Organisation von Gegendemonstrationen bei rechtsextremen Aufmärschen aus. Daher fällt diese Maßnahme gegen Rechtsextremismus in die Kategorie der zivilgesellschaftlichen Konfrontation.

Wie Betriebe auf rechtsextremistische Vorfälle reagieren können, zeigt das Unternehmen ArcelorMittal Eisenhüttenstadt. Zwei Auszubildende des ostbrandenburgischen Unternehmens EKO Stahl, heute Teil von ArcelorMittal, attackierten Ende 1997 einen ausländischen Wirt und Koch. Das brachte das Unternehmen in die Schlagzeilen (vgl. Roth 2010: 74, mit Verweisen auf Informationen von Herbert Nicolaus, dem Manager International Communication von ArcelorMittal). In der Folge trennte sich das Unternehmen sofort von einem der beiden Auszubildenden und übernahm entgegen gängiger Praxis den anderen nicht. Zudem veröffentlichte das Unternehmen „im August 1998 einen ‚Aufruf gegen Gewalt und Rechtsextremismus, für Toleranz‘, den Anfang 1999 bereits 37 Unternehmen der Region unterzeichnet hatten" (Roth 2010: 74). Weiterhin organisierte es ein Fest mit 2000 Teilnehmern unter dem Motto ‚Fest(e) gegen Ausländerfeindlichkeit, Rechtsextremismus und Gewalt‘. Dies alles könnte man noch als kurzfristig angelegte Imagekampagne abtun, doch das Engagement des Unternehmens blieb konstant hoch. Im Mai 2002 wurde eine Betriebsvereinbarung über partnerschaftliches Verhalten vorgestellt, in der es unter anderem heißt, „dass Verstöße gegen die Menschenwürde und Verletzung von Persönlichkeitsrechten Dritter durch Mitarbeiter von EKO, auch wenn sie außerhalb der Arbeitszeit und im privaten Umfeld der Mitarbeiter erfolgen, das Ansehen des Unternehmens bei nationalen wie internationalen Kunden bzw. Lieferanten und Vertreter/innen des politischen, kulturellen und regionalen Umfeldes herabsetzen und EKO schweren Schaden zufügen […]. Das gilt insbesondere bei Diskriminierung wegen Abstammung, Herkunft, Nationalität, Hautfarbe, Religion durch die Beteiligung an oder die Unterstützung von ausländerfeindlichen Aktivitäten oder Aktionen" (Roth 2010: 74). Damit bezieht das Unternehmen ganz klare Stellung gegen Rechtsextremismus. In Verbindung mit der Entlassung der beiden rechtsextrem auffällig gewordenen Azubis des Unternehmens ist dies als konfrontative Linie gegenüber rechtsextremen Mitarbeitern zu interpretieren. Da das Unternehmen zweifelsohne dem Handlungsfeld Wirtschaft zuzurechnen ist, kann diese Strategie also in die Kategorie wirtschaftliche Konfrontation eingeordnet werden.

Das Mittel der Mediation ist dagegen ein Grenzgänger zwischen den Zielsetzungen Konfrontation und Prävention. Die Mediation greift insofern auf konfrontative Elemente zurück, als eine gewisse Auseinandersetzung vorgefallen sein muss, mit der die Täter konfrontiert werden. Andererseits entfaltet die Mediation jedoch auch präventive Wirkung, da von ihr exemplarische Lösungsansätze ausgehen, nach deren Vorbild selbständig Konflikte gelöst werden können. Aufgrund dieser Besonderheit ist es angebracht, die Mediation als eigene Zielsetzung in die Systematik aufzunehmen. Micksch/Schwier haben die Situation von zugewanderten Menschen in ländlichen Regionen untersucht und im Zuge ihrer Analysen die Vorzüge des Mediationsverfahrens in Schulen geschildert (vgl. Micksch/

Schwier 2000: 112ff.). Im Hinblick auf den Nutzen als Strategie gegen Rechtsextremismus ist der Einsatz einer Mediation insofern interessant, als er alternative Wege im Umgang mit potentiell für Rechtsextremismus empfänglichen Gruppen beschreitet. Einerseits kann er diesen Menschen das Gefühl vermitteln, selbst aktiv an einem Kompromiss mitgewirkt zu haben, statt vom von ihnen häufig negativ betrachteten Staat sanktioniert zu werden. Anderseits kann eine solche Mediation auch Signalwirkung auf andere Mitglieder der jeweiligen Gruppe haben. Freilich kann darüber diskutiert werden, ob diese Wirkung möglicherweise darin besteht, dass mit Rechtsextremen verharmlosend debattiert wird oder ob es vielmehr auf andere potentiell Rechtsextreme eine abschreckende Wirkung hat, wenn deren Argumente innerhalb einer Mediation als unhaltbar entlarvt werden.

In eine andere Richtung gehen Strategien zur Stärkung von Minderheiten. Obwohl viele Orte strukturschwacher Regionen „dringend Zuwanderung bräuchten, um die anhaltenden Bevölkerungsverluste zu kompensieren, fehlt die Bereitschaft bei einer Mehrheit der örtlichen Bevölkerung, die Aufnahme von Migrant/innen als Chance zu begreifen." (Roth 2007: 76). Die Kleinstadt Kyritz ist dieser negativen demographischen Entwicklung jedoch aktiv entgegengetreten, indem sie eine breit angelegte Initiative ins Leben gerufen hat, „die sich gezielt für die Ansiedlung und Integration von Zuwanderern einsetzt" (Roth 2007: 76). Rückgrat dieser Initiative ist die Wirtschaft, die sich schon 1992 als ‚Aktionsgemeinschaft Kyritzer Gewerbe e.V." organisiert hat. Leitidee der Initiative war es, besonders die in der Region lebenden Spätaussiedler in den Arbeitsmarkt zu integrieren (vgl. Roth 2007: 76). Dazu schufen die Unternehmen speziell auf Spätaussiedler zugeschnittene Qualifizierungsangebote mit „integrierte[n] Deutschkurse[n], aber auch Russischunterricht, um die Sprachkompetenzen der nachwachsenden Generation nicht zuletzt mit Blick auf die osteuropäischen Märkte zu erhalten" (Roth 2007: 77). In Kyritz ist von dem Engagement der Wirtschaft Signalwirkung ausgegangen und es hat sich das aus Akteuren von Zivilgesellschaft, Politik und Wirtschaft getragene ‚Netzwerk Spätaussiedler' gegründet, das sowohl integrative als auch präventive Arbeit leistet (vgl. Roth 2007: 77). Betrachtet man dieses Integrationskonzept der Wirtschaft, so kann es auf dem wirtschaftlichen Handlungsfeld als Strategie gegen Rechtsextremismus der Kategorie Stärkung von Minderheiten verortet werden.

Einer ähnlichen Zielsetzung folgt auch Pro Asyl, das sich auf dem zivilgesellschaftlichen Handlungsfeld als „unabhängige Stimme, die für schutzsuchende Menschen eintritt" (Pro Asyl 2011), hauptsächlich für die Rechte von Asylsuchenden in Deutschland einsetzt. Dieser unterstützende Ansatz ist als Strategie gegen Rechtsextremismus zu betrachten, die das Ziel hat, Minderheiten im Kontext zu stärken. Die Unterstützung von Asylsuchenden durch Pro Asyl kann also als zivilgesellschaftliche Maßnahme zur Stärkung von Minderheiten kategorisiert werden.

Strategien gegen Rechtsextremismus auf der Zielsetzungsebene Prävention beziehungsweise Aufklärung sind zahlreich. Ein Beispiel dafür sind die Projekttage für Toleranz und gegen Rechtsextremismus des Netzwerks für Demokratie und Courage (NDC). Im Jahre 1999 als Mittel für schulische Bildungsarbeit entwickelt, sollen sie kein möglichst breites Angebot schaffen, sondern „die bedeutende[n] inhaltliche[n] Gesichtspunkte mit einer auf Jugendliche zugeschnittenen Methodik" (Olschewski 2007: 23) kombinieren. Mittlerweile gibt es beim NDC weit mehr als die ursprünglichen drei Projekttage und das Projekt hat sich auf elf Bundesländer ausgedehnt. Im Folgenden liegt der Schwerpunkt der Darstellung auf dem „historischen Kern" (Hirschfeld 2005: 2), also den drei ursprünglichen Projekttagen. „Alle drei Projekttage sind jeweils für einen Schultag mit sechs Unterrichtsstunden á 45 Minuten ausgelegt und richten sich ‚an Jugendliche ab der 8. Klasse aller Schultypen'" (Duben 2009: 99, mit Verweisen auf Unzicker 2008: 6). Sie werden von zwei Menschen unterschiedlichen Geschlechts betreut, in der Regel ohne die Anwesenheit von Lehrkräften oder sonstigen Aufsichtspersonen durchgeführt, regelmäßig evaluiert und überarbeitet (vgl. NDC 2010: 4ff.). „Die zentralen Anliegen der Projekttage sind, junge Menschen darin zu stärken, ihr Lebensumfeld demokratisch zu gestalten, rassistischen sowie rechtsextremen Meinungen entgegenzutreten und sie zum aktiven demokratischen Engagement zu ermutigen" (Genenger 2008: 158). Träger des Netzwerks ist ein breiter Zusammenschluss von unterschiedlichen zivilgesellschaftlichen Organisationen. Netzwerkpartner des NDCs-Rheinland-Pfalz sind zum Beispiel die DGB-Jugend, die AWO-Jugend, die Jusos, SJD-Die Falken, die Landesschülervertretung, die Grüne Jugend sowie der Bund der deutschen Katholischen Jugend, jeweils mit ihren rheinland-pfälzischen Landesverbänden (vgl. NDC 2011). Es ist also, ohne auf weitere Aspekte dieses Projekts näher einzugehen, zu konstatieren, dass es sich hierbei um ein Projekt gegen Rechtsextremismus handelt, das von einem breiten Bündnis zivilgesellschaftlicher Akteure getragen wird und aktive politische Bildungsarbeit in Schul- und Ausbildungsklassen leistet. Daher lässt sich das Projekt als zivilgesellschaftliche Prävention kategorisieren.

Auf einem anderen Handlungsfeld ist die Freudenberg Stiftung mit ähnlicher Zielsetzung aktiv. Sie ist „heute einer der großen [...] Akteure, wenn es um die Auseinandersetzung mit Rechtsextremismus geht" (Roth 2007: 70). Die demokratische Bildungsarbeit der Stiftung umfasst die Unterstützung konkreter Projekte wie ‚Lernen durch Engagement – Gesellschaftliches Engagement von Kindern und Jugendlichen als Teil von Schule und Unterricht sowie an Universitäten' ebenso wie die Förderung von wissenschaftlichen Untersuchungen wie der Langzeituntersuchung bezüglich menschenfeindlicher Einstellungen in der Bevölkerung von Heitmeyer, auf deren Erkenntnissen wiederum weitere Projekte gegen Rechtsextremismus aufbauen können (vgl. Freudenbergstiftung 2011). Ohne andere Aktivitäten der Stiftung intensiver zu betrachten, kann die Förderung von Demokratie eindeutig als Präventionsstrategie gegen Rechtsextremismus identifiziert werden. Da die Wurzeln der Freudenbergstiftung zudem in die Wirtschaft reichen, liegt eine Verortung im Bereich der wirtschaftlichen Prävention auf der Hand.

Ein weiteres Beispiel für präventive Arbeit zeigt sich im Rems-Murr-Landkreis. Vor dem Hintergrund, dass sich der Landkreis um die Jahrtausendwende „zu einem regionalen Zentrum der [rechtsextremen] Skinheadszene mit entsprechenden Musikveranstaltungen, Treffen etc. in Baden-Württemberg entwickelt" (Roth 2010: 44) hat, erarbeitete die zuständige Polizeidirektion Waiblingen ein „mehrdimensionales Präventionskonzept" (Roth 2010: 44). Dazu gehörte „neben einer erstaunlich breiten Palette von primärpräventiven Einzelmaßnahmen (Informations- und Aufklärungsmaßnahmen innerhalb und außerhalb der Polizei, aber vor allem mit Schüler/innen und Verantwortlichen der Sportjugend, Ausstellungen, Schulprojekttage und -wochen, Angebote von Anti-Gewalt-Trainings für Schüler/innen, Videoclips, Ideenwettbewerbe, intensive Öffentlichkeitsarbeit etc.)" (Roth 2010: 45) auch ein aufsuchender Ansatz, bei dem rechtsextreme Jugendliche vor Aktionen der Szene wie etwa Demonstrationen direkt, zum Teil auch vor ihren Eltern, angesprochen wurden, um sie unter

Umständen von einer Teilnahme an der Aktion abzubringen. Erstaunlich ist bei diesem Ansatz, dass die Polizei präventive Aufgaben übernimmt, die in anderen Teilen Deutschlands hauptsächlich zivilgesellschaftliche Träger verrichten. Dieser Umstand ist wohl „aus der Einsicht geboren, dass allein repressive Mittel im Rems-Murr-Kreis nicht ausreichen, um den Betroffenengruppen Schutz zu gewähren und Sicherheit in der Region zu garantieren" (Roth 2010: 46). Der präventive Ansatz diese Polizeiarbeit ist ebenso unbestritten zu erkennen wie die Tatsache, dass Polizeiarbeit auf dem Handlungsfeld des Staates anzusiedeln ist. Daher fällt diese Maßnahme gegen Rechtsextremismus unter die Kategorie staatliche Prävention.

Andere Projekte befassen sich mit den potentiellen Aussteigern aus der rechtsextremen Szene. Denn wer sich einmal im rechtsextremen Milieu verstrickt hat, kommt selten ohne weiteres davon los. Selbst wenn der Wille zum Ausstieg existiert, werden potentielle Aussteiger häufig bedroht oder haben Angst, nach dem Verlassen der Szene von ihren alten Kameraden als Verräter verfolgt zu werden. Daher gibt es mittlerweile einige Programme, die den Ausstieg aus der rechtsextremen Szene erleichtern sollen. „Gemeinsam mit den Jugendlichen und jungen Erwachsenen überlegen wir, welche Ausstiegshilfen nötig sind und wie diese erschlossen werden können" (Ministerium für Bildung, Wissenschaft, Jugend und Kultur Rheinland-Pfalz 2011) heißt es beispielsweise in den Leitlinien des Projekts ‚(R)AUSwege aus dem Extremismus‘, das beim rheinland-pfälzischen Ministerium für Bildung, Wissenschaft, Jugend und Kultur angesiedelt ist. Neben dem wichtigen Aspekt, aktive Ausstiegsszenerien zu erarbeiten, können solche Ausstiegsprogramme außerdem zur Verunsicherung der rechtsextremen Szene führen. Das Projekt ‚(R)AUSwege‘ richtet sich primär „an junge Mitläufer und Sympathisanten der rechtsextremistischen Szene, bei denen die Chancen zum Ausstieg erfahrungsgemäß größer sind als bei seit langem in extremistischen Strukturen integrierten und entsprechend ideologisch gefestigten Aktivisten" (Drucksache 15/3842: 25). Das Projekt des Bildungsministeriums kann also in der Kategorie staatliche Ausstiegshilfe verortet werden.

Der Ansatz des Projekts ‚EXIT-Deutschland – Ausstiege aus dem Extremismus‘ ist dem der Maßnahme ‚(R)AUSwege aus dem Extremismus‘ sehr ähnlich. Auch hierbei soll Rechtsextremen der Ausstieg aus der Szene erleichtert werden: erstens, indem Wege zum Verlassen des Milieus aufgezeigt werden und zweitens, indem „nach unseren Möglichkeiten bei Problemen der Sicherheit, z.B. wenn Angriffe oder Verfolgungen aus der rechtsextremen Szene drohen oder vorliegen" (Exit 2011), geholfen wird. Mit den Aussteigern soll nach Angaben des Projekts weiterhin daran gearbeitet werden, „ihre Weltanschauung zu überwinden, ihre Vergangenheit aufzuarbeiten einschließlich begangener Straftaten" (Exit 2011). Weiterhin ist es erklärtes Projektziel, persönliche Kompetenzen zu stärken sowie einen neuen Freundeskreis aufzubauen. Das Projekt integriert nach eigenen Angaben auch ehemalige Rechtsextremisten in den Kampf gegen den Rechtsextremismus, indem sie mit Hilfe ihrer Erfahrungen anderen potentiellen Aussteigern das Verlassen der rechtsextremen Szene erleichtern (vgl. Exit 2011). Getragen wird das Projekt von der ZDK Gesellschaft Demokratische Kultur gGmbH, einer unabhängigen Organisation, die sich nach eigenen Angaben „bundesweit für die Würde, Freiheit und Rechte jedes Menschen" (ZDK 2011) einsetzt. Unterstützt wird die Organisation unter anderem von der Freudenbergstiftung, die bereits vorgestellt wurde. Bei Exit handelt es sich also um ein zivilgesellschaftlich getragenes Projekt, das Menschen den Ausstieg aus der rechtsextremen Szene erleichtern will. Es ist folglich der Kategorie zivilgesellschaftliche Ausstiegshilfe zuzuordnen.

3.2.4. Einordnung der Projekte in die entworfene Systematik

In der nachfolgenden Tabelle werden die in Kapitel 3.2.3 vorgestellten Projekte innerhalb der zuvor entworfenen Systematik (vgl. Kapitel 3.2.1.) verortet. Das leere Feld in Tabelle 10 erklärt sich dadurch, dass trotz aufwendiger Recherche kein Projekt als Beispiel für Maßnahmen mit der Zielsetzung Ausstiegshilfe auf dem Handlungsfeld Wirtschaft zu finden war. Die beiden im vorherigen Kapitel nicht näher vorgestellten Beispiele mit der Zielsetzung Mediation auf wirtschaftlicher und staatlicher Ebene haben im Grunde eher allgemein mediativen Charakter und sind nicht zwangsläufig explizit auf die Arbeit gegen Rechtsextremismus ausgerichtet. Da das allgemeine Prinzip der Mediation anhand der Schülermediation bereits vorgestellt wurde und auf andere Handlungsfelder übertragbar ist, wurde auf die genauere Darstellung verzichtet. Ebenfalls wurde im vorherigen Kapitel davon abgesehen, staatliche Maßnahmen wie etwa klassische Sozialarbeit von Streetworkern als Beispiele für das Feld staatlicher

Maßnahmen zur Stärkung von Minderheiten im Kontext ausführlich zu beschreiben.

Tabelle 10: Projekte gegen Rechtsextremismus: systematisiert nach Handlungsfeld und Zielsetzung (eigene Darstellung)

Handlungsfeld / Zielsetzung	Staat	Zivilgesellschaft	Wirtschaft
Prävention und Aufklärung	Polizeiliche Prävention im Rems-Murr-Kreis	Projekttage des Netzwerks für Demokratie und Courage	Freudenbergstiftung
Konfrontation	Phantasievolle Gerichtsarbeit	Schleusinger Bürgerbündnis gegen Rechtsextremismus	Das betriebliche Handlungskonzept von ArcelorMittal
Mediation	Schiedsgerichte	Schülermediation	Schlichtungen mit Hilfe des Betriebsrats o.Ä. Institutionen
Minderheiten im Kontext stärken	Sozialarbeit	Hilfen für Asylsuchende – Pro Asyl	Die gezielte Integrationspolitik von der Aktionsgemeinschaft Kyritzer Gewerbe
Ausstiegs- und Opferhilfe	Ausstiegsprogramm aus der rechtsextremen Szene – (R)AUSwege	Ausstiegsprogramm aus der rechtsextremen Szene – Exit	

Leicht hätten aus der Vielzahl von existierenden Projekten und Aktionen gegen Rechtsextremismus noch weitere Beispiele ausgewählt werden können, die sich in die zweidimensionale Systematik hätten einordnen lassen können. Dies ist jedoch unnötig, da das zentrale Forschungsinteresse dieses Kapitels bereits befriedigt wurde: Einerseits hat die Skizzierung der verschiedenen Ansätze im Kampf gegen Rechtsextremismus deren Vielfalt und Unterschiedlichkeit aufgezeigt, andererseits wurde im Laufe der Kategorisierung dieser exemplarisch angeführten Projekte deutlich, dass sie differenzierend innerhalb der erarbeiteten zweidimensionalen Systematik abgebildet werden können.

Die Systematik gruppiert diejenigen Projekte sinnvoll, die entweder im gleichen Handlungsfeld angesiedelt sind (etwa die zivilgesellschaftlichen Projekte Bürgerbündnis Schleusingen, Exit, Projekttage des NDCs, Schülermediation und Pro Asyl) oder identische beziehungsweise sehr ähnliche Zielsetzungen verfolgen (beispielsweise die Ausstiegsprogramme Exit und (R)AUSwege). Eine scharfe Ausdifferenzierung der systematisierten Maßnahmen gegen Rechtsextremismus hinsichtlich ihrer Zielsetzung sowie des Handlungsfeldes, auf dem sie anzusiedeln sind, ist also eindeutig zu erkennen. Damit kann die Praxistauglichkeit der entworfenen Systematik als belegt gelten.

Die Systematik erfüllt damit zum einen die rein deskriptive Funktion der geordneten Darstellung von Strategien gegen Rechtsextremismus im Fußballstadion. Gleichzeitig bildet sie aufgrund ihres zweidimensionalen Charakters, der eindeutig nach Handlungsfeld und Zielsetzung der jeweiligen Maßnahme differenziert, die Basis für nachgelagerte Analysen. Damit hat die Systematik für die Forschungsausrichtung dieser Arbeit zweifachen Nutzen: Erstens kann damit übersichtlich dargestellt werden, in welchen Bereichen Strategien gegen Rechtsextremismus im Fußballstadion bereits existieren und in welchen Bereichen Handlungsempfehlungen aus der Forschung ansetzen. Zweitens wird nach der Systematisierung der vorhandenen Strategien rasch deutlich, in welchen Bereichen diese gehäuft anzutreffen sind und in welchen Bereichen nur wenige Maßnahmen zu verorten sind. Auf dieser Basis kann drittens der vergleichenden Frage nachgegangen werden, in welchen Bereichen die Handlungsempfehlungen aus der Forschung in der Praxis umgesetzt werden und in welchen nicht. Mit Blick auf die Handlungsfelder und Zielsetzungen kann anschließend (unter Einbeziehung weiterer Erkenntnisse dieser Arbeit) weitergehend analysiert werden, warum in manchen Bereichen Handlungsempfehlungen verstärkt und in anderen so gut wie gar nicht umgesetzt werden.

Die Systematik legt somit das Fundament für die darauf aufbauenden, grundlegenden Untersuchungen dieser Arbeit im Spannungsfeld zwischen Theorie und Praxis. Insofern ist die zweidimensionale Matrix geeignet für die weiteren Untersuchungen, die in Bezug auf Strategien gegen Rechtsextremismus im Laufe dieser Arbeit angestellt werden sollen. Darüber hinaus können in der Folge kleinere Schärfungen des Designs der Systematik leicht vorgenommen werden. Sollten sich bestimmte, im Allgemeinen zweckmäßige Zielsetzungen von Strategien gegen Rechtsextremismus im speziellen Kontext des Fußballstadions als unzweckmäßig erweisen, können sie gestrichen oder durch in diesem Zusammenhang zweckmäßigere Zielsetzungen ersetzt werden. Am grundlegenden Aufbau der Systematik ändern diese im Laufe der Arbeit eventuell nachzujustierenden Anpassungen allerdings nichts.

Mit der Einführung einer zweckmäßigen Systematik für Strategien gegen Rechtsextremismus im Fußballstadion, erarbeitet in diesem Kapitel, sowie den allgemeinen Überlegungen zum Phänomen des Rechtsextremismus (vgl. Kapitel 2) wurden die ersten theoretischen Grundlagen zur Beantwortung der Forschungsfragen dieser Arbeit gelegt. Im nächsten Schritt ist es nun nötig, den Blick auf das Fußballstadion als speziellen Raum im Kampf gegen Rechtsextremismus zu richten, um die theoretischen Vorarbeiten abzuschließen.

4. Das Fußballstadion als spezieller Raum im Kampf gegen Rechtsextremismus

4.1. Die gesellschaftliche Relevanz des Fußballs

Beschäftigt man sich näher mit wissenschaftlichen Publikationen über das Phänomen des Rechtsextremismus im Fußballstadion, drängen sich unweigerlich amüsante Parallelen zur alltäglichen Berichterstattung über den Fußballsport auf. Während es den hiesigen Sportreportern sowie den allgegenwärtigen Diskutanten am Stammtisch selten an manchmal zutreffenden, manchmal platten, jedoch stets sehr farbigen Metaphern über das Fußballspiel mangelt, scheinen sich diese Metaphern auch in der auf den Fußball bezogenen wissenschaftlichen Literatur einer gewissen Beliebtheit zu erfreuen. Pilz meint den Fußball als „,Brennglas' gesellschaftlicher Entwicklungen und Problemfelder" (Pilz 2008: 16) identifiziert zu haben. Eine Einschätzung die auch Gabriel (vgl. Gabriel 2008: 43) teilt. Dembowski pflichtet dem bei, wenn er dazu in diesem Sinne feststellt, dass gesamtgesellschaftliche Dimensionen des Rechtsextremismus „im Fußball wie durch eine Lupe an Schärfe gewinnen" (Dembowski 2007: 217), während Gabler den Fußball eher im Zusammenhang mit einem „Spiegel der Gesellschaft" (Gabler 2009: 9) erwähnt. Behn und Schwenzer meinen dagegen, dass der Fußball „einem gesellschaftlichen Zerrbild" (Behn/ Schwenzer 2006: 360) entspreche. Schubert sieht im Fußball gar einen „Seismograph für rechtsextreme Stimmung in der deutschen Gesellschaft" (Schubert 2009: 5). Weitere mehr oder weniger farbige Metaphern führt Hebenstreit auf (vgl. Hebenstreit 2012: 26ff.).

Unabhängig davon, welche dieser Metaphern nun zutreffend und welche der reinen Freude an farbiger Sprache geschuldet sind, bleibt festzuhalten, dass das wissenschaftliche Interesse am Fußball in den vergangenen Jahrzehnten beständig zugenommen hat. Zu Recht bemerkt Hebenstreit: „Versuche, sich einen Überblick über die immens hohe Quantität themenbezogener Literatur zu verschaffen, machen deutlich, dass der Fußball mittlerweile zu einem überaus beliebten Forschungsgegenstand verschiedenster sozialwissenschaftlicher Disziplinen zählt" (Hebenstreit 2012: 20). Gleichzeitig stellt er treffend fest, dass die Fülle an Literatur „kaum systematisch und umfassend dokumentiert" (Hebenstreit 2012: 20) ist.

Unbestritten ist jedoch weitgehend, dass der Fußball in gewisser Weise gesamtgesellschaftliche Strömungen abbildet, kanalisiert und mitunter auch verstärkt. Deswegen haben auch Scheuble/Wehner Recht, wenn sie behaupten: „Fußballspiele sind nicht von Politik und nationaler Identität zu trennen" (Scheuble/Wehner 2006: 26). Diese Bedeutung resultiert in erster Linie aus der immensen Anziehungskraft der Sportart in Deutschland. Fußball ist der mit Abstand beliebteste Sport in der Bundesrepublik. An jedem Wochenende werden in Deutschland alleine 80.000 vom DFB und seinen Landesverbänden organisierte Spiele ausgetragen (vgl. Wagner 2008: 77). Laut DFB-Homepage sind 26.000 Fußballvereine unter dem Schirm des DFBs organisiert „in denen rund 6,7 Millionen Menschen aktiv und passiv am Ball sind" (DFB 2011). Die Erste und Zweite Bundesliga freuen sich Jahr für Jahr über neue Zuschauerrekorde und konnten in der Saison 2010/2011 laut offiziellen DFL-Statistiken insgesamt 12,88 Millionen Besucher in den 18 Stadien der Erstligisten begrüßen (vgl. DFL 2012). Laut Recherchen von Degele/Janz schauen bis zu sechs Millionen Menschen samstags die Sportschau und das Halbfinale der Champions League mit deutscher Beteiligung haben 2011 bis zu neuneinhalb Millionen Menschen verfolgt – das waren mehr Fernsehzuschauer, als die Tagesschau am Tag der Bundestagswahl 2009 zählte (vgl. Degele/Janz 2011: 8). Diese beachtlichen Zahlen verdeutlichen eindrucksvoll das immense öffentliche Interesse am Fußball in Deutschland.

Dennoch bilden diese Zahlen alleine in keiner Weise die spezielle Situation in deutschen Fußballstadien oder gar die Besonderheiten der Fanszene ab. Denn Fan ist nicht gleich Fan und schon gar nicht gleichzusetzen mit einem Zuschauer. Die einen Fußballinteressierten verfolgen die Begegnungen ihres Lieblingsclubs lieber auf dem heimischen Sofa, die anderen begleiten ihren Verein bis zum Europacup-Spiel am Schwarzen Meer. Einige feuern singend oder hüpfend im Stadion ihre Mannschaft an, andere hebt es nur bei Toren von ihrem Platz. Manche Menschen gehen ins Stadion, mit der latent vorhandenen Absicht, Streit anzufangen oder sich gar zu prügeln. Andere möchten ihre politische Meinung vor möglichst breitem Publikum äußern und wieder andere versuchen, im Stadion Nachwuchs für ihre politische Partei zu rekrutieren. Einige möchten einfach nur Fußball schauen.

Ebenso vielfältig wie die Fußballfanszene sind auch die sonstigen Akteure im Umfeld des Stadions. Es gibt die größtenteils wie mittelgroße

Wirtschaftsunternehmen anmutenden Vereine der Bundesliga, mächtige Dachorganisationen wie den DFB oder die DFL sowie staatliche Institutionen wie die Zentrale Informationsstelle Sporteinsätze (ZIS), die nach eigenen Angaben „mit ihrer Arbeit, der Koordination und Durchführung des aufgabenorientierten Informationsaustauschs [...] [sicherstellt], dass die für einen Veranstaltungsort zuständige Polizeidienststelle über alle polizeilich bekannten Hintergrundinformationen verfügt, um mit angemessenem Personaleinsatz die Sicherheit der Zuschauer in und um Veranstaltungsorte wie Stadien oder Plätze sowie auf den An- und Abreisewegen gewährleisten zu können" (ZIS 2011). Weiterhin marschieren in regelmäßigen Abständen Polizeibeamte in martialischer Einsatzkleidung vor den Fankurven auf, während darüber hinaus laut SpiegelOnline „rund 140 szenekundige Beamte" (SpiegelOnline 2007) die Fanszenen von Bundesliga bis hinab in die Regionalligen beobachten. Und das ist nur ein kleiner Ausschnitt der unzähligen Akteure, die im unmittelbaren Umfeld des Fußballstadions aktiv sind.

All diese Akteure, die maßgeblich auf dem wirtschaftlichen (Vereine, Verbände), zivilgesellschaftlichen (Fans, Fanprojekte) und staatlichen (Polizei, Politik) Handlungsfeld zu verorten sind, bilden im Umfeld des Stadions mit ihren unterschiedlichen Vorstellungen, Aufgaben und Ideen vom Fußball eine schwer durchschaubare Mischung aus Einzelinteressen, gemeinsamen sowie differierenden Zielen und Handlungsoptionen. Dazu gibt es mittlerweile eine erdrückende Masse an Studien, Gutachten, Expertisen, Aufsätzen, Büchern, Informationsmaterialien und vielem mehr. Das Dickicht an Publikationen steht dem der Akteure also in nichts nach.

Daher soll an dieser Stelle zunächst der Versuch unternommen werden, einen zweckmäßigen Weg durch dieses Dickicht aus sich zum Teil überlagernden oder sogar widersprechenden Informationen zu schlagen. Dies ist unabdingbar, da zunächst ein mindestens grundsätzlicher Überblick über die Situation in deutschen Fußballstadien erarbeitet werden muss, bevor Strategien gegen Rechtsextremismus in diesem Umfeld gefunden, systematisiert oder gar sinnvoll aufgearbeitet werden können.

Um diese allgemeinen Grundlagen zu legen, soll folgendermaßen vorgegangen werden: Nachdem grob skizziert wurde, in welchen zentralen Punkten sich der Fußball in den vergangenen rund 50 Jahren nach Einführung der Bundesliga verändert hat, soll sich der genaueren Darstellung der besonderen Situation im Fußballstadion in Kapitel 4.2.1 über den Fan angenähert werden. Diese Vorgehensweise liegt nahe, da der Fußballfan im Fokus dieser Arbeit steht. Schließlich ist er sowohl Adressat der Strategien gegen Rechtsextremismus als auch Ziel rechtsextremer Agitationen. Dazu werden zunächst einige bedeutende wissenschaftliche Typisierungen vorgestellt, nach denen Fans aus soziologischer Sicht kategorisiert werden können. In diesem Zusammenhang soll überdies ein kurzer Blick auf den Wandel der Fanszenen in den vergangenen Jahren geworfen werden. Außerdem soll das aktuell viel diskutierte Thema der Gewalt im Stadion, bezogen auf die Typisierung von Fußballfans, gestreift werden, ohne dieser speziellen Thematik jedoch allzu großen Raum einzuräumen. Eine wenn auch nur ansatzweise Behandlung dieses Komplexes ist jedoch unerlässlich, um das Bild der Fanszenen, mithin die Gesamtsituation im Fußballstadion, grundlegend sowie differenziert nachzeichnen zu können.

Nach diesen Darstellungen der unterschiedlich schattierten Fanszenen, in denen unter anderem auch der schillernde Begriff des Ultras erläutert wird, soll der Blick in Kapitel 4.2.2 auf die Akteure abseits der Fanszenen gerichtet werden. Das heißt, es soll angemessen kurz skizziert werden, wie staatliche Institutionen und wirtschaftliche Akteure (etwa Fußballvereine und Dachverbände) auf die sich verändernden Entwicklungen innerhalb der Fanszenen reagiert haben. Dazu soll unter anderem auf das Nationale Konzept Sport und Sicherheit (NKSS) eingegangen werden. Außerdem können an dieser Stelle unter Umständen auch Maßnahmen angesprochen werden, die sich explizit bis implizit dem Kampf gegen Rechtsextremismus im Stadion verschrieben haben. Diese sollen jedoch an dieser Stelle nicht ausführlich vorgestellt werden (dies geschieht in Kapitel 7), sondern vielmehr das Gesamtbild der komplexen Fußball(-fan-)szene im Wandel abrunden.

Die kurze daran anschließende Darstellung versucht exemplarisch, einige aktuelle Konflikte zwischen Fans und anderen Akteuren im Umfeld des Fußballstadions nachzuzeichnen. Aufgrund des Umfangs dieses Themengebiets wird sich der Abschnitt jedoch lediglich auf die Skizzierung zweier bedeutender Hauptkonfliktlinien der Bereiche Fans vs. Kommerzialisierung (4.2.3) sowie Fans vs. Polizei (4.2.4) konzentrieren.

Nachdem durch diese zusammenfassende Aufarbeitung der Gesamtsituation im Fußballstadion die Grundlagen zum Verständnis dieses besonderen gesellschaftlichen Teilbereichs gelegt wurden, soll in Kapitel 5 der Kampf gegen Rechtsextremismus im Fußballstadion in den Fokus rücken. Auf der Grundlage der in diesem Kapitel dargelegten Besonderheiten der Situation im Fußballstadion wird dann in Kapitel 5 unter Bezugnahme auf gesamtgesellschaftliche Strategien gegen Rechtsextremismus (vgl. Kapitel 3) schnell deutlich werden, warum nicht einfach bereits existierende allgemeine Strategien gegen Rechtsextremismus ins Stadion transportiert werden können. Dieses Kapitel liefert also insofern die Grundlagen für die theoretisch-grundsätzlichen Überlegungen in Kapitel 5, als es den speziellen sozialen Kontext des Fußballstadions mit den darin aktiven Akteuren, insbesondere den Fans, beschreibt, um damit im nächsten Schritt die Anknüpfungspunkte für Rechtsextremismus in diesem speziellen Raum identifizieren zu können. Auf diese Weise kann ein theoretisches Fundament für die Arbeit von speziellen Strategien gegen Rechtsextremismus im Fußballstadion gelegt werden. Dieses Kapitel rundet also die grundlegenden theoretischen Vorarbeiten dieser Arbeit ab.

4.2. Fußball im Wandel

Es gibt kein wissenschaftlich erwiesenes Datum, an dem sich in deutschen Fußballstadien die Zuschauerszene in eine Fanszene gewandelt hat. Als sehr wahrscheinlich gilt jedoch die Einführung der Bundesliga im Jahre 1963 samt der damit einhergehenden Popularitätssteigerung als Ausgangspunkt dieses Wandels. „Etwa zu dieser Zeit tauchten in Deutschland auch die ersten Fußballfans auf, die sich von den anderen Zuschauern dadurch unterscheiden, dass sie mit Aufnähern, Schals, Mützen, Jacken oder anderen Symbolen die Zugehörigkeit zu ihrem Verein demonstrierten. Die ersten Fanclubs entstanden Ende der 1960er Jahre" (Brüggemeier 2006: 43).

Dominierten in diesen Anfangsjahren der Fanszenen nach Einführung der Bundesliga noch baufällige, alte Stadien das Bild der deutschen Eliteklasse, sind heute moderne Arenen die Heimstätte der meisten Bundesligavereine.[14] Doch nicht nur das bauliche Äußere der Fußballstätten hat sich geändert. Der Fußball, mithin die komplette Fußballszene von heute

---

14 Sämtliche Stadien der Vereine aus der Ersten Bundesliga sind nach dem Jahre 2000 modernisiert oder neu gebaut worden (vgl. Vieregge 2012: 17).

ist kaum mehr mit der aus den 60er Jahren zu vergleichen. Allerdings ist dieser Wandel nicht explizites Thema dieser Arbeit. Interessante Aufsätze dazu liefern neben Brüggemeier zum Beispiel auch Eisenberg (vgl. Eisenberg 2006: 14ff.) oder Schindelbeck (vgl. Schindelbeck 2006: 32ff.) sowie das zwar weniger wissenschaftliche, aber dennoch äußerst lesenswerte Buch ‚Fever Pitch' von Nick Hornby (vgl. Hornby 1992). Einige wesentliche Punkte des historischen Wandels sollen jedoch trotzdem kurz erwähnt werden, da sie auch im Zusammenhang mit der Entwicklung der Fanszene von gewisser Bedeutung sind.

Statt ihrer ursprünglichen Namen tragen die Stadien heute an fast allen Bundesligastandorten die Namen von Sponsoren und sind wesentlich moderner gestaltet als noch beispielsweise in den 1980er Jahren. Sie bestehen heute zu großen Teilen aus Sitzplätzen und nicht mehr wie früher fast ausschließlich aus Stehplätzen. Diese Entwicklung ist unter anderem auf die Hillsborough-Katastrophe zurückzuführen, bei der im Jahre 1989 96 Menschen während einer Panik im Sheffielder Hillsborough Stadion ums Leben kamen. Im völlig überfüllten Fanblock gab es nach dem Ausbruch dieser Panik aufgrund der Gitter zu den benachbarten Blöcken des Stadions kein Entkommen. Der englische Fußballverband reagierte auf diesen Vorfall unter anderem mit dem Verbot von Stehplätzen sowie der flächendeckenden Einführung von Sitzplätzen bei gleichzeitigem Abbau von fast allen Zäunen im Stadion (vgl. Ticher 1995: 217). Dieses Verbot von Stehplätzen besteht noch heute in den höherklassigen englischen Ligen und wird zum Beispiel auch von der UEFA bei allen Europacupspielen durchgesetzt.

Doch natürlich ziehen teurere Sitzplätze auch ein anderes Fußballpublikum ins Stadion als billige Stehplätze. Das hat die Entwicklung in England exemplarisch gezeigt, „wo die Abschaffung der Stehplätze und die Erhöhung der Eintrittspreise dazu geführt haben, dass das Durchschnittsalter der Besucher bei 48 Jahren liegt" (Hellmann 2012: 27), da sich Jugendliche den Eintritt kaum mehr leisten können. Insbesondere in England sollte so durchaus bewusst eine andere Klientel in die Stadien gelockt werden. Fans aus ärmeren Schichten, die als vermeintlich gewaltaffiner galten, wurden so indirekt aus dem Stadion ausgeschlossen. Doch nicht nur in England, sondern auch in Deutschland werden Tickets für Fußballspiele immer teurer. Mit exklusiven VIP-Logen ist sogar ein neuer Stadionbereich entstanden, den man sich nur mit Hilfe eines hohen Einkommens leisten kann.

Darüber hinaus spielen Fanartikel heute eine wesentliche Rolle zur Gewinnmaximierung von Fußballvereinen. Sie werden so gut wie immer im großen Stil von den Clubs vertrieben und sind eines von vielen Beispielen der wachsenden Kommerzialisierung des Fußballs. „Noch bis in die 1980er Jahre wurden Fanartikel überwiegend in privater Handarbeit hergestellt oder durch [kleine] Geschäftsleute angeboten, die dafür einen Absatzmarkt sahen" (Brüggemeier 2006: 43). Die äußerliche Bindung an den Lieblingsclub wird dagegen heute so gut wie nicht mehr in privater Handarbeit hergestellt, sondern beim Verein in Form von Trikots, Mützen, Schals und etlichen anderen Accessoires[15] teuer erkauft. Das ist eine kommerzielle Entwicklung, die insbesondere in der heutigen Ultra-Szene sehr kritisch gesehen wird.

Aber auch insgesamt ist Fußball heute natürlich ein globales Geschäft. Spieler eines Vereins kommen nicht mehr zwangsläufig nur aus der Stadt, in der dieser Verein beheimatet ist oder wenigstens aus den umliegenden Gemeinden der Region. Vielmehr sind Spieler, die ihre ganze Karriere bei ihrem Heimatverein verbringen, die absolute Ausnahme geworden. Internationale Transfers sind stattdessen an der Tagesordnung. Diese Entwicklung wird im Profifußball nicht mehr umzukehren sein, doch es ist vor allem in Deutschland innerhalb der vergangenen Jahre durchaus zu beobachten, dass sich Vereine, wenngleich in bescheidenem Maße, wieder verstärkt auf den eigenen Nachwuchs besinnen. Ob dies alleine Kostengründen geschuldet ist oder auf Drängen der Fans geschieht, die sich mit lokalen Spielern besser identifizieren können, sei an dieser Stelle dahingestellt.

Natürlich könnten noch etliche weitere Änderungen innerhalb der Fußballszene angeführt werden, aber an dieser Stelle sind die für diese Arbeit notwendigen Rahmenbedingungen abgesteckt. Es bleibt festzuhalten, dass der Fußball heute von kommerziellen Interessen geprägt ist. Das BAFF fasst es treffend zusammen: „Fußball ist in Deutschland ‚sexy' geworden und damit ein Markenartikel, der verstärkt neue Kundenschichten

---

15 Im 210 Seiten starken offiziellen Fanartikelkatalog von Borussia Dortmund werden zum Beispiel rund 1000 verschiedene Produkte angeboten (vgl. BVB Merchandise GmbH 2013).

ansprechen soll" (BAFF 2004b: 166). VIP-Logen machen einen Großteil der Ticketingerlöse von Bundesligavereinen aus, während billige Stehplatztickets nur geringe Gewinne abwerfen. Fanartikel werden in ganzen Katalogen angeboten und Spielertransfers sind ein florierendes globales Geschäft geworden, über das es sich lohnt, gesondert und an anderer Stelle ausführlich nachzudenken.

In der Folge sollen nun die Fans und etwas genauer: der Wandel der Fanszene in den vergangenen Jahrzehnten, der mit diesen veränderten Rahmenbedingungen zweifellos einhergeht, in den Mittelpunkt der Betrachtung rücken.

4.2.1. Der Fußballfan

Stadionbesucher ist nicht gleich Stadionbesucher und schon gar nicht gleich Fernsehzuschauer. Während die Betrachtung des Letzteren im Rahmen dieser Arbeit keine Rolle spielt, soll in der Folge der Stadionbesucher näher charakterisiert werden, indem verschiedene Typen des Fußballfans herausgearbeitet werden.[16] Dazu gibt es in der Literatur allerlei Klassifizierungsversuche, die an dieser Stelle nicht in ihrer Gänze wiedergegeben und keinesfalls historisch aufgearbeitet werden sollen. Vielmehr soll ein grober Überblick über den Stand der Forschung in diesem Bereich gegeben werden. Dieser soll es einerseits ermöglichen, sich ein Bild von der aktuellen Gesamtsituation im Fußballstadion machen zu können. Andererseits ist die genauere Klassifizierung der Fußballfans sowie eine Darstellung ihrer aktuellen Konflikte mit anderen Akteuren im Bereich des Stadions im Hinblick auf die Forschungsfragen dieser Arbeit von zentraler Bedeutung. Schließlich sind die Fußballfans diejenigen, auf die Strategien gegen

---

16 Eine ausführliche Diskussion des grundsätzlichen Fan-Begriffs soll an dieser Stelle indes nicht erbracht werden, da dies im Kontext dieser Arbeit nicht zielführend ist. Eine interessante Aufarbeitung dieser Thematik kann man bei Roose/Schäfer/Schmidt-Lux nachlesen. Sie definieren Fans grundsätzlich „als Menschen, die langfristig eine leidenschaftliche Beziehung zu einem für sie externen, öffentlichen, entweder personalen, kollektiven, gegenständlichen oder abstrakten Fanobjekt haben und in die emotionale Beziehung zu diesem Objekt Zeit und/oder Geld investieren" (Roose et al. 2010: 12).

Rechtsextremismus in Fußballstadien zielen. Ein zumindest grundlegendes Verständnis ihrer Lebenswelt im Stadion ist daher unabdingbar.

Bereits 1988 veröffentlichte Heitmeyer in seinem Buch „Jugendliche Fußballfans" einen durchaus wegweisenden Vorschlag zur Kategorisierung von Fußballfans (vgl. Heitmeyer 1988: 30ff.), welcher in der einschlägigen Literatur als Grundlage für weitere soziologische Auseinandersetzungen mit dem Typus des Fußballfans diente. Heitmeyer hat darin erstmals Unterscheidungsmerkmale aufgestellt, „um Identitätsbestrebungen, Fußball und sozialen Alltag über das Erleben von Spannungssituationen miteinander zu verbinden" (Heitmeyer 1988: 31). Zwar wurden die von Heitmeyer benannten Kategorien inzwischen weiterentwickelt und erscheinen nicht mehr ganz zeitgemäß, aber im Grunde kann im Stadion immer noch grob zwischen *konsumorientierten*, *fußballzentrierten* und *erlebnisorientierten* Fans unterschieden werden.

Konsumorientierte Fans sind nach Heitmeyers Definition Fans, denen es hauptsächlich auf „die Leistung der Mannschaft" (Brenner 2009: 25) ankommt. Spielt der Verein schlecht, müssen sie nicht unbedingt ins Stadion gehen. „Fußball ist austauschbar und stellt eine Freizeitbeschäftigung neben anderen dar" (Heitmeyer 1988: 33). Der konsumorientierte Fan sitzt meistens auf der Tribüne und steht „weniger in der Fan-Kurve" (Heitmeyer 1988: 33).

Fußballzentrierte Fans sind dagegen eher auf den Stehplätzen im Fanblock anzutreffen, den sie „als eigenes, unverzichtbares Territorium" (Heitmeyer 1988: 33) betrachten. Fußball ist für sie Mittelpunkt mindestens der Freizeit „und nicht durch ein anderes Freizeitangebot zu ersetzen" (Brenner 2009: 25), wie es Brenner nach Heitmeyer explizit betont. Für diesen Typus des Fußballfans spielt das Ergebnis der eigenen Mannschaft zwar eine große Rolle, aber anders als der konsumorientierte Fan ist er „nicht ausschließlich leistungsorientiert" (Heitmeyer 1988: 33), sondern hält seinem Verein auch in sportlich weniger erfolgreichen Zeiten die absolute Treue.

Erlebnisorientierte Fans sehen den Fußball „unter dem Gesichtspunkt des ‚Spektakels' und spannender Situationen, die (notfalls) selbst erzeugt werden" (Heitmeyer 1988: 33). Diese spannenden Situationen äußern sich oftmals „in körperlichen Auseinandersetzungen mit gegnerischen Fans" (Brenner 2009: 25). Fußball ist für diesen Typus nur insofern wichtig, als er den Austragungsort, mithin einen Anlass für dieses Spektakel darstellt.

Andere Kategorisierungen wie zum Beispiel die Unterscheidung nach Utz/Benke in *Novizen, Kutten, Hools* und *Veteranen* (vgl. Utz/Benke 1997: 103ff.) sind anders als die grundlegenden Kategorisierungen Heitmeyers, wie Brenner zu Recht feststellt, mittlerweile veraltet und „nicht mehr zeitgemäß für die heutige Fanszene [...], da sie neue Phänomene wie die Ultras nicht" (Brenner 2009: 24) ausreichend berücksichtigen. Aus diesem Grund sollen sie in der Folge weder näher vorgestellt noch weiter beachtet werden.

Die Einteilungen Heitmeyers sind dagegen, obwohl älter, insofern noch immer zutreffend, als diese Grundtypen von Fußballfans bis heute im Stadion beobachtet werden können. Jedoch zeigt sich besonders seit der Jahrtausendwende, dass diese Aufteilung unscharf geworden ist, da sie, wie Dembowski treffend kritisiert, „nur schemenhaft [...] die tatsächliche Bandbreite der Motivationen und unterschiedlichen Ausprägungen der Fanszenen" (Dembowski 2004: 22) erfasst. Die gleiche Kritik trifft dementsprechend auch für die Kategorisierung zu, die bei der Polizei noch immer üblich ist und sich maßgeblich an der Differenzierung Heitmeyers orientiert, jedoch einen anderen Schwerpunkt setzt. Die Polizei unterscheidet nach der potentiellen Gewaltbereitschaft der Fans in „Kategorie A = normaler Fan; Kategorie B = bedingt gewaltbereit, Kategorie C = gewaltbereit, suchen Auseinandersetzungen" (Denzer/Fischer 2012). Grob entspricht diese Kategorisierung also derjenigen Heitmeyers, wobei Kategorie A in diesem Fall dem konsumorientierten Fan entspricht, Kategorie B fußballzentrierte und Kategorie C erlebnisorientierte Fans umfasst. Gerne werden die Fans der Kategorie B und C besonders im polizeilichen Kontext auch als „Problemfans" (Denzer/Fischer 2012) zusammengefasst.

Mittlerweile haben sich allerdings darüber hinaus noch andere Typen von Fußballfans herauskristallisiert, die prägende Akteure im Fußballstadion geworden sind und soziologisch unterschieden werden können. Vor allem Pilz führt in seinen diversen Schriften über die deutsche Fanszene daher aufbauend auf Heitmeyer eine zweite und dritte Kategorisierungsebene von Fußballfans ein, die sich in der Literatur weitgehend durchgesetzt hat. Pilz unterscheidet dabei, aufbauend auf den drei Grundtypen Heitmeyers, in *Kuttenfans, Hooligans, Ultras, Hooltras* und *Supporter*. Vor allem die Ultras nehmen in der jüngeren Forschung einen zentralen Platz ein, da sie seit einigen Jahren im Stadion tonangebend sind, aufgrund ihrer optischen wie akustischen Unterstützung der Mannschaft sofort ins Auge fallen, oft im Zentrum gewalttätiger Auseinandersetzungen in und um das Stadion stehen, insbesondere auf Jugendliche sehr anziehend wirken und damit häufig die am dynamischsten wachsenden Fangruppierungen in Fankurven darstellen.

Abbildung 2: Differenzierung der Fanszene nach Pilz (vgl. Pilz 2006b)

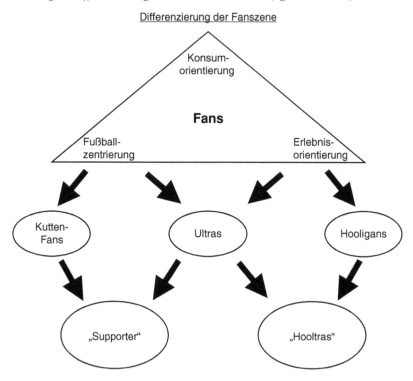

Wie in der Abbildung verdeutlich, greift Pilz die Basistypologien von Heitmeyer auf. Weniger Beachtung in seinen Arbeiten findet dabei der konsumorientierte Fan, der lediglich am Erfolg des Vereins interessiert ist und nur in diesem Fall ins Stadion kommt. Das hat sicherlich damit zu tun, dass dieser Typus bei gewalttätigen Auseinandersetzungen im Umfeld des Stadions, die oftmals Anlass für genauere wissenschaftliche Forschung in diesem Bereich waren und sind, selten bis nie in Erscheinung tritt. Gleichwohl erscheinen konsumorientierte Fans nach wie vor von Heitmeyer treffend und ausreichend kategorisiert. Differenzierter werden die Unterscheidungen respektive Überschneidungen zwischen fußballzentrierten Fans und erlebnisorientierten Fans bei Pilz herausgearbeitet.

Ausschließlich aus fußballzentrierten Fans setzt sich nach Pilz' Definition die Gruppe der *Kuttenfans* zusammen, deren Definition ziemlich genau derjenigen entspricht, die Heitmeyer für die fußballzentrierten Fans erbracht hat. „Kuttenfans gehen ins Stadion, um ihre Mannschaft gewinnen zu sehen, sie stehen leidenschaftlich und bedingungslos hinter ihrer Mannschaft und kämpfen für die Ehre ihrer Mannschaft" (Pilz 2006b) macht Pilz in diesem Sinne deutlich. Das leuchtet ein, denn es sind nach Pilz' Definition (vgl. Abbildung 2) nur fußballzentrierte Fans, aus denen sich die Kuttenfans zusammensetzen. Gleichwohl ist zu beobachten, dass der klassische Kuttenfan, das heißt derjenige, der tatsächlich mit einer Kutte, also einer Jeansjacke die über und über mit fußballspezifischen Aufnähern verziert ist, ins Stadion geht, derzeit zumindest optisch auf dem Rückzug ist und in den Stadien seltener angetroffen wird als noch in den 1980er oder 1990er Jahren.

Im Sinne dieses Rückzuges verortet Dembowski den Kuttenfan sogar mittlerweile eher in der Nähe des konsumorientierten Fans, wenn er ihn mit einem Fanclub-Mitglied gleichsetzt und schreibt: „Mit dem zunehmenden Wandel des Stadionpublikums in den 1990er Jahren verschob sich auch die Bedeutung von alteingesessenen Fanclubs beziehungsweise ‚Kuttenträgern'. Während Fanclubs zunehmend an Einfluss in den Fankurven einbüßten, stieg ihre Anzahl und ihr Einfluss gegenüber den Vereinen als verbindlicher, durchaus konsumorientierter Zuschauerstamm" (Dembowski 2013: 38). Vor dem Hintergrund der Pilz'schen Definition ist die Verortung des von Dembowski als Kuttenträger bezeichneten Fans auf der Ebene des konsumorientierten Fans als theoretische Unschärfe zu interpretieren. Gleichwohl ist durchaus interessant, dass er damit zumindest implizit den (unbestreitbar) schwindenden Einfluss dieses Typus dahingehend deutet, dass sich der Kuttenfan mangels Einfluss auf die Fanszene seines Vereins aus der ‚aktiven' gestalterischen Kurve, mithin aus der fußballzentrierten Position, auf die konsumorientierte Position zurückzieht. Ob das tatsächlich der Fall ist, müssten genauere empirische Untersuchungen klären.

Einen weitaus größeren Einfluss als Kuttenfans haben zweifelsohne die spätestens seit Anfang dieses Jahrtausends bedeutenden Gruppierungen der *Ultras*. Diese haben „in den letzten Jahren [...] eine neue Fankultur in den Stadien etabliert und die Meinungsführerschaft übernommen" (Pilz 2006b). Zur Historie, Bedeutung und zum Selbstverständnis dieses Fantypus sind inzwischen etliche Bücher erschienen (vgl. dazu z.b. Sommerey 2010, Thein/Linkelmann 2012 oder Gabler 2011), was die Popularität dieses Forschungsfeldes unterstreicht. An dieser Stelle sollen jedoch nur einige Grundzüge zum Verständnis des Ultras als Typ des Fußballfans dargestellt werden. Aktuelle Konfliktlinien von Ultras (aber auch von anderen Fantypen) werden in den Kapiteln 4.2.3 sowie 4.2.4. exemplarisch etwas ausführlicher dargestellt.

Wie Abbildung 2 unterstreicht, definiert Pilz die Ultras weitgehend zu Recht als Mischform fußballzentrierter und erlebnisorientierter Fans. Gabler bezeichnet sie zudem als Jugendkultur in Abgrenzung zur Subkultur, da „die große Mehrzahl der Ultras diesem Lebensstil früher oder später den Rücken kehrt, und zwar häufig dann, wenn die Jugendzeit vorbei ist, also die kulturelle wie ökonomische Unabhängigkeit von den Eltern erreicht wird" (Gabler 2011: 18). Empirische Erhebungen, die diese These stützen, gibt es über die in Deutschland noch recht junge Ultra-Kultur allerdings kaum. Erst „seit Mitte/Ende der 90er Jahre stieg die Zahl der Ultra-Gruppierungen in Deutschland rapide an" (Pilz/Wölki 2006d: 71). Ultras verstehen sich als „Bewahrer der ‚Seele' des Fußballs" (Pilz 2006: 47). Deswegen kämpfen sie gegen die in ihren Augen fortschreitende Eventisierung sowie Kommerzialisierung des Fußballs, indem sie zum Beispiel fordern, Stehplätze zu erhalten und Anstosszeiten fanfreundlich anstatt fernsehfreundlich zu terminieren. Außerdem haben sich die Ultras zum tonangebenden Stimmungskern in so gut wie allen Bundesligastadien entwickelt. Sie feuern ihre Mannschaft meistens unabhängig vom Spielgeschehen an und greifen dazu auf diverse sowohl optisch als auch akustisch eindrucksvolle Mittel wie Choreographien, Spruchbänder, Gesänge, Fahnen und Doppelhalter zurück, die unter dem Begriff des ‚Supports' subsumiert werden können. Diese Mittel prägen das Bild des Stadions in der heutigen Zeit (vgl. Pilz/Wölki 2006d: 72ff.). Ultra ist für diese Fans nicht nur ein Hobby, sondern „bedeutet für sie eine neue Lebenseinstellung besitzen, sich von der Masse der passiven Zuschauer abzuheben" (Pilz/Wölki 2006d: 72). Daraus leitet sich überdies ab, dass nicht nur das Spiel an sich, sondern auch die Erlebnisse abseits der 90 Spielminuten (Auswärtsfahrten sowie Entwickeln, Fertigen und Einstudieren von Choreographien etc.) zum identitätsstiftenden Element der Ultras gehören.

Dabei suchen die meisten Ultras nicht gezielt Gewalt, sind aber durchaus bereit, sie anzuwenden. Wichtig ist an dieser Stelle die klare Unterscheidung zum Typus des Hooligan. Gerade diese Unterscheidung wird bei den meisten medial geführten Diskussionen über Gewalt im Stadion nicht geleistet und so werden Begriffe wie Ultras und Hooligans häufig synonym verwendet. Dembowski macht in diesem Sinne ebenso grundlegend wie zutreffend klar: „Ultras haben sich nicht gegründet, um aktiv Gewalt zu suchen, sondern um Stimmung zu organisieren. Ihre Ausprägungen von Gewaltförmigkeit unterscheiden sich erheblich von denen der besonders in den 1980er und 1990er Jahren aktiven Hooligans" (Dembowski 2013: 40). Anders als für die ausschließlich erlebnisorientierten Hooligans ist für fußballzentrierte *und* erlebnisorientierte Ultras das Stadion also kein zufälliger Raum, an dem sie bloß Streit suchen, sondern Mittelpunkt ihrer (Fan-)Identität. Um diese gegen andere Fans ‚zu verteidigen‘, setzen sie durchaus situationsbedingt auch körperliche Gewalt ein. Ähnlich plausibel ist für sie mitunter der Einsatz von Gewalt zur ‚Eroberung‘ identitätsstiftender Utensilien wie der Zaunfahne gegnerischer Ultras.[17] Im Unterschied zu Hooligans suchen Ultras diese Gewalt jedoch in der Regel nicht gezielt immer und überall, sondern sie erscheint tendenziell kontextbedingt. Der Fußball ist für sie kein bloß zufälliger Anlass, um Krawall zu stiften und sich zu prügeln. Hooligans suchen den für sie austauschbaren Ort des Stadions gezielt auf, um gewalttätige Auseinandersetzungen zu suchen. Ultras nehmen diese situationsbedingt in Kauf oder suchen sie im Kontext des Fußballstadions, das für sie identitätsstiftendes Gebiet darstellt, allenfalls situativ. Hauptfeindbild der Ultras sind neben rivalisierenden Fans die Polizisten, durch die sie sich im Ausleben der Ultra-Kultur gehindert sehen. Die von der Polizei durchgesetzten Maßnahmen sind in ihren Augen ein

---

17 Dembowski beschreibt diese Verhaltensmuster als Eroberungsrituale beziehungsweise Revierdenken, die er wie folgt definiert: „Während sich Eroberungsrituale beispielsweise über Schal- und Bannerklau abzeichnen können, führt das Revierdenken so weit, dass Ultragruppen den Ultragruppen anderer Vereine mitteilen, dass diese sich an markanten oder szenefixierten Orten ihrer Stadt nicht aufhalten ‚dürfen‘" (Dembowski 2013: 40).

Eindringen in ‚ihr Revier' und werden daher auch mitunter gewaltsam bekämpft. Auf diese Konfliktlinie wird in den Kapiteln 4.2.3 sowie 4.2.4 genauer eingegangen.

Eine Mischform aus Ultras und Kuttenfans glaubt Pilz in der Kategorie der *Supporter* erkannt zu haben. Jedoch schenkt er diesem Teilaspekt in vielen seiner weiteren Schriften kaum detaillierte Aufmerksamkeit. Supporter scheinen eine mildere Form der Ultras zu sein, die sich – durchaus im Gegensatz zu dem häufig als eher unkritisch beschriebenen Kuttenfan – mit politischen Themen wie der Kommerzialisierung des Fußballs auseinandersetzen, sich aber nicht zwangsläufig über 90 Minuten an den zum Teil vom Spielgeschehen losgelösten Dauergesängen der Ultras beteiligen. Gleichwohl unterstützt der Supporter seinen Verein bedingungslos, nach Siegen wie auch nach Niederlagen. Lichtenberg/Paesen bezeichnen diesen Typus als „die ‚pflegeleichten' Fans innerhalb der Ultraszene, sie lehnen jedwede Gewaltanwendung ab und verzichten komplett auf verbotene Aktionen" (Lichtenberg/Paesen 2008: 33). Das bringt ihnen mitunter Kritik der übrigen Ultras ein, da diese ihnen vorwerfen, „sich den kommerziellen Interessen des Vereins zu unterwerfen und unkritisch die Vermarktung und Eventisierung des Fußballs mit zu tragen" (Lichtenberg/Paesen 2008: 33ff.).

Ähnlich wie der von Lichtenberg/Paesen als pflegeleichter Ultra (vgl. Lichtenberg/Paesen 2008: 33) bezeichnete Typus des Supporters ist auch der von König bereits 2002 eingeführte Typ des *kritischen Fans* zu definieren. Er zeichnet sich nach König vor allem durch eine kritische Distanz zum eigenen Verein sowie den Willen, durch aktive Teilnahme statt passiven Konsums „die Fanszene [zu] beeinflussen und diese positiv zu verändern" (König 2002: 52), aus. Damit verliert nach König für ihn das sportliche Geschehen „seine zentrale Bedeutung, vielmehr wird der ganze Spieltag mit den Ritualen vor und nach dem Spiel wichtig" (König 2002: 52). Das rückt den kritischen Fan nahe an den Typus des Ultra heran, für den ebenfalls nicht nur das Geschehen im Stadion Mittelpunkt der (Fan-)Identität ist, sondern auch die Erlebnisse vor und nach dem Spiel von zentraler, identitätsstiftender Bedeutung sind. Allerdings steht der für Ultras typische Support des eigenen Teams mit Dauergesängen und ähnlichem für den kritischen Fan nicht zwangsläufig im Mittelpunkt und er lehnt Gewalt grundsätzlich ab. Durch die Charakterisierung der drei Hauptziele der kritischen

Fans als „Kampf gegen rechte Gewalt, Kampf gegen die Umwandlung der Stehplätze in Sitzplätze, Kampf gegen Kommerzialisierung" (König 2002: 52) weist die Typologie von König zwar eine kleine theoretische Unschärfe auf, da der Kampf für Stehplätze durchaus vom allgemeinen Punkt des Kampfes gegen Kommerzialisierung umschlossen wird. Gleichwohl bietet König mit dem Typus des kritischen Fans eine interessante Kategorisierung all jener Fans, die sich keiner Ultra-Gruppierung zugehörig fühlen, die Rolle der Gewalt im Verständnis der Ultra-Bewegungen ablehnen, aber dennoch für eine kritische, aktive Fankultur und gegen die fortschreitende Kommerzialisierung der Kurven eintreten. Der Verweis auf die Charakteristik des Kampfes gegen Rechtsextremismus, lässt eine klar linke Färbung dieses Typs erkennen. Dennoch ist fraglich, ob tatsächlich allein der bekennend linke FC St. Pauli „als Ausgangspunkt der Entstehung einer kritischen Fanszene" (Sommerey 2010: 50) im Sinne Königs zu verstehen ist, wie es Sommerey behauptet. Im Gesamtkontext der Forschung wird die Bezeichnung des kritischen Fans immer wieder aufgegriffen, durchgesetzt hat sie sich gleichwohl nicht. Mit Blick auf die Definition von Pilz würde der kritische Fans wohl am ehesten dem Typus des Supporters entsprechen. Der kritische Fan ist absolut fußballzentriert und weist vor allem in puncto Kampf für die Fankultur und gegen Kommerzialisierung große Schnittpunkte mit dem Typus des Ultras auf, unterscheidet sich von ihm aber dadurch, dass der aktive Support nicht zwangsläufig im Mittelpunkt seines Interesses liegt. Durch seine Aktivität innerhalb der Fanszene sowie die Lust an identitätsstiftenden Erlebnissen im Umfeld des Fußballspiels hebt er sich dennoch vom bloß fußballzentrierten (und weitgehend unkritischen) Kuttenfan ab und weist durchaus auch erlebnisorientierte Züge auf. Die dieser erlebnisorientierten Fanszene immanente Gewaltbereitschaft lehnt der kritische Fan jedoch gänzlich ab.

Pilz' Definition des *Hooligans* deckt sich wiederum mit der Heitmeyer'schen Definition des erlebnisorientierten Fans, da sich die Hooligans ausschließlich aus dem Kreis dieses Fantypus rekrutieren (vgl. Abbildung 2), analog zum Verhältnis von Kuttenfans zu fußballzentrierten Fans. Für Hooligans ist auch nach Pilz das Fußballstadion austauschbarer Ort zum Ausleben von Gewalt. Sie suchen die Auseinandersetzung mit anderen Fans – aber nicht zwangsläufig im Stadion, das für sie in diesem Sinne eher als Mittel zum Zweck anzusehen ist und welches durch die zunehmend repressive

Kontrolle durch verstärkte Polizeieinsätze und omnipräsente Kameraüberwachung spätestens seit den frühen 1990er Jahren an Attraktivität verloren hat. Anders als Ultras vermeiden sie in den Stadien in der Regel auch die Konfrontation mit der Polizei (vgl. z.B. Pilz 2010b: 4). Aus diesem Grund verlassen Hooligans in jüngster Zeit verstärkt das unmittelbare Umfeld des Fußballstadions, um sich mit Hooligans anderer Vereine auf abgelegenen Flächen, fernab der Polizei, zu prügeln (vgl. dazu z.B. Blaschke 2008: 25).

Diese theoretische Unterscheidung zwischen Ultras und Hooligans ist wesentlich, wenn es um die Fragestellung geht, wie man der Gewaltproblematik im Stadion begegnen sollte. Während Hooligans seit den 80er Jahren durch repressive Maßnahmen recht erfolgreich zurückgedrängt werden konnten, da für sie weniger der Fußball als die allgemeine Suche nach Gewalt wesentlich war, dürfte es nicht gelingen, gewalttätige Ultras auf diesem Wege aus dem Stadion zu vertreiben, da für sie Fußball im Mittelpunkt steht und Gewalt ihn situationsbedingt begleitet. Anders als Hooligans würden sich also Ultras in der Regel nicht losgelöst vom Fußball, allein des Auslebens der Lust an Gewalt wegen, auf abgelegenen Feldern oder Wiesen prügeln, da für sie die Fankurve im Stadion eine ebenso herausgehobene wie identitätsstiftende Rolle spielt und Gewalt für sie kein vom Fußball losgelöster Selbstzweck ist.

Hooltras sind eine weitere Kategorie, die Pilz eingeführt hat, weil seine Forschungen zu dem Ergebnis kamen, ein „Teil der Ultras ist auf dem Weg sich von der Gewaltfreiheit zu verabschieden bzw. war schon immer gewaltfasziniert und -geneigt und zeigt hooliganähnliches Verhalten, gepaart mit ultraspezifischen Aktionen" (Pilz 2006c). Deshalb unterscheidet er „kreative Ultras und gewaltbereite Hooltras" (Pilz 2006c). Hooltras sind somit so etwas wie der Gegenpol zu den bedingungslos friedlichen Supporters. Man kann das so interpretieren, dass nach Pilz diese beiden Gruppen die extremen Enden des Typus der Ultras bilden.

Die in der wissenschaftlichen Literatur weitgehend akzeptierte Typisierung von Pilz blieb freilich nicht völlig frei von Kritik. Doch während inhaltliche Kritik sich besonders am Begriff der Hooltras entzündet hat, wurden die theoretisch-systematischen Schwächen dieser Differenzierung bislang noch so gut wie gar nicht problematisiert. Zwar ist es sinnvoll, Heitmeyers Definition um die zweite Ebene von Kuttenfans, Ultras und Hooligans zu erweitern. Doch die Einführung einer dritten Ebene mit der

Ableitung von Supporter und Hooltras erschließt sich systematisch nicht vollständig. Wenn diese beiden Kategorien als Extreme der Ultrabewegung definiert werden, also als besonders gewalttätige Ultras auf der einen und so gut wie gar nicht gewaltbereite Ultras auf der anderen Seite, macht es wenig Sinn, sie gleichzeitig als Zusammensetzungen von Kuttenfans und Ultras respektive Hooligans und Ultras zu definieren (vgl. Abbildung 2). Eine zweckmäßige Definition müsste vielmehr, ähnlich dem gängigen Extremismusschema des Verfassungsschutzes (vgl. z.B. Backes 1989: 252), zwischen Supporter, Ultras und Hooltras unterscheiden, wobei Supporters als nicht gewaltbereit und Hooltras als besonders gewaltbereit jeweils an den extremen Enden und Ultras in der Mitte, quasi als ‚normaler‘ Kern, angesiedelt werden müssten. Eine Mischform von einem Supporter, der einerseits als allein fußballzentrierter Kuttenfan Gewalt gänzlich ablehnt und als Ultra andererseits in bestimmten Situationen grundsätzlich doch zum erlebnisorientierten Gewalteinsatz bereit ist, ergibt wenig Sinn. Eine auf der dritten Pilz'schen Ebene angesiedelte Abstufung hin zu dem jeweiligen Extrem innerhalb der Ultraszene ist dagegen plausibler.

Eine entsprechende Schärfung des theoretischen Modells nach Pilz könnte also zum Beispiel so aussehen:

Abbildung 3: Differenzierung der Fanszene (eigene Darstellung, aufbauend auf Pilz [vgl. Pilz 2006b])

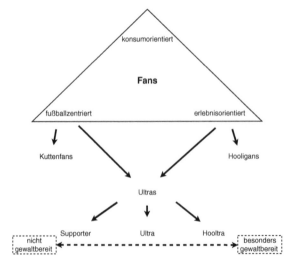

Inhaltlich wurde Pilz' Differenzierung vor allem für die Einführung des Begriffs Hooltra „in der Fanszene heftig kritisiert" (Blaschke 2007). Viele Ultras sehen sich dadurch in eine Ecke mit Hooligans gedrängt. Für sie ist jedoch innerhalb ihrer speziellen Lebenswelt der Gewalteinsatz, wie bereits dargestellt, oftmals nur notwendiges Mittel, um ihre Kurve zu verteidigen, statt bloßer Sinn an sich, wie es bei Hooligans der Fall ist. Auch wenn Pilz häufig betont, dass es „den Ultras weiterhin nicht um die Gewalt um der Gewalt Willen geht" (Pilz/Wölki 2006d:129), wird ihm vor allem von vielen Ultras die Vermischung der beiden Typen übel genommen (vgl. z.B. Ultras.ws 2011).

Fraglich ist weiterhin, ob eine Unterscheidung zwischen Hooltras und Ultras in Abgrenzung zu Hooligans überhaupt praktikabel ist. Denn „es ist oberflächlich, den Ultras die Merkmale der Hooligans überzustülpen. Beide Kulturen unterscheiden sich klar voneinander" (Blaschke 2008: 11). Soweit geht Pilz zwar nicht, denn er geht ja davon aus, dass die Schnittmenge von Hooltras und Hooligans lediglich der lustvolle Einsatz von Gewalt ist. Aber auch hier ist eine Unterscheidung schwierig. Denn auch viele gewaltbereite Ultras sehen den Einsatz von Gewalt nicht als lustvollen Selbstzweck, sondern begründen ihren mitunter gewalttätigen Einsatz damit, die Ehre des Vereins respektive der eignen Fanszene retten, beziehungsweise verteidigen zu müssen. Wurde beispielsweise ein Gruppenbanner von einer rivalisierenden Ultra-Gruppierung gestohlen, sehen die meisten Ultras den Einsatz von Gewalt als notwendiges Mittel an, um dieses Banner zurückzuerobern.

Gleichwohl weist Ruf darauf hin, dass die Kategorie Hooltra auf manche Gruppen durchaus zutreffen könne, die ursprünglich aus der Ultra-Bewegung kommen und „einigen Stilelementen der Ultra-Bewegung treu geblieben [sind]. Sie haben einen Vorsänger, sie haben eine Zaunfahne, sie singen während des Spiels, sind entsprechend gekleidet – all das qualifiziert sie als Ultras. Doch ansonsten verhalten sich Gruppen wie Inferno [Cottbus] eher so, wie sich früher die Hools verhalten haben" (Ruf 2013c: 155). Ob sich diese Entwicklung in Zukunft verstärkt, bleibt besonders mit Blick auf die Spaltung vieler Ultraszenen in rechte und linke Gruppierungen abzuwarten.

Die weiterführende theoretische Ausdifferenzierung des Typus Ultra anhand des Unterscheidungsmerkmals ‚Gewaltaffinität' (vgl. Abbildung 3) legt gleichwohl den Verdacht nahe, dass (rechtsextreme) (Alt-) Hooligans, die sich in jüngerer Vergangenheit wieder verstärkt in die Geschehnisse in Fankurven einmischen (vgl. z.B. Buschmann 2013: 1), aufgrund der gemeinsamen gewaltaffinen Basis eher in der Nähe von Hooltras als von Ultras zu verorten sind. Überdies erhärtet sich mit Blick auf die Konflikte innerhalb der Fanszenen in Aachen oder Duisburg zumindest der Verdacht, dass sich die politisch aufgeladenen Auseinandersetzung maßgeblich zwischen (tendenziell eher linken) Ultras auf der einen und (mindestens ins Rechtsextreme tendierenden) Hooltras gepaart mit (Alt-)Hooligans auf der anderen Seite abzeichnen (vgl. z.B. Römer/Müttel: 10ff.).

Dennoch ist es vor allem in der Praxis schwierig, die besonders gewaltaffinen Ultras von den übrigen Ultras zu trennen, um sie dann mit der Sammelbezeichnung Hooltras zu versehen. Denn erstens ist das Gruppengefühl innerhalb der Ultrabewegung sehr stark ausgeprägt. Solidarisierungseffekte sind die Regel. Prinzipiell Gewalt ablehnende Ultras verbinden sich in diesem Sinne schnell mit den gewaltbereiten Anhängern, um gemeinsam gegen tatsächliche oder scheinbare Repressalien, Provokationen oder Angriffe vorzugehen. Auch Pilz räumt ein, dass es „den Polizeibeamten unmöglich scheint, die Szene genau zu differenzieren. Als negative Folgeerscheinung resultiert daraus eine Radikalisierung des weitaus größeren, unproblematischen Teils der Szene, der sich mit repressiven Maßnahmen konfrontiert sieht, die sonst eigentlich nur Hooligans erfahren" (Pilz 2005: 8). Außerdem ist zweitens der Einsatz von Gewalt nicht nur anerkanntes Mittel bei einer kleinen Minderheit der Ultras, wie Pilz bei der Unterscheidung zwischen Ultras und Hooltras unterstellt, sondern es gibt – wie er selbst feststellt – ein „offene Bekenntnis zur Gewalt, [...] [das] offensichtlich zum Lifestyle der Ultras gehörend, mittlerweile von fast allen Ultragruppierungen in ihren Internetseiten propagiert wird" (Pilz 2005: 8). Drittens ist gerade dieser in unterschiedlichen Fanszenen differierend ausgeprägte „Umgang mit und die Akzeptanz von Gewalt eines der markantesten Unterscheidungsmerkmale zwischen deutschen Ultra-Gruppen" (Römer/Müttel 2013: 13). Wenn die Bereitschaft zur Anwendung von Gewalt jedoch von Fanszene zu Fanszene variiert, erschwert dies eine allgemeine Differenzierung von Fantypen anhand dieses Merkmals. Ein Ausdifferenzierung in Ultras und Hooltras bleibt daher zwangsläufig unscharf.

Zusammenfassend bleibt dennoch zu konstatieren, dass Pilz mit der Ergänzung von Heitmeyers Typisierung durch Kuttenfans, Ultras und Hooligans eine ebenso wegweisende wie noch immer brauchbare, aktuelle Kategorisierung von Fußballfans erarbeitet hat, die auch dieser Arbeit als Definitionsgrundlage der unterschiedlichen Fantypen dienen soll. Bei den von ihm kreierten Mischformen Supporter und Hooltras sind seine Differenzierungen jedoch etwas unscharf. Den Begriff Supporter vernachlässigt er generell. Gewisse Schnittmengen mit Königs recht einleuchtend umrissenen Typus des kritischen Fans scheinen zu existieren. Eine größere Rolle spielt bei Pilz der Begriff des Hooltras, der aber aus den beschriebenen Gründen ebenfalls unscharf bleibt. Hier bietet sich eine theoretische Loslösung der Begriffe ‚Hooltra' und ‚Supporter' von ‚Hooligan' und ‚Kuttenfan' an. Stattdessen ist es sinnvoll, den Typus des Ultras anhand des Merkmals ‚Bereitschaft zur Gewalt' in nicht beziehungsweise kaum gewaltbereite Supporter, besonders gewaltbereite Hooltras und bedingt gewaltbereite Ultras auszudifferenzieren (vgl. Abbildung 3).

Zusammenfassend können die in dieser Arbeit relevanten Fantypen hinsichtlich ihres Hauptinteresses beim Besuch des Fußballstadions folgendermaßen kategorisiert werden:

Abbildung 4: Fantypen: kategorisiert nach ihrem Hauptinteresse beim Besuch des Fußballstadions (eigene Darstellung, basierend auf Pilz [vgl. Pilz 2006b], Heitmeyer [vgl. Heitmeyer 1988] und König [vgl. König 2002])

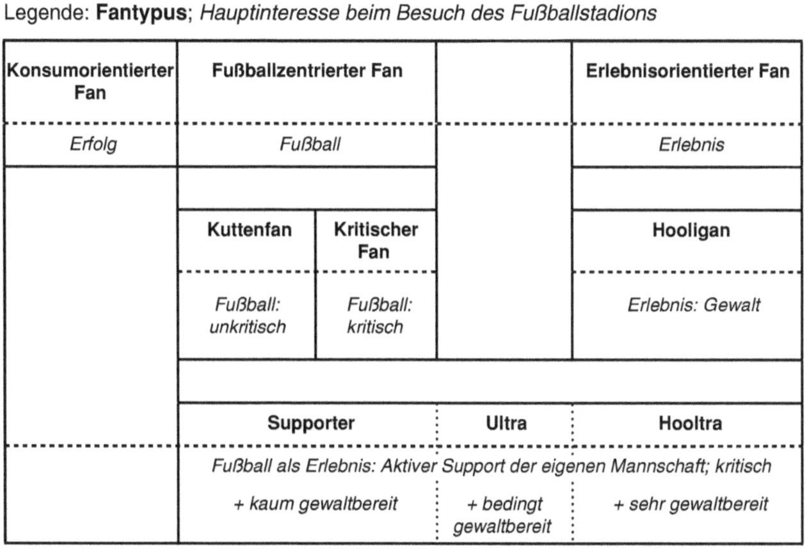

Legende: **Fantypus**; *Hauptinteresse beim Besuch des Fußballstadions*

Konsumorientierter Fan	Fußballzentrierter Fan				Erlebnisorientierter Fan
Erfolg	*Fußball*				*Erlebnis*
	Kuttenfan	**Kritischer Fan**			**Hooligan**
	Fußball: unkritisch	*Fußball: kritisch*			*Erlebnis: Gewalt*
	Supporter		**Ultra**		**Hooltra**
	Fußball als Erlebnis: Aktiver Support der eigenen Mannschaft; kritisch				
	+ kaum gewaltbereit		*+ bedingt gewaltbereit*		*+ sehr gewaltbereit*

Es bleibt abschließend anzumerken, dass die scheinbar steigende Gewalt in Bundesligastadien[18], für die oftmals Ultras verantwortlich gemacht werden, in jüngerer Vergangenheit immer häufiger von den Medien aufgegriffen wird. In einem Bericht des Heute-Journals vom 25. Okotober 2011 wurde ein neuer Höchststand von knapp 850 Verletzten im Jahre 2010 nach Ausschreitungen im Umfeld von Fußballspielen vermeldet. Bei den Verletzten handele es sich um 350 unbeteiligte Personen und jeweils rund 250 Polizisten sowie Randalierer. Als Gründe für den Anstieg nannte Michael Gabriel, Leiter der Koordinierungsstelle Fanprojekte (KOS), in dem Beitrag einerseits den zunehmenden Missbrauch von Knallkörpern unter

---

18 Die Frage nach einem tatsächlichen Anstieg der Gewalt muss differenziert und in Abhängigkeit von diversen Faktoren bewertet werden. Zentral ist dabei die Frage, welche Clubs zum Zeitpunkt der Datenerhebung in der Bundesliga gespielt haben. Ein Vergleich der Saisons 2011/2012 und 2012/2013 zeigt zum Beispiel, dass 2012/2013 im Zusammenhang mit Spielen beider Bundesligen 788 Personen verletzt wurden (vgl. ZIS 2013: 10), während es 2011/2012 mit 1142 Personen (vgl. ZIS 2012: 10) noch deutlich mehr waren. Gleichzeitig berichtet die ZIS, dass in den beiden Bundesligen 2011/2012 11373 Personen dem gewaltbereiten Kern zugeordnet werden konnten (vgl. ZIS 2012: 7), während es 2012/2013 nur noch 10417 waren (vgl. ZIS 2013: 8). Entscheidend ist dabei jedoch folgendes: Vor der Saison 2012/2013 „stiegen der Karlsruher SC, Alemannia Aachen und Hansa Rostock aus der Zweiten Liga ab. Aufsteiger waren der VfR Aalen, SV Sandhausen und Jahn Regensburg. Allein vom Zuschauerpotenzial her unterscheiden sich die Absteiger von den Aufsteigern mehr als deutlich" (Ulrich 2013). Von einer generellen Erhöhung der Gewaltbereitschaft zu sprechen, ist also häufig mindestens zweifelhaft, da das Gewaltpotential durch Auf- und Abstiege bestimmter Clubs mit unterschiedlich gewaltaffinen Fanszenen erheblich schwankt und sich so allenfalls zwischen Bundesligen, Dritter Liga und Regionalligen verlagert, insgesamt aber nicht an- oder abschwillt. Zudem zeigt eine historische Betrachtung, dass sich die höheren Verletztenzahlen der jüngeren Spielzeiten (in der Saison 1999/2000 gab es 209 Verletzte [vgl. ZIS 2000: 5]) unter anderem auch dadurch erklären lassen, dass das Zuschauerinteresse insgesamt erheblich gestiegen ist. 1999/2000 verzeichneten die beiden Bundesligen noch 12,7 Millionen Besucher (vgl. ZIS 2000: 3), 2011/2012 waren es schon 18,7 Millionen (vgl. ZIS 2012: 5). Bei einer fast identischen Anzahl begleiteter Spiele stieg überdies die Zahl eingesetzter Polizisten zwischen 1999/2000 (1.017.132 Arbeitsstunden [vgl. ZIS 2000: 12]) und 2011/2012 (1.365.557 Arbeitsstunden [vgl. ZIS: 2012: 19]) stark an. Durch den verstärkten Polizeieinsatz werden natürlich auch mehr Vorfälle registriert, statistisch erfasst und strafrechtlich verfolgt.

Fans sowie andererseits den zunehmenden Einsatz von Pfefferspray von Seiten der Polizei (vgl. Heute-Journal 2011).

Trotz des zumindest für die Saison 2011/2012 nachgewiesenen Anstiegs der Gewalttaten im Umfeld der Fußballstadien (vgl. Fußnote 16) warnen Forscher wie Pilz jedoch immer wieder vor Hysterisierung. „Es sind besorgniserregende Fälle, aber von einer neuen Dimension zu sprechen, ist populistisch. Gewaltausbrüche unterliegen in allen Feldern der Gesellschaft einer Wellenbewegung" (Blaschke 2011b: 24), zitiert ihn der Journalist und Fanforscher Ronny Blaschke in einem Zeitungsartikel. Andere Autoren warnen vor einer Überbetonung der erfassten Gewalttaten der ZIS-Statistiken: „Der prozentuale Anteil der Verletzten unter allen Stadionbesuchern der ersten beiden Ligen lag 2012 [...] bei 0,005 Prozent" (Ulrich 2013). Weiterhin verweisen sie darauf, Vergleiche mit anderen Großveranstaltungen zu ziehen: „1400 Straftaten wurden auf dem Oktoberfest dieses Jahr registriert, 8400[19] Wiesn-Besucher mussten medizinisch behandelt werden. Eine Summe, die weit über die Bilanz einer gesamten Fußballsaison hinausgeht. In der Spielzeit 2010/11 waren rund 850 Verletzte in der ersten und zweiten Liga zu beklagen" (Stubert 2012). Und das bei rund 18,5 Millionen Stadion- und nur knapp 6,5 Millionen Oktoberfestbesuchern (vgl. z.B. Braun 2012). Dennoch ist es nicht von der Hand zu weisen, dass es im Umfeld von Fußballstadien zu gewalttätigen Auseinandersetzungen kommt.[20] Doch die Schuld dafür alleine bei den Ultras zu suchen, greift wohl zu kurz. Immer wieder werden Fälle bekannt, in denen auch Polizei oder Ordnungskräfte durch provokantes Auftreten Randale provozieren. Das geschah zum Beispiel bei einer Auseinandersetzung

---

19 Je nach Quelle (und implizierter Definition, welche Personen als ‚verletzt' gelten) schwanken die Angaben über Verletztenzahlen auf dem Oktoberfest. Gleichwohl bleibt die Argumentationslinie der Autoren davon unberührt.

20 Wobei gleichfalls kritisch angemerkt muss, dass bei den vom ZIS-Jahresbericht kommunizierten Zahlen bezüglich der Verletzten im Umfeld des Stadions nicht differenziert wird, wie sich diese Personen verletzt haben. Das heißt, körperliche Auseinandersetzungen zwischen Fans werden dabei genauso erfasst wie Verletzte nach dem Einsatz von Pfefferspray durch die Polizei. Es wird alleine festgestellt, wer verletzt wurde. Das waren in der Saison 2012/2013 „Polizeibeamte (141 BL, 101 2. BL), 201 Störer (129 BL, 72 2. BL) und 345 Unbeteiligte" (ZIS 2013: 10).

zwischen Chemnitzer Ordnern und Fans von Wacker Burghausen im Dezember 2011 (vgl. Hahn 2011). Außerdem sind Ultras in letzter Zeit zunehmend auch selbst Opfer von Hooligan-Gewalt geworden, wie unter anderem der wohl politisch gefärbte Übergriff auf die Ultras der Duisburger Kohorte durch rechtsextreme Hooligans zeigte (vgl. Ruf 2013: 29).

Gleichwohl ist durchaus zu beobachten, dass Gewalt im Fußballstadion immer häufiger im Umfeld der Ultra-Gruppierungen oder anderer erlebnisorientierter Fans ohne Bindung zu großen Ultra-Gruppierungen anzutreffen ist, während klassische Hooligans, mit „Bomberjacke, enge[n] Röhrenjeans, Allround-Turnschuhe[n] – und ‚Vokuhila'" (Blaschke 2008: 18), trotz der jüngsten Übergriffe Anfang der 2010er Jahre, im Vergleich zu der Situation von vor 30 Jahren, im Stadion immer weiter in den Hintergrund treten. Das liegt natürlich nicht nur an der sich wandelnden Mode, sondern hauptsächlich daran, dass sich das Bild der Fanszene geändert hat und heute durch Ultras beziehungsweise Formen der Ultra-Unterstützung wie Gesänge, Choreographien, Klatscheinlagen und Ähnliches bestimmt ist. Auch Ultras kleiden sich zwar, ähnlich wie Hooligans, nicht mit offiziellen Fanartikeln des Vereins, da sie diesen als kommerziell ablehnen, aber anders als Hooligans der 80er und 90er Jahre treten sie meistens nicht gänzlich ohne Erkennungszeichen auf, sondern tragen ihre selbst produzierten Fanartikel wie T-Shirts oder Seidenschals. Gleichwohl ist die Hooligan-Szene noch nicht ausgestorben. Sie lebt ihre Lust an der Gewalt jedoch immer seltener in der Öffentlichkeit aus, sondern eher „in der Abgeschiedenheit. In Waldstücken, auf Wiesen oder in Industrieanlagen. Das oberste Ziel: Die Polizei darf nichts mitbekommen. Gleichstarke Gruppen stürmen aufeinander los. [...] Studenten, Ärzte, Arbeiter oder Polizisten. Der Fußball ist weit weg" (Blaschke 2008. 25). Die Stadien werden heutzutage also weniger von klassischen Hooligans als vielmehr von Ultra-Bewegungen, die optisch sowie gesanglich auf den Rängen dominieren, geprägt. Ob sich diese Entwicklung durch die jüngsten Übergriffe von rechtsgerichteten Hooligans auf linksgerichtete Ultra-Gruppierungen in den nächsten Monaten und Jahren wieder verschiebt, bleibt abzuwarten und bedarf genauer Beobachtungen.

Was hinsichtlich der theoretischen Typisierung von Fußballfans bleibt, ist die nicht ganz einfach zu klärende Frage, ob gewaltbereite erlebnisorientierte Fans ohne Bindung an Ultra-Gruppierungen ohne weiteres als

Hooligans zu bezeichnen sind. Blaschke gibt zu bedenken, dass „die Gewalt im Fußball eine Konstante [ist], nur ihre Form hat sich gewandelt" (Blaschke 2008: 9). Und tatsächlich gibt es im Fußball wohl historisch gewachsene Elemente, die manche Menschen „eine Kompensation von Alltagsfrust und Entfremdung" (Endemann/Dembowski 2010: 23) erhoffen lassen sowie ein stabiles Freund-Feind-Schema (vgl. Gabler 2009: 18ff.). Pilz zitiert Heinz Bothe, der 1954 beim Gewinn der Meisterschaft Mitglied des Teams von Hannover 96 war, mit den Worten: „Krawall kam immer vor. […] Aber nicht in den Ausmaßen, dass es da Massenschlägereien gab, und die Polizei da war. Kannten wir überhaupt Polizei?" (Pilz 2006: 44).

Fraglich bleibt indes, ob auch die nicht regelmäßig gewalttätigen Menschen, die nicht zwangsläufig mit dem Ziel sich zu prügeln ins Stadion fahren, dem Hooligan-Typus zuzurechnen sind. Hier scheint es einige Unschärfen zu geben, die wissenschaftliche Arbeiten in Zukunft schließen könnten. Auch Pilz weist im Interview mit einer Tageszeitung darauf hin, dass „bei Auswärtsfahrten vermehrt Jugendliche mit[fahren], die mit dem Verein und mit den Ultras eigentlich gar nichts zu tun haben. Die sieht man bei keinem Heimspiel. Gerade bei Auswärtsspielen ist der Kick durch Alkohol und gruppendynamisches Aufschaukeln auf der Hinfahrt intensiver und diesen Kick suchen diese Jugendlichen" (Seiler 2012). Einstweilen könnte diese Sondergruppe jedoch wohl einfach noch dem Heitmeyer'schen Typus des erlebnisorientierten Fans zugerechnet werden.

Über die Gewalt in Fußballstadien wurde in den vergangenen Jahren so viel geschrieben, dass die Materie Stoff für etliche Dissertationen hergeben würde. Da in dieser Arbeit jedoch der Kampf gegen Rechtsextremismus im Mittelpunkt steht, soll auf eine umfassende Darstellung der Formen von Gewalt im Umfeld des Fußballstadions, von historischen Entwicklungen sowie auf eine vollkommene Ausdifferenzierung der daran beteiligten Akteure verzichtet werden.[21] Trotzdem musste diese Thematik kurz angeschnitten werden, um die Situation in Fußballstadien einigermaßen differenziert skizzieren zu können.

Es ist an dieser Stelle zu resümieren, dass die Hooliganszene spätestens seit Ende der 1990er Jahre in den Stadien auf dem Rückzug ist und ihre

---

21 Eine Interessante Fallstudie zu den Formen fußballbezogener Zuschauergewalt hat zum Beispiel Leistner verfasst (vgl. Leistner 2008: 111ff.).

Kämpfe vermehrt abseits der Stadien ausgetragen hat. Inwieweit die gewalttätigen Übergriffe rechtsextremer Hooligans im Umfeld des Stadions auf linke Fangruppen des eigenen Vereins die offensive Rückkehr der Hooligans in die Kurven der Republik einläuten oder nur eine Momentaufnahme darstellen, bleibt abzuwarten. Vor dem Hintergrund der dargelegten Typologien bleibt indes festzustellen, dass erlebnisorientierte Hooligans eher mit repressiven Strategien aus dem Stadion gedrängt werden können, da dieses für sie oftmals nur der austauschbare Ort für das Ausleben von Aggression ist, während dieser repressive Ansatz bei Ultra-Gruppierungen wohl nicht fruchten wird, da für sie das Fußballstadion identitätsstiftender Ort ihres Fan-Seins ist, der nicht einfach ausgetauscht werden kann. Konsequenzen in Bezug auf die daraus resultierende Polizeitaktik beschreibt Pilz folgendermaßen: „Das Prinzip der Deeskalation setzt demnach je nach Fangruppierung unterschiedliche Maßnahmen voraus. Ist bei Ultras eher ein verdeckter Polizeieinsatz geboten, ist bei Hooligans deutliche Präsenz angesagt" (Pilz 2010b: 4).

Sorge bereitet den staatlichen Stellen besonders die zunehmende Gewalt an Bahnhöfen und Raststätten, wo rivalisierende Fangruppierungen aller Typen häufig unkontrolliert aufeinandertreffen. Die Einsätze von Polizisten sind laut Angaben der Bundespolizei in den vergangenen Jahren stark gestiegen. „Im Durchschnitt waren in der vergangenen Saison pro Spieltag 2134 Beamte im Einsatz, manchmal sind es sogar an die 4000" (Cöln et al. 2013: 24), was nach Angaben der Bundespolizei Personalkosten von 27,8 Millionen Euro entspreche und zusammen mit anderen notwendigen Mitteln einen Betrag von 38 Millionen pro Saison ergebe (vgl. Cöln et al. 2013: 24). Oft wird daher der Ruf nach einer Beteiligung der Fußballvereine an den Kosten für Polizeieinsätze laut. Rainer Wendt, Vorsitzender der Deutschen Polizeigewerkschaft, forderte beispielsweise 2012 „eine Sicherheitsgebühr von 50 Millionen Euro pro Saison [...], mit der die Überstunden für die Polizeieinsätze bezahlt werden könnten" (Handelsblatt. com 2012). Verbandsvertreter weisen diese Forderung regelmäßig zurück und begründen dies unter anderem damit, dass rund „1,7 Milliarden Euro brutto [...] an Steuern und Abgaben aus dem Profi-Fußball in die öffentlichen Kassen" (Stern.de 2010) fließen würden.

Im Zusammenhang mit der Thematik dieser Arbeit ist nach Skizzierung der verschiedenen Fantypen von zentraler Bedeutung, dass sich analog zur

Veränderung der dominanten Fantypen im Stadion auch die Zielgruppen sowohl von Rechtsextremen als auch von Strategien gegen Rechtsextremismus geändert haben. Waren in den 80er und 90er Jahren noch gewaltsuchende Hooligans bestimmend für das Klima in den Fankurven, sind es heute Ultras, Fans aus dem Ultraumfeld und kritische Fans, die im Stadion maßgeblich den Ton angeben. Dies hat natürlich Auswirkungen auf die Anknüpfungspunkte von Rechtsextremen einerseits und für die Ansatzpunkte von Gegenstrategien andererseits.

Wie Polizei, Politik, Vereine, DFB und DFL auf die sich verändernde Fanszene reagiert haben und welche Probleme heute das Spannungsfeld zwischen diesen maßgeblichen Akteuren im Umfeld des Fußballstadions bestimmen, soll der folgende Abschnitt darstellen.

4.2.2. Reaktionen auf die sich wandelnde Fanszene

In den Anfangsjahren der 1963 eingeführten Bundesliga wurde die Fanszene noch weitgehend sich selbst überlassen. Während dieser Zeit bildeten sich erste Fanclubs, die anfangs auch ihre eigenen Fanartikel herstellten. Aber „die Vereine kümmerten sich darum nicht" (Brüggemeier 2006: 43). Das änderte sich erst in den 1980er Jahren, als einzelne Vereine damit begannen, den Fanartikelverkauf zu steuern. Doch mit dem beginnenden Verkauf der Devotionalien durch die Vereine nahm ihr Interesse an den Problemen innerhalb der Fanszenen zunächst allenfalls partiell zu. Auch von Seiten der Sozialwissenschaften wurde die Fanszene lange Zeit weitgehend ignoriert. „Sehr verhalten, die gesellschaftlichen Dimensionen des Phänomens nur erahnend, begannen sich die Sozialwissenschaften [...] Ende der 70er Jahre mit der jugendlichen Fankultur zu beschäftigen" (Gabriel 2008: 36).

Als die Welle des Hooliganismus in den 80er Jahren Deutschland erreichte und zum unverkennbaren Problem wurde, rückte die Fankultur jedoch verstärkt in den Fokus der Wissenschaft. Besonders in den neuen Bundesländern stand die Polizei nach der Wende vor großen Problemen hinsichtlich der dortigen Fankultur. „Sie schwebte in aufgelösten Strukturen und kannte ihre Grenzen nicht. Auch Hooligans aus dem Westen tauchten nun in den rechtsfreien Raum ein und nutzen die ostdeutschen Stadien als Spielwiese" (Blaschke 2008: 31). Immer wieder kam es bei Bundesligaspielen zu heftigen Krawallen. Auch rechtsextreme Gesänge, Äußerungen und Fahnen waren in den Bundesligastadien sehr präsent. „Es war eine Zeit, in der Fußball als ‚Proletensport' galt und viele deutsche Kurven rechtsextrem geprägt wurden" (Römer 2013b: 31). Fanprojekte mit ausgebildeten Sozialpädagogen an der Schnittstelle zwischen Verein und Fanszene gab es kaum. Erst 1981 wurde in Bremen das erste dieser Fanprojekte durch Narciss Göbbel initiiert (vgl. Gabriel 2008: 36). Bis Anfang der 90er Jahre unterhielten gerade einmal ein Dutzend Bundesligavereine ein solches Fanprojekt.

Staat, Vereine und Verband reagierten auf die zunehmenden Probleme in Fußballstadien 1991 mit der Entwicklung des Nationalen Konzept Sport und Sicherheit (NKSS). „Die Ständige Konferenz der Innenminister und -senatoren der Länder hat in ihrer Sitzung im Mai 1991 festgestellt, dass ein gemeinsames Handeln aller Beteiligten erforderlich ist, um die Sicherheit bei Sportveranstaltungen zu verbessern" (Deutsche Sportjugend 1992: 7). In der Folge wurde eine Arbeitsgruppe eingerichtet, in der Mitglieder des Deutschen Fußballbunds, Deutschen Sportbunds, Deutschen Städtetages, der Innenminister-, Jugendminister- und Sportministerkonferenz, des Bundesministeriums des Innern sowie Bundesministeriums für Frauen und Jugend vertreten waren. Gemeinsam wurde das NKSS erarbeitet und 1993 eingeführt. Dieses Konzept bildet noch heute die Grundlage für die Arbeit von Fanprojekten sowie der Koordinationsstelle Fanprojekte (KOS) (vgl. Deutsche Sportjugend 1992). Auf die näheren Aufgaben der Fanprojekte sowie der KOS wird im Kapitel 7 ausführlich eingegangen. Festzuhalten bleibt an dieser Stelle, dass das NKSS die Felder „Fanbetreuung im Rahmen von Sozialarbeit, Stadionordnung, Stadionverbote, Ordnerdienst, Stadionsicherheit, Zusammenarbeit aller Beteiligten" (Lichtenberg/Paesen 2008: 45) aufgriff. Es fußte (und fußt noch heute) also auf den zumindest theoretisch gleichberechtigten Säulen Prävention (z.B. Sozialarbeit) und Repression (z.B. Stadionverbote, Stadionsicherheit).

Die Einführung des NKSS war in vielerlei Hinsicht ein Meilenstein und hat mit der konsequenten Einführung von präventiven, aber besonders auch repressiven Maßnahmen sicherlich einen erheblichenTeil zur Veränderung des Fanszene innerhalb des Stadions beigetragen.[22] Erstmals

---

22 Viele der im Zuge des NKSS eingeführten Maßnahmen werden in Kapitel 6.2 dargestellt.

beschäftigten sich staatliche und wirtschaftliche Akteure zudem offensiv mit den Problemfeldern Gewalt und Rechtsextremismus im Fußballstadion. Das NKSS bildete fortan eine Art Grundlage für Strategien gegen diese Probleme. Zwar war das Konzept „nur ein Vorschlag" (Lichtenberg/Paesen 2008: 46) ohne rechtliche Bindung für Vereine, Verbände oder Staat, aber es beinhaltete immerhin konkrete Ansatzpunkte zum Kampf gegen Gewalt und Extremismus im Stadion, die zum großen Teil auch umgesetzt wurden. Dies hatte unter anderem einen sprunghaften Anstieg von Fanprojekten zur Folge. „Seit 1993 ist die Zahl der Fanprojekte von einst zwölf aktiven Netzwerken auf ein beachtliches Netzwerk von 40 aktiven Projekten bis hinunter in die 5. Liga gewachsen" (Gabriel 2009: 4). 2011 wurden laut KOS sogar „an 46 Standorten in Deutschland 51 Fanszenen betreut" (KOS 2013). Auch die Gewalt sowie der sichtbare Rechtsextremismus in den Stadien gingen nach Einführung des NKSS zurück. Warum, soll in Kapitel 6.2 sowie in den darauf folgenden Abschnitten näher thematisiert werden, wenn die aus dem NKSS resultierenden Handlungsempfehlungen differenziert dargestellt und später systematisch analysiert werden.

Die flächendeckende Einführung der Fanprojekte im Zuge der Etablierung des NKSS zeigte überdies, dass sowohl wirtschaftliche als auch staatliche Akteure erstmals erkannt hatten, dass sie sich mit den Fanszenen, das heißt mit zivilgesellschaftlichen Akteuren, näher beschäftigen sollten. Die Finanzierung von Fanprojekten erfolgt bis heute in der Regel zu einem Drittel aus Mitteln der Kommune, des Bundeslandes sowie des DFBs beziehungsweiser der DFL.[23] Während die Verbände den Höchstsatz der Förderung von 60.000 Euro pro Fanprojekt unabhängig von der Ligazugehörigkeit des Vereins meist problemlos aufbringen, hinken Kommunen und Länder bei der Finanzierung der Fanprojekte oft hinterher. So sind die meisten Fanprojekte immer noch personell unterbesetzt. „Nur fünf Fan-Projekte erreichen den im NKSS empfohlenen Standard von drei hauptamtlichen Fachkräften. Durchschnittlich arbeiten die Fan-Projekte mit 1,5 Stellen" (Gabriel 2008: 37). Vereine stellen den Fanprojekten zudem häufig kostenlos Räumlichkeiten in Stadionnähe zur Verfügung. Wenngleich das Verhältnis der Fanprojekte zu den staatlichen und wirtschaftlichen

---

23 Wenngleich, wie in Kapitel 7.2.3 näher ausgeführt, dieses Finanzierungsmodell überarbeitet werden soll.

Trägern anfangs nicht frei von Störungen war, sind „die großen Vorbehalte gegenüber deren Arbeit [...] stetig kleiner geworden und spätestens nach der Übernahme des Präsidentenamtes beim DFB durch Dr. Theo Zwanziger einer nachhaltigen und aktiven Unterstützung gewichen" (Gabriel 2009: 4).

Doch trotz der überwiegend positiven Erfahrungen mit der Arbeit von Fanprojekten bleibt das Verhältnis zwischen einem Teil der Fanszene auf der einen und Vereinen, Verbänden und der Polizei auf der anderen Seite weiter angespannt. Besonders, aber keinesfalls ausschließlich, die Ultras „als Bewahrer der ‚Seele' des Fussballs" (Pilz 2006: 47), das heißt als erbitterte Gegner der zunehmenden Kommerzialisierung des Fußballs, geraten häufig in Konflikte mit Vereinen und Verbänden. Auch mit der Polizei liefern sich Ultras, Hooligans und andere Fantypen immer wieder zum Teil gewalttätige Auseinandersetzungen, wie etwa am 25. Oktober 2011 beim DFB-Pokalspiel von Dynamo Dresden in Dortmund (vgl. Meininghaus 2011). Ohne auf die Historie der anhaltenden Grundkonflikte ausführlich einzugehen, sollen daher im Folgenden zwei exemplarische Konfliktlinien zwischen Fans und anderen Akteuren im Umfeld des Stadions skizziert werden. Dabei handelt es sich zum einen um den Kampf der Fans gegen Kommerzialisierung und zum anderen um die Auseinandersetzungen zwischen Fans und Polizei.

4.2.3. Fans vs. Kommerzialisierung

Die Kommerzialisierung des Fußballs ist Fakt und mit an Sicherheit grenzender Wahrscheinlichkeit nicht mehr aufzuhalten. Dennoch versuchen viele Fans, dieser Entwicklung Grenzen zu setzen. Mit Blick auf die Typisierung der Fußballfans sind das vor allem fußballzentrierte Fans, mithin Ultras, Supporter, kritische Fans und mit Abstrichen eventuell auch noch die Kuttenfans. Deren Bemühungen um einen Erhalt der möglichst ursprünglichen Fußballkultur stoßen naturgemäß bei Vereinen, Verbänden und Sponsoren auf wenig Gegenliebe, da ihre Interessen in erster Linie auf Gewinnmaximierung beziehungsweise maximalen wirtschaftlichen wie sportlichen Erfolg ausgerichtet sind und daher den traditionell verankerten Interessen der Fans entgegenstehen. Diese Konfliktlinie verläuft also zwischen Akteuren des zivilgesellschaftlichen Handlungsfeldes und Akteuren des wirtschaftlichen Handlungsfeldes. Anhand einiger kurzer Beispiele soll dieser Konflikt umrissen werden.

Für viele Fans ist der Erhalt des alten, ursprünglichen Stadionnamens immens wichtig. Gleichwohl befand sich in der Saison 2011/2012 lediglich ein Verein in der Ersten Bundesliga, der die Namensrechte seines Stadions nicht an ein Unternehmen verkauft hat: Hertha BSC mit dem Olympiastadion. Ansonsten finden sich Wortungetüme wie Imtech Arena für das frühere Volksparkstadion und das Easy Credit Stadion in Nürnberg hat den traditionsreichen Namen Frankenstadion abgelöst. Die Verkäufe der Rechte am Stadionnamen an externe Sponsoren waren für viele Fans nur schwer zu akzeptieren. Aus Trotz und als Zeichen des Protests gegen diese Verkäufe werden in Fankreisen immer noch die alten Namen der Stadien wie etwa Westfalenstadion statt Signal Iduna Park benutzt.

Mit Nachdruck kämpfen Fans weiterhin für den Erhalt der sogenannten 50 plus 1 Regel. Diese Regel besagt, vereinfacht ausgedrückt, dass ein Investor nicht mehr als 49,9 Prozent der (Stimm-)Anteile eines Fußballclubs halten darf, das heißt, „dass über 50% der Stimmen in einem Verein bei seinen Mitgliedern liegen muss" (Dembowski 2008: 59). So soll verhindert werden, dass „allmächtige Klubbesitzer" (Gruener/Richter 2013: 17) ganze Vereine aufkaufen und nach ihrem Willen verwalten können, wie es beispielsweise in England längst an der Tagesordnung ist. Dort hatte zum Beispiel die Glazer-Familie 2005 den florierenden Club Manchester United für über 1 Milliarde Euro gekauft. 2010 belasteten den Club über 800 Millionen Euro Schulden, da der Kredit zum Kauf des Clubs auf ihn übertragen wurde (vgl. Stern.de 2010b). In Deutschland hat Hannovers Geschäftsführer Martin Kind erreicht, dass die bestehende 50 plus 1 Regel insofern aufgeweicht wird, als „ein Unternehmen [...] mehr als 50 Prozent der Anteile erwerben [darf], wenn dieses mehr als 20 Jahre den Fußballverein ununterbrochen erheblich gefördert hat" (ZeitOnline 2011). Unter anderem gegen diese Entscheidung protestieren die organisierten Fans seitdem mit Plakaten, Spruchbändern und Bannern, weil sie eine weitere Kommerzialisierung des Fußballs und damit einhergehende Phänomene wie steigende Ticketpreise, eine weitere Entfremdung von Mannschaft wie Verein von den Fans sowie eine noch stärkere ‚Eventisierung' des Fußballs durch Werbung, Musik, Sponsoren und Gewinnspiele befürchten.

Besonders Fußballfans der 2. Bundesliga leiden seit der Saison 2010/2011 zudem unter den veränderten Anstoßzeiten, die eine Folge der zunehmenden Verteilung der Begegnungen eines Spieltages auf verschiedenen Wochentage zwischen Freitag und Montag sind. Auch in der Ersten Bundesliga werden immer weniger Spiele zur einstigen Kernzeit samstags um 15.30 Uhr angepfiffen. Montagsspiele um 20.30 Uhr sind in der 2. Bundesliga überdies seit Jahren üblich und der Fanszene ein Dorn im Auge. Für sie bringen Auswärtsspiele nämlich mitunter sehr weite Anreisewege von mehreren hundert Kilometern mit sich, die im Extremfall von Freiburg bis nach Rostock führen. Bei Spielen am Samstagnachmittag um 15.30 Uhr, wie sie früher die Regel waren, ist das noch recht problemlos machbar. Was das jedoch bei Spielen am Montagabend für die Fans bedeutet, macht zum Beispiel der Supporters Club Düsseldorf anlässlich des Spiels im rund 400 Kilometer entfernten Hamburg gegen Sankt Pauli in einem offenen Brief an den Spielleiter der Deutschen Fußball Liga deutlich: „Wer dem Gastspiel unseres Vereins im Millerntorstadion beiwohnen möchte, der braucht entweder einen sehr kulanten Arbeitgeber oder muss gleich zwei Urlaubstage opfern" (Supporters Club Düsseldorf 2011). Zu dem Fanprotest gegen Montagsspiele gab es sogar eine eigene Homepage mit dem provokanten Titel www.scheiss-dsf.de[24] (vgl. Scheiss-dsf.de 2011), die inzwischen jedoch nicht mehr online ist. Vereine und Verbände profitieren dagegen von den differierenden Anstoßzeiten, da sie auf diese Weise durch den Verkauf der Übertragungsrechte mehr Geld einnehmen können, weil die Kanäle ihrerseits das Produkt Fußball flächendeckend von Freitag bis Montag übertragen können. Auch Werbeeinnahmen steigen durch diese vermehrten Übertragungszeiten naturgemäß. Kampagnen von Fußballfans gegen die Verteilung des einstigen Kernspieltages (Samstag um 15.30 Uhr) auf mehrere Tage und fanunfreundliche Uhrzeiten, besonders gegen das Montagsspiel, gibt es immer wieder.

Die Kritik von Fans an der zunehmenden Kommerzialisierung des Fußballs äußert sich außerdem im Kampf gegen die konstante Anhebung der Eintrittspreise und für den Erhalt der Stehplätze. Fußballvereine haben längst erkannt, dass sie das meiste Geld mit sogenannten VIP-Kabinen

---

24 Damals hieß der Fernsehsender, der die Montagsspiele übertragen hat, noch Deutsches Sportfernsehen (DSF). Heute heißt der Fernsehsender Sport 1.

verdienen können. Dort bieten sie exklusiven Service wie Getränke, Buffets und Sitzplätze in bester Stadionlage zu hohen Preisen an.[25] Doch für viele fußballzentrierte Fußballfans hat es wenig bis gar nichts mit Fußballkultur zu tun, wenn man, überspitzt formuliert, in einer Kabine sitzend, Lachshäppchen futternd ab und zu mal einen Blick auf das Spiel wirft. Abgesehen davon, können sich nach Meinung der meisten fußballzentrierten Fans Stadionbesucher mit normalem Einkommen solche Luxussitze gar nicht leisten. Deshalb ist es das Ziel vieler Ultras, kritischer Fans und Supporter, einerseits die Stehplätze als Hort der Stimmung im Stadion zu erhalten und andererseits die Vereine dazu zu bewegen, die Eintrittspreise moderat zu halten. So entstand zum Beispiel aus der Dortmunder Fanszene heraus das Bündnis ‚Kein Zwanni für nen Steher‘. Konkreter Anlass dazu war die Preispolitik des FC Schalke 04. Der Verein hatte die Ticketpreise beim Derby gegen den BVB innerhalb eines Jahres um 50 Prozent erhöht, weshalb die Dortmunder Fanszene zum Boykott des Spiels aufrief (vgl. Kein Zwanni 2012). Mittlerweile haben sich Hunderte Fanclubs unterschiedlicher Bundesligisten der Aktion angeschlossen, es gab eine vereinsübergreifende Demonstration und zahlreiche Plakate in den Stadien, die für eine moderate Preispolitik warben. Was die Vereine durch die Erhöhung der Ticketpreise erreichen wollen, liegt auf der Hand: Sie wollen schlicht mehr Gewinn generieren. In diesem Sinne versehen sie zum Beispiel regelmäßig vermeintliche Topspiele, etwa gegen den FC Bayern München oder Borussia Dortmund, bei dem sie mit dem Interesse vieler Zuschauer rechnen können, mit einem sogenannten Top-Zuschlag, also einer Erhöhung des Eintrittspreises für dieses Spiel. Ob mit der Steigerung der Eintrittspreise ähnlich wie in England eine bewusste Wandlung der Fanszene hin zu finanziell besser gestellten Anhängern herbeigeführt werden soll, darf indes angezweifelt werden, ist aber durchaus weitere Untersuchungen wert.

Diese Beispiele sollen genügen, um die Grundkonfliktlinien zwischen Fans und Akteuren des wirtschaftlichen Handlungsfeldes wie Vereinen, Verbänden und Sponsoren zu verdeutlichen. Viele aktive Fans wehren sich

---

25 Eine VIP-Loge für 20 bis 40 Gäste bei einem Spiel des BVB kostete zum Beispiel im Dortmunder Signal-Iduna-Park in der Saison 2012/2013 300 Euro pro Person (vgl. BVB 2012b). Eine Stehplatzkarte im gleichen Stadion gab es in dieser Saison für rund 13 Euro.

gegen die in ihren Augen ausufernde Kommerzialisierung des Fußballs. Sie wollen Fußball sehen und kein großes Event mit Popsongs, Werbung und Sponsorenpräsentationen im Stadion erleben. Die Vereine sind dagegen davon überzeugt, dass in der globalisierten Welt des Fußballs gewisse Werbeeinnahmen unabdingbar sind, um im Wettbewerb konkurrenzfähig zu bleiben. Dazu gehören nach ihrem Dafürhalten Dinge wie VIP-Logen oder der Verkauf des Stadionnamens. Ohne VIP-Logen, so argumentieren sie, sei es zum Beispiel gar nicht mehr möglich, billige Stehplätze anzubieten. „Die Preispolitik des FCB ermöglicht es Südkurvenfans, mit einer Jahreskarte für im Schnitt sieben Euro zu den Spielen zu kommen. Die finanzielle Hauptlast tragen die Logenbesitzer und Zuschauer auf den Haupttribünen" (AugsburgerAllgemeine.de 2011), machte in diesem Sinne zum Beispiel der damalige FC Bayern-Präsident Uli Hoeneß deutlich. Außerdem, so heißt es aus Vereinskreisen häufig, seien diese vermehrten Einnahmen für den sportlichen Erfolg unabdingbar. Und an diesem Erfolg würden die Fans wiederum die Vereinsführung messen.

Das stimmt freilich nur in Teilen. Denn wie in Kapitel 4.2.1 dargelegt, existiert zwar der Typus des konsumorientierten Fans, für den der Erfolg der eigenen Mannschaft das Wichtigste ist. Aber es gibt eben auch den Typus des fußballzentrierten Fans, dem der Erfolg der eigenen Mannschaft mitunter weniger wichtig ist als ein in seinen Augen gutes, mithin glaubhaftes Auftreten des Vereins. Eine junge Mannschaft aus eigenen Nachwuchsspielern, die vielleicht viele Spiele verliert, bewertet dieser Fantyp in diesem Sinne mitunter positiver als eine Mannschaft aus zusammengekauften Topstars, die sich nicht mit dem Verein identifizieren, auch wenn diese von Erfolg zu Erfolg eilen. Interessant ist in diesem Zusammenhang die Frage, welche Fantypen in den Stadien der Bundesligisten überwiegen. Regelmäßige Zuschauereinbrüche von Vereinen nach Abstiegen in untere Klassen sowie regelmäßige Zuschauerzuwächse nach Aufstiegen lassen darauf schließen, dass die meisten Fans derzeit dem konsumorientierten Typus zugerechnet werden können. Allerdings ist ebenfalls zu beobachten, dass ein Verein wie Eintracht Frankfurt auch noch nach dem Abstieg in die Zweite Bundesliga in der Saison 2011/2012 einen Zuschauerschnitt von 37.641 Menschen pro Spiel hatte (vgl. Weltfußball.de 2013). Der MSV Duisburg hat nach dem Lizenzentzug und dem damit verbundenen Abstieg aus der Zweiten Liga nach den ersten vier Spieltagen der Saison

2012/2013 in der Dritten Liga mit einem Schnitt von 16.790 Zuschauern pro Heimspiel durchschnittlich mehr Besucher begrüßen können als in der vorherigen Zweitligasaison (durchschnittlich 12.837) (vgl. RP-Online.de 2013). Natürlich können weder nachgewiesene Zuschauerzuwächse nach Aufstiegen noch Zuschauerrückgänge nach Abstiegen alleiniger Indikator dafür sein, dass wirklich nur konsumorientierte Fans mehr beziehungsweise weniger ins Stadion kommen. Gleichwohl liegt vor dem Hintergrund der theoretischen Typisierung der Verdacht nahe, dass dies so sein könnte. In jedem Fall müsste eine empirische Untersuchung diese These verifizieren. Dies ist ein durchaus interessanter Forschungsansatz für künftige Untersuchungen, der jedoch im Hinblick auf die vorliegende Fragestellung dieser Arbeit thematisch unzweckmäßig ist.

4.2.4. Fans vs. Polizei

Kann die eben dargestellte Konfliktlinie Fußballfans vs. Kommerzialisierung aufgrund der heterogenen Zusammensetzung der deutschen Fanszenen nicht alleine auf die Ebene Ultras vs. Kommerzialisierung reduziert werden, da auch der Typus des fußballzentrierten Fans der Kommerzialisierung äußerst kritisch begegnet, so ist die Konfliktlinie Fans vs. Polizei ähnlich, aber doch pointiert anders gelagert. Bei den in der Folge exemplarisch dargestellten Konflikten stehen sich tatsächlich meist die Ultras und die Polizei unversöhnlich gegenüber. Da Fankurven, wie in den vorherigen Kapiteln dargestellt, jedoch keine homogene Masse sind, sondern aus verschiedenen Fantypen bestehen, fällt es schwer, Konflikte mit nur einem Fantypus isoliert zu betrachten. Ultras fahren oft gemeinsam mit (nach Pilz) Supportern oder Hooltras zu Auswärtsspielen und (nach Heitmeyer) erlebnisorientierte und fußballzentrierte Fans sind im Vorfeld des Fußballspiels häufig den gleichen repressiven Aktionen ausgesetzt. Solidarisierungseffekte nach dem Einschreiten der Polizei zwischen Ultras und verschiedenen anderen Fantypen vom unorganisierten fußballzentrierten Fan, der sich durch die Polizei ebenfalls provoziert fühlt, über den kritischen Fan, der sich in seinen Bürgerrechten eingeschränkt fühlt, bis zum Hooligan, der sowieso auf Krawall aus ist, sind daher an der Tagesordnung. Eine praktische Ausdifferenzierung der an Auseinandersetzungen mit der Polizei beteiligten Fans hinsichtlich ihres Typus bleibt im Nachhinein daher äußerst schwierig. Im Fokus dieses Kapitels steht dennoch die Auseinandersetzung zwischen Ultras und Polizei, nicht zuletzt weil diese Fangruppe seit vielen Jahren die Meinungs- und Stimmungshoheit in vielen Stadien inne hat und ihre Philosophie an einigen Stellen mit staatlichen Regeln, durchgesetzt von Polizisten, kollidiert.

Dass die Beteiligung von Hooligans an Konflikten mit der Polizei in den vergangenen Jahren rückläufig ist, hat Kapitel 4.2.1 dargestellt und begründet. Volker Lange, Leiter der Polizeidirektion Köln-West, wird von Christoph Ruf sogar mit dem Satz zitiert: „„Hooligans sind mir lieber als Ultras. Hooligans haben Respekt.' Was er meint: Sie halten sich an Absprachen und machen der Polizei weniger Ärger" (Ruf 2013c: 70), da sie ihre Lust an Gewalt eben nicht unbedingt im Stadion, sondern auch abseits desselben untereinander austragen. Gleichwohl kommt es auch immer mal wieder im Stadion zu Zusammenstößen zwischen (Alt-)Hooligans und Polizei. Häufig ist aber auch bei diesen Auseinandersetzungen zu beobachten, dass Grenzen zwischen Hooligans, Ultras und sonstigen Fans verschwimmen, was mit den eingangs beschriebenen Solidarisierungseffekten und der speziellen gruppendynamischen Situation im Stadion(-umfeld) zusammenhängt.

Besonders der Konflikt zwischen Polizei und Ultras ist extrem festgefahren: „Auffällig bei den zum Teil sehr unterschiedlichen Ultrabewegungen in Europa ist, dass sich fast flächendeckend ein ganz ausgeprägtes Feindbild herauskristallisiert hat: Das ‚Feindbild Polizei'" (Pilz/Wölki-Schumacher 2010: 21). Wo genau diese Konflikte liegen, soll in der Folge anhand einiger Beispiele exemplarisch dargestellt werden. Einen ausführlicheren und interessanten Überblick über die konkreten Ausprägungen des festgefahrenen Konflikts zwischen Ultras und Polizei mitsamt genauer Schilderungen der permanenten gegenseitigen Provokationen gibt Ruf (vgl. Ruf 2013c: 57ff.).

Im Zentrum dieses Konflikts stehen also Akteure des zivilgesellschaftlichen (Ultras und mit den geschilderten Abstrichen auch andere Fantypen) sowie des staatlichen Handlungsfeldes (Polizei). Vor diesem Hintergrund muss natürlich beachtet werden, dass Polizisten immer nur die ausführenden Organe staatlichen Handelns sind. Dieses Kapitel könnte demnach auch den Titel Fans vs. Staat tragen. Dennoch erscheint die Überschrift Fans vs. Polizei adäquater, da nicht der zivil gekleidete Staatsanwalt ein rotes Tuch für viele Fans darstellt, sondern eben vor allem der uniformierte Polizist, der im Umfeld des Stadions nicht selten in voller ‚Panzerung' auftritt. Das liegt indes nicht nur an seiner exekutiven Funktion, sondern mitunter auch an der Art, wie diese Funktion wahrgenommen wird. Ruf schildert zum Beispiel, wie Ultras vom gängigen Umgangston der Polizei berichten: „‚Was wollt ihr Lutscher?', sei etwa eine eher übliche Ansprache beim Verlassen des Busses.‚Darüber regt sich doch schon gar niemand mehr auf'" (Ruf: 2013: 58).

Inhaltliche Proteste gegen staatliche Vorschriften wie zum Beispiel das Verbot von Pyrotechnik entzünden sich in Fankurven durchaus auf einem intellektuellen Level in Form von schriftlichen Spruchbändern, ausführlichen Stellungnahmen oder sichtbaren Protestaktionen wie dem Stimmungsboykott im Stadion. Konkrete Auseinandersetzungen wie Kontrollen der Fans auf pyrotechnische Materialen, ausgeführt von Polizisten, können dagegen eher auf körperliche Auseinandersetzungen hinauslaufen. Da daran naturgemäß stets Polizisten beteiligt sind, liegt es nahe, die Aversion von Fußballfans gegen Polizisten im Besonderen und nicht gegen den Staat im Allgemeinen durch diese aktiv auf körperlicher Ebene ausgetragenen Konflikte zu erklären. Konkrete Beispiele sollen diese Konfliktlinie genauer skizzieren.

Wenn organisierte Fußballfans zu einem Auswärtsspiel anreisen, werden sie häufig die gesamte Fahrt über von Polizisten begleitet, mindestens aber am Zielbahnhof von Polizisten erwartet und zum Stadion geleitet. Oft geschieht das in Form des Einkesselns der Fangruppe und eines geschlossenen Transports zum Stadion. Mitunter wird dabei den eingekesselten Fans sogar der Gang zur Toilette verwehrt (vgl. Ruf 2013c: 59). Diese Behandlung widerfährt meistens nicht nur gewaltbereiten Fußballfans, sondern auch friedlichen Anhängern, da von Polizisten nicht jeder in der Gruppe anreisende Fan einzeln als potentiell gewalttätig oder friedlich eingestuft werden kann. Polizisten argumentieren, dass nur auf diese Weise bei bereits auffällig gewordenen, gewalttätigen Fangruppen Ausschreitungen verhindert werden können. Fans beklagen sich dagegen über Vorverurteilung, Kollektivstrafen sowie Kriminalisierung, die erst Aggressionen auslösen würde. „Teenager aus der Jugendkultur der Ultras erleben so im Zusammenhang mit einem Fußballspiel erstmals etwas, was viele Menschen in ihrem ganzen Leben niemals erfahren: Das Gefühl, ein Staatsfeind zu sein" (Brunßen/Römer 2012: 11).

Neben der ständigen Begleitung durch die Polizei stellen Stadionverbote[26] vielleicht das größte Ärgernis vieler aktiver Fans dar. 2007 griffen Anhänger des FC Bayern München an einer Autobahnraststätte Fans des FC Nürnberg an. Dabei wurde die Frau des Busfahrers von einer Flasche im Gesicht getroffen und schwer verletzt. „Der FC Bayern sprach nach dem Zwischenfall gegen 73 Fans der Ultra-Vereinigung ‚Schickeria München' ein bundesweites Stadionverbot aus. Die Ultras werfen dem Club nun Sippenhaft vor. Der Konflikt steht symbolisch für das Reizklima in der Ultra-Szene" (Blaschke 2007), fasst Blaschke treffend zusammen. Fußballfans können von etlichen ähnlicher Fälle berichten (vgl. z.B. BAFF 2004). Tatsächlich sind Stadionverbote bereits im NKSS verankert und hinsichtlich ihrer Wirksamkeit schon in einem Bericht während der Konzeptentwicklung aus dem Jahre 1992 recht positiv bewertet worden (vgl. Deutsche Sportjugend 1992: 20). Fußballfans empfinden Stadionverbote jedoch meist als ungerechtfertigt oder überzogen, wie das angeführte Beispiel zeigt. Zudem ist „die Vergabepraxis der Stadionverbote [...] äußert umstritten. Denn eine Stadionverbot fußt nicht auf einem strafrechtlichen Urteil; laut den Richtlinien des DFB genügt bereits die Einleitung eines Ermittlungsverfahrens durch die Staatsanwaltschaft als Grundlage für ein bundesweites Stadionverbot" (Schmitt: 2014: 33). Fakt ist, dass sich fast alle Ultra-Gruppierungen mit denjenigen, gegen die ein Stadionverbot ausgesprochen wurde, solidarisieren. Banner, Fahnen oder Gesänge, die an die ‚Ausgesperrten' des jeweiligen Vereins erinnern, sind fast zu einer Art ‚Must-have' der heutigen Ultra-Bewegung geworden. Fans mit Stadionverboten bleibt zwar der Zugang zum Stadion verwehrt. Da Ultras und andere zumindest teilweise erlebnisorientierte Fans die Fahrten

---

26 „Juristisch betrachtet ist das Stadionverbot [...] eine privatrechtliche Maßnahme im Sinne des Hausrechts, die durch einen über den DFB geschlossenen Vertrag auf die anderen Stadionbetreiber und somit Hausrechtsinhaber, ausgedehnt wird" (Schmitt 2014: 35). Stadionverbote werden also nicht von der Polizei, sondern von den Vereinen ausgesprochen. Gleichwohl werden sie nicht selten auf Empfehlung der Polizei erlassen. Dennoch sind Stadionverbote streng genommen also nicht Teil des direkten Konfliktfeldes Fans vs. Polizei sondern eher Teil des indirekten: Fans vs. Verein plus Polizei. Trotzdem sollen sie als wesentliches Problemfeld innerhalb der Fanszenen in diesem Abschnitt näher beleuchtet werden.

zu Auswärtsspielen aber, wie in Kapitel 4.2.1 ausführlich dargestellt, eher als Event verstehen und ihre Treue zum Verein auch in Zeiten des Stadionverbots beweisen wollen, reisen sie trotzdem mit der Fangruppe an. Statt im Stadion halten sie sich während des Spiels vor dem Stadion oder in umliegenden Kneipen auf. Dieses Problem erkannte laut Pilz/Wölki-Schumacher auch der Evaluationsbericht des DFBs zur Veränderung der Stadionverbotsrichtlinien von 2009, aus dem sie zitieren: „Hier wird deutlich, dass das Instrument Stadionverbot als Präventionsmaßnahme das aktuelle Grundproblem der gewalttätigen Auseinandersetzungen außerhalb der Stadien nicht lösen kann" (Pilz/Wölki-Schumacher 2010: 19, mit Verweis auf Spahn 2009). Trotzdem hält der DFB an dieser Bestrafung fest. Wenngleich einst die Höchstdauer eines Stadionverbots von fünf Jahren auf drei Jahre bei einem „besonders schwer[en] Fall" (DFB 2008: 8) herabgesetzt wurde, ist diese Reduzierung mittlerweile im Zuge des sogenannten Sicherheitsgipfels anlässlich der Gewalt in Fußballstadien Mitte 2012 wieder aufgehoben worden. Stattdessen können nun in Ausnahmefällen sogar Stadionverbote für zehn Jahre ausgesprochen werden (vgl. Franzke 2012: 22).

Das Thema Pyrotechnik ist eines der offenkundigsten Probleme zwischen Polizei, mithin allgemeinen ordnungspolitisch-rechtlichen Regeln, und Ultras. „Pyrotechnik ist für viele Fans, vor allem für Ultras, ein wichtiger Bestandteil der Fankultur" (Apmann/Fehlandt 2012: 180). Laut DFB-Richtlinien ist Pyrotechnik jedoch in den Stadien verboten (vgl. DFB 2011b: 16). Der Verband betont die Gefahr, die beim Abbrennen dieser Pyrotechnik entsteht und argumentiert, dass die Fackeln häufig auf den Platz oder gar in benachbarte Blöcke geworfen werden. Fans sehen das Verbot jedoch als Eingriff in ihre Freiheit und nicht hinnehmbare Beschränkung ihrer Riten. Gabriel stellt in diesem Sinne treffend fest: „Für die Ultras gehören bengalische Feuer (Bengalos) unbedingt zum Repertoire ihres Auftritts" (Gabriel 2004: 184). So ist der Streit um Pyrotechnik längst auch zu einem Stellvertreterstreit über die Balance zwischen Sicherheit und Freiheit im Stadion geworden. Dembowski merkt an, dass sich für einige die Fackel gar „zum Symbol für Disziplinierung und Verbot auf der einen und zum Symbol für einen selbstbestimmten Freiraum auf der anderen Seite hochgeschaukelt hat" (Dembowski 2012: 21). Hitzig wurde die Diskussion besonders zu Beginn der Saison 2011/2012. In der Kampagne

‚Pyrotechnik legalisieren! Emotionen respektieren!' setzten sich unzählige Fan- und Ultragruppierungen dafür ein, den Einsatz von Pyrotechnik zu legalisieren. Im Zuge der Kampagne boten sie dem DFB einen Kompromiss an, indem sie sich dazu verpflichten wollten, Pyrotechnik nur in geordnetem Rahmen abzubrennen, nicht auf das Spielfeld oder in andere Blöcke zu werfen sowie auf das Benutzen von Kanonenschlägen respektive Böllern gänzlich zu verzichten. Im Gegenzug forderten sie die Schaffung von Rahmenbedingungen für legales Abbrennen von Pyrotechnik im Stadion, zum Beispiel in einem speziellen Bereich der Fankurve sowie die Anerkennung der Eigenverantwortung für Fanszenen und Vereine (vgl. Pyrotechnik Legalisieren 2011). Doch das angekündigte Treffen (vgl. Hettfleisch 2011: 24) zwischen Helmut Spahn, dem damaligen Sicherheitsbeauftragten des DFBs, und Vertretern der Faninitiative kam nie zu Stande. Der DFB behauptet nun, zumindest laut Aussagen von Vertretern der Legalisierungskampagne, dass die Absprachen so nie hätten getroffen werden dürfen und nichtig seien (vgl. ZeitOnline 2011b). Was bleibt, ist der Ärger bei den Ultras und anderen Befürwortern der Kampagne, denn „der einseitige Abbruch wird [von ihnen] als unfair und nicht schlüssig wahrgenommen" (Dembowski 2012: 20).

Ein bedeutender Konflikt zwischen Polizei und Fans entzündete sich in jüngerer Vergangenheit überdies immer wieder am Punkt der Kennzeichnungspflicht für Polizeibeamte. Fans der Spielvereinigung Greuther Fürth demonstrierten im März 2012 für diese, nachdem es bei einem Spiel zu Auseinandersetzungen mit Beamten des Unterstützungskommandos der bayerischen Polizei gekommen war (vgl. Brunßen/Römer 2012: 13). Fußballfans kritisieren, dass hierbei mit zweierlei Maß gemessen werde. Für sie gelte ein Vermummungsverbot und durch Kameras, fest installiert im Stadion oder auf mobilen Stativen in den Händen von Polizisten, würden sie ständig überwacht und seien jederzeit persönlich erkennbar. Polizisten dagegen seien in den meisten Bundesländern nicht verpflichtet, auf dem Einsatzanzug ihren Namen oder wenigstens eine Nummer, die ihre Identifizierung durch die Polizeibehörden im Nachhinein ermöglicht, erkennbar zu tragen. „Da wird geduzt, geschubst und durchaus Gewalt ausgeübt. Momentan ist es fast unmöglich, einen solchen Beamten zu identifizieren und anzuzeigen. Die Fans fühlen sich schlicht ohnmächtig." (Gewerkschaft der Polizei [im Folgenden mit GdP abgekürzt] 2011) unterstrich beispielsweise Thomas Beckmann, Sprecher der Bundesarbeitsgemein-schaft der Fanprojekte (BAG) auf dem Fußballfankongress „Feindbilder ins Abseits", organisiert von DFB, DFL und GdP. Vertreter der Polizei füh-ren gegen diese Kennzeichnungspflicht vor allem das Argument ins Feld, sie könnten damit womöglich Opfer von Racheakten der Fans werden.

Insgesamt ist zu konstatieren, dass der Konflikt zwischen Polizei und Ultras festgefahren ist. „Für viele europäische Ultras ist das Verhalten der Polizei häufig unverhältnismäßig, überzogen und willkürlich. Sie kritisie-ren an der Polizei vor allem, dass sie Fußballfans/Ultras wie Menschen zweiter Klasse bzw. Menschen ohne Grundrechte behandele, häufig stur und arrogant sowie ohne Gesprächsbereitschaft von oben herab handle, anonym sei – ohne Namensschilder – und sonst nicht identifiziert werden könne, sie hätten zu wenig Hintergrundwissen über die Ultrakultur und deren positive Ansätze. Außerdem mangle es der Polizei an Selbstreflexi-on" (Pilz/Wölki-Schumacher 2010: 21). Die Polizei wiederum klagt über Überlastung angesichts von 1.756.190 geleisteten Einsatzstunden von Po-lizisten der Länder und des Bundes bei 755 Spielen der beiden Bundesligen in der Saison 2012/2013 (vgl. ZIS 2013: 19). In den allermeisten Fällen werden diese Arbeitsstunden dazu auch noch an den Wochenenden, an denen die Bundesligaspiele überwiegend stattfinden, geleistet. Hinzu kom-men zunehmend Einsätze in den unteren Spielklassen, die gewaltbereite Fans aufgrund der dort fehlenden ordnungspolitischen Infrastruktur, zum Beispiel nicht vorhandener flächendeckender Kameraüberwachung in den Stadien, immer häufiger für ihre Auseinandersetzungen nutzen. Weiterhin würden Fußballfans aus Sicht der Polizei häufig provokant auftreten und mitunter gezielt Gewalt suchen. In diesem Sinne sprechen Vertreter der Polizei, wie der GdP-Bundesvorsitzende Oliver Malchow davon, dass die „Grenzen der Belastbarkeit erreicht" (GdP 2013) seien.

Zusammenfassend kann festgestellt werden, dass das Klima zwischen Ultras und Polizei derart vergiftet ist, dass schon das Auftauchen von Po-lizisten in Einsatzkleidung im Umfeld des Fußballstadions Auseinander-setzungen auslösen kann. Ansätze zur Lösung dieses Konflikts kann diese Arbeit nicht anbieten, da an dieser Stelle lediglich die aktuellen Problem-felder zwischen Fußballfans und verschiedenen Akteuren anderer Hand-lungsfelder skizziert werden sollten. Mit Blick auf den Konflikt zwischen Ultras und Polizei drängt sich indes bereits nach dieser knappen Skizze der Verdacht auf, dass zunächst miteinander gesprochen werden muss, bevor sich an der Situation etwas ändern kann. Zukunftswerkstätten, bei denen sich die Akteure dieser Handlungsfelder begegnen, wie von Pilz vorgeschlagen, gehen sicherlich in die richtige Richtung (vgl. Pilz/Wölki-Schumacher 2009).

Nachdem nun die Situation, mithin die Lebenswelt von Fußballfans im Stadion näher beschrieben wurde, sollen im nächsten Schritt Anknüpfungspunkte von Rechtsextremen innerhalb dieses speziellen Kontextes herausgearbeitet werden. Die dafür nötigen theoretischen Vorarbeiten wurden in den Kapiteln 2, 3 und 4 gelegt.

5. Die theoretischen Grundlagen für den Kampf gegen Rechtsextremismus im Fußballstadion

5.1. Ausgangslage und methodische Überlegungen

Wie die vorherigen beiden Kapitel gezeigt haben, unterscheiden sich die Problemfelder im speziellen Kontext des Fußballstadions, die damit verbundenen Rahmenbedingungen sowie die darin aktiven Akteure eklatant von anderen gesamtgesellschaftlichen Konfliktlinien, was eine Übertragung gängiger Strategien gegen Rechtsextremismus ohne Anpassungen an das spezifische Umfeld des Fußballs unmöglich macht. Dies wird deutlich, blickt man vor dem in Kapitel 4 erarbeiteten Hintergrund auf die in Kapitel 3.2.3 exemplarisch vorgestellten gesamtgesellschaftlich-allgemeinen Strategien gegen Rechtsextremismus. Bürgerbündnisse gegen Rechtsextremismus sind beispielsweise ebenso wenig auf die spezielle Situation im Fußballstadion zugeschnitten wie allgemeine Ausstiegsprogramme für Neonazis. Auf der anderen Seite spielen zentrale Probleme wie Stadionverbote abseits der Fanszenen ebenso wenig eine Rolle wie die Debatte um fanfreundliche Anstoßzeiten oder die 50 plus 1 Regel. Überdies erfordert besonders die in Kapitel 4.2.1 dargelegte Heterogenität der Fanszene eine differenzierende Anpassung der jeweiligen Maßnahmen gegen Rechtsextremismus an die gegebene Situation im Fußballstadion. Nur unter Berücksichtigung dieses speziellen Settings können sinnvolle Strategien in diesem Kontext überhaupt entwickelt werden. Da die Lebensrealität von Fußballfans wie dargestellt im Stadion jedoch anders gelagert ist als in der Gesamtgesellschaft, muss zwangsläufig über spezielle Strategien gegen Rechtsextremismus im Fußballstadion nachgedacht werden. Eine undifferenzierte Übertragung von allgemeinen Strategien gegen Rechtsextremismus in das spezielle Umfeld des Fußballstadions ist daher wenig erfolgversprechend.

Gleichwohl können fußballspezifische Konflikte durchaus auch auf die Gesamtgesellschaft ausstrahlen.[27] Das spiegelt nicht nur die prominente

---

27 Auf der anderen Seite können aber natürlich auch gesamtgesellschaftliche Konfliktlinien Einfluss auf das Geschehen im Fußballstadion haben.

Reflexion von fußballerischen Themen abseits des eigentlichen Sports in den Massenmedien wider (vgl. z.B. Ruf 2013b: 27). Aufgrund seiner in Kapitel 4.1 vorgestellten gesellschaftlichen Relevanz ist Fußball darüber hinaus häufig Thema am sogenannten ‚Stammtisch'[28] sowie in unzähligen Alltagssituationen. Daher finden auch mit dem Fußball einhergehende Kontroversen, wie zum Beispiel die Diskussion um Pyrotechnik, ihren Weg vom Fußballstadion in weite Teile der Gesellschaft. Die besonders Ende 2012 intensiv geführte Debatte über Gewalt im Fußball führte dabei exemplarisch vor Augen, wie sich gefährliches Halbwissen ebenso ungefiltert wie unwidersprochen nicht nur seinen Weg an die Stammtische der Nation, sondern auch in vermeintlich seriöse Medien bahnen kann. Diskussionsrunden wie die ARD-Talkshow ‚Hart aber fair' spielten ohne jegliches wissenschaftliches Fundament mit Stereotypen und schürten so eine diffuse Angst vor Gewalt im Fußballstadion, ohne sich auch nur ansatzweise mit fachlichen Expertisen zu diesem Thema auseinanderzusetzen (vgl. YouTube.de 2012 und Ruf 2012b).

Leider lässt sich diese mangelhafte wissenschaftliche Basis allerdings nicht nur in massentauglichen TV-Runden über Gewalt im Fußball beobachten. Betrachtet man sich Strategien gegen Rechtsextremismus im Fußballstadion genauer, wird schnell klar, dass es den einzelnen häufig an einem schlüssigen theoretischen Fundament und ihrer Gesamtheit an einem wissenschaftlichen Gesamtkonzept fehlt. Stattdessen basieren die Vorschläge aus der vorliegenden Literatur[29] im Wesentlichen auf unterschiedlichen empirischen Beobachtungen, die vor dem persönlichen Hintergrundwissen der jeweiligen Autoren zu induktiven Schlüssen verwoben werden, auf denen wiederum die entsprechenden Handlungsempfehlungen beruhen. Dies ist manchmal ausführlicher in umfassenden Studien (vgl. z.B. Behn/Schwenzer 2006), manchmal bruchstückhafter in Aufsatzsammlungen (vgl. z.B. Glaser/Elverich 2008b) geschehen. Insgesamt führt das jedoch dazu, dass die meist induktiven Schlüsse verschiedener Akteure und die darauf basierenden Strategien so gut wie nie aufeinander abgestimmt

---

28 Mit der näheren Analyse des Stammtisches, insbesondere von Stammtischparolen und deren Gegenargumenten, hat sich Hufer beschäftigt (vgl. Hufer 2006).
29 Auf die vorliegende wissenschaftliche Literatur wird in Kapitel 6.2 ausführlich eingegangen.

sind und sich manchmal sogar widersprechen. Ein schlüssiges Gesamtkonzept gegen Rechtsextremismus im Fußballstadion ist mangels eines gemeinsamen theoretischen Fundaments der Gegenstrategien nicht in Sicht.

Diskussionen darüber, ob repressive oder präventive Strategien besser geeignet sind, den Rechtsextremismus im Fußballstadion zu bekämpfen, zeigen darüber hinaus, dass häufig nicht erkannt wird, dass sich Rechtsextremismus im Fußballstadion (ebenso wie in der übrigen Gesellschaft) auf verschiedenen Ebenen in verschiedenen Dimensionen manifestiert und daher auch im speziellen Kontext des Fußballstadions unterschiedliche Gegenstrategien eingesetzt werden müssen. Statt uniformer Ansätze braucht es vielmehr ein vielschichtiges Bündel an Maßnahmen, um den Rechtsextremismus attackieren zu können. Diese Mischung aus verschiedenen Strategien fordern zwar viele Forscher (vgl. z.B. Pilz et al. 2006e oder Wagner 2008), jedoch wurde in der vorliegenden Literatur bislang noch nicht systematisierend herausgearbeitet, auf welchen Ebenen sich der Rechtsextremismus im Fußballstadion in welchen Dimensionen manifestiert, wo also Rechtsextreme im Fußballstadion konkret andocken können und was diese theoretischen Gegebenheiten für Strategien gegen Rechtsextremismus bedeuten. Vielmehr wird häufig lediglich unter Verweis auf das NKSS dargelegt, dass sowohl präventive als auch repressive Maßnahmen nötig seien, um dem Problem zu begegnen (vgl. z.B. Pilz 2010b: 4). Das ist zwar unbestritten richtig, allerdings wird auf dieser Erkenntnis aufbauend nur selten konkret weiteranalysiert, auf welchen Ebenen diese repressiven und präventiven Strategien den Rechtsextremismus in welchen Ausprägungen im Fußballstadion bekämpfen können. Dem Problemfeld Rechtsextremismus im Fußballstadion wird also mit Gegenmaßnahmen begegnet, ohne im Vorfeld ausreichend genau analysiert zu haben, wie sich Rechtsextremismus im Fußballstadion konkret manifestiert. Das heißt, Handlungsempfehlungen gegen Rechtsextremismus existieren zwar durchaus, allerdings fußen sie in der Regel nicht auf einem differenzierten theoretischen Fundament, das schlüssig darlegt, wo genau diese Gegenstrategien im Fußballstadion ansetzen können, sollten beziehungsweise müssten. Eine solche mindestens ansatzweise systematisierende theoretische Aufarbeitung der Gesamtproblematik ist indes unerlässliche Grundvoraussetzung für die erfolgreiche Implementierung eines umfassenden Gesamtkonzepts gegen Rechtsextremismus im Fußballstadion.

Einen interessanten Ansatz liefern immerhin Endemann/Dembowski, indem sie auf mögliche „Anknüpfungspunkte für Neonazis und ihre SympathisantInnen [...] im Fußball" (Endemann/Dembowski 2010: 22) hinweisen. Leider versäumen aber auch sie es, diesen Ansatz so weiterzuentwickeln, dass er als theoretisches Fundament für Strategien gegen Rechtsextremismus im Fußballstadion dienen kann.[30] Dennoch bietet ihr Modell der ‚Anknüpfungspunkte' im Grunde eine vielversprechende Basis, auf der sich ein solches theoretisches Fundament konstruieren lässt. Daher sollen die Grundgedanken von Endemann/Dembowski in der Folge weiterentwickelt werden. Da sie eine explizite Definition des von ihnen eingeführten Begriffs der „Anknüpfungspunkte" (Endemann/Dembowski 2010: 22) schuldig bleiben, werden im Zuge dieser Arbeit unter Anknüpfungspunkten dem Fußballstadion (beziehungsweise seinem Umfeld) immanente Möglichkeiten verstanden, die Rechtsextremen ein Andocken in der Fanszene ermöglichen, beziehungsweise die Ausbreitung von rechtsextremen Überzeugungen innerhalb der Fanszene begünstigen können. Basierend auf der Identifikation vorhandener Anknüpfungspunkte von Rechtsextremismus im Fußballstadion können entsprechende Gegenstrategien entwickelt oder bestehende Maßnahmen so ausgerichtet werden, dass sie zielgerichtet an diesen Stellen ansetzten.

Eine Herausarbeitung dieser Anknüpfungspunkte stellt also die notwendige Voraussetzung zur Untersuchung der These dar, wonach diese, bislang noch nicht umfassend erfolgte, Aufarbeitung der Anknüpfungspunkte des Rechtsextremismus in Fußballstadien Grundlage für die Erarbeitung eines theoretischen Fundaments für Strategien gegen Rechtsextremismus im Fußballstadion sein kann. Der in diesem Kapitel dargelegte Versuch, auf der Basis der herausgearbeiteten Anknüpfungspunkte die Grundlagen für ein theoretisches Fundament für Strategien gegen Rechtsextremismus im Fußballstadion zu entwerfen, soll die aufgeworfene These also überprüfen.

---

30 Untersuchungen, die sich auf Anknüpfungspunkte nach Endemann/Dembowski beziehen, sind selten und zielen nicht auf die Bildung eines theoretischen Fundaments für Strategien gegen Rechtsextremismus im Fußballstadion. Stattdessen erschöpfen sie sich größtenteils in der (unsystematischen) Aufzählung einiger Anknüpfungs- beziehungsweise Andockpunkte von Rechtsextremen in Fußballstadien im Zusammenhang mit konkreten Forschungsfragen (vgl. z.B. Kreisky/Spitaler 2010: 201ff.).

Darauf aufbauend kann später ein schlüssiges Gesamtkonzept im Kampf gegen Rechtsextremismus im Fußballstadion errichtet werden.[31]

Durch Benennung und Systematisierung der zu bekämpfenden Anknüpfungspunkte des Rechtsextremismus liefert die theoretische Aufarbeitung überdies die nötigen Grundlagen für den gezielt abgestimmten Kampf unterschiedlicher Akteure gegen den Rechtsextremismus im Fußballstadion. Statt sich gegenseitig zu behindern oder zu überschneiden, können Strategien verschiedener Akteure somit individuell auf die unterschiedlichen Anknüpfungspunkte des Rechtsextremismus zugeschnitten werden und sie zielgenau auf verschiedenen Ebenen bekämpfen. So kann grundsätzlich geklärt werden, was verschiedene Strategien vor einem klaren theoretischen Hintergrund überhaupt zu leisten im Stande sind und was von ihnen nicht erreicht werden kann.

Wie die weiteren Untersuchungen dieser Arbeit (insbesondere in Kapitel 7.3 und Kapitel 8) auf Basis der in diesem Kapitel vorgestellten systematisch-theoretischen Aufarbeitung zeigen werden, lässt sich auf Grundlage des daraus entwickelten theoretischen Modells auch die Diskussion zwischen repressiven und präventiven Ansätzen im Kampf gegen Rechtsextremismus im Fußballstadion beenden, da beide Ansätze Rechtsextremismus auf unterschiedlichen Ebenen bekämpfen. Die grundsätzliche Frage sollte also nicht zwangsläufig sein: Welche Strategie ist besser, um Rechtsextremismus zu bekämpfen? Vielmehr sollte sie lauten: Welche Strategie ist auf der jeweiligen Ebene zielführender, um die dort gelagerten Ausprägungen des Rechtsextremismus effektiv bekämpfen zu können?

Methodisch sollen dabei ausgehend von den in Kapitel 2.2 zusammengefassten grundlegenden Überlegungen zur Manifestation von Rechtsextremismus auf unterschiedlichen Ebenen (vgl. Abbildung 1), verschiedene Anknüpfungspunkte des Rechtsextremismus im Fußballstadion herausgearbeitet, dargestellt und den entsprechenden Ebenen (Einstellungsebene und Handlungsebene) zugeordnet werden. So sollen allgemeine Überlegungen aus der Rechtsextremismusforschung (vgl. Kapitel 2) mit den speziellen Rahmenbedingungen eines Fußballstadions (vgl. Kapitel 4) zusammengeführt werden, um die theoretischen Grundlagen für angepasste

---

31 Dazu stellt diese Arbeit freilich nur die Voraussetzung zur Verfügung.

Strategien gegen Rechtsextremismus im Fußballstadion legen zu können. Dafür müssen zunächst die Anknüpfungspunkte des Rechtsextremismus im Fußballstadion näher beleuchtet werden. Dies geschieht, unter Berücksichtigung der besonderen Situation im Umfeld des Stadions (vgl. Kapitel 4), im Wesentlichen durch Aufarbeitung der einschlägigen Literatur, die auch Grundlage für die Darstellungen in Kapitel 6.2 ist sowie unter Berücksichtigung der vom Autor dieser Arbeit im Feld gewonnen empirischen Erkenntnisse.

5.2. Anknüpfungspunkte für Rechtsextreme im Fußballstadion

In diesem Kapitel soll aufgezeigt werden, inwiefern die bereits in Kapitel 4 umrissene besondere Situation im Fußballstadion die Entstehung rechtsextremer Tendenzen begünstigen kann beziehungsweise Möglichkeiten eröffnet, die es Rechtsextremen erlauben, ihre Einstellungen in das Fußballstadion, mithin zu den Fußballfans tragen zu können. Zu diesem Zweck sollen zunächst einige Anknüpfungspunkte für Rechtsextreme im Fußballstadion knapp dargestellt werden.[32] Die Darstellung orientiert sich maßgeblich an Pilz (vgl. Pilz 2009b: 564ff.) und Endemann/Dembowski (vgl. Endemann/Dembowski 2010: 22ff.). Ähnlich gelagerte Hinweise auf Anknüpfungspunkte für Rechtsextremismus im Fußballstadion finden sich allerdings auch an anderen Stellen der übrigen einschlägigen Literatur, wo sie manchmal explizit herausgearbeitet sind, oftmals jedoch nur implizit auftauchen. Kapitel 6.2 befasst sich näher mit den einzelnen Publikationen. Sehr lesenswert dargestellt sind Anknüpfungspunkte rechtsextremer Ideologien zum Beispiel auch bei Blaschke (vgl. Blaschke 2011). Nicht zuletzt spielten bei der Beurteilung relevanter Anknüpfungspunkte jedoch auch die im Feld gesammelten Erfahrungen des Autors dieser Arbeit eine Rolle.

Bei der auf den in Kapitel 4 herausgearbeiteten Rahmenbedingungen beruhenden Diskussion der einzelnen Anknüpfungspunkte wurde aus

---

32 Zu jedem der hier angesprochenen Punkte könnte wiederum eine vollständige Arbeit verfasst werden. Die skizzenhafte Darstellung der Anknüpfungspunkte erhebt daher keinesfalls den Anspruch auf eine umfassende Diskussion des entsprechenden Problemfeldes, sondern interessiert lediglich im Kontext des Kampfes gegen Rechtsextremismus im Fußballstadion.

Gründen der Übersichtlichkeit im Vorfeld unterschieden, ob es sich um solche auf der Einstellungsebene (Kapitel 5.2.1) oder auf der Handlungsebene (Kapitel 5.2.2) handelt, weshalb die einzelnen Punkte leicht vorsystematisiert dargestellt werden. Wie sich zeigen wird, sind die Anknüpfungspunkte auf der Einstellungsebene vielschichtiger und komplexer als diejenigen auf der Handlungsebene. Dementsprechend sollen sie auch ausführlicher diskutiert werden. Anschließend (Kapitel 5.2.3) soll der Vollständigkeit halber ein kurzer Blick auf die Anknüpfungspunkte im Amateurfußball gelegt werden, die jedoch nicht maßgebliches Thema dieser Arbeit sind und daher nur knapp behandelt werden. Im nächsten Schritt (Kapitel 5.3) sollen die Anknüpfungspunkte systematisiert dargestellt, mit den in Abbildung 1 zusammengefassten grundlegenden Erkenntnissen aus Kapitel 2.2 verknüpft und schließlich mit Blick auf die Konsequenzen für Gegenstrategien diskutiert werden. Ergänzend soll in Kapitel 5.4 vor dem erarbeiten Hintergrund ein kurzer Ausblick auf weiterführende Forschungsansätze in diesem Kontext gegeben werden.

Endemann/Dembowski weisen zu Recht darauf hin: „Sollen Anknüpfungspunkte für Neonazis und ihre SympathisantInnen bzw. Diskriminierung im Fußball gefasst werden, müssen nicht nur dem Sport immanente, sondern auch gesellschaftliche Wechselwirkungen mit dem Fußball als Grundlage betrachtet werden" (Endemann/Dembowski: 22). Alleine der Besuch von Fußballspielen macht aus Menschen natürlich noch keine Rechtsextremisten mit geschlossenem Weltbild. Aber die besondere Situation im Stadion kann die Entstehung rechtsextremer Einstellungen und Handlungen mitunter begünstigen. Trotzdem sollen an dieser Stelle die Rahmenbedingungen, denen unter anderem Winkler bei der Betrachtung der verschiedenen Ebenen des Rechtsextremismus völlig zu Recht eine hohe Bedeutung beimisst (vgl. Winkler 2007), vernachlässigt werden. Der Fokus soll in dieser Arbeit stattdessen auf den Anknüpfungspunkten der Einstellungs- und Handlungsebene gelegt werden. Ihre Wechselwirkung zu (gesamtgesellschaftlichen) Rahmenbedingungen wie Alter, sozio-ökonomischen Faktoren oder Bildung spielt natürlich bei der Herausbildung von Rechtsextremismus auf allen Ebenen eine enorme Rolle, muss an dieser Stelle jedoch ausgeblendet werden, um diese Arbeit nicht zu überfrachten. Dies ist nicht zuletzt deswegen vertretbar, da Rahmenbedingungen wie das Alter der Fußballfans oder deren sozioökonomische

Situation keine dem Fußballstadion immanenten Phänomene sind, sondern sich davon unabhängig entwickeln und daher nicht im primären Fokus von Strategien gegen Rechtsextremismus im Fußballstadion stehen können.

5.2.1. Anknüpfungspunkte auf der Einstellungsebene

Um etwaige Missverständnisse zu vermeiden, sei eingangs unterstrichen, dass es innerhalb der Fußballfanszene viele weitere Dimensionen auf der Einstellungsebene der Fußballfans gibt, keineswegs nur die im Kontext dieser Arbeit interessierenden. Viele dieser Einstellungen stehen rechtsextremen Haltungen kritisch gegenüber oder wenden sich aktiv gegen solche Meinungen. Weiterhin soll in keiner Weise unterstellt werden, dass Fußballfans per se rechtsextrem seien oder automatisch sämtlichen dieser Einstellungsmuster positiv gegenüberstünden. Im Gegenteil. Wie bereits im Verlauf dieser Arbeit deutlich wurde, steht die überwiegende Mehrheit der Fußballfans rechtsextremen Einstellungen insgesamt ablehnend gegenüber und Teile der aktiven Fanszenen positionieren sich explizit gegen Rechtsextremismus. Doch um festzustellen, wo es etwaige Anknüpfungspunkte für Rechtsextremismus gibt, sollen an dieser Stelle gewisse Schnittmengen der Dimensionen auf der Einstellungsebene von Fußballfans mit der Ideologie des Rechtsextremismus deutlich werden. Noch einmal: Selbst wenn positive Zustimmungstendenzen gegenüber manchen dieser Einstellungsdimensionen bei einzelnen Fußballfans nachgewiesen würden (was nicht Thema dieser Arbeit ist), kann noch nicht automatisch von einem überzeugten Rechtsextremisten gesprochen werden (vgl. Kapitel 2.2). An dieser Stelle soll nur deutlich werden, dass es im Fußball einige Elemente gibt, die sich mit Dimensionen rechtsextremer Einstellungen überschneiden beziehungsweise rechtsextremen Ideologieelementen nahe stehen und sich daher besonders gut als Anknüpfungspunkte von Rechtsextremen eignen können – nicht müssen.

– *Sozialdarwinismus*: Das Recht des Stärkeren ist unter Fußballfans durchaus populär. Wenn sich rivalisierende Ultra-Gruppierungen etwa im Kampf um ihr Banner[33] messen, gewinnt der Stärkere und – so will

---

33 Ultra-Gruppierungen haben in der Regel ein Banner, das heißt ein Plakat oder ein Stück Stoff, auf dem der Name ihrer Gruppe steht. Dieses Banner nehmen

es die ungeschriebene Ultra-Ehre – die andere Gruppe hat sich nach dem Verlust des Banners aufzulösen. Auch auf die Ebene des Spiels kann ein solcher Sozialdarwinismus unter Umständen übertragen werden. Denn beim Fußballspiel gewinnt ebenfalls meist der Stärkere, das heißt die bessere Mannschaft. Darüber hinaus werden noch immer technisch unterlegene, aber zweikampfstarke Spieler von Fans häufig ganz besonders verehrt.[34] An dieser Betonung des Rechts des Stärkeren können Rechtsextreme andocken und Parallelen zum Sozialdarwinismus rechtsextremistischer Prägung mit seiner Abwertung von Behinderten, Obdachlosen, Arbeitslosen und anderen vermeintlich Schwachen einerseits und dem Orientieren „auf Stärke,,deutsches' Selbstbewusstsein und militantes Auftreten" (van Ooyen 1986: 28) andererseits herstellen. In diesem Sinne können die „in Fußballfanszenen weit verbreiteten, oft in expressiver Weise zur Schau gestellten sozialdarwinistischen Einstellungsmuster" (Endemann/Dembowski 2010: 24) als Anknüpfungspunkte für Rechtsextreme dienen.

– *Nationalismus*: Pilz stellt zu Recht, wenngleich nicht völlig überraschend, fest, dass der Nationalismus besonders bei Spielen der Nationalmannschaft anzutreffen ist und „Fans, Hooligans, Ultras und den organisierten Rechtsextremismus näher zusammengebracht und in manchen Fällen zu einer gefährlichen Symbiose geführt" (Pilz 2009b: 564) hat. Wie in der Literatur vielfach nachgewiesen wurde (vgl. z.B. Becker et al. 2007) gibt es einen Zusammenhang von (übersteigertem) Nationalismus, Nationalstolz und der „Bereitschaft zur Abwertung von Minderheiten" (Geisler/Gerster 2009: 195). Immer wieder gab es

---

sie zu so gut wie allen Spielen ihrer Mannschaft mit und befestigen es so, dass es für alle anderen Zuschauer sichtbar ist. Wird dieses Banner (von einer anderen Ultra-Gruppierung) gestohlen, ist dies in der Regel ein Grund, die Ultra-Gruppierung aufzulösen. In jedem Fall wird ein solcher Diebstahl aber als große Demütigung empfunden (vgl. Gabler 2011: 75).

34 Nochmals sei betont, dass im Folgenden nur die Überschneidungen der Dimensionen des Fußballs mit Dimensionen des Rechtsextremismus als mögliche Anknüpfungspunkte thematisiert werden. Fußballtypische Dimensionen, die diesen rechtsextremen Dimensionen diametral entgegenstehen, sollen außen vor bleiben, auch wenn sie sich – wie an dieser Stelle zum Beispiel das ‚Fair Play' als Gegenposition zum Recht des Stärkeren – förmlich aufdrängen.

in diesem Zusammenhang gezielte Versuche organisierter Rechtsextremisten, insbesondere die deutsche Fußballnationalmannschaft für ihre Zwecke zu instrumentalisieren. Das bekannteste Beispiel ist wohl ein Kalender der NPD, herausgegeben anlässlich der Weltmeisterschaft 2006, mit dem der schwarze deutsche Nationalspieler Patrick Owomoyela rassistisch beleidigt wurde: Auf dem Cover des Planers war unter dem Trikot mit seiner Rückennummer der Schriftzug „Weiß – nicht nur eine Trikotfarbe. Für eine echte NATIONAL-Mannschaft" (vgl. Geisler/Gerster 2009: 190) zu lesen. Da auch der während der Fußballweltmeisterschaft 2006 in Deutschland entdeckte ‚Party Patriotismus', der von vielen Medien sowie Politikern positiv bewertet wurde (vgl. SpiegelOnline 2006), Untersuchungen Heitmeyers zu Folge nicht dazu geführt hat, dass sich der Zusammenhang zwischen Nationalstolz und Fremdenfeindlichkeit „in fröhlichem Party-Patriotismus aufgelöst hätte durch die WM" (Blaschke 2011c: 1), sondern dadurch im Gegenteil noch intensiviert wurde, liegt es für Rechtsextreme nahe, an diesem Punkt anzuknüpfen. Parolen wie ‚Endlich können wir mal wieder stolz darauf sein, Deutsche zu sein' können dabei als eine Art Türöffner fungieren und bilden eindeutig Andockstationen für rechtsextreme Ideologien.

– *Lokalpatriotismus*: Diese Dimension taucht bei den meisten Definitionen von rechtsextremistischen Einstellungen nicht auf, da sie durchaus auch bei Menschen ohne rechtsextreme Einstellungen anzutreffen ist. Im Zusammenhang mit Fußballfans spielt sie jedoch eine entscheidende Rolle. Denn unabhängig von ihrer politischen Einstellung beziehen sich Fußballfans häufig auf ihre Heimatstadt, mithin ihren Heimatverein und sind diesem treu ergeben. Lokalpatriotismus ist zwar mit Nationalismus nicht zu vergleichen und kann diesem durchaus entgegenstehen[35], aber oftmals versuchen lokale Kameradschaften gerade im ländlichen Raum auf dem Boden des Lokalpatriotismus an Fußballfans anzudocken, um sie so für die rechtsextreme Szene zu rekrutieren (vgl. Endemann/

---

35 Während nationalistische Rechtsextreme vor allem das völkisch verwurzelte gemeinsame Deutschtum betonen, unterstreichen Lokalpatrioten häufig die Unterschiedlichkeit des Deutschen Volkes und negieren damit unter Umständen Gemeinsamkeiten statt diese dynamisch zu befördern.

Dembowski 2010: 32ff.). Auch Argumentationen wie die vom damaligen NPD-Geschäftsführer Klaus Beier zielen in diese Richtung: „Durch Millionentransfers der Spieler ist mir die Lust vergangen, dieses Geschacher habe ich nicht mehr ertragen. Inzwischen konzentriere ich mich auf die unteren Ligen, dort ist der regionale Bezug noch vorhanden" (Blaschke 2011: 51). Anknüpfungspunkte für Rechtsextreme werden so deutlich.

– *Homophobie*: Auch die Abwertung von allem Homosexuellem ist fester Teil des rechtsextremen Einstellungsmusters. Im Fußball ist Homosexualität noch immer eines der großen Tabus. Kein einziger aktiver Bundesligaprofi hat sich bis jetzt öffentlich zu seiner Homosexualität bekannt. „Ein einziger aktiver Profi hat sich als homosexuell geoutet, einer auf der ganzen Welt. Das war vor 20 Jahren" (Bengtsson 2011: 95). Der Name des Profis war Justin Fashanu, er spielte in der Premiere League und wechselte „1981 für eine Million Pfund von Norwich zu Nottingham Forest" (Bengtsson 2011: 95). Als es Gerüchte über seine Homosexualität gab, wurde er deswegen von Trainern nicht mehr aufgestellt und litt unter dem Druck der Öffentlichkeit. Daraufhin wechselte er in andere Länder, um „das Stigma loszuwerden" (Bengtsson 2011: 95). 1990 outete er sich schließlich in einem Interview mit einem britischen Boulevardblatt. „Danach bekam er nie wieder einen Profivertrag. 1998, wenige Monate nachdem er wegen der angeblichen Vergewaltigung eines 17-Jährigen angeklagt worden war, erhängte er sich" (Bengtsson 2011: 95). Nach Fashnu bekannte sich nie wieder ein namhafter aktiver europäischer Fußballprofi offen zu seiner Homosexualität.[36] Stattdessen hört man immer wieder homophobe Sprüche von Profifussballern, etwa von Torhüter Frank Rost, der, angesprochen auf schwule Fußballer, gesagt haben soll: „Ich dusche ja mit dem Arsch zur Wand" (Blaschke 2008: 139). Auch auf den Tribünen sind homophobe Beschimpfungen der generischen Spieler, Fans und/oder des Schiedsrichters längst Alltag – und zwar auf Steh- wie Sitzplätzen gleichermaßen. Rechtsextreme können daran leicht anknüpfen.

---

36 Auch das viel beachtete Outing von Ex-Nationalspieler Thomas Hitzlsperger (vgl. z.B. Ruf 2014) erfolgte erst nach der Beendigung seiner aktiven Karriere.

– *Antisemitismus*: Nach Endemann/Dembowski ist der Antisemitismus die „älteste Form des Rassismus in den Stadien" (Endemann/Dembowski 2010b: 181). Zu Recht weisen sie darauf hin, dass sich „mit dem Aufkommen des offenen Rassismus in den Stadien Anfang der 1980er Jahre [...] Fans an die ‚alten Feinde' der Deutschen, die Juden" (Endemann/Dembowski 2010b: 181) erinnert haben. Heute ist dieser Antisemitismus in den Stadien der Republik nicht immer sofort sichtbar, doch wer den Gesängen (besonders von kleineren Splittergruppen) aufmerksam lauscht oder die Spruchbänder in den Fankurven näher untersucht, wird feststellen, dass dieses Kernelement des Rechtsextremismus auch heute noch zu finden ist. Cottbuser Fans präsentierten zum Beispiel 2005 beim Spiel gegen Dresden einen Banner mit dem Schriftzug ‚Juden', wobei das ‚D' dem Dresdner Logo nachempfunden war. Dazu war ein Judenstern aus dem Dritten Reich zu sehen (vgl. Blaschke 2011: 155). Die Dresdner wiederum titulierten die Anhänger von Eintracht Frankfurt beim Spiel in der Hinrunde 2011 als ‚Juden', wobei sie dieses Wort als Schimpfwort verstanden wissen wollten.[37] Es liegt auf der Hand, dass Rechtsextreme versuchen, diese latent vorhandenen und manchmal sogar manifesten antisemitischen Ansichten zu verstärken und dabei gleichzeitig probieren, mit ihrer Ideologie an dieser Stelle bei den Fußballfans anzudocken.

– *Sexismus*: In den eindeutig männlich dominierten Fanszenen bilden Frauen die Minderheit. Dembowski bemerkt dazu treffend: „Umringt von imaginären Hackordnungen und hegemonialer Männlichkeit war und ist es besonders für Frauen schwer, in den fancluborientierten Szenen eigene (Gruppen-)Identitäten zu entfalten. Bis heute müssen sie – wie auch junge Männer – durch die diskursive Schule hegemonial männlich vorgeprägter Fanstrukturen und Hierarchien, um sich zu etablieren" (Dembowski 2013: 39). Wenngleich sich Frauen in Teilen der Fanszenen dennoch einen festen Platz erobern konnten, wird bei ihnen im Gegensatz zu männlichen Fans das Interesse am Fußball „ständig hinterfragt und auf Authentizität überprüft" (Dembowski 2013: 39). Die Ultra-, aber besonders die Hooliganszene kreiert dazu mit ihrem

---

37 Viele weitere Beispiele antisemitischer Handlungen im Stadion haben zum Beispiel Endemann/Dembowski zusammengetragen (vgl. Endemann/Dembowski 2010b: 182ff.).

mehr oder weniger stark auf Gewalt angelegten Selbstverständnis einen Raum, der, zumindest nach Ansicht der meisten darin befindlichen Akteure, für Frauen unzugänglich ist, da sie in den männlich dominierten gewalttätigen Auseinandersetzungen als Frau keine Chance hätten. Im Sinne sexistischer Anknüpfungspunkte von Rechtsextremen wesentlich wichtiger als dieser, strukturell bedingte, mindestens partielle Ausschluss von Frauen aus vielen aktiven Fanszenen sind jedoch die in Bundesligastadien noch immer omnipräsenten sexistischen Sprüche, die Vorurteile und sexistische Klischees zementieren. Unterstellungen, dass Frauen keine Ahnung von Fußball hätten oder Sprüche wie „‚der spielt wie ein Mädchen' [...] gehören anscheinend für einige Fans zum Spiel wie Ball und Bratwurst" (Brunßen 2013: 11). Damit verfestigt sich auf den Rängen ein Bild, das sehr stark mit dem rechtskonservativen Verständnis der Hausfrau und Mutter, die sich um die Kinder zu kümmern hat und Fußball Männersache sein lassen soll, kongruiert. Ausführlich und wesentlich tiefergehend befasst sich unter anderem Degele aus soziologischer Sicht mit dem strukturellen Sexismus im Fußballsport (vgl. z.B. Degele 2013). Auch daran können Rechtsextreme leicht anknüpfen.

- *Rassismus*: Es ist bekannt, dass die rassistische Abgrenzung gegenüber Menschen mit anderen ethnischen Wurzeln, besonders mit anderer als weißer Hautfarbe, ein Kernelement jedweder rechtsextremen Ideologie darstellt. Auch in Fußballstadien sind rassistische Vorfälle immer wieder zu beobachten. Fußballnationalspieler Gerald Asamoah sah sich wiederholt rassistischen Beschimpfungen ausgesetzt und überlegte sogar, deswegen nicht mehr für die Nationalmannschaft aufzulaufen (vgl. Dembowski 2008: 56). Jahre zuvor machte bereits Souleymane Sané als einer der ersten schwarzen Bundesligaspieler seinen Ärger über rassistische Beschimpfungen öffentlich (vgl. Bock: 2013: 107). Aber auch abseits dieser prominenten Beispiele ist nicht nur in Fankurven, sondern auch und teilweise vor allem auf den Sitzplätzen immer wieder ein latent vorhandener Rassismus zu beobachten. Fouls von schwarzen Spielern werden in diesem Sinne beispielsweise wesentlich negativer (und nicht selten unter Verweis auf die Hautfarbe) kommentiert als Fouls von weißen Spielern. Des Weiteren sind die sogenannten Affen-Rufe gegen Spieler mit schwarzer Hautfarbe vor allem in unteren Spielklassen häufig zu hören. „Ob auf dem Stehplatz oder der Sitztribüne: Sprüche wie ‚Für einen Schwarzen spielt der ganz okay'" (Brunßen 2013: 11) gibt es immer wieder in allen Bereichen des Stadions zu hören. Das erinnert an Decker/Brähler, die in ihren empirischen Untersuchungen Rechtsextremismus als „Problem in der Mitte der Gesellschaft" (Decker/Brähler 2008b: 11) identifiziert haben. Analog dazu, kann die rechtsextremistische Dimension des Rassismus (sowie freilich auch andere Dimensionen wie beispielsweise der Sexismus) im Stadion nicht nur bei erlebnisorientierten und fußballzentrierten Fans in der Stehplatzkurve angetroffen, sondern in allen Bereichen des Stadions gefunden werden – auch bei konsumorientierten Fans auf den teuren Sitzplätzen. Das bietet Rechtsextremen breite Anknüpfungspunkte für ihre Ideologien.

– *Xenophobie*: Kernelement rechtsextremer Ideologie ist die Abgrenzung von allem, was als fremdartig respektive ausländisch wahrgenommen wird. Auch in Fußballstadien sind xenophobe Tendenzen trotz multinationaler Teams in vielerlei Hinsicht weiterhin anzutreffen. Dies äußert sich nicht nur darin, dass ausländische Spieler oftmals schneller kritisiert werden als deutsche (vgl. Behn/Schwenzer 2006: 344), sondern auch darin, dass Vereine mit offensichtlich nicht deutschen Wurzeln wie zum Beispiel Türkiyemspor Berlin e.V. häufig Ziel von fremdenfeindlichen Schmähungen werden (vgl. Özaydin/Aumeier 2008: 110ff.). Natürlich können auch hier Rechtsextremisten leicht andocken. Zudem sind Fans mit Migrationshintergrund sowohl in den meisten aktiven Fanszenen als auch in den Stadien von fast allen Bundesligisten unterrepräsentiert, was den Effekt der Abwertung alles Fremdartigen noch verstärken und Rechtsextremisten besonders anziehen kann.

– *Antikapitalismus*: In der einschlägigen Literatur werden antikapitalistische Einstellungen so gut wie nie als für den Rechtsextremismus charakteristisch angesehen, da diese Dimension rechtsextreme Einstellungen nicht scharf genug von zum Beispiel linksextremen unterscheidet. Das liegt daran, dass diese Dimension sowohl im Rechts- als auch im Linksextremismus, freilich anders pointiert, zu finden ist. Gleichwohl bilden antikapitalistische Positionierungen, meist als Gegenentwurf zum von der NPD getauften „Kulturimperialismus weltweiter Kapitalanliegen" (vgl. NPD 2013b), das Rückgrat vieler rechtsextremistischer Demonstrationen und/oder Argumentationsketten, die sich häufig explizit gegen

die USA richten (vgl. z.B. NPD 2013c). Doch auch Im Kontext des Fußballstadions spielt diese Einstellung eine wichtige Rolle, da insbesondere für fußballzentrierte Fans wie Ultras und kritische Fans der Kampf
gegen die zunehmende Kommerzialisierung des Fußballs von zentraler
Bedeutung ist. Rechtsextreme können an diesen Schnittstellen, etwa an
dem Protest gegen ausländische Investoren, leicht mit einfachen Wahrheiten (z.B.,Ausländer nehmen uns jetzt auch noch unsere Fußballvereine weg') ansetzen und den teilweise durchaus berechtigten Protest
gegen die Kommerzialisierung für sich instrumentalisieren, indem sie
ihn für ihre Zwecke umdeuten. Dass diese Andockversuche von Vertretern rechtsextremer Parteien befürwortet werden, unterstreichen zum
Beispiel die Worte vom ehemaligen NPD-Geschäftsführer Beier, der im
Interview mit Ronny Blaschke sagt: „Leider hat es einen schleichenden
Identitätsverlust gegeben. Spieler werden aus aller Welt für Millionen zu-
sammengewürfelt […] Fußball ist ein Industriezweig geworden, dadurch
geht das Wir-Gefühl unter Fans verloren. Da sind wir mit unserer Anti-
Globalisierungspolitik nicht am falschen Platz" (Blaschke 2011: 51).

- *Hierarchisierung*: Sowohl in der früheren im Stadion aktiven Hooliganszene (vgl. Baschke 2008: 13ff.) als auch in der heutigen das Stadion
  prägenden Ultraszene (vgl. z.B. Pilz/Wölki-Schumacher 2010: 9ff.) herrschen zum Teil strenge Hierarchien. Wie in regulären Vereinen gibt es
  häufig einen Vorstand und Beauftragte für Finanzen und Öffentlichkeitsarbeit (vgl. Gabler 2011: 59). Zudem müssen sich potentielle neue
  Mitglieder erst beweisen, indem sie regelmäßig Heim- und Auswärtsspiele besuchen und die eigene Mannschaft unterstützen. Gepaart mit
  dem ungeschriebenen Ehrenkodex der Ultras (zum Beispiel niemals mit
  der Polizei zu kooperieren oder den Mitgliedern der eignen Gruppe auch
  gegen zahlenmäßig überlegene Gegner im Kampf beizustehen) können
  hier vielfältige Strukturen beobachtet werden, an denen Rechtsextreme
  andocken können. Der im Rechtsextremismus verankerte Führerkult
  kann beispielsweise an die grundsätzliche Bereitschaft der Fans zur Unterordnung unter einen Capo (Vorsänger) anknüpfen, der entscheidet,
  welche Lieder bei Spielen gesungen werden, und diese anstimmt. Unter
  impliziter Bezugnahme auf die Studien zum autoritären Charakter von
  Adorno und der Berkley-Gruppe (vgl. Kapitel 2.3) weisen Endmann/
  Dembowski überdies darauf hin, „dass der Fußballsport durch sein

starres Regelwerk mit Befehl, Gehorsam und Bestrafung auch ein Präsentationsfeld für konventionelle, patriarchale Wertvorstellungen und autoritäre Charaktere sein kann" (Endemann/Dembowski 2010: 23). Auch diese dem Fußball inhärente Hierarchieebene kann ein Andocken von Rechtsextremen erleichtern.

– *Sloganismus*: Dieser ebenfalls von Endemann/Dembowski diskutierte Punkt bezieht sich darauf, „dass die Zuschauerschaft einfache Ausdrucksformen ausgebildet hat (Banner, Rufe, Kurzgespräche u.a.), die anfällig sind für einfache Lösungen komplexer politische Zusammenhänge" (Endemann/Dembowski 2010: 24). Auf solche Slogans greifen auch Rechtsextreme immer wieder bei sogenannten Stammtischargumenten zurück. Einfache Antworten auf hochkomplexe Themengebiete (z.B. Ausländer Raus, Arbeit für Deutsche, Kriminelle Ausländer abschieben) bedienen gezielt Ängste der Bevölkerung, greifen latent vorhandene sowie manifeste Vorurteile auf und verstärken diese damit zusätzlich (vgl. z.B. Hufer 2006: 13ff.). Im Fußballumfeld können sich Rechtsextreme dieses Instrumentariums bedienen, um ihre Botschaften unter das Volk zu bringen.

– *Antiintellektualismus*: Dieser potentielle Anknüpfungspunkt geht offenbar in eine ähnliche Richtung wie der Sloganismus (vgl. Endemann/ Dembowski 2010: 24), wird jedoch von Endemann/Dembowski nicht näher definiert. Unter Berücksichtigung von Arbeiten anderer Autoren, die sich näher mit diesem Begriff auseinandersetzen (vgl. z.B. Hofstadter 1963), ist indes davon auszugehen, dass auch Endemann/Dembowski darunter verstehen, einfache Wahrheiten zu bevorzugen und komplexere Gedanken eher abzulehnen oder sogar prinzipiell abzuwerten. Die Verbindung zum Fußball kann insofern hergestellt werden, als häufig während eines Spiels verkürzte Statements abgegeben werden, die einer ausführlichen intellektuellen Debatte nicht immer standhalten. Überdies lassen antiintellektuelle Haltungen gewaltbereite Fans als Männer der Tat erscheinen, während nachdenkliche oder zögernde Fans als ‚Weicheier' oder Ähnliches tituliert werden. Endemann/Dembowski sprechen in diesem Sinne von Anknüpfungspunkten „für Neonazis und ihre Sympathisanten, die vermeintlich einfach gestrickte Lösungen zu komplexen Problemen der Gegenwart artikulieren und auf das Trittbrett gesellschaftspolitischer Themen aufspringen" (Endemann/Dembowski 2010: 24). Jedoch ist dieses Argument zwar für den ähnlichen

Anknüpfungspunkt des Sloganismus durchaus stichhaltig, für den Anti-intellektualismus aber allenfalls partiell gültig. Da besonders in Kreisen fußballzentrierter Fans wie etwa Ultras oder kritischer Fans ausführlich und sehr differenziert über bestimmte Dinge diskutiert wird, kann Antiintellektualismus innerhalb der Fanszene keinesfalls flächendeckend unterstellt werden, während Sloganismus besonders während der Spiele in Form von Spruchbändern durchaus verbreitet zu beobachten ist. Die Kommerzialisierung des Fußballs wird zum Beispiel in weiten Teilen der Fanszene nicht nur plump abgelehnt, sondern diese Ablehnung wird meistens fundiert begründet dargelegt (vgl. z.B. Kein Zwanni 2012). Daher ist der potentielle Anknüpfungspunkt des Antiintellektualismus zwar zu beachten, ihm sollte jedoch keine allzu große Bedeutung zugemessen werden.

– *Freund-Feind-Schema*: Gabler betont zu Recht: „Fast alle Soziologen, die sich mit dem Phänomen der Fußballkultur befassen, kommen nicht daran vorbei, einen Mechanismus besonders zu betonen: Der binäre Gegensatz zwischen den beiden Mannschaften und den dazugehörigen Fangemeinden" (Gabler 2009: 18). Die Fans der eigenen Mannschaft werden dabei über die Grenzen einzelner Fanclubs und/oder Ultragruppierungen als Freunde wahrgenommen, während die gegnerische Mannschaft samt ihren Fans als Feinde wahrgenommen werden (vgl. Gabler 2009: 18ff.). Das führt zu einer starken Solidarisierung innerhalb der eigenen Gruppe in Abgrenzung zur anderen Gruppe. Degele geht sogar so weit, das verbindende Element des Fußballs maßgeblich bis ausschließlich über die Ausgrenzung in verschiedenen Facetten zu definieren (vgl. Degele 2013). Rechtsextreme argumentieren in ähnlichen Mustern. Sie lehnen die in ihren Augen fremdartigen Kulturen ab und hetzen gegen Menschen mit Migrationshintergund. Das wiederum stärkt ihre eigene Gemeinschaft, die sie als deutsch respektive völkisch definieren. Heitmeyer fasst dieses Phänomen als ein wichtiges Element seiner Theorie der ‚Gruppenbezogenen Menschenfeindlichkeit' zusammen (vgl. Heitmeyer 2012: 15ff.). Es liegt auf der Hand, dass rechtsextreme Ideologien auch an diesem Punkt anknüpfen können, indem sie das Freund-Feind-Schema übersteigern, die Ablehnung des Fremden mit rassistischen, antisemitischen oder anderen rechtsextremen Argumenten intensivieren und aus dem Fußballstadion auf die Gesamtgesellschaft übertragen.

– *Gruppengefühl*: Ähnlich wie beim Freund-Feind-Schema spielt auch das Gruppengefühl bei der Fanszene im Allgemeinen sowie der Ultraszene im Besonderen eine herausgehobene Rolle. Fans, besonders Fanclubs und Ultras, verstehen sich als Gemeinschaft, deren Mitglieder sich untereinander helfen – durchaus auch außerhalb des Stadions. Bei den Ultras der Kohorte in Duisburg äußert sich das Gruppengefühl zum Beispiel so: „In Laufnähe zum Stadion haben sie eigene Räume angemietet, viele der älteren Gruppenmitglieder wohnen in WGs zusammen. Am Wochenende kommen immer mal 13-Jährige vorbei, auch nach der Schule schaut mancher von ihnen herein – und bekommt nicht selten Hilfe bei den Hausaufgaben von einem der fünf Gruppenmitglieder, die die Schlüssel haben" (Ruf 2013c: 105). Wie groß die Solidarität innerhalb dieser Gruppen ist, wird überdies daran deutlich, dass mit Gesängen, Spruchbändern oder Bannern immer wieder an Mitglieder (meist von Ultra-Gruppierungen) erinnert wird, die aufgrund von Stadionverboten nicht im Stadion sein dürfen. Auch im rechtsextremen Milieu sind solche Werte, meist als Kameradschaft bezeichnet, von zentraler Bedeutung und mit völkischem Denken aufgeladen. Rechtsextreme könnten sich also auch diese Tendenzen innerhalb der Fanszene zunutze machen, „um die Jugendlichen zum Mitmachen zu bewegen. Sie versprechen ihnen, in ihren Organisationen gehe es [ebenfalls] besonders kameradschaftlich zu" (van Ooyen 1986: 28).

– *Anti-Polizei-Haltung*: Ultras und Rechtsextreme haben ein gemeinsames Feindbild: die Polizei. Während diese von Rechtsextremen als Werkzeug des von ihnen gehassten demokratischen Staates abgelehnt wird[38], fühlen sich Fans, allen voran Ultras, von der Polizei oftmals gegängelt, schlecht behandelt und willkürlichen Repressionen ausgesetzt (vgl. Kapitel 4.2.4 und BAFF 2004). Die Situation zwischen Ultras und Polizei ist festgefahren und die gegenseitige Ablehnung steigt beständig. „Der Hass auf den Staat und die Polizei wird immer größer – zwei Motive, die auch für die ‚Autonomen Nationalisten' zentral sind" (Gabler 2010: 16). Dem

---

38 Über die aktuelle negativ konnotierte Sichtweise der rechtsextremen Szene auf die Polizei hat das Brandenburger Innenministerium eine lesenswerte Studie des Potsdamer Moses Mendelssohn Zentrums veröffentlicht (vgl. Ministerium des Inneren des Landes Brandenburg 2013).

ist allerdings nur insofern zuzustimmen, als der Hass auf die Polizei tatsächlich Neonazis und viele Fans eint. Eine konsequente Ablehnung des Staates durch die gesamte Fanbewegung, oder auch nur durch Teile von ihr wie zum Beispiel die Ultras, wurde bislang nicht nachgewiesen. Und es ist zweifelhaft, ob Fans im Allgemeinen diese ablehnende Haltung gegenüber dem demokratischen Verfassungsstaat einnehmen. Gleichwohl bietet sich in der Ablehnung sowie Bekämpfung der Polizei ein gemeinsamer Nenner mit hohem erlebnisorientiertem Potential. Die Polizei berichtet immer wieder von gezielten Attacken auf Beamte, zum Beispiel beim Angriff von Rostocker Fans auf eine Polizeistation, nachdem ein Mitglied der Rostocker Fanszene festgenommen worden war (vgl. Sueddeutsche.de 2011). In den Fankurven wird die Polizei, wie Kapitel 4.2.4 näher ausgeführt hat, als eine Art Eindringling in das Hoheitsgebiet der Fans gesehen und ihre Präsenz weitgehend abgelehnt. Darüber hinaus ziehen plakative Sprüche wie A.C.A.B. (All Cops are Bastards, entstanden in der Hooliganszene) aufgrund ihres provokanten Charakters vor allem Jugendliche an. In der grundsätzlichen Ablehnung von polizeilichem Eingreifen sowie bei konkreten körperlichen Auseinandersetzungen mit der Polizei bieten sich also bedeutende Anknüpfungspunkte für Rechtsextremismus.

- *Football without Politics*: Hinter dieser Formel verbirgt sich die in vielen Fankurven verbreitete Überzeugung, dass Politik nicht ins Stadion gehört. Das Erstarken dieser Ansicht hatte auf den Rechtsextremismus in den Fankurven zunächst einen zurückdrängenden Effekt. „Noch in den 1980er und 1990er Jahren waren viele Fankurven rechts dominiert" (Gabler 2010: 16). Das änderte sich aus vielerlei Gründen (vgl. Kapitel 4). Unter anderem der Umstand, dass Politik verstärkt aus dem Stadion herausgehalten werden sollte, begünstigte diesen Rückgang des offensichtlichen Rechtsextremismus. Auch heute ist durch diese Haltung insofern ein positiver Effekt nachzuweisen, als „rechtsextreme Aktionen häufig intern sanktioniert" (Behn/Schwenzer 2008: 25) werden. Dies kann sowohl durch Zurechtweisung als auch durch Übertönen eines rechtsextremen Liedes innerhalb der Fanszene geschehen (vgl. Behn/ Schwenzer 2008: 26). Allerdings hat die mit ‚Football without Politics' einhergehende Haltung auch zur Folge, dass sich in Fanszenen mit dem Thema Rechtsextremismus inhaltlich nicht näher beschäftigt wird und auch Initiativen gegen Rassismus oder Homophobie unter dieser Prämisse abgelehnt, mithin negativ konnotiert werden. Weiterhin werden häufig lediglich rassistische Beschimpfungen sanktioniert, während homophobe oder sexistische Beleidigungen weitgehend unwidersprochen bleiben, oder sogar akzeptiert werden. „Dadurch, dass Fans ‚Keine Politik im Stadion' krakeelen und antirassistische Töne als störende, fußballfremde Einmischung einordnen, bestätigen und stabilisieren sie vorhandene rassistische Tendenzen und entsprechende Akteure" (Eichener 2004: 161). Daraus folgt, dass Rechtsextreme in der Fankurve geduldet werden, solange sie mit ihrer Meinung hinterm Berg halten. Freilich bleibt so die Gefahr, dass Neonazis im Hintergrund ihre Meinungen verbreiten und so die breite Masse implizit mit ihren rechtsextremen Einstellungen anstecken. Wie das im schlimmsten Fall ausgehen kann, haben die Entwicklungen in der Aachener Fanszene gezeigt (vgl. Fritsch 2013). Bedeutende Anknüpfungspunkte sind hier also durchaus vorhanden.

- *Gewalt*: Wie bereits in Kapitel 4.2.1 ausführlich dargestellt, spielt Gewalt in der Ultrabewegung sowie besonders bei Hooligans eine große Rolle. Das trifft auch auf die neonazistischen Szenen zu. Die Anknüpfungspunkte sind offensichtlich. Rechtsextreme Schläger können sich bei Auseinandersetzungen gezielt unter die Reihen der Fans mischen (wenn sie nicht schon sowieso regelmäßig in diesen Reihen verkehren) und dort Anerkennung gewinnen. Der gemeinsame, scheinbar unpolitisch geführte (vgl. vorheriger Spiegelstrich) Kampf verbindet überzeugte Rechtsextreme mit bis dato unpolitischen Ultras oder Hooligans. In Gesprächen kommen sie immer mal wieder am Rande auf politische Themen zu sprechen und so gelangt die Fangruppe nach und nach in den Sog von rechtsextremistischen Einstellungen. „Das Rekrutieren ist ein Prozess, kein punktuelles Ereignis" (Raack 2013), machen Forscher in diesem Sinne immer wieder deutlich. Dass die Rekrutierung von rechtsextremen Schlägern aus Hooligantruppen funktioniert, unterstreicht das Beispiel der inzwischen nicht mehr aktiven Dortmunder Hooligangruppe Borussenfront[39], die sich Mitte der 80er Jahre „zur

---

39 Die Borussenfront wird freilich weiterhin als Mythos verklärt und trat in jüngerer Vergangenheit sogar wieder vereinzelt im Umfeld von Borussia Dortmund in Erscheinung (vgl. Sundermeyer 2013: 172ff.).

Schnittmenge von rechten Fußballfans und organisierten Neonazis" (Taler 2010: 17) entwickelte und 1984 sogar nahezu geschlossen in die inzwischen verbotene rechtsextreme Freiheitliche Deutsche Arbeiterpartei (FAP) eintrat, besonders deutlich. Aber auch unter den heutigen Ultra-Gruppierungen, die sich überwiegend politisch neutral oder sogar links positionieren, gibt es extrem rechte Gruppen, bei denen personelle Überschneidungen zwischen aktiven Neonazis und Ultras existieren: etwa „die Ultras bei dem Verbandsligisten Viktoria Frankfurt (FFO)" (Gabler 2010: 16). Gewalt spielt zudem eine zentrale Rolle in der Ideologie der sogenannten ‚Neuen Rechten', die Rechtsextremismus als erlebnisorientiertes Abenteuer verkaufen möchte (vgl. Geisler/Gerster 2009: 195), ein Ansatz, der besonders bei erlebnisorientierten Fußballfans fruchten kann. Kommt es im Stadion oder dessen Umfeld zu gewalttätigen Auseinandersetzungen zwischen verschiedenen Fangruppierungen, sind überdies die häufig gut trainierten Rechtsextremen, die mitunter auch aus den (ehemaligen) Hooliganmilieus kommen, meistens willkommen oder mindestens toleriert in den Reihen der körperlich unterlegenen, politisch neutralen oder sogar nach links tendierenden Fans. Um gegenüber den gegnerischen Fangruppierungen in den körperlichen Auseinandersetzungen bestehen zu können, ist die Kooperation mit diesem erlebnisorientierten Teil der Fanszene häufig akzeptiert. So bieten sich immer wieder Anknüpfungspunkte für Rechtsextreme, um sich in den Fanszenen über den Einsatz von Gewalt profilieren zu können. Nicht zuletzt spielt auch die körperliche Überlegenheit bei der Etablierung von rechtsextremen Hegemonien im Stadion eine zentrale Rolle, wie unter anderem die Auseinandersetzung zwischen den (linksgerichteten) Aachen Ultras und der (mindestens rechtsoffenen) Karlsbande gezeigt hat (vgl. u.a. Fritsch 2012). Gleichwohl nimmt der Anknüpfungspunkt ‚Gewalt' in gewisser Weise eine Zwitterrolle zwischen Handlungs- und Einstellungsebene ein. Einerseits kann durch die Duldung, Glorifizierung, Androhung oder potentielle Bereitschaft zur Gewalt von Rechtsextremen auf der Einstellungsebene angeknüpft werden. Andererseits können direkte gewalttätige Übergriffe und Auseinandersetzungen Anknüpfungspunkte auf der Handlungsebene darstellen. Diese Zwitterrolle wird bei der systematisierenden Diskussion der Anknüpfungspunkte in Kapitel 5.3 ausführlich diskutiert.

5.2.2. Anknüpfungspunkte auf der Handlungsebene

– *Lieder/Anfeuerungsrufe/Beschimpfungen*: Gesänge sind aus dem heutigen Stadion nicht mehr wegzudenken. Fast schon unwirklich wirken Fernsehübertragungen von Freundschaftsspielen, bei denen man die Spieler auf dem Rasen Kommandos geben hört, da die Geräuschkulisse von den Zuschauerrängen fehlt. Doch nicht erst seit der in diversen Publikationen ausführlich erörterten Hinwendung der deutschen Fankurven zum „Stil der italienischen Ultrakultur" (Sommerey 2012: 31) hielten Fangesänge Einzug in die Bundesligastadien. Vielmehr spielten Anfeuerungsrufe, früher noch stärker auf das Spiel bezogen als in der heutigen Ultrakultur, schon lange eine große Rolle in den Stadien der Bundesrepublik. „Das war in den 1980ern [...]. Bei uns kamen zwar kaum Zuschauer ins Stadion, aber die, die da waren und die Mannschaft lautstark anfeuerten, kritisierten und teilweise auch beschimpften [...] waren mit ganzem Herzen bei der Sache" (Beyer 2013: 203) berichtet zum Beispiel Beyer aus eigener Erfahrung. Natürlich bieten Anfeuerungsrufe und Lieder, in die das gesamte Stadion oder zumindest eine beträchtliche Anzahl lautstarker Fans einstimmt, eine hervorragende Plattform, um Aufmerksamkeit zu erregen, die bisweilen sogar über die Stadiongrenzen hinausgeht. Mitunter beschränken sich Fans dabei jedoch nicht nur darauf, die eigenen Mannschaft zu unterstützen, sondern verunglimpft darüber hinaus auch die gegnerische Mannschaft. Dies kann mehr oder weniger politisch neutral („Arschlöcher") oder in den verschiedensten Schattierungen rechtsextremistischer Dimensionen geschehen (homophob, sexistisch, rassistisch, etc.). Inwieweit diese rechtsextremistischen Lieder/Anfeuerungsrufe/Beleidigungen, wie Behn/Schwenzer anführen, in Fanszenen „nicht von anderen vulgären Formen der Beleidigung unterschieden" (Behn/Schwenzer 2006: 353) werden, soll an dieser Stelle nicht problematisiert werden. Festzuhalten bleibt jedoch, dass Lieder wie das U-Bahn-Lied[40] oder homophobe, sexistische und andere rechtsextremistische Beschimpfungen ganz offensichtliche Anknüpfungspunkte für Rechtsextreme darstellen, die in

---

40 Das Lied handelt davon, dass Fans eine U-Bahn von der Heimatstadt des gegnerischen Clubs bis nach Auschwitz bauen wollen.

solche Gesänge/Beschimpfungen einstimmen, ihre Akzeptanz innerhalb von Fanszenen verfestigen und gegebenenfalls intensivieren können.

– *Plakate/Banner/Poster/Fahnen*: Bunt und kreativ: So präsentieren sich heute die meisten Fankurven in den Bundesligastadien. Mit (selbst gemalten) Fahnen, farbigen Doppelhaltern[41] und mitunter recht kreativen Spruchbändern machen nicht nur Ultras auf sich aufmerksam. Doch auch für Rechtsextreme bieten sich mit diesen Mitteln Darstellungsformen, um ihre Ideologie in Form von einfachen Botschaften einer breiten Masse präsentieren zu können. In Dortmund zeigten im Jahr 2012 Neonazis auf der Südtribüne ein Banner, mit dem sie für Solidarität des zu diesem Zeitpunkt gerade verbotenen rechtsextremen Nationalen Widerstands Dortmund warben (vgl. Boßmann 2012: 22). In Dresden klebten Cottbuser Fans beim Auswärtsspiel ihres Vereins mit Klebeband den Spruch „Juden DD" an die Glasscheibe des Auswärtsblocks (vgl. Ruf 2013b: 27). Das zeigt, dass diese Art der Handlungsformen zum einen von bereits in der Fanszene aktiven Rechtsextremen in Fußballstadien genutzt wird und zum anderen in der Fanszene noch nicht Aktiven als Anknüpfungspunkt in dieselbe dienen kann. Da solche Plakate/Banner/Poster/Fahnen im gesamten Stadion sichtbar sind und somit von einem großen Publikum wahrgenommen werden, wirken sie als Anziehungspunkt sowie als Rekrutierungsoption für Rechtsextreme im Stadion, die sich so Gleichgesinnten anschließen können.

– *Klamotten/Codes*: Es ist inzwischen nicht nur in der Forschung bekannt, dass rechtsextreme Musik eine der Hauptwaffen von Neonazis ist, wenn es darum geht, jugendlichen Nachwuchs zu rekrutieren: „Rockmusik ist zum wichtigen Träger ideologischer Botschaften geworden" (Pfeiffer 2007: 36). Längst ist jedoch ebenfalls bekannt, dass Klamotten in den Augen vieler Jugendlicher einen nicht unbeträchtlichen Teil der Faszination am rechtsextremen Lifestyle ausmachen. Nur zu einem geringen Teil sind sie noch mit offensichtlichen rechtsextremen Parolen versehen. Mittlerweile dominieren in diesem Feld versteckte Codes auf sportlich-moderner Kleidung (vgl. Agentur für soziale Perspektiven 2004: 20ff.). Seit einiger Zeit dringen Rechtsextreme auch

---

41 Bemalter Stoff, der an seinen Enden von zwei Stöcken umschlossen ist, an denen der Stoff hochgehalten werden kann.

in den Fußballkleidungsmarkt ein. „Neonazi-Läden werden zu ‚Fußballgeschäften', in den Versandkatalogen nimmt die Sparte ‚Fußball' einen immer breiteren Raum ein" (Rauch 2010: 12). Neben in der Szene typischen Klamotten wie Produkten der Marke ‚Thor Steinar' haben sich führende Neonazi-Kader auch die Rechte an scheinbar unpolitischen Marken wie zum Beispiel dem Label ‚Sport Frei', einem Spruch der eigentlich aus dem Hooliganmilieu stammt, gesichert (vgl. Rauch 2010: 14). Gerade über Klamotten, die eine ähnliche Sogwirkung haben wie Musik, können Rechtsextreme also mit ihrer Ideologie gezielt an die Fußballszene andocken, Gleichgesinnte identifizieren und versteckt kommunizieren. Dabei nutzen sie geschickt die Interessenüberschneidungen mit Hooligangruppen in puncto Gewaltaffinität (vgl. Spiegelstrich Gewalt in Kapitel 5.2.1), um auch in diesen Kreisen Akzeptanz zu finden und über diesen Weg ins Stadion eindringen zu können. Natürlich ist aber gerade beim Verkauf von Kleidung auch eine gewisse Profitorientierung im Spiel, die in manchen antikapitalistischen rechtsextremen Kreisen kritisiert wird. Gleichwohl sind Fußballklamotten eine bedeutende Andockstation für Rechtsextremisten, da sie so ihre versteckten Codes in die Stadien tragen können. Abgesehen davon kommunizieren Rechtsextreme in den Bundesligastadien auch über andere, bekannte Szene-Codes wie die Zahlen 88 oder 18[42], die gerne als vermeintlich harmlose Rückennummern auf Trikots geflockt werden. Das Tragen der Klamotten respektive Codes wird in dieser Arbeit als bewusste Handlung verstanden und daher auch auf der Handlungsebene verortet[43].

5.2.3. Anknüpfungspunkte auf dem Gebiet des Amateurfußballs

Von den bisherigen Punkten müssen die nun folgenden Anknüpfungspunkte insofern unterschieden werden, als sie mit der konkreten Situation in Fußballstadien der Profiligen nicht wirklich etwas zu tun haben. Vielmehr sind die nun dargestellten Anknüpfungspunkte von Rechtsextremen

---

[42] Als Synonym für „Heil Hitler" respektive „Adolf Hitler" (vgl. Kulick/Staud 2009: 289).

[43] Wenngleich natürlich nie völlig ausgeschlossen werden kann, dass der Träger wirklich nicht weiß, welche Botschaft er mit seiner Kleidung transportiert.

im Fußball eher im Amateurbereich anzusiedeln. Das macht sie jedoch keinesfalls ungefährlicher. Hier wird zwar, anders als in großen Stadien mit zehntausenden Zuschauern, keine große Masse bei einzelnen Veranstaltungen erreicht, aber durch die breite Streuung des Engagements im Amateurbereich können sich rechtsextreme Akteure auch auf dieser Ebene Anerkennung und Gefolgschaft sichern. Ausgehend vom Engagement im Amateurfußball können ihre Einstellungen dann mitunter auch in Stadien des Profifußballs getragen werden, da viele Akteure im Hobbyfußball zugleich auch Fans von Profivereinen sind. Gleichwohl stehen die Anknüpfungspunkte im Amateurfußball nicht im Zentrum des Interesses dieser Arbeit. Rahmenbedingungen, Akteure und Handlungsempfehlungen differieren dafür zu sehr von den in dieser Arbeit dargestellten Punkten im Bundesligafußball (vgl. Kapitel 4) und werden zu Recht in speziell auf diesen Kontext ausgerichteten Untersuchungen näher beleuchtet (vgl. z.B. Riebler 2008: 95ff.). Dennoch sollen an dieser Stelle einige Anknüpfungspunkte auf dem Gebiet des Amateurfußball aus Gründen der Vollständigkeit exemplarisch skizziert werden.

– *Engagement im Verein auf Amateurebene*: Immer wieder engagieren sich bekennende Neonazis oder Mitglieder rechtsextremer Vereinigungen in etablierten Fußballvereinen im Amateurbereich. Viele Vereine sind mit einer Reaktion darauf überfordert, denn „das Problembewusstsein für Rechtsextremismus ist nicht überall vorhanden" (Blaschke 2011: 114). Für Rechtsextreme ist das Engagement im Verein aus mehreren Gründe verlockend. Einerseits präsentieren sich so Mitglieder rechtsextremer Parteien und/oder Gruppierungen als ehrenamtlich engagierte Bürger, die angeblich nur das Wohl der Bevölkerung im Blick haben. Andererseits verfestigen sie so implizit rechtsextremistische Einstellungen im Alltagsleben der Bevölkerung. Ihre Weltsicht wird als ‚ganz normal' oder zumindest nicht problematisch wahrgenommen, da sie sich ja als Trainer, Funktionär oder Sonstiges im Verein engagieren. Überdies bleibt mindestens fraglich, ob überzeugte Rechtsextremisten tatsächlich ihre politischen Überzeugungen bei der Vereinsarbeit, wie sie es natürlich medial immer wieder betonen (vgl. Blaschke 2011: 118), ausklammern oder ob sie diese Einstellung nicht auch an andere Vereinsmitglieder, besonders an Jugendliche, weitergeben. Die Möglichkeit wird ihnen beispielsweise als Trainer einer Jugendmannschaft zweifelsohne eröffnet, ohne dass eine umfassende Kontrollmöglichkeit existiert. Engagements wie die des ehemaligen hessischen NDP-Landesvorsitzenden Thomas Hantusch als Jugendtrainer beim RSV Büblingshausen fanden in diesem Sinne mediales Echo (vgl. Blaschke 2011: 114ff.). Weitere Fälle sind bekannt. Ebenso die Reaktion der Vereine, die häufig kritische Fragen nach dem Engagement von Rechtsextremisten in ihren Reihen mit dem Argument abwehren, dass sie froh seien, wenn angesichts des Mangels an engagierten Bürgern überhaupt jemand ehrenamtlich das Training leiten würde, oder indem sie betonen, dass die Person nie durch rechtsextremistische Äußerungen oder Ähnliches aufgefallen sei (vgl. Blaschke 2011: 114ff.). Für Rechtsextreme stellt das Engagement im Amateurverein als Trainer oder Funktionär auf jeden Fall ein offenes ideologisches Einfallstor in den Fußball dar.

- *Engagement als Schiedsrichter*: Der Schiedsrichter steht im Fußball wie kein anderer Akteur für Fairness und Gerechtigkeit. Auch in diesem Bereich engagieren sich jedoch Rechtsextreme, deren politische Gesinnung von Dimensionen wie Rassismus, Antisemitismus oder Homophobie geprägt ist. Das führt zur strukturellen Diskriminierung bestimmter Gruppen und ist daher kaum mit einem objektiven Sinn für Gerechtigkeit zu vereinbaren. Blaschke fragt deswegen zu Recht: „Kann jemand, der sich eine Gesellschaft ohne Migranten wünscht, neutral gegenüber Migrantenvereinen sein?" (Blaschke 2011: 40). Stephan Haase, zwischen 2002 und 2008 Landesvorsitzender der NPD in Nordrhein-Westfalen, seit 2007 DFB-Schiedsrichter mit diversen Einsätzen in der Kreisliga, weist diesen Vorwurf entschieden zurück und beharrt darauf, dass ihm als Schiedsrichter noch niemand Unfairness nachgewiesen habe (vgl. Blasche 2011: 40). Die Frage danach, ob Haases Zugehörigkeit zu einer rechtsextremen Partei mit seiner Schiedsrichtertätigkeit vereinbar ist, drängt sich jedoch nicht nur aus sportlichen Gründen auf. Schließlich betont nicht nur Friedensaktivist Bernd Benscheidt, der sich dafür einsetzt, dass Haase nicht mehr als Schiedsrichter eingesetzt wird, im Gespräch mit Blaschke die folgende Diskrepanz: „Der DFB gibt viel Geld für Kampagnen gegen Rassismus aus. Aber wenn es darauf ankommt, stehen wir alleine da. Da fühlt man sich hilflos" (vgl. Blaschke 2011: 43). Tatsächlich fällt es dem DFB schwer, Mitglieder einer rechtsextremen Partei vom Amt des Schiedsrichters auszuschließen, wenn diese Partei nicht verboten ist. Damit manövriert sich der DFB allerdings in genau jenes Spannungsfeld, das Benscheidt beschrieben hat. Einerseits fördert und fordert der DFB Engagement gegen Rechtsextremismus. Andererseits kann er Schiedsrichter aus rechtsextremeren Parteien nicht so einfach von ihrer Tätigkeit entbinden. Rechtsextreme Schiedsrichter operieren also in einer Art Grauzone, die sie zu offener oder versteckter Propaganda nutzen können.

– *Gründung von Fußballvereinen durch Rechtsextreme*: Neben der Übernahme von Ämtern bei bestehenden Fußballvereinen kommt es auch zu Gründungen von neuen Vereinen durch Rechtsextreme. Exemplarisch kann in diesem Sinne die Gründung der SG Germania Hildburghausen durch den Vorsitzenden des NPD-Kreisverbandes Hildburghausen-Suhl Tommy Frenck (vgl. Endemann/Dembowski 2010: 44) genannt werden. Mit der Installierung eigener Fußballvereine wollen Rechtsextreme den Fußball gezielt nutzen, um speziell für deutsche Jugendliche Angebote zu schaffen und ein mögliches Rekrutierungsfeld zu eröffnen. Dabei grenzen sie sich durch die explizite Betonung des deutschen Volksstammes von multikulturellen Vereinen ab und ziehen so ein bestimmtes, für rechtsextreme Einstellungen eher anfälliges, Klientel an. Dadurch bieten sie nicht nur überzeugten Rechtsextremen eine Plattform, sondern verfestigen und verstärken durch gruppendynamische Prozesse überdies latent rechte Ansichten von etwaige Mitläufern in ihren Reihen. Sollte es ihnen gelingen, diese Vereine auch in den regulären DFB-Spielbetrieb zu integrieren, könnte das dazu führen, dass rechtsextremistische Ansichten und Überzeugungen verstärkt als alltäglich und gesellschaftlich akzeptiert wahrgenommen werden.

– *Fußballturniere von Rechtsextremisten*: Neonazistische Fußballturniere sind kein wirklicher Anknüpfungspunkt in die Fußball(-fan-)szene, sondern dienen der Stärkung des gruppeninternen Gemeinschaftsgefühls durch Fußball. Nichtsdestotrotz soll an dieser Stelle nicht unerwähnt bleiben, dass es immer wieder solche Veranstaltungen wie das Gedenkturnier für Rudolf Heß gibt, die nach Ansicht des Journalisten Maik Baumgärtner „für die überregionale Vernetzung in der rechtsextremen Szene […] von großer Bedeutung [sind]" (Blaschke 2011: 70).

Exkurs: Das Alter der Fußballfans

- *Das Alter der Fußballfans*: Viele Mitglieder der Fankurve, besonders aus dem Umfeld der Ultras, sind noch sehr jung. „Das Alter der Ultras beträgt im Durchschnitt 15 bis 25 Jahre" (Pilz/Wölki 2006d: 77), wobei das Gros der aktiven Ultra-Szene wohl eher im unteren Spektrum dieser Altersangabe anzusiedeln und der Altersdurchschnitt von Ultra-Gruppierungen in den vergangenen Jahren weiter gesunken sein dürfte. Viele Ultras und andere junge Fußballfans haben daher altersbedingt noch keine feste politische Meinung. „Politische Einstellungen und Überzeugungen bilden sich etwa im Alter zwischen 12 und 16 Jahren. Sie sind bei Jugendlichen noch nicht verfestigt und in aller Regel zugänglich für Intervention" (Jaschke 2012: 34). Jugendliche sind also besonders empfänglich für Beeinflussung von außen und orientieren sich an vermeintlichen Vorbildern in der Fankurve. Insofern ist gerade diese junge Fanszene für viele Rechtsextreme sehr interessant, um dort ihren Nachwuchs zu rekrutieren. Diese Rekrutierungsversuche hat es in der Vergangenheit bereits oft gegeben (vgl. Dembowski/Noack 2004b: 108ff.). Im Stadion „treffen sie auf große Potentiale junger Fans die auf ihrer jugendlichen Suche nach Identität leicht rechten ‚Verlockungen' verfallen und daher ein sehr reiches Rekrutierungsfeld für rechte Gruppierungen darstellen" (Achilles/Pilz 2002: 3). In der Vergangenheit gelangen diese Rekrutierungen teilweise mit beachtlichem Erfolg, wie die personellen Überschneidungen der Borussenfront zur rechtsextremen Freiheitlichen Arbeiterpartei oder der Kontakt der Frankfurter Adlerfront zur neonazistischen Wehrsportgruppe Hoffmann beweisen (vgl. Gabler 2009: 74). Aber auch heute sind rechtsextremistische Gruppierungen sehr darum bemüht, den teilweise jungen Nachwuchs im Stadion zu rekrutieren. „In keinem anderen Klub ist die NPD so nahe an die Fans herangerückt wie beim 1. FC Lokomotive Leipzig" (Blaschke 2011: 15). Dort stellt sie im direkten Umfeld des Stadions Wahlkampfstände auf, verteilt Flyer und versucht aktiven Einfluss auf die Fanszene zu nehmen (vgl. Blaschke 2011: 15ff.). Daneben versuchen vor allem autonome Nationalisten sowie Freie Kameradschaften besonders unter den erlebnisorientierten Fans neue Anhänger zu gewinnen. In der Rekrutierung und Beeinflussung von jugendlichen Fußballfans liegt somit ein Hauptinteresse der Rechtsextremen. Es bildet eine wesentliche

Triebfeder für das Engagement von Rechtsextremen in deutschen Fanszenen. Das Alter der Fans stellt jedoch keinen Anknüpfungspunkt im systematischen Sinne dieser Arbeit dar. Da es kein dem Fußballstadion immanenter Anknüpfungspunkt ist, der auf der Einstellungs- oder Handlungsebene anzusiedeln ist, gehört das Alter der Fußballfans vielmehr zu den von der besonderen Situation im Fußballstadion unabhängigen Rahmenbedingungen, die in der Folge nicht näher beleuchtet werden sollen.

5.3. Systematisierung und Konsequenzen für Gegenstrategien aus diesen theoretischen Überlegungen

Die vorherigen Kapitel haben gezeigt, dass es eine Vielzahl von Anknüpfungspunkten für Rechtsextremismus beim Fußball, mithin in Fußballstadien beziehungsweise Fanszenen gibt. Wie bereits vorsystematisierend dargestellt wurde, liegen diese Anknüpfungspunkte nicht nur auf einer Ebene, sondern sie manifestieren sich zum einen auf der Handlungs- und zum anderen auf der Einstellungsebene. Weiterhin zeichnet sich bereits an dieser Stelle ab, dass gesamtgesellschaftliche Problemfelder im Fußballstadion in komprimierter, wenngleich durchaus unterschiedlicher Form auftauchen. Ob die unter anderem von Pilz gerne bemühte Metapher vom „Brennglas" (Pilz 2008: 16) zutreffend ist, sei dahingestellt. Richtig ist jedoch zweifelsfrei, dass der von ihm beschriebene „latente Rassismus eines Teils der Gesellschaft" (Pilz 2009b: 564) in mannigfaltigen Formen auch im Fußballstadion identifiziert werden kann. Wie die Darstellungen des vergangenen Kapitels gezeigt haben, ist die Beschränkung auf die Dimension des Rassismus als möglichem Anknüpfungspunkt für Rechtsextremismus im Fußballstadion allerdings zu kurz gegriffen.

In der Folge soll nun der Versuch unternommen werden, die herausgearbeiteten Anknüpfungspunkte zu systematisieren. Dazu soll nicht nur nach Winkler (1997) zwischen rechtsextremistischen Ausprägungen auf der Handlungs- und Einstellungsebene differenziert werden, sondern es sollen auch die Anknüpfungspunkte innerhalb der einzelnen Ebenen genauer untersucht werden. Dies führt insbesondere bei den unterschiedlich gelagerten Anknüpfungspunkten auf der Einstellungsebene zu interessanten Ergebnissen.

Das folgende Schaubild soll einen Überblick über die bestehenden An-knüpfungspunkte des Rechtsextremismus im Stadion auf der *Einstellungs-ebene* geben.

Abbildung 5: Anknüpfungspunkte für Rechtsextremismus im Fußballstadion auf der Einstellungsebene (eigene Darstellung)

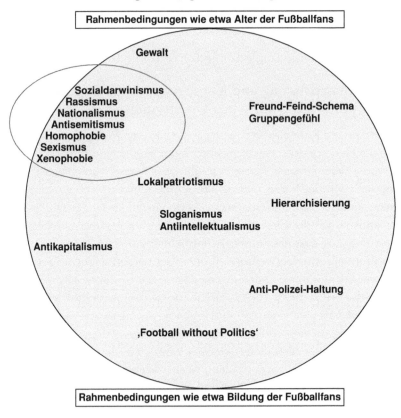

Die Abbildung stellt die im Kapitel 5.2.1 näher vorgestellten Anknüpfungs-punkte von Rechtsextremismus im Fußballstadion auf der Einstellungs-ebene thematisch grob geclustert dar. Da sämtliche Anknüpfungspunkte speziell dem Fußballstadion zuzuordnen sind, sind alle in dem großen grauen Kreis anzusiedeln. Ausnahmen bilden dabei die Punkte ‚Alter der Fußballfans' sowie ‚Bildung der Fußballfans', die außerhalb des grauen Kreises stehen, da es sich dabei um Beispiele von vom Fußball unabhängi-gen Rahmenbedingungen handelt.

160

Eine Sonderrolle nehmen auf dieser Ebene die Anknüpfungspunkte ein, die von einem roten Kreis umschlossen sind. Sie stellen Kernelemente rechtsextremer Einstellungen, also wesentliche Säulen eines geschlossenen rechtsextremen Überzeugungssystems, dar. Positive Zustimmungstendenzen im Hinblick auf diese Einstellungsmerkmale werden in der Wissenschaft gemeinhin als Indikatoren für rechtsextreme Einstellungen gewertet (vgl. Kapitel 2.2). Weiterhin bezeichnen sie wesentliche Dimensionen rechtsextremer Ideologien.

Die weiteren Anknüpfungspunkte auf der Einstellungsebene sind dagegen nach Definition dieser Arbeit nicht explizit als Dimensionen des Rechtsextremismus anzusehen. Während der Anknüpfungspunkt Rassismus also beispielsweise sowohl im Fußballstadion auftaucht als auch bei rechtsextremen Ideologien eine ausschlaggebende Rolle einnimmt, bildet der Antikapitalismus in Fußballfanszenen im Zuge des Kampfes gegen die Kommerzialisierung des Fußballs einen Anknüpfungspunkt für Rechtsextreme, ohne, dass die Dimension gleichzeitig zentraler Baustein oder gar Identifikationsmerkmal des Rechtsextremismus ist, obgleich sie auch in diesem Zusammenhang auftauchen kann. Ebenso ist zum Beispiel die Anti-Polizei-Haltung in Fußballfanszenen wie in rechtsextremen Kreisen tief verankert. Daher können Rechtsextreme versuchen, auch an diesem Punkt anzuknüpfen. Gleichwohl ist die Anti-Polizei-Haltung ebenso wie die antikapitalistische Einstellung kein maßgebliches Merkmal des Rechtsextremismus wie es im Gegensatz dazu beispielsweise die Dimensionen Antisemitismus oder Rassismus sind. Das liegt daran, dass sowohl eine Anti-Polizei-Haltung als auch antikapitalistische Einstellungen nicht nur im Rechtsextremismus, sondern auch in vielen anderen Subkulturen bis hinein in linke Kreise nachzuweisen sind.

Dieser Argumentation folgend, nehmen die rot umkreisten Anknüpfungspunkte auf der Einstellungsebene eine besondere Rolle ein. Denn sobald Rechtsextreme im Fußballstadion Personen identifizieren, die rassistische, antisemitische, sozialdarwinistische, nationalistische, homophobe, sexistische oder xenophobe Einstellungen haben, müssen sie diese Einstellungen nicht mehr mühsam in die Fanszene einführen, sondern können *direkt* an diese ihrer eigenen Ideologie inhärenten Einstellungen anknüpfen. Dieses direkte Andocken an die beschriebenen Einstellungsmuster wird jedoch insofern erschwert, als Einstellungen unsichtbar sind. Auch in Fußballstadien stellt sich kein Fan fremden Menschen in der Fankurve als Rassist vor. Dazu kommt, dass ein Fußballstadion beziehungsweise die Fankurve trotz spezieller kontextbedingter Rahmenbedingungen ein öffentlicher Raum und nicht vergleichbar mit einer geschlossenen Neonaziszene ist. Ein Rechtsextremist, der mit seiner Ideologie in der Fußballfanszene andocken möchte, kann daher nicht davon ausgehen, dass die Mehrheit der Fankurve automatisch rassistische, antisemitische und/oder weitere der in Abbildung 5 rot umkreisten Einstellungsmuster hat. Aus diesem Grunde muss er also zunächst diejenigen Personen identifizieren, die solche Überzeugungen mit ihm teilen. Gelingt dies, ist ein direktes Andocken mit den eigenen rechtsextremen Ideologieelementen in Form der Dimensionen Rassismus, Antisemitismus etc. möglich. Die Einstellungen müssen sozusagen nur noch intensiviert werden, da sie in der Fanszene respektive bei den entsprechend identifizierten Personen aus der Fanszene bereits vorhanden sind. Da diese Anknüpfungspunkte, in Abbildung 5 rot umkreist, auf der Einstellungsebene jedoch in Fußballstadien zumeist im Verborgenen bleiben, werden sie als (versteckte) direkte Anknüpfungspunkte bezeichnet.

Bei den übrigen Anknüpfungspunkten auf der Einstellungsebene, außerhalb des roten Kreises, gestaltet sich die Situation differierend, obwohl auch hier gilt, dass Einstellungen natürlich unsichtbar sind.

Im Unterschied zu den eben dargestellten (versteckten) direkten Anknüpfungspunkten, die im Stadion zwar auch zu finden sind, die aufgrund ihrer gesellschaftlichen Brisanz jedoch nur selten offensiv nach außen hin offensichtlich werden, können die übrigen Anknüpfungspunkte auf der Einstellungsebene Wochenende für Wochenende problemlos in den Stadien Deutschlands ausgemacht werden. Die Anti-Polizei-Haltung ist zum Beispiel fester Bestanteil der Ultra-Kultur. Hierarchisierungen innerhalb der Fanszenen finden jedes Wochenende mit der Unterordnung unter das Lied-Diktat des Vorsängers statt. Gewalt ist, wie in Kapitel 4.2.1 beschrieben, schon immer fester Bestandteil der Fußballfankultur gewesen. Das bedeutet: Im Gegensatz zum ungewissen Vorhandensein der (versteckten) direkten Anknüpfungspunkten, kann bei diesen Anknüpfungspunkten davon ausgegangen werden, dass sie in jeder aktiven Fanszene (gegebenenfalls in unterschiedlich starken Ausprägungen) anzutreffen sind. Sie können also in jedem Fall als *offensichtlich* – im Gegensatz zu versteckt – bezeichnet werden, obwohl sie auf der Einstellungsebene angesiedelt sind.

Doch gleichzeitig unterscheiden sich diese Anknüpfungspunkte noch in einem weiteren zentralen Punkt von den (versteckten) direkten Anknüpfungspunkten auf der Einstellungsebene. Während Elemente wie Rassismus oder Antisemitismus Kernelemente des Rechtsextremismus sind, ist ein Punkt wie die Anti-Polizei-Haltung keinesfalls zwingendes Ideologieelement des Rechtsextremismus. Das heißt, wenn ein Rechtsextremer den Anknüpfungspunkt der Anti-Polizei-Haltung identifiziert hat (was nicht schwer ist, da diese Haltung, wie eben beschrieben, offensichtlich in den Fankurven zu finden ist) und dort erfolgreich in der Fanszene angedockt hat, kann er nicht automatisch davon ausgehen, dass er auf ideologisch Gleichgesinnte getroffen ist, die ebenfalls rassistische oder antisemitische Einstellungen teilen. Zwar ist unter Rechtsextremen ebenso wie bei Fußballfans die Anti-Polizei-Haltung verbreitet, doch dies gilt auch für zahlreiche andere gesellschaftliche Gruppen wie zum Beispiel die Antifa. Es ist für Rechtsextreme also zwar möglich, über diesen Punkt in den Fanszenen anzudocken, doch der Transport ihrer rechtsextremistischen Ideologie muss und kann in diesem Fall nur indirekt erfolgen, da ein Vorhandensein dieser Einstellungsmuster (z.B. Anti-Polizei-Haltung) noch nicht automatisch zu rechtsextremen Ideologieelementen führt. Das heißt, wenn zum Beispiel Rechtsextreme versuchen, über die gemeinsame Androhung von Gewalt gegenüber Polizisten respektive durch deren verbale Beleidigung in einer Fanszene Fuß zu fassen, gewinnen sie im besten Falle dadurch Akzeptanz in der Gruppe oder werden ein fester Teil von ihr. Politische Ideologien sind dadurch jedoch noch nicht transportiert worden. Das müsste dann in einem zweiten Schritt geschehen. Haben sich also Rechtsextreme über einen Anknüpfungspunkt wie die Anti-Polizei-Haltung erfolgreich in der Fanszenen integriert und ihren Platz gefunden, können sie in weiterer Schritten in Form von Gesprächen, Einladungen zu Demonstrationen oder Ähnlichem, nach und nach rechtsextreme Ideologieelemente streuen und später verfestigen. Anknüpfungspunkte außerhalb des roten Kreises (vgl. Abbildung 5) werden daher als (**offensichtliche**) **indirekte Anknüpfungspunkte** definiert. Rechtsextreme können sie im Fußballstadion leicht identifizieren, ein Andocken zum Zwecke ihres Ideologietransport kann jedoch lediglich indirekt erfolgen.

Zu beachten ist hierbei, dass die (offensichtlichen) indirekten Anknüpfungspunkte durchaus kongruent mit rechtsextremen Ideologien sein können, aber eben nicht *nur* in rechtsextremen Kreisen zu finden sind. Da dieser Punkt von zentraler Bedeutung ist, soll er mittels eines weiteren Beispiels nochmal verdeutlicht werden: So gut wie alle Zuschauer im Fußballstadion folgen dem strukturell angelegten Freund-Feind-Schema im Stadion. Das macht sie jedoch nicht zu Rechtsextremisten. Auch links positionierte Fanszenen feuern ihre Mannschaft an und sehen während des Spiels im gegnerischen Team sowie vor allem in deren Fans einen potentiellen Feind, den ihre Mannschaft auf dem Feld besiegen soll und gegen den sie auch ihr eigenes Fan-Territorium verteidigen. Der entscheidende Punkt bei der theoretischen Analyse der Anknüpfungspunkte auf der Einstellungseben ist nun, dass Rechtsextreme indirekte Anknüpfungspunkte, bei denen mindestens Schnittmengen zu rechtsextremen Ideologien vorhanden sind, für ihre eigenen Zwecke instrumentalisieren wollen. Wenn es ihnen zum Beispiel gelingt, das beschriebene Freund-Feind-Schema nicht nur als Unterstützung der eigenen Mannschaft beim Spiel gegen den Gegner zu deuten, sondern dahingehend zu überhöhen, dass dieses Freund-Feind-Schema von Fanszenen auch auf die Gesellschaft übertragen wird, in der ‚fremde Ausländer ihnen, den Deutschen, ihre Jobs wegnehmen‘, haben Rechtsextreme den Punkt erfolgreich instrumentalisiert. Dass dies funktioniert, ist jedoch in Fanszenen keineswegs ein Automatismus. Identifizieren Rechtsextreme dagegen jedoch (versteckte) direkte Anknüpfungspunkte wie Rassismus, brauchen sie diese nicht mehr für ihre Zwecke zu instrumentalisieren. Rassismus und die (auch) auf den Fußball bezogene Abwertung von nichtweißen Spielern braucht nicht erst für die eigenen Zwecke (um-)gedeutet zu werden, sondern ist direkter Teil der rechtsextremistischen Ideologie.

Auf der *Handlungsebene* fällt eine Ausdifferenzierung der einzelnen Anknüpfungspunkte vor dem Hintergrund der bereits dargelegten Vorüberlegungen leichter. Gleichwohl kann prinzipiell auch hier zwischen indirekten und direkten Anknüpfungspunkten unterschieden werden. Warum die indirekten Punkte auf der Handlungsebene in der Systematik dieser Arbeit jedoch keine Rolle spielen und laut Definition nicht als wirkliche Anknüpfungspunkte für Rechtsextreme im Fußballstadion angesehen werden, soll zunächst deutlich gemacht werden. Nachdem überdies auf den besonderen Punkt von Gewalt auf der Handlungsebene eingegangen wurde, werden anschließend die für diese Arbeit relevanten direkten Anknüpfungspunkte von Rechtsextremismus auf der Handlungsebene thematisiert.

Offensichtlich sind sämtliche auf der Handlungsebene angesiedelten Anknüpfungspunkte beobachtbar. Daher können sie nicht als versteckt bezeichnet werden. Weiterhin sind auf der Handlungsebene, im Gegensatz zur Einstellungsebene, indirekte und direkte Anknüpfungspunkte nicht gleichermaßen bedeutend für den Aufbau eines theoretischen Fundaments für Strategien gegen Rechtsextremismus im Fußballstadion. Obwohl sie vor dem Hintergrund des Forschungsinteresses dieser Arbeit eher unbedeutend sind, resultieren aus den dargestellten (offensichtlichen) indirekten Anknüpfungspunkten auf der Einstellungsebene im Fußballstadien aber natürlich auch Handlungen. Der Antikapitalismus als (offensichtlicher) indirekter Anknüpfungspunkt auf der Einstellungsebene manifestiert sich auf der Handlungsebene beispielsweise in Form von Choreographien oder Spruchbändern gegen die zunehmende Kommerzialisierung des Fußballs. Das Gruppengefühl drückt sich in der gemeinsamen Zugfahrt zu Auswärtsspielen aus und so weiter. Eine Problematisierung dieser Punkte als potentielle indirekte Anknüpfungspunkte des Rechtsextremismus auf der Handlungsebene ist jedoch aus mehren Gründen wenig zielführend:

Zum einen sind die aus den (offensichtlichen) indirekten Anknüpfungspunkten der Einstellungsebene resultierenden Handlungen Ausdruck der gewachsenen Fankultur und nicht des gewachsenen Rechtsextremismus im Stadion, da sie in erster Linie Dimensionen der Fankultur sind und, wie dargestellt, allenfalls in zweiter Linie von Rechtsextremen instrumentalisiert werden können. Natürlich macht es, wie sich im späteren Verlauf dieser Arbeit zeigen wird, durchaus Sinn, bei der präventiven Arbeit gegen Rechtsextremismus diese (offensichtlichen) indirekten Anknüpfungspunkte auf der Einstellungsebene zu beachten. Doch ihre konkreten, daraus resultierenden, Ausformungen auf der Handlungsebene wie das Schwenken von Fahnen, das Basteln von Doppelhaltern oder das Singen von Liedern sind für Strategien gegen Rechtsextremismus uninteressant, solange diese Handlungen keine rechtsextremen Inhalte haben. Im Gegenteil. Rücken diese Ausdrucksformen wie Choreographien, Banner und so weiter in den Fokus der Gegenstrategien, besonders der repressiven, besteht die Gefahr, dass sich Fanszenen Gegenstrategien insgesamt sogar verschließen, weil sie um ihre Unabhängigkeit bangen und Einfluss von außen befürchten.

Zum anderen ist die theoretische Ausgangslage bei den indirekten Anknüpfungspunkten auf der Einstellungsebene eine andere als auf der

Handlungsebene. Auf der Einstellungsebene werden bestimmte Elemente, die in Fankurven anzutreffen sind und sich in Teilen als mit der rechtsextremen Ideologie kongruent erwiesen haben, zu instrumentalisieren versucht. Außerdem können diese Elemente dazu dienen, Rechtsextremen ein Andocken in den Fanszenen zu ermöglichen. Auf diesen Dimensionen beruhende Handlungen führen jedoch, solange noch keine Instrumentalisierung von Rechtsextremisten stattgefunden hat, keinesfalls zwangsläufig zum Rechtsextremismus, sondern vielmehr zu einem Ausdruck der gewachsenen Fanideologie, die in Kapitel 4 näher vorgestellt wurde. Das heißt, konkrete Spruchbänder, beispielsweise gegen die 50 plus 1 Regel, können nicht im gleichen Maße für rechtsextreme Zwecke instrumentalisiert werden, wie dies beim abstrakten Anknüpfungspunkt des Antikapitalismus auf der Einstellungsebene in Form von Gesprächen, Diskussionen oder Ähnlichem möglich wäre. Ein Spruchband kann im Nachhinein eventuell unter tendenziell rechtsextremen Aspekten diskutiert werden. Aber die Strukturen für diese Diskussionen, an deren Ende eventuell eine Umdeutung des Anknüpfungspunktes im rechtsextremen Sinne stehen könnte, sind eher auf der Einstellungs- als auf der Handlungsebene angelegt. Dort können Rechtsextreme sehr wohl andocken. Die Handlung an sich lässt sich jedoch nur schwerlich instrumentalisieren, solange sie frei von rechtsextremen Inhalten ist.

Natürlich spielen die beschriebenen Handlungen der Fanszene eine herausragende Rolle bei der Frage, warum die Fankultur so anziehend auf insbesondere junge Fans wirkt. Fanspezifischen Handlungen alleine sind aber in der Regel keine Anknüpfungspunkte für Rechtsextremisten. Die Teilnahme an einer Choreographie oder das Schwenken eines Plakates ohne rechtsextremen Bezug sind für Rechtsextreme weit weniger zielführend als das Andocken an (offensichtliche) indirekte Anknüpfungspunkte auf der Einstellungsebene. Darauf aufbauende Handlungen können also vor dem aufgeworfenen theoretischen Hintergrund kaum als echte Anknüpfungspunkte für Rechtsextreme im Stadion betrachtet werden. Folglich spielen indirekte Anknüpfungspunkte auf der Handlungsebene in den folgenden Untersuchungen dieser Arbeit keine Rolle.

Für Rechtsextreme wesentlich interessanter sind indes die direkten Anknüpfungspunkte auf der Handlungsebene. Als solche können sämtliche in Kapitel 5.2.2 dargestellte Punkte angesehen werden.

Tabelle 11: Direkte Anknüpfungspunkte für Rechtsextremismus im Fußballstadion auf der Handlungsebene (eigene Darstellung)

– Plakate/Banner/Poster/Fahnen mit rechtsextremen Inhalten
– Lieder/Anfeuerungsrufe/Beschimpfungen mit rechtsextremen Inhalten
– Klamotten/Codes aus der rechtsextremen Szene
– Gewalt mit rechtsextremem Hintergrund

Der stete Zusatz ‚rechtsextrem' unterstreicht, was im vorherigen Abschnitt deutlich wurde. Auf der Handlungsebene werden die Anknüpfungspunkte in dieser Arbeit nur als relevant klassifiziert, wenn eine Verbindung zu rechtsextremistischen Inhalten vorliegt. Die einzige Ausnahme könnte hierbei das Ausüben von Gewalt darstellen. Diese muss nicht immer zwangsläufig mit rechtsextremem Hintergrund erfolgen und kann in gewisser Weise durchaus als (einziger) schlüssiger indirekter Anknüpfungspunkt auf der Handlungsebene angesehen werden. Wie viele Beispiele aus der Praxis zeigen, sind mitunter offen rechtsextreme Akteure sogar in vielen nicht-rechtsextremen Fanszenen willkommen, wenn es zu gewalttätigen Auseinandersetzungen mit anderen Fangruppierungen kommt, da sie häufig besonders gut trainierte Kämpfer sind. Wie im vorherigen Kapitel bereits umrissen, kann hierbei eine Rolle spielen, dass viele jugendliche Fans, insbesondere Ultras, nicht über die körperlichen Vorraussetzungen verfügen, um in gewalttätigen Auseinandersetzungen mit überlegenen Gegnern zu bestehen. Die Hilfe von körperlich starken Partnern, die den gleichen Verein unterstützen, aber nicht aus der eigenen aktiven Fangruppierung kommen, ist daher bei körperlichen Auseinandersetzungen mit anderen Fangruppierungen häufig willkommen. Ihre politischen Überzeugungen bleiben dabei oft zweitrangig. So haben Rechtsextreme durch ihre meist vorhandene körperliche Überlegenheit die Chance, hohe Akzeptanz in der Fanszene zu erfahren, sich dort etablieren zu können und ausgehend von diesem festen Stand rechtsextreme Ideologien zu streuen. Daher kann die Anwendung von Gewalt als (einzig) relevanter indirekter Anknüpfungspunkt betrachtet werden, der sich auch auf der Handlungsebene manifestiert.

Daneben gibt es jedoch auch Handlungen, die zweifelsfrei als direkte Anknüpfungspunkte für Rechtsextreme im Fußballstadion klassifiziert werden können. Als solcher ist zum Beispiel das Singen des antisemitischen U-Bahn-Liedes zu bewerten. Doch auch hier gilt es einige theoretische Unterscheidungen zu beachten. Nur weil ein Fan das antisemitische U-Bahn-Lied singt, kann er nicht automatisch als Rechtsextremist bezeichnet werden, da das Beobachteten von Handlungen alleine keine kausalen Schlüsse auf das Vorhandensein von Einstellungen zulässt (vgl. Kapitel 2). Auch ein potentiell nach Anknüpfungspunkten in der Fanszene suchender rechtsextremer Akteur kann ihn nicht zwangsläufig als überzeugten Gleichgesinnten identifizieren, da auch er diesen kausalen Schluss von der Handlung auf die Einstellung nicht mit hundertprozentiger Sicherheit ziehen kann. Es liegt jedoch zweifelsohne der Verdacht nahe, dass der Sänger des U-Bahn-Liedes antisemitische Überzeugungen haben könnte, diesen nicht ganz abgeneigt ist oder sie mindestens nicht als so problematisch ansieht, dass er das U-Bahn-Lied nicht singen würde. Obwohl der einen Anknüpfungspunkt suchende Rechtsextreme nur die antisemitische Handlung und nicht die tatsächliche Einstellung des Sängers kennt, wird er in der Folge versuchen, mit antisemitischer Ideologie, ausgedrückt zum Beispiel durch antisemitische Witze, Sprüche oder Beleidigungen, bei der singenden Person, eventuell sogar bei der ganzen Fanszene, sollte sie geschlossen dieses Lied gesungen haben, anzudocken. So kann er beim direkten Andocken gleichzeitig antisemitische Handlungen verstärken, intensivieren und festigen. Außerdem liegt der Verdacht nahe, dass er eine Person identifiziert hat, die antisemitischen Einstellungen, einem Kernelement des Rechtsextremismus, mindestens offen gegenüber steht oder diese Einstellung sogar gefestigt in sich trägt. Ermöglicht hat ihm dies die Beobachtung einer sichtbaren Handlung: in diesem Fall das Singen des antisemitischen U-Bahn-Liedes. Ähnlich verhält es sich beispielsweise bei homophoben Beleidigungen. Auch hier eröffnet sich dem Rechtsextremen ein Anknüpfungspunkt, an dem er direkt andocken kann, indem er zustimmt, die Sprüche intensiviert, beispielsweise ein weiteres homophobes Lied anstimmt oder Ähnliches. Dementsprechend werden die in Tabelle 11 aufgeführten Punkte als **(offensichtliche) direkte Anknüpfungspunkte** auf der Handlungsebene bezeichnet.

Überträgt man nun die vorsystematisierten Anknüpfungspunkte auf das Schaubild Winklers aus Kapitel 2.2 (vgl. Abbildung 1) ergibt sich ein interessantes Bild, das durchaus als theoretisches Fundament für Strategien gegen Rechtsextremismus im Fußball dienen kann. Zu beachten ist hierbei, dass indirekte Anknüpfungspunkte auf der Handlungsebene, wie dargestellt, mit Ausnahme des Punktes Gewalt als wenig problematisch und daher als nicht relevant für die Untersuchungen dieser Arbeit identifiziert wurden. Daher werden sie in der zusammenfassenden Darstellung und im weiteren Verlauf dieser Arbeit vernachlässigt.

Abbildung 6: Potentielle Anknüpfungspunkte für Rechtsextreme im Kontext des Fußballstadions auf Einstellungs- und Handlungsebene (eigene Darstellung)

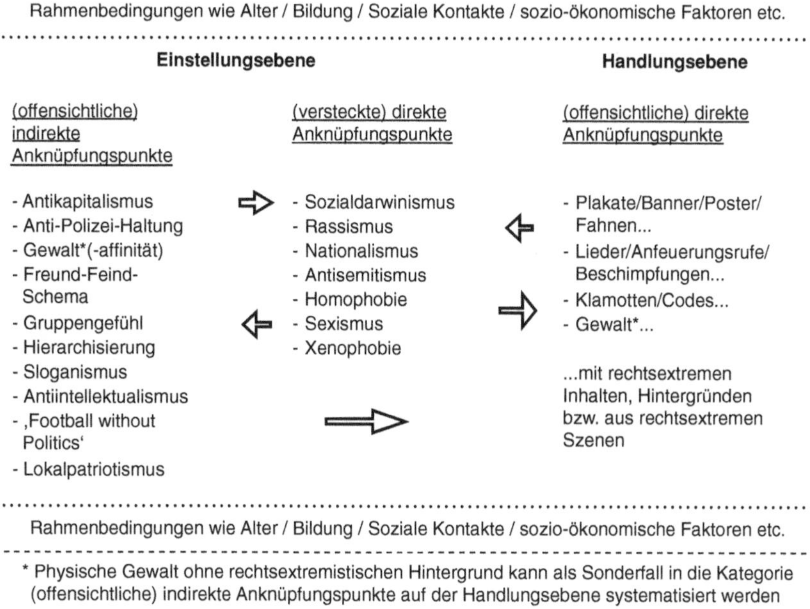

Rahmenbedingungen wie Alter / Bildung / Soziale Kontakte / sozio-ökonomische Faktoren etc.

Einstellungsebene		**Handlungsebene**
(offensichtliche) indirekte Anknüpfungspunkte	(versteckte) direkte Anknüpfungspunkte	(offensichtliche) direkte Anknüpfungspunkte
- Antikapitalismus - Anti-Polizei-Haltung - Gewalt*(-affinität) - Freund-Feind-Schema - Gruppengefühl - Hierarchisierung - Sloganismus - Antiintellektualismus - ‚Football without Politics‘ - Lokalpatriotismus	- Sozialdarwinismus - Rassismus - Nationalismus - Antisemitismus - Homophobie - Sexismus - Xenophobie	- Plakate/Banner/Poster/ Fahnen... - Lieder/Anfeuerungsrufe/ Beschimpfungen... - Klamotten/Codes... - Gewalt*... ...mit rechtsextremen Inhalten, Hintergründen bzw. aus rechtsextremen Szenen

Rahmenbedingungen wie Alter / Bildung / Soziale Kontakte / sozio-ökonomische Faktoren etc.

* Physische Gewalt ohne rechtsextremistischen Hintergrund kann als Sonderfall in die Kategorie (offensichtliche) indirekte Anknüpfungspunkte auf der Handlungsebene systematisiert werden

An dieser Stelle sei nochmals unterstrichen, dass nicht schon die positive Zustimmung zu einer der aufgeführten Dimensionen aus einem Fußballfan einen Rechtsextremen macht. Selbst wenn rassistische Einstellungen vorhanden sein sollten, kann noch nicht zwangsläufig von einem geschlossenen rechtsextremen Weltbild gesprochen werden (vgl. Kapitel 2.2). Auch werden die Einstellungen von Fans an keiner Stelle dieser Arbeit empirisch auf das Vorhandensein dieser Überzeugungssysteme hin untersucht. Gleichwohl – und das ist der entscheidende Punkt an dieser Stelle – stellen die zusammengestellten Dimensionen potentielle Anknüpfungspunkte für Rechtsextreme im Fußballstadion beziehungsweise in der Fußballfanszene dar, die dafür genutzt werden *können*, im Kontext des Fußballstadions Fuß zu fassen und auf unterschiedlich intensiven Wegen rechtsextreme Ideologien ins Fußballstadion zu transportieren oder sie dort zu verstärken.

Das Schaubild zeigt diese potentiellen Anknüpfungspunkte für Rechtsextreme erstens auf der Einstellungsebene, wo zwischen (versteckten) direkten und (offensichtlichen) indirekten differenziert werden muss. Zweitens stellt es die (offensichtlichen) direkten Anknüpfungspunkte auf der Handlungsebene dar.

Betrachtet man zunächst die Einstellungsebene, werden einerseits die bereits ausführlich diskutierten Dimensionen Rassismus, Nationalismus, Sozialdarwinismus, Homophobie, Sexismus, Xenophobie und Antisemitismus deutlich. Sie sind direkte Anknüpfungspunkte für Rechtsextreme im Kontext des Fußballstadions, da sie einerseits Dimension der Einstellung (mancher) Fußballfans sind und andererseits direkte ideologische Dimensionen des Rechtsextremismus darstellen, mithin als Kernelemente dieser Ideologie definiert sind (vgl. Kapitel 2.2). Treffen Rechtsextreme bei Fußballfans auf latente oder manifeste Einstellungen dieser Art, fällt es ihnen leicht, daran anzudocken und die vorhandenen rechtsextremen Tendenzen innerhalb der Fanszene zu intensivieren. Gefestigte oder durch Rechtsextreme intensivierte Einstellungen dieser Dimensionen können sich auf rechtsextremistisches Verhalten im Fußballstadion auswirken, das sich wiederum auf der Handlungsebene manifestiert. Diesen potentiellen kausalen Zusammenhang beschreibt der Pfeil zwischen den verschiedenen Ebenen (vgl. Abbildung 6). Außerdem besteht die Möglichkeit, dass sich über diese, sich im Kontext des Fußballstadions festigenden, Einstellungen ein geschlossenes, rechtsextremes Weltbild entwickeln kann, das auch Auswirkungen auf Faktoren abseits der Fußballstadions hat. Das funktioniert jedoch auch umgekehrt, was in Abbildung 6 unter Verweis auf die Rahmenbedingungen, getrennt von einem durchlässigen Strich, angedeutet wird.

Gleichzeitig zeigt dieses Schaubild, dass nicht zwangsläufig diejenigen Einstellungen zu rechtsextremen Handlungen im Fußballstadion führen müssen, die gleichzeitig Elemente rechtsextremer Ideologien sind. Deswegen sind die (offensichtlichen) indirekten Anknüpfungspunkte von

Rechtsextremen ebenso wie die (versteckten) direkten Anknüpfungspunkte mit den rechtsextremen Handlungen im Fußballstadion durch einen den Kausalzusammenhang andeutenden Pfeil verbunden. Ein Fußballfan muss also beispielsweise nicht zwangsläufig eine gefestigt homophobe Einstellung haben, um Fußballspieler homophob zu beschimpfen. Eventuell ist eine solche Beschimpfung auch nur Ausdruck der übersteigerten Freund-Feind-Situation im Stadion oder Folge der Hierarchisierungstendenzen innerhalb einer Fanszene. Platt gesagt: Der Fußballfan plärrt nur jemandem etwas nach, um die gegnerischen Fans zu beleidigen, ohne über die tiefere Wirkung des Gesagten nachzudenken. Hauptziel ist also nicht die homophobe Beleidigung, sondern lediglich die Provokation sowie der „Spaßfaktor" (Behn/Schwenzer 2006: 356).

Trotzdem können auch an diesem Punkt Rechtsextreme ansetzen, indem sie die grundlegende Bereitschaft zu rechtsextremen Handlungen im Stadion, in diesem Fall die Beleidigung von Homosexuellem, zur Kenntnis nehmen und an dieser Stelle intervenieren. Aus diesem Grund können auch die in dieser Arbeit als rechtsextrem definierten Handlungen von Personen ohne rechtsextreme Einstellungen (vgl. Kapitel 2.2) im Fußballstadion durchaus als direkte Anknüpfungspunkte von Rechtsextremen bezeichnet werden. Im Gegensatz zu den versteckten direkten Anknüpfungspunkten auf der Einstellungsebene sind die Möglichkeiten zum Andocken von Rechtsextremen an offensichtliche direkte Anknüpfungspunkte auf der Handlungsebene sogar noch wesentlich leichter und vielfältiger. Fällt ein Fan beispielsweise durch das Schreien von homophoben Beleidigungen auf, können Rechtsextreme, etwa durch weitere Diffamierung Homosexueller bei scheinbar belanglosen Gesprächen in der Kurve, diese Einstellung intensivieren. So können vor allem in ihrer politischen Meinung noch nicht gefestigte Jugendliche, obwohl sie noch keine homophoben oder sonstigen gefestigten Einstellungsmuster des Rechtsextremismus aufweisen, durch eventuell unbedachtes rechtsextremes Handeln im Kontext des Fußballstadions Ziel von rechtsextremen Akteuren in der Fanszene werden. Daher besteht auch die Möglichkeit, dass rechtsextreme Handlungen, das heißt (offensichtliche) direkte Anknüpfungspunkte auf der Handlungsebene, wiederum die Herausbildung von rechtsextremen Einstellungen auf der Einstellungsebene, (versteckte) direkte Anknüpfungspunkte, beeinflussen können. Schreit ein Fan in der Gruppe einfach nur homophobe

Beschimpfungen oder antisemitische Lieder nach, können sich durch diese Tätigkeit, eventuell durch das verstärkend anknüpfende Verhalten einiger überzeugter Rechtsextremisten, homophobe beziehungsweise antisemitische Einstellungen verfestigen. Daher deutet der Pfeil im Schaubild auch einen Kausalzusammenhang in die entgegengesetzte Richtung an.

Es bleibt also festzuhalten, dass die Anknüpfungspunkte, mithin die konkreten Ausprägungen des Rechtsextremismus auf den unterschiedlichen Ebenen im speziellen Kontext des Fußballstadions in extrem hoher Interdependenz zueinander stehen und sich quasi auf allen Ebenen gegenseitig beeinflussen. Indirekte und direkte Anknüpfungspunkte auf der Einstellungsebene können sich überdies ebenfalls beeinflussen respektive gegenseitig verstärken oder bremsen (ebenfalls durch einen Pfeil angedeutet). Ein ausgeprägtes Freund-Feind-Denken in der Kurve kann beispielsweise sozialdarwinistische Einstellungen beeinflussen und umgekehrt. Bezieht man darüber hinaus noch den gewichtigen Einfluss der Rahmenbedingungen in die Untersuchungen ein, ergibt sich in der genaueren Analyse der umrissenen Kausalzusammenhänge ein weites Feld für interessante Forschungen, die auf dem dargestellten theoretischen Fundament für Strategien gegen Rechtsextremismus aufbauen könnten.

Insgesamt legt die theoretische Aufarbeitung von Anknüpfungspunkten des Rechtsextremismus im Fußballstadion die Basis für weitere Forschungen über Gegenstrategien. Die dargelegte Systematik zeigt deutlich, dass sich Rechtsextremismus im Fußballstadion nicht nur auf einer Ebene, sondern sowohl auf der Handlungs- als auch auf der Einstellungsebene manifestiert. Außerdem hat die theoretische Aufarbeitung gezeigt, dass die konkreten Ausprägungen der Anknüpfungspunkte von Rechtsextremismus differenziert werden müssen. Zum einen gibt es auf der Einstellungsebene (offensichtliche) indirekte Anknüpfungspunkte, die von rechtsextremen Akteuren problemlos identifiziert werden können. Diese müssen von ihnen jedoch zunächst instrumentalisiert werden, um ihre Ideologien zu transportieren. Davor können sie ihnen bloß als Andockstationen dienen, um einen akzeptierten Platz in der Fanszene zu finden. Daneben existieren auf der Einstellungsebene (versteckte) direkte Anknüpfungspunkte, die im Wesentlichen aus Kernelementen der rechtsextremen Ideologie bestehen, ein leichtes Andocken ermöglichen, aber im Stadion zunächst mühevoll identifiziert werden müssen. Auf der Handlungsebene bieten (offensichtliche) direkte Anknüpfungspunkte vielversprechende Möglichkeiten für Rechtsextreme, in den Fanszenen Fuß zu fassen und darin vorhandene rechtsextreme Elemente zu intensivieren und/oder auszubauen. Daneben bieten gewalttätige Auseinandersetzungen den Sonderfall von (offensichtlichen) indirekten Anknüpfungspunkten auf der Handlungsebene, der von Rechtsextremisten zum Andocken an die Fanszene bereits intensiv genutzt wird.

Für Strategien gegen Rechtsextremismus ergeben sich aus diesen theoretischen Überlegungen einige interessante Schlussfolgerungen: Mögliche Ansatzpunkte, um dem Rechtsextremismus zu begegnen, gibt es einerseits auf der Einstellungsebene, andererseits auf der Handlungsebene. Für Projekte rund um das Fußballstadion, die mit Fußballfans nur für eine verhältnismäßig kurze Zeitspanne arbeiten können, ist es indes schwierig, gefestigte rechtsextremistische Weltbilder ins Wanken zu bringen. Handelt es sich bei Fans also tatsächlich bereits um überzeugte Neonazis, können die von ihnen in die Fanszene getragenen (versteckten) direkten Anknüpfungspunkte auf der Einstellungsebene nur schwerlich aufgebrochen werden. Hier gilt es also einerseits, das Ausbreiten dieser Ansichten zu unterbinden und andererseits, das Anknüpfen von anderen rechten Akteuren, deren Einstellungen womöglich noch nicht so extrem ausgeprägt sind, zu verhindern. Dies kann vor allem dann gelingen, wenn man die Träger dieser direkten Anknüpfungspunkte identifiziert und es ihnen erschwert, ihre Ideologien innerhalb der Fanszene zu verbreiten. Eine Veränderung von lediglich latent vorhandenen rechtsextremen Einstellungen, insbesondere bei jungen Fans, ist indes durch Gegenstrategien durchaus möglich. Insbesondere bei den (offensichtlichen) indirekten Anknüpfungspunkten auf der Einstellungsebene, abseits der Kerndimensionen des Rechtsextremismus, kann die Arbeit gegen Rechtsextremismus im Fußballstadion besonders gut ansetzen. Hier gilt es Alternativen zu rechtsextremem Denken aufzuzeigen, um die Anknüpfungspunkte positiv zu besetzen und dem Rechtsextremismus somit ein Andocken zu erschweren. Werden auf dieser Ebene die Grundlagen für eine tolerante Fanszene geschaffen, fällt es Rechtsextremen zum Beispiel schwer, über eine scheinbare ‚Football-without-Politics'-Attitüde zurückhaltenden rechtsextremen Einstellungen Raum zu geben und offensive linke Haltungen wie die Positionierung gegen Rassismus oder Homophobie zu schwächen.

Vielversprechend erscheinen auch diejenigen Ansatzpunkte für Gegenstrategien, die sich auf eine Verhinderung von rechtsextremen Handlungen
im Stadion sowie im Umfeld des Fußballstadions, also auf die Bekämpfung
der (offensichtlichen) direkten Anknüpfungspunkte auf der Handlungsebene, konzentrieren. Diese Verhinderung von Handlungen ist leichter
zu erreichen als das Ändern von Einstellungen der Fußballfans und hat
gleichwohl eine nicht zu unterschätzende Wirkung: Einerseits präsentieren
sich die Stadien, inklusive Fankurven, dadurch tolerant statt offensichtlich
rechtsextrem und schaffen so ein Umfeld frei von offensichtlichen Diskriminierungen. Andererseits erschwert ein Vorgehen gegen (offensichtliche) direkte Anknüpfungspunkte Rechtsextremisten die Rekrutierung
von Nachwuchs. Fallen einzelne Fußballfans oder sogar ganze Gruppen
beispielsweise nicht mehr durch rassistische Gesänge oder rechtsextreme
Szenekleidung auf, bieten sie Rechtsextremisten keine (offensichtlichen)
direkten Anknüpfungspunkte mehr und sind schwieriger zu identifizieren.
Das heißt, rechtsextreme Akteure müssen zunächst in Gesprächen oder
auf anderen Wegen herausfinden, welche Akteure innerhalb der Fanszene ihre politischen Überzeugungen teilen. Spricht sich die Fanszene auf
der Handlungsebene mit Aktionen sogar explizit gegen Rechtsextremismus aus, erschwert das Rechtsextremen ein Andocken in der Fanszene
zusätzlich. Sie müssen dann auf der Einstellungsebene (versteckte) direkte
Anknüpfungspunkte suchen oder den Umweg über (offensichtliche) indirekte Anknüpfungspunkte gehen, bei denen Gegenstrategien wiederum gut
ansetzen können.

Allerdings ist die Bekämpfung der (offensichtlichen) direkten Anknüpfungspunkte auf der Handlungsebene wenig nachhaltig. Eine bloße
Verbannung von rechtsextremen Szeneklamotten aus dem Stadion hat keinerlei Auswirkungen auf die Einstellungsebene, mithin auf die (versteckten) direkten Anknüpfungspunkte. Im Gegenteil – es könnte den Träger
der Klamotten, der bislang lediglich über latente rechtsextreme Einstellungen verfügte, vielleicht sogar radikalisieren, weil er es als ungerecht
empfindet, seine Klamotten nicht mehr im Stadion tragen zu dürfen. Vielfältige Szenecodes bieten zudem die Möglichkeit, dieses Verbot zu umge-
hen. Wesentlich nachhaltiger ist es dagegen, über eine Bekämpfung der
(versteckten) direkten Anknüpfungspunkte auf der Einstellungsebene zu
erreichen, dass der Fan diese Klamotten aus freien Stücken nicht mehr

trägt. Dies ist gleichwohl aufwendig und erfordert beträchtliche zeitliche, personelle und finanzielle Ressourcen. Eventuell kann die Bekämpfung der (offensichtlichen) direkten Anknüpfungspunkte auf der Handlungsebene, das heißt, eine Verhinderung von rechtsextremen Verhaltensweisen im Fußballstadion, jedoch auch über den Umweg der positiven Besetzung von (offensichtlichen) indirekten Anknüpfungspunkten auf der Einstellungsebene gelingen. Wenn zum Beispiel das Gruppengefühl positiv im Sinne einer offenen, toleranten Fanszene besetzt ist und regelmäßig über rechtsextreme Codes informiert wird, könnte die Fanszene im Idealfall aus sich selbst heraus regeln, dass niemand in rechtsextremen Szeneklamotten zum Spiel kommt. Das wäre der nachhaltigste Weg und somit eine Art Blaupause aller Bemühungen im Kampf gegen Rechtsextremismus im Fußballstadion. Diese Grundgedanken sollen in den folgenden Kapiteln intensiviert werden.

Bereits diese skizzierten theoretischen Grundüberlegungen verdeutlichen jedoch, was bei vielen Arbeiten über Gegenstrategien in Fußballstadien bedauerlicherweise fehlt: die wissenschaftlich-theoretische Basis. Ohne die theoretischen Grundlagen zu beachten, stürzen sich Forscher häufig direkt auf empirische Berichte von diversen Akteuren aus verschiedenen Handlungsfeldern, vermischen sie mit eigenen Erfahrungen und konstruieren daraus entsprechende Handlungsempfehlungen. Natürlich ist die Rückkopplung von Strategien gegen Rechtsextremismus im Fußballstadion an die empirische Wirklichkeit unter Einbeziehung der Expertise von Experten unumgänglich. Mindestens genauso wichtig sind jedoch theoretischen Vorüberlegungen, um diese Strategien zielgerichtet entwickeln zu können.

Wie dieses Kapitel gezeigt hat, ist es durchaus möglich, auf Basis der Anknüpfungspunkte des Rechtsextremismus im Fußballstadion derartige theoretischen Grundlagen zu erarbeiten, die als Fundament von Strategien gegen Rechtsextremismus dienen können und zum Beispiel die Frage beantworten, wo Gegenmaßnahmen konkret ansetzen beziehungsweise auf welchen Ebenen sie welche Ausformungen des Rechtsextremismus angreifen können. Damit lässt sich die in Kapitel 5.1 vorgestellte These zumindest vorläufig verifizieren. Eine weiterführende Validierung erfolgt an verschiedenen Stellen dieser Arbeit, indem mit dem in diesem Kapitel entwickelten theoretischen Fundament ebenso konkret wie zielführend gearbeitet wird.

5.4. Ausblick auf weitere Bausteine für eine Theorie der Strategien gegen Rechtsextremismus im Fußballstadion

Die vorliegende Darstellung liefert mit der systematischen Zuordnung von Anknüpfungspunkten des Rechtsextremismus ein theoretisches Fundament für die wissenschaftlichen Auseinandersetzung mit Strategien gegen Rechtsextremismus im Fußballstadion. So kann unterschieden werden, auf welchen Ebenen sich Rechtsextremismus in welchen Formen manifestiert, wo seine Anknüpfungspunkte im Fußballstadion liegen und wo Gegenstrategien dementsprechend gezielt ansetzen können, sollten oder müssen.

Diese Arbeit beantwortet jedoch nicht die Frage, warum Menschen im Fußballstadion rechtsextreme Einstellungen an den Tag legen oder rechtsextremistisch handeln. Zur Beantwortung dieser Fragestellung liefert die vorliegende Literatur Bausteine, aber keine in sich kongruente, schlüssige Antwort.

Behn/Schwenzer weisen beispielsweise zu Recht darauf hin, dass nach ihren empirischen Untersuchungen rechtsextreme Beleidigungen, insbesondere homophobe und sexistische, im Stadion nicht problematischer als andere vulgäre Beleidigungen wahrgenommen werden (vgl. Behn/Schwenzer 2006: 356ff.). Albrecht stellt in Bezug auf diese Beleidigungen fest, dass ein Fußballstadion ein besonderer Raum sei, in dem im Gegensatz zur übrigen Gesellschaft andere Normen zu herrschen scheinen. Dazu gehöre beispielsweise, dass mitunter homophobe, rassistische, antisemitische und häufig sexistische Sprüche, die beispielsweise im normalen Arbeitsumfeld aus Angst vor Konsequenzen nie so geäußert würden, im Stadion Wochenende für Wochenende oftmals ungeahndet vorgetragen werden. Albrecht führt dazu den Begriff der „Beschimpfungskultur" (Albrecht 2007: 33ff.) unter Berücksichtigung von Elias' Zivilisationstheorie (vgl. Elias 1977 und Elias 1977b) ein. Darunter versteht er, dass das Fußballstadion mit Blick auf diese regelmäßigen Beschimpfungen als „ein Raum verstanden werden [könnte], in dem das Ausleben von spontanen Gefühlsäußerungen, bis zu einem gewissen Grad gesellschaftlich toleriert werde" (Albrecht 2007: 22), die Toleranzschwelle jedoch weitaus höher liege als beispielsweise im Büro oder bei einem Familienfest und das Fußballstadion somit nach Elias ein „gemäßigtes Aufbrechen des gewöhnlichen Selbstzwanggefüges" (Elias/ Dunning 2003: 126) ermögliche. Demnach wäre das Fußballstadion ein

Ort, um Frust ablassen zu können, der sich in der durch Regeln, soziale Konventionen, Normen, Gesetze und Zwang zur politischen Korrektheit im täglichen Leben angestaut habe (vgl. Albrecht 19ff.), was eventuell rechtsextreme Äußerungen begünstigen könne.

Einen ähnlichen Ansatz greift auch der britische Autor Pearson auf, wenn er den Typus des „carnival fan" (Pearson 2012: 38) erkannt zu haben glaubt, der sich vor allem durch das „desire to step away from the ordinary and the everyday and to try to create a space – physically, socially and psychologically – for a version of carnival" (Pearson 2012: 38) auszeichne. Aus einer ethnographischen Perspektive beschreibt Pearson also Fans, die durch ihr Auftreten, besonders bei Auswärtsspielen, eine Atmosphäre schaffen, in der sie jenseits von alltäglichen Konventionen agieren können, was jedoch nicht zwangsläufig mit Gewalt oder rechtsextremistischen Handlungen einhergehe.

Weiterhin führt Albrecht auch das Schwellenmodell Granovetters ins Feld, wonach – verkürzt dargestellt – die besondere Gruppensituation im Fußballstadion gewalttätige und mit Abstrichen auch rechtsextremistische Verhaltensweisen begünstigen könne (vgl. Albrecht 2007: 23ff. mit Verweisen auf Granovetter 1978).

Überlegungen, warum Fußballfans außergewöhnlich häufig zu (rechtsextremer) Gewalt greifen, haben auch schon Heitmeyer/Peter im Jahre 1988 angestellt, indem sie die Heitmeyerische Entwertungsthese, die davon ausgeht, dass – ebenfalls verkürzt dargestellt – Individuen durch die Auflösung traditioneller Milieus und ihrer damit einhergehenden individuellen Vereinzelung für Kompensationen dieser Entwertung durch den Einsatz (gruppendynamischer) Gewalt anfälliger werden (vgl. Heitmeyer/Peter: 1988) ins Fußballstadion übertrugen. In neueren Publikationen hat Heitmeyer diese Grundgedanken zur Theorie der Sozialen Desintegration ausgeweitet, derzufolge wachsende Perspektivlosigkeit ein Hauptgrund (wenngleich auch nur einer unter vielen) für die Hinwendung zum Rechtsextremismus, mithin zur Herausbildung der Gruppenbezogenen Menschenfeindlichkeit sein kann (vgl. z.B. Heitmeyer 1997, Heitmeyer 2012: 15ff. und Kapitel 2.3). Gleichzeitig könne diese Perspektivlosigkeit jedoch auch Grund dafür sein, Bestätigung in der Gemeinschaft der Fußballfans zu suchen. Die Gruppe gibt Halt und stärkt das Selbstwertgefühl. Wenn also tatsächlich in der Fankurve größtenteils perspektivlose Jugendliche anzutreffen wären, würden die Fanszenen nach Heitmeyer tatsächlich ein ideales Rekrutierungsumfeld für Rechtsextreme bilden und seine Theorie würde erklären, warum es in Stadien häufig zu gewalttätigen, rechtsextremen Handlungen kommt. Viele Fangruppen setzen sich jedoch nicht (nur) aus bildungsfernen sowie perspektivlosen Schichten zusammen, sondern sind durchsetzt von gut gebildeten Studenten und/oder Abiturienten sowie Berufstätigen. „Als bisher höchsten Schulabschluss gaben knapp 40 Prozent der von uns befragten Ultras an, sie hätten Abitur" (Pilz 2006: 98), hat zum Beispiel Pilz herausgefunden. Selbst in den Hooliganszene der 80er Jahre waren gebildete Personen wie Ärzte, Polizisten und Juristen aktiv (vgl. Kapitel 4.2.1). Allerdings ist nicht von der Hand zu weisen, dass Rechtsextreme verstärkt dort erfolgreich Nachwuchs rekrutieren können, wo soziale Probleme am schärfsten sind. Dies manifestiert sich auch in der Fußballfanszene und ist einer der Gründe, warum der Rechtsextremismus in Stadien strukturschwacher Regionen weiter beziehungsweise auffälliger verbreitet ist als in strukturstarken Gegenden. Außerdem weist Heitmeyer nicht zu Unrecht darauf hin, „dass das zurückliegende Jahrzehnt von Entsicherung und Richtungslosigkeit im Sinne einer fehlenden sozialen Vision markiert ist" (Heitmeyer 2012: 19) und so selbst gut ausgebildete Bevölkerungsschichten Gefahr laufen, ihre soziale Perspektive zu verlieren.

Doch trotz dieser vereinzelten Bausteine existiert noch keine schlüssig aufgearbeitete Gesamtanalyse der Fragestellung, warum Akteure in Fußballstadien rechtsextrem handeln? Eine zusammenfassende Darstellung der vorliegenden, an dieser Stelle nur auszugsweise skizzierten Literatur in Verbindung mit den in dieser Arbeit vorgestellten theoretischen Grundlagen wäre ein weiterer Schritt zur Erarbeitung einer Theorie der Strategien gegen Rechtsextremismus in Fußballstadien und in jedem Fall ein lohnender Forschungsansatz für kommende Arbeiten.

Mit der Erarbeitung eines theoretischen Fundaments für Strategien gegen Rechtsextremismus im Fußballstadion sind die theoretischen Vorarbeiten dieser Arbeit abgeschlossen. Im nächsten Schritt sollen nun die Handlungsempfehlungen aus der Forschung in den Fokus des Interesses rücken.

6. Was tun gegen Rechtsextremismus im Stadion?

6.1. Grundlegendes und methodische Überlegungen

Rechtsextremismus im Fußballstadion ist kein neues Phänomen, sondern seit Jahrzehnten zu beobachten. „In manchen Stadien hatten sich Mitte/ Ende der 1980er Jahre regelrechte rechte Hegemonien entwickelt" (Gabler 2011: 166). Damals kümmerten sich Politik, Vereine und Verbände jedoch kaum darum, was abseits des sportlichen Geschehens im Stadion sowie in dessen Umfeld geschah. Übergriffe wie der von Fans des Berliner FC Dynamo auf „ein Asylbewerberheim in Greifswald" (Blaschke 2008: 31) sowie „rassistische Äußerungen, Flaggen mit Hakenkreuzen und Reichs-kriegssymbolen" (Blaschke 2008: 34) sind nur einige Beispiele der häufig zu beobachtenden Auswüchse rechtsextremer Tendenzen im Stadion(-umfeld) aus dieser Zeit. Die Dortmunder Borussenfront war 1984 „nahe-zu deckungsgleich" (Taler 2010: 17) mit der Dortmunder Ortsgruppe der rechtsextremen Freiheitlichen Deutschen Arbeiterpartei und „im Oktober 1983, zum Länderspiel Deutschland – Türkei mobilisierten die Rechten unter dem Motto:,Kampf den Kanaken'" (BAFF 2012b). Das Fußballsta-dion scheint in diesen Fällen tatsächlich wie ein „,Brennglas' gesellschaftli-cher Entwicklungen und Problemfelder" (Pilz 2008: 16) gewirkt zu haben.

Diese klar sichtbaren rechtsextremen Auswüchse konnten im Verlauf der vergangenen zwanzig Jahre in den Fußballstadien zurückgedrängt werden. Feste rechtsextreme Hegemonien sind dort mittlerweile eher die Ausnahme als die Regel. Besiegt ist der Rechtsextremismus im Umfeld des deutschen Fußballs deswegen freilich noch lange nicht. Noch immer ist das Fußballstadion aufgrund der ihm immanenten Anknüpfungspunkte (vgl. Kapitel 5) ein hochattraktives Rekrutierungs- und Betätigigungsfeld für Rechtsextreme. Vorfälle wie das Präsentieren eines homophoben Plakats der Dortmunder Fans im Spiel gegen Bremen (vgl. BVB 2012), der Angriff auf die linksgerichteten Fans vom FC St. Pauli, gepaart mit dem anschlie-ßenden Zeigen des Hitlergrußes, von rechtsextremen Fans des VFB Lübeck bei einem Hallenturnier 2012 (vgl. z.B. Publikative.org 2012) oder antise-mitische Beschimpfungen des israelischen Stürmers Itay Shechter von Kai-serslautern beim Training durch Fans der eigenen Mannschaft (vgl. Kicker.

de 2012) sind nur einige Beispiele für den immer noch präsenten Rechtsextremismus in deutschen Fußballstadien und in ihrem Umfeld. Generell gilt, dass in dieser Hinsicht keinerlei Entwarnung gegeben werden darf, da „sich lediglich die Sichtbarkeit des Rechtsextremismus in den oberen Ligen auf einem relativ niedrigen Niveau stabilisiert hat" (Gabler 2011: 166). 2013 ereigneten sich zudem die alarmierenden Übergriffe rechtsgerichteter Hooligangruppen auf linksorientierte Fans in Braunschweig (vgl. Reisin 2013) und Duisburg (vgl. Ruf 2013: 29), die sich offenbar an den Entwicklungen in Aachen orientierten, wo der mitunter gewalttätige Druck rechtsextremer bis rechtsoffener Fangruppen auf die bekennend antifaschistischen Aachen Ultras zu deren Auflösung geführt hat (vgl. Fritsch 2013).

Dieses Kapitel soll nun die mannigfaltigen Handlungsempfehlungen gegen Rechtsextremismus im Fußballstadion darstellen, zusammenfassen, ordnen und diskutieren. Dazu soll in Kapitel 6.2 zunächst der aktuelle Forschungsstand anhand der vorliegenden Literatur problembezogen aufgearbeitet werden. Angesichts der unzähligen Expertisen, Aufsätze, Bücher sowie Zeitschriftenartikel ist diese grundlegende Arbeit notwendig, um einen erfolgversprechenden Weg durch das Dickicht heterogener Vorschläge zu finden. Dabei soll auch die Frage diskutiert werden, warum der offensichtliche Rechtsextremismus, der noch in den späten 1980er Jahren Fußballstadien dominiert hat und problemlos zu erkennen war, seit den 1990er Jahren zurückgegangen ist. Dieses Phänomen wird von einige Autoren vernachlässigt, ist jedoch durchaus bedeutsam. Nach der ausführlichen Aufarbeitung des aktuellen Forschungstandes sollen daraus die explizit formulierten und implizit unterstellten Handlungsempfehlungen der Wissenschaft für den Kampf gegen Rechtsextremismus im Fußballstadion herausgearbeitet und systematisch dargestellt werden.

Vom viel gescholtenen wissenschaftlichen Elfenbeinturm soll der Blick in Kapitel 6.3 schließlich hinaus ins praktische Feld wandern. Im Zuge dieser Arbeit wurden dazu qualitative leitfadengestütze Experteninterviews mit 13 Akteuren aus allen relevanten Handlungsfeldern des Kampfes gegen Rechtsextremismus im Umfeld des Fußballstadions geführt. Das genaue Design der Befragung sowie die Ergebnisse dieser zweistufigen Interviews, die durch einen Kurzfragebogen als Stimulus zwischen beiden Parts ergänzt wurden, werden in Kapitel 6.3 ausführlich dargelegt. Gestreift werden soll dabei unter anderem auch die Frage, inwieweit sich die Meinungen von einander kritisch gegenüberstehenden Akteuren unterschiedlicher Handlungsfelder, die so gut wie nie miteinander agieren, tatsächlich unterscheiden. Exemplarisch werden zu diesem Zweck die Ergebnisse der Interviews mit den Akteursgruppen Polizei und aktiven Fans verglichen. Denn es fehlt, wie man am Verhältnis zwischen Fans und Polizei deutlich erkennen kann (vgl. Kapitel 4.2.4), im Kampf gegen Rechtsextremismus nicht selten an einem Austausch zwischen den verschiedenen Akteuren im Stadion, da diese sich zum Teil kritisch bis feindlich gegenüberstehen. Dabei liegt der Verdacht nahe, dass auch diese Akteursgruppen in Bezug auf den Kampf gegen Rechtsextremismus zumindest in manchen Punkten gar nicht so unterschiedliche Meinungen vertreten. Vornehmlich soll der Auswertungsfokus der empirischen Interviews jedoch auf der in Kapitel 6.4 zu beantwortenden Frage liegen, inwieweit die befragten Experten mit den Handlungsempfehlungen aus der wissenschaftlichen Literatur übereinstimmen. Dabei werden also die Ergebnisse aus den Kapitel 6.2 und 6.3 ins Verhältnis zueinander gesetzt und vergleichend dargestellt.

Die Idee, zusätzlich ein Feldtagebuch mit empirischen Beobachtungen aus Stadien sowie deren Umfeld anzulegen und in dieser Arbeit vorzustellen, wurde verworfen, da dies überflüssig erschien. Die vom Autor dieser Arbeit durch zahlreiche Stadionbesuche und informelle Gespräche mit im Umfeld des Stadions aktiven Akteuren gewonnen Eindrücke trugen gleichwohl dazu bei, die einzelnen Mosaikstücke dieser Arbeit im Allgemeinen und die Handlungsempfehlungen aus diesem Kapitel im Speziellen vor dem Hintergrund des gewonnen empirischen Fachwissens aus der Praxis sammeln, ordnen, bewerten und schlüssig zusammensetzen zu können.

6.2. Handlungsempfehlungen aus der Literatur

Lützenkirchen hat Recht, wenn er feststellt, „dass der Fußball als Objekt wissenschaftlicher Erklärung höchst sperrig ist" (Lützenkirchen 2006: 10). Das liegt daran, dass Fußballstadien einen besonderen sozialen Raum darstellen, in dem sich mitunter auch sehr besondere Verhaltensweisen etabliert haben (vgl. Kapitel 4). Gesellschaftswissenschaftliche Erkenntnisse lassen sich daher allenfalls partiell auf das Fußballstadion übertragen. Bereits in Kapitel 5 wurde in diesem Sinne gezeigt, dass gesamtgesellschaftliche

Strategien gegen Rechtsextremismus nicht einfach undifferenziert in Fußballstadien angewendet werden können. Die Lebenswirklichkeit von Fans im Fußballstadion muss bei Überlegungen zu Gegenstrategien immer berücksichtigt werden, auch wenn dies eine ausführliche theoretische Aufarbeitung des sozialen Raums Fußballstadion erfordert, die von Arbeiten zum Thema Rechtsextremismus im Fußball nicht immer erbracht wird. Zielführende Handlungsempfehlungen benötigen jedoch zwingend ein schlüssiges theoretisches Fundament, um in diesem speziellen Forschungsfeld ihre volle Wirkung entfalten zu können.

Zusammenfassend lässt sich feststellen, dass es in der aktuellen Literatur zum Forschungsgebiet Fußball unzählige Veröffentlichungen gibt, die sich mindestens am Rande mit Fußballfans und Rechtsextremismus beschäftigen. Arbeiten, bei denen die Wechselwirkungen von Rechtsextremismus und Fußballfans genauer untersucht werden, sind seltener. Umfassende wissenschaftliche Studien zu Gegenstrategien, die nicht bloß Handlungsempfehlungen abgegeben, sondern die Vorzüge und Risiken unterschiedlicher Ansätze auf auch nur ansatzweise theoretisch fundiertem Grund diskutieren, können getrost als Raritäten bezeichnet werden.

In diesem Sinne macht sich bei der Aufarbeitung der einschlägigen Literatur besonders bemerkbar, dass es den Publikationen häufig an grundlegenden theoretischen Vorüberlegungen mangelt (vgl. Kapitel 5). Vielen Arbeiten fehlt es bereits an zweckmäßigen Definitionen des Begriffs Rechtsextremismus im Hinblick auf den Untersuchungsgegenstand. Deshalb verschwimmen Dimensionen des Rechtsextremismus immer wieder und präsentieren sich in diesem Forschungsgebiet allenfalls unscharf. Begrifflichkeiten wie Rassismus, Sexismus und Homophobie werden oftmals nicht als Dimensionen des Rechtsextremismus definiert, sondern analog bis changierend zum Begriff Rechtsextremismus verwendet. Ein Beispiel dafür ist der ansonsten lesenswerte Aufsatz von Michaela Glaser „Zum Stand der pädagogischen Auseinandersetzung mit Rechtsextremismus, Fremdenfeindlichkeit und Rassismus im Fußballsport" (Glaser 2008: 124ff.), in dem sie die aufgeworfenen Begriffe an keiner Stelle definiert und sauber voneinander abgrenzt. Wo die Unterschiede zwischen den „Ansätzen der fußballbezogenen Rechtsextremismus- und Rassismusprävention" (Glaser 2008: 125) liegen, inwiefern davon „die Auseinandersetzung mit Rechtsextremismus und Fremdenfeindlichkeit" (Glaser 2008: 126) abzugrenzen ist und warum Rechtsextremismus nicht die Dimensionen Fremdenfeindlichkeit und Rassismus umschließt, bleibt so unklar. Das erschwert die Vergleichbarkeit der vorliegenden Literatur, ist jedoch ein Problem, dem die Rechtsextremismusforschung auch in anderen Teilbereichen begegnet (vgl. Winkler 1996: 25).

Werden zweckmäßige Definitionen von zentralen Begrifflichkeiten wie Rechtsextremismus zumindest in einigen Arbeiten noch erbracht, fehlt es der vorliegenden Literatur indes fast immer an Überlegungen zur theoretischen Grundlage der Untersuchungen. Die meisten Arbeiten greifen auf empirische Daten aus qualitativen Interviews zurück oder beruhen auf offenbar selbst gesammelten Erfahrungen oder Beobachtungen der Autoren, wenngleich auch das nicht immer explizit deutlich gemacht wird. Daraus leiten die Autoren induktive Schlüsse und Handlungsempfehlungen ab. Natürlich ist eine empirische Rückkopplung für die wissenschaftliche Auseinandersetzung mit einem solch praxisorientierten Problem wie der Bekämpfung des Rechtsextremismus im Fußballstadion unabdingbar. Doch erst wenn auf theoretischer Ebene präzise unterschieden wurde, auf welchen Ebenen sich der Rechtsextremismus im Fußballstadion in welchen Dimensionen manifestiert, kann sinnvoll über konkret darauf zielende Gegenstrategien nachgedacht werden. Dies soll kein Plädoyer für ein rein deduktives Vorgehen zum Erstellen von Handlungsempfehlungen sein. Allerdings erscheint die Kombination aus theoretischen Vorüberlegungen und empirischen Untersuchungen vielversprechend.

Als Standardwerk zur Untersuchung der Ultraszene einerseits sowie für das in dieser Arbeit weitaus relevantere Thema Rechtsextremismus im Fußballstadion andererseits hat sich das Buch ‚Wandlung des Zuschauerverhaltens im Profifußball' von einem Wissenschaftsteam um Pilz aus dem Jahre 2006 entwickelt. Es überzeugt durch analytische Schärfe, ist aber vor allem aufgrund des Umfangs der Untersuchungen wegweisend. Pilz und sein Team haben erstmals quantitative empirische Daten zur Untersuchung der Ultraszene herangezogen und diese mit etlichen qualitativen empirischen Daten in Form einer großen Zahl von leitfadengestützten Experteninterviews, situationsflexiblen Fan-Interviews sowie Gesprächen mit Ultras kombiniert. Dazu ergänzten sie ihre Untersuchungen durch Feldforschungen, um ein möglichst genaues Bild der Fußballfanszene zu zeichnen. Das ist zwar nicht immer vollends gelungen, denn bei der Lektüre fällt etwa die fehlende Reliabilität der quantitativen Umfrage unter den Ultras ins Auge.[44] Doch insgesamt kann man zweifelsfrei konstatieren, dass die in diesem Buch veröffentlichen Untersuchungsergebnisse die Grundlage für viele weitere Forschungen, vor allem im Bereich der soziologischen Analyse der Ultraszene, aber auch in Bezug auf Rechtsextremismus im Fußballstadion, gebildet haben und somit weitgehend zu Recht eine bedeutende Rolle in diesem Forschungsfeld einnehmen.

Bevor ein zusammenfassender Überblick über den aktuellen Stand der Forschung zum Thema Rechtsextremismus im Fußballstadion gegeben wird, um auf dieser Basis wissenschaftliche Handlungsempfehlungen für Gegenstrategien herauszuarbeiten, soll zunächst der Blick in die Vergangenheit gerichtet und das Feld historisch aufgearbeitet werden. Wie im vorherigen Kapitel beschrieben, war offen zur Schau gestellter Rechtsextremismus in deutschen Fußballstadien noch vor 30 Jahren wesentlich präsenter als heute. Dieser Rückgang wird von den meisten Autoren von Arbeiten, die sich mit Gegenstrategien im Stadion beschäftigen, jedoch bestenfalls gestreift und selten ausführlich thematisiert. Auf der Suche nach den wichtigsten Handlungsstrategien gegen Rechtsextremismus ist ein Rückblick auf die offensichtlich recht erfolgreichen Bemühungen zur Eindämmung des (offensichtlichen) Rechtsextremismus jedoch hochinteressant. Wenn auch unter Umständen nicht mehr alle historisch genutzten Methoden zeitgemäß erscheinen, können sie doch eventuell Grundlage oder mindestens Inspirationsquelle für weitere Ansätze im Kampf gegen Rechtsextremismus sein.

Um die tatsächlichen sowie scheinbaren Erfolge im Kampf gegen Rechtsextremismus innerhalb der vergangene Jahrzehnte zu verstehen, muss der Wandel der Fußballszene, der in Kapitel 4.2 grob umrissen wurde, zwingend berücksichtigt werden. Daher werden in der Folge einige Punkte aus diesen Kapitel nochmals aufgegriffen.

---

44 Pilz schreibt zum Beispiel: „Von den 1500 Fragebögen bekamen wir 230 Stück ausgefüllt zurück, was einer Rücklaufquote von 15,3 Prozent entspricht. Einige Ultra-Gruppen entschieden sich dabei, nur einen Bogen auszufüllen, andere dagegen ließen den Bogen von so vielen Mitgliedern wie möglich ausfüllen" (Pilz/ Wölki 2006d: 66). Eine Verzerrung ist dabei offensichtlich und auch Pilz räumt ein, dass „wir mit der Fragebogenerhebung von Anfang an keine repräsentativen Ansprüche" (Pilz/Wölki 2006d: 66) verfolgten.

Viele Autoren sehen die vor allem seit den 90er Jahren dynamisch fortschreitende Kommerzialisierung des Fußballs, welche eine veränderte Fußballkultur mit weitreichenden Folgen mit sich brachte, als Katalysator des veränderten Umgangs mit Rechtsextremismus im Fußball sowie als Grund dafür, dass sich Vereine und Verbände überhaupt ernsthaft mit Rechtsextremismus in deutschen Stadien beschäftigt haben. In diesem Sinne fasst zum Beispiel Jünger zusammen: „Indem der Fußball seit den 1990er Jahren zunehmend aus seiner Randposition in die Mitte der Gesellschaft und damit auch der gesellschaftlichen Diskussion gedrängt wird [...] ist die Fußballindustrie [...] primär daran interessiert, der Ware Fußball ein sauberes Image zu verpassen. Die regelmäßigen rassistischen Ausfälle in Stadien, die Weigerung mancher dunkelhäutiger Spieler, in einigen ostdeutschen Städten zu spielen, sowie die dominant männliche Atmosphäre versetzen der Ware Fußball entscheidende Schläge, die ihren Marktwert enorm sinken lassen" (Jünger 2004: 38/39). Eine Überprüfung dieser Thesen ist freilich schwierig, da sie Verbänden, Vereinen und anderen Akteuren mindestens implizit unterstellt, nur deshalb auf den zunehmenden Rechtsextremismus im Stadion zu reagieren, weil sie ansonsten ihre monetären Interessen gefährdet sehen. Wahrscheinlicher ist eher eine Wechselwirkung aus den (monetären) Interessen der verschiedenen Akteure sowie der einsetzenden „Verbürgerlichung der Fußballkultur durch die Verwandlung der Stadien in Konsumarenen" (Behn/Schwenzer 2006: 346) sowie „das Anwachsen eines stärker auf Konsum und Unterhaltung ausgerichteten Fußballpublikums" (Behn/Schwenzer 2006: 346), das zunehmend aus konsumorientierten statt fußballzentrierten oder gar erlebnisorientierten Fans besteht. Dies hat zur Folge, dass in weiten Teilen des Stadions nicht nur weniger Interesse an rechtsextremen Liedern herrscht, sondern auch „generell weniger gepöbelt und geschimpft" (Behn/Schwenzer 2008: 346) wird.

Weitgehend unstrittig ist in der scientific community jedenfalls, dass das im Jahre 1993 verabschiedete Nationale Konzept Sport und Sicherheit (NKSS) eine zentrale Rolle beim Zurückdrängen des Rechtsextremismus gespielt hat. „Mit dem [...] NKSS wurde erstmals ein umfassendes Programm entwickelt, wie den Phänomenen Gewalt und Rechtsextremismus entgegengewirkt werden könne" (Gabler 2011: 167). Noch heute sind Elemente des NKSS zentrales Rückgrat im Kampf gegen Rechtsextremismus im Stadion. Wesentliches Merkmal des NKSS ist „eine Doppelstrategie:

Dialog und Unterstützung für Fans auf der einen und konsequentes Vorgehen gegen Fehlverhalten (insbesondere Gewalt und Missbrauch von Pyrotechnik) auf der anderen Seite" (Ministerium für Inneres und Kommunales des Landes Nordrhein-Westfalen 2013). Die sogenannte ‚Zwei-Säulen-Strategie' des NKSS setzt also einerseits auf Prävention und andererseits auf Repression. Diese Ausrichtung ist grundsätzlich dazu in der Lage, unterschiedliche rechtsextremistische Anknüpfungspunkte im Sinne des in Kapitel 5 entworfenen theoretischen Fundaments sowohl auf der Handlungs- (Repression) als auch auf der Einstellungsebene (Prävention) grob differenzierend zu bekämpfen. In der Folge wird zunächst auf präventive Elemente eingegangen.

Als zentraler Punkt des NKSS hinsichtlich präventiver Zielsetzungen erwies sich rasch die Einrichtung von Fanprojekten bei den Bundesligavereinen. Diese spielen noch heute bei fast allen Autoren eine zentrale Rolle, wenn es darum geht, Handlungsempfehlungen gegen Rechtsextremismus im Stadion zu geben. Zu den Zielen der Arbeit von Fanprojekten gehört laut NKSS „neben klassischer Sozialarbeit der Abbau extremistischer Orientierungen" (Wagner 2008: 78). Ihre Einführung war nicht unumstritten, aber „die großen Vorurteile gegenüber den Sozialarbeiterinnen und Sozialarbeitern, insbesondere von Seiten des Fußballs, sind ständig kleiner geworden und spätestens seit der erfolgreichen WM 2006 und der Übernahme des Präsidentenamtes beim DFB durch Dr. Theo Zwanziger, einer nachhaltigen und aktiven Unterstützung gewichen" (Gabriel 2008: 37). Seit der Einführung das NKSS im Jahre 1993 stieg die Zahl der Fanprojekte nach Angaben der KOS „von einstmals 12 auf aktuell 47 Einrichtungen an, die an 42 Standorten arbeiten" (KOS 2011). 2014 werden laut KOS sogar „an 49 Standorten in Deutschland 54 Fanszenen betreut" (KOS 2014).

Viele Autoren sehen in der Arbeit dieser Fanprojekte, die durch ausgebildete Sozialarbeiter durchgeführt wird, noch heute, beziehungsweise heute mehr denn je, das Rückgrat im Kampf gegen Rechtsextremismus in der Fankurve: „Kein anderes Land in der Welt verfügt über ein vergleichbares Netzwerk" (Blaschke 2008: 59). Gerade deshalb empfehlen viele Autoren, die Arbeit der Fanprojekte auszubauen, beziehungsweise auf stabilere Füße zu stellen. Denn trotz der positiven Arbeit der Fanprojekte „zeichnet sich die Situation der Fan-Projekte vor Ort durch eine strukturelle

Überlastung der Mitarbeiter/innen aus, die gekennzeichnet ist von enorm hohen Erwartungen des sportlichen und politischen Umfelds und von einer teilweise dramatischen personellen Unterbesetzung. Nur fünf Fan-Projekte erreichen den im NKSS empfohlenen Standard von drei hauptamtlichen Fachkräften. Durchschnittlich arbeiten die Fan-Projekte mit 1,5 Stellen" (Gabriel 2008: 37). Daher raten viele Autoren dazu, die personellen Mittel der Fanprojekte zu erhöhen, beziehungsweise daran zu arbeiten, dass mindestens die im NKSS empfohlenen Standards erreicht werden, um die Fanprojekte im Kampf gegen Rechtsextremismus mit den nötigen Ressourcen auszustatten (vgl. z.B. Glaser 2008: 152). Darüber hinaus regt die Forschungsgruppe um Pilz eine Vereinheitlichung der Organisationsstruktur der Fanprojekte an. Bisher seien diese entweder „selbständige eingetragene Vereine oder angebunden an Jugendhilfeträger, Sportjugend, Wohlfahrtsverbände oder Jugendämter" (Pilz et al. 2006e: 443). Die Neuorganisation zu „gemeinnützigen Gesellschaften für Fanarbeit" (Pilz et al. 2006e: 443) solle unter anderem effizienteres Arbeiten ermöglichen und das Durcheinander aus unterschiedlichen Organisationsformen beenden.

Fanprojekte setzen sich zwar auch für viele andere Fanbelange abseits des Kampfes gegen Rechtsextremismus ein, bezogen auf die Fragestellungen dieser Arbeit sollen jedoch diejenigen Maßnahmen diskutiert werden, die relevant für den Kampf gegen Rechtsextremismus im Stadion sind. Viele Wissenschaftler betrachten die Förderung von Selbstregulierungskräften innerhalb der Fankurve durch die Stärkung von Gegenkräften als eine solche zentrale Aufgabe der Fanprojekte, um Rechtsextremismus zu bekämpfen. In diesem Sinne haben zum Beispiel Behn/Schwenzer erkannt: „Nicht-rechte bzw. antirassistisch eingestellte Gruppierungen brauchen Unterstützung. Dies gilt zum einen im Sinne der Öffentlichkeit für die mediale Darstellung ihrer Aktivitäten. Zum anderen gilt es aber auch, diese Gruppen durch Fanprojekte vor Ort zu stärken, die ausreichend besetzt sein müssen" (Behn/Schwenzer 2006: 381). Diese Selbtsregulierungskräfte, die rechtsextremen Handlungen und Meinungen innerhalb der eigenen Fanszene aktiv entgegentreten, können einerseits meinungsstarke Einzelpersonen innerhalb der Fanszene sein. Es können aber andererseits auch Fangruppierungen oder Faninitiativen sein. „Die Beispiele für nichtinstitutionalisierte Selbstregularisierungsmechanismen in der Fanszene sind zahlreich. Nicht nur Fans, sondern auch Experten und Expertinnen

betonen, dass diese in ihrer Wirksamkeit nicht unterschätzt werden"
(Behn/Schwenzer 2006: 347) dürfen, sondern vielmehr zentraler Punkt
im effektiven Kampf gegen Rechtsextremismus im Stadion sein sollten.
Zu diesem Ergebnis kommen auch Behn/Schwenzer bei der Auswertung
ihrer leitfadengestützten Interviews mit Fans. Dabei betonen sie: „Gerade diese Selbstregulierungsmechanismen von unten, die aus der Fanszene
selbst kommen, sind es, die als besonders wirksam erscheinen, weil sie
in der Fanszene selbst verankert sind" (Behn/Schwenzer 2008: 29). Zusammenfassend kann also festgehalten werden, dass laut weitgehend über-
einstimmender Forschung Maßnahmen gegen Rechtsextremismus, die aus
der Fanszene heraus entstanden sind, in dieser eine weitaus höhere Akzeptanz erfahren als Regulierungen, die von außen an die Fans herangetragen
werden. Letztere können vor dem in Kapitel 4 beleuchteten Hintergrund
von Fans mitunter als externe Einmischung in interne Angelegenheiten
empfunden werden. Die Selbstregulierungstendenzen sollten nach Meinung von Autoren wie Behn/Schwenzer durch die gezielte Stärkung von
Gegenkräften innerhalb der Fanszene für den Kampf gegen Rechtsextremismus im Stadion verstärkt werden. Vor allem Fanprojekte können auf
diese Stärkung hinwirken.

Mit dieser in der wissenschaftlichen Literatur häufig empfohlenen
Handlungsstrategie, der Förderung der Selbstregulierung von Fangruppen,
ist jedoch mitunter auch das Phänomen der Ausbreitung des (offensichtlichen) direkten Anknüpfungspunktes ‚Football without Politics' (vgl. Kapitel 5.2.1) für Rechtsextremismus in den Fankurven zu beobachten. Dabei
werden politische Äußerungen – egal ob von rechts oder links – im Stadion
nicht geduldet. Problematisch ist dabei vor allem (wenngleich nicht nur),
dass „bestimmte Formen von fremdenfeindlichen Diskriminierungen (wie
‚Asylanten'-Rufe) oft als nicht rassistisch wahrgenommen, sondern eher
als ‚fußballtypisch'" (Behn/Schwenzer 2008: 25) angesehen werden. Auch
antisemitische Beleidigung werden in diesem Sinne häufig nicht problematisiert. Noch indifferenter werden in diesem Kontext sexistische und
homophobe Sprüchen hingenommen, die im Prinzip „gängig" (Behn/
Schwenzer 2006: 362) bis „allgegenwärtig sind" (Behn/Schwenzer 2006:
363). Auf die Hierarchisierung von Diskriminierungen innerhalb der Fußballstadien wird in diesem Kapitel später eingegangen. An dieser Stelle soll
vielmehr betont werden, dass in der Forschung durchaus erkannt wurde,

dass die ‚Football-without-Politics'-Einstellung für Gegenstrategien, insbesondere für diejenigen, die auf Selbstregulierung der Fanszene setzen, hochproblematisch ist. „Das ist auch der Grund, weshalb es antirassistische Faninitiativen in der eigenen Fanszene zum Teil schwer haben. Ihnen wird vorgeworfen„die Politik ins Stadion zu tragen'" (Behn/Schwenzer 2008: 25). So lange sie sich mit ihren öffentlichen Äußerungen im Kontext des Stadions zurückhalten, werden dagegen mitunter auch bekannte rechtsextreme Parteikader im Stadion geduldet (vgl. Fritsch 2012). Allerdings hat die ‚Football-without-Politics'-Einstellung zweifellos auch Erfolge im Kampf gegen die (offensichtlichen) direkten Anknüpfungspunkte des Rechtsextremismus zur Folge. Interne Sanktionierungen von rechtsextremen Handlungen wie dem Singen des U-Bahn-Liedes tragen zweifellos „zum Rückgang von rassistischem und rechtsextremen Verhalten" (Behn/Schwenzer 2008: 25/26) bei, wenngleich, wie beschrieben, nicht alle rechtsextremen Äußerungen aus sämtlichen Dimensionen problematisiert werden. Darüber hinaus zielen interne Verbote, die undifferenziert auf Politik im Stadion allgemein abheben, natürlich fast ausschließlich auf Änderungen auf der Handlungsebene. Einstellungen tangieren sie nicht, da sie rechtsextreme Einstellungen weder in Frage stellen noch problematisieren. Sie werden lediglich für die Zeit des Stadionbesuchs unterdrückt. Hält man die ‚Politik' also aus den Fankurven heraus[45], so wie es einige Fangruppen propagieren, gehen positive Tendenzen bezüglich des Kampfes gegen Rechtsextremismus häufig Hand in Hand mit negativen Auswirkungen. Daher warnen Autoren wie Behn/Schwenzer zu Recht vor der Ausbreitung der ‚Football-without-Politics'-Einstellung. Dieser Punkt ist also explizit nicht als Handlungsempfehlung der Wissenschaft zu identifizieren. Im Gegenteil. Wie in Kapitel 5 dargestellt, ist er eher ein möglicher (offensichtlicher) indirekter Anknüpfungspunkt für den Rechtsextremismus.

---

45 Zu Recht kann an dieser Stelle vor dem Hintergrund des in Kapitel 4 dargelegten Kontextes kritisch nachgefragt werden, ob es in aktiven Fanszenen, die sich gegen Phänomene wie die Kommerzialisierung des Fußballs engagieren, überhaupt möglich ist, unpolitisch zu sein, da dieses Engagement natürlich auch unter politischer Agitation subsumiert werden kann. Politik bezieht sich in der ‚Football-without-Politics'-Attitüde also lediglich auf linke und rechte politische (Extrem-)Positionen der Fans.

Die Handlungsempfehlungen aus der Forschung erinnern in Bezug auf die Förderung der Selbstregulierung der Fanszene aber nicht nur bei der, Football-without-Politics'-Einstellung mitunter an den sprichwörtlichen ‚Ritt auf der Rasierklinge'. In den allermeisten Fällen ist die gezielte, fein justierte und ausgewogene Förderung von Gegenkräften daher eine der wichtigsten, aber zugleich kompliziertesten Aufgaben der Fanprojekte. Sie dürfen einerseits nicht zu plump auftreten, damit sie in der Fanszene nicht als externe Akteure wahrgenommen werden. Andererseits müssen sie negativen Entwicklungen, also rechtsextremen Tendenzen in der Fanszene, mitunter auch offensiv begegnen. Den richtigen Ton bei der Arbeit mit den Fans zu treffen, ist daher ebenso essentiell wie anspruchsvoll, weshalb diese Arbeit auch von ausgebildeten Sozialarbeitern übernommen wird. Zudem hat „eine Arbeitsgruppe des KOS-Beirats unter Beteiligung von DFB, DFL, der Jugendministerkonferenz, der Sozialwissenschaften, der Bundesarbeitsgemeinschaft der Fanprojekte, der DSJ und der KOS ein Konzept für ein Qualitätssiegel für die Arbeit der Fanprojekte erarbeitet, das im Laufe des Jahres 2009 als Selbstverpflichtung eingeführt" (KOS 2013b) wurde. Dadurch sollen Qualitätsstandards für der Arbeit von Fanprojekten festgesetzt und gesichert werden.

Doch die Förderung der Selbstregulierung der Fanszene durch die Stärkung von Gegenkräften ist nicht die einzige Empfehlung, die den Fanprojekten in der wissenschaftlichen Literatur beim Kampf gegen Rechtsextremismus im Fußballstadion an die Hand gegeben wird. Viele zentrale Ansätze aus der Forschung sollen explizit von Fanprojekten umgesetzt werden, da diese direkt mit den aktiven Fans arbeiten.

Die Etablierung sowie Anerkennung einer einflussreichen Faninitiative gegen Rechtsextremismus könnte nach Meinung von Behn/Schwenzer besser gelingen, wenn sie sich nicht nur durch Engagement gegen Rechtsextremismus auszeichnet, sondern auch zu anderen bedeutenden Themen der Fanszene wie etwa fanfreundliche Anstoßzeiten oder gegen Kommerzialisierung Position bezieht (vgl. Behn/Schwenzer 2008: 29). Fanprojekte können diese Entwicklung unterstützen. Die Empfehlung gilt jedoch auch für die Fanprojekte selbst, die innerhalb der Fanszene an Ansehen gewinnen, wenn sie nicht nur rechtsextreme Tendenzen problematisieren, sondern an anderen Stellen die Fans beim Kampf für ihre Interessen unterstützen. Dies offenbart jedoch einmal mehr die Zwitterposition der Fanprojekte an den Schnittstellen der verschiedenen Handlungsfelder, durch die sie leicht in die unbequeme Mittlerrolle zwischen Verein, Fans und Polizei geraten können, was wiederum ein authentisches Auftreten innerhalb der Fanszene erheblich erschwert. Auch hier gilt es einen Weg zu finden, um in der Fanszene nicht als verlängerter Arm von Verein und/oder Polizei wahrgenommen zu werden. Da die Bewahrung von Authentizität für die Implementierung von Strategien innerhalb der Fanszene von zentraler Bedeutung ist, raten Behn/Schwenzer außerdem dazu, antirassistische Ansätze sowie das Stärken von Gegenpositionen zur Selbstregulierung innerhalb der Fanszene „anders zu verpacken" (Behn/Schwenzer 2008: 30), das heißt, Rechtsextremismus unter bestimmten Umständen indirekt zu thematisieren, um so innerhalb situativer Kontexten nicht dem Vorwurf ausgesetzt zu sein, Politik ins Stadion zu tragen und bestimmte Zielgruppen nicht sofort zu verprellen. Von zentraler Bedeutung sei jedoch, bei aller Vorsicht, „die Stärkung von nicht rassistisch eingestellten Gruppierungen bzw. von antirassistischen Gruppierungen, so dass es zu einer Verschiebung von Hegemonien an der Basis kommt" (Behn/Schwenzer 2008: 33). Wenn es gelingt, eine anti-rechtsextreme Grundstimmung in der Fankurve zu etablieren, fallen alle weiteren Handlungsansätze gegen Rechtsextremismus grundsätzlich auf fruchtbaren Boden. Herrscht dort dagegen ein extrem rechter Grundkonsens, erschwert das die entsprechenden Bemühungen im Kampf gegen Rechtsextremismus naturgemäß ungemein.

In diesem Sinne weist Glaser zu Recht darauf hin, dass wissenschaftliche Handlungsempfehlungen unterschiedlich pointiert gelten müssen. Das heißt, sie sollten auf die jeweiligen Verhältnisse innerhalb der lokalen Fanszene abgestimmt sein. Praxiserfahrungen hätten deutlich gemacht, „dass sozialpädagogische Fanarbeit hierbei in unterschiedlicher Weise und bei verschiedenen Zielgruppen einen Beitrag gegen Rechtsextremismus, Rassismus und Fremdenfeindlichkeit im Fußballmilieu leisten kann" (Glaser 2008: 149). Fanprojekte müssen demnach also ihre Arbeit auf das Milieu der jeweiligen Fußballfanszene abstimmen. Herrscht in der Fanszene eine (extrem) rechte Hegemonie vor, sollte man Strategien gegen Rechtsextremismus anders umsetzen als bei Vereinen, in denen linke Ideologien dominieren oder keine politischen Präferenzen erkennbar sind. Dennoch empfehlen auch vor diesem Hintergrund fast alle Autoren eine eindeutige Positionierung gegen Rechtsextremismus von Seiten der

Fanprojektmitarbeiter sowie der übrigen Akteuren im Umfeld des Fußballstadions (vgl. z.B. Wagner 2008: 85) – gleichgültig ob ein rechter oder linker Grundkonsens in den jeweiligen Fankurven vorherrscht.

Weiterhin sollten nach Ansicht von Behn/Schwenzer die Mitarbeiter von Fanprojekten „über entsprechende historische, politische und ökonomische Kenntnisse verfügen" (Behn/Schwenzer 2008: 30), um effektive Arbeit im Kampf gegen Rechtsextremismus im Fußballstadion leisten zu können. Diese Kenntnisse sind unabdingbar, um sich argumentativ mit rechtsextremen Einstellungen auseinandersetzen zu können. Pilz rät in diesem Sinne dazu, dass Fanprojekte sowie andere im Kontext des Fußballstadions aktive Akteure durch das gezielte Aufzeigen von Widersprüchen innerhalb rechtsextremistischer Denkmuster viel erreichen können (vgl. Pilz 2008: 32), da somit rechtsextreme Weltbilder mitunter zu Fall gebracht werden. Dieser Aspekt nimmt auch in der Arbeit von allgemein-gesellschaftlichen Projekten gegen Rechtsextremismus eine wichtige Rolle ein (vgl. z.B. NDC in Kapitel 3.2.3), muss aber dennoch auf die speziellen Lebensrealität der Zielgruppe Fußballfans angepasst werden.

Um die für die Arbeit in Fanprojekten notwendigen Kenntnisse didaktischer und inhaltlicher Natur kontinuierlich zu verbessern, empfiehlt Pilz weiterhin zur Fortbildung die „regelmäßige Durchführung von Workshops für Fanprojektmitarbeiter und -mitarbeiterinnen" (Pilz et al. 2006e: 444). Als Organisatoren dieser Fortbildungen schlagen Pilz und seine Co-Autoren die KOS „in Zusammenarbeit mit in der Arbeit gegen Rassismus, Fremdenfeindlichkeit und Rechtsextremismus erfahrenen freien Trägern" (vgl. Pilz et al. 2006e: 444) vor. Zu Recht weist Gabriel überdies darauf hin, dass Mitarbeiter der Fanprojekte „mit autoritären und undemokratischen Einstellungsmustern" (Gabriel 2008: 49) in dieser Arbeit nicht vorstellbar sind. Selbstverständlich muss darauf geachtet werden, dass Fanprojekte nicht von rechtsextremen Akteuren unterwandert werden.

Noch vor DFB und den Bundesligavereinen, die in den 90er Jahren damit begannen, sich mit dem Rechtsextremismus in deutschen Fußballstadien auseinanderzusetzen, problematisierten Teile der aktiven Fans diese Thematik. „Bereits seit den 80er Jahren sind Teile der Fanszene bemüht, Einfluss auf das Geschehen im Stadion und rund um den Fußball zu nehmen" (Lützenkirchen 2006: 7). Eine „Pionierrolle" (Dembowski 2008: 53) kam dabei dem in der Saison 1993/1994 ins Leben gerufenen Bündnis aktiver Fußballfans (BAFF) zu. „Gegründet unter dem Eindruck rassistischer Übergriffe im Stadion und auf den Straßen fand sich das BAFF schnell als Ansprechpartner für zahlreiche Fanbelange wieder" (Dembowski 2008: 53). Aufgrund der ursprünglichen Fokussierung auf den Kampf gegen Rechtsextremismus sowie der erst danach einsetzenden breiteren Themenstreuung verwundert es kaum, dass sich das BAFF ursprünglich als ,Bündnis antifaschistischer Fußballfans' gegründet hatte und sich „erst später […] in ,Bündnis aktive Fußballfans' um[benannte], da die Aktivitäten über den Kampf gegen Rechtsextremismus hinausgingen" (Gabler 2011: 167). Nach eigenen Angaben ist das BAFF momentan ein „vereinsübergreifender Zusammenschluss von über 200 Einzelmitgliedern und vielen Faninstitutionen" (BAFF 2012). Die BAFF ist gleichwohl nur ein Beispiel für vereinsübergreifende Zusammenschlüsse von Fans, die sich mehr oder weniger deutlich gegen Rechtsextremismus einsetzen. Initiativen wie ,ProFans' oder ,Unsere Kurve' sind weitere, die in Kapitel 7.2.2 näher vorgestellt werden. An dieser Stelle sollen nun die auf dem beschriebenen Engagement von aktiven Fußballfans aufbauenden Handlungsempfehlungen aus der Forschung pointiert thematisiert werden.

Die Förderung von Faninitiativen und das Stärken einzelner Fans durch ein Training von „Schlüsselpersonen aus der Fanszene" (Pilz 2008: 19) wird von Forschern wie Pilz ausdrücklich empfohlen. Dabei können vereinsübergreifende Zusammenschlüsse wie das BAFF eine Doppelrolle spielen. Erstens können sie mit ihrer gebündelten Expertise Fortbildungen als Dachorganisation übernehmen. Zweitens kommt den darin organisierten (und fortgebildeten) Fans die Rolle von Multiplikatoren innerhalb der eigenen Fanszene zu. Außerdem können vereinsübergreifende Zusammenschlüsse von Fans in Wechselwirkung mit Fanprojekten und anderen Akteuren Inhalte innerhalb der Fanszene authentisch implementieren, da solche Zusammenschlüsse aus dem Kreis der Fans heraus entstanden sind, sich vereinsübergeifend auch für Fanbelange abseits der rechtsextremen Problematik einsetzen und so in der Fankurve weitgehend akzeptiert sind. Andererseits darf man solche zum Teil losen Zusammenschlüsse von Fans auch nicht überlasten. Dembowski schlägt deswegen vor: „Ein zentraler Beitrag zur Unterstützung der Arbeit von Faninitiativen und anderen Akteuren könnte eine bundesweite Koordinationsstelle auf multi-institutionaler, ombudsähnlicher Basis sein, mit zwei Abteilungen:

Antidiskriminierung im Profi- und eben im Amateurfußball" (Dembowski 2008: 60). In eine ähnliche Richtung gehen Vorschläge von Pilz, welche die Einrichtung einer festen Referentenstelle zum Thema Rechtsextremismus bei der KOS fordern, da „Erfahrungen aus den Interviews zeigen, dass in der Arbeit für Respekt und Toleranz konkrete Verantwortlichkeiten festgelegt werden müssen, um sie stärker zu institutionalisieren" (Pilz et al. 2006e: 446). Des Weiteren schlagen die Forscher um Pilz zur Stärkung der unabhängigen Faninitiativen die „Einrichtung eines Aktionsfonds zur Unterstützung von konkreten Aktivitäten für Respekt und Toleranz aus der Fanszene vor" (Pilz 2006: 446). Eine interdisziplinäre Arbeitsgruppe soll über die Vergabe der Mittel entscheiden. Weiterhin regen die Forscher um Pilz die „Einrichtung eines ehrenamtlichen Referenten/Ansprechpartners für die Arbeit für Respekt und Toleranz beim Verein" (Pilz et al. 2006e: 447) an.

Ziel all dieser Handlungsempfehlungen ist vor allem eine bessere Unterstützung der existierenden und sich in der Zukunft noch gründenden Faninitiativen gegen Rechtsextremismus. Doch schon hier wird exemplarisch deutlich, was in der Aufarbeitung der vorliegenden wissenschaftlichen Handlungsempfehlungen für den Kampf gegen Rechtsextremismus im Fußballstadion an vielen Stellen zu beobachten ist. Denn obwohl die Vorschläge zwar in die gleiche Richtung weisen, unterscheiden sie sich doch im Detail zum Teil erheblich und widersprechen sich manchmal sogar. Dies soll am Beispiel der eben beschriebenen Handlungsempfehlungen verdeutlicht werden: Einig sind sich die Forscher darin, dass es besser wäre, mindestens eine feste Stelle als Ansprechpartner der Fans beziehungsweise der Faninitiativen zur Unterstützung ihrer Arbeit gegen Rechtsextremismus im Stadion zu schaffen. Fraglich ist jedoch, wo diese Stelle angesiedelt werden soll, wer sie finanziert und was ihre konkrete Aufgabe wäre. Soll sie, wie Dembowski fordert, weitgehend eigenständig sein und von einem „Treuhandfonds, in den unterschiedliche gesellschaftliche Kräfte einzahlen (inkl. DFB/DFL, Deutsche Sportjugend, Bund, evtl. TV)" (Dembowski 2008: 60) finanziert werden? Oder soll, wie Pilz vorschlägt, eine Referentenstelle bei der KOS angesiedelt werden (vgl. Pilz et al. 2006e: 446)? Und müsste wirklich jeder Verein einen Ansprechpartner zum Thema Rechtsextremismus benennen (vgl. Pilz et al. 2006e: 447)? Würde es genügen, wenn eine solche Stelle beim Verband angesiedelt wäre? Oder sollte lieber, wie Wagner empfiehlt, die „Benennung einer (hautamtlichen) Ansprech-partnerin / eines (hauptamtlichen) Ansprechpartners gegen Rassismus und Diskriminierung in den Landesverbänden" (Wagner 208: 86) des DFBs erfolgen? Diese kurze Darstellung zeigt exemplarisch, dass viele Forscher im Grunde den gleichen Grundgedanken teilen, die präferierte Umsetzung dieses Ansatzes jedoch von Autor zu Autor variiert. Dies unterstreicht die Heterogenität des Forschungsfeldes in einigen Punkten, was die Erstellung einen konsistenten Gesamtkonzepts von Strategien gegen Rechtsextremis-mus im Fußballstadion zusätzlich erschwert.

Weitgehende Einigkeit herrscht in der scientific community wieder-um, wenn es um die Empfehlung einer besseren Vernetzung bestehender Strukturen geht. Pilz und sein Forschungsteam schlagen vor, „eine inter-disziplinäre Arbeitsgruppe für Respekt und Toleranz" (Pilz et al. 2006e: 447) einzurichten. Diese solle aus Vertretern von DFB, DFL, Vereinen, Fanprojekten, Faninitiativen, Polizei und Justiz bestehen und jährlich „eine Situationsanalyse in Bezug auf Fremdenfeindlichkeit, Rassismus und Rechtsextremismus in deutschen Stadien" (Pilz et al. 2006e: 447) erstel-len sowie Gegenstrategien entwickeln und deren Umsetzung vorantreiben. Viele weitere Autoren pflichten Pilz an dieser Stelle bei und betonen, trotz des inflationären Gebrauchs des Begriffs, dass Vernetzung „zielführend und angebracht [ist], wenn es darum gehen soll, rechtsextreme Einstel-lungen und/oder fremdenfeindliche Aktivitäten[46] im Umfeld des Fußballs entschieden entgegenzutreten. Nicht zuletzt im Interesse, die eigene Arbeit effektiver zu gestalten und vor allem die vorhandenen Ressourcen optimal zu nutzen, ist eine Verzahnung der Aufgaben und Angebote mit verschie-denen freien und öffentlichen Trägern (z.B. Lokale Aktionspläne gegen Rassismus und Diskriminierung, Schulen, Initiativen, Polizei etc.) ein Er-folg versprechendes Mittel" (Wagner 2008: 83/84).

---

46 Auffallend ist an dieser Stelle einmal mehr die unscharfe theoretische Abgren-zung des Begriffs Rechtsextremismus. Wäre er zweckmäßig definiert worden, könnte Wagner an dieser Stelle nicht rechtsextreme Einstellungen von fremden-feindlichen Aktivitäten trennen, da letztere zentraler Bestandteil rechtsextremer Ideologien sind. Selbst wenn er diese „fremdenfeindliche Aktivitäten" (Wagner 2008: 84) als eine Dimension des Rechtsextremismus auf der Handlungsebene besonders herausstellen möchte, vernachlässigt er dabei andere Dimensionen wie homophobe, antisemitische oder sexistische Aktivitäten.

Ein weiterer zentraler Punkt in der historisch gewachsenen Bekämpfung des Rechtsextremismus liegt nach Meinung einiger Autoren im Aus- und Neubau sowie in der Modernisierung der Bundesligastadien (vgl. Kapitel 4.2). Vergleichbar und in Wechselwirkung mit der voranschreitenden Kommerzialisierung des Fußballs stehend, ist dabei ebenfalls anzunehmen, dass die Stadionumbauten vor allem in den 90er Jahren nicht primär deswegen durchgeführt wurden, um damit den Rechtsextremismus zurückzudrängen. Vielmehr erscheinen die Modernisierungsarbeiten Resultat einer kommerziellen Entwicklung der sich wandelnden Fußballindustrie gewesen zu sein. Gleichwohl dürfen die daraus resultierenden Effekte auf den Kampf gegen den Rechtsextremismus nicht übersehen und schon gar nicht unterschätzt werden. „Die damit einhergehende Überwachungstechnik und Sanktionierung" (Behn/Schwenzer 2006: 346), welche in den neuen Stadien optimiert wurden, hatten beträchtliche Veränderungen innerhalb der Fußballfankultur zur Folge (vgl. Kapitel 4). Es war für Krawallmacher sowie für rechtsextreme Agitatoren fortan nicht mehr so einfach, im Publikum unterzutauchen und ihre Parolen, Spruchbänder und Gesänge im Schutze der Anonymität der Masse vorzutragen.

Vor diesem Hintergrund kommt mit Blick auf Handlungsempfehlungen aus der wissenschaftlichen Literatur die zweite Säule des NKSS ins Spiel: repressive Maßnahmen. Dafür sieht das NKSS unter anderem die (in Augen vieler Fans hochumstrittene) Einführung bundesweit gültiger Stadionverbote vor (vgl. Deutsche Sportjugend 1992: 20ff.), die auch aufgrund der verbesserten Überwachungsmöglichkeiten im Umfeld der Fußballstadien verstärkt ausgesprochen werden. Fußballvereine erhielten damit ein recht wirksames Instrument, um gegen gewalttätige Fans aber auch gegen Rechtsextreme im eigenen Stadion vorzugehen. Fallen diese negativ auf, kann der Verein ihnen auf Basis seines Hausrechts den Besuch der Spiele in seinem Stadion verbieten. Repressive Maßnahmen wie diese sind innerhalb der Fanszene jedoch nicht nur höchst unbeliebt (vgl. Kapitel 4.2), sondern bekämpfen darüber hinaus nur den sichtbaren Rechtsextremismus. Sie sind also im Kampf gegen (offensichtliche) direkte Anknüpfungspunkte von Rechtsextremen auf der Handlungsebene sehr geeignet, für den Kampf gegen Anknüpfungspunkte auf der Einstellungsebene jedoch ineffektiv.

Durch die beständig ausgebaute flächendeckende Kameraüberwachung im Umfeld der Stadien können rechtsextreme Handlungen entdeckt, ihre

Urheber identifiziert und gegebenenfalls bestraft werden. Dass dies funktionieren kann, zeigt das Beispiel eines Dortmundfans, der 2013 beim Spiel gegen den VFB Stuttgart im Stadion beim Zeigen des Hitlergrußes gefilmt wurde und daraufhin vom Verein „mit einem bundesweiten Stadionverbot belegt" (SpiegelOnline 2013b) wurde. Nicht zuletzt deswegen ist im Konzeptpapier ‚Sicheres Stadionerlebnis' von der DFL die „Einrichtung eines Videoüberwachungssystems (ggf. auch als statuarische Verpflichtung [...])" (DFL 2012: 20) bei allen Bundesligavereinen gefordert und ausdrücklich für gut befunden worden. Obwohl das Konzeptpapier nicht explizit auf den Kampf gegen Rechtsextremismus, sondern primär auf den Kampf gegen Gewalt im Fußballstadion ausgerichtet ist, kann die Intensivierung der Kameraüberwachung im Stadion sowie in dessen Umfeld durchaus auch als Handlungsempfehlung gegen Rechtsextremismus im Fußballstadion bewertet werden, die vielerorts bereits intensiv umgesetzt wird.

Die Erhöhung der Präsenz von Polizei und Ordnern im Umfeld des Stadions kann ebenfalls als repressive Handlungsstrategie gegen Rechtsextremismus im Fußball angesehen werden. Die beständig wachsende Zahl an eingesetzten Ordnern und Polizisten im Kontext von Fußballspielen[47] trägt fraglos einen nicht unerheblichen Teil zur Steigerung des Erfolgs im Kampf gegen offensichtlichen Rechtsextremismus im Vergleich zu den 80er Jahren bei. Auch wenn „Verstöße gegen §86a[48] erst später als ein Grund" (Gabler 2011: 167) für das Aussprechen von Stadionverboten in das NKSS aufgenommen wurde.

So groß die sichtbaren Erfolge der repressiven Handlungen von Vereinen und Staat im Kampf gegen (offensichtliche) direkte Anknüpfungspunkte des Rechtsextremismus auch sein mögen, kann dieser Ansatz nach Ansicht der scientific community dennoch keinesfalls alleinige Handlungsstrategie sein. „Die Lösung des Problems kann und darf nicht allein in

---

47 Alleine zwischen der Saison 1999/2000 (1.017.132 Arbeitsstunden [vgl. ZIS 2000: 12] und 2011/2012 (1.365.557 Arbeitsstunden [vgl. ZIS: 2012: 19] erhöhte sich die Präsenz der Polizei bei Fußballspielen der Bundesliga um fast ein Drittel.

48 Gabler meint hier natürlich § 86a des Strafgesetzbuchs, der das Verbot der Verwendung von Kennzeichen verfassungswidriger Organisationen regelt. Gemeint sind in diesem Zusammenhang Kennzeichen rechtsextremer Organisationen.

Verboten und Strafen liegen" (Pilz 2008: 18). Pilz betont ausdrücklich, dass das NKSS wie dargestellt „auf zwei gleichberechtigten Säulen, den ordnungspolitischen und den sozialpädagogischen Maßnahmen und Aufgabenfeldern" (Pilz 2008b: 82) ruhe. Sich alleine auf repressive Maßnamen zu verlassen, ist laut wissenschaftlicher Literatur aufgrund mehrerer Gründe problematisch. Beispielsweise liege die Mehrzahl der rechtsextremen Handlungen „unterhalb der Ebene der Strafbarkeit und gerät dadurch nicht in den Fokus der polizeilichen Ermittlung" (Behn/Schwenzer 2006: 415). Sexistische Sprüche sind nicht nur in vielen Stadien Alltag, sondern in der Gesellschaft insgesamt weit verbreitet. Ähnlich verhält es sich mit homophoben Beschimpfungen. Gegen Taten dieser Art sind repressive Maßnahmen wirkungslos, da sie nicht strafbar sind und häufig gar nicht erst problematisiert werden. Ebenso machtlos stehen repressive Handlungsempfehlungen wie Stadionverbote, Kameraüberwachung oder die Erhöhung der Polizei- und Ordnerpräsenz rechtsextremen Codierungen gegenüber. Einige Kleidungsmarken wie etwa Thor Steinar suggerieren automatisch eine gewisse Nähe zum rechtsextremen Rand der Gesellschaft und stehen als „Symbol für einen ‚rechten Chic'" (DasVersteckspiel.de 2013). Gleichwohl sind sie nicht verboten und ihre Träger können deswegen nicht von staatlichen Akteuren belangt werden. Hier müssen die Verein selbst aktiv werden. Eine mögliche Handlungsempfehlung aus der Forschung ist daher die Einführung einer neuen Stadionordnung „mit klaren Verhaltensregeln" (Landesrat für Kriminalitätsvorbeugung Mecklenburg Vorpommern 2007: 6), die explizit betonen, dass unter anderem rassistische Äußerungen verboten sind (vgl. Landesrat für Kriminalitätsvorbeugung Mecklenburg Vorpommern 2007: 18/19) und das Tragen von gewissen Kleidungsmarken, die eindeutig der rechtsextremen Szene zuzuordnen sind, im Stadion ebenfalls unterbunden wird. Da diese Empfehlung mit dem expliziten Abheben auf Rassismus jedoch lediglich eine Dimension des Rechtsextremismus berührt, wird von anderen Autoren vorgeschlagen, einen „Anti-Diskriminierungsparagraphen in die Stadien- oder Vereinssatzung" (Bündnis für Demokratie und Toleranz [in der Folge mit BDT abgekürzt] et al. 2008: 16) aufzunehmen. „So wird ein klares Zeichen gegen jede Art von Diskriminierung gesetzt" (BDT et al. 2008: 16), das sämtliche Dimensionen des Rechtsextremismus, einschließlich Sexismus, Homophobie und weiteren, einbezieht. Über eine in diesem Sinne ausgestaltete Stadionordnung verfügt zum Beispiel der FC Sankt Pauli (vgl. FC St. Pauli 2012). Darin wird explizit darauf verwiesen, dass es verboten ist, Kleidungsstücke „zu tragen oder mitzuführen, deren Herstellung, Vertrieb oder Zielgruppe nach allgemein anerkannter Ansicht im rechtsextremen Feld anzusiedeln sind" (FC St. Pauli 2012). In dieser allgemein gehaltene Passage vermeiden es die Macher der Stadionordnung auf einzelne Marken einzugehen und machen sich so unabhängig von modischen Vorlieben innerhalb der rechtsextremen Szene.

Vor diesem Hintergrund darf allerdings nicht unerwähnt bleiben, dass Rechtsextreme trotz aller Bemühungen einzelner Vereine weiterhin unterhalb der Eingreifschwelle von Stadionordnung und Strafbarkeit versuchen, durch den gezielten Einsatz von bestimmten Klamotten (offensichtliche) indirekte Anknüpfungspunkte für Rechtsextreme bereitzustellen (vgl. Kapitel 5.2.2). Wie Pfeiffer zu Recht bemerkt, wird gemeinsame Kleidung „zu mehr als einer beliebigen Mode: Sie symbolisiert das Bekenntnis zu einem gemeinsamen ‚Way of Life'" (Pfeiffer 2007: 37). Gerade bei Fußballfans, die sich von anderen Fangruppen durch einen bewusst gesetzten Dresscode absetzen, bilden die durch Szene-Kleidung erzeugten Abgrenzungsmöglichkeiten starke Anknüpfungspunkte für Rechtsextreme, die sich selbst mit detaillierten Stadionordnungen nur schwer verbieten lassen, da diese mit unzähligen Codes und Symbolen umgangen werden kann. Die Zahl 88 steht beispielsweise „für ‚Heil Hitler', denn der achte Buchstabe des Alphabets ist das ‚H'" (Blaschke 2011). Die 14 steht „als Kürzel für die‚14 words', eine rassistische Parole mit 14 Wörtern" (Pfeiffer 2007: 37). Diese Zahlen können sich die Fans als Rückennummer auf das Trikot drucken lassen und so szeneinterne Erkennungszeichen setzen, die strafrechtlich unangreifbar sind. Weitere der mannigfaltigen Beispiele für rechtsextreme Codes sollen an dieser Stelle nicht dargestellt werden, da das Grundproblem deutlich geworden ist.[49] Etliche Autoren haben erkannt, dass Verbote einzelner Kleidungsmarken daher nur begrenzt weiterhelfen. Stattdessen empfiehlt zum Beispiel Pilz, „regelmäßige Schulungen von Ordnungspersonal, Sicherheitsbeauftragten und Fanbetreuenden speziell zur neueren

---

49 Äußerst lesenswert ist zu diesem Thema die Broschüre „Versteckspiele" (Agentur für soziale Perspektiven 2004) und ein Besuch der immer wieder aktualisierten Homepage www.dasversteckspiel.de

Entwicklung im Rechtsextremismus und Training zu Handlungsintervention im Stadion" (Pilz 2008: 19) durchzuführen. So können Trends sowie versteckte rechtsextreme Codierungen erkannt werden. Erst diese Identifizierung wiederum ermöglicht eine zielgerichtete Auseinandersetzung mit Trägern dieser Codes sowie entsprechenden Gruppierungen. Ohne dieses Fachwissen kann es vorkommen, dass sich Rechtsextreme in Fankurven ausbreiten, ohne dass es Fanbetreuer und/oder Sicherheitsdienst bemerken, da sie sich getreu der ‚Football-Without-Politics'-Attitüde mit rechtsextremen Aussagen sowie Handlungen zurückhalten. Ihre Einstellungen stellen sie stattdessen indirekt zum Beispiel über Klamotten zur Schau, verbreiten sie hinter vorgehaltener Hand, nehmen so unterschwellig große Teile der Fankurve für sich ein, um dann im finalen Schritt neue Kameraden mit geschlossenen rechtsextremen Einstellungsmustern rekrutieren zu können. Regelmäßige Aufklärungsarbeit kann diesen Codierungen zumindest die Anonymität nehmen, sie als potentiell rechtsextrem entlarven und damit die Grundlage für eine weiterführende Auseinandersetzung mit der Problematik legen.

Einen weiteren Ansatzpunkt von Strategien gegen Rechtsextremismus haben einige Forscher darin erkannt, dass manche Dimensionen des Rechtsextremismus in deutschen Fußballstadien stärker problematisiert werden als andere. Degele/Janz haben in empirischen Untersuchungen zum Beispiel nachgewiesen, dass sich Fußballfans größtenteils der gesellschaftlichen Problematik von rassistischen Äußerungen bewusst sind, dies bei homophoben Äußerungen jedoch nicht der Fall ist: „Den Diskutierenden ist durchaus bewusst, dass dies ein heikles Thema ist und unüberlegte Benennungen und Äußerungen ihnen schnell den Vorwurf einbringen könnte, zu diskriminieren oder – noch schlimmer – rassistische Einstellungen zu haben. Im Hinblick auf Schwule ist es mit der Korrektheit dagegen nicht so weit her,,Schwuchtel' gehört zum weitgehend üblichen Vokabular vieler Diskutierender" (Degele/Janz 2011: 26). Ähnliches haben auch Behn und Schwenzer festgestellt: „In der männlich konnotierten Welt des Fußballs sind homophobe Beschimpfungen gängig – und häufiger als rassistische" (Behn/Schwenzer 2006: 362). Ebenso sei „Sexismus [...] im Fußballstadion allgegenwärtig" (Behn/Schwenzer 2006: 363). Es ist also durchaus angebracht, von einer Hierarchisierung der Diskriminierung im Fußballstadion zu sprechen. Das bestätigt auch Blaschke, wenn er mit Blick auf die Veränderungen innerhalb der Fußballstadien während der vergangenen Jahrzehnte ernüchtert feststellt: „Rassismus und Antisemitismus haben sich aus den Profiligen in die Amateurligen verlagert, doch Homophobie, Sexismus, Islamfeindlichkeit oder Antiziganismus bleiben Begleiterscheinungen der Bundesliga" (Blaschke 2012: 283). Degele/Janz vermuten sogar, dass die flächendeckende Bekämpfung des Rassismus in den Bundesligastadien dazu führt, dass „Personen mit rechtsradikalen Einstellungen dann weniger fremdenfeindliche Parolen [rufen], [...] ihr Engagement dafür aber umso mehr auf bislang noch weniger geächtete homophobe und sexistische Äußerungen" (Degele/Janz 2011: 51) verlagern.

Während Rassismus in den Stadien also zunehmend geächtet wird, werden vor allem homophobe sowie sexistische Aussagen häufig akzeptiert beziehungsweise als normal wahrgenommen. Hier drängt sich daher tatsächlich der Verdacht auf, dass das Stadion die Funktion des viel zitierten Brennglases oder Zerrspiegels einnimmt und gesamtgesellschaftliche Entwicklungen verstärkt. In diesem Sinne meint Blaschke, den „Fußball als Spiegelbild der Gesellschaft zu verklären, ist naiv. Das Stadion gleicht vielmehr einer Lupe, unter der Befindlichkeiten, Stimmungen und Ressentiments leichter erkennbar werden" (Blaschke 2012: 278). Gleichwohl machen Degele/Janz zu Recht deutlich, dass der Kampf gegen Rechtsextremismus im Fußball schon weitaus länger geführt wird, wohingegen „eine Häufung von Projekten gegen Homophobie und auch gegen Sexismus erst seit Mitte 2000 zu beobachten" (Degele 2011: 27) sei und die Sensibilisierung der Fußballfans für dieses Thema folglich auch erst später einsetzen konnte.

Vor dem Hintergrund ihrer Untersuchungen zur „Ausgrenzung aufgrund sexueller Orientierung (Homophobie), Geschlecht (Sexismus) und Ethnizität/Nationalität (Rassismus)" (Degele/Janz 2011: 8) im Fußball, formulieren Degele/Janz eine Reihe von Handlungsempfehlungen, um Sexismus und Homophobie im Fußball stärker als bisher zu problematisieren. Ihre Vorschläge zielen jedoch insgesamt eher auf den Amateurbereich. Für die Anwendung im Kampf gegen Rechtsextremismus in Fanszenen von Bundesligavereinen, der Untersuchungsgegenstand dieser Arbeit ist, scheinen sie allenfalls partiell gültig. Das liegt vor allem an ihrem grundlegenden Charakter. So meinen Degele/Janz zum Beispiel beobachtet zu haben: „Frauen und Mädchen dürfen beim Fußballspielen nicht härter rangehen, weil dies sofort abgepfiffen wird" (Degele/Janz 2011: 46), anders als bei Jungs und Männern. Dieses geschlechtsspezifische Pfeifen verändere „die Körperwahrnehmung und die Spielpraxis der Frauen, was auf Dauer zu einer angepassten, und das heißt, vorsichtigeren und zurückhaltenderen Spielpraxis führt – weiblich eben" (Degele/Janz 2011: 46). Das führe wiederum zur Abwertung des Frauenfußballs und fördere den Sexismus im Fußball. Um diese festgefahrenen Strukturen aufzubrechen schlagen die Forscherinnen unter anderem „heteronormativitäts- und rassismussensibles, professionelles Monitoring fußballerischer Praxis" (Degele/Janz 2011: 49) vor. Dadurch soll erkannt werden, „dass das vermeintlich geschlechtsneutrale Pfeifen eben doch nicht geschlechtsneutral erfolgt und genau solche beobachtete Diskrepanzen zwischen geglaubter und tatsächlicher Praxis können die Augen öffnen" (Degele/Janz 2011: 49). Neben dieser Sensibilisierung fordern sie strukturelle Änderungen wie „die Zulassung von Frauenteams beim bereits klassenübergreifend ausgetragenen DFB-Pokal und die Aufhebung der geschlechterdifferenten Bedeutung von Trainer/innenlizenzen" (Degele/Janz 2011: 51). Diese grundsätzlichen Handlungsempfehlungen zielen darauf, den Sexismus strukturell zu bekämpfen. Sie sind durchaus diskutabel, verfolgen im Grunde aber einen richtigen Ansatz. Im Kontext der konkreten Bekämpfung der Dimension des Rechtsextremismus im Fußballstadion von Bundesligavereinen sind sie allerdings eher nicht praktikabel. Alleine ein gemischtgeschlechtlich ausgetragener DFB-Pokal mit Frauen- und Männerteams würde die sexistischen Einstellungen von Fußballfans wohl nicht abbauen, sondern vermutlich eher noch verstärken. Gleichwohl ist es insgesamt durchaus sinnvoll, festgefahrene Strukturen und in den Fanszenen als selbstverständlich angesehene homophobe oder sexistischer Handlungen zu hinterfragen, um sie so im nächsten Schritt verändern zu können. Dieser Ansatz muss jedoch auf die Lebenswirklichkeit der Fußballfans heruntergebrochen werden, um im Kontext der Fanszenen implementiert werden zu können.

Auf die direkte Arbeit mit Fangruppen eher anzuwenden sind Degele/Janz' Vorschläge zur Bekämpfung von Homophobie im Fußballstadion. Hier fordern sie „eine Art Wiederaneignungs- und Umdeutungsarbeit, die auf eine Verselbstverständlichung von Schwulsein zielt. [...] Klassische Unterstützungsmedien dafür sind Infobroschüren und Informationsveranstaltungen" (Degele/Janz 2011: 49). In eine ähnliche Richtung gehen

Handlungsempfehlungen des Forschungsteams um Pilz, das beispielsweise die Entwicklung einer Wanderausstellung zum Thema Frauen, Fußball und Sexismus vorschlägt, um so auf sexistische Diskriminierung aufmerksam zu machen und festgefahrene Strukturen und Überzeugungen innerhalb der Fanszenen aufzubrechen (vgl. Pilz et al. 2006e: 446). Vorbild einer solchen Ausstellung könnte die vom BAFF konzipierte Ausstellung ‚Tatort Stadion' sein, die seit 2010 in der zweiten, aktualisierten Version an wechselnden Orten präsentiert wird (vgl. Tatortstadion.blogsport.de 2013), aber das Thema Sexismus lediglich streift. Dembowski schlägt vor, eine solche Ausstellung (die freilich nicht nur Sexismus, sondern alle problematischen Dimensionen des Rechtsextremismus im Stadion anspricht) „als flächendeckendes Bildungstool" (Dembowski 2008: 61) auch beim DFB anzusiedeln, um den Wirkungskreis zu erhöhen. Außerdem regt er an, nach Vorbild des englischen Fußballverbandes Projekte gegen Rechtsextremismus an Schulen anzubieten, um so als Verband Flagge zu zeigen und potentielle Fans direkt anzusprechen und ihre toleranten Einstellungen zu fördern (vgl. Dembowski 2008: 62). Weiterhin schlägt das Forscherteam um Pilz vor, einen regelmäßigen jährlichen „Aktionstag des DFB für Respekt und Toleranz gegen Fremdenfeindlichkeit, Sexismus und Homophobie" (Pilz et al. 2006e: 445) mit verpflichtender Teilnahme aller Vereine von Bundesliga bis Regionalliga einzuführen. Jährliche Wiederholungen sollen für einen Wiedererkennungswert sorgen und durch Partnerschaften mit diversen Institutionen wie Vereinen, Faninitiativen oder Fanclubs soll die Sensibilität innerhalb der Fanszene für diese Thematik Schritt für Schritt erhöht werden.

Generell empfiehlt Wagner dem DFB, sich eindeutig gegen Rechtsextremismus zu positionieren, was in der jüngeren Vergangenheit, insbesondere unter der Ägide von Ex-DFB-Präsident Theo Zwanziger, durchaus geschehen sei, jedoch konsequent fortgesetzt werden müsse (vgl. Wagner 2008: 82ff.). Allerdings weisen Degele/Janz darauf hin, dass bei einer solchen konsequenten Positionierung „dann auch kein Oliver Bierhoff durch homophobe Äußerungen[50] Vertrauen zerstören und Solidaritätsbekundungen

---

50 Degele/Janz spielen dabei auf eine Äußerung an, die der Manager der deutschen Nationalmannschaft im Kontext der Ausstrahlung eines Tatorts über homosexuelle Nationalspieler getätigt hat (vgl. z.B. Blaschke 2011d).

als wertlose Lippenbekenntnisse erscheinen lassen" (Degele/Janz 2011: 53) darf. Mit Blick auf Kampagnen, Projekte und Maßnahmen des DFBs, aber auch von anderen Akteuren im Umfeld des Fußballstadions, geben Özaydin/Aumeier überdies zu Recht zu bedenken: „Fußballfans begreifen sehr schnell, was als Prestige-Kampagne gedachtes soziales Engagement ist und was nicht" (Özaydin/Aumeier 2008: 121). Würden Fans eine Prestige-Absicht erkennen, könnten sogar gut gemeinte Projekte im Endeffekt das Gegenteil bewirken. Authentische Kampagnen seien daher absolut notwendig.

Bislang noch weitgehend unbeachtet blieben die Spieler als weitere Akteure im Komplex des Profifussballs. Sie tauchen als Adressat von Handlungsempfehlungen gegen Rechtsextremismus in der Literatur selten auf. Wagner gibt lediglich stichpunktartig die Empfehlung: „Profis als Vorbilder in die Pflicht nehmen" (Wagner 2008: 86). Generell ist hier jedoch Vorsicht geboten. Es wäre beispielsweise nicht ratsam, die Spieler per Vertrag dazu zu zwingen, sich mannschaftsintern abwechselnd jede Woche einmal gegen Rechtsextremismus auszusprechen. Das Engagement muss aus der Mitte der Mannschaft kommen oder in Zusammenarbeit von Spielern mit Fans und/oder Fanprojekt erfolgen, damit es authentisch bleibt. Vorbilder dafür gibt es durchaus: zum Beispiel die Schalker Spieler Lehmann, Müller und Eigenrauch, die 1992 auf Bitten einer Faninitiative Flugblätter gegen Rassismus verteilt haben (vgl. Blaschke 2011: 187). Doch solche Aktionen sind selten, wie Ahrens in einem Bericht über eine Diskussionsrunde mit Dembowski festhält: „An dem Thema Rassismus im Stadion, und wie man ihn bekämpft, hat er bisher kein großes Interesse von Profiseite wahrgenommen" (Ahrens 2007). Generell bergen authentische Positionierungen der Profifußballer gegen Rechtsextremismus jedoch große Chancen, da sie so insbesondere junge Fans auf die Problematik des Rechtsextremismus aufmerksam machen und Einnahmeversuchen von Rechtsextremen entgegenwirken können.

Mit Abstrichen können auch Handlungsempfehlungen an die Adresse der Polizei als Empfehlung gegen Rechtsextremismus in Stadien angesehen werden, obwohl sie primär auf den Abbau von Feindbildern und Gewalt im Umfeld des Stadions abzielen. Pilz schlägt zum Beispiel vor, „Deeskalation als oberstes Prinzip polizeilichen Handelns im Fußballumfeld" (Pilz et al. 2006e: 439) festzulegen. Da sowohl ‚Gewalt' als auch die ‚Anti-Polizei-Haltung' (offensichtliche) indirekte Anknüpfungspunkte von Rechtsextremen im Fußballstadion sind (vgl. Kapitel 5.2.1), kann eine Verringerung der Gewalt beziehungsweise der Abbau des Feindbildes Polizei im Kampf gegen diese Anknüpfungspunkte sehr wirkungsvoll sein. An dieser Stelle soll dies aber nur als ein Beispiel dafür angeführt werden, dass auch Maßnahmen gegen Gewalt sowie zur Deeskalation und Aggressionsvermeidung zwischen Fans und Polizei mitunter präventiv gegen die Herausbildung rechtsextremer Tendenzen in Fankurven wirken können. Da Handlungsempfehlungen dieser Art die Bekämpfung des Rechtsextremismus jedoch nur implizit vorantreiben, soll es bei diesem Beispiel bleiben.

Abschließend bleibt zu betonen, dass einige Forscher der Meinung sind, Handlungskonzepte sollten sich nicht nur auf die meist jugendlichen Besucher der Fankurve oder die meist jugendlichen Mitglieder der aktiven Fanszene konzentrieren. Fußballzentrierte Fans sowie Konsumorientierte Fans auf den Sitzplätzen dürften ebenso wenig außer Acht gelassen werden: „Rechtsextremismus ist weder ein ausschließliches an Gewalt gebundenes, noch ein reines Jugendproblem. Genauso waren und sind Rechtsextremismus und Rassismus im Bereich des professionellen Fußballsports kein reines Problem der Fankurven, sondern finden ihren Platz ebenso auf den Tribünen, in den Ehrenlogen und Präsidien oder auch auf dem Rasen. Dementsprechend vielfältig sollten die Beteiligten wie auch Adressaten und Adressatinnen von Gegenstrategien sein" (Gabriel 2008: 41). Dem stimmt Heitmeyer zu: „Deshalb halte ich viele Interventionsprojekte, die sich ausschließlich an Jugendliche richten, für strukturell falsch" (Blaschke 2011: 80).

Zwischenfazit

Wie dargestellt, existiert in der vorliegenden Literatur eine Fülle von Handlungsempfehlungen in Bezug auf die Arbeit gegen Rechtsextremismus im Fußballstadion. Diese beziehen sich auf miteinander in Wechselwirkung stehende Ergebnisse der Forschung, empirische Beobachtungen unterschiedlicher Qualität, gesellschaftliche Entwicklungen sowie den Wandel der Fanszenen und des Fußballs insgesamt. Dementsprechend disparat wirkt die Gesamtheit der Handlungsempfehlungen zunächst. Manche scheinen sich zu widersprechen, einige auf den ersten Blick unbrauchbar zu sein, während die Mehrzahl jedoch weitgehend konsistent und insgesamt stimmig wirkt. Um die Vielzahl der von unterschiedlichen Akteuren vorgetragenen Handlungsempfehlungen einigermaßen sinnvoll zu ordnen, werden sie in der Folge zunächst nach ihrer grundsätzlichen Ausrichtung systematisch grob zusammengefasst und ohne weitere Erläuterungen stichpunktartig dargestellt.

Tabelle 12: Handlungsempfehlungen aus der wissenschaftlichen Literatur zum Kampf gegen Rechtsextremismus im Fußballstadion (eigene Darstellung)

Repressive Maßnahmen	Regelmäßige Fortbildungen/ Schulungen hinsichtlich rechtsextremer Ideologien und Codes	Organisatorisches/ Strukturelles	Konkrete Maßnahmen bei der Arbeit mit Fans	Grundsätzliches
Stadionverbote	von Ordnern	Referentenstelle zum Thema Rechtsextremismus einrichten (bei der KOS oder beim DFB)	Gegenkräfte stärken	Eindeutige Positionierung gegen Rechtsextremismus
Kameraüberwachung	von Mitarbeitern des Fanprojekts	Aktionsfonds zur Unterstützung von konkreten Aktivitäten für Respekt und Toleranz innerhalb der Fanszene	Rechtsextreme Hegemonien durchbrechen/ verschieben	Authentische, regelmäßige Kampagnen und keine PR-Kampagnen
Starke Polizeipräsenz in und um das Stadion	von Fans	Bessere Unterstützung von Faninitiativen	Arbeit auf die jeweilige Situation in der Fanszene anpassen	Vielfältige Strategien, die sich nicht nur auf Jugendliche beschränken
Erhöhung der Zahl an Ordnern im Stadion	von Sicherheitsbeauftragten der Vereine	Anschaffung einer Wanderausstellung zum Thema Rechtsextremismus als flächendeckendes Bildungstool	Arbeit nicht nur auf Rechtsextremismus beziehen, sondern auch für andere Fanthemen einsetzen (Glaubwürdigkeit)	Einbeziehung der Profis in die Arbeit gegen Rechtsextremismus
Stadionordnung anpassen/ Musterstadionordnung einführen/ Antidiskriminierungsparagraph einführen	von Polizei	Vereinheitlichung der Organisationsstruktur von Fanprojekten	Aufzeigen von Widersprüchen in rechtsextremer Ideologie (z.B. Rechtsextremismus vs. schwarzer Lieblingsspieler)	

		Erhöhung der finanziellen bzw. personellen Mittel der Fanprojekte	Spezielles Training für Schlüsselpersonen aus der Fanszene (Multiplikatoren)	
		Vereinsüber-greifende Zusammenschlüsse/ Faninitiativen fördern	Anerkennung/ Förderung einflussreicher Faninitiativen gegen Rechtsextremismus	
		Bessere Vernetzung der Akteure untereinander	Rechtsextremismus evtl. indirekt thematisieren	
		Einrichtung einer interdisziplinären Arbeitsgruppe für Respekt und Toleranz	Mit verschiedenen Zielgruppen unterschiedlich Arbeiten (latent rechtsextreme Gruppen anders behandeln als linke)	
		Regelmäßiger Aktionstag gegen Rechtsextremismus	Selbstregulierung der Fanszene fördern	
			Fahrten mit Fans zu NS-Gedenkstätten	

Mit der Tabelle wurde der Versuch unternommen, die vielfältigen und auf verschiedenen Ebenen angesiedelten Handlungsempfehlungen aus der Wissenschaft zu systematisieren. Dabei wurden fünf Oberkategorien, bezogen auf die grundsätzliche Art der Strategien gebildet: repressive Maßnahmen, Schulungen, Organisatorisches/Strukturelles, konkrete Maßnahmen bei der Arbeit mit Fans und Grundsätzliches. Wie sich schon jetzt zeigt, sind die Handlungsempfehlungen auf den Feldern der konkreten Arbeit mit den Fans sowie der organisatorisch-strukturellen Seite am vielfältigsten.

Interessant ist nun die Frage, in welchen systematisch weiter ausdifferenzierten Feldern diese Handlungsempfehlungen aus der Wissenschaft anzusiedeln sind, das heißt, welche Akteure sie umsetzen sollen und worauf sie genau zielen. Deswegen soll nun die in Kapitel 3 erarbeitete, zweidimensionale Systematik aufgegriffen werden. Sie soll darstellen, in welchen Bereichen die jeweiligen Handlungsempfehlungen verortet werden können. Dazu werden die unterschiedlichen Handlungsempfehlungen vor dem Hintergrund der ihnen soeben grob zugeordneten Oberkategorien (vgl. Tabelle 12) einerseits mit den ausführenden Akteuren, das heißt dem Handlungsfeld, in dem die jeweilige Maßnahme umgesetzt werden soll, sowie andererseits mit den grundsätzlichen Zielen, die dadurch verfolgt werden, in Verbindung gebracht.

Tabelle 13: Wissenschaftliche Handlungsempfehlungen gegen Rechtsextremismus im Fußballstadion: systematisiert nach Handlungsfeld und Zielsetzung (eigene Darstellung)

Legende: Repressive Maßnahmen, Schulungen/Fortbildungen, Organisatorisches/ Strukturelles, Konkrete Maßnahmen bei der Arbeit mit Fans, Grundsätzliches

Handlungs-feld / Ziel-setzung	*Staat*	*Zivilgesellschaft*	*Wirtschaft*
Prävention	- Kameraüberwachung im Umfeld des Stadions - Authentische, regelmäßige Kampagnen und keine PR-Kampagnen	- Gegenkräfte stärken - Rechtsextreme Hegemonien durchbrechen - Arbeit auf die jeweilige Zielgruppe/Fanszene anpassen - Bei Arbeit gegen Rechtsextremismus auch andere Fanthemen beachten - Spezielles Training für Schlüsselpersonen aus der Fanszene - Anerkennung/Förderung von Faninitiativen gegen - Anerkennung/Förderung von Faninitiativen gegen Rechtsextremismus - Rechtsextremismus indirekt thematisieren - Förderung der Selbstregulierung der Fanszene - Eindeutige Positionierung gegen Rechtsextremismus - Strategien nicht nur auf Jugendliche beschränken - Kein Hierarchisierung von Dimensionen des Rechtsextremismus	- Kameraüberwachung im Stadion - Anpassung der Stadionordnung - Eindeutige Positionierung gegen Rechtsextremismus - Authentische, regelmäßige Kampagnen und keine PR-Kampagnen - Einbeziehung der Profis in die Arbeit gegen Rechtsextremismus

Aufklärung	- Schulung von Polizei	- Schulung von Mitarbeitern des Fanprojekts - Schulung von Fans - Aufzeigen von Widersprüchen in rechtsextremer Ideologie - Fahrten mit Fans zu NS-Gedenkstätten	- Schulung von Ordnern - Schulung von Sicherheitsbeauftragten der Vereine
Verbesserung der Infrastruktur	- Aktionsfonds zur Unterstützung von konkreten Aktivitäten - Erhöhung der Mittel der Fanprojekte - Einrichtung einer interdisziplinären Arbeitsgruppe - Bessere Vernetzung - Vereinheitlichung der Organisationsstruktur von Fanprojekten	- Bessere Unterstützung von Faninitiativen - Förderung vereinsübergreifender Zusammenschlüsse von Fans - Einrichtung einer interdisziplinären Arbeitsgruppe - Bessere Vernetzung - Regelmäßiger Aktionstag gegen Rechtsextremismus - Vereinheitlichung der Organisationsstruktur von Fanprojekten	- Einrichtung einer Referentenstelle Rechtsextremismus beim DFB - Einrichtung einer Referentenstelle Rechtsextremismus bei jedem Bundesligaverein - Aktionsfonds zur Unterstützung von Faninitiativen gegen Rechtsextremismus - Anschaffung einer Wanderausstellung - Vereinheitlichung der Organisationsstruktur von Fanprojekten - Erhöhung der Mittel für Fanprojekte - Einrichtung einer interdisziplinären Arbeitsgruppe - Bessere Vernetzung - Regelmäßiger Aktionstag gegen Rechtsextremismus
Konfrontation	- Stadionverbote - Kameraüberwachung - Starke Polizeipräsenz		- Stadionverbote - Erhöhung der Zahl an Ordnern
Mediation			
Minderheiten im Kontext stärken			
Ausstiegs- und Opferhilfe			

Die Zielsetzungsebenen ‚Mediation' „Minderheiten im Kontext stärken' und ‚Ausstiegs- und Opferhilfe' scheinen für wissenschaftliche Handlungsempfehlungen gegen Rechtsextremismus im Fußballstadion nicht relevant zu sein. Das macht in Anbetracht der besonderen, in Kapitel 4 ausführlich aufgearbeiteten Situation im Stadion Sinn. Mediationen zwischen verfeindeten Fanlagern sind dort kaum möglich.[51] Im Hinblick auf die Zielsetzungsebene ‚Minderheiten im Kontext stärken' könnte höchstens der Einsatz für Solidarität mit Minderheiten, also etwa der Kampf für Gleichberechtigung von Homosexuellen als eine Stärkung dieser Minderheit im Fußballkontext angesehen werden. Dennoch ist eine Verortung solcher Maßnahmen auf der Zielsetzungsebene Aufklärung oder Prävention sinnvoller. Auch die gesamtgesellschaftlich überaus relevante Ausstiegshilfe für Mitglieder rechtsextremer Szenen existiert in dieser Form im speziellen Kontext des Fußballstadions nicht.[52] Es zeigt sich also erneut, dass eine Übertragung von brauchbaren gesamtgesellschaftlichen Strategien gegen Rechtsextremismus auf die konkrete Situation des Fußballstadions nicht immer ohne weiteres möglich ist. Folglich sollen die drei Zielsetzungsebenen ‚Mediation',„Minderheiten im Kontext stärken' sowie ‚Ausstiegs- und Opferhilfen' bei den folgenden Untersuchungen keine Rolle mehr spielen, da sie sich als unzweckmäßig bei der Kategorisierung von Maßnahmen gegen Rechtsextremismus im Fußballstadion erwiesen haben.

Im Kontext des Fußballs sollte allerdings schärfer zwischen Aufklärung und Prävention unterschieden werden. Zwar sind dabei im Einzelfall durchaus auch Überschneidungen festzustellen[53], eine Ausdifferenzierung ist jedoch insbesondere mit Blick auf die Ansätze zur Schulungen verschiedener Akteure zweckmäßig. Daher wurden diese Zielsetzungen in der

---

51 Wenngleich Konfliktmanager der Polizei zum Teil durchaus eine mediatorenähnliche Rolle spielen.

52 Gleichwohl kündigte die DFL Anfang 2014 eine Kooperation mit Exit (vgl. Kapitel 3.2.3) an. Mit der Ausstiegshilfe für Rechtsextreme soll die „‚aktive Fanarbeit der Vereine' unterstützt werden, erklärte DFL-Geschäftsführer Andreas Rettig" (Kicker.de 2014). Wie sich die angekündigte Zusammenarbeit entwickelt und wie das Angebot angenommen wird, bleibt indes abzuwarten.

53 Eine Fahrt mit aktiven Fans zu einer NS-Gedenkstätte entfaltet beispielsweise durch ihren aufklärerischen Charakter mit Sicherheit auch präventive Wirkung.

Systematik von Tabelle 13 getrennt voneinander aufgeführt. Außerdem wurde als neue Zielsetzungsebene die Verbesserung der Infrastruktur eingeführt. Das ist sinnvoll, denn viele Handlungsempfehlungen zielen explizit auf die Verbesserung der infrastrukturellen Vorraussetzungen für Projekte gegen Rechtsextremismus im Stadion. Gewissermaßen schaffen Maßnahmen mit dieser Zielsetzung also die Vorraussetzungen für die Implementierung von Maßnahmen mit anderen Zielsetzungen, vor allem auf präventiver und aufklärerischer Zielsetzungsebene.

Festzuhalten bleibt an dieser Stelle, dass sich die Systematik aus Kapitel 3 insgesamt als brauchbar erwiesen hat, wenngleich sie in den beschriebenen Punkten im Hinblick auf den speziellen Kontext des Fußballstadions angepasst werden musste. Dies war jedoch problemlos möglich.

Zur näheren Analyse der nun systematisch dargestellten Handlungsempfehlungen aus der Forschung soll der Blick zunächst auf die Vorschläge repressiver Natur gelegt werden. Dabei fällt auf, dass diese naturgemäß hauptsächlich die Konfrontation mit den potentiell rechtsextremen Akteuren zum Ziel haben. Natürlich beinhalten Maßnahmen wie eine starke Polizeipräsenz oder eine Erhöhung der Zahl der eingesetzten Ordnern gleichzeitig ein gewisses präventives Element. Doch dieses resultiert in erster Linie aus der Möglichkeit der Konfrontation, mithin der möglichen strafrechtlichen Verfolgung der Täter. Daher ist eine Verortung auf der Zielsetzungsebene ‚Konfrontation' angemessen. Eindeutig präventiven Charakter verfolgt von den repressiven Maßnahmen lediglich die Änderung der Stadionordnung. Schwieriger ist die Einordnung der Kameraüberwachung im Stadion sowie in dessen Umfeld. Zumindest auf dem staatlichen Handlungsfeld kommt dieser Maßnahme sicherlich eine Zwitterrolle zwischen Prävention und Konfrontation zu. Zwar wirken Kameras im Hinblick auf die Durchführung potentieller Straftaten zunächst abschreckend, also präventiv. Da die Auswertung der Bilder jedoch mitunter eine strafrechtliche Verfolgung der Täter zur Folge hat, mithin erst durch diese potentielle Drohkulisse repressive Wirkung entfaltet wird, ist eine Einordnung als konfrontative Maßnahme ebenfalls sinnvoll. Da Kameras im Stadion, als Maßnahme der Vereine im Handlungsfeld Wirtschaft verortet, hinsichtlich der Strafverfolgung staatlichen Stellen lediglich zuarbeiten und aus Sicht der Vereine allenfalls für das Verhängen von Stadionverboten relevant sind, ist hier die Einordnung als präventiv angebracht. Insgesamt ist indes offensichtlich, dass die repressiven Handlungsempfehlungen fast alle auf der konfrontativen Zielsetzungsebene anzusiedeln und überwiegend im staatlich-konfrontativen Bereich zu verorten sind. Das häufig von der Polizei empfohlene, aber von den Vereinen auf Basis ihrer Stadionordnung umgesetzte Mittel des Stadionverbots ist dabei sowohl auf dem staatlichen als auch auf dem wirtschaftlichen Handlungsfeld zu lokalisieren. Ausschließlich im wirtschaftlich-konfrontativen Bereich kann lediglich die Erhöhung der Anzahl an Ordern verortet werden, da diese alleine von Vereinen beschäftigt werden.

Lassen sich wissenschaftliche Handlungsempfehlungen der Kategorie ‚Repressiv' also hauptsächlich dem staatlichen (und mit Abstrichen wirtschaftlichen) Handlungsfeld zuordnen, streut die Kategorisierung von Handlungsempfehlungen der Kategorie ‚Fortbildungen/Schulungen' über sämtliche Handlungsfelder. Gleichwohl sind diese Maßnahmen jedoch alle auf der aufklärerischen Zielsetzungsebene zu verorten. Denn während die handelnden Akteure auf den Feldern Wirtschaft, Zivilgesellschaft und Staat nach Ansicht der Forschung allesamt regelmäßige Fortbildungen geniessen sollten, verfolgen all diese Schulungen prinzipiell das gleiche Ziel: Sie sollen die jeweiligen Akteure im Kampf gegen Rechtsextremismus im Stadion, das heißt, sowohl Ordner als auch Fanprojektmitarbeiter, Fans und Polizisten über aktuelle Entwicklungen innerhalb der rechtsextremen Szene, neue Gegenstrategien sowie versteckte Codes und Symbole aufklären. Daher sind diese Handlungsempfehlungen unterschiedlichen Handlungsfeldern, jedoch der gleichen Zielsetzungsebene ‚Aufklärung' zuzuordnen.

Ähnliche verhält es sich mit den strukturell-organisatorischen Handlungsempfehlungen. Diese gibt die Wissenschaft ebenfalls Akteuren aus allen Feldern von Staat über Zivilgesellschaft bis zur Wirtschaft an die Hand. Dennoch können diese Handlungsempfehlungen trotz unterschiedlicher Nuancen einer gemeinsamen Zielsetzung zugeordnet werden: Sie alle sollen eine bessere Infrastruktur für Maßnahmen im Kampf gegen den Rechtsextremismus im Fußballstadion schaffen. Diese strukturell-organisatorischen Maßnahmen eint also, dass ihre Umsetzung alleine noch nicht konkret präventiv oder aufklärerisch wirken kann. Vielmehr sollen sie den Rahmen schaffen beziehungsweise verbessern, um präventive und/oder aufklärerische Arbeiten durchführen zu können. Allein ein regelmäßiger Aktionstag (organisiert von Wirtschaft und Zivilgesellschaft) entfaltet beispielsweise noch keine präventive Wirkung. Aber er schafft die Rahmenbedingungen für Maßnahmen dieser Art. Erst aus der inhaltlichen Ausgestaltung eines solchen Tages kann schließlich präventive Wirkung entwachsen. Daher ist es auch wenig sinnvoll, die Schaffung dieser infrastrukturellen Voraussetzungen in die Zielsetzungsebenen Aufklärung oder Prävention einfließen zu lassen. Sie muss vielmehr als eigenständige Zielsetzungsebene behandelt werden. Generell fällt auf, dass die meisten Handlungsempfehlungen in Bezug auf die Verbesserung der Infrastruktur, sofern sie mit finanziellen Leistungen verbunden sind, auf den Handlungsfeldern Wirtschaft und Staat angesiedelt sind. Vereine, Verbände und, mit kleineren Abstrichen, staatliche Stellen sind also die Hauptzielgruppe von Empfehlungen dieser Kategorie. Das macht Sinn, denn es sind hauptsächlich Staat und Wirtschaft, die durch finanzielle Leistungen strukturelle Grundlagen schaffen, die an vielen Stellen zivilgesellschaftliches Arbeiten erst ermöglichen.

Handlungsempfehlungen zur konkreten Arbeit mit den Fans sind dagegen ausschließlich auf dem Handlungsfeld Zivilgesellschaft zu verorten und verfolgen in erster Linie präventive und aufklärerische Ziele. Die inhaltliche Arbeit mit den Fans wird in der Praxis meistens von zivilgesellschaftlichen Akteuren durchgeführt, die zwar häufig von Staat und Wirtschaft durch die Schaffung von infrastrukturellen Rahmenbedingungen unterstützt werden, aber ihre inhaltliche Arbeit eigenständig ausgestalten. Ein zentrales Beispiel dafür sind die Fanprojekte. Diese sind auf dem zivilgesellschaftlichen Handlungsfeld anzusiedeln, da sie in den meisten Fällen als eigenständige Vereine organisiert sind. Dennoch finanzieren sie sich über staatliche (Kommune, Land) und wirtschaftliche (Verband/Verein) Unterstützung (vgl. dazu auch Abbildung 17 in Kapitel 7.2.3). Während also Staat und Wirtschaft die Rahmenbedingungen schaffen, gestalten die zivilgesellschaftlichen Projekte inhaltlich.

Grundsätzliche Handlungsempfehlungen zielen ausschließlich auf Prävention. Jedoch richten sie sich an Akteure aus allen Handlungsfeldern. Das liegt offensichtlich an ihrem grundsätzlichen Charakter. Eine eindeutige Positionierung gegen Rechtsextremismus ist schließlich Voraussetzung für sämtliche Maßnahmen auf allen Ebenen im Kampf gegen diesen und bedarf keiner weiteren Erläuterung.

Es bleibt festzuhalten, dass die Handlungsempfehlungen aus der Wissenschaft in allen Handlungsfeldern der theoretischen Systematik anzusiedeln sind. Hinsichtlich ihrer Zielsetzungen fällt jedoch auf, dass Mediation, Ansätze zur Stärkung von Minderheiten sowie zur Opfer- beziehungsweise Ausstiegshilfe in der wissenschaftlichen Literatur zum Kampf gegen Rechtsextremismus im Fußballstadion keine Rolle spielen. Es liegt also die Vermutung nahe, dass Projekte mit diesen Zielsetzungen im Kontext der Arbeit im Fußballstadion weniger zielführend sind.

Repressive Handlungsempfehlungen sind hauptsächlich im staatlich-konfrontativen Bereich angesiedelt. Handlungsempfehlungen zur Schulung richten sich an Akteure sämtlicher Handlungsfelder und verfolgen das Ziel der Aufklärung. Organisatorisch-strukturelle Empfehlungen zielen auf die Verbesserung der Infrastruktur für Projekte gegen Rechtsextremismus, richten sich zwar ebenfalls an alle Akteure, sind jedoch vor allem im wirtschaftlichen und staatlichen Handlungsfeld zu finden, besonders dann, wenn ihre Umsetzung mit finanziellen Anstrengungen verbunden ist. Handlungsempfehlungen zur konkreten Arbeit mit Fans zielen fast ausschließlich auf Prävention sowie mit Abstrichen auf Aufklärung und richten sich an Akteure aus der Zivilgesellschaft. Grundsätzliche Handlungsempfehlungen zielen ebenfalls auf Prävention, richten sich jedoch an Akteure aller Handlungsfelder.

Unter Berücksichtigung dieser Ergebnisse war anzunehmen, dass bei den Experteninterviews Akteure verstärkt auf diejenigen Handlungsempfehlungen eingehen, die ihr jeweiliges Handlungsfeld betreffen. Gleichzeitig sollten die Gesprächspartner jedoch auch zu Handlungsempfehlungen befragt werden, die maßgeblich auf differierenden Handlungsfeldern angesiedelt sind. Die Ergebnisse dieser Experteninterviews dokumentiert das folgende Kapitel.

6.3. Handlungsempfehlungen von Experten

Nachdem im vorherigen Kapitel die theoretisch-wissenschaftlichen Handlungsempfehlungen ausführlich vorgestellt wurden, sollen in diesem Kapitel Menschen aus der Praxis zu Wort kommen. Da sich die Befragten von Berufs wegen oder aus privatem Interesse mehr oder weniger explizit mit dem Phänomen des Rechtsextremismus im Fußballstadion beschäftigen (müssen), mindestens aber über großes Wissen in Bezug auf die

Fußballfanszene verfügen, werden sie in der Folge als Experten bezeichnet (vgl. Gläser/Laudel 2006: 10 oder Bogner/Menz 2009: 73/74; eine ausführliche Definition des Expertenbegriffs erfolgt in Abschnitt 6.3.1). Die Gespräche stellen aus mehreren Gründen ein wichtiges Element dieser Arbeit dar: Zum einen soll mittels der Befragung von Experten überprüft werden, inwieweit die in der Literatur gegebenen Handlungsempfehlungen mit den Vorschlägen zur Bekämpfung des Rechtsextremismus der in der Praxis aktiven Menschen übereinstimmen. Es sollen also die theoretischen Erkenntnisse aus der Forschung, aufgearbeitet im vorherigen Kapitel, durch die Experteninterviews empirisch flankiert werden. Die Ergebnisse der Experteninterviews werden dazu in Kapitel 6.4 den wissenschaftlichen Handlungsempfehlungen (vgl. Kapitel 6.2) gegenüber gestellt. In einem weiteren Schritt soll zum anderen später, in Kapitel 8.3, herausgearbeitet werden, warum manche Handlungsempfehlungen aus der Wissenschaft in die Praxis umgesetzt, andere dagegen weitestgehend ignoriert werden. Auch zur Beantwortung dieser Frage können Gespräche mit den Experten wichtige Erkenntnisse liefern.[54]

Vor dem Hintergrund dieser Fragestellungen ist es nötig, zu erfahren, welche Handlungsempfehlungen aus der Forschung die Experten aus der Praxis als sinnvoll bewerten und welche nicht. Die Frage nach dem Warum interessiert indes vor allem bezogen auf negativ bewertete Handlungsempfehlungen. Daher sind die qualitativen Interviews zweistufig konzipiert und werden durch einen Stimulus in Form eines Kurzfragebogens unterbrochen. Dieser beinhaltet die wesentlichen, als Items operationalisierten wissenschaftlichen Handlungsempfehlungen des vorherigen Kapitels, die auf Basis einer simplen Likert-Skala von den Experten jeweils als sinnlos respektive sinnvoll bewertet werden sollen. So werden einerseits neben den qualitativen auch quantitative Daten gewonnen und im zweiten Teil des Interviews kann andererseits mit Blick auf die als sinnlos bewerteten

---

54 Freilich werden dazu nicht alleine die Experteninterviews herangezogen. Vielmehr soll die Beantwortung der diversen Fragestellungen in Kapitel 8 in Verbindung der sowohl qualitativen als auch quantitativen empirischen Daten aus den Experteninterviews mit den Erkenntnissen der Wissenschaft aus Kapitel 6.2 sowie den übrigen im Kontext dieser Arbeit dargelegten Rahmenbedingungen erfolgen.

Maßnahmen gezielt nachgefragt werden, warum der jeweilige Experte zu dieser Einschätzung gekommen ist. Die allgemeine Auswertung der Experteninterviews erfolgt in Kapitel 6.3.5.

Weiterhin sollen in diesem Abschnitt die Interviews auch intersektoral grob vergleichend ausgewertet werden. Im Zentrum des Interesses stehen dabei die Antworten von Experten unterschiedlicher Akteursgruppen, die sich im Umfeld des Stadions weitgehend ablehnend gegenüberstehen: in diesem Fall die Repräsentanten von Polizei und aktiven Fans. Da diese Akteure in der Praxis selten miteinander kooperieren, weil sie in einem äußerst schwierigen (Nicht-)Verhältnis zueinander stehen (vgl. Kapitel 4.2.4), ist es sehr interessant zu überprüfen, inwieweit gerade diese Experten wissenschaftliche Handlungsempfehlungen bezüglich der Bekämpfung des Rechtsextremismus im Fußballstadion identisch oder unterschiedlich bewerten. Die Befragungen sollen also einen, wenngleich nicht repräsentativen Vergleich der Bewertung von Handlungsempfehlungen durch Repräsentanten der aktiven Fans und der Polizei ermöglichen. Sollten dabei deutliche Übereinstimmungen festgestellt werden, könnte dies ein Fundament für gezieltes, gemeinsam koordiniertes Handeln gegen Rechtsextremismus im Fußballstadion bilden.

Weiterhin wurden im Zuge der Expertenbefragungen auch etwaige offene Detailfragen bezüglich einzelner Projekte geklärt, die alleine aufgrund der Literaturrecherche nicht beantwortet werden konnten. Dazu zählen etwa Fragen nach der Mitarbeiterzahl bestimmter Fanprojekte oder der expliziten Schulung des Ordnerpersonals im Hinblick auf rechtsextreme Erscheinungsformen. Diese Nachfragen werden jedoch nicht gesondert aufgeführt, haben eher informellen Charakter und fließen allenfalls in die deskriptiven Darstellungen der unterschiedlichen Projekte gegen Rechtsextremismus im Fußballstadion (vgl. Kapitel 7) ein.

Vor der Präsentation der Ergebnisse der Interviews sollen – in der gebotenen Kürze – deren methodische Grundlagen erläutert werden.

6.3.1. Qualitative Interviews – Methodologische Vorüberlegungen

Dieses Kapitel legt die Gründe dar, warum sich der Autor dieser Arbeit für die Durchführung von problemzentrierten, leitfadengestützten Experteninterviews als Sonderform der qualitativen Sozialforschung entschieden hat. Zu diesem Zweck ist eine knappe Skizze der methodologischen

Forschungsrichtung ausreichend, die auf eine umfassende Darstellung des weiten Feldes der empirischen Sozialforschung verzichtet.

„Die empirische Sozialforschung wird im allgemeinen in quantitative und qualitative Sozialforschung unterteilt" (Gläser/Laudel 2006: 22). Diese Unterscheidungsform ist immer noch gängig, obwohl sich mittlerweile gezeigt hat, „dass solche [scharfen] Entgegensetzungen überzogen sind" (Gläser/Laudel 2006: 23), da es inzwischen größere Schnittmengen zwischen beiden Forschungsausrichtungen gibt. Das unterstreicht auch Häder, wenn er feststellt, „dass es strenggenommen rein qualitative Forschung ebenso wenig gibt wie einen rein quantitativen Ansatz" (Häder 2010: 66). Kelle/Erzberger betonen ebenfalls in diesem Sinne, es „existieren seit längerem eine Reihe von Arbeiten, welche versuchen, methodische und methodologische Grundlagen für eine Integration beider Ansätze zu entwickeln" (Kelle/Erzberger 2010: 299). Dennoch gibt es noch immer „unzweifelhaft unterschiedliche Vorgehensweisen in der Sozialforschung, die durch die Entgegensetzung eins ,quantitativen' und eines ,qualitativen' Paradigmas reflektiert werden" (Gläser/Laudel 2006: 23).

Im Rahmen dieser Arbeit lassen sich die Unterschiede grob auf zwei Ebenen zusammenfassen. Erstens auf der Ebene des Erklärungsansatzes und zweitens auf der methodologischen Ebene (vgl. Gläser/Laudel 2006: 23ff.). Während quantitative Ansätze auf naturwissenschaftlich-deduktiver Grundlage versuchen, bereits aufgestellte Hypothesen zu verifizieren oder zu falsifizieren, versuchen qualitative Ansätze auf induktiv-geisteswissenschaftlichem Weg neue Hypothesen zu generieren. Kernunterschied ist also die Offenheit gegenüber neuen Erkenntnissen, die bei quantitativen Ansätzen nur sehr eingeschränkt vorhanden ist, bei qualitativen Ansätzen jedoch stark ausgeprägt ist (vgl. Häder 2010: 67ff.). Freilich verschwimmen diese scharfen Trennlinien, wie bereits erwähnt, in der heutigen Forschungspraxis recht häufig. Im Hinblick auf die genutzten Methoden zur Datenerhebung zeichnen sich quantitative Ansätze durch hohe Fallzahlen sowie ein hohes Maß an Standardisierung, meist in Form von schriftlichen Befragungen, aus. Qualitative Ansätze bedienen sich zumeist geringer Fallzahlen sowie in geringerem Maß standardisierter Methoden. Meist werden dazu längere Interviews geführt, für die ein hohes Maß an Flexibilität charakteristisch ist.

Zur Verfolgung der Forschungsziele dieser Arbeit liegt es nahe, auf qualitative Interviews zurückzugreifen. Die aufgeworfenen Fragestellungen sind relativ offen. Das im Zuge der Literaturauswertung zusammengefasste Wissen soll also nicht durch quantitative Untersuchungen verifiziert oder falsifiziert werden. Dies würde im Hinblick auf das Forschungsinteresse wenig Sinn machen. Vielmehr soll verglichen werden, welche Handlungsempfehlungen aus der Theorie in der Praxis überhaupt umgesetzt werden und warum Experten die Umsetzung mancher wissenschaftlichen Vorschläge als sinnlos betrachten. Weiterhin sollen Erklärungsansätze dafür gefunden werden, warum manches umgesetzt wird und manches nicht. Darauf können strikt standardisierte quantitative Befragungen keine angemessene Antworten geben, da das Fragenkorsett meist so straff ist, dass es keinen Raum für notwendige Nachfragen lässt (vgl. Lamnek 2010: 308). Doch offene Antwortmöglichkeiten gepaart mit situativ abgestimmten Nachfragen fördern diejenigen Argumente der befragten Experten zu Tage, die im empirischen Teils dieser Arbeit von Interesse sind. Hier sollen zum einen die Einschätzungen der Akteure aus den unterschiedlichen Handlungsfeldern erhoben, verglichen sowie miteinander in Verbindung gesetzt werden. Zum anderen soll herausgefunden werden, warum die Akteure beziehungsweise die durch sie vertretenden Institutionen einige Handlungsempfehlungen umsetzen (wollen), während sie andere unbeachtet lassen. Diese detaillierten Fragen können qualitative Interviews wesentlich besser beantworten als quantitative, da sie flexibel und offen gestaltet sind, während quantitative Erhebungen weder Flexibilität noch Offenheit in der nötigen Form zulassen würden (vgl. Lamnek 2010: 318/319). Aus der Zusammenführung der theoretischen (Vor-)Überlegungen mit den empirisch gewonnen Daten sollen so im besten Fall fundierte Schlüsse gezogen werden. Daraus würden sich dann eventuell im nächsten Schritt (neue) Hypothesen ableiten lassen, die später wiederum in einem weiteren Schritt quantitativ überprüft werden könnten.[55]

An dieser Stelle bleibt also festzuhalten, dass die Form des qualitativen Interviews für die Beantwortung der im Rahmen dieser Arbeit aufgeworfenen Fragestellungen am zweckmäßigsten ist.

---

[55] Das müsste freilich im Rahmen anderer Arbeiten erfolgen.

Wie jedoch nicht nur Lamnek betont, umfasst der „Begriff des qualitativen Interviews [...] eine Vielzahl ähnlicher, aber nicht identischer Erhebungsverfahren auf der Basis qualitativer Methodologie" (Lamnek 2010: 326). Auf diese Vielzahl von Spezialfällen soll an dieser Stelle nicht näher eingegangen werden. Im Rahmen der innerhalb dieser Arbeit geführten Experteninterviews kamen Elemente des narrativen sowie problemzentrierten Interviews zum Tragen (vgl. Lamnek: 326ff.). Einige Autoren weisen freilich darauf hin, dass mittlerweile „der Experte ins Zentrum des theoretischen Interesses gerückt" (Bogner/Manz 2009b: 10 mit Verweisen auf Bogner/Torgersen 2005 sowie Weingart et al. 2007) sei. Folglich müsste auch das Experteninterview als eigene Form des qualitativen Interviews betrachtet werden. Daher soll auf die Besonderheiten dieser Interviewform kurz eingegangen werden. Zunächst soll jedoch der Begriff des Experten näher definiert werden.

Gläser/Laudel definieren Experteninterviews wie folgt: „Experten sind Menschen, die ein besonderes Wissen über soziale Sachverhalte besitzen, und Experteninterviews sind eine Methode, dieses Wissen zu erschließen." (Gläser/Laudel 2006: 10). Ausführlicher sowie mit differierender Pointierung definieren Bogner/Menz: „Der Experte verfügt über technisches, Prozess- und Deutungswissen, das sich auf sein spezifisches Handlungsfeld bezieht, in dem er in relevanter Weise agiert (etwa in einem bestimmten organisationalen oder seinem professionellen Tätigkeitsbereich). Insofern besteht das Expertenwissen nicht alleine aus systematisierten, reflexiv zugänglichem Fach- oder Sonderwissen, sondern es weist zu großen Teilen den Charakter von Praxis- oder Handlungswissen auf, in das verschiedene und durchaus disparate Handlungsmaximen und individuelle Entscheidungsregeln, kollektive Orientierungen und soziale Deutungsmuster einfließen. Das Wissen des Experten, seine Handlungsorientierung, Relevanzen usw. weisen zudem – und das ist entscheidend – die Chance auf, in der Praxis in seinem Handlungsfeld (etwa in einem bestimmten organisationalem Funktionstext) hegemonial zu werden, d.h., der Experte besitzt die Möglichkeit zur (zumindest partiellen) Durchsetzung seiner Orientierung. Indem das Wissen des Experten praxiswirksam wird, strukturiert es die Handlungsbedingungen anderer Akteure in seinem Aktionsfeld in relevanter Weise mit" (Bogner/Menz 2009: 73/74). Wenngleich diese etwas sperrige Definition im Hinblick auf ihre Rolle innerhalb dieser Arbeit fast schon zu ausführlich wirkt, so stellt sie doch heraus, dass Experten nach dieser Definition nicht nur über besondere Expertise verfügen, sondern auf diesem Feld darüber hinaus auch in relevanter Weise agieren. Außerdem muss es nach dieser Definition zumindest die Chance geben, dass der Experte sein Wissen zumindest teilweise, das heißt im Rahmen seiner Möglichkeiten, in der Praxis umsetzen kann. All diese Voraussetzungen erfüllen die Gesprächspartner, die im Rahmen dieser Arbeit interviewt wurden, da sie nach den Spezifika dieser Definition ausgewählt wurden. Denn nur, wenn sie nicht nur über theoretisches Wissen über den Rechtsextremismus in Fußballstadien verfügen, sondern auch die zumindest theoretische Chance haben (bzw. hatten), dieses in der Praxis anzuwenden, sind sie als Gesprächspartner im Hinblick auf die konkreten Umsetzungen von Handlungsempfehlungen in der Praxis auch tauglich. Gleichzeitig sollten die Interviewpartner auch eine in gewisser Hinsicht tragende Rolle im Kontext ihres Handlungsfelds spielen. Auch dieses Element wurde bei der Auswahl der Gesprächspartner berücksichtigt. Insofern ist die Definition der Person des Experten von Bogner/Menz (2009)[56] im Rahmen dieser Arbeit zweckmäßig.

Zu Recht weisen viele Autoren auf die Unübersichtlichkeit bei der Unterscheidung verschiedener Interviewtypen hin. „Leider gibt es unzählige Bezeichnungen für Interviews, die meist gebraucht werden, ohne dass irgendeine Systematik im Hintergrund steht" (Gläser/Laudel 2006: 37). Nach den Definitionen Lamneks entspricht ein Experteninterview wohl am ehesten dem problemzentrierten Interview. Hier geht „der Forscher nicht ohne jegliches theoretisch-wissenschaftliches Vorverständnis" (Lamnek 2010: 333) in das Interview. Vielmehr „filtert er die für ihn relevant erscheinenden Aspekte des Problembereichs" (Lamnek 2010: 33) heraus. Dieser Problembereich wird im Interview später behandelt, wobei analog zum narrativen Interview[57] „das Erzählprinizip herausgestellt" (Lamnek 2010: 333) wird. Im Vergleich zum narrativen

---

56 Die Definition unterscheidet sich im Übrigen von der Bogner/Menz-Definition des Jahres 2005 in Nuancen (vgl. Bogner/Menz 2005: 46).

57 Beim narrativen Interview stehen die ausführlichen Erzählungen des Befragtem im Mittelpunkt (vgl. z.B. Lamnek 2010: 326ff.).

Interview ist die Erzählsituation für den Befragten jedoch nicht völlig offen, sondern wird vom Befrager durch das Setzten bestimmter Stimuli immer wieder gezielt auf das Problem gelenkt. Bei der Fokussierung auf das Problem ist es sinnvoll, dass sich der Forscher eines Leitfadens bedient, „den der Forscher aus seinen Vorüberlegungen zum Problembereich entwickelt hat" (Lamnek 2010: 335). Weiterhin ist es zulässig, dem Befragten zusätzlich zum mündlichen Interview einen Kurzfragebogen vorzulegen. „Die Beschäftigung damit aktiviert bei dem zu Befragenden Gedächtnisinhalte und führt zu einer ersten inhaltlichen Auseinandersetzung mit den im Interview anzusprechenden Problembereichen" (Lamnek 2010: 334). Zusätzlich kann der Kurzfragebogen auch weitere Stimuli im Hinblick auf das folgende Gespräch setzen. Weiterhin empfiehlt Lamnek bei problemzentrierten Interviews ein sogenanntes Postskript anzufertigen, das „Angaben über den Inhalt der Gespräche, die vor dem Einschalten und nach dem Abschalten des Tonbandgeräts geführt worden sind, – falls erforderlich – über die Rahmenbedingungen des Interviews sowie über nonverbale Reaktion" (Lamnek 2010: 335) des Befragten macht.

Gläser/Laudel nennen den für Experteninterviews geeigneten Interviewtyp „Leitfadeninterview" (Gläser/Laudel 2006: 41). Analog zu den von Lamnek genannten Merkmalen betonen sie den Charakter des Experteninterviews als Einzelinterview sowie nichtstandardisiertes, das heißt offenes, qualitatives Interview (vgl. Gläser/Laudel 2006: 41). Weiterhin spielt bei ihnen jedoch auch der Leitfaden insofern eine bedeutende Rolle, als er sicherstelle, „dass der Gesprächspartner zu allen wichtigen Aspekten Informationen gibt" (Gläser/Laudel 2006: 41).

Im Rahmen dieser Arbeit sollen sich die Experteninterviews mit dem Phänomen des Rechtsextremismus im Fußballstadion beschäftigen. Ziel der Gespräche ist es, herauszufinden, welche Handlungsempfehlungen gegen Rechtsextremismus Experten für tauglich halten und welche nicht. Weiterhin soll ermittelt werden, aus welchen Gründen sie bestimmten Handlungsempfehlungen aus der Forschung ablehnend gegenüberstehen, welche Maßnahmen sie als Akteur einer bestimmten Gruppe umsetzen, welche nicht und wo es warum Probleme bei der Implementierung der jeweiligen Maßnahme gibt. Im Vorfeld des Interviews wurde also eindeutig ein bestimmter Problembereich abgegrenzt, der im Zentrum des

Forschungsinteresses steht. Daher ist es zweckmäßig, ein problemzentriertes Experteninterview zu führen.

Da es eine Reihe von Punkten gibt, die mit dem Gesprächspartner erörtert werden sollen, bietet es sich zudem an, auf einen Leitfaden zurückzugreifen. So kann sichergestellt werden, dass auch wirklich alle Punkte, die von Interesse sind, zur Sprache kommen. Freilich sollte dieser Leitfaden so gestaltet sein, dass er flexibel genug ist, um eventuell auf bestimmte Teilaspekte näher eingehen zu können, die im Hinblick auf die Beantwortung der Fragestellungen dieser Arbeit interessant erscheinen. Ein Kurzfragebogen soll darüber hinaus helfen, zusätzliche Stimuli zu setzen. Insbesondere im Hinblick auf die zentrale Frage nach Maßnahmen, welche die Befragten für sinnlos im Kampf gegen Rechtsextremismus erachten, sollte sich der Einsatz des Fragebogens bewähren, da gerade diese Maßnahmen den Befragten nicht zwangsläufig sofort präsent waren.

6.3.2. Interviewleitfaden, Kurzfragebogen und Aufbau der Interviews

Dieses Kapitel soll einen Überblick über den erarbeiteten Interviewleitfaden sowie den eingesetzten Kurzfragebogen geben. Außerdem soll es deutlich machen, wie die Experteninterviews im Rahmen dieser Untersuchungen angelegt sind.

Interviewleitfaden

1. Teil:
– Wir problematisch ist Ihrer Meinung nach der
  Rechtsextremismus in deutschen Fußballstadien?
– Welche konkreten Maßnahmen halten sie für geeignet im
  Kampf gegen Rechtsextremismus im Fußballstadion?
---> Warum?
– Welche Maßnahmen gegen Rechtsextremismus im
  Fußballstadion setzten sie (mit ihrer Institution) um?
----> Warum?
– Gibt/Gab es Schwierigkeiten bei der Umsetzung von
  Maßnahmen gegen Rechtsextremismus im Fußballstadion?
----> Inwiefern?
– Welche Maßnahmen sind ihrer Meinung nicht geeignet für
  den Kampf gegen Rechtsextremismus im Fußballstadion?
----> Warum?
---- Kurzfragebogen ----

2. Teil
– Warum sehen sie die Maßnahmen XX als sinnlos an?
– Warum sehen sie die Maßnahmen YY nicht als sinnvoll an?
– (ggf.) Warum halten sie die Maßnahme ZZ für besonders
  sinnvoll?

Frage 1 soll zunächst einen grundlegenden Einstieg in das Gespräch im narrativen Sinne (vgl. Lamnek 2010: 326ff.) ermöglichen. Hierbei soll geklärt werden, inwiefern der Gesprächspartner Rechtsextremismus überhaupt als ein Problem im Fußballstadion betrachtet. Das kann unter Umständen die Interpretation seiner übrigen Antworten beeinflussen. Sieht er Rechtsextremismus grundsätzlich nicht als problematisch an, so liegt der Verdacht nahe, dass er die Handlungsempfehlungen gegen Rechtsextremismus im Fußballstadion mehrheitlich deswegen als ungeeignet einstufen könnte, da er sie als unnötig ansieht. Entstünde dieser Eindruck, wäre ihm mit einer gezielten Frage nachzugehen.

Bei der zweiten Frage wird direkt nach Maßnahmen gefragt, die der Befragte für geeignet im Kampf gegen den Rechtsextremismus im Fußballstadion hält. Sollte er zu einsilbig antworten, kann mit der simplen Nachfrage, warum er diese Maßnahmen für geeignet hält, ein weiterer

Stimulus gesetzt werden, um ihn zu ausführlicheren Antworten zu bewegen. Gleiches gilt im Grunde für alle weiteren Fragen und soll in der Folge nicht jedes Mal betont werden.

Frage 3 zielt auf diejenigen Maßnahmen, die der Befragte (gegebenenfalls im Auftrag seiner Institution) durchführt. Frage 4 soll klären, inwieweit und warum es bei der Implementierung der durchgeführten Maßnahmen Probleme gab und gibt. Abschließend soll der Befragte bei Frage 5 direkt beantworten, welche Maßnahmen er für ungeeignet im Kampf gegen Rechtsextremismus im Fußballstadion hält und warum er dies tut.

Diese Fragen bilden den ersten Teil des Interviews. Nach diesem recht offen gehaltenem Part wird den Gesprächspartnern ein Kurzfragebogen mit der Bitte ausgehändigt, ihn direkt auszufüllen. Auf dem Fragebogen[58] sind die relevanten Handlungsempfehlungen aus der Forschung, als 39 Items operationalisiert, aufgelistet, die in Kapitel 6.2 herausgearbeitet wurden. Der Befragte soll nun mittels einer einfachen siebenstufigen Likert-Skala (vgl. Gehring/Weins 2009: 48ff.) bewerten, ob er diese Maßnahmen für sinnvoll oder nicht sinnvoll hält. Damit soll zweierlei erreicht werden: Erstens dient der Kurzfragebogen dazu, die Validität der im ersten Teil des Interviews getroffenen Aussagen bezüglich der Meinung zu bestimmten Maßnahmen gegen Rechtsextremismus im Fußballstadion zu überprüfen. Wesentlich wichtiger ist es jedoch zweitens, herauszufinden, ob der Interviewte bei der Frage nach den seiner Ansicht nach ungeeigneten Projekten zur Bekämpfung des Rechtsextremismus sämtliche, seiner Meinung nach sinnlose Maßnahmen aufgezählt hat. Fallen bei der Betrachtung des Fragebogens weitere Maßnahmen auf, die der Interviewte als sinnlos bewertet hat, kann in der zweiten Interviewphase, nach Ausfüllen des Kurzfragebogens, gezielt nachgefragt werden, warum er diese Handlungsempfehlungen als sinnlos erachtet. Dies ist unter anderem in Bezug auf die Fragestellung in Kapitel 8.3 von Bedeutung und liefert darüber hinaus empirische Argumente, die unter Umständen gegen eine Umsetzung einzelner wissenschaftlich vorgetragener Handlungsempfehlungen sprechen, mindestens jedoch fruchtbare Diskussionen darüber ermöglichen können. In jedem Fall ist die Nachfrage auf Basis eines Kurzfragebogens sinnvoll, da die Vermutung

---

58 Eine Abbildung des Fragebogens befindet sich unter den online abrufbaren Daten (vgl. Kapitel 10.4).

naheliegt, dass der Experte selten alle seiner Meinung nach sinnlosen Maßnahmen spontan aufzählen kann. Der Kurzfragebogen entfaltet daher als Stimulus eine gezielte Wirkung, um ihn auf diese Handlungsempfehlungen aufmerksam zu machen.

Weiterhin soll der befragte Experte im zweiten Teil des Interviews auf diejenigen Maßnahmen angesprochen werden, die er im Kurzfragebogen weder als sinnlos noch als sinnvoll bewertet hat. Auch hier sind besonders die Argumente von Interesse, die aus seiner Sicht gegen eine positive Bewertung der Maßnahme sprechen.

Gegebenenfalls soll dem Befragten in der zweiten Interviewphase überdies die Möglichkeit gegeben werden, seine Antworten bezüglicher positiver Ansätze zu ergänzen. Auch hier wäre dann von besonderem Interesse, warum sich der Befragte nicht schon im ersten Interviewdurchgang zu den von ihm erst später als sinnvoll bewerteten Handlungsempfehlungen geäußert hat. Hier gilt es zu prüfen, ob und warum der Befragte womöglich an der Ausführung dieser Maßnahmen gehindert wird, obwohl er sie als sehr sinnvoll einschätzt. Eventuell werden diese Maßnahmen jedoch auch von Akteuren eines anderen Handlungsfeldes durchgeführt, die der Befragte deshalb im ersten Moment schlicht vergessen hat. Auch diese Erkenntnis wäre vor dem Hintergrund, dass verschiedene Akteure im Kontext des Fußball nicht oder kaum miteinander reden (z.B. aktive Fans und Polizei), nicht uninteressant. Insgesamt stehen jedoch Nachfragen bezüglich der als *sinnlos* eingeschätzten Maßnahmen eindeutig im Zentrum des Interesses.

Der Kurzfragebogen fungiert an dieser Stelle also nicht primär als quantitatives Untersuchungselement im Sinne methodologischer Grundüberlegungen (Gläser/Laudel 2006: 22ff.).[59] Dafür ist die Zahl der Befragten, an die er ausgehändigt wird, viel zu gering. Vielmehr bildet er in der vorliegenden Untersuchung eine Art Stimulus im Sinne von Lamnek (vgl. Lamnek 2010: 334). Anders als die Fragen des Leitfadens weist er den Interviewpartner

---

59 Gleichwohl könnte bei weiteren Forschungsarbeiten über einen flächendeckenden Einsatz nachgedacht werden. Beispielsweise könnte der Fragebogen durchaus, sofern er an sämtliche Fanprojekte des Landes versandt würde, ein repräsentatives Meinungsbild von wesentlichen Akteuren auf dem zivilgesellschaftlichen Handlungsfeld in Bezug auf die Bewertung von Handlungsempfehlungen gegen Rechtsextremismus im Fußballstadion liefern.

jedoch nicht gezielt in eine bestimmte Gesprächsrichtung, sondern führt eine Reihe von Handlungsempfehlungen auf, die der Befragte in der Regel nicht komplett präsent haben dürfte. Seine (spontane) Reaktion auf diese umfassende Input-Flut ist daher von großem Interesse und beeinflusst, wie dargestellt, die Ausrichtung des zweiten Interviewteils maßgeblich. Gleichwohl sammelt der Kurzfragebogen darüber hinaus auch noch quantitative Daten, die im Zuge dieser Arbeit, wenngleich sie natürlich nicht repräsentativ sind, an einigen Stellen sinnvoll eingesetzt werden können.

Nach dem eigentlichen Interview können gegebenenfalls noch Fragen zu bestimmten konkreten organisatorischen Besonderheiten der vom Befragten vertretenen Institution gestellt werden, die mit alleiniger Literaturrecherche nicht beantwortet werden konnten, aber hinsichtlich der Vorstellung existierender Projekte gegen Rechtsextremismus im Stadion (vgl. Kapitel 7) von Interesse sind. Sie spielen in Bezug auf die Forschungsausrichtung der Interviews jedoch keine Rolle und tauchen daher auch nicht in den Transkripten auf.

Insgesamt ist also das Experteninterview mit kurzem narrativen Einstiegselement, geprägt vom problemzentrierten Ansatz, unterstützt von einem offen gestalteten Leitfaden sowie einem stimulierenden Kurzfragebogen das zweckmäßige Instrument zur Beantwortung der Forschungsfragen dieser Arbeit.

6.3.3. Die Transkription

„Difficult and time-consuming though transcription is, there really is no satisfactory alternative to recording and fully transcribing qualitative research interviews" (King 1994: 25). Also sollte „das auf Tonband aufgezeichnete Interview [...] möglichst vollständig transkribiert werden" (Gläser/Laudel 2006: 188). Würden nur ausgewählte Passagen des Interviews zur Papier gebracht, würde der Interviewer stets, wenn auch vielleicht nur unbewusst, eine unzulässige subjektive Auswahl treffen, die wissenschaftlichen Ansprüchen nicht mehr genügen würde (vgl. Gläser/Laudel 2006: 188).

Neben dem enormen zeitlichen Aufwand ergeben sich noch eine Reihe weiterer Probleme, die bei der Transkription auftreten können. Dazu gehören unvollständige Sätze, nonverbale Schilderungen von Situationen mittels Gesten, Dialekte, Reduktionen, Wortzusammenziehungen, Füllwörter und vieles mehr. Einen guten, problembezogenen Überblick über die im Hinblick auf Transkriptionen interessanten Besonderheiten des gesprochenen Wortes gibt zum Beispiel Dittmar (vgl. Dittmar 2009: 39ff.). Gleichwohl soll auf eine ausführliche Schilderung dieser vielfältigen Probleme und die darauf bezogenen Lösungsstrategien im Feld der Transkription verzichtet werden. Erstens, weil die qualitativen Interviews in dieser Arbeit eine vergleichsweise geringe Rolle spielen. Zweitens, weil eine übermäßige Analyse des gesprochenen Wortes mitsamt all seiner Facetten im Hinblick auf die Forschungsausrichtung nicht zweckmäßig ist. Zu Recht weisen Gläser/Laudel darauf hin: „Für die Transkription von Interviewprotokollen gibt es bislang keine allgemein akzeptierten Regeln. Sie müssen deshalb ihre eigenen Regeln aufstellen, dokumentieren und im Projekt konsistent anwenden" (Gläser/Laudel 2006: 188).

Für diese Arbeit wird daher auf die Transkription nach den strengen Maßgaben spezieller Systeme wie GAT (vgl. Dittmar 130ff.) oder ähnlichen verzichtet, da sie einerseits im Verhältnis zum Ertrag in dieser Arbeit zu aufwendig erschienen und andererseits nicht zielführend wären. Im Mittelpunkt des Forschungsinteresses steht lediglich der reine Inhalt der Aussagen der Interviewpartner, nicht ihre sprachliche Form. Wie die Befragten ihre Standpunkte dargelegt haben, sei es in breitem Dialekt oder in geschliffenem Hochdeutsch, war nicht von Interesse. Um dennoch sicherzustellen, dass die Interviews wirklich wortgenau transkribiert werden und sich keine inhaltlichen Fehler, resultierend aus Unkenntnis des genauen Themengebiets, ergeben, transkribierte der Autor dieser Arbeit sämtliche Interviews selbständig. Die ungekürzten, transkribierten Interviews finden sich online (vgl. Kapitel 10.4).

Dabei wurde das gesprochene Wort in Standardorthographie verschriftlicht (vgl. Gläser/Laudel 2006: 188), das heißt, es wurde explizit darauf verzichtet, Dialekte, Kürzungen sowie kleinere grammatikalische Fehler wortgenau mittels literarischer Umschrift zu transkribieren. Verschluckte Endungen wurden weitestgehend ergänzt, Füllworte wie ‚halt' wurden gestrichen, wenn sie nicht betont wurden und somit als Pausenfüller dienten. Gesten wurden nur dann beschrieben, wenn sie eine maßgebliche Ergänzung des gesprochenen Wortes waren beziehungsweise dessen Bedeutung änderten. Gleiches gilt für Äußerungen wie Husten oder Stottern. Auf Schwankungen in Tonlagen des Interviewten wurde nicht eingegangen. Gleichwohl wurden unvollständige Sätze nur in Ausnahmefällen ergänzt.

Wenn dies geschah, wurde die Ergänzung durch eckige Klammern deutlich gemacht. Andernfalls wurden diese Sätze, wenn sie abrupt endeten, durch das Einfügen von drei Punkten (...) als unvollständig gekennzeichnet. So ergaben sich mitunter auch grammatikalisch falsche Sätze. Pausen wurden nur kenntlich gemacht, wenn sie länger als fünf Sekunden andauerten. Unterbrechungen während des Gesprächs wurden stets unter Angabe ihrer ungefähren Dauer und des dafür verantwortlichen Grundes vermerkt.

Die in dieser Arbeit transkribierten Interviews kann man daher durchaus als formal geglättet bezeichnen, inhaltlich wurden sie jedoch in keiner Weise verändert.

6.3.4. Auswahl der Experten und Durchführung der Interviews

Bevor im nächsten Kapitel die Auswertung der Interviews erfolgt, muss noch in gebotener Kürze auf die Auswahl der Gesprächspartner sowie die praktische Durchführung der Interviews eingegangen werden.

An verschiedenen Stellen dieser Arbeit wurden bereits die Handlungsfelder Wirtschaft, Zivilgesellschaft und Staat als diejenigen identifiziert, die bei der Implementierung von Strategien gegen Rechtsextremismus im Fußballstadion maßgebliche Rollen spielen (vgl. z.B. Kapitel 4.1). Innerhalb dieser Handlungsfelder wurden wiederum sechs Gruppen wichtiger Akteure ausgemacht. Auf Seiten der Wirtschaft sind das Vertreter von Vereinen sowie von Fußballverbänden (DFB und DFL). Auf dem zivilgesellschaftlichen Handlungsfeld handelt es sich um aktive Fans und Fanprojekte. Auf staatlicher Seite gehören Vertreter von Polizei und Politik zu den zentralen Akteuren. Wohlwissend, dass die identifizierten Akteursgruppen mitunter mehr (z.B. Fanprojekte), mitunter weniger (z.B. aktive Fans) homogen zusammengesetzt sind, ist die Befragung von Repräsentanten aller Akteursgruppen aus den identifizierten Handlungsfeldern im Rahmen dieser Arbeit zweckmäßig, da nur so ein breites Meinungsspektrum aus der Praxis abgebildet werden kann.

Daher wurden für den empirischen Teil dieser Arbeit jeweils zwei Vertreter der maßgeblichen Akteursgruppen für ein Interview gewonnen. Aufgrund der Tatsache, dass Fanprojekte für viele Wissenschaftler die wichtigsten Adressaten ihrer Handlungsempfehlungen zur Bekämpfung des Rechtsextremismus im Fußballstadion darstellen (vgl. Kapitel 6.2), wurden aus dieser Gruppe drei Personen ausgesucht. Das heißt, insgesamt wurden 13 Gespräche geführt.

Für die Interviews wurden in Anlehnung an die Experten-Definition von Bogner/Menz solche Experten ausgewählt, die auch einen gewissen Einfluss innerhalb ihres Handlungsfeldes haben (vgl. Expertendefinition in Kapitel 6.3.1). Aus diesem Grunde wurden als Repräsentanten der Fans sogenannte ‚aktive Fans' ausgewählt, das heißt solche, die durchaus zur Kategorie der erlebnisorientierten, mindestens aber zu den fußballzentrierten Fans zählen und sich aktiv im Fanblock einbringen sowie für Faninteressen auch abseits des eigenen Stadions eintreten. Alle befragten Experten, die im direkten Auftrag einzelner Fußballclubs agieren (wie etwa Vertreter der Vereine), repräsentieren Vereine, die zum Zeitpunkt der Befragung[60] in der Ersten oder Zweiten Bundesliga gespielt haben.

Die Auswahl der jeweiligen Interviewpartner erfolgte nach dem von Roth geprägten Begriff der „informierten Willkür" (Roth 2010: 37), die sich dadurch auszeichnet, sich zunächst einen Überblick über das Themengebiet zu verschaffen und danach die geeigneten Gesprächspartner auszuwählen, wenngleich nicht abzustreiten ist, dass „letztlich zufällige Begegnungen und Eindrücke, die Erreichbarkeit der Projektträger u.a.m. eine Rolle bei der Auswahl gespielt haben" (Roth 2010: 37). Vor allem der Punkt der Erreichbarkeit spielte bei der Auswahl der Gesprächspartner für die Interviews im Rahmen dieser Arbeit eine große Rolle. Wie sich zeigte, standen Akteure einiger Handlungsfelder der wissenschaftlichen Untersuchung wesentlich offener gegenüber als andere. Herausragend unkompliziert und sehr interessiert erwiesen sich dabei vor allem Vertreter von Fanprojekten, die alle sofort für ein Interview zur Verfügung standen. Auch aktive Fans stellten sich, entgegen der ursprünglichen Vermutung des Autors, recht schnell für ein (anonymisiertes) Interview zur Verfügung.

Äußerst kompliziert gestaltete sich dagegen die Suche nach Gesprächspartnern aus den Reihen der Vereine. Etliche der etwa 15 angeschriebenen[61] Bundesligavereine lehnten die Anfrage nach einem Interview mit der Begründung ab, dass sie kein Problem mit Rechtsextremisten unter ihren Fans hätten. Auf Nachhaken des Autors, dass sich ein Gespräch trotzdem lohnen könne, da unter anderem auch präventive Maßnahmen bewertet werden

---

60 Saison 2012/2013
61 Das Musteranschreiben befindet sich unter den online abrufbaren Daten (vgl. Kapitel 10.4).

sollen und die anonyme Befragung nicht nur auf den eigenen Verein bezogen sei, kam in der Regel keine Antwort mehr. Andere Vereine reagierten erst gar nicht auf das Anschreiben. An dieser Stelle liegt der Verdacht nahe, dass hier ähnliche Entwicklungen im Umgang mit etwaigen rechtsextremistischen Problemen auftreten, wie sie seit Jahren in vielen Kommunen zu beobachten sind, wo „gerade Gemeinden [mit] einer starken rechten Szene auf Kriegsfuß mit den Anti-rechts-Projekten" (Gaserow 2006: 1) stehen. Diese Projekte gegen Rechtsextremismus sehen lokale Entscheidungsträger häufig als „Nestbeschmutzer" (Gaserow 2006: 1) an, die das Ansehen der Kommune durch ihre Arbeit beschädigen. Analog dazu ist zu vermuten, dass einige Vereine befürchten, plötzlich ‚in einer rechtsextremen Ecke' aufzutauchen, wenn sie sich mit dem Thema Rechtsextremismus auch nur beschäftigen oder gar eingestehen, dass sie damit ein Problem haben. Das im Rahmen der empirischen Untersuchungen dieser Arbeit geäußerte Zitat von Verbandsvertreter C bestärkt diese Vermutung: „Wenn ich mich da zu sehr mit beschäftige und das erkenne, tue ich nach Außen signalisieren, ich habe meinen Laden nicht im Griff" (Verband-C: 5). Nicht ganz so verschlossen wie die Vereine, aber immer noch bemerkenswert zögerlich, verhielten sich auch die Verbände bei der Suche nach Gesprächspartnern aus ihren Reihen.

Zusammenfassend lässt sich also sagen, dass sich Akteure aus der Zivilgesellschaft den wissenschaftlichen Studien gegenüber am aufgeschlossensten gezeigt haben, während Akteure aus dem Handlungsfeld der Wirtschaft am abweisendsten waren. Staatliche Stellen reagierten auf Anfragen mit bürokratischer Behäbigkeit, aber weder signifikant ablehnend noch besonders aufgeschlossen.

Insgesamt reicht die Zahl von 13 Gesprächspartnern mit jeweils zwei Gesprächspartnern pro zentraler Akteursgruppe (drei bei Fanprojekten) und somit jeweils vier pro Handlungsfeld (fünf in der Zivilgesellschaft) natürlich nicht, um repräsentative Ergebnisse vorzulegen. Eine größere Zahl von Interviewpartnern hätte jedoch den Rahmen dieser Arbeit gesprengt. Darüber hinaus hätte bei einer größeren Fallzahl über eine proportionale Verteilung der Gesprächspartner in Ost- und Westdeutschland sowie nach Erst-, Zweit- und Drittligist nachgedacht werden müssen.

Gleichwohl befriedigt die vorhandene Auswahl an Gesprächspartnern das Forschungsinteresse dieser Arbeit in vollem Umfang. Zum einen können Meinungen von Akteuren verschiedener Handlungsfelder miteinander verglichen werden. Zum anderen – und dieser Punkt ist der entscheidende – entsteht durch die heterogene Auswahl an Gesprächspartnern, welche Akteure aus sämtlichen relevanten Handlungsfeldern umfasst, ein umfassendes Bild von Experten aus unterschiedlichen Richtungen mit differierenden Interessen. So war es möglich, den Blick auf Strategien gegen Rechtsextremismus aus verschiedenen Perspektiven zu richten und ein Verständnis dafür zu entwickeln, warum Akteure aus den verschiedenen Handlungsfeldern manchen Maßnahmen skeptisch gegenüber stehen, während sie andere als sinnvoll erachten.

Nachdem die ausgewählten Experten nach schriftlicher Anfrage ihre Zustimmung zur Teilnahme an der wissenschaftlichen Untersuchung erklärt hatten, wurde mit ihnen ein Termin für das Interview vereinbart. Dazu suchte der Autor die Interviewpartner stets in ihrem (Arbeits-)Umfeld auf, um einerseits einen angenehmen, vertrauten Gesprächsrahmen zu schaffen und andererseits den Interviewpartnern so wenig Arbeit wie möglich zu machen. Nach der kurzen Vorstellung des Forschungsansatzes machte der Autor stets deutlich, dass der Name des Interviewpartners für die Untersuchungen genauso anonymisiert werde wie der des Vereins, für den er gegebenenfalls tätig ist beziehungsweise den er unterstützt. Allein das Handlungsfeld, auf dem der Gesprächspartner agiert, sollte von Interesse sein. Dementsprechend erfolgte eine anonymisierte Kategorisierung der Gesprächspartner in aktiver Fan-A (abgekürzt als AF-A), aktiver Fan-B (AF-B), Verband-C, Verband-D, Fanprojekt-E (FP-E), Fanprojekt-F (FP-F), Fanprojekt-G (FP-G), Politik-H, Politik-I, Polizei-J, Polizei-K, Verein-L und Verein-M. Weiterhin wurden alle Befragten so behandelt, als seien sie maskuliner Natur. Des Weiteren wurden in den Abschriften der Interviews sämtliche Stellen durch das Einsetzen der Buchstaben ‚XXX‘ unkenntlich gemacht, die darauf schließen lassen könnten, in welchem Verein der Befragte tätig ist oder welchem Verein er anhängt.

Die Gespräche wurden mit einem Diktiergerät aufgezeichnet. Auch hierfür wurde das Einverständnis des Gesprächspartners im Vorfeld eingeholt. Darüber hinaus wurde der befragte Experte vor dem Interview darauf hingewiesen, dass es sich um ein zweiteiliges Interview handelt, das vom Ausfüllen eines Kurzfragebogens unterbrochen wird. Der erste Teil ziele dabei auf eher allgemein gehaltene Fragen, der zweite beschäftige sich konkret mit den Antworten zu den Fragen aus dem Kurzfragebogen.

Während der Zeit des Ausfüllens des Fragebogens wurde das Diktiergerät ausgeschaltet. Nachfragen bezüglich der im Fragebogen aufgeführten Maßnahmen wurden knapp beantwortet, so dass lediglich deutlich wurde, worauf die beschriebene Maßnahme inhaltlich zielt.

Insgesamt schwankte die Gesprächsdauer zwischen etwas weniger als 30 Minuten und etwas mehr als 85 Minuten. Im Durchschnitt dauerte ein Interview rund 45 Minuten.

6.3.5. Auswertung

Die Fülle der gewonnenen Daten[62] soll in der Folge unter mehreren Gesichtspunkten ausgewertet werden: Wesentliches Ziel ist es, herauszufinden, ob beziehungsweise in welchen Punkten die Meinungen der befragten Experten mit den Handlungsempfehlungen aus der Wissenschaft, die in Kapitel 6.2 herausgearbeitet und in 39 Items des Kurzfragebogens operationalisiert wurden, übereinstimmen. Der Interessenfokus liegt dabei weniger auf denjenigen Maßnahmen, die in den Augen der Experten sinnvoll sind, als vielmehr auf denjenigen Maßnahmen, die die Befragten als sinnlos erachten beziehungsweise in maßgeblichen Punkten kritisieren. Da die zu bewertenden Maßnahmen bereits in Kapitel 6.2 hinsichtlich ihrer positiven Effekte im Kampf gegen Rechtsextremismus dargestellt wurden, liegt auf der Hand, warum sie als sinnvoll angesehen werden. Um Redundanzen zu vermeiden, wird daher darauf verzichtet, die von den Experten genannten Vorzüge dieser Maßnahmen erneut darzustellen. Ungleich interessanter ist im Gegensatz dazu die Frage, warum manche Experten Maßnahmen, die in der theoretisch-wissenschaftlichen Literatur als sinnvoll dargestellt werden, in der Praxis als untauglich für den Kampf gegen Rechtsextremismus im Fußballstadion ansehen. Mit Hilfe der Auswertung ihrer qualitativen Argumente sollen darüber hinaus Anhaltspunkte dafür gefunden werden, warum manche wissenschaftlichen Handlungsempfehlungen in der Praxis umgesetzt werden, andere dagegen nicht. Damit liefert dieses Kapitel die Grundlagen für die zusammenfassende Beantwortung der Fragestellungen in Kapitel 6.4 sowie 8.3.

---

62 Die transkribierten Interviews umfassen mehr als 100 Seiten und sind online verfügbar (vgl. Kapitel 10.4).

Natürlich kann und soll diese Arbeit nicht abschließend bewerten, welche Strategien im Kampf gegen den Rechtsextremismus die erfolgsversprechendsten sind. Dazu wären mit großen Aufwand verbundene Langzeitstudien nötig, welche den Einfluss der jeweiligen Maßnahme auf die Zielgruppe unter vorher festgelegten Qualitätskriterien prüfen müssten.[63] Die zusammenfassende Darstellung der Meinung von 13 verschiedenen Akteuren aus allen involvierten Handlungsfeldern kann aber durchaus Hinweise darauf geben, welche Handlungsempfehlungen aus der Wissenschaft auch nach empirischer Bewertung der Experten für den Kampf gegen Rechtsextremismus aussichtsreich erscheinen. Die in diesem Kapitel zusammengetragenen Ergebnisse der qualitativen Befragung von Experten erlauben es überdies, Erklärungsansätze dafür zu finden, warum eine Umsetzung von theoretischen Handlungsempfehlungen aus der Wissenschaft mitunter nicht zielführend sein könnte.

Wenngleich in der Folge das Augenmerk auf die inhaltlichen Aussagen der 13 befragten Experten gelegt werden soll, liefern bereits die kumulierten Daten aus den Kurzfragebögen ein interessantes Bild. Schon hier wird deutlich, welche Maßnahmen in der Gunst aller Befragten insgesamt, über die Grenzen der Handlungsfelder hinweg, als besonders sinnvoll bewertet werden – und welche nicht. Natürlich lässt eine solch grob gehaltene quantitative Auswertung angesichts der niedrigen Zahl der Befragten keine repräsentativen Schlüsse zu. Für einen groben Überblick sowie einen Einstieg in die spätere qualitative Auswertung bietet sich dieser Schritt dennoch an.

Im ersten Schritt, der *quantitativen* Auswertung, sollen daher nun diejenigen Maßnahmen identifiziert werden, deren Mittelwert, zusammengesetzt aus den Bewertungen aller befragten Experten, ihre Einstufung als tendenziell eher sinnlos erlaubt. Außerdem sollen diejenigen Maßnahmen herausgearbeitet werden, denen alle Beteiligte ein durchweg positives Zeugnis ausstellten, das heißt, die von keinem der Befragten als sinnlos bewertet wurden.

Im zweiten Schritt der, *qualitativen* Auswertung, stehen dann die inhaltlichen Aussagen der Interviewpartner im Mittelpunkt. Dazu bilden die in Schritt Eins gewonnen quantitativen Rahmendaten die Grundlage.

---

63 Das könnte natürlich gleichwohl ein spannendes Forschungsfeld für andere Arbeiten sein.

Besonders die Meinungen zu denjenigen Maßnahmen, die von allen Befragten im Mittel als (eher) sinnlos bewertet wurden, stehen im Fokus des Interesses. Dabei soll in diesem Schritt geklärt werden, warum die Befragten zu ihren (negativen) Bewertungen gekommen sind. Ebenfalls soll ausführlicher auf die von den Experten beschriebenen Schwierigkeiten bei der Implementierung der Handlungsempfehlungen in der Praxis eingegangen werden. Aus der Vielzahl individueller Bewertungen sollen dann in Kapitel 6.3.6 knappe allgemeine Rückschlüsse auf die Bewertung der wissenschaftlichen Handlungsempfehlungen insgesamt gezogen werden.

Quantitative Analyse

Da die Befragung mittels des Kurzfragebogens auf einer einfachen Likert-Skala beruht, ist die formale Auswertung denkbar einfach. Eine 7 steht für die Bewertung der Maßnahme als völlig sinnvoll, eine 1 steht für die Bewertung als völlig sinnlos. Die 4 bedeutet demnach, dass die Maßnahme weder als sinnvoll noch als sinnlos zu bewerten ist. Ein „ka" steht für „Keine Angabe" und taucht in den Tabellen dann auf, wenn der Interviewpartner zu dem Punkt keine Angaben machen wollte. In der Berechnung der Mittelwerte wurde diese Angabe nicht weiter berücksichtigt.

Abbildung 8: Individuelle Bewertung der Handlungsempfehlung des Kurzfragebogens durch die Experten[64]

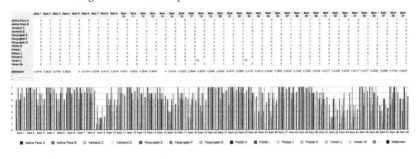

---

64 Die Abbildungen 8 bis 15 sind aus Gründen der besseren Anschaulichkeit auch online einsehbar (vgl. Kapitel 10.4). Dort ist überdies eine Liste der nummerierten Items samt zugeordneter Handlungsempfehlungen aus der Forschung zu finden.

Abbildung 9: Mittelwerte der Bewertung der Handlungsempfehlungen des Kurz-
fragebogens durch alle Experten

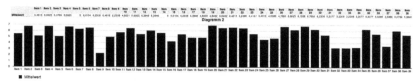

Als sinnlos bewertete Maßnahmen

Der Vergleich der Mittelwerte zeigt, dass insgesamt fünf wissenschaftliche
Handlungsempfehlungen von den Experten im Mittel als tendenziell eher
sinnlos bewertet wurden. Hier lohnt ein Blick auf Details.

Abbildung 10: Bewertung der Experten von Item 9 – Rechtsextremismus lieber
indirekt thematisieren

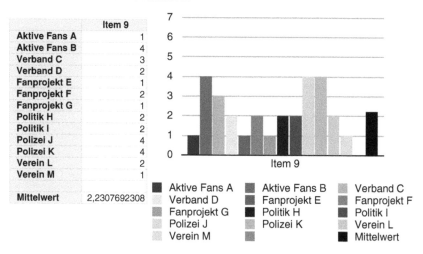

Diese Maßnahme wurde mit Abstand am schlechtesten bewertet. Keiner
der Befragten sah sie als auch nur tendenziell sinnvoll an. Drei Experten
bewerteten sie immerhin als weder sinnvoll noch sinnlos. Der Rest attes-
tierte ihr, tendenziell bis völlig sinnlos zu sein.

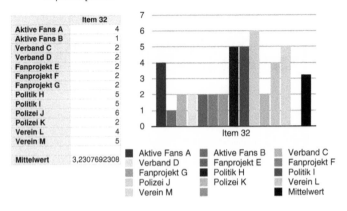

Am zweitschlechtesten wurde die Handlungsempfehlung der starken Polizeipräsenz bei Fußballspielen bewertet. Interessanterweise kommen bei diesem Punkt die beiden Akteure aus dem Bereich der Polizei zu unterschiedlichen Meinungen. Während Akteur Polizei-J eine starke Polizeipräsenz bei Fußballspielen noch als absolut sinnvoll ansieht (6), bewertet Akteur Polizei-K den starken Polizeieinsatz als sehr sinnlos (2) im Kampf gegen Rechtsextremismus im Fußballstadion. Fanprojekte, Verbände und aktive Fans lehnen diese Maßnahme ab, während Akteure aus Politik und Vereinen sie noch als sinnvoll bewerten.

Abbildung 12: Bewertung der Experten von Item 33 – Einrichtung einer Referentenstelle zum Thema Rechtsextremismus bei jedem Bundesligaverein

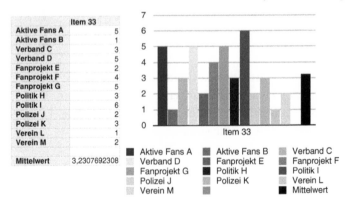

236

Diese Maßnahme lehnen vor allem die Vertreter der Vereine besonders stark ab. Die Gründe dafür werden im zweiten Schritt näher diskutiert. Einen besonders starken Fürsprecher gibt es mit Politik-I lediglich auf dem staatlichen Handlungsfeld.

Abbildung 13: Bewertung der Experten von Item 34 – Vereinheitlichung der Organisationsstrukturen der Fanprojekte

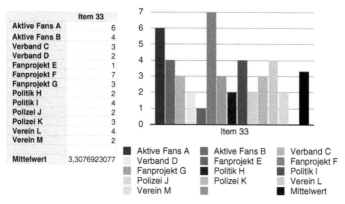

In diesem Punkt gibt es sowohl zwischen als auch innerhalb der einzelnen Handlungsfelder große Abweichungen, Fanprojekt-F sieht die Handlungsempfehlung zum Beispiel als völlig sinnvoll an, während Fanprojekt-E sie als völlig sinnlos bewertet.

Abbildung 14: Bewertung der Experten von Item 37 – Erhöhung der Anzahl an Ordnern pro Spiel

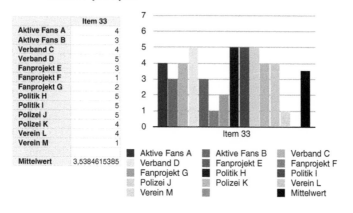

Kein Akteur bewertet diese Maßnahme höher als tendenziell sinnvoll. Viele stehen dem Vorschlag jedoch neutral gegenüber.

Als sinnvoll bewertete Maßnahmen

Auf der anderen Seite macht die quantitative Auswertung des Kurzfragebogens deutlich, dass alle befragten Experten einige Punkte geschlossen als sinnvoll einstufen. Nachfolgend sind daher diejenigen Maßnahmen aufgeführt, die eine signifikant hohe Zustimmung erfahren haben. Dazu zählen jene wissenschaftlichen Handlungsempfehlungen, deren Mittelwerte aus den Bewertungen aller befragten Experten über dem Wert 6 liegen, das heißt im Mittel als sehr bis völlig sinnvoll bewertet und gleichzeitig von keinem der insgesamt 13 Befragten als tendenziell eher sinnlos (3) oder schlechter eingestuft werden. Folgende Maßnahmen zählen zu den durchweg als sehr bis völlig sinnvoll bewerteten Handlungsempfehlungen aus der Wissenschaft. Der errechnete Mittelwert ist in der rechten Spalte aufgeführt.

Tabelle 14: Handlungsempfehlungen aus der Wissenschaft mit signifikant hoher Zustimmung der befragten Experten (eigene Darstellung)

Item 2	Schulung von Polizisten im Hinblick auf rechtsextreme Erscheinungsformen	6.69
Item 4	Eindeutige Positionierung gegen Rechtsextremismus von Verbänden	6.69
Item 6	Gegenkräfte innerhalb der Fanszene stärken	6.62
Item 7	Anpassung der Arbeit mit den Fans auf die jeweilige Fanszene	6.23
Item 8	Anerkennung sowie Förderung von Faninitiativen gegen Rechtsextremismus	6.46
Item 12	Förderung der Selbstregulierung der Fanszene	6.38
Item 14	Durchführung authentischer Informationskampagnen statt bloßer PR-Kampagnen	6
Item 20	Eindeutige Positionierung gegen Rechtsextremismus von Vereinen	6.85
Item 21	Arbeit gegen Rechtsextremismus auf die jeweiligen Zielgruppen anpassen	6.46
Item 22	Schulung von Mitarbeitern der Fanprojekte im Hinblick auf rechtsextreme Erscheinungsformen	6.54
Item 23	Rechtsextreme Hegemonien innerhalb der Fanszene durchbrechen bzw. ihnen keinen Platz geben	6.42

Item 27	Strategien gegen Rechtsextremismus nicht nur auf Jugendliche beziehen	6.69
Item 28	Bessere Vernetzung aller am Kampf gegen Rechtsextremismus im Stadion beteiligten Akteure	6.15
Item 29	Schulung von Ordnern im Hinblick auf rechtsextreme Erscheinungsformen	6.77
Item 30	Bessere Unterstützung von Faninitiativen gegen Rechtsextremismus	6.23
Item 38	Eindeutige Positionierung gegen Rechtsextremismus von Fanprojekten	6.08
Item 35	Erhöhung der finanziellen/personellen Mittel für Fanprojekte*	6.31

*Sonderfall, da einmal mit 3, also tendenziell sinnlos bewertet. Gründe hierzu im Analyseteil der qualitativen Interviews.

Die Umsetzung dieser Punkte halten alle befragten Akteure für sinnvoll. Hier stehen die Meinungen der Experten also im Einklang mit den Vorschlägen aus der Wissenschaft, die in Kapitel 6.2 herausgearbeitet wurden und als Item im Kurzfragebogen operationalisiert wurden. Warum die Experten die Handlungsempfehlungen als sinnvoll ansehen, ergibt sich aus Kapitel 6.2, wo die Vorteile, Ansatzpunkte und Ziele dieser Maßnahmen ausführlich dargelegt wurden. Folglich muss die Meinung der Experten zu diesen Handlungsempfehlungen nicht näher analysiert werden.

Vergleichende quantitative Auswertung: Polizei vs. Fans

Lohnend erscheint indes ein vergleichender Blick auf die Bewertungen der Akteursgruppen Polizei und aktive Fans. Denn er ermöglicht trotz der schmalen Datenbasis einige durchaus interessante Erkenntnisse.

Abbildung 15: Bewertung der Handlungsempfehlungen des Kurzfragebogens von aktiven Fans und Polizei[65]

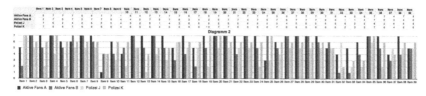

---

65 Diese Abbildung ist, wie bereits in Fußnote 61 erwähnt, aus Gründen der besseren Übersichtlichkeit auch online einsehbar (vgl. Kapitel 10.4).

Wie vor dem Hintergrund der in Kapitel 4.2.4 dargestellten Konfliktlinie nicht anders zu vermuten war, differieren die Meinungen von Akteuren aus dem Bereich der aktiven Fans und der Polizei in zwei Punkten besonders stark. Kameraüberwachung im Stadion (Item 1) bewerten beide Akteure aus den Reihen der Polizei als völlig sinnvoll (7). AF-A bewertet es immerhin noch als tendenziell sinnvoll (5). AF-B bewertet es dagegen schon als absolut sinnlos (2). Auch im Hinblick auf das Verhängen von Stadionverboten (Item 16) unterscheiden sich die Einschätzungen. Beide Akteure der Polizei bewerten diese Maßnahme als absolut sinnvoll im Kampf gegen Rechtsextremismus (6), die Akteure aus den Reihen der aktiven Fans sehen die Maßnahme als tendenziell eher sinnvoll (5, AF-A) beziehungsweise tendenziell eher sinnlos (3, AF-B) an. Damit schwanken die Ergebnisse in diesem Punkt jedoch nicht so stark, wie es die in Kapitel 4.2.4 beschriebenen Konfliktlinien vermuten lassen. Warum, wird in der Analyse des qualitativen Teils der Interviews zu klären sein.

Auffallend ist überdies die unterschiedliche Bewertung von Item 12 – Förderung der Selbstregulierung der Fanszene, die beide aktive Fans als völlig sinnvoll bewerten, der beide Polizei-Akteure jedoch deutlich skeptischer, wenngleich immer noch tendenziell eher positiv gegenüberstehen. Deutlich negativer als die aktiven Fans bewerten die Akteure aus den Reihen der Polizei zudem den Vorschlag, die Stadionordnung durch Dinge wie z.B. einen Antidiskriminierungspargraphen zu ergänzen (Item 13) oder die Organisationsstruktur von Fanprojekten zu vereinheitlichen (Item 34).

Gleichwohl bleibt insgesamt festzuhalten, dass sich beide Akteursgruppen häufig im Grundsatz, wenn auch unterschiedlich intensiv, in der Bewertung von Maßnahmen als sinnvoll einig sind. Beispiele dafür finden sich in großer Zahl (z.B. Item 2,6,7,8...).

In diesem Sinne macht also bereits dieser nicht repräsentative Vergleich deutlich, dass hier womöglich Lösungsansätze zum Aufbrechen der starren Konfliktlinien zwischen Polizei und aktiven Fans liegen könnten. Zumindest in der Bewertung der Güte von Strategien gegen Rechtsextremismus im Fußballstadion sind sich die beiden Akteursgruppen häufiger einig als uneinig. Wenngleich in einigen emotional besetzten Punkten wie der Frage nach Stadionverboten oder Kameraüberwachung weiterhin ein Dissens zu erkennen ist, könnte an den weitgehend übereinstimmend bewerteten Punkten angesetzt und Maßnahmen gegen Rechtsextremismus in gemeinsamer Abstimmung umgesetzt werden, auch um damit ein Fundament für den Abbau von gegenseitigen Vorverurteilungen zu legen.

Qualitative Analyse

Die qualitative Auswertung der Interviews geht nun der maßgeblichen Frage nach, warum die Experten manche Maßnahmen als sinnlos bewerten. Dabei soll allenfalls begrenzt chronologisch entlang der Reihenfolge der im Interview gestellten Leitfragen vorgegangen werden. Vielmehr werden die Gespräche problemzentriert ausgewertet.

Zunächst soll dargestellt werden, wie die Experten die Entwicklung des Rechtsextremismus in Deutschen Fußballstadien bewerten und inwieweit der Rechtsextremismus ihrer Meinung nach momentan ein Problem im Fußballstadion darstellt. Diese allgemeinen Fragen dienten beim Einstieg in die Interviews als narrativer Türöffner und ließen eine erste Einschätzung des Gesprächspartners zu. Von analytischem Interesse ist diese Frage nur bedingt. Daher soll sie in der Folge nur entsprechend knapp behandelt werden.

Anschließend wird kurz herausgearbeitet, welche Strategien die Befragten für sinnvoll im Kampf gegen Rechtsextremismus im Fußballstadion halten. Dies soll ebenfalls nicht allzu ausführlich geschehen, da die positiven Argumente für die Umsetzung dieser Maßnahmen weitgehend schon im Kapitel 6.2 dargestellt wurden und es hier zu Dopplungen kommen würde.

Ausführlicher sollen die von den Experten genannten Schwierigkeiten bei der Implementierung einzelner Maßnahmen aufgezeigt werden, da diese Hürden darstellen, die in wissenschaftlichen Publikationen zu Strategien gegen Rechtsextremismus im Fußballstadion häufig vernachlässigt werden, in der Praxis jedoch von enormer Bedeutung sind. Die daraus resultierenden grundsätzlichen Probleme für Strategien gegen Rechtsextremismus im Fußballstadion sollen ebenfalls herausgearbeitet und andiskutiert werden.

Auf die Darstellung der Umsetzungsschwierigkeiten bei bestimmten Handlungsempfehlungen erfolgt die Beleuchtung der aus Sicht der Experten sinnlosen Strategien. Wie sich gezeigt hat, waren dies vor Beantwortung des Kurzfragebogens bei allen Befragten nicht annähernd so viele, wie später im Kurzfragebogen als sinnlos bewertet wurden. Deshalb, und dies ist der zentrale Punkt der Untersuchung, werden anschließend die

Antworten zu den Nachfragen bezüglich derjenigen Maßnahmen vorgestellt, andiskutiert und ausführlicher bewertet, welche die Experten im Fragebogen als tendenziell sinnlos bis völlig sinnlos (3 bis 1) bewertet haben. Gründlich sollen ebenfalls die Argumente dargestellt werden, warum die Befragten manche Handlungsempfehlungen als weder sinnlos noch sinnvoll bewertet haben (4). Hier wird in der Folge nicht spezifisch zwischen Kritikpunkten von denjenigen Experten unterschieden, deren Argumente zu einer negativen (1 bis 3) oder neutralen Bewertung (4) geführt haben, da in beiden Fällen Kritik an den Handlungsempfehlungen geäußert wird und diese inhaltlichen Argumente im Fokus der Analyse liegen. Da es an dieser Stelle darum geht, diese unterschiedlichen, in der wissenschaftlichen Literatur weitgehend ausgeklammerten, Kritikpunkte inhaltlich darzustellen und nicht der Anspruch erhoben wird, deren unterschiedlich vorgetragene Intensität nachzuweisen, ist dieses Vorgehen zweckmäßig.

Ist Rechtsextremismus ein Problem in deutschen Fußballstadien?

Alle befragten Experten waren sich einig, dass Rechtsextremismus ein nicht zu vernachlässigendes Problem in deutschen Fußballstadien ist. Unstimmigkeiten gab es lediglich hinsichtlich der Einschätzung der Intensität dieses Problems sowie der Frage, ob das Problem in den vergangenen Jahren zugenommen hat. Einige Befragte verwiesen lediglich darauf, dass der Rechtsextremismus „nicht problematischer ist als in der Gesellschaft grundsätzlich" (Verein-M: 1), respektive ein gesamtgesellschaftliches, mitunter auch in manchen Regionen besonders präsentes Phänomen sei, das „sich dann beim Fußball nochmal fokussiert" (Verband-C: 1).

Differierender fielen die Antworten der Befragten auf die Frage aus, ob der Rechtsextremismus beziehungsweise seine Ausprägungen in deutschen Fußballstadien in den vergangenen Jahren zugenommen hat. Einige verneinten dies mit dem Hinweis, „der Rechtsextremismus war immer da" (Polizei-J: 1). Andere machten deutlich, dass ihrer Meinung nach der Rechtsextremismus nicht ansteigt, sondern stellten fest: „Die mediale Aufmerksamkeit, die ist bei diesem Thema ja immer relativ hoch, weil es ein sehr sensibles Thema ist" (Verein-L: 1). Dies, so das Argument hinter dieser Aussage, könnte also der Grund für den subjektiven Eindruck eines Anstiegs rechtsextremer Aktivitäten im Stadion sein. Ähnliche Argumente gehen dahin, dass der Rechtsextremismus immer präsent war und „nur deutlicher im Moment nach außen" (FP-G: 1) in Erscheinung trete. Interessant ist in diesem Zusammenhang der Hinweis auf die Rolle der Dunkelziffer, die „mehr und mehr aufgedeckt [wird]. Weil sich viele Fanszenen da aktiv gegenstellen" (AF-A: 1). Daher entstehe der Eindruck eines erstarkenden Rechtsextremismus, denn „je mehr Aufmerksamkeit darauf gerichtet wird, umso mehr nimmt auch das Anzeigeverhalten zu" (Politik-H: 1).

Andere glauben, momentan beobachten zu können, dass dieses Thema „jetzt im Moment wieder aufkommt" (AF-B:1) oder gehen fest davon aus, „dass wir uns einzustellen haben auf eine sehr eklige Phase von neuer Herausforderung, Provokation von rechten, organisierten Gruppen im Fußballkontext. Dem müssen wir uns stellen" (Verband-D: 10).

Zu beachten sind ferner die Einschätzungen von Verband-C, der explizit betont: „Mich ärgert eigentlich immer die Frage:‚Hat's zugenommen oder nicht?' Weil man damit so tut, wenn es zugenommen hat, ist es ein Problem. In dem Moment wo es abgenommen hat, kann man sich zurücklehnen. Auseinandersetzung mit Rechtsextremismus hat immer gezeigt, dass man sich in einer fatalen Sicherheit fühlt, man hätte das Problem im Griff. Wenn man sich zurücklehnt, kann das Problem ganz schnell wieder auftauchen. Also, es ist, denke ich, immer ein Anlass permanent wachsam zu sein" (Verband-C: 1).

Einig sind sich jedoch alle Befragten darin, dass derzeit keine Abnahme zu beobachten ist.

Sinnvolle Maßnahmen gegen Rechtsextremismus im Fußballstadion

Ohne vorher mit den umfassenden Handlungsoptionen der Kurzfragebögen konfrontiert gewesen zu sein, haben die Experten bei der allgemeinen Frage nach sinnvollen Strategien gegen Rechtsextremismus etliche Punkte angesprochen, die bereits im Kapitel 6.2 dargestellt wurden. Daher wird an dieser Stelle darauf verzichtet, sämtliche Argumente für die Umsetzung der jeweiligen Maßnahmen nochmals darzulegen. Der Fokus wird stattdessen auf Schlagwörter und Vorschläge gelegt, die in der wissenschaftlichen Literatur so bislang noch nicht zu finden sind.

Ein Punkt, der als Zielsetzung viele wissenschaftliche Handlungsoptionen auszeichnet, wird von einem Akteur der Fanprojekte genannt: Seiner Meinung nach sei „die effektivste Art dagegen anzukämpfen, denen [den Rechtsextremen] im Prinzip den Nachwuchs wegzunehmen" (FP-F: 1). Damit nennt er ein zentrales Ziel von präventiver Jugendarbeit: zu verhindern, dass Jugendliche (innerhalb der Fanszene) rechtsextreme Einstellungen entwickeln. Das kann unter anderem dadurch erreicht werden, indem Anknüpfungspunkte auf der Einstellungsebene blockiert werden. Viele andere Befragte vermieden eine konkrete Nennung von sinnvollen Zielen und sprachen stattdessen von allgemeiner Förderung der Prävention respektive Aufklärung: „Das A und O ist Aufklärung und die Sensibilisierung" (FP-E: 1). Das impliziert aber auch, Rechtsextremen den Nachwuchs streitig zu machen, indem man Fußballfans durch präventive Aufklärung für rechtsextreme Argumentationsmuster unanfällig macht. Hier wird also exemplarisch deutlich, dass hinter vielen, in den Interviews genannten Begrifflichkeiten wie dem „Wegnehmen" (FP-F: 1) des Nachwuchses, keine Strategie steckt, die nicht schon in Kapitel 6.2 vorgestellt worden wäre. Stattdessen wurden in den Interviews oftmals unterschiedliche Wörter für ähnliche, bereits erläuterte Gegenstrategien gefunden, die in der Folge nicht einzeln aufgeführt werden sollen. Wenn in Kapitel 8.2 über die Umsetzung dieser Maßnahmen in der Praxis diskutiert wird, können diese Argumente der Experten gleichwohl durchaus nochmals aufscheinen.

Zum Teil waren die Antworten auf die Frage nach sinnvollen Strategien bezogen auf das Handlungsfeld, aus dem die Befragten kommen, jedoch durchaus überraschend. Polizei-K unterstrich zum Beispiel direkt nach der Betonung der gesamtgesellschaftlichen Verantwortung hinsichtlich sinnvoller Strategien gegen Rechtsextremismus im Fußballstadion: „Das muss auch ein klares Zeichen sein, das von den Fans ausgeht. Also diese Reinigungsprozesse, Selbstreinigungsprozesse innerhalb der Ultras, wenn es denn die Ultras sind, muss passieren" (Polizei-K: 1). Das ist interessant. Denn häufig wird gerade von Seiten der aktiven Fans unterstellt, die Polizei behindere mit ihren konfrontativen Maßnahmen genau diese, von Polizei-K geforderte, Selbstregulierung innerhalb ihrer Szene (vgl. Kapitel 4.2.4). Auch FP-K vertritt diesen Standpunkt: „Oftmals zeigt es sich dann auch, dass die Selbstregulierung in der Fanszene ganz gut klappt. Auch gerade im Block, wenn dann keine Polizei da ist" (FP-F: 6).

Schwierigkeiten bei der Umsetzung von Maßnahmen gegen Rechtsextremismus im Stadion

Wirklich neue Argumente im Hinblick auf die Bewertung von Strategien gegen Rechtsextremismus im Fußballstadion tauchten erstmals bei der Frage nach Schwierigkeiten bei der Umsetzung von Maßnahmen gegen Rechtsextremismus auf. Deshalb sollen diese Probleme, unter Bezugnahme auf das Handlungsfeld, in dem sie auftreten, in der Folge ausführlicher geschildert werden.

Im Hinblick auf das oftmals geforderte gesamtgesellschaftliche Engagement sieht zum Beispiel AF-A die mangelnde Rückendeckung von Fans durch die Vereine als problematisch an: „Ja klar ist das ein Problem, wenn man da die Rückendeckung von Vereinen zum Beispiel nicht hat. Wenn man da alleine auf weiter Flur steht." (AF-A: 2). Das sieht auch Vereinsvertreter Verein-M so, wenn er betont: „Die Vereine müssen ganz klar Position beziehen: Der Verein muss für bestimmte Werte einstehen. Diese Werte müssen sowohl symbolisch als auch inhaltlich vorgelebt werden" (Verein-M: 1). Gleichzeitig verweist Verein-M aber auch auf das damit einhergehende Spannungsfeld, in dem ein Verein steht, wenn er diese Werte inhaltlich vorleben und mit konkreten Aktionen wie etwa Aufklärungsarbeit gegen Rechtsextremismus in die Fanszene hineinwirken möchte: „Das ist immer schwer, das als Verein zu machen. Als Verein dagegen zu wirken, wird von Fanseite logischerweise sehr, sehr häufig als Einmischung, als ‚die von da oben, die Großen machen irgendetwas' [interpretiert]" (Verein-M: 2). Ähnliche Probleme sieht Verein-L, der an einer Stelle betont: „Wir sprechen uns ganz klar gegen Rassismus aus" (Verein-L: 2), an anderer Stelle aber auch sagt: „Ich finde, dass man da den Fans nicht so reinquatschen sollte" (Verein-L: 7), also die Autonomie der Fanszene betont. Die Vereine sehen sich demnach einem Spannungsverhältnis ausgesetzt. Einerseits fordern Fans, dass sie ihnen im Kampf gegen Rechtsextremismus den Rücken stärken. Andererseits empfinden Fans das Engagement von Seiten des Vereins mitunter als unzulässige Einmischung von oben. Ob die optimale Lösung dieses Spannungsfeldes wirklich in der Handhabung von Verein-L liegen sollte, sich alleine symbolisch gegen Rechtsextremismus auszusprechen und ansonsten auf Einmischung zu verzichten (vgl. Verein-L: 7), bleibt indes zumindest zweifelhaft.

Schließlich gibt es auch aktive Fans wie AF-B, der auf Nachfrage, ob die Ultras denn die Unterstützung ihres Vereins wollen, sagt: „Also, ich kann mir nichts Schöneres vorstellen. Ich bin da sehr froh, dass der Verein da hinter uns steht, wenn wir gegen Diskriminierung arbeiten. Da weiß ich immer den Verein an meiner Seite" (AF-B: 5). Überdies betont er, dass es im Stadion viele Menschen gebe, „die glauben alles, was der Verein sagt, zu 100 Prozent. Und die übernehmen das. Und wenn der Verein sagt, wir stehen zu diesen Leuten, die sich hier gegen Diskriminierung einsetzten, die halt kein Bock auf diese rechte Nazischeiße haben. Dann wird sich eben auch ein Großteil der Fans mit diesen Leuten solidarisieren. Ob sie jetzt große Antifaschisten sind oder nicht" (AF-B: 5). Hier wird also deutlich, dass in der eindeutigen Positionierung der Vereine erstens die Chance liegt, gegen Rechtsextremismus engagierten Fans den Rücken zu stärken und zweitens, die schweigende Mehrheit der Fans auf deren Seite zu ziehen.

Wenngleich also die symbolische Positionierung als positiv empfunden wird, bleibt fraglich, inwieweit sich eine Einflussnahme des Vereins auf die inhaltliche Arbeit der Fanszene anbietet. Zu Recht betont nicht nur Verein M, dass dies ja nicht unbedingt direkt über den Verein geschehen müsse, sondern „deswegen muss man das… natürlich muss man Hand in Hand arbeiten mit möglichst starken Fanprojekten. Mit möglichst akzeptierten Fanbeauftragten" (Verein-M: 2). Fanprojekte sowie Fanbeauftragte können beziehungsweise müssen also als Scharnier zwischen Verein und Fanszene agieren. Sie werden in der Regel nicht als ‚die da oben' wahrgenommen, sondern als engagierte Akteure, die sich auch für Faninteressen einsetzen, die konkrete Fanszene des Vereins kennen, von ihr akzeptiert werden und dank der dadurch gewonnenen Authentizität gezielt Einfluss nehmen können.

Die befragten Vertreter der Fanprojekte klagen ebenfalls darüber, dass ihre Arbeit gegen Rechtsextremismus nur funktionieren kann, wenn ihnen der Verein dabei den Rücken stärkt. Ein Problem bei ihrer Arbeit gegen Rechtsextremismus sei, „dass die Vereine sich sehr, sehr schwer tun mit diesen Themen umzugehen" (FP-E: 3). Oftmals, so FP-E, würden Vereine daher nicht auf Anraten des Fanprojekts oder des Fanbeauftragten tätig, sondern erst dann, wenn der öffentliche Druck zunehme (vgl. FP-E: 3). Die Frage danach, warum sich Vereine mitunter so schwer damit tun, Rechtsextremismus in ihrem Stadion auch als solchen zu thematisieren, beantwortet FP-E eindeutig: „ Image! Das ist halt letzten Endes eine Frage, wie kommt denn das rüber, welche Wirkung hat das, wenn publik wird, bei uns im Stadion sind rechte Gruppen schon seit langer Zeit unterwegs. Und ich glaube, da haben sie einfach Sorge, dass das zum negativen Image führt" (FP-E: 3). Damit spricht FP-E ein Problem an, dass bereits aus anderen Bereichen der Rechtsextremismusforschung bekannt ist. Gerade auf kommunaler Ebene haben es Initiativen gegen Rechtsextremismus oftmals sehr schwer, weil sich lokale Entscheidungsträger um das Image ihrer Stadt, ihrer Kommune oder ihres Landkreises sorgen (vgl. Gaserow 2006: 1). Auch FP-F weiß, dass Menschen, die Probleme mit Rechtsextremismus ansprechen, nicht nur beim Verein, sondern mitunter sogar in der eigenen Fankurve als Störer wahrgenommen werden: „Man bringt in den Augen dieser Unpolitik-Leute diese Unruhe erst rein und dieses Thema erst rein" (FP-F: 2). Mitunter sorgt sich also nicht nur der Verein um sein Image, das durch das klare Benennen von rechtsextremistisch gelagerten Problemen womöglich leiden könnte, sondern auch die Fanszene möchte von solchen Problemen nichts hören, weil sie sich als vermeintlich unpolitisch bezeichnet. Bereits in Kapitel 5 wurde herausgearbeitet, dass gerade diese „Football-without-Politics"-Haltung als Türöffner und beliebter Anknüpfungspunkt des Rechtsextremismus im Fußballstadion dient. Daher betonen viele Befragte auch, dass diese Einstellung „gefährlich" (FP-F: 2) sei und sagen ganz deutlich: „Unpolitisch heißt für mich eigentlich nur, die Möglichkeit Rechtsoffenen Raum zu geben oder rechtsoffen zu sein" (FP-G: 5).

Zusammenfassend kann also in diesem Problembereich resümiert werden, dass eine ganz klare Positionierung gegen Rechtsextremismus keineswegs immer reibungslos funktioniert. Das liegt zum einen daran, dass vor allem in einer rechts dominierten oder scheinbar unpolitischen Fanszene unterstellt wird, alleine schon durch die Beschäftigung mit dem Phänomen Rechtsextremismus werde Unruhe in die Kurve gebracht. Andererseits sprechen sich Vereine gerne offiziell gegen Rechtsextremismus aus, weisen konkrete Probleme mit diesem Phänomen im eigenen Stadion respektive in den eigenen Fankreisen aber häufig weit von sich, um das Vereinsimage nicht zu beschädigen. Diese Erfahrung machte auch der Autor dieser Arbeit, als er 13 Vereine vergeblich um ein, wohlgemerkt anonymisiertes, Interview zum Thema Rechtsextremismus im Fußballstadion bat und dieses häufig mit dem Hinweis, man habe keine Probleme damit, abgelehnt wurde.

Weiterhin lässt sich den Aussagen der Befragten entnehmen, dass die Umsetzung von Maßnahmen gegen Rechtsextremismus in der Fanszene immer dann besonders gut funktioniert, wenn sie auf Initiative der Fans erfolgt. Für die Fans ist dabei wiederum essentiell, dass sie sich erstens auf den Verein verlassen können, der sich klar gegen Rechtsextremismus positioniert hat, den Fans bei Bedarf zur Seite steht, aber im Idealfall nicht versucht „von oben' in die Fanszene hineinzuwirken und wenn die Fans zweitens von einem Fanprojekt gezielt unterstützt werden, das nicht als Top-Down-Akteur, sondern als in der Szene akzeptierter Partner wahrgenommen wird. Das Fanprojekt hat es dann leichter, wenn es sich wiederum auf den Verein beziehen kann, der sich klar gegen Rechtsextremismus positioniert hat und auch negative, rechtsextrem gelagerte Probleme klar als solche benennt. So schließt sich der Kreis. Überdies wird das Fanprojekt natürlich vom Verein (mit-)finanziert. Dem Verein kommt bei der Problembewältigung also offenbar vor allem eine Art ‚Overhead-Funktion' zu. Er positioniert sich, finanziert das Fanprojekt (mit) und bildet somit den Rahmen, innerhalb dessen engagierte Fans mit Unterstützung des Fanprojekts etwaigen rechtsextremen Problemen eigenverantwortlich entgegenwirken können, auf den sie sich jedoch immer berufen können und von dem sie bei Bedarf Unterstützung erfahren. Der Verein begegnet dem Problem damit idealerweise nicht direkt, läuft nicht Gefahr, sich als abzulehnende externe Figur in Fanbelange einzumischen, sondern wirkt indirekt. Graphisch aufgearbeitet würde diese idealtypische Beschäftigung mit rechtsextremen Vorkommnissen innerhalb der Fanszene so aussehen:

*Verein setzt Rahmen innerhalb dessen er sich klar gegen
Rechtsextremismus positioniert und Probleme benennt*

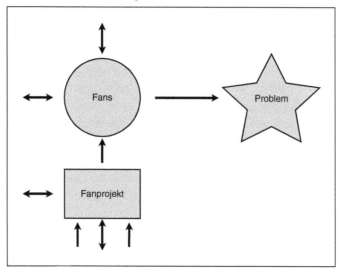

Doch nicht nur Vereine gestehen ungern ein, Probleme mit Rechtsextremismus zu haben. Ähnliche Verhaltensmuster sind auch bei den Verbänden zu beobachten. Wie bereits in der Einleitung angesprochen, hat sich
beim DFB in den vergangenen Jahren, vor allem unter Präsident Zwanziger, vieles bezüglich der Auseinandersetzung mit Rechtsextremismus verbessert, doch noch immer gibt es nach Meinung des Befragten Verband-C
Probleme bei der Umsetzung von Maßnahmen gegen Rechtsextremismus.
Allerdings liegen diese Schwierigkeiten nur in Teilen in der Angst begründet, dass „wenn ich mich da zu sehr mit beschäftige und das erkenne,
tue ich nach außen signalisieren, ich habe meinen Laden nicht im Griff."
(Verband-C: 5).

Ein wesentlich größeres Problem sehen beide befragten Vertreter der Verbände in der Tatsache, dass diese lediglich Dachorganisationen sind. „Der
DFB ist eine Dachorganisation. Er kann Dinge nicht selber durchsetzen,
sondern die Landesverbände sind zunächst mal autonom. Die sind zwar
der Satzung verbunden, aber alles, was ansonsten passiert, müssen die machen. Das heißt, der DFB kann Empfehlungen aussprechen. Der DFB kann

finanzielle Mittel zur Verfügung stellen. Der DFB kann die Infrastruktur zur Verfügung stellen. Aber ob es umgesetzt wird oder wahrgenommen oder nicht, obliegt der Entscheidung der Landesverbände. Und deren Interesse an dem Thema. Und dann geht die nächste Stufe, noch schlimmer wird es dann. Also, die Landesverbände können das auch machen, da braucht man aber die Kreise und die Vereine, die das machen. Und da sieht man, das Glied wird nach unten immer schwächer" (Verband-C: 4). Ähnlich ergehe es der DFL, die laut Verband-D ebenfalls „keinen direkten Zugriff" (Verband-D: 4) habe. Stattdessen könnten zwar unterschiedliche Instrumente zur Verfügung gestellt werden, aber „wir müssen dann darauf hoffen, dass wir quasi unsere Clubs mit ihren Strukturen und Mitarbeitern so weit angefixt haben, motiviert haben, begeistert haben, dass sie das auch so tun" (Verband-D: 5). Besonders bei der DFL tritt dann also wiederum das bereits angesprochene und diskutierte Problem zu Tage, dass Vereine die von der DFL erarbeiteten Maßnahmen gegen Rechtsextremismus nicht umsetzen, weil sie befürchten, damit in die rechtsextremistische Ecke gerückt zu werden, da mit der Implementierung der Maßnahmen suggeriert werde, der Verein habe ein Problem mit Rechtsextremismus. Bezogen auf den DFB (aber durchaus auch in Teilen übertragbar auf die DFL) führt Verband-C noch weitere Probleme an, warum Landesverbände vom DFB erarbeitete und zur Verfügung gestellte Instrumente gegen Rechtsextremismus nicht implementieren: „Zweites großes Problem, […] man sagt immer, der Sport ist per se gut, aber da fehlen die sozialen Sensoren zu fragen:‚Stimmt das denn?' Und wenn jemand nachfragt, dann ist er ein Nestbeschmutzer. Also, von daher… Dann gibt es einfach welche, die sind völlig überfordert. Dann gibt es welche, die haben die Einstellung, das ist die Entschuldigungsfloskel par excellence, Politik gehört nicht ins Stadion, nicht in den Sport. Damit kann man alles entschuldigen. Und natürlich gibt es auch welche, die dieser [rechtsextremen] Ideologie nicht fern sind" (Verband-C: 5).

Die beschriebenen Probleme hinsichtlich der Umsetzung vieler Maßnahmen durch die Verbände liegen nach Auffassung der Experten also hauptsächlich im fehlenden Willen zur Umsetzung, vor allem auf lokaler Ebene, die sich aus organisatorischen Gründen dem Einfluss der zentralen Dachverbände entzieht. Das ist ein interessanter Hinweis, der vor dem Hintergrund der weiteren Untersuchungen dieser Arbeit nicht aus den Augen verloren werden sollte und vor allem bei der Erarbeitung von

Umsetzungskriterien von Handlungsempfehlungen aus der Wissenschaft in Kapitel 8.3 eine wichtige Rolle spielen wird. Darüber hinaus ergeben sich weiterführende Fragen hinsichtlich des zukünftigen Engagements von Verbänden gegen Rechtsextremismus, die jedoch nicht in dieser Arbeit thematisiert werden können. Zum Beispiel könnte die These, wonach die Maßnahmen gegen Rechtsextremismus in den Verbänden aus organisatorischen Gründen nur schwer umgesetzt werden können, empirisch untersucht und mit der Erarbeitung von effektiveren Implementierungsstrategien auf organisatorischer Ebene verknüpft werden.

Ähnlich gelagerte, strukturell bedingte Probleme bezüglich der Umsetzung von Maßnahmen gegen Rechtsextremismus schildert auch ein Akteur aus den Reihen der Polizei, der auf die Frage nach Schwierigkeiten bei der Implementierung von Maßnahmen gegen Rechtsextremismus in Fußballstadien antwortet: „Das kommt in solchen Situationen natürlich auf die handelnden Personen an. Wenn sie dort nicht die Bereitschaft bei denen haben, dass die auch wirklich dahinter stehen, dann ist das etwas, das tot läuft. Ich kann es nicht von oben anordnen, wir können es nicht über die Landesbezirke anordnen, sondern das muss einfach wachsen vor Ort" (Polizei-K: 3). Sämtliche Materialien seien vorhanden, aber deren Einsatz hänge „immer von der Bereitschaft der Leute vor Ort ab" (Polizei-K: 3). Nun ist die Problematik bei der Polizei nicht ganz so schwerwiegend wie bei Verbänden oder Vereinen, da die Hauptaufgaben der Polizei im Bereich des Stadions konfrontative Zielsetzungen verfolgen, also im Vollzug liegen. Gleichwohl kann auch hier gefragt werden, ob die vorliegenden Strukturen der Grund dafür sind, dass zum Beispiel nur vergleichsweise wenige ausgebildete Konfliktmanager eingesetzt werden, die präventiv auf reisende Fans einwirken können, der Einsatz von hochgerüsteten Hundertschaften jedoch in diesem Zusammenhang die Regel ist. Allerdings liegt hier der Verdacht nahe, dass der geringe Einsatz von Konfliktmanagern weniger dem Umstand geschuldet ist, dass es zu wenige von ihnen gibt, sondern dass eher polizeitaktische Erwägungen ausschlaggebend sind.

Weiterhin betont Polizei-J, dass die Polizei aufgrund der hohen personellen Belastung im Umfeld von Fußballspielen an ihre Grenzen stößt und konstatiert: „Unsere Möglichkeiten sind da jetzt auch erschöpft" (Polizei-J: 2). Diese Problematik zielt aber auf die generelle Belastung der Polizei und spielt im Zusammenhang mit der Durchführung von Strategien gegen Rechtsextremismus im Fußballstadion allenfalls eine untergeordnete Rolle. Daher kann dieser Punkt vernachlässigt werden.

Wesentlich schwerwiegender erscheinen mit Blick auf das staatliche Handlungsfeld andere Probleme bei der Umsetzungen von Strategien gegen Rechtsextremismus, die von den befragten Akteuren aus den Reihen der Polizei beschrieben werden. Sie nennen in diesem Zusammenhang nicht nur die auf der Hand liegenden rechtlichen Grenzen der Arbeit gegen Rechtsextremismus, sondern auch die Tatsache, dass die Polizei an bestimmte Fangruppen gar nicht mehr herankomme: „Aber es gibt halt auch Gruppierungen im Fußball, deren Verantwortliche sagen:,Wir reden nicht mit der Polizei!' So. Und da ist dann auch das Handlungsfeld der Polizei zu Ende" (Polizei-J: 4). Diese Aussage bestätigt die in Kapitel 4.2.4 nachgezeichnete Konfliktlinie zwischen Polizei und Teilen der Fanszene. Dass die Polizei bei Teilen der aktiven Fanszene tatsächlich auf Granit beißt, unterstreicht die Aussage von AF-B, der fast beiläufig auf die Frage nach dem Sinn von interdisziplinären Arbeitsgruppen erwähnt: „Bei der Polizei gibt es da eh keine kompetenten Menschen auf diesem Gebiet. Von daher weiß ich nicht, warum ich damit Zeit verschwenden sollte" (AF-B: 6). Dieses Beispiel verdeutlicht einmal mehr die verhärteten Fronten zwischen Polizei und Teilen der Fanszene, was natürlich die gemeinsame Umsetzung bestimmter Maßnahmen gegen Rechtsextremismus im Stadion erschwert oder gar unmöglich macht. Dass Akteure beider Gruppen viele Handlungsempfehlungen gegen Rechtsextremismus jedoch im Grunde ähnlich bewerten, wurde eingangs dieses Kapitels deutlich.

Daher liegt die Frage nahe, ob zumindest präventive und aufklärerische Maßnahmen der Polizei indirekt in der Fanszene verankert werden können? Dabei könnte die bereits diskutierte Kooperation zwischen Vereinen und Fanszenen als Vorbild dienen (vgl. Abbildung 16). Analog zu den Vereinen dürfte die Polizei nicht von oben herab in die Fanszene hineinwirken, sondern müsste versuchen, über das Fanprojekt indirekt Einfluss zu gewinnen. Gegen den Erfolg solcher Strategien spricht allerdings das angespannte Verhältnis zwischen Teilen der Fanszene und Polizei. Wie in Kapitel 4.2.4 beschrieben, ist die Polizei für manche Fans ein derart ,rotes Tuch', dass die Mittlerrolle eines Fanprojekts eventuell ins Gegenteil umschlagen könnte, wenn es in der Fanszene als von der Polizei instrumentalisiert wahrgenommen und daher vollständig gemieden würde. FP-G weist auf diesen Punkt hin, wenn er betont: „ Also, was wir nicht machen ist Polizeiarbeit. Wir sind jetzt nicht der verlängerte Arm der Polizei. So ‚Crime Fighters United'-mäßig. Dass man da sagt, jeder mit seinen Mitteln, aber alle am selben Strang ziehen. Wir machen keine Polizeiarbeit und wir machen auch keine Ordnungsdienstarbeit. Wir sind Ansprechpartner für Fans und natürlich, wenn uns da irgendetwas auffällt, dann kann man als Fanprojekt informieren und weitergeben. Aber man wird uns jetzt nicht die Mittel und die Arbeit des Ordnungsdienstes machen lassen" (FP-G: 3). Bei der Implementierung von präventiv-aufklärerischen Maßnahmen gegen Rechtsextremismus, die einen direkten Kontakt mit der Zielgruppe Fans erfordern, steht die Polizei also tatsächlich vor großen Problemen. Gleichwohl ist die Umsetzung dieser Maßnahmen nicht die primäre Aufgabe der Polizei, deren Kompetenzen hauptsächlich auf der konfrontativen Zielsetzungsebene liegen (vgl. Tabelle 13 in Kapitel 6.2).

Bei der Umsetzung von repressiven Maßnahmen auf der konfrontativen Zielsetzungsebene gelten die beschriebenen Probleme wiederum nur bedingt bis überhaupt nicht. Aber: Gerade aus der Umsetzung dieser staatlich-konfrontativen Maßnahmen gegenüber Fußballfans abseits des Kampfes gegen Rechtsextremismus, für die einzig und alleine die Polizei aufgrund des staatlichen Gewaltmonopols in Frage kommt, resultiert die generell ablehnende Haltung vieler Fußballfans gegenüber der Polizei. Hier liegt also ein ‚circulus vitiosus' vor. Eine Umsetzung von präventiv-aufklärerischen Maßnahmen durch die Polizei wird damit erschwert, wenn nicht gar unmöglich gemacht. Eine Vermeidung jeglicher konfrontativer Maßnahmen scheidet jedoch aus naheliegenden Gründen aus. Einzig eine Verringerung dieser repressiven Maßnahmen könnte in Betracht kommen, um das Konfliktpotential zwischen beiden Akteursgruppen abzubauen.

Im Zuge der Strafverfolgung tritt außerdem ein weiteres Problem auf, das Strategien gegen Rechtsextremismus stets im Blick haben müssen und das zum Beispiel von Verband-D benannt wird: „Die [Rechtsextremen] verhalten sich unterhalb der Einschrittschwelle. Die geben uns nicht genug Anlass zu sagen, ihr brecht hier gerade Gesetze" (Verband-D: 8). Daraus ergibt sich, dass, wenn keine Straftat vorliegt, die Polizei auch nur bedingt bis gar nicht einschreiten kann, wie auch Polizei-J klarstellt: „Hier müssen wir uns darauf beschränken zu beobachten. Und das tut die Polizei auch mit Staatsschützern, mit szenekundigen Beamten, mit Verfassungsschützern, unter Inanspruchnahme von V-Leuten, das ist auch richtig so. Das heißt, wir klären auf und versuchen präventiv tätig zu werden, indem wir den Vereinen sagen:‚Leute ihr habt da ein Problem': Wenn es zum Beispiel um eine bestimmte Gruppe von Ultras geht, die von der Vereinsführung nicht als solche erkannt werden, als Rechtsextremisten, sondern nur als besonders laute und besonders aggressive Fans" (Polizei J: 2). Einen Lösungsweg sehen viele Befragte daher unter anderem in einer Verschärfung der Stadionordnung: „Natürlich auch die Stadionordnung anpassen, dass rechtsextreme Kleidung oder Symbole konkret verboten sind. Das wäre ja, finde ich, schon wünschenswert, wenn das in der Musterstadionordnung drinnen wäre" (AF-A: 1). Nun finden sich in der Praxis zwar durchaus Passagen dieser Art in vielen geltenden Stadionordnungen, sie sind aber noch lange nicht von allen Vereinen eingeführt worden und wenn, dann wird ihre Einhaltung zum Teil nur unzureichend kontrolliert.

Es kann also festgehalten werden, dass Probleme bei der Implementierung von Maßnahmen gegen Rechtsextremismus auftreten können, wenn sich Rechtsextreme Symbolen und Codes bedienen, die ihre Gesinnung zur Schau tragen, aber nicht strafbar sind. Eine konsequente Schulung aller am Kampf gegen Rechtsextremismus im Stadion beteiligten Akteure ist daher Grundvoraussetzung dafür, dass diese Symbole als rechtsextreme Szenecodes erkannt werden können, damit ihren Trägern mittels einer Verschärfung der Stadionordnung gegebenenfalls der Eintritt verwehrt werden kann.

Ein weiteres Problem besteht nach Meinung der Experten in der Akzeptanz der Maßnahmen gegen Rechtsextremismus: „Also, du kannst sie ja anbieten, aber du weißt nie, ob es auch angenommen wird" (FP-G: 4). Dementsprechend stellt auch FP-F fest: „Die Leute müssen halt wollen. Wenn die Leute wollen, dann ist das eine gute Sache. Wenn die Leute nicht wollen, dann läuft man damit gegen eine Wand" (FP-F: 7). Hierbei spielt natürlich auch die Zusammensetzung der jeweiligen Fanszene eine große Rolle. Bestehen rechtsextreme Hegemonien, kann es leicht sein, dass in offensichtlich linke Richtungen tendierende Maßnahmen nicht von allen oder auch gar nicht angenommen werden. Dennoch gilt es auch bei einem derartigen Setting entsprechende Maßnahen zu finden, die einen Zugang zur Zielgruppe ermöglichen. Das von den Befragten angesprochene Problem unterstreicht also, dass die zu implementierenden Maßnahmen qualitätsvoll und vor allem auf die jeweilige Fanszene individuell zuge-schnitten sein müssen, um in dieser auch angenommen zu werden. Gera-de vor dem Hintergrund, dass Fanprojekte nach Meinung vieler Experten auch „immer ein Ort für Ideen" (FP-G: 3) sein sollten, kann es durchaus vertretbar sein, Maßnahmen auszuprobieren und festzustellen, dass sie bei dem vorhandenen Fan-Klientel nicht fruchten. In diesem Fall ist jedoch ein Austausch der Fanprojekte untereinander von großer Bedeutung, damit sichergestellt ist, dass an den gesammelten empirischen Daten alle partizi-pieren können und nicht jedes Fanprojekt die gleichen ernüchternd negati-ven Erfahrungen sammeln muss.

Ein weiteres Problem, das interessanterweise von keinem der befragten Fanprojektvertreter, sondern von einem Akteur aus den Reihen der Polizei genannt wurde, ist die fehlende Verstetigung von Projekten: „Aber was mir insgesamt fehlt, ist erstens eine Verstetigung dieser Projektarbeit, das heißt in der Regel werden die Mittel für zwei Jahre vergeben. Das heißt, wenn man Präventionsprojekte gegen Rechtsextremismus zum Beispiel mit Fangruppierungen macht, dann muss man nach einem Jahr schon wieder Ausschau halten, was muss ich jetzt machen, damit in einem Jahr dann wieder neue Mittel bewilligt werden. Den Zeitraum halte ich für absolut zu kurz, da sollten wir mindestens über vier, fünf Jahre reden. Damit auch eine Kontinuität in der Arbeit da geleistet wird" (Polizei-J: 4). In der Tat leiden zwar auch einige Fanprojekte unter lediglich temporär zugesagten finanziellen Mitteln, jedoch trifft das von Polizei-J angesprochene Prob-lem eher auf allgemeingesellschaftliche Projekte gegen Rechtsextremismus zu. Fanprojekte sind aufgrund der Drittelfinanzierung (vgl. Kapitel 7.2.3) etwas solider aufgestellt, wenngleich es auch hier immer wieder zu Finan-zierungslücken kommt. Von Fans getragene Projekte sind überdies selten auf externe projektbezogene finanzielle Mittel angewiesen. Problematisch ist hier also eher die generelle finanzielle Ausstattung der Fanprojekte als der Zeitraum, für den diese Unterstützung gilt.

,Sinnlose' Maßnahmen gegen Rechtsextremismus im Fußballstadion

Bereits die Auswertung der Experteninterviews unter dem Gesichtspunkt der bei der Umsetzung von Strategien gegen Rechtsextremismus auftreten-den Probleme enthielt Aspekte, die die Handlungsempfehlungen aus der Wissenschaft entweder nur am Rande gestreift oder gar nicht behandelt haben. Daher erscheint der Blick auf die Argumente, die aus Sicht der befragten Experten gegen bestimmte wissenschaftliche Handlungsempfehlungen sprechen, inhaltlich umso ertragreicher. Zunächst soll dabei kurz herausgearbeitet werden, welche konkreten Maßnahmen die Befragten vor Beantwortung des Fragebogens von sich aus als eher sinnlos benannt haben. Anschließend sollen die auf Nachfrage vorgetragenen Argumente zur Bewertung der im Kurzfragebogen als nicht sinnvoll eingestuften Maßnahmen vorgestellt und in Ansätzen diskutiert werden.

Viele Befragte wussten zunächst oder überhaupt nichts mit der Frage nach in ihren Augen sinnlosen Projekten im Kampf gegen Rechtsextremismus im Fußballstadion anzufangen. „Dazu kann ich jetzt ehrlich nichts sagen" (Politik-I: 3). So klangen viele Reaktionen über alle Handlungsfelder hinweg. Dies als Zeichen der Unwissenheit zu werten, ist jedoch falsch. Denn verständlicherweise haben Experten eher diejenigen Maßnahmen im Blick, die in ihren Augen sinnvoll sind. Dennoch konnten viele Befragte nach kurzem Überlegen mindestens eine Form von tendenziell eher sinnlosen Maßnahmen nennen. Aktive Fans (beide), Verbände (beide) und Fanprojekte (FP-F und FP-G) halten plakative Aktionen für tendenziell sinnlos. Als Beispiel nennen sie in fünf dieser sechs Fälle die Aktion ‚Zeig Rassismus die Rote Karte'.[66] Die Argumente dafür sollen später diskutiert werden, interessant ist an dieser Stelle jedoch folgende Äußerung von Verband-D: „Ja. Wobei das jetzt offen ist. Es kann sein, dass wir es jetzt wieder machen, weil wir nichts Besseres finden. Es gibt ja die rote Karte, zeig Rassismus die rote Karten" (Verband-D: 9). Obwohl dem Verbandsvertreter spontan diese Aktion als Negativbeispiel einfällt, räumt er dennoch ein, dass man genau diese von ihm als sinnlos bewertete Maßnahme womöglich aus Mangel an besseren Ideen erneut aufgreifen wird. Aussagen wie diese unterstreichen, wie dringend eine systematische Aufarbeitung des Themenfeldes der Strategien gegen Rechtsextremismus in Fußballstadien benötigt wird, damit die nur spärlich vorhandenen finanziellen Mittel nicht auch noch für Maßnahmen eingesetzt werden müssen, von deren Sinn nicht einmal die ausführenden Akteure überzeugt sind.

Andere Maßnahmen, die an dieser Stelle kritisiert wurden, sind nicht signifikant häufig genannt worden, so dass es ausreicht, die gegen sie

---

66 Eine genauere Beschreibung dieser Aktion findet sich in Kapitel 7.2.5.

sprechenden Argumente in der Folge gemeinsam mit denjenigen zu nennen, welche sich aus den Nachfragen im zweiten Teil des Interviews ergeben haben. Insgesamt wurden zehn Handlungsempfehlungen nicht ein einziges Mal von auch nur einem der Experten in Frage gestellt, das heißt, ihre Zielsetzungen wurden weder im Interview kritisiert noch im Fragebogen als sinnlos (Werte 1-3) bewertet. Die folgende Tabelle zeigt diese Handlungsempfehlungen. Die rechte Spalte stellt dabei den Mittelwert ihrer Bewertung von allen Experten dar (1-völlig sinnlos, 7-völlig sinnvoll).

Tabelle 15: Handlungsempfehlungen, die von allen befragten Experten als sinnvoll bewertet und nicht kritisiert wurden (eigene Darstellung)

Item 2	Schulung von Polizisten im Hinblick auf rechtsextreme Erscheinungsformen	6.69
Item 4	Eindeutige Positionierung gegen Rechtsextremismus von Verbänden	6.69
Item 6	Gegenkräfte innerhalb der Fanszene stärken	6.62
Item 8	Anerkennung sowie Förderung von Faninitiativen gegen Rechtsextremismus	6.46
Item 12	Förderung der Selbstregulierung der Fanszene	6.38
Item 20	Eindeutige Positionierung gegen Rechtsextremismus von Vereinen	6.85
Item 21	Arbeit gegen Rechtsextremismus auf die jeweiligen Zielgruppen anpassen	6.46
Item 23	Rechtsextreme Hegemonien innerhalb der Fanszene durchbrechen bzw. ihnen keinen Platz geben	6.42
Item 27	Strategien gegen Rechtsextremismus nicht nur auf Jugendliche beziehen	6.69
Item 29	Schulung von Ordnern im Hinblick auf rechtsextreme Erscheinungsformen	6.77

Weitere sechs Maßnahmen wurden in den Fragebögen ebenfalls nie als sinnlos (1-3) bewertet, jedoch mitunter als weder sinnlos noch sinnvoll (4) eingestuft. Die auf Nachfrage genannten Kritikpunkte hatten jedoch im Hinblick auf die Forschungsausrichtung dieser Arbeit lediglich geringe bis gar keine Relevanz.

Tabelle 16: Handlungsempfehlungen, die von keinem der befragten Experten als sinnlos bewertet und nur in wenigen, nicht relevanten Punkten kritisiert wurden (eigene Darstellung)

Item 7	Anpassung der Arbeit mit den Fans auf die jeweilige Fanszene	6.23
Item 14	Durchführung authentischer Informationskampagnen statt bloßer PR-Kampagnen	6
Item 22	Schulung von Mitarbeitern der Fanprojekte im Hinblick auf rechtsextreme Erscheinungsformen	6.54
Item 28	Bessere Vernetzung aller am Kampf gegen Rechtsextremismus im Stadion beteiligten Akteure	6.15
Item 30	Bessere Unterstützung von Faninitiativen gegen Rechtsextremismus	6.23
Item 38	Eindeutige Positionierung gegen Rechtsextremismus von Fanprojekten	6.08

Aufgrund ihrer Bewertung als durchgehend sinnvoll, ohne inhaltlich relevante Kritikpunkte, spielen diese 16 Vorschläge bei der genaueren Analyse der Kritik an wissenschaftlichen Handlungsempfehlungen keine Rolle.

Zu den anderen Empfehlungen aus der Forschung gab es jeweils kritische Anmerkungen von mindestens einem Experten. In der Folge sollen diese Kritiken zusammenfassend dargestellt und vor dem Hintergrund der bislang im Zuge dieser Arbeit gewonnen Erkenntnisse kurz andiskutiert werden. Mit der kritisierten Handlungsempfehlung ist in Klammern jeweils die zugeordnete Item-Nummer sowie der Mittelwert der Expertenbewertung aus dem Kurzfragebogen angeführt (vgl. Abbildung 9), um einschätzen zu können, ob die Kritikpunkte nur vereinzelt auftraten oder die Handlungsempfehlung insgesamt von den Experten eher negativ bewertet wurde.

An der **Kamerüberwachung im Stadion** (Item 1 / 5,46) wurde von AF-B bemängelt, dass sie nicht nur diejenigen trifft, die rechtsextremistisch handeln, sondern alle Fans undifferenziert überwacht (vgl. AF-B: 3). Damit kritisiert er implizit also die Unverhältnismäßigkeit dieser Maßnahme. Ähnlich warnt Verband-D, mit der Kameraüberwachung „schaffen wir ein allgemeines Gefühl von Solidarisierungswellen in Richtung Opfern, Opfer sein" (Verband-D: 12). Im Kern bemängeln die Experten also, dass die Kameraüberwachung nicht nur eine Verfolgung schwerer Straftaten von Rechtsextremen ermöglicht, sondern mit diesem Instrument auch geringere Verfehlungen innerhalb der Fanszenen gleichermaßen geahndet werden, „weil die Kamera fischt ja auch den raus, der kifft" (Verband-D: 12). Werden jedoch Fans mit Hilfe der Kameraüberwachung wegen vergleichsweise geringer Delikte ebenso sanktioniert wie Rechtsextreme, besteht die Gefahr von Solidarisierungseffekten innerhalb der Fanszene gegenüber beiden ‚Opfergruppen'. Rechtsextremistische Handlungen könnten so bagatellisiert werden.

FP-E kritisiert außerdem, dass er nicht wisse „was das jetzt daran ändern sollte im Umgang mit dem Thema beziehungsweise beim Agieren gegen rechtes Auftreten" (FP-E: 4). Hier wäre natürlich zu erwidern, dass die Kameraüberwachung insofern eine präventive Wirkung entfalten kann, als sie eine gewisse Drohkulisse aufbaut, indem sie eine nachträgliche Strafverfolgung möglich macht, sollte eine Person tatsächlich rechtsextrem agieren. Gleichwohl ändert die Kameraüberwachung in der Tat nichts an der inneren Einstellung einer Person.

Im Hinblick auf die **Kameraüberwachung im Umfeld des Stadions** (Item 18 / 4,83) ähneln die kritischen Argumente der Experten hauptsächlich denen, die auch in Bezug auf die Kameraüberwachung im Stadion vorgetragen wurden. Zusätzlich wird an dieser Stelle bemängelt: „Es [die Bestrafung] muss auch so umgesetzt werden. Nur das Aufzeichnen [von rechtsextremen Straftaten] bringt nicht viel" (FP-F: 7). Hier wird also gefordert, dass die Aufzeichnung von rechtsextremen Straftaten auch zwangsläufig mit ihrer strafrechtliche Verfolgung einhergehen müsse. Das ist jedoch offenbar nach Meinung einiger Experten nicht immer der Fall (vgl. FP-F: 7). Problematisch ist in diesem Sinne zudem, dass das Tragen von einschlägigen rechtsextremen Symbolen sowie Codes oftmals unterhalb der Strafbarkeitsschwelle liegt und eine behördliche Strafverfolgung damit trotz intensiver Kameraüberwachung, die letztlich jeden Fan trifft, ausschließt.

Ähnlich gelagert, wenngleich wesentlich zahlreicher, sind die kritischen Einwände bezüglich der **starken Polizeipräsenz bei Fußballspielen** (Item 32 / 3,23). Analog zu dem Argument des vorangegangenen Absatzes kritisiert Verband-D, dass Polizisten, wenn sie eine rechtsextreme Straftat erkennen, auch eingreifen müssten. „Also, wenn da jetzt verfassungsfeindliche Symbole getragen werden, dann habe ich da noch nie eine Hundertschaft draufgehen sehen" (Verband-D: 14). Dahinter verbirgt sich also erneut das

Argument, dass das bloße Vorhandensein der potentiellen Möglichkeiten zur Überwachung nichts nützt, solange die daraus resultierenden praktischen Sanktionsmöglichkeiten nicht eingesetzt werden.

Darüber hinaus wird an dieser Stelle immer wieder kritisiert, dass starke Polizeipräsenz kein Garant dafür sei, „dass jemand mit rechtem Gedankengut, der da steht, nicht mehr zum Spiel geht." (AF-A: 5, vgl. dazu auch Verein-L: 7). Stattdessen müsse der Kampf gegen Rechtsextremismus im Stadion maßgeblich von anderen Akteuren geführt werden. Verband-C gibt überdies zu bedenken, dass eine starke Polizeipräsenz „in der Regel eher mehr als weniger Gewalt bedeutet" (Verband-C: 6). Er plädiert deswegen für den Einsatz von Konfliktmanagern, wobei an dieser Stelle wohl davon ausgegangen werden muss, dass sich sein Argument gegen verstärkten Polizeieinsatz eher auf die Vermeidung von Gewalt bezieht. Dies ist zur Bekämpfung des Rechtsextremismus im Fußballstadion zwar insofern wichtig, als Gewalt ein starker Anknüpfungspunkt für Rechtsextreme ist (vgl. Kapitel 5), aber bezogen auf Strategien gegen Rechtsextremismus im Umfeld des Stadions natürlich nicht immer mit rechtsextremer Gewalt gleichgesetzt werden kann. Gleichwohl argumentieren auch alle Vertreter der Fanprojekte in diese Richtung (vgl. FP-E: 6, FP-F: 6, FP-G: 6). FP-F ergänzt im Sinne dieses Arguments, „dass die Selbstregulierung in der Fanszene ganz gut klappt. Auch gerade im Block, wenn dann keine Polizei da ist, ist die Stimmung meist entspannter als umgekehrt" (FP-F: 6).

Auffallend bei den Kritikpunkten gegenüber des starken Polizeieinsatzes ist, dass vor allem die Akteure aus den Reihen der Fanprojekte eine stärkere Polizeipräsenz als erhöhtes Konfliktpotential betrachten. Die Vertreter der Fanprojekte, die den Fanszenen sehr nahe stehen, wissen natürlich um das angespannte Verhältnis von Teilen der Fanszene zur Polizei. Im Kampf gegen Rechtsextremismus sehen sie die Erhöhung der Polizeipräsenz deswegen als kontraproduktiv an, da so ein Feindbild entstehen kann, gegen das sich rechtsextreme und nicht-rechtsextreme Fans solidarisch verbünden können. Durch diese Anti-Polizei-Haltung (vgl. Kapitel 5.2.1) eröffne sich für Rechtsextreme eine große Möglichkeit, in der Fanszene anzudocken und es sei wahrscheinlich, „dass sicherlich auch rechte Gruppierungen das so als Chance sehen, sich da wieder ein bisschen zu platzieren, weil sie ja auch anecken und provozieren wollen" (FP-E: 6). Eine Radikalisierung der Fanszene, die von rechtsextremen Kräften instrumentalisiert werden, ihnen mindestens aber das Andocken erleichtern könnte, wäre also letztlich die mögliche Folge eines verstärkten Polizeieinsatzes.

Interessant ist überdies, dass sich in diesem Punkt die Akteure aus den Reihen der Polizei widersprechen. Während Polizei-J diese Maßnahme als sehr sinnvoll (6) bewertet, sollte nach Meinung von Polizei-K „Polizei in den Stadien eigentlich nicht anwesend sein [...]. Weil, es ist ein Fußballspiel und 95 Prozent der Fans sind friedlich und deswegen muss es auch eine friedliche Angelegenheit bleiben" (Polizei-K: 3). Er bewertet diese Handlungsoption daher als sehr sinnlos (2). Stattdessen plädiert er für eine bessere Schulung der im Stadion zuständigen Ordner. Gleichwohl betont auch Polizei-K, dass Polizisten auf dem Weg ins Stadion mitunter auch in hoher Zahl präsent sein müssen (vgl. Polizei-K: 4).

Die Tatsache, dass sieben von 13 Experten diese Maßnahme als nicht sinnvoll im Kampf gegen Rechtsextremismus bewertet haben, sollte für die Diskussion über das „Warum" der (Nicht-)Umsetzung in Kapitel 8.3 neben den dargestellten qualitativen Argumenten ebenfalls mitbedacht werden.

Ähnlich ablehnend standen die Befragten der **Erhöhung der Anzahl der Ordner** (Item 37 / 3,53) gegenüber. Auch in diesem Punkt äußerten sich viele Befragte wie FP-G, der meint: „Alleine die Tatsache, dass es Polizei und Ordner gibt, reicht ja aus" (FP-G: 6). Verein-L betont: „Es muss nicht für jeden Fan ein Ordner daneben stehen und aufpassen" (Verein-L: 7). Wirkungsvoller als eine bloße Erhöhung der Ordnerzahl schätzen die Experten ihre bessere Schulung ein. „Der Ordnerschlüssel ist, so wie er ist, okay. [...] Ich würde eher auf die Ordnerschulung gehen" (FP-F: 6). Weiterhin nannten Verein-M den Wunsch, „weniger Ordner im Stadion [zu] haben. Ich möchte mehr, neudeutsch nennt sich das Volunteers, im Stadion haben" (Verein-M: 7). Dahinter steckt jedoch eventuell auch der Wunsch von Vereinsvertretern nach einer eher dienstleistungsorientierten Arbeitsweise der Ordner. Zusammenfassend drückt sich an dieser Stelle jedenfalls die überwiegende Skepsis in Bezug auf die Wirksamkeit einer bloßen Erhöhung der Anzahl an Ordnern im Hinblick auf die Bekämpfung des Rechtsextremismus im Fußballstadion aus. Eine effektivere Nutzung der vorhandenen Ressourcen durch bessere Schulungen im Hinblick auf rechtsextreme Erscheinungsformen ist nach Meinung der befragten Experten wesentlich zielführender.

Die **Anschaffung einer oder mehrerer Wanderausstellungen zum Thema Rechtsextremismus im Fußball durch den DFB** (Item 3 / 5,08) wurde insgesamt recht positiv bewertet. Kritische Stimmen wenden dagegen ein: „Die Wanderausstellung wird besucht von denjenigen, die wir gar nicht erreichen müssen" (Polizei-J: 5). Das ist ein ernst zu nehmender Kritikpunkt, der auch in anderen Zusammenhängen genannt wurde und darauf zielt, dass Angebote, die sich explizit gegen Rechtsextremismus im Fußballstadion richten, von denjenigen gemieden werden, die bereits rechtsextreme Einstelllungen haben und lediglich von denen angenommen werden, die sich sowieso gegen Rechtsextremismus positionieren und/oder einsetzen. Dem ist jedoch zu entgegnen, dass es erstens lohnenswert ist, denjenigen Mittel, Argumentationshilfen und Fallbeispiele an die Hand zu geben, die sich gegen Rechtsextremismus im Stadion einsetzen wollen. Zweitens können auf diesem Wege auch diejenigen Fans für die Thematik sensibilisiert werden, die sich noch nicht mit der Problematik auseinandergesetzt haben, mithin als ‚unpolitisch' angesehen werden können. Freilich wenden einige Experten ein, dass solche Wanderausstellungen „richtig gemacht" (Verband-C: 7) und nicht „zu verschult" (Politik-H: 4) sein müssen.

In die gleiche Richtung gehen die Kritikpunkte bezüglich der Handlungsempfehlung **Fahrten mit Fans zu NS-Gedenkstätten wie z.B. ehemaligen Konzentrationslagern (inkl. Vor- und Nachbereitung)** (Item 15 / 5,62) durchzuführen. Auch hier wird kritisch angemerkt, dass „solche Fahrten wirklich fast immer solche Leute mitmachen, die schon... also, die für das Thema schon sensibilisiert sind" (Verein-M: 4). Die Gegenargumentation verläuft analog zum vorherigen Punkt.

Die **Durchführung/Einrichtung eines bundesweiten Aktionstags gegen Rechtsextremismus im Fußball** (Item 5 / 5,0) wurde als tendenziell eher sinnvoll bewertet, wenngleich auch hier einige gewichtige Kritikpunkte deutlich wurden. FP-F bringt diese häufig geäußerte Kritik auf den Punkt, wenn er anmerkt: „Das ist einmal eine nette Aktion [...] aber ich denke, kontinuierliche Arbeit ist wichtiger" (FP-F: 5). Polizei-J äußert sich weitaus kritischer: „Das halte ich sogar für schädlich! Weil auch an den 364 anderen Tagen im Jahr der Kampf gegen Rechtsextremismus notwendig ist. Und solche Aktionstage vermitteln die Botschaft:‚Also heute machen wir mal gegen Rechtsextremismus.' Und danach verblasst das wieder. Wir brauchen aber ein ständig gleichmäßig großes Sensibilisierungsniveau" (Polizei-J: 5). Diese Argumentation ist schlüssig und unterstreicht, dass Aktionstage dieser Art allenfalls begleitende und/oder ergänzende Rollen im Rahmen von mehrdimensionalen Maßnahmenpaketen einnehmen können. In diesem Sinne können sie durchaus öffentlichkeitswirksame Initialzündungen zum Start nachhaltig angelegter Aktionen sein. Aufgrund ihres strukturell bedingten kurzzeitigen Charakters dürfen sie jedoch nicht alleiniges Mittel im Kampf gegen Rechtsextremismus sein.

Insgesamt nur um Nuancen negativer wurde die **Einrichtung einer interdisziplinären Arbeitsgruppe, bestehend aus Vertretern von Vereinen, Verbänden, Politik, Justiz, Fanprojekten und Fans** (Item 10 / 4,92) bewertet. Die Experten bemängeln an diesem Vorschlag vor allem die fehlende Effektivität von Arbeitsgruppen. Das hört sich mitunter wie bei AF-B etwas flapsig an: „Dann hockst du da und babbelst dir einen im Kreis" (AF-B: 6), zielt jedoch stets auf den zentralen Kritikpunkt, wonach in Arbeitsgruppen dieser Art „viel Gerede und wenig Praktisches" (FP-G: 8) erreicht werde. Wenngleich der grundsätzliche Austausch verschiedener Akteursgruppen durchaus positiv bewertet wird, folgt aus der Kritik der Experten, dass sich die Diskussionen in Arbeitsgruppen auch in konkreten Ergebnissen mit Auswirkungen auf die Praxis niederschlagen müssen und man sich nicht nur zusammensetzen solle, „einfach nur um etwas zu [be]sprechen und dann eine sieben- oder achtseitige Abschlusserklärung zu geben, in der jeder dann auch noch sein Zitat unterbringen will" (Verein-M: 5). Arbeitsgruppen sind also als Mittel des Austauschs nach Meinung der meisten Experten zwar durchaus sinnvoll, sollten jedoch keinen selbstdarstellerischer Zweck verfolgen. Stattdessen müssen sie konkrete, praktisch verwertbare Ergebnisse liefern. Dass dabei ein Konsens gefunden werden muss, der nicht immer so leicht herbeizuführen ist (vgl. FP-F: 6), liegt auf der Hand.

Die **Einrichtung einer Referentenstelle zum Thema Rechtsextremismus beim DFB** (Item 19 / 4,85), obgleich insgesamt noch als tendenziell sinnvoll bewertet, wurde von vielen Experten deutlich kritisiert. Mehrfach vorgetragenes Argument der Kritiker ist der Wunsch, dass „alle, die hauptamtlich beim DFB sind, sich das Thema zu eigen machen müssen" (Politik-H: 3). Sonst könne es möglich sein, die Verantwortung einfach auf andere Personen zu übertragen und zu behaupten: „Ist grad nicht mehr so wichtig für mich, wir haben da einen, der's macht" (Politik-H: 3).

Nun wäre es natürlich wünschenswert, wenn sich tatsächlich jeder Verantwortungsträger mit dem Problemfeld Rechtsextremismus ausführlich beschäftigen würde. Dennoch kann man diesem Kritikpunkt entgegnen, dass die Verantwortung, ist sie auf viele Köpfe verteilt, ebenfalls auf andere geschoben werden kann. Ist eine konkrete Person als Referent für Rechtsextremismus zuständig, hätte zumindest diese Person kein Alibi für Untätigkeit und wäre überdies für die Gesamtkoordination der Arbeit in diesem Bereich verantwortlich. Die Handlungsempfehlung alleine mit der Begründung abzulehnen: „Es gibt mir schon zu viele Beauftragte" (Polizei-J: 6), erscheint indes ebenfalls fragwürdig, da die dafür nötigen finanziellen Ressourcen beim DFB offensichtlich vorhanden sind, das Thema nach eigenen Angaben des Verbandes einen zentralen Punkt seiner Präventionsarbeit darstellt und eine Koordination des Ganzen durch einen Referenten oder eine Referentin durchaus sinnvoll ist. Freilich muss dabei vermieden werden, Doppelstrukturen zu schaffen.

Ähnliche Argumentationsmuster tauchen bei der insgesamt als nicht sinnvoll bewerteten Handlungsoption der **Einrichtung einer Referentenstelle zum Thema Rechtsextremismus bei jedem Bundesligaverein** (Item 33 / 3,23) auf. Zu der bereits im vorherigen Absatz dargestellten Kritik kommen bei diesem Punkt jedoch auch die Hinweise, dass „nicht jeder Verein dazu in der Lage sein wird, eine solche Referentenstelle zu bezahlen" (Polizei-K: 4). Weiterhin wird argumentiert: „Es gibt einen Fanbeauftragten, der für mich da klar verantwortlich ist" (Verband-C: 6). Eine Referentenstelle würde also unnötige Doppelstrukturen schaffen. Stattdessen sollten die vorhanden Ressourcen effektiver genutzt werden.

Von den Experten kritisch gewürdigt wurde ebenfalls der Vorschlag, **spezielles Training für Schlüsselpersonen aus der Fanszene als Multiplikatoren** (Item 39 / 5,38) anzubieten. Analog zur Kritik an anderen Vorschlägen wird auch hier argumentiert: „Das Ganze muss auch auf viele Schultern verteilt sein" (FP-E: 6). Das spezielle Training für Schlüsselpersonen aus der Fanszene könnte also anderen Akteuren ein Alibi liefern, das Problem auf die trainierten Schlüsselpersonen abzuwälzen und würde so verhindern, dass für die Problematik des Rechtsextremismus „ein generelles Bewusstsein in den Szenen geschaffen" (FP-E: 6) wird. Außerdem, und das ist ein neuer Kritikpunkt, könnte dies zu einer negativen Sonderbehandlung dieser Schlüsselpersonen „nach dem Motto:,Jetzt kommt der wieder mit seiner Sonderschulung und der will uns jetzt das Thema auch noch aufdrücken'" (FP-E: 6) führen. Somit bestünde die Gefahr, dass die trainierten Schlüsselpersonen als unzulässig extern beeinflusst wahrgenommen werden. Zwar könnte dies eventuell vermieden werden, indem zu den Schulungen Meinungsführer der jeweiligen Fanszenen eingeladen würden, die das nötige Ansehen innerhalb der jeweiligen Fanszene geniessen, um über den Vorwurf der Beeinflussung von außen erhaben zu sein. Eine Gefahr, durch diese externen Schulungen in den eigenen Fankreisen als elitär oder ‚besserwisserisch' wahrgenommen zu werden, ist indes nicht von der Hand zu weisen und somit durchaus zu berücksichtigen.

Demgegenüber sind die kritischen Stimmen bei der allgemeiner gehaltenen Handlungsempfehlung der **Schulung von Fans im Hinblick auf rechtsextreme Erscheinungsformen** (Item 36 / 5,54) anders gelagert: „Die Leute müssen halt wollen, dann ist das eine gute Sache. Wenn die Leute nicht wollen, dann läuft man damit gegen eine Wand" (FP-F: 7). Die mangelnde Bereitschaft zu solchen Schulungen ist in der Tat problematisch, gleichfalls jedoch nicht so unlösbar, wie Verband-C sie charakterisiert, der davon überzeugt ist, dass Fans „sich darauf nicht einlassen würden" (Verband-C: 7). Wie viele Beispiele aus der Praxis zeigen (vgl. Kapitel 7), werden solche Schulungen zu den Gefahren von Rechtsextremismus sowie den Szenecodes durchaus durchgeführt und von vielen Fanszenen gut angenommen. Fans eine generelle Verweigerungshaltung zu unterstellen, ist daher schlicht falsch. Richtig ist aber natürlich, dass auch hierbei in erster Linie diejenigen angesprochen werden, die sich gegen Rechtsextremismus einsetzen wollen oder noch keine gefestigte Meinung dazu haben, während überzeugte Rechtsextreme so nicht angesprochen werden können (vgl. Kritik an Handlungsempfehlungen ‚Wanderausstellung' und ‚NS-Gedenkstätten-Besuche'). Gleichwohl ist auch das Erreichen einer kleineren Zielgruppe äußerst lohnenswert, um zu verhindern, dass sich rechtsextreme Strukturen in den Fanszene ausbreiten beziehungsweise die Oberhand gewinnen. Denn die Grundvorrausetzung, um rechtsextremen Entwicklungen Einhalt zu gebieten, ist die Befähigung, deren Strukturen Codes und Symbole überhaupt zu erkennen. Das nötige Fachwissen dazu kann durch Schulungen vermittelt werden.

Die **Einrichtung eines Aktionsfonds zur konkreten Unterstützung von Faninitiativen gegen Rechtsextremismus** (Item 26 / 4,77) wurde in mehreren

Punkten von den befragten Experten kritisiert. Einerseits wird aus organisatorischer Sicht argumentiert: „Wir unterstützen das lieber punktuell, als dass wir da was festlegen" (Verein-L: 6). Das lässt den Vereinen natürlich mehr Spielraum. Andererseits verhindert diese selektive Förderung, dass ein fixer Betrag für die konkrete Unterstützung der Faninitiativen bereitgestellt werden muss. Schwerer wiegen indes die kritischen Argumente, „dass solche Geschichten aus den Szenen heraus entstehen müssen. [...] Letzten Endes muss ja die Überzeugung da sein, das zu machen. Und da darf der Erhalt eines gewissen Geldbetrages keine Rolle spielen" (FP-E: 5). Andere Experten gehen sogar so weit zu sagen, dass „Fans das selber nicht wollen" (Verband-C: 6). Hinter diesen Argumenten verbirgt sich der zutreffende Kerngedanke, dass Strategien gegen Rechtsextremismus immer dann besonders wirkungsvoll sind, wenn sie aus der Fanszene selbst entstehen. Eine Förderung mittels Geldbeträgen von Verein und/oder Verband könnte daher als externe Einmischung und aus diesem Grunde kontraproduktiv ausgelegt werden. Das erscheint auf den ersten Blick plausibel. Allerdings wird die Ablehnung dieser Handlungsoption dann problematisch, wenn aus der Fanszene stammende Aktionen gegen Rechtsextremismus daran zu scheitern drohen, dass zum Beispiel nicht genug Geld für eine Choreographie zu diesem Thema vorhanden ist. Hier ist der potentiell mögliche Rückgriff auf finanzielle Hilfen des Vereins, so der Wunsch denn von den Fans an den Verein herangetragen wird, absolut sinnvoll. Der Königsweg liegt also darin, dass sich der Verein nicht aufdrängt, gleichzeitig jedoch deutlich macht, dass er seine Fans im Kampf gegen Rechtsextremismus jederzeit unterstützt, wenn sie ihn benötigen. Die Fanprojekte können vor diesem Hintergrund, wie in Abbildung 16 dargestellt, als vermittelndes Scharnier wirken.

Argumentativ sehr ähnlich gelagert begegnen einige Experten dem insgesamt recht positiv bewerteten Vorschlag der **Förderung von vereinsübergreifenden Zusammenschlüssen von Fans (z.B. dem Bündnis Aktiver Fußballfans)** (Item 31 / 5,31). Hier gelte es ebenfalls in erster Linie die Selbstorganisation der Fanszenen zu schützen, ihnen keine externen Überzeugungen überzustülpen und „den Fans nicht so rein[zu]quatschen" (Verein-L: 7). Auch hier stößt diese Argumentation jedoch analog zum vorherigen Punkt an ihre Grenzen, wenn allein finanzielle Gründe die Fortführung des Engagements gegen Rechtsextremismus verhindern.

Der Vorschlag zur **Erhöhung der finanziellen/personellen Mittel für Fanprojekte** (Item 35 / 6,31) ist in gewisser Weise ein Sonderfall der von den Experten kritisierten Handlungsempfehlungen aus der wissenschaftlichen Literatur. Da dieser Vorschlag einen sehr hohen Zustimmungswert aufweist, müsste er eigentlich zu den sehr sinnvoll bewerteten Maßnahmen zählen (vgl. Tabelle 16) und an dieser Stelle gar nicht hinsichtlich vorgetragener Kritikpunkte untersucht werden. Da diese Handlungsempfehlung jedoch von Verband-C als tendenziell sinnlos bewertet wurde, sollen die auf Nachfrage vorgetragenen Kritikpunkte natürlich dargestellt werden. Verband-C argumentiert sinngemäß, dass Fanprojekte zwar Probleme rechtsextremer Natur erkennen müssen, „aber wenn es entsprechende Fälle gibt, müssen sie sich professioneller Hilfe bedienen" (Verband-C: 7). Diese Argumentation ist indes bei genauerer Betrachtung nicht besonders schlüssig. Sind Fanprojekte nämlich finanziell ausreichend ausgestattet und dementsprechend mit genügend spezifisch ausgebildeten Fachkräften besetzt, spricht nichts dagegen, sich selbst mit den rechtsextremistisch gelagerten Problemen innerhalb der Fanszene auseinanderzusetzen. Im Gegenteil: Es spricht sogar vieles dafür. Schließlich nehmen Fanprojekte im Idealfall die Rolle eines akzeptierten Partners innerhalb der Fanszene ein, dessen abgestimmt pointiertes Verhalten nicht als externe Einmischung empfunden wird. Kommen dagegen externe Experten in die Fanszene, um rechtsextremistisch gelagerte Probleme zu lösen, besteht die Gefahr, dass die Fanszene dies als unzulässige Einmischung versteht, sich verschließt oder gar mit den Rechtsextremen solidarisiert. Zur Erfüllung ihrer vielfältigen Aufgaben sind Fanprojekte also zweifellos auf ausreichende finanzielle und personelle Ausstattung angewiesen. Dass man Einstellungen „auch mit Geld nicht einfach ändern" (Politik-H: 4) kann, liegt dabei auf der Hand. Ohne ausreichende finanzielle Ausstattung können jedoch keinerlei nachhaltige Strategien implementiert werden, die eine Änderung auf der Einstellungsebene herbeiführen könnten.

Die **Vereinheitlichung der Organisationsstrukturen der Fanprojekte** (Item 34 / 3,31) wurde von den befragten Experten überwiegend abgelehnt. Die Gründe dafür sind vielfältig, unterschiedlich phrasiert und ähneln sich doch im Kern. „Die Fanprojekte leben von ihrer Buntheit und Unterschiedlichkeit" (Politik-H: 4), fasst es Politik-H zusammen.

„Die Stärke der Fanprojektarbeit ist, dass sie lokal verwurzelt ist und auch lokale Besonderheiten kennt. Da lässt sich nicht eine DIN aufdrücken" (Verband-D: 14). „Das liegt einfach daran, dass du an jedem Standort ganz unterschiedliche Bedingungen vorfindest. Das betrifft nicht nur die Fanszene oder das Auftreten des Vereins, des sogenannten Bezugsvereins, sondern auch was Kommunalpolitik, Landespolitik, institutionelle Geschichten angeht" (FP-E: 5). Zusammenfassend lässt sich also festhalten, dass die Experten mehrheitlich die unterschiedlichen Organisationsstrukturen, die individuell auf die lokalen Gegebenheiten angepasst wurden, sinnvoll finden. Eine einheitliche Organisationsstruktur würde diese lokalen Spezifika, so befürchten sie, schleifen und dazu führen, dass die aus der Unterschiedlichkeit der Fanprojekte entstandenen Maßnahmen einen Teil ihrer Vielfältigkeit verlieren. Als Gegenargument kann natürlich angeführt werden, dass die Fanprojekte, sollten sie einheitlichen Charakter bekommen, eventuell gefestigtere Strukturen bekämen. Dies überzeugt indes nicht wirklich, da die gefestigten Strukturen der Fanprojekte maßgeblich von der finanziellen Unterstützung der Geldgeber abhängen und weniger auf ihrer Organisationsstruktur fußen.

In eine andere Richtung geht der Vorschlag des **Aufzeigens von Widersprüchen innerhalb der rechtsextremen Ideologie** (Item 24 / 5,46) in den Fanszenen. Diese Option stieß nur vereinzelt auf Kritik: „Also ich persönlich bin der Auffassung, dass jemand der für drei Cent Verstand hat, das alleine schon durchschauen kann" (Verein-L: 5). Das wäre natürlich wünschenswert, doch leider verschließt hier Verein-L die Augen vor der Realität. Denn die Erfahrung lehrt, dass eine Reihe von Menschen die Widersprüche innerhalb rechtsextremer Ideologien nicht von alleine erkennen und folglich darauf aufmerksam gemacht werden müssen. Das ist eine Aufgabe, der sich auch der Fußball im Rahmen seiner Möglichkeiten annehmen sollte, ohne Ausreden wie: „Aber, dass wir quasi die Aufgabe von Schulen, Eltern und Gesellschaft in dem Sinne noch mehr übernehmen als wir das tun, das halte ich für... Also.. Ja... Ich weiß nicht, ob das so richtig unsere Kernaufgabe ist" (Verein-L: 6), zu bemühen. Ebenso wenig überzeugt der ablehnende Hinweis: „Wir führen hier keine Debatten im intellektuellen akademischen Diskurs" (Polizei-J: 6), da die angesprochenen

Widersprüche[67] auf der Hand liegen, auch ohne akademische Ausbildung verständlich sind und potentiellen Zielgruppen rechtsextremer Agitation lediglich vor Augen geführt werden müssen. Dazu ist kein Studium nötig, wie Polizei-J polemisch unterstellt.

Insofern erwartbar führt Polizei-J das gleiche kritische Argument bei dem insgesamt positiv bewerteten Vorschlag **keine Hierarchisierung von Dimensionen des Rechtsextremismus (d.h. Dimension wie Sexismus oder Homophobie genauso thematisieren wie z.B. Rassismus)** (Item 11 / 5,69) vorzunehmen, ins Feld. „Das sind alles theoretische Debatten […], wir sprechen ja hier nicht mit der Bildungselite der deutschen Gesellschaft, sondern mit Fans, die auf ganz, ganz primitive Weise dumpfen Parolen hinterherlaufen. Und genau an diese, auf dieser Ebene müssen wir sie auch abholen" (Polizei-J: 6). Diese Kritik verkennt jedoch einerseits, dass rechtsextreme Akteure heute nicht mehr nur die dumpfen Schläger früherer Tage sind und zweitens, dass es bei dem Handlungsvorschlag darum geht, auch andere Dimensionen des Rechtsextremismus wie Homophobie oder Sexismus zu problematisieren, statt lediglich auf den Rassismus zu zielen. Schlüssiger sind Argumente, die mahnen, diese Problemfelder nicht zu vermischen, um Irritationen zu vermeiden: „Also, das ist dann so ein bisschen Pauschalisierung, die da stattfindet. So alles in einen Topf geworfen. […] ich finde, man sollte das schon immer noch differenziert betrachten" (AF-A: 5). Besonders vor dem Hintergrund der Erkenntnis, dass in vielen Fanszenen Rassismus zwar einigermaßen tabuisiert, Homophobie und vor allem Sexismus jedoch nicht als problematisch wahrgenommen werden (vgl. Kapitel 6.2), ist diese Warnung vor einer pauschalen Vermischung aller Problemfelder nachvollziehbar. Statt alles in einen sprichwörtlichen „Topf" (AF-A: 5) zu werfen, ist es durchaus plausibel, die Problematisierung der Dimensionen Sexismus und Homophobie schrittweise einzuführen, um in der Fanszene keine ablehnende Haltung zu wecken. Gerade kritische Fans und Ultras, die Verbote oftmals als Einmischung in ihre Angelegenheiten betrachten (vgl. Kapitel 4.2.3 und 4.2.4), reagieren darauf hochsensibel. Statt direkter Verbote und Skandalisierungen spricht

---

67 Ein klassisches Beispiel für das Aufzeigen eines Widerspruchs von rechtsextremen Argumenten ist beispielsweise die Frage danach, wie ein ‚Ausländer' gleichzeitig deinen Arbeitsplatz wegnehmen und von deinen Steuern leben kann?

also einiges dafür, Problembewusstsein schrittweise aufzubauen. Dass es generell geweckt werden sollte, ist indes auch unter den befragten Experten unstrittig.

Ähnliche Warnungen vor einer Vermischung verschiedener Themenkomplexe, jedoch von weitaus mehr Experten vorgetragen, wurden auf Nachfrage zum Vorschlag **Keine bloße Fokussierung auf die Arbeit gegen Rechtsextremismus, sondern Einbeziehung anderer fantypischer Themen (wie z.B. Kampf für Stehplätze)** (Item 25 / 4,54) ausgesprochen. „Das sind Themen, die eigentlich ganz andere Maßnahmen erfordern. Also, ich kann nicht Stehplatzforderungen mit dem Kampf gegen Rechtsextremismus vermischen, weil das ganz andere Herangehensweisen sind" (AF-A: 4). Politik-I hält ebenfalls nichts von einer Vermischung und schlägt vor, das Thema „von den Dingen, die legitime Anliegen von Fans sind" (Politik-I: 4), zu trennen. Verband-C warnt vor dem „Verwässern" (Verband-C: 6) der Problematik. Tatsächlich ist es sinnlos, fanspezifische Themen mit dem Problemfeld des Rechtsextremismus unauflöslich zu verweben. Dennoch, und darin liegt wohl der Kern der Handlungsempfehlungen, sollten Fanprojekte und andere Akteure, die sich bei der Arbeit gegen Rechtsextremismus unmittelbar mit Fans beschäftigen, niemals fantypische Problemfelder unbeachtet lassen. Ein gewisses Interesse oder sogar eine Unterstützung der Forderungen von Fans erhöht die Wahrscheinlichkeit, in der Fanszene akzeptiert zu werden. Ein alleiniges Fokussieren auf die bloße Arbeit gegen Rechtsextremismus kann innerhalb der Fanszene dagegen schnell als externe Beeinflussung wahrgenommen werden. Rechtsextremismusbekämpfung und bei Fans populäre Forderungen (zum Beispiel nach mehr Stehplätzen) aus vordergründigen Akzeptanzerwägungen untrennbar zu mischen, ist indes fraglos kritikwürdig.

Die Handlungsempfehlung **Rechtsextremismus lieber indirekt thematisieren** (Item 9 / 2,23) findet bei den Befragten mit Abstand die geringste Zustimmung. Kein einziger von ihnen sieht darin einen sinnvollen Ansatz. Zehn Experten bewerteten diesen Vorschlag sogar als tendenziell bis völlig sinnlos. „Ich glaube, dass eine indirekte Art des Angangs [...] unter Umständen als mitschwingende Akzeptanz missverstanden wird" (Politik-I: 4) bringt Politik-I den Kern der von fast allen Befragten unterschiedlich pointiert vorgetragenen Kritik auf den Punkt. Andere sprechen von „Bagatellisieren" (Verband-D: 12) oder fürchten, „wo ich es indirekt angehe, könnte der Eindruck entstehen, dass man vielleicht nicht [...] ernst genug damit umgeht" (FP-E: 4). Das erscheint nachvollziehbar. Dennoch, und das ist ein ganz wichtiger Punkt, sollte beim direkten Ansprechen von Gefahren des Rechtsextremismus immer auch die jeweilige Ausgangslage, das heißt die Zusammensetzung, Stimmung sowie vorherrschende politische Meinung innerhalb der jeweiligen Fanszene beachtet[68] und die Methoden der Arbeit gegen Rechtsextremismus dementsprechend angepasst werden. „Ich bin eigentlich davon überzeugt, dass es besser ist, ihn [den Rechtsextremismus] direkt anzusprechen. [...] Obwohl [...] es gibt dann auch Situationen, in denen das vielleicht so nicht geschehen kann" (Polizei-K: 5), benennt Polizei-K dieses Spannungsfeld. Möchte man beispielsweise als Fanprojekt in einer Fanszene andocken, die ganz klar von Rechtsextremisten dominiert wird, macht es natürlich durchaus Sinn, sich klar gegen Rechtsextremismus zu positionieren. Mitunter kann es aber naiv sein zu glauben, man könnte sofort alles, was tendenziell rechtsextremistisch ist, offensiv benennen, direkt kritisieren und dennoch ohne Probleme Zugang zu der entsprechenden Fanszene finden. Bei einem solchen Setting könnte sich eine indirekte Annäherung an das Thema anbieten. Natürlich bleibt der Weg, Rechtsextremismus indirekt zu thematisieren, stets ein nicht völlig unproblematischer. In Verbindung mit der als überaus sinnvoll bewerteten Handlungsempfehlung, die Arbeit gegen Rechtsextremismus auf die jeweilige Zielgruppe anzupassen, liegen darin jedoch zumindest einige Potentiale, die nicht per se als sinnlos eingestuft werden sollten.

Die Handlungsempfehlung **Einbeziehung der Fußballprofis in die Arbeit gegen Rechtsextremismus** (Item 17 / 5,38) schätzen die meisten Experten als begrüßenswert ein, solange sie nicht „von oben herab [...] so wie aufgesetzt" (FP-E: 6) wirkt. „Wenn einzelne Profis, die gibt es ja zum Glück auch, auch glaubhaft diesen Standpunkt vertreten" (FP-E: 7), sei an dieser Handlungsempfehlung nach Meinung der Experten nichts auszusetzen. Gleichwohl weisen einige Befragte zu Recht darauf hin: „Ich glaube, die [Fußballprofis] sind überfordert damit. [...] Wenn ich mir vorstelle, dass ein 22jähriger oder 23jähriger Thomas Müller solche Sachen gefragt

---

68 Das schlägt im Übrigen auch die als überaus positiv bewertete und kein einziges Mal kritisierte Handlungsempfehlung ‚Arbeit gegen Rechtsextremismus auf die jeweiligen Zielgruppen anpassen' vor.

wird. Da kann der nur verlieren. Der ist deshalb populär, weil er gut Fußball spielt. Der sollte dann nicht unbedingt was zu Themen sagen müssen, wo er nicht für berühmt ist, womit er sich nicht hat ausführlich auseinandersetzen können" (Verband-D: 13). Diesem Kritikpunkten folgend, ist es durchaus nachvollziehbar, dass die vorliegende Handlungsempfehlung nur dann ihre Wirkung entfaltet, wenn die Profis sich aus eigenem Antrieb dazu entscheiden, bei der Arbeit gegen Rechtsextremismus mitzuwirken. Werden sie in irgendeiner Form, etwa von Verein oder Verband, dazu gedrängt, verliert der Ansatz an Authentizität, damit an Überzeugungskraft und kann unter Umständen sogar kontraproduktiv wirken.

Der Vorschlag zur **Anpassung der Stadionordnung durch Dinge wie z.B. einen Antidiskriminierungsparagraphen** (Item 13 / 5,38) stieß auf ein tendenziell positives Echo bei den Experten. Dennoch gaben beide Befragte aus dem Feld der Polizei zu bedenken, dass die Stadionordnung „sowieso kein Mensch liest" (Polizei-K: 5) und Stadionordnungen „in der Regel nur vollgeschriebenes Papier" (Polizei-J: 5) seien. Etwas zielführender und weniger polemisch fasst FP-F den Kern der Kritik der Polizei-Vertreter zusammen: „Ich finde, das ist eine schöne Idee, aber es ist uneffektiv, weil sich an diese Stadionordnung sowieso niemand hält" (FP-F: 5). Die Stadionordnung könnte nach Ansicht von FP-F also durchaus ein sinnvolles Mittel im Kampf gegen Rechtsextremismus sein, allerdings nur dann, wenn sie erstens konsequent umgesetzt, zweitens von den Stadionbesuchern wahrgenommen und drittens kontrolliert würde. „Eigentlich müsste man eine Stadionordnung haben, die auf die Eintrittskarte passt" (Polizei-K: 5), ist ein konstruktiver Vorschlag von Polizei-K zur Steigerung des Bekanntheitsgrades von Stadionordnungen, der von Teilen der Bundesligisten bereits umgesetzt wird, indem sie zumindest die im Hinblick auf den Kampf gegen Rechtsextremismus wichtigen Paragraphen der Stadionordnung auf die Eintrittskarte drucken. Gleichwohl erscheint eine negative Bewertung der Einführung von Antidiskriminierungsparagraphen und Verboten rechtsextremer Kleidungsmarken nur aufgrund ihrer mangelnden Bekanntheit innerhalb der Fanszenen fragwürdig. Denn erstens bietet eine entsprechend angepasste Stadionordnung Vereinen zum Beispiel die Möglichkeit, unter Verweis auf ihr Hausrecht offenkundig rechtsextreme Fans des Stadions zu verweisen oder ihnen aufgrund ihrer rechtsextremen Kleidung den Zugang zu diesem zu verweigern. Das gilt auch dann, wenn die Fans die Stadionordnung nicht (vollständig) gelesen haben. Zweitens ist die Bekanntmachung der entsprechenden Paragraphen gegen Rechtsextremismus einer Stadionordnung kein Ding der Unmöglichkeit. Diese können etwa über gezieltes Verteilen von entsprechenden Flugblättern oder Videobotschaften im Stadion publik gemacht werden. Die konsequentere Umsetzung und Bekanntmachung der entscheidenden Stellen der Stadionordnung sollte daher idealerweise begleitend zu ihrer Anpassung durch Elemente wie einen Antidiskriminierungsparagraphen erfolgen.

Die Handlungsempfehlung **Verhängen von Stadionverboten** (Item 16 / 4,23) gehört zu denjenigen Maßnahmen, die in Fußballfankreisen am kontroversesten diskutiert werden (vgl. Kapitel 4.2.4). Es ist daher wichtig zu betonen, dass in diesem Kontext der Sinn von Stadionverboten im Hinblick auf die Bekämpfung des Rechtsextremismus in Fußballstadion im Zentrum der Analyse steht. Das wesentliches Gegenargument der Experten lautet: „Stadionverbote bringen im Prinzip gar nichts. Weil sie in den Köpfen der Leute nichts bewegen" (Verband-C: 6). Im Gegenteil weisen viele Befragte sogar darauf hin, dass diese Bestrafung „eine Trotzreaktion auslöst" (FP-G: 5) und „Solidarisierungseffekte" (AF-B: 4) zur Folge habe. „Und es treibt Menschen mit Stadionverbot in Richtungen, die du nicht kennst. Damit würde sich das rechtsextremistische Problem nur verlagern. […] Alleine mit Repressalien baust du dann schon ein gewisses Märtyrertum auf" (AF-B: 4). Denn die mit einem Stadionverbot Belegten verschwinden in der Regel nicht, sondern sie halten sich lediglich vor statt im Stadion auf. Das löst das Problem natürlich nicht, sondern verlagert es allenfalls. „Ich habe sie lieber im Stadion als außerhalb des Stadions, weil man da immer noch ein Auge drauf hat. Vor allen Dingen, es sind auch halt Leute draußen, die vollkommen zu Recht draußen sind. Und Leute, die dann wegen irgendwelchem Mist Stadionverbot kriegen, driften dann in Gesellschaft der anderen oftmals ganz schön ab" (FP-F: 5/6). Die Experten räumen also durchaus ein, dass Stadionverbote in bestimmten Fällen, zum Beispiel bei schweren rechtsextremistischen Vorfällen, durchaus gerechtfertigt sein können. Allerdings müsse man sich beim Verhängen von Stadionverboten stets darüber im Klaren sein, dass sich die Stadionverbotler nicht in Luft auflösen. Vor allem für Ultras ist es sehr schmerzhaft, die Spiele ihrer Mannschaft aufgrund eines Stadionverbots nicht im Stadion verfolgen zu können. Aber sie fahren häufig trotzdem weiterhin mit zu

Auswärtsspielen und besuchen Heimspiele ihres Clubs. Die 90 Minuten des Spiels verbringen sie jedoch außerhalb statt innerhalb des Stadions. Das kann falsches Heldentum generieren. Rechtsextreme Täter können so aufgrund von Solidarisierungen der Fanszene, ausgelöst durch das von ihnen verhasste Mittel des Stadionverbots, zu ‚Opfern' stilisiert werden. Hier ist also nur ein vorsichtiger Einsatz dieses Mittels unter Zuhilfenahme ausführlicher Kommunikation mit der Fanszene (etwa durch das Fanprojekt) hinsichtlich der Begründung des Stadionverbots aufgrund von untolerierbarem rechtsextremen Verhaltens einleuchtend.

6.3.6. Zusammenfassung der Ergebnisse

Die empirische Überprüfung der theoretischen Erkenntnisse aus Kapitel 6.2 mittels der ausführlichen Auswertung der qualitativen Experteninterviews hat gezeigt, dass große Teile der Handlungsempfehlungen aus der wissenschaftlichen Literatur aus Sicht der Experten nicht unumstritten sind. Viele Optionen wurden zwar im Mittel von der Gesamtheit der Befragten als tendenziell sinnvoll bewertet, jedoch von einzelnen Experten zum Teil dezidiert kritisiert. Auf Nachfrage trugen sie zahlreiche Argumente vor, die gegen eine Implementierung der jeweiligen Maßnahme sprechen könnten. Einige wenige Vorschläge wurden von der Mehrheit der Befragten sogar als sinnlos eingestuft.

Auf der anderen Seite, so hat bereits die quantitative Auswertung des Kurzfragebogens gezeigt, gibt es auch eine breite Palette von Handlungsempfehlungen aus der Wissenschaft, die von allen Experten ausnahmslos für sinnvoll erachtet und in keinen relevanten Punkten kritisiert wurde.

Wie die ausführliche Analyse der Interviews gezeigt hat, werden die in der wissenschaftlichen Literatur postulierten Empfehlungen von den Experten im Feld also nicht zwangsläufig als gleichermaßen wertvoll für den Kampf gegen Rechtsextremismus angesehen. Im Gegenteil: Ihr Nutzen wird zum Teil sehr kontrovers diskutiert. Ein zusammenfassender Vergleich zwischen den Handlungsempfehlungen aus der Literatur und deren Bewertungen durch die befragten Experten soll vor diesem Hintergrund im nächsten Kapitel die Frage beantworten, ob und inwiefern sich die Meinungen der Experten aus der Praxis mit der theoretischen Expertise der Wissenschaft decken.

Weiterhin hat im Zuge der Auswertungen ein (nicht repräsentativer) Vergleich der Bewertungen von Akteuren aus den Handlungsfeldern Polizei und aktiver Fans gezeigt, dass die meisten Einschätzungen dieser beiden Gruppen bezüglich des Sinns von Maßnahmen gegen Rechtsextremismus im Fußballstadion nicht so weit auseinander liegen, wie gemeinhin angenommen wird.

Darüber hinaus wurde deutlich, dass zum Teil massive Schwierigkeiten bei der praktischen Implementierung der theoretisch konzipierten Gegenstrategien auftreten, die besonders mit Blick auf die Gründe zur (Nicht-) Umsetzung von Handlungsempfehlungen in der Praxis in Kapitel 8.3 beachtet werden müssen.

6.4. Decken sich die Handlungsempfehlungen aus der Literatur mit denen der Experten?

Wie sich bei der Analyse der Experteninterviews gezeigt hat, gibt es Handlungsempfehlungen aus der Forschung, die bei den befragten Experten auf ungeteilte Zustimmung stoßen. Andere wurden hingegen von fast allen abgelehnt. Manche wurden mehrheitlich als sinnvoll, von einzelnen Experten jedoch als sinnlos bewertet. Bei einigen Vorschlägen war es umgekehrt. Das folgende Schaubild macht deutlich, wo die Übereinstimmungen zwischen wissenschaftlicher Literatur (vgl. Kapitel 6.2) und befragten Experten (vgl. Kapitel 6.3) liegen, wo deutliche Differenzen festzustellen sind und wo geringere Zustimmungstendenzen nachgewiesen werden können.

Untersuchungsgegenstand sind dabei die 39 zentralen Handlungsempfehlungen, die aus der vorliegenden wissenschaftlichen Literatur herausgearbeitet, in Form von Items operationalisiert und von den Experten im Kurzfragebogen bewertet wurden. Ihre Einstufung als sinnvoll (7,6,5 auf der einfachen Likert-Skala) wird als Zustimmung in verschiedenen Intensitäten (7 extrem hoch, 5 einfache Zustimmung), ihre Einstufung als sinnlos (3,2,1) analog dazu als Ablehnung übersetzt. Wie aus Tabelle 17 hervorgeht, orientiert sich die Einstufung der jeweiligen Maßnahme dabei zum einen am Mittelwert aus ihrer Bewertung durch alle Befragten sowie zum anderen an ihrer Einzelbewertung durch den individuell Befragten. In Klammern ist besagter Mittelwert stets mit angegeben.

Tabelle 17: Zustimmung der befragten Experten zu den Handlungsempfehlungen aus der aufgearbeiteten Literatur (eigene Darstellung)

Legende: MW=Mittelwert aus der Bewertung aller Befragten; EB=Einzelbewertungen des individuell Befragten

Extrem hohe Zustimmung *(MW > 6, alle EB ≥ 5)*
Schulung von Polizisten im Hinblick auf rechtsextreme Erscheinungsformen (6,69)
Eindeutige Positionierung gegen Rechtsextremismus von Verbänden (6,69)
Gegenkräfte innerhalb der Fanszene stärken (6,62)
Anerkennung sowie Förderung von Faninitiativen gegen Rechtsextremismus (6,46)
Förderung der Selbstregulierung der Fanszene (6,38)
Eindeutige Positionierung gegen Rechtsextremismus von Vereinen (6,85)
Arbeit gegen Rechtsextremismus auf die jeweiligen Zielgruppen anpassen (6,46)
Rechtsextreme Hegemonien innerhalb der Fanszene durchbrechen bzw. ihnen keinen Platz geben (6,42)
Strategien gegen Rechtsextremismus nicht nur auf Jugendliche beziehen (6,69)
Schulung von Ordnern im Hinblick auf rechtsextreme Erscheinungsformen (6,77)
Sehr hohe Zustimmung *(MW > 6, alle EB ≥ 4)*
Anpassung der Arbeit mit den Fans auf die jeweilige Fanszene (6,23)
Durchführung authentischer Informationskampagnen statt bloßer PR-Kampagnen (6)
Schulung von Mitarbeitern der Fanprojekte im Hinblick auf rechtsextreme Erscheinungsformen (6,54)
Bessere Vernetzung aller am Kampf gegen Rechtsextremismus im Stadion beteiligten Akteure (6,15)
Bessere Unterstützung von Faninitiativen gegen Rechtsextremismus (6,23)
Eindeutige Positionierung gegen Rechtsextremismus von Fanprojekten (6,08)
Erhöhung der finanziellen/personellen Mittel für Fanprojekte (6,31)*
Überwiegende Zustimmung *(MW 4-6, mehr EB > 4 als < 4*
Kameraüberwachung im Stadion (5,46)
Anschaffung einer oder mehrerer Wanderausstellungen zum Thema Rechtsextremismus im Fußball durch den DFB (5,08)
Durchführung/Einrichtung eines bundesweiten Aktionstags gegen Rechtsextremismus im Fußball (5)

Einrichtung einer interdisziplinären Arbeitsgruppe, bestehend auf Vertretern von Vereinen, Verbänden, Politik, Justiz, Fanprojekten und Fans (4,92)
Keine Hierarchisierung von Dimensionen des Rechtsextremismus (d.h. Dimension wie Sexismus oder Homophobie genauso thematisieren wie z.b. Rassismus) (5,69)
Anpassung der Stadionordnung durch Dinge wie z.b. einen Antidiskriminierungsparagraphen (5,38)
Fahrten mit Fans zu NS-Gedenkstätten wie z.b. ehemaligen Konzentrationslagern (inkl. Vor- und Nachbereitung) (5,62)
Verhängen von Stadionverboten (4,23)
Einbeziehung der Fußballprofis in die Arbeit gegen Rechtsextremismus (5,38)
Kameraüberwachung im Umfeld des Stadions (4,83)
Einrichtung einer Referentenstelle zum Thema Rechtsextremismus beim DFB (4,85)
Aufzeigen von Widersprüchen innerhalb der rechtsextremen Ideologie (5,46)
Keine bloße Fokussierung auf die Arbeit gegen Rechtsextremismus, sondern Einbeziehung anderer fantypischer Themen (wie z.b. Kampf für Stehplätze) (4,54)
Einrichtung eines Aktionsfonds zur konkreten Unterstützung von Faninitiativen gegen Rechtsextremismus (4,77)
Förderung von vereinsübergreifenden Zusammenschlüssen von Fans (z.b. dem Bündnis Aktiver Fußballfans) (5,31)
Schulung von Fans im Hinblick auf rechtsextreme Erscheinungsformen (5,54)
Spezielles Training für Schlüsselpersonen aus der Fanszene als Multiplikatoren (5,38)
Überwiegende Ablehnung *(MW < 4, mehr EB < 4 als > 4*
Starke Polizeipräsenz bei Fußballspielen (3,23)
Einrichtung einer Referentenstelle zum Thema Rechtsextremismus bei jedem Bundesligaverein (3,23)
Vereinheitlichung der Organisationsstrukturen der Fanprojekte (3,31)
Erhöhung der Anzahl an Ordnern bei Spielen (3,54)
Hohe Ablehnung *(MW < 3, alle EB ≤ 4)*
Rechtsextremismus lieber indirekt thematisieren (2,23)

* Sonderfall, da MW > 6, aber eine EB < 4

Wie die Tabelle verdeutlicht, fällt die Bewertung der Handlungsemp-fehlungen aus der vorliegenden Literatur durch die befragten Experten differenziert aus. Zehn Vorschläge erfahren eine extreme hohe Zustimmung. Sie wurden durchgehend als sinnvoll (alle EB > 5) bewertet, keinerlei Kritikpunkte wurden in Bezug auf diese Vorschläge vorgetragen und sie wurden auch nicht als weder sinnvoll noch sinnlos (4) bewertet.

Eine sehr hohe Zustimmung erfahren sieben weitere Handlungsempfehlungen. Mit Ausnahme eines Vorschlags wurden keine Handlungsempfehlungen dieser Kategorie als sinnlos bewertet (alle EB ≥ 4). Zwar wurden hier auf Nachfrage einige Kritikpunkte geäußert, wie die Auswertung der qualitativen Interviews jedoch gezeigt hat, waren diese jedoch in Zusammenhang mit der Forschungsausrichtung dieser Arbeit nicht relevant. Deswegen können auch diese Handlungsempfehlungen als Vorschläge aus der Wissenschaft bezeichnet werden, denen die befragten Experten sehr deutlich zustimmen. Ein Sonderfall innerhalb dieser Kategorie ist die Empfehlung ‚Erhöhung der finanziellen/personellen Mittel für Fanprojekte‘. Diese weist zwar einen hohen Mittelwert auf (6,31), jedoch wurde dieser Vorschlag von einem Experten als sinnlos klassifiziert. Wie die qualitative Auswertung dieses Interviews jedoch gezeigt hat, ist auch der von diesem Befragten vorgetragene Kritikpunkt im Hinblick auf den gegebenen Untersuchungsgegenstand ohne Relevanz (vgl. Kapitel 6.3.5), so dass diese Empfehlung durchaus in die Kategorie der wissenschaftlichen Handlungsempfehlungen mit sehr hoher Zustimmung durch die befragten Experten eingeordnet werden kann.

Bei 17 weiteren Handlungsempfehlungen gab es mehr Befragte, die den Vorschlag als sinnvoll bewertet haben, als Befragte, die den Vorschlag für sinnlos hielten (mehr EB < 4 als > 4). Aufgrund der insgesamt als tendenziell eher sinnvoll einzustufenden Mittelwerte (MW zwischen 4 und 6) kann hier von einer überwiegenden Zustimmung der Experten gesprochen werden. Gleichwohl gab es bei diesen Handlungsempfehlungen stets auch Experten, die, wie die qualitativen Interviews gezeigt haben, zum Teil deutliche Kritik an einzelnen Handlungsempfehlungen dieser Kategorie geübt haben. Die Kritikpunkte in Bezug auf diese Handlungsempfehlungen sind also, im Gegensatz zu denjenigen mit sehr hoher sowie extrem hoher Zustimmung, keinesfalls zu vernachlässigen. Sie erscheinen relevant und werden im weiteren Verlauf dieser Arbeit aufgegriffen, um zum Beispiel das Spannungsfeld zwischen Theorie und Praxis in Kapitel 8 näher auszuleuchten.

Eine überwiegende Ablehnung zeichnete sich hinsichtlich der Bewertung von vier Handlungsempfehlungen ab. Zwar gibt es auch hier zustimmende Einschätzungen, jedoch überwiegen bei diesen Vorschlägen die Einstufungen durch die Experten als sinnlos (mehr EB < 4 als > 4). Gleichzeitig sind die Mittelwerte bei diesen Handlungsempfehlungen als tendenziell sinnlos einzustufen (MW < 4), so dass hier von einer überwiegenden Ablehnung gesprochen werden muss. Allerdings gibt es auch bei diesen Vorschlägen zustimmende Argumente einzelner Experten. Diese sind gegenüber den mannigfaltigen Kritikpunkten zwar in der Minderzahl, sollten bei späteren Diskussionen jedoch keineswegs ausgeblendet werden.

Lediglich eine der in der Wissenschaft aufgeworfenen Handlungsoptionen hat eine hohe Ablehnung erfahren. Der Mittelwert liegt unter dem Wert 3 und keine Einzelbewertung überschreitet den Wert 4, das heißt, kein Experte stufte diesen Vorschlag als sinnvoll ein. Aus welchen Gründen dies geschah, soll ebenfalls im weiteren Verlauf der Arbeit diskutiert werden.

Mit Blick auf die bereits in Kapitel 6.2 eingeführte Systematisierung der verschiedenen Handlungsempfehlungen in Bezug auf ihre Zielsetzungen sowie des Handlungsfeldes, in dem sie maßgeblich angesiedelt sind (vgl. Tabelle 13), soll nun analysiert werden, in welchen Bereichen die Experten den Handlungsempfehlungen aus der wissenschaftlichen Literatur eher zugestimmt haben und wo sie diese eher abgelehnt haben.

Tabelle 18: Zustimmung der befragten Experten zu den Handlungsempfehlungen aus der aufgearbeiteten Literatur: systematisiert nach Handlungsfeld und Zielsetzung (eigene Darstellung)

Handlungsfeld / Zielsetzung	Staat	Zivilgesellschaft	Wirtschaft
Prävention	- Kameraüberwachung im Umfeld des Stadions - **Authentische, regelmäßige Kampagnen und keine PR-Kampagnen**	- Gegenkräfte stärken - Rechtsextreme Hegemonien durchbrechen - Arbeit auf die jeweilige Zielgruppe/Fanszene anpassen - Bei Arbeit gegen Rechtsextremismus auch andere Fanthemen beachten - Spezielles Training für Schlüsselpersonen aus der Fanszene - Anerkennung/Förderung von Faninitiative gegen Rechtsextremismus - Rechtsextremismus indirekt thematisieren - Eindeutige Positionierung gegen Rechtsextremismus von Fanprojekten - Strategien nicht nur auf jugendliche beschränken - Kein Hierarchisierung von Dimensionen des Rechtsextremismus. - Förderung der Selbstregulierung der Fanszene	- Kameraüberwachung im Stadion - Anpassung der Stadionordnung - Eindeutige Positionierung gegen Rechtsextremismus - Authentische, regelmäßige Kampagnen und keine PR-Kampagnen - Einbeziehung der Profis in die Arbeit gegen Rechtsextremismus

Aufklärung	- Schulung von Polizei	- Schulung von Mitarbeitern des Fanprojekts - Schulung von Fans - Aufzeigen von Widersprüchen in rechtsextremer Ideologie - Fahrten zu NS-Gedenkstätten	- Schulung von Ordnern
Verbesserung der Infrastruktur	- Aktionsfonds zur Unterstützung von Faninitiativen gegen Rechtsextremismus - Erhöhung der Mittel für Fanprojekte - Einrichtung einer interdisziplinären Arbeitsgruppe - Bessere Vernetzung - Vereinheitlichung der Organisationsstruktur von Fanprojekten	- Bessere Unterstützung von Faninitiativen - Förderung vereinsübergreifender Zusammenschlüsse von Fans - Einrichtung einer interdisziplinären Arbeitsgruppe - Bessere Vernetzung - Regelmäßiger Aktionstag gegen Rechtsextremismus - Vereinheitlichung der Organisationsstruktur von Fanprojekten	- Referentenstelle Rechtsextremismus beim DFB - Referentenstelle Rechtsextremismus bei jedem Bundesligaverein - Aktionsfonds zur Unterstützung von Faninitiativen gegen Rechtsextremismus - Anschaffung einer Wanderausstellung - Vereinheitlichung der Organisationsstruktur von Fanprojekten - Erhöhung der Mittel für Fanprojekte - Einrichtung einer interdisziplinären Arbeitsgruppe - Bessere Vernetzung - Regelmäßiger Aktionstag gegen Rechtsextremismus
Konfrontation	- Stadionverbote - Kameraüberwachung - Starke Polizeipräsenz		- Stadionverbote - Erhöhung der Zahl an Ordnern

Im Folgenden soll die Tabelle zunächst aus Perspektive der unterschiedlichen Zustimmungsniveaus interpretiert, anschließend mit Blick auf Zielsetzungen sowie Handlungsfelder der Handlungsoptionen analysiert werden.

Auffällig ist erstens, dass sich die Handlungsempfehlungen mit (extrem/sehr) hohen Zustimmungswerten zum größten Teil auf der präventiven Zielsetzungsebene befinden. Eine verhältnismäßig hohe Anzahl von Handlungsempfehlungen mit (extrem/sehr) hohen Zustimmungswerten findet sich darüber hinaus auf der Zielsetzungsebene der Aufklärung. In verhältnismäßig geringerer Anzahl sind Vorschläge mit (extrem/sehr) hoher Zustimmung überdies auf der Zielsetzungsebene zur Verbesserung der Infrastruktur zu finden. Überhaupt keine (extrem/sehr) hohe Zustimmung weisen dagegen Handlungsempfehlungen auf der konfrontativen Zielsetzungsebene. Betrachtet man die Handlungsempfehlungen mit überwiegender Zustimmung fällt eine breite Streuung über alle Zielsetzungsebenen auf. Handlungsempfehlungen, die von den Experten überwiegend bis deutlich abgelehnt wurden, finden sich auf der Präventionsebene lediglich einmal und auf der Aufklärungsebene gar nicht. Auf der Zielsetzungsebene zur Verbesserung der Infrastruktur treten sie zwei Mal auf. Nicht irritieren darf an dieser Stelle die Dreifachnennung des Vorschlags der Vereinheitlichung der Organisationsstruktur der Fanprojekte, der auf allen drei Handlungsfeldern aufgeführt ist. Dieser betrifft jedoch im Unterschied zu anderen Handlungsempfehlungen Akteure aller drei Handlungsfelder und tritt daher nur scheinbar gehäuft auf. Auffällig ist dagegen, dass die überwiegend bis deutlich abgelehnten Handlungsempfehlungen auf der konfrontativen Zielsetzungsebene im Verhältnis betrachtet am weitaus stärksten vertreten sind.

Wird der Blick nun auf die Zielsetzungen der Handlungsempfehlungen gerichtet, fällt auf der Präventionsebene auf, dass der allergrößte Teil der Handlungsempfehlungen auf dieser Ebene (extrem/sehr) hohe oder mindestens überwiegende Zustimmung von Seiten der Experten erfahren hat. Lediglich ein Punkt wurde von den meisten Experten überwiegend abgelehnt. Ähnlich sieht es auf der Aufklärungsebene aus, wo zwar gar keine Maßnahme (überwiegend) abgelehnt wird, auf der jedoch auch die Gesamtzahl der wissenschaftlichen Handlungsempfehlungen deutlich geringer ist als auf der Präventionsebene. Durchmischt präsentiert sich dagegen die Zielsetzungsebene der Verbesserung der Infrastruktur, auf der vor allem Handlungsempfehlungen mit überwiegender Zustimmung dominieren. Dort sind aber auch Vorschläge mit (extrem/sehr) hoher Zustimmung genauso zu finden wie überwiegend bis deutlich abgelehnte Handlungsempfehlungen. Am niedrigsten ist die Zustimmung zu den Handlungsempfehlungen auf der konfrontativen Zielsetzungsebene. Dort findet sich gar kein Vorschlag, der eine (extrem/sehr) hohe Zustimmung erfahren hat. Hier halten sich als überwiegend sinnvoll bewertete Handlungsempfehlungen und als überwiegend sinnlos bewertete Optionen die Waage.

Im Hinblick auf die unterschiedlichen Handlungsfelder Wirtschaft, Zivilgesellschaft und Staat fallen keine signifikanten Besonderheiten auf.

Insgesamt treffen die Handlungsempfehlungen auf der Präventions- sowie der Aufklärungsebene bei den befragten Experten auf besonders hohe Zustimmung. Auf der Zielsetzungsebene der Verbesserung der Infrastruktur sind die Ergebnisse gemischt, gehen insgesamt aber dennoch in eine überwiegend zustimmende Richtung. Auf der Zielsetzungsebene der Konfrontation erzielten die Handlungsempfehlungen die mit Abstand schlechtesten Zustimmungswerte. Hier kann fast von einer tendenziellen Ablehnung der Maßnahmen durch die befragten Experten gesprochen werden.

In Kapitel 6 wurden die zentralen Handlungsempfehlungen aus der theoretischen Forschung aufgearbeitet und mit den Einschätzungen von im Feld aktiven Experten verglichen. Bereits die Befragung der überschaubaren Anzahl an Experten hat dabei gezeigt, dass die Handlungsempfehlungen aus der wissenschaftlichen Literatur in der Praxis nicht unumstritten und besonders auf der konfrontativen Zielsetzungsebene einer intensiven Kritik ausgesetzt sind. Auf Grundlage dieser Erkenntnisse sowie unter Rückgriff auf die zahlreichen, aus den Experteninterviews gewonnenen Argumente sowie Daten können die verschiedenen Fragestellungen in Kapitel 8 nun wissenschaftlich fundiert diskutiert werden. Zuvor muss allerdings aufgezeigt werden, welche Projekte gegen Rechtsextremismus in der Realität bereits existieren. Dies soll im folgenden Kapitel geschehen.

7. Existierende Projekte gegen Rechtsextremismus im Fußballstadion

7.1. Methodische Überlegungen

Wie angesichts der Fülle an Literatur zum allgemeinen Themengebiet Rechtsextremismus (vgl. Kapitel 2) sowie zum speziellen Teilbereich Strategien gegen Rechtsextremismus (vgl. Kapitel 3) in Kombination mit dem immens hohen Stellenwert des Fußballs in der deutschen Gesellschaft (vgl. Kapitel 4) zu vermuten war, herrscht auch an Publikationen zu existierenden Projekten in und um Fußballstadien, die sich direkt oder indirekt mit dem Kampf gegen Rechtsextremismus beschäftigen, kein Mangel. Die erdrückende Menge an Materialien kann aus Gründen, die sich zum Teil mit den Schwierigkeiten einer Systematisierung allgemeiner Strategien gegen Rechtsextremismus decken (vgl. Kapitel 3.1), nur schwer in einem zusammenfassenden Überblick dargestellt werden:

Erstens sind vor allem das Internet, seltener Bibliotheken, von Texten, Konzepten, Abschluss- sowie Zwischenberichten einzelner sowie zusammenhängender Projekte und (pseudo-)wissenschaftlichen Expertisen überschwemmt. In vielen Fällen ist dabei nicht eindeutig erkennbar, wer diese Texte wann verfasst hat. Daher wird im Folgenden auf die Darstellung derjenigen Quellen verzichtet, deren Herkunft nicht eindeutig einem Projekt beziehungsweise einem Autor zugeordnet werden konnte.

Zweitens ist nicht immer klar ersichtlich, welches Projekt noch existiert und welches nicht. Gleichwohl können in der systematischen Aufzählung dieses Kapitels auch Projekte berücksichtigt werden, die (in ihrer ursprünglichen Form) nicht mehr existieren, da beispielsweise die zeitlich gebundene finanzielle Förderung durch staatliche Stellen ausgelaufen ist. Die Voraussetzung dafür ist freilich, dass über die Arbeit des entsprechenden Projekts noch ausreichend Informationen verfügbar sind. Die inhaltlich-konzeptionelle Ausrichtung eines Projekts ist also unter Umständen auch dann noch von Interesse, wenn es bereits abgeschlossen ist.

Drittens bleibt auf den ersten und manchmal sogar auf den zweiten und dritten Blick undurchsichtig, wie sich die Projekte finanzieren.

Viertens ist es oftmals schwierig, eindeutige Zielsetzungen der Projekte zu identifizieren, da deren Beschreibungen sich häufig in Allgemeinplätzen erschöpfen, statt konkret aufzuzeigen, welches Ziel sie mit welchen Mitteln erreichen wollen. Daher ist also auch die Unklarheit der Mittel und Wege, welche zum Erreichen des Projektziels führen sollen, ein Problem bei der (Selbst-)Darstellung der Projekte.

Fünftens gibt es kein Material, welches den Gesamtzusammenhang vollständig erfasst, also umfassend darstellt, welche Strategien gegen Rechtsextremismus insgesamt derzeit umgesetzt werden. Einzelne Publikationen geben zwar Einblicke in systematisierte Teilbereiche wie zum Beispiel die existierenden Fanprojekte, einen umfassenden, einigermaßen geordneten Überblick über die Gesamtheit der realisierten Strategien aller Handlungsfelder gibt es jedoch nicht. Insofern betritt dieses Kapitel in gewisser Weise deskriptives Neuland, da zwar die in der Folge vorgestellten Strategien, Projekte, Maßnahmen und Aktionen allesamt bekannt sind, aber im Gesamtzusammenhang so noch nicht dargestellt und systematisch geordnet wurden.

Diese skizzierten Schwierigkeiten hatten in Bezug auf diese Arbeit zur Folge, dass die Zusammenstellung der existierenden Projekte gegen Rechtsextremismus im Fußballstadion manchmal einem Puzzle glich, von dem der Autor nicht wusste, wie viele Teile eigentlich dazugehören. Einen Anspruch auf Vollständigkeit kann und will die folgende Darstellung daher nicht erheben.

Dennoch soll der Versuch unternommen werden, ein möglichst vollständiges Bild von den diversen Projekten zu zeichnen, die sich dem Kampf gegen Rechtsextremismus im Fußballstadion verschrieben haben und tatsächlich umgesetzt werden beziehungsweise wurden. Die Darstellung der Projekte erfolgt dabei entlang der im Folgenden aufgezählten Gesichtspunkte:

– Seit wann: Wie lange gibt es das Projekt schon?
– Bis wann: Gibt es das Projekt noch? Wenn ja, läuft es zu einem bestimmten Zeitpunkt aus? Wenn nein, warum gibt es das Projekt nicht mehr?
– Wer setzt das Projekt um: Wer ist der Träger des Projekts? Welche Akteure aus welchen Handlungsfeldern sind beteiligt?
– Ziele: Welche Ziele verfolgt das Projekt?
– Wer soll angesprochen werden: Was sind die Zielgruppen des Projekts?

- Mittel: Wie sollen die Ziele umgesetzt werden? Welche Mittel stehen dafür zur Verfügung?
- Finanzierung: Wie finanziert sich das Projekt? In welchem Handlungsfeld sind die Geldgeber anzusiedeln?

Um die unübersichtliche Vielfalt an Projekten, die sich explizit oder implizit mit dem Kampf gegen Rechtsextremismus im Fußballstadion beschäftigen, systematisch zu ordnen, sollen sie in verschiedenen Unterkategorien gegliedert dargestellt werden. Diese Vorsystematisierung orientiert sich zunächst an den in dieser Arbeit bereits eingeführten relevanten Handlungsfeldern Staat, Zivilgesellschaft und Wirtschaft. Da jedoch offensichtlich ist, dass die meisten Projekte auf dem zivilgesellschaftlichen Handlungsfeld angesiedelt sind (vgl. Tabelle 13 in Kapitel 6.2), muss auch an dieser Stelle weiter ausdifferenziert werden. Abschließend sollen die dargestellten Projekte in der zweidimensionale Systematik dieser Arbeit (vgl. Kapitel 3) verortet und vor diesem Hintergrund näher analysiert werden. Dies geschieht in Kapitel 7.3.

Beachtet werden muss an dieser Stelle, dass die empirisch exakteste Methode zur Darstellung der in der Praxis umgesetzten Gegenstrategien natürlich ein Besuch sämtlicher an ihrer Umsetzung beteiligter Akteure wäre, um die Arbeit der entsprechenden Projekte im Feld zu beobachten. Da jedoch alleine der Besuch der an 46 verschiedenen Standorten operierenden Fanprojekte 46 Reisen durch ganz Deutschland zur Folge gehabt hätte, liegt auf der Hand, dass dies im Zuge dieser Arbeit nicht geleistet werden konnte. Daher stützt sich die Darstellung der in der Praxis umgesetzten Maßnahmen auf eine mehrdimensionale Recherche. Die Basis dafür bildete die wissenschaftliche Literatur, welche umfassend aufgearbeitet wurde. Publikationen, Selbstdarstellungen im Internet und Hinweise in Zeitungsartikeln wurden ebenfalls berücksichtigt, um zu überprüfen, welche Maßnahmen gegen Rechtsextremismus im Fußballstadion und dessen Umfeld existieren. Informelle Gespräche mit Experten gaben darüber hinaus häufig weitere Hinweise auf Projekte dieser Art. Nicht zuletzt konnten aufgrund der praktischen Erfahrung des Autors, resultierend aus dem Besuch zahlreicher Bundesligaspiele, im Fußballkontext implementierte Maßnahmen gegen Rechtsextremismus ausfindig gemacht werden. Gleichwohl erhebt die folgende Darstellung keinen Anspruch auf Vollständigkeit.

Nachdem in Kapitel 7.2 also die tatsächlich umgesetzten Projekte näher vorgestellt und in Kapitel 7.3 schließlich systematisiert wurden, soll abschließend die These diskutiert werden, wonach Fanprojekte das Rückgrat der Arbeit gegen Rechtsextremismus in Deutschen Fußballstadien bilden und daher breiter gefördert werden müssten. Diese These soll unter Rückbindung der Ergebnisse dieses Kapitels an das theoretische Fundament für Strategien gegen Rechtsextremismus aus Kapitel 5 verifiziert beziehungsweise falsifiziert werden.

7.2. Welche Projekte gibt es?

7.2.1. Staatlich und wirtschaftlich geförderte Projekte

Als bedeutendste Institution dieses Feldes gilt zweifellos die **Koordinierungsstelle Fanprojekte (KOS)**, die im Laufe dieser Arbeit schon mehrfach erwähnt wurde. Sie wurde 1993 im Zuge der Etablierung des NKSS, welches „die Erarbeitung eines bundesweiten Rahmenkonzeptes für Fanprojekte und die Einrichtung von Fanprojekten auf örtlicher Ebene" (Deutsche Sportjugend 1992: 8) vorsah, ins Leben gerufen und hatte damals wie heute die zentrale Aufgabe, die Arbeit der Fanprojekte in Deutschland zu koordinieren. Die KOS „übernimmt die inhaltliche Begleitung und Beratung der lokalen Fanprojekte, organisiert Lobbyarbeit gegenüber Institutionen aus Politik, Polizei, Sport und Medien" (Dembowski 2013b: 51). Außerdem soll sie sich um einen Austausch mit Fanprojekten aus dem Ausland kümmern. Weitere Aufgaben bilden „die Aus- und Fortbildung von Mitarbeitern in Fanprojekten. Ebenso sollen Qualitätsstandards gesichert und weiterentwickelt werden. Einen großen Teil der Arbeit macht die Öffentlichkeitsarbeit aus" (Lichtenberg/Paesen 2008: 71). Überdies kommt der KOS eine, in ihrer Bedeutung nicht zu unterschätzende, beratende Funktion von nationalen wie internationalen Gremien zu. Dass diese Expertise von staatlichen und wirtschaftlichen Akteuren jedoch nicht immer abgerufen wird, unterstreicht der sogenannte Sicherheitsgipfel zum Thema ‚Für Fußball. Gegen Gewalt' im Juli 2012, zu dem die KOS von den Organisatoren DFB und DFL ebenso wenig eingeladen wurde wie Vertreter aus den Reihen der Fans (vgl. Franzke 2012: 22).

Angesiedelt ist die KOS bei der Deutschen Sportjugend (DSJ) in Frankfurt. Sie ist nach eigenen Angaben „mit vier Referent/innen und einer

Verwaltungsfachkraft besetzt" (KOS 2013) und „wird zu zwei Dritteln vom Bundesministerium für Familie, Senioren, Frauen und Jugend und zu einem Drittel vom Deutschen Fußball-Bund finanziert" (KOS 2013).

Systematisch interessant ist nun die Frage, auf welchem Handlungsfeld die KOS angesiedelt werden sollte, da sie einerseits von einem Bundesministerium finanziert wird, aber andererseits finanzielle Unterstützung vom DFB erhält. Die Zusammensetzung des Beirats der KOS, dem „unter dem Vorsitz der dsj [...] Vertreter des DFB, der Innenministerkonferenz, des Deutschen Städtetags, der Obersten Landesjugendbehörden, der Wissenschaft sowie der Bundesarbeitsgemeinschaft Fanprojekte" (Lichtenberg/Paesen 2008: 71) angehören, unterstreicht die Ambivalenz der KOS hinsichtlich dieser Fragestellung. Da die meisten Beiratsmitglieder aus dem Handlungsfeld Staat kommen und dieser die KOS maßgeblich finanziert, erscheint eine systematische Einordnung auf diesem Handlungsfeld zunächst logisch. Andererseits agiert die KOS als mehr oder weniger unabhängige Institution gegenüber Vereinen, Verbänden und Politik. In öffentlichen Diskursen vertritt die KOS regelmäßig die Position von Fans beziehungsweise der Fanprojekte. Insofern ist eine Einordnung der KOS auf dem zivilgesellschaftlichen Handlungsfeld gerechtfertigt, da ihre Arbeit der Definition aus Kapitel 3.2.2 folgend zwar von staatlichen sowie wirtschaftlichen Stellen finanziert wird, sie inhaltlich jedoch weitgehend unabhängig von diesen Akteuren agiert.

Ist die KOS eine Art Dachorganisation der Fanprojekte, so ist die **Bundesarbeitsgemeinschaft der Fanprojekte (BAG)** so etwas wie das gemeinschaftliche Plenum der 51 Fanprojekte des Landes. Sie ist also in gewisser Weise der Versuch einer Institutionalisierung des gegenseitigen Austausches von Fanprojekten. Dazu ist die BAG „gegliedert in vier ‚Regionalverbünde' (Norden, Osten, Süden, Westen), in denen regionalrelevante und fußballfanspezifische Themen und Angebote behandelt werden" (BAG 2012). Diese Regionalverbünde entsenden jeweils einen Vertreter in den Geschäftsführenden Arbeitskreis der BAG. „In diesem Kreis wird sich mit aktuellen und bundesweit relevanten fan- und fanspezifischen Themen auseinandergesetzt, werden Informationen zusammengetragen und gemeinsames Vorgehen und Reaktionen auf ‚Fanpolitik' von Vereinen und anderen Institutionen abgestimmt" (BAG 2012). Dem Geschäftsführenden Arbeitskreis gehören weiterhin die beiden BAG-Sprecher an, die überdies für die Kommunikation mit der Öffentlichkeit verantwortlich sind. Außerdem findet einmal im Jahr ein Bundestreffen aller BAG-Mitglieder statt (vgl. BAG 2012).

Hauptziele der BAG sind nach eigenen Angaben der gegenseitige Austausch von existierenden Fanprojekten sowie die damit einhergehende Intensivierung der Vernetzung untereinander. In diesem Sinne versteht sich die BAG als Institution, die sich „auf regionaler und bundesweiter Ebene für die Belange seiner Mitglieder einsetzt und diese motiviert, sich, ganz im Sinne einer ‚kritischen Lobby‘ für Fußballfans, auf allen Ebenen an relevanten Diskussionsprozessen zu beteiligen und sich dabei für die Förderung und den Erhalt von Fanszenen zu engagieren" (BAG 2012b). Grundsätze für diese Arbeit seien nach Angaben der BAG „Kritische Parteilichkeit für jugendliche Fans, [...] Vermeidung von Ausgrenzung einzelner Fans oder Fangruppen – auch sogenannter ‚Problemgruppen‘ wie Hooligans oder Skinheads [sowie] Schutz bzw. Erhaltung der jugendlichen (Subkultur),Fanszene‘" (BAG 2012c).

Die BAG gibt es seit 1989. Sowohl die Sprecher der BAG als auch die Vertreter der Regionalverbünde arbeiten, laut telefonischer Nachfrage bei der BAG, ehrenamtlich und erledigen diese Tätigkeiten zusätzlich zu ihren sonstigen Aufgaben als Mitarbeiter lokaler Fanprojekte. Für die Organisation von Tagungen oder anderen größeren Aktivitäten im Auftrag der BAG werden sie von ihren jeweiligen Arbeitgebern temporär freigestellt, das heißt, dieser muss mit ihrem Engagement bei der BAG einverstanden sein. Regionale Treffen der BAG werden zudem häufig von (Bundesliga-) Vereinen durch die Bereitstellung von Räumlichkeiten unterstützt.

In der Tradition von KOS und BAG steht auch das inzwischen ausgelaufene Projekt **Am Ball bleiben (ABB)**. Das Projekt wurde bis zu Beginn des Jahres 2010 befristet auf drei Jahre „zu gleichen Teilen vom DFB und vom Bundesministerium für Familie, Senioren, Frauen und Jugend gefördert" (Brunßen 2013: 12). Nach Ablauf dieser Förderung stellte das Projekt 2010 seine Arbeit mangels Finanzierung ein. Es war, ähnlich wie die KOS, ebenfalls bei der Deutschen Sportjugend (DSJ) angesiedelt. Die Verflechtung der beiden Institutionen wird schon auf personeller Seite deutlich. Der Leiter des damals vierköpfigen Projektteams von ABB, Gerd Wagner, arbeitete davor und inzwischen wieder bei der KOS (vgl. KOS 2010). Auch thematisch verfolgte das Projekt ähnliche Ziele wie die KOS.

„Im Mittelpunkt des Programms stehen die zwei As: Aktivierung und Aufklärung" (ABB 2012). Einerseits sollte also Fortbildung geleistet werden, andererseits die „Aktivierung lokaler Netzwerke gegen Rassismus und Rechtsextremismus im Umfeld des Fußballs" (ABB 2012b) vorangetrieben werden. Konkrete Ansätze waren dabei „eine Fachtagung zum Thema ‚Fußball gegen Rassismus und Diskriminierung', eine für Fan-Projekte konzipierte Fortbildungsreihe oder die Unterstützung bei der Überarbeitung der Ausstellung ‚Tatort Stadion'" (ABB 2012). Weiterhin war nach Angaben des Projekts „die Erarbeitung und Entwicklung von Vorschlägen und Strategien, gegen rassistische und diskriminierende Vorfälle im Fußballumfeld vorzugehen bzw. im Vorfeld zu begegnen, ein weiterer zentraler Arbeitsschwerpunkt" (ABB 2012). Dazu wurde die Broschüre ‚11 Fragen nach 90 Minuten' gemeinsam mit der KOS und dem Bündnis für Demokratie und Toleranz herausgegeben (vgl. BDT et al. 2008).

Nun soll in diesem Kapitel nicht der Sinn von einzelnen Projekten diskutiert werden. Jedoch fällt vor dem systematisierenden Hintergrund auf, dass sowohl theoretische Arbeitsschwerpunkte von ABB als auch konkret umgesetzte/unterstütze Maßnahmen denen der KOS sehr ähneln. In einem Punkt heißt es über die Ziele des Projekts ABB, es sei eine „Verankerung der Projekt-/Koordinationsstelle als kompetenter Ansprechpartner im Umgang mit Rassismus und Rechtsextremismus[69] im Fußball" (ABB 2012b) angestrebt. Damit würde jedoch eine gewisse Doppelzuständigkeit geschaffen, da eine fundierte Expertise bezüglich des Umgangs mit Rechtsextremismus im Fußball nach eigenen Angaben bereits bei der KOS vorhanden ist. Nun ist die KOS thematisch natürlich wesentlich breiter aufgestellt als ABB, das sich speziell auf den Kampf gegen Rechtsextremismus im Fußball spezialisiert hatte. Dennoch leuchtet nicht ein, warum ein externes Projekt gegründet wurde, statt innerhalb der KOS eine oder mehrere Referenten-Stellen für das Spezialgebiet Rechtsextremismus zu schaffen. So wäre die Etablierung von Doppelzuständigkeiten vermieden

---

69 Die Vermischung von Begrifflichkeiten wie Rassismus und Rechtsextremismus in der vorliegenden Literatur wurde im Laufe dieser Arbeit schon mehrmals thematisiert und kritisiert. Auch an dieser Stelle wurde Rassismus nicht als eine dem Rechtsextremismus inhärente Dimension ausdifferenziert, sondern die beiden Begriffe stehen gleichberechtigt nebeneinander.

worden und die KOS hätte als kompetenter Ansprechpartner bezüglich aller fanspezifischen Themen, auch für den Kampf gegen Rechtsextremismus, auftreten können.

Dies soll keinesfalls ein Plädoyer gegen die wertvolle Arbeit von ABB sein, dessen Einstellung vor dem Hintergrund des immer noch virulenten Rechtsextremismus in deutschen Fußballstadien wenig nachvollziehbar ist. Allerdings wäre es wahrscheinlich zielführender, diese Bemühungen an einer Stelle zu bündeln, statt zwei Institutionen mit fast identischen Zielsetzungen, die noch dazu beide bei der DSJ angesiedelt sind, nebeneinander laufen zu lassen. Dass ein informeller Austausch zwischen KOS und ABB stattgefunden hat, ist ohnehin anzunehmen, da beide Projekte beim gleichen Trägerverein angesiedelt waren und der ABB-Projektleiter Wagner nach dem Aus von ABB in die KOS zurückkehrte.

Analog zur KOS ist auch ABB also trotz Finanzierung von Wirtschaft und Staat aufgrund seiner formal unabhängigen Arbeit auf dem zivilgesellschaftlichen Handlungsfeld anzusiedeln.

7.2.2. Vereinsübergeifend arbeitende Projekte von Fans

Vereinsübergreifende Projekte von Fußballfans arbeiten im Gegensatz zu den meisten staatlich oder wirtschaftlich geförderten Projekten „bis auf äußerst geringe Ausnahmen ehrenamtlich" (Dembowski 2008: 53). Die Fans verstehen diese Zusammenschlüsse als „eine Form der Selbstregulierung und partizipatorischen Demokratie, von nicht registrierten Gruppierungen bis hin zu faninitiierten Gremien von Fußballvereinsmitgliedern" (Dembowski 2008: 53). Daher sind sie eindeutig dem Handlungsfeld Zivilgesellschaft zuzuordnen.

Eine bedeutende Stellung innerhalb dieser Projekte nimmt das in der Saison 1993/1994 vor dem Hintergrund rechtsextremer Vorfälle in den Fankurven Deutschlands gegründete **Bündnis Aktiver Fußballfans (BAFF)** ein: einerseits, da es eines der ersten Projekte dieser Art war, andererseits wegen seiner Bedeutung als „Dachorganisation mit über 4000, über ihre einzelnen Gruppen assoziierten Mitgliedern" (Dembowski 2008: 53). Zur Historie dieses Projekts gibt es eine Fülle an Materialien sowie eine äußerst lesenswerte Chronik auf der Homepage des BAFF mit weiteren Verweisen (vgl. BAFF 2012c). In der Folge sollen jedoch lediglich einige wesentliche Eckdaten der historischen Entwicklung genannt werden. Zu diesen gehört die Namensänderung im Jahre 1995 vom Bündnis antifaschistischer Fußballfans in das Bündnis aktiver Fußballfans. „Damit setzte ein Prozeß der Öffnung des Bündnisses für andere, aktive aber politisch nicht so festgelegte Leute ein" (BAFF 2012d). Die Umbenennung war also in gewisser Weise die logische Anpassung an den umfassenden Ansatz des BAFF. Denn „wenn man sich überlegt, was BAFF zu dem Zeitpunkt schon alles gemacht hatte, dann war es offensichtlich, dass es viel mehr Themen gab als nur den Antifaschismus beim Fußball" (Schmitt 2013: 56). Das Bündnis setzte sich nämlich nicht mehr nur gegen Rechtsextremismus im Stadion ein, sondern engagierte sich darüber hinaus für andere Faninteressen wie zum Beispiel den Erhalt der Stehplatzkultur sowie die Beibehaltung der Anstoßzeit um 15.30 Uhr. Dennoch verlor das BAFF nie den Kampf gegen Rechtsextremismus aus den Augen (vgl. BAFF 2012c).

Zu den wohl bedeutendsten Leistungen des Projekts zählt der trotz vieler Widerstände, auch von Seiten des DFBs, durchgesetzte Aufbau der Wanderausstellung ‚Tatort Stadion' im Jahre 2001, „die begleitet von gezielter Medienarbeit versuchte, die bis dato bei antirassistisch engagierten Fans als gutsherrenartig, wenig sichtbar und strukturell folgenlos betrachteten Beiträge zu direkter Antidiskriminierungsarbeit im Fußball zu beleuchten" (Dembowski 2008: 55). Darüber hinaus zeigte die Ausstellung „nicht nur eine Aufarbeitung von Rassismus und Diskriminierung im deutschen Fußball [...], sondern dokumentierte auch diskriminierende Äußerungen von Spielern, Trainern und Funktionären" (Dembowski 2008: 54). Damit rückte die Ausstellung das Problemfeld Rechtsextremismus erstmals in den Fokus der Öffentlichkeit. Besonders kontrovers wurde die Debatte um ‚Tatort Stadion' geführt, als der DFB unter der Ägide des damaligen Präsidenten Gerhard Meyer-Vorfelder seine zugesagte Unterstützung in Höhe von (umgerechnet) etwa 5000 Euro wieder zurückzog (vgl. Jünger 2004: 40). Dadurch hatte die Ausstellung „eine tief greifende mediale und öffentliche Debatte über die Frage, wann Rassismus bzw. die Verstärkung oder Beschleunigung von Rassismus durch wirkungsmächtige Vorbilder beginne und wie Antidiskriminierungsarbeit im Fußball noch aussehen könnte" (Dembowski 2008: 55), zur Folge. Wie sich herausstellen sollte, waren die Diskussionen darüber sehr fruchtbar und trugen, gepaart mit dem gesteigerten medialen Interesse, maßgeblich zur Problematisierung des Themas Rechtsextremismus im Stadion bei. Seit 2010 ist die Wanderausstellung

‚Tatort Stadion 2' in überarbeiteter sowie aktualisierter Form wieder unterwegs durch deutsche Städte und Stadien (vgl. z.B. Fanprojekt Mainz 2011).

Die im BAFF organisierten Fans arbeiten in der Regel ehrenamtlich. Die laufenden Kosten werden durch Mitgliedsbeiträge gedeckt, die aktuell jährlich „pro Einzelperson (offizielles Stimmrecht) [...] 18,-Euro und pro Fördergruppe (z.B. Fanclub, Fanzine, Fanini, etc.) [...] 26,-Euro" (BAFF 2014) betragen. Regelmäßige Treffen finden zwei Mal im Jahr statt, „einmal davon in Form eines offenen, örtlich rotierenden Fankongresses" (Dembowski 2008: 53).

Zu einem bedeutenden Zusammenschluss organisierter Fußballfans verschiedener Vereine hat sich in den vergangenen Jahren auch **Unsere Kurve (UK)** entwickelt. Nach eigenen Angaben ist das Projekt sogar „die größte Interessenvertretung der aktiven Fußballfans" (UK 2012). Der Zusammenschluss gründete sich „offiziell Ende 2005 in Bielefeld beim 4. Bundestreffen der Supporters Clubs und Fanabteilungen" (UK 2012). Bewusst möchte sich der Zusammenschluss als gesprächsbereit darstellen, wenn er schreibt: „Im Gegensatz zu den bisherigen Ansätzen anderer Faninitiativen suchen wir aus der Mitte der in den Vereinen organisierten Fans einen konstruktiven Dialog mit Vereinen, DFL, DFB, UEFA und politischen Entscheidungsträgern rund um das Thema Fußball, um die Interessen, Vorstellungen und Ziele des aktiven Fußballfans in den Mittelpunkt zu rücken!" (UK 2012). Diese Formulierung scheint ein kleiner Seitenhieb auf andere Faninitiativen zu sein, die sich dieser Kommunikation mitunter verschlössen.

Zielgruppe von UK sind „Faninitiativen (idealerweise Supporters Clubs, Fanabteilungen und vergleichbare Fanprojekte, die in die vereinspolitische Fanarbeit integriert sind) aller Vereine der 1. bis 3. Bundesliga sowie der Regionalligen" (UK 2012). Das heißt, hier schließen sich gezielt Initiativen beziehungsweise Dachverbände von Fans zusammen, die bereits in die Fanarbeit des Vereins integriert sind und nicht etwa vereinzelte Fans. Das unterscheidet UK einerseits von Zusammenschlüssen wie dem BAFF, in dem auch viele individuelle Fans ohne Gruppenbindung organisiert sind, die nicht zwingend in die Vereinsarbeit integriert sind. Andererseits grenzt sich UK damit auch von der BAG ab, in der ausschließlich Fanprojekte organisiert sind. Momentan gehören UK 16 Gruppierungen an (vgl. UK 2014). Hauptsächlich handelt es sich dabei um sogenannte Supporter-Clubs, die als eine Art Dachverband für verschiedene Fanclubs eines Vereins bezeichnet werden können und in unterschiedlich intensiver Form in die Vereinsarbeit eingebunden sind. Sie kümmern sich um Fanbelange wie etwa die Organisation „von gemeinsamen Auswärtsfahrten" (UK 2014b), die „Ticketvergabe für Auswärtsspiele" (UK 2014c) oder das „Organisieren der großen Kurvenchoreografien" (UK 2014d).

Die Mitglieder von UK treffen sich vierteljährlich zu Bundestreffen an wechselnden Orten. Bezogen auf ihre Zielsetzungen hebt UK eher auf fanspezifische Themen wie den Erhalt der 50+1 Regel statt auf den Kampf gegen Rechtsextremismus ab. Sowohl in den explizit genannten Tätigkeitsfeldern als auch in den konkret aufgelisteten Zielen finden sich auf der Homepage von UK keinerlei Verweise auf Maßnahmen oder Arbeiten gegen Rechtsextremismus im Fußballstadion (vgl. UK 2012). Bei der Auflistung der Positionen der UK findet sich dagegen ein Absatz zu Fremdenfeindlichkeit und Rassismus, in dem es unter anderem heißt: „Unsere Kurve ruft dazu auf, Rassismus durch couragiertes Auftreten und Agieren entgegenzutreten" (UK 2012b). Weiterhin unterstützt UK den 10-Punkte-Plan des DFBs gegen Gewalt und Fremdenfeindlichkeit (vgl. dazu Kapitel 7.2.5).

Die Finanzierung der Tätigkeiten von UK erfolgt, laut telefonischer Nachfrage bei UK, über die assoziierten Dachverbände (vgl. UK 2014). Diese tragen die Kosten für die von ihnen entsendeten Delegierten bei Veranstaltungen wie den vierteljährlichen Bundestreffen. Die Kosten für Räumlichkeiten übernimmt der jeweils ausrichtende Dachverband.

Zahlenmäßig wesentlich kleiner als zum Beispiel UK und lediglich regional verankert ist die Initiative **Bunte Kurve (BK)**: Für Fußball – Gegen Rassismus. Der 2007 gegründete Zusammenschluss von Fans der Vereine Sachsen Leipzig und BSG Chemie Leipzig ging aus der Aktion ‚Wir sind Ade' hervor, bei der Fans für den schwarzen Spieler Adebowale ‚Ade' Ogungbure, damals in Diensten Sachsen Leipzigs, Partei ergriffen haben (vgl. Bunte-Kurve 2012). Bei einem Auswärtsspiel in Halle wurde dieser im Jahre 2006 während der gesamten Begegnung rassistisch beleidigt und zeigte daraufhin vor dem Hallenser Publikum den Hitlergruß (vgl. z.B. Lodde 2006). Im Zentrum der Arbeit des Zusammenschlusses „soll die fortführende Arbeit für Toleranz und gegen jegliche Form der Diskriminierung stehen. Diese soll sich nicht nur auf die Leutzscher Vereine und

Fußball beschränken, sondern auch außerhalb des Stadions integrativ wirken" (Bunte-Kurve 2012). Damit ist BK ein Beispiel für vereinsübergreifende Faninitiativen auf regionaler Ebene, die es in Deutschland gelegentlich gab und gibt, die jedoch in der Folge nicht einzeln aufgeführt werden sollen. Angesichts der seit Langem nicht mehr aktualisierten Homepage (vgl. Bunte Kurve 2012) ist davon auszugehen, dass die Initiative BK nicht mehr wirklich aktiv zu sein scheint. Als Beispiel für lokale Zusammenschlüsse verschiedener Fangruppierungen sollte BK dennoch der Vollständigkeit halber berücksichtigt werden.

„Mit **ProFans [PF]** etablierte sich zu Beginn des neuen Jahrtausends eine nächste, eher von den Ultraszenen getragene Protestorganisation, die aus der Kampagne ‚Pro 15:30' für den Samstag als Kernspieltag und fanfreundliche Anstoßzeiten hervorging" (Dembowski 2013: 37). Im Gegensatz zu den Internetauftritten der übrigen bereits vorgestellten Zusammenschlüsse von Fans ist der von PF wenig informativ, da man kaum etwas zu den konkreten Zielen, der genauen Zusammensetzung sowie der Arbeitsweise des Zusammenschlusses erfährt. Unter der Rubrik „Kontakte" findet sich auf der Homepage von PF zwar eine Aufzählung diverser Bundesligaclubs samt Kontaktadressen des jeweiligen Vereins bei Profans.de, aber wer oder was sich dahinter verbirgt, ist nirgends ersichtlich. An anderer Stelle wird immerhin deutlich, dass sich PF als „Bündnis verschiedenster Fan- und Ultras-Gruppen" (ProFans 2012) beschreibt, das als Netzwerk arbeitet. Inhaltlich beschäftigt sich der Zusammenschluss offenbar ausschließlich mit explizit fantypischen Themen wie der Legalisierung von Pyrotechnik oder dem Kampf gegen Stadionverbote, was vor dem Hintergrund der von Dembowski beschriebenen Gründung auf Basis einer solch fanspezifischen Protestaktion„Pro 15:30', durchaus Sinn ergibt. Da die Zielsetzungen von PF jedoch keine maßgeblichen Aktivitäten gegen Rechtsextremismus beinhalten, spielt dieser Zusammenschluss von Fans im Rahmen dieser Arbeit keine große Rolle. Gleichwohl soll nicht unerwähnt bleiben, dass PF unmittelbar nach Bekanntwerden des in der Einleitung dieser Arbeit beschriebenen NPD-Briefs „Sport frei Politik raus aus dem Stadion!" (NDP 2013) mit einer Pressemitteilung unter dem Motto „Unterstützung von Rechts? Nein Danke!" (ProFans 2013) klare Stellung gegen Rechtsextremismus bezogen hat, womit die Relevanz der Initiative im Kontext des Themas begründet ist.

Im Rahmen dieser Auflistung lediglich zu erwähnen sind überdies eine Reihe von weiteren vereinsübergreifenden Faninitiativen, die eher spezielle Ziele verfolgen und nicht den Charakter eines gefestigten, thematisch breit aufgestellten, vereinsübergreifenden Bündnisses haben. Zu nennen wären in diesem Sinne beispielsweise **Kein Zwanni für 'nen Steher** (vgl. Kein Zwanni 2012) oder das Bündnis **Zum Erhalt der Fankultur** (ZEDF) (vgl. ZEDF 2012). Diese Protestbündnisse treten generell für die Rechte der Fanszenen oder für spezielle Anliegen wie zum Beispiel faire Eintrittspreise ein. Da sich diese Zusammenschlüsse jedoch nicht explizit am Kampf gegen Rechtsextremismus beteiligen beziehungsweise dieser bei der Beschreibung der Zielsetzungen dieser Gruppen keine Rolle spielt, sie sich mithin nicht ausdrücklich gegen Rechtsextremismus positioniert haben, sind sie bei der genaueren Betrachtung von Projekten gegen Rechtsextremismus im Fußballstadion von allenfalls peripherer Bedeutung. Deshalb sind sie im weiteren Verlauf dieser Arbeit zu vernachlässigen.

Ein explizit auf die Arbeit gegen Rechtsextremismus ausgerichteter vereinsübergreifender Zusammenschluss „von Fußballfans unterschiedlicher Clubs [und] Journalisten" (Flutlicht 2014) ist der Verein **Flutlicht**, der 2002 gegründet wurde und sich nach eigener Darstellung „für die Mobilisierung des öffentlichen Bewusstseins für Toleranz und Integration sowie gegen Gewalt, Fremdenfeindlichkeit, Rassismus und Diskriminierung im Fußball" (Flutlicht 2014) einsetzt. „Dies soll insbesondere verwirklicht werden durch kulturelle Bildungs- und Dokumentationsarbeit, Informationskampagnen, Bildung eines Experten- und Referentenpools, Öffentlichkeitsarbeit, Zusammenarbeit mit Migrantengruppen, internationalen Austausch und Networking" (Flutlicht 2014).

Trotz dieser umfassenden Zielsetzungen zeichnet sich der Verein in erster Linie dadurch aus, eine Wanderausstellung mit dem Titel ‚BallArbeit – Fußball & Migration' konzipiert zu haben, die „sich gesellschaftlich relevanten Themenfeldern am Beispiel des Fußballs [widmet]. In einfacher Sprache werden mit anschaulichen Beispielen Begriffe wie ‚Migration',‚Integration',‚Ausgrenzung & Rassismus',‚Gleichberechtigung',‚Konflikte & Mentalität' und ‚Prävention im Sport' veranschaulicht" (Flutlicht 2014b). Diese Ausstellung wurde 2006 das erste Mal vorgestellt und wird immer noch gezeigt, wenngleich sie mit lediglich zwei Präsentationen im Jahr 2013 (vgl. Flutlicht 2014c) nicht flächendeckend eingesetzt wird. Abseits dieser häufig von einem Rahmenprogramm begleiteten Ausstellung tritt der Verein offenbar selten in Erscheinung. Unterstützt wird die Arbeit von Flutlicht laut Homepage des Vereins vom Niedersächsischen Fußballverband. Darüber hinaus wird die Wanderausstellung jeweils in Kooperation mit lokalen Partnern wie etwa der DGB-Jugend durchgeführt (vgl. Flutlicht 2014c).

7.2.3. Fanprojekte

Nicht zu verwechseln mit Projekten von Fans sind Fanprojekte, die hauptsächlich von ausgebildeten Sozialarbeitern betreut werden. Wie in dieser Arbeit bereits mehrfach deutlich wurde, spielen diese Fanprojekte in vielerlei Hinsicht eine wichtige Rolle bei der Bekämpfung des Rechtsextremismus im Fußballstadion. Forscher betonen immer wieder ihre enorme Bedeutung als eine Art Rückgrat von Gegenstrategien (vgl. Kapitel 6.2). Deswegen werden sie nun gesondert vorgestellt, obwohl sie eigentlich auch zur Kategorie der staatlich und wirtschaftlich geförderten Projekte zählen, die inhaltlich weitgehend unabhängig auf dem Handlungsfeld der Zivilgesellschaft agieren und deshalb auf diesem Handlungsfeld anzusiedeln sind. Da die Fanprojekte meist als selbständige Vereine organisiert oder bei Trägervereinen angesiedelt sind, ihre programmatische Ausrichtung in jedem Fall aber kaum von externen Geldgebern beeinflusst wird, können sie weitgehend zu Recht als „unabhängig und weisungsungebunden gegenüber den jeweiligen Bundesligavereinen, ihren Gremien, den Organisationen von Fußballfans und dem DFB" (BAG 2012d) charakterisiert werden.

Zur historischen Entwicklung von Fanprojekten findet sich umfangreiche Literatur, die in der Folge keineswegs vollständig wiedergegeben werden kann.[70] Eine skizzenhafte Nachzeichnung der wichtigsten Eckpunkte der Entwicklung von Fanprojekten in Deutschland ist gleichwohl angebracht. Das erste Fanprojekt entstand 1981 in Bremen (vgl. Gabriel 2008: 36). Doch Gesellschaft, Politik, Verbände, aber auch Wissenschaft beschäftigten sich in den 80er Jahren eher sporadisch mit den Fanszenen (vgl. Kapitel 4.2.2). Erst das „1993 eingeführte und als breiter gesell-

---

70 Umfassend befassen sich zum Beispiel Lichtenberg/Paesen mit der geschichtlichen Entwicklung der Fanprojekte (vgl. Lichtenberg/Paesen 2008).

schaftlicher Konsens zu verstehende [...] NKSS trug wesentlich zu einer Stabilisierung und Verstetigung der Arbeit der Fan-Projekte bei" (Gabriel 2008: 37). Die Fanprojekte wurden also mit dem NKSS auf ein solideres Fundament gestellt. Ebenso wurde ihre Finanzierung erstmals konkret geregelt. Bis heute setzt sich diese zu jeweils einem Drittel aus Mitteln von Verbänden (DFB/DFL), Kommune und Land zusammen.[71]

Die anfänglich mit einiger Skepsis begleitete Förderung der Arbeit von Fanprojekten ist mittlerweile zu weiten Teilen in Politik sowie Gesellschaft akzeptiert und die „große Unterstützung der Fußballverbände wird in den neuen Förderrichtlinien von DFB und DFL, die mit der Saison 2008/2009 in Kraft getreten sind, deutlich. Beide Fußballverbände haben die Höchstfördersumme für ein lokales Fanprojekt auf 60.000 Euro erhöht" (Goll/Gabriel 2008: 4). Dennoch liegt die personelle Ausstattung der Fanprojekte aufgrund der begrenzten finanziellen Mittel häufig noch immer hinter den im NKSS aufgestellten Richtlinien. Diese sehen „für ein Modellprojekt ursprünglich drei Vollzeitstellen vor, im Durchschnitt sind es gerade einmal zwei Mitarbeiter pro Projekt" (KOS 2008: 52), beklagt die KOS in ihrem Fanprojektbericht für das Jahr 2009. Noch schlimmer stehe es um die personelle Ausstattung der Fanprojekte unterhalb der ersten beiden Bundesligen: „Viel zu oft muss ein/e Mitarbeiter/in, ergänzt von einer Honorarkraft, die gesamte Betreuungsarbeit allein leisten, ein im Grunde unhaltbarer Zustand, da so leicht eine persönliche Überlastungssituation entsteht" (KOS 2008: 52). Berücksichtig man auch diese unterklassigen Fanprojekte, „arbeiten die Fan-Projekte [durchschnittlich] mit 1,5 Stellen" (Gabriel 2008: 37).

Bei der Finanzierung der Fanprojekte werden also trotz stetiger Verbesserungen noch nicht alle Vorgaben des NKSS konsequent umgesetzt. „Nachdem sich 2008 der Freistaat Sachsen zum Einstieg in die Drittelfinanzierung durchgerungen hat, ignoriert nur noch Baden-Württemberg die im NKSS verabredete Drittelfinanzierung" (KOS 2008: 52). Fälle wie

---

71 Auf dem sogenannten Sicherheitsgipfel im Juli 2012 haben Vertreter der Verbände angekündigt, ihr Engagement um 50 Prozent zu erhöhen (vgl. Fanzke 2012: 22). Ob dies tatsächlich geschieht und inwiefern dies eventuell Auswirkungen auf eine gleichzeitige Kürzung der Mittel von Ländern und Kommunen hat, bleibt abzuwarten.

die des Fanprojekts Karlsruhe, bei dem „die Stadt Karlsruhe seit zehn Jahren den Finanzierungsbeitrag des Landes Baden-Württemberg in Höhe von einem Drittel des Gesamtprojektetats übernimmt" (Fanprojekt Karlsruhe 2012) sind bundesweit gleichwohl eher Ausnahme als Regel. Dennoch orientiert sich der von DFB/DFL zugesicherte Höchstfördersatz von 60.000 Euro an den Leistungen von Staat und Kommune. Zahlen die Länder und Kommunen nicht den vollen Betrag, wird dieser in der Regel auch nicht von den Verbänden überwiesen. Da vor allem die Länder diesen Höchstsatz allerdings selten gewähren, zahlten die Verbände beispielsweise 2008 nur 1,8 Millionen Euro für Fanprojekte. „Es könnten ca. 2,7 Millionen, also gut 900.000 Euro mehr sein, wenn sich Länder und Kommunen mit ihrer Förderung an der Höchstgrenze von DFB und DFL orientieren" (KOS 2008: 53), bemängelt nicht nur die KOS. Insgesamt gaben Kommunen, Länder und Verbände 2008 laut KOS 5,5 Millionen Euro für die damals existierenden 40 beziehungsweise 44 Fanprojekte aus. „Wenn man die Höchstfördersummen der Fußballverbände als erreichbares Ziel zugrunde legt, wären insgesamt noch 2,8 Millionen Euro aufzubringen, um alle Fanprojekte personell, wie materiell zu optimieren" (KOS 2008: 53).

Dennoch unterstreichen diese Summen, dass die Fanprojekte der Nukleus der Fanarbeit sind. Ausgestattet mit Finanzmitteln aus Wirtschaft und staatlichem Haushalt interagieren sie auf dem zivilgesellschaftlichen Handlungsfeld als zentraler Akteur mittels direkter Sozialarbeit mit Fußballfans. Da im NKSS explizit festgeschrieben wurde, dass der „Abbau extremistischer Orientierungen" (Deutsche Sportjugend 1992: 11) eine der Kernaufgabe von Fanprojekten ist, wird deutlich, wie wichtig die inzwischen 51 flächendeckend arbeitenden Fanprojekte im Kampf gegen Rechtsextremismus im Fußballstadion sind. Dank der umfangreichen, wenngleich noch immer ausbaufähigen finanziellen Ausstattung sowie der insgesamt schlüssigen konzeptionellen Ausrichtung verfügen sie über die nötigen Voraussetzungen, um in diesem Kampf bestehen zu können: Die Arbeit innerhalb der Fanprojekte wird von professionellen Sozialarbeitern geführt, die nicht selten aus der Fanszene der jeweiligen Clubs selbst stammen. Das erleichtert den akzeptierten Zugang zu den aktiven Fans. Darüber hinaus kümmert sich die KOS um die Koordination sowie Qualitätssicherung der einzelnen Fanprojekte (vgl. Kapitel 7.2.1). Ein Austausch der verschiedenen Fanprojekte ist überdies in der BAG institutionalisiert und die finanziellen wie personellen Mittel sind zwar noch verbesserungswürdig, aber anders als bei anderen Projekten flächendeckend vorhanden und langfristig gesichert.

Um die existierenden Mittel und Wege der Fanprojekte im Kampf gegen Rechtsextremismus im Fußballstadion näher zu beleuchten, soll in der Folge nicht jedes einzelne der 51 Fanprojekte in all seinen Facetten vorgestellt werden. Da alle ähnlichen aufgebaut sind (Drittelfinanzierung von Verband, Land und Kommune; sozialpädagogisch geschulte oder studierte Mitarbeiter; angesiedelt bei einem Trägerverein oder als selbstständiger Verein tätig) und auch ähnliche Mittel im Kampf gegen Rechtsextremismus einsetzen, stehen im Folgenden die konkreten Maßnahmen im Mittelpunkt, die Fanprojekte insgesamt bei der Arbeit gegen Rechtsextremismus umsetzen, nicht die jeweiligen Fanprojekte selbst. Da es beim Einsatz dieser Maßnahmen sehr viele Überschneidungen gibt, die unter anderem aus dem Austausch der Fanprojekte im Rahmen der BAG resultieren, lohnt es nicht, jedes Fanprojekt individuell vorzustellen. Um unzweckmäßige Doppelungen zu vermeiden, sollen daher in der Folge sich ähnelnde konkreten Maßnahmen jeweils nur am Beispiel der Umsetzung durch ein Fanprojekt beschrieben werden, auch wenn sie mitunter von sehr vielen Fanprojekten durchgeführt werden.

Bevor jedoch diese konkreten Maßnahmen vorgestellt werden, lohnt noch ein Blick auf die grundsätzlichen Ansätze der Fanprojektarbeit im Kampf gegen Rechtsextremismus. Diese fasst Michael Gabriel, Mitarbeiter der KOS, in den folgenden Punkten zusammen:

- Anpassung an die spezifischen Bedingungen der jeweiligen Fanszene.
- Förderung eigenständiger Initiativen aus der Fanszene.
- Einbeziehung der Verantwortlichen in Stadt und Verein.
- Belastbare Beziehung der Mitarbeiter zu den Fans, die dennoch genug Distanz hat.
- Begleitung der Heim- und Auswärtsspiele.
- Diskussionskultur fördern.
- Vernetzung.
- Regelmäßige Fortbildungen.
- Kontinuierliche Arbeit (vgl. Gabriel 2010: 7/8).

Dabei wird deutlich, dass Gabriel bei den beschriebenen Grundzügen idealer Arbeit von Fanprojekten einige Handlungsempfehlungen aus der Wissenschaft aufgreift, die in Kapitel 6.2 ausführlich dargelegt wurden. Gabriel beschreibt mit diesen Stichpunkten aber natürlich nur die Grundzüge der Arbeit. Konkrete Maßnahmen der Fanprojekte, die sich aus diesen grundlegenden Zielsetzungen ableiten, sollen im Folgenden vorgestellt werden, um sich ein umfassendes Bild ihrer Arbeit machen zu können. Zu beachten ist dabei, dass die Maßnahmen nicht im Hinblick auf ihre Wirksamkeit diskutiert, sondern an dieser Stelle lediglich zusammenfassend dargestellt werden sollen.

Ein äußerst beliebtes Instrument von Fanprojekten im Kampf gegen den Rechtsextremismus sind Fußballturniere oder andere Sportveranstaltungen unter einem Motto ‚gegen Rechts(-extremismus)‘ oder dem positiv konnotierten Gegenpart ‚für Toleranz‘. Exemplarisch steht dafür das vom Fanprojekt Aue seit 2007 jährlich veranstaltete Sommerturnier ‚Tolerant am Ball‘. Dieses ist laut Fanprojekt „elementarer Bestandteil um die Antirassismus- und Antisemitismus-Arbeit[72] in und außerhalb der Fußballstadien erfolgreich voranzutreiben“ (KOS 2010b: 11). Mit der Öffnung für multikulturelle Teams soll der interkulturelle Austausch gefördert und die Fanszene für gelebte Toleranz empfänglich gemacht werden. „Durch regelmäßige Angebote aller Art, im Nachgang des Turniers, sichert das Fanprojekt die Nachhaltigkeit des Projekts“ (KOS 2010b: 11), formuliert es das Fanprojekt etwas unpräzise. In eine ähnliche Richtung gehen auch Straßenfußballturniere wie das seit fast 20 Jahren vom Dortmunder Fanprojekt ausgerichtete Turnier unter dem Motto „Straßenfußball verbindet Jugendkulturen“ (KOS 2010b: 23). Andere Fußballturniere, zum Beispiel die vom Augsburger Fanprojekt unterstützte ‚Copa Augusta Antiracista‘, stellen ihre Wettbewerbe direkt unter ein explizit antirassistisches Motto.

Das Augsburger Fanprojekt konzentriert sich überdies auf die Unterstützung antirassistischer Faninitiativen, etwa des Projekts ‚Augusta Unida‘, das sich unter anderem dem „Kampf gegen Rassismus in allen Facetten“ (KOS 2010b: 12) verschrieben hat. Dafür suchen die Mitglieder der Initiative gezielt den Dialog mit Flüchtlingen, die sie zu Konzerten

---

72 Gemeint ist an dieser Stelle wohl die Arbeit gegen Antisemitismus, also die Anti-Antisemitismus-Arbeit.

oder Fußballspielen begleiten. Den Kampf für Rechte von Asylbewerbern unterstützt auch ein Projekt der Babelsberger Fanszene, welches von dem dortigen Fanprojekt unterstützt wird. „Einmal wöchentlich spielen Asylbewerber und Babelsberger Fußballfans unter Beteiligung jugendlicher und jungerwachsender [...] Anwohner gemeinsam Fußball" (KOS 2010b: 15). Auch gemeinsame Besuche von Fußballspielen gehören zum Dialog zwischen Fans und Asylbewerbern. Damit sollen Vorurteile abgebaut sowie Zeichen gegen Rechtsextremismus und für Gleichberechtigung gesetzt werden. Unter dem Motto ‚Der Ball ist bunt' ist das Fanprojekt Babelsberg darüber hinaus an der Organisation eines antirassistischen Stadionfestes beteiligt. Analog zu den Fußballturnieren sollen Fans dabei für Themen wie Rechtsextremismus im Stadion sensibilisiert werden. Werte wie Toleranz sollen dagegen vermittelt werden.

Gemeinsam mit dem Babelsberger Fanprojekt unterstützt das Fanprojekt der Sportjugend Berlin einen multikulturellen Austausch zwischen Fans aus Deutschland, Italien, England, Spanien und Österreich unter dem Motto ‚Footballfans in action – Kick racism out'. „Ziel der Begegnung war es, die unterschiedlichen Lebenswelten der Jugendlichen kennen zu lernen und sich über die Möglichkeiten von antirassistischem Engagement auszutauschen" (KOS 2010b: 16). Überdies unterstützt das Berliner Fanprojekt seit 2005 das jährliche internationale Fußballfilmfestival 11mm, das immer wieder Filme zeigt, die Rechtsextremismus im Fußball problematisieren. Bei dieser Maßnahme steht also Aufklärung und Sensibilisierung im Mittelpunkt (vgl. KOS 2010b: 16).

Auch in Bremen unterstützt das Fanprojekt eine antirassistische Faninitiative. Diese kämpft unter anderem mit Choreographien gegen die Diskriminierung einzelner Gruppen. „Zum Einlaufen der Mannschaften konnte man dabei die klare Aussage 'all different – all equal, all together against racism' minutenlang erkennen" (KOS 2010b: 18). Solche Aktionen sollen Aufmerksamkeit auf die angesprochene Problematik richten. Durch ihre unübersehbare Präsenz im Stadion, die häufig überdies durch mediale Begleitung der Spiele multipliziert wird, erreichen Choreographien gegen Rechtsextremismus dabei nicht nur die Macher der Aktion innerhalb der aktiven, organisierten fußballzentrierten Fanszene. Darüber hinaus schaffen sie im Idealfall auch ein Problembewusstsein bei den übrigen (überwiegend konsumorientierten) Fans, die Choreographien im Stadion nicht übersehen können und/oder Bilder davon später am Fernsehgerät, in Zeitungen oder im Internet entdecken. In eine ähnliche Richtung gehen Aktionen wie die vom Leipziger Fanprojekt angestoßene Idee, das Trikot der Spieler von Lokomotive Leipzig für ein Spiel mit dem antirassistischen Schriftzug ‚Viele Farben – ein blau-gelbes Herz‘ statt dem Namen des Sponsors zu beflocken (vgl. KOS 2010b: 40). Auf diesem Wege gelangen Botschaften gegen Rechtsextremismus ebenfalls mindestens in den Fokus der Aufmerksamkeit des Stadionpublikums und durch mediale Multiplikationseffekte häufig sogar in den der breiteren Öffentlichkeit.

Außerdem unterstützt das Bremer Fanprojekt eine Faninitiative gegen Rechtsextremismus, die sich beim ‚Tag der Fans‘, organisiert vom Verein Werder Bremen, vorgestellt hat. Eine aktive Beteiligung in Form von Präsentationen auf Veranstaltungen des Vereins kann im günstigsten Fall die Akzeptanz, mindestens jedoch die Bekanntheit von Faninitiativen gegen Rechtsextremismus steigern. Auch Infostände bei Heimspielen können in diesem Sinne wirken (vgl. KOS 2010b: 19).

Im Mittelpunkt der Arbeit von Fanprojekten stehen immer wieder auch Informationsveranstaltungen zu verschiedenen Themengebieten. So lud beispielsweise das Darmstädter Fanprojekt zu einem Informationsabend unter dem Motto ‚Weißt du was du trägst‘ ein, bei dem es um die aktuelle Codierung und Erkennungszeichen von Rechtsextremen geht (vgl. KOS 2009: 14). Die Aufklärungsveranstaltungen zu Neonazi-Codes finden in vielfältiger Form mit Unterstützung der Fanprojekte statt. Bremer Fans bieten zum Beispiel Stadionführungen zum Thema „Rechtsextremistische Erscheinungen bei Fußballveranstaltungen" an (vgl. KOS 2010b: 19). Aufklärerische Ziele verfolgen auch die von Fanprojekten häufig organisierten beziehungsweise unterstützten Podiumsdiskussionen zu unterschiedlichen Themenfeldern. Beispielsweise wurde im Anschluss an den erwähnten Vortrag zu rechtsextremen Kleidungsmarken in Darmstadt „das Für und Wider eines Verbots einschlägiger Symbole und Modemarken im Stadion am Böllenfalltor sowie die Frage diskutiert, wie mit Personen, die solche Kennzeichen in ‚unserem‘ Stadion verwenden, umzugehen sei" (KOS 2009: 14). Die Mitarbeiter des Fanprojekts fassen deshalb zusammen: „Die Tatsache, dass die Veranstaltung die bestbesuchteste ihrer Art im Fanprojekt war macht deutlich, dass der Bedarf an derartigen Informationen durchaus vorhanden ist" (KOS 2009: 15).

Intensive Auseinandersetzungen mit dem Thema Rechtsextremismus versprechen außerdem die regelmäßig von Fanprojekten maßgeblich unterstützten Aktionstage gegen Rechtsextremismus. In Mainz organisierten Fanprojekt, Ultras und Supporter gemeinsam einen Antirassismustag, dessen Ziel es war, „die Stadionbesucher für dieses Thema zu sensibilisieren" (KOS 2010b: 42). Dabei informierten die Organisatoren über Codes der rechtsextremen Szene, problematisierten diskriminierende Beschimpfungen und präsentierten dokumentierte rechtsextreme Vorfälle im Stadion mittels einer kleinen Ausstellung. Dazu gab es eine Choreographie mit deutlicher Positionierung gegen Rechtsextremismus. Ähnliche Aktionstage gibt es in vielen Stadien mit Unterstützung der Fanprojekte zu differierenden Themen. Das Darmstädter Fanprojekt unterstützte beispielsweise einen ‚Alerta Action Day', bei dem die Ultras Darmstadt unter anderem über Darmstädter Widerstandskämpfer zu Zeiten des Nationalsozialismus informierten (vgl. KOS 2010b: 20). Vor dem Hintergrund der Beschäftigung mit historischem Rechtsextremismus dürfen keinesfalls die häufig von Fanprojekten organisierten Fahrten zu NS-Gedenkstätten unerwähnt bleiben. Dort setzen sich (überwiegend) junge Fans vor Ort mit den unfassbaren Gräueltaten der Nationalsozialisten sowie der darauf aufbauenden menschenverachtenden Ideologie des aktuellen Rechtsextremismus auseinander. Meist werden diese Fahrten vom Fanprojekt vor- und nachbereitet, so dass in diesem Zusammenhang zum Beispiel das antisemitische U-Bahn-Lied, das den Anhängern des gegnerischen Vereins eine Deportation nach Auschwitz androht, problematisiert wird. Solche Fahrten zu NS-Gedenkstätten bieten beispielsweise das Kölner sowie das Dortmunder Fanprojekt regelmäßig an (vgl. Fanprojekt Köln 2012 oder Schwatzgelb. de 2012). Außerdem fördern verschiedene Fanprojekte die Begegnung von Fußballfans mit Zeitzeugen aus der NS-Zeit (vgl. KOS 2010b: 21).

Auch die präventive Arbeit mit Schulklassen wird von vielen Fanprojekten vorangetrieben. Das Dortmunder Fanprojekt entwickelte beispielsweise in Kooperation mit Stadt und Verein ein Projekt, „das 100 Dortmunder Schulklassen (ab Klasse 7) zum hundert-jährigen Vereinsjubiläum 2009 dafür sensibilisieren sollte, dem Rassismus, der Fremdenfeindlichkeit und dem Antisemitismus keine zweite Chance zu geben" (KOS 2010b: 22). Die Durchführung einzelner Abschnitte der Schulprojekttage im populären Stadion des BVB stellt dabei einen attraktiven Ansatzpunkt dar, um einen Zugang zu den Jugendlichen zu finden und sie für die inhaltlichen Botschaften empfänglich zu machen. Im Zuge der Arbeit mit Schulklassen wurden auch gezielt rechtsextreme Fangesänge problematisiert, ein weiterer Ansatzpunkt, den viele Fanprojekte verfolgen. Bei den vom Dortmunder Fanprojekt entwickelten Projekttagen wird zum Beispiel über das antisemitische U-Bahn-Lied diskutiert, nachdem mit den Schülern die Geschichte des in Auschwitz ermordeten ehemaligen deutschen Nationalspielers Julius Hirsch aufgearbeitet wurde (vgl. KOS 2010b: 22).

Als wichtiger Ansatz bei der Unterstützung antirassistischer Faninitiativen durch Fanprojekte erweist es sich häufig, überhaupt eine Art Forum zu bieten, in dem sich diejenigen Fans austauschen können, die etwas gegen Rechtsextremismus im Stadion unternehmen möchten. Dies trifft besonders bei Fanprojekten zu, die noch nicht lange existieren und/oder in deren Fanszenen es häufig zu rechtsextremen Vorfällen kommt. Ein Beispiel dafür ist das noch recht junge Dresdener Fanprojekt, das nach seiner ordentlichen Gründung im Jahre 2005 (vgl. Fanprojekt Dresden 2014) zunächst Grundlagenarbeit leisten musste, da rechtsextreme Hegemonien die Fanszene dominierten und Initiativen gegen Rechtsextremismus den Raum zur Entfaltung nahmen. Nach Debatten im Internet lud das Fanprojekt schließlich zu einem Treffen engagierter Fans. Daraus entwickelte sich eine wachsende Runde und heute „trifft sich eine feste Gruppe von Dynamo-Fans mindestens einmal im Monat im Fanhaus des Fanprojekts Dresden, um verschiedene Aktionen zu planen und umzusetzen" (KOS 2010b: 24). Ergebnisse dieser Treffen waren zum Beispiel der Aufbau einer Homepage (vgl. 1953international 2012), die über die Zielsetzungen der sich entwickelnden antirassistischen Initiative informiert. Das Beispiel des Dresdener Fanprojekts zeigt, wie wichtig es für Fanprojekte ist, ihre Arbeit den jeweils vorhandenen Gegebenheiten vor Ort anzupassen. Während es zum Beispiel in Augsburg bereits vor Einführung des Fanprojekts antirassistische Faninitiativen gab, fielen die Dresdener Anhänger häufig durch rechtsextreme Vorfälle auf und es gab keinerlei Forum, in dem sich zivilcouragierte Fans austauschen oder Ansatzpunkte im Kampf gegen Rechtsextremismus im Stadion finden konnten. Den dafür nötigen Rahmen setzte das Fanprojekt.

Ein weiterer Baustein im Kampf gegen Rechtsextremismus im Fußballstadion sind Musik-CDs gegen Rechtsextremismus. Ihre Veröffentlichung wurde zum Beispiel vom Dresdner Fanprojekt 2007 unterstützt. „Unter dem Motto ‚Rassismus ist kein Fangesang' setzen Bands aus der Dresdner Fan- und Musikszene einen jugend- und fankulturellen Akzent gegen Diskriminierung und Rassismus" (KOS 2010b: 25). Angesichts der sogenannten Schulhof-CDs mit rechtsextremen Liedern, die von Neonazis kostenlos an Schüler verteilt werden, stellen CDs mit klarem Standpunkt gegen Rechtsextremismus einen wichtigen Konterpart dar. Auch die Organisation von Konzerten durch Fanprojekte sollte in diesem Zusammenhang nicht unerwähnt bleiben. In Hannover wurde ein solches beispielsweise „unter dem Motto ‚Spaß gegen Stumpf' [...] gegen Rassismus" (KOS 2010b: 34) ausgerichtet.

Immer wieder gibt es auch innovative Ideen der Fanprojekte, sich auf kreative Weise mit konkreten rechtsextremen Handlungen im Fußballstadion auseinanderzusetzen. Das Frankfurter Fanprojekt veranstaltete beispielsweise eine Projektwoche zum Thema Rassismus, deren zentrales Element der Fall Ogungbure[73] war. Dabei zeigten die Organisatoren den Fans einen Fernsehbeitrag, in dem Ogungbure, der Präsident seines Vereines und Hallenser Fans zu dem Vorfall befragt wurden. „Wir haben die Interviewtexte ausgeblendet und unsere Gäste gebeten, in Arbeitsgruppen sowohl die Rollen der Befragten als auch die Rolle des Reporters zu übernehmen" (KOS 2010b: 31). Durch solche Methoden sollen Empathie und Verständnis für den betroffenen Spieler sowie das Bewusstsein für Rechtsextremismus im Fußball gefördert werden. Das Fanprojekt des FC Sankt Pauli legte bereits 2007 in einer Aktionswoche den Fokus auf Homophobie und Sexismus im Fußballstadion. Dies muss deswegen besonders hervorgehoben werden, da sich die meisten Projekte zu dieser Zeit hauptsächlich mit der Thematik Rassismus beschäftigten und Sexismus und Homophobie eher stiefmütterlich behandelt wurden (vgl. Queerpass St.Pauli 2012). Inzwischen rücken jedoch auch diese Dimensionen des Rechtsextremismus verstärkt in das Problembewusstsein von Fanprojekten und Fans.

Das Fanprojekt des Halleschen FC wurde nicht zuletzt anlässlich der erwähnten rechtsextremistischen Vorfälle um Ade Ogungbure aktiv. Unter

---

73 Der schwarze Spieler Adebowale ‚Ade' Ogungbure von Sachsen Leipzig wurde bei einem Oberligaspiel 2006 in Halle durchgehend mit Affenlauten und ‚Bimbo'-Schreien rassistisch beleidigt. Nach dem Spiel stellte er sich daraufhin vor die Haupttribüne und zeigte den Hitlergruß (vgl. z.B. Blaschke 2008: 111ff.).

anderem veranstaltete es 2008 eine Begegnung mit Türkiyemespor Berlin, bei dem der gegenseitige Austausch in einem Freundschaftsgespräch gefördert wurde. Im Dialog mit Fußballvereinen, die eindeutig von Personen mit Migrationshintergrund und/oder Menschen jüdischen Glaubens geprägt sind, sollen Feindbilder beseitigt und Vorurteile abgebaut werden (vgl. KOS 2010b: 32). Auch die Suche nach rechtsextremistischen Tags und Sprüchen im Stadionumfeld, die ebenfalls das Hallenser Fanprojekt 2007 angestoßen hat, ist eine innovative Idee, um sich in Verbindung mit Aufklärungsaktionen zu rechtsextremen Codes aktiv mit dieser Thematik auseinanderzusetzen (vgl. KOS 2010b: 33).

Ausstellungen von vereinsübergreifenden Fanzusammenschlüssen (vgl. Kapitel 7.2.2) gehören ebenfalls zu den gerne genutzten Mitteln von Fanprojekten im Kampf gegen Rechtsextremismus. Das Hallenser Fanprojekt unterstützte beispielsweise 2008 die BallArbeit-Ausstellung des Vereins Flutlicht zum Thema „Migration, Diskriminierung und Gewalt beim Fußball" (vgl. KOS 2010b: 32). Eine größerer Bedeutung bei der Arbeit von Fanprojekten gegen Rechtsextremismus spielt jedoch die Wanderausstellung ‚Tatort Stadion‘ sowie ihre Folgeversion ‚Tatort Stadion 2‘, die vom BAFF entwickelt wurden. Diese können und werden häufig von Fanprojekten angefordert und präsentiert. In der Regel wird dazu unter Federführung der Fanprojekte ein thematisch abgestimmtes Rahmenprogramm aus Informationsveranstaltungen, Podiumsdiskussionen und vielem mehr organisiert, bei dessen praktischer Umsetzung die örtliche Fanszene eingebunden wird (vgl. dazu z.B. Mainzer Fanprojekt 2011).

Kernelement der Fanprojektarbeit bezogen auf Rechtsextremismus in der Fankurve ist die Institutionalisierung des Kontakts mit den Fans durch regelmäßige Treffen, wie sie beispielsweise das Kölner Fanprojekt einmal pro Woche anbietet (vgl. KOS 2010b). In Verbindung mit einer konsequenten Begleitung der Fans zu Heim- und Auswärtsspielen ist dieser regelmäßige Austausch von Mitarbeitern des Fanprojekts und Fans Vorraussetzung dafür, in der Fanszene als glaubwürdig wahrgenommen zu werden. Dazu gehört es ferner, sich im Dialog mit den Fans für ihre spezifischen Ziele zu interessieren und diese mindestens partiell zu unterstützen. Ohne diesen direkten Kontakt und den damit verbundenen Gewinn an authentischem Ansehen innerhalb der Fanszene entfalten die wenigsten Maßnahmen der Fanprojekte ihre volle Wirkung. Nur wenn die Mitarbeiter der Fanprojekte in den Fanszenen akzeptiert sind, können sie die jeweiligen Strategien gegen Rechtsextremismus erfolgreich implementieren. „Das aufgebaute Vertrauensverhältnis zur Fanszene nutzt das Fanprojekt zunehmend im Sinne einer kritischen Parteilichkeit im Rahmen von Vermittlung zu Polizei, Verein oder der Öffentlichkeit" (KOS 2010b: 39), schreibt das Kölner Fanprojekt. Gerade diese Mittlerrolle bringt jedoch trotz ‚kritischer Parteilichkeit' nicht zu unterschätzende Gefahren mit sich, da die Mitarbeiter des Fanprojekts schnell und mitunter undifferenziert in Teilen der Fanszene als Zuarbeiter der Polizei wahrgenommen werden können. Eine intensive, vertrauensvolle Arbeit mit den Fans ist dann nur noch schwer möglich. Deswegen wehren sich viele Fanprojekte gegen die Zuweisung dieser Mittlerrolle zwischen Polizei, Verein und Fans.

Gängig sind bei unzähligen Fanprojekten die Produktion und Verteilung von Fanmaterialien mit Aussagen gegen Rechtsextremismus wie zum Beispiel „Fan-Schals und Aufkleber[…] mit der Aufschrift ‚Kick racism out'" (KOS 2010b: 23) oder „96-Fans gegen Rassismus" (KOS 2010b: 34).

An dieser Stelle soll die umfassende Aufzählung der von Fanprojekten durchgeführten beziehungsweise unterstützten Maßnahmen gegen Rechtsextremismus beendet werden, wenngleich mit Sicherheit noch nicht alle Einzelmaßnahmen vorgestellt wurden. Dies ist angesichts der dynamischen Entwicklungen in diesem Feld auf der einen und den begrenzten Kapazitäten dieser Arbeit auf der anderen Seite jedoch kaum möglich.

Um einen bessren Überblick über die bislang vorgestellten Projekte zu ermöglichen und ihr Verhältnis zueinander darzustellen, werden sie im folgenden Schaubild miteinander in Beziehung gesetzt und den Handlungsfeldern, auf denen sie angesiedelt sind, zugeordnet.

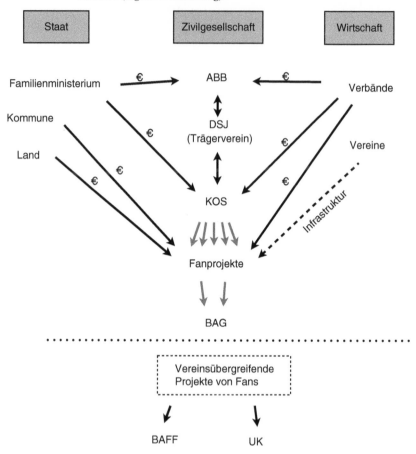

Abbildung 17: Das Verhältnis zwischen vereinsübergreifenden Projekten von Fans, staatlich/wirtschaftlich geförderten Projekten und Fanprojekten mit Bezug auf die verschiedenen Handlungsfelder der Akteure (eigene Darstellung)

Das Schaubild verdeutlicht, dass sowohl die KOS als auch die Fanprojekte (sowie das inzwischen ausgelaufene Projekt ABB) auf dem zivilgesellschaftlichen Handlungsfeld angesiedelt sind, ihre Arbeit jedoch der finanziellen Unterstützung der Akteure auf staatlicher sowie wirtschaftlicher Ebene bedarf. Die KOS koordiniert dabei die Arbeit der Fanprojekte, steht ihnen beratend zur Seite und sichert die Qualitätsstandards. Die 51 Fanprojekte haben sich wiederum in der BAG organisiert und sind dort, mit Rückbindung an die KOS, vernetzt. Davon weitgehend abgegrenzt arbeiten die vereinsübergreifenden Projekte von Fans. Sie agieren zwar ebenfalls auf dem zivilgesellschaftlichen Handlungsfeld, ihre Arbeit wird jedoch nicht von der KOS koordiniert und auch nicht von Akteuren aus Wirtschaft oder Staat finanziert. Allerdings beteiligen sich an der Arbeit im Zusammenschluss UK mitunter auch Fanprojekte. Dies ist beim BAFF kaum der Fall.

7.2.4. Projekte von Fanclubs

Natürlich führen nicht nur vereinsübergreifende Zusammenschlüsse von Fans oder die Fanprojekte der Vereine Aktionen gegen Rechtsextremismus durch. Auch einzelne Fanclubs oder Zusammenschlüsse diverser Fanclubs eines Vereins engagieren sich häufig in verschiedenen Formen gegen Rechtsextremismus. Diese Projekte sind eindeutig dem zivilgesellschaftlichen Handlungsfeld zuzuordnen. Meistens wird das Engagement der Fanclubs jedoch vom Fanprojekt unterstützt oder erfolgt sogar auf dessen (indirekte) Initiative. Deswegen werden diese Aktionen innerhalb der Systematik dieser Arbeit maßgeblich den koordinierend sowie unterstützend agierenden Fanprojekten zugerechnet.

Manchmal werden Projekte von Fanclubs aber auch weitgehend losgelöst von Fanprojekten, alleine aufgrund des Engagements ihrer Mitglieder, initiiert. Ein Beispiel dafür ist der Heinrich-Czerkus-Gedächtnislauf, der vom BVB Fanclub Heinrich-Czerkus zum Andenken an den ehemaligen Dortmunder Platzwart organisiert wird. Der Kommunist und Widerstandskämpfer wurde 1945 von den Nationalsozialisten ermordet. Zur Erinnerung an ihn und zum Zeichen gegen Rechtsextremismus lädt der Fanclub seit 2005[74] einmal im Jahr zum Gedächtnislauf, bei dem das Gedenken an die NS-Opfer und nicht der sportliche Wettkampf im Vordergrund steht (vgl. Schwatzgelb.de 2012b oder BVB Fanclub Heinrich-Czerkus 2012).

Es gibt weitere Beispiele für das individuelle Engagement von Fanclubs gegen Rechtsextremismus, aber mehrere Gründe, diese nun nicht vertiefend darzustellen. Erstens beruhen die meisten dieser Aktionen maßgeblich

---

74 Inzwischen wird der Heinrich-Czerkus-Gedächtnislauf freilich auch vom Dortmunder Fanprojekt unterstützt (vgl. BVB Fanclub Heinrich-Czerkus 2014).

auf der Unterstützung der Fanprojekte, ohne die sie in dieser Form nicht realisiert werden könnten. Zweitens ähneln viele Aktionen unterschiedlicher Fanclubs einerseits untereinander und andererseits vor allem den Aktivitäten der Fanprojekte. Das ist keinesfalls negativ zu beurteilen. Im Gegenteil. Ein gegenseitiger Austausch kann bei Fanclubs ebenso wie bei Fanprojekten sehr fruchtbar sein. Gute Ideen werden weitergegeben. Konzepte, die sich nicht bewährt haben, werden fallengelassen. Allerdings lohnt es aus diesem Grunde nicht, sowohl von Fanprojekten als auch von Fanclubs realisierte Aktionen gegen Rechtsextremismus in diesem Kapitel erneut zu nennen, da die meisten dieser konkreten Maßnahmen bereits im vorherigen Kapitel 7.2.3 zur Arbeit der Fanprojekte dargestellt wurden. Deshalb ist an dieser Stelle festzuhalten, dass es immer wieder einzelne Aktionen gegen Rechtsextremismus von Fanclubs gibt, diese aber in vielen Fällen in Absprache, in der Regel sogar mit Unterstützung der Fanprojekte realisiert werden.

7.2.5. Projekte von Verbänden

In den vorherigen Kapiteln wurden Projekte vorgestellt, die auf dem zivilgesellschaftlichen Handlungsfeld angesiedelt sind. Nun soll der Blick auf das Handlungsfeld Wirtschaft gerichtet werden, auf dem die Verbände agieren. Obwohl DFB und DFL[75] ein Drittel der Kosten für die bestehenden Fanprojekte tragen, muss die inhaltlich weitgehende unabhängige Arbeit der Fanprojekte ebenso wie die Arbeit von Institutionen wie der KOS auf dem Handlungsfeld der Zivilgesellschaft verortet werden (vgl. Kapitel 7.2.1 und 7.2.3) und ist folglich kein Thema dieses Kapitels.

Die „Bereitschaft des DFB, sich den Themen Rechtsextremismus und Rassismus zu stellen, war in der Vergangenheit nicht immer so ausgeprägt wie die eingeleiteten Maßnahmen und Aktivitäten in jüngster Zeit widerspiegeln" (Wagner 2008: 78). Besonders in den 80er Jahren beschränkte

---

75 Da die DFL, die als übergeordneter Verein organisiert und der Zusammenschluss der Clubs aus 1. und 2. Bundesliga ist, Mitglied des DFBs ist und beide Verbände meist in enger Absprache miteinander agieren, scheint eine genaue Ausdifferenzierung des Engagements beider Institutionen häufig wenig Sinn zu machen. Folglich sind in diesem Kapitel (wie auch in der gesamten Arbeit) beide Institutionen gemeint, wenn von ‚den Verbänden' die Rede ist.

sich der Verband darauf, zu verweisen, dass Themen wie Rechtsextremismus und Gewalt gesamtgesellschaftliche Probleme darstellten und der Fußball dafür nicht verantwortlich sei. Das änderte sich in der Folge langsam, aber stetig. Nicht verschwiegen werden sollte dennoch, dass der DFB schon 1981 „eine erste Resolution gegen Ausländerfeindlichkeit" (Wagner 2008: 78) verabschiedet hat, die gleichwohl wenig Einfluss auf die praktisch nicht existente Antidiskriminierungsarbeit in Stadien hatte. Mit der Implementierung des NKSS verpflichtete sich der DFB 1993 dazu, die Kosten für Fanprojekte zu einem Drittel zu tragen und stellte sich damit aktiv seiner Verantwortung im Kampf gegen Rechtsextremismus. Doch erst „im Oktober 1998, im Zuge der WM-Bewerbung 2006, erkannte der DFB erstmals die Kontinuität rassistischer Tendenzen in deutschen Fankurven an" (Wagner 2008: 79) und entwarf ein 10-Punkte-Programm gegen Gewalt und Fremdenfeindlichkeit. „Dazu zählten u.a.:

- die Aufnahme eines Antidiskriminierungs-Paragrafen in die Stadionzeitung,
- die Aufklärung des Ordnungsdienstes über verbotene rechtsradikale Symbole,
- die Veröffentlichung von Erklärungen gegen Rassismus in Stadionzeitungen,
- die Verhinderung des Verkaufs oder der Verteilung von rassistischem Schriftgut auf dem Stadiongelände,
- die Entwicklung eines Aktionsprogramms oder Projekts zur Steigerung des Bewusstseins gegen Rassismus,
- Regelmäßige Durchsagen gegen Rassismus durch den Stadionsprecher" (Wagner 2008: 83).[76]

Als Konsequenz aus der grundsätzlichen Bereitschaft, sich mit dem Problemfeld Rechtsextremismus auseinanderzusetzen, folgten weitere konkrete Aktionen wie das Verteilen von symbolischen Roten Karten gegen Rassismus unter den Zuschauern (vgl. FAZ.net 2006), die Gründung eines Arbeitskreises gegen Rassismus und Ausländerfeindlichkeit, die Erarbeitung und Veröffentlichung diverser Publikationen zu diesen Themen sowie die

---

76 2011 veröffentlichten DFB und DFL erneut einen 10-Punkte-Plan, dieses Mal mit dem Untertitel ‚Für mehr Sicherheit im Fußball'. Dabei stand jedoch der Kampf gegen Gewalt im Fokus und das Thema Rechtsextremismus wurde bestenfalls gestreift (vgl. DFL 2011b).

Aufarbeitung der historischen Rolle des DFBs während der NS-Zeit (vgl. Wagner 2008: 79). „Man kann Wirksamkeit und Nachhaltigkeit einzelner vom DFB eingeleiteter Maßnahmen kritisch hinterfragen" (Wagner 2008: 80), doch es ist in der scientific community unbestritten, dass der DFB spätestens seit der Präsidentschaft von Theo Zwanziger das Thema Rechtsextremismus im Fußballstadion ernst nimmt, als Problem erkannt hat und dieses bekämpfen möchte. „So setzten DFB und DFL Ende 2009 eine Task Force ein, um [...] den Kampf gegen Gewalt, Rassismus und Fremdenfeindlichkeit noch effektiver zu gestalten" (Wagner 2008: 80). Ein Ergebnis der Arbeit dieser Arbeitsgruppe war die Einführung eines Meldesystems, über das der DFB von rechtsextremen Vorfällen bei allen der wöchentlich 80.000 unter seiner Regie ausgetragenen Fußballspiele informiert wird. Natürlich hilft aber das Vorhandensein dieses Meldesystems alleine noch nicht weiter, wie Ronny Blaschke kritisch anmerkt: „Der DFB ist stolz auf sein neues Meldesystem. Aber nur weil es auf dem Schiri-Bogen jetzt ein Kästchen gibt, in das man rechtsextreme Vorfälle eintragen kann, heißt das nicht, dass Schiedsrichter jetzt etwas melden, was sie früher nicht gemeldet haben" (Kopfball 2011). Diese Kritik geht in die gleiche Richtung wie die der befragten Experten in Kapitel 6.3.5 dieser Arbeit, die bemängeln, dass Verbände wie DFB und DFL als Dachorganisationen nur begrenzte Einflussmöglichkeiten auf die tatsächliche Umsetzung der von ihnen angestoßenen Maßnahmen haben, da diese auf lokaler Ebene von Kreisverbänden beziehungsweise Vereinen implementiert werden müssen, auf deren guten Willen die Verbände dabei angewiesen seien. Dennoch zeugt die Bereitstellung der nötigen Infrastruktur in jedem Fall vom ernsthaften Willen der Verbände, den Kampf gegen Rechtsextremismus zu führen, was von vielen Forschern und in der Praxis Aktiven positiv bewertet wird (vgl. z.B. Molthagen 2007).

Mittlerweile setzt sich der DFB überdies mit diversen Projekten wie Werbefilmen oder der Ausschreibung eines Integrationspreises für Toleranz und die Integration von Menschen mit Migrationshintergrund ein. Des Weiteren beschäftigt der Verband eine Integrationsbeauftragte (vgl. DFB 2012). Da das weite Thema der Integration im Fußball den Kampf gegen Rechtsextremismus jedoch nur implizit unterstützt, soll es im Kontext dieser Arbeit weitgehend ausgeblendet werden.

Weiterhin vergibt der DFB seit 2005 den Julius-Hirsch-Preis, benannt nach dem jüdischen deutschen Nationalspieler Julius Hirsch, der 1943 von den Nazis in Auschwitz ermordet wurde. Mit dem Preis sollen „Personen, Initiativen und Vereine, die sich als Aktive auf dem Fußballplatz, als Fans im Stadion, im Verein und in der Gesellschaft beispielhaft und unübersehbar einsetzen für die Unverletzbarkeit der Würde des Menschen und gegen Antisemitismus und Rassismus, für Verständigung und gegen Ausgrenzung von Menschen, für die Vielfalt aller Menschen und gegen Gewalt und Fremdenfeindlichkeit" (DFB 2012b) ausgezeichnet werden. Der DFB hat somit ein medienwirksames und prestigeträchtiges Instrument zur Auszeichung von Engagement gegen Rechtsextremismus geschaffen.[77] Für seinen Einsatz gegen Rechtsextremismus wurde DFB-Präsident Theo Zwanziger 2009 sogar mit dem Leo-Baeck-Preis, verliehen für herausragenden Einsatz für die jüdische Gemeinschaft, ausgezeichnet (vgl. Focus. de 2012). Außerdem engagiert sich der DFB bei weiteren Aktionen gegen Rechtsextremismus wie zum Beispiel ‚Netz gegen Nazis' (vgl. Netz-gegen-Nazis 2012).

„Gemeinsam mit dem Europäischen Fußballverband führt der DFB die ‚Anti-Rassismus-Wochen' durch, mit der Deutschen Fußball-Liga ‚Zeig Rassismus die Rote Karte', beides sind Kampagnen, die er mitfinanziert" (Fritsch 2011), die aufgrund ihres wenig nachhaltigen Charakters von vielen Experten (und auch von vielen Fans) jedoch eher skeptisch betrachtet werden und die häufig dem Vorwurf ausgesetzt sind, sie seien eher als PR-Kampagnen angelegt. Besonders die Aktion ‚Zeig' Rassismus die rote Karte', bei der im Vorfeld der Bundesligabegegnungen eines bestimmten Spieltages Spieler und Fans eine symbolische rote Karte gegen Rassismus hochhalten (vgl. DFL 2008), wurde in den Experteninterviews dieser Arbeit häufig als Paradebeispiel für sinnlose Maßnahmen gegen Rechtsextremismus genannt (vgl. Kapitel 6.3.5). Weiterhin publiziert der DFB immer wieder Prospekte, Flyer und Broschüren für Informationskampagnen zu verschiedenen Themen, zum Beispiel gegen die Diskriminierung von Homosexuellen im Fußball (vgl. DFB 2011c). Im Dezember 2013 hat die DFL zudem angekündigt, sie beteilige sich „mittlerweile mit drei statt

---

77 Wenngleich auch an dieser Stelle übersehen wird, dass zum Rechtsextremismus mehr Dimensionen gehören als Antisemitismus und Rassismus.

wie bisher mit 1,6 Millionen Euro an der Finanzierung von Fanprojekten und stellt 500.000 Euro zur Verfügung, um beispielsweise Initiativen
gegen Rechtsextremismus zu fördern" (Ruf 2013d). Diese 500.000 Euro
sollen in einem auf drei Jahre angelegten „'Pool zur Förderung innovativer
Fußball- und Fankultur' [...] kurz ‚PFiFF'" (DFL 2013) angelegt werden,
aus dem Initiativen pro Saison jeweils eine Förderung von bis zu 50.000
Euro beantragen können. Allerdings steht das Geld nicht nur für Projekte
gegen Rechtsextremismus bereit, sondern „die DFL will damit vor allem
Projekte fördern, die zu Prävention und Sicherheit rund um Fußball beitragen. Zum Beispiel Dialog-Foren zwischen Fans, Polizei und Klubs. Eine
positive Fankultur und die Selbstregulierung der Fanszenen sollen unterstützt werden. Ein besonderer Fokus liegt dabei auf dem Verhältnis Fans
und Polizei" (DFL 2013). Wie diese zusätzliche Förderung von Faninitiativen gegen Rechtsextremismus also konkret aussehen wird, an welche
Bedingungen sie gebunden ist und wie sie von der Fanszene angenommen
wird, bleibt abzuwarten.

Insgesamt sind die Maßnahmen der Verbände im Kampf gegen Rechtsextremismus vielfältig und sie verfolgen unterschiedliche Ziele. Hauptau-
genmerk legen die Verbände auf die finanzielle Unterstützung von externen
Akteuren wie den Fanprojekten, die vor Ort mit den Fans arbeiten. Maßnahmen wie die Erarbeitung eines 10-Punkte-Plans gegen Rechtsextremismus sind grundsätzlicher Natur und haben dementsprechend keine
rechtlich bindende Wirkung für Vereine oder Fans. Dennoch spielen sie eine
wertvolle Rolle, da sie einerseits den im DFB organisierten Vereinen konkrete Handlungsvorschläge an die Hand geben und andererseits ein klares
Bekenntnis gegen Rechtsextremismus von Seiten des Verbandes darstellen.
Auszeichnungen wie der Julius-Hirsch-Preis sind natürlich symbolträch-
tig und nicht geeignet, konkret gegen den Rechtsextremismus im Stadion
vorzugehen. Sie können jedoch aktivierend wirken und bereits bestehende
Projekte in ihrer Arbeit bestärken. Andere Aktionen wie beispielsweise die
Kampagne ‚Zeig' Rassismus die rote Karte' sind dagegen wenig nachhaltig
und nicht zuletzt um eine positive Außendarstellung der Verbände bemüht.

Wie viele Mitarbeiter sich um die jeweiligen Projekte gegen Rechtsextremismus beziehungsweise um die Verwaltung der Mittelvergabe kümmern,
ist nicht eindeutig zu sagen. Einen explizit nur für Rechtsextremismus
zuständigen Referenten beschäftigt indes weder der DFB noch die DFL.

Gleichwohl „gibt es in jedem Landesverband Beauftragte für Integration und für Fair-Play. Zukünftig werden diese Aufgabenbereiche voraussichtlich zusammengefasst und um das Thema Antidiskriminierung ergänzt. All diese Themen werden dann von einem Beauftragten für gesellschaftliche Verantwortung des Fußballs bearbeitet" (Brunßen 2013: 12). Ob und wann dies geschieht, bleibt abzuwarten.

7.2.6. Projekte der Vereine

Ebenso wie Verbände agieren auch Vereine auf dem wirtschaftlichen Handlungsfeld. Da die Bundesligavereine in der DFL zusammengeschlossen sind, spiegeln die Aktionen des Verbandes in gewisser Weise auch die Maßnahmen der Bundesligavereine im Kampf gegen Rechtsextremismus wider. Einzelne dieser Aktionen sollen daher in der Folge nicht erneut dargestellt werden. Maßgebliche Leistungen der Vereine im Kampf gegen Rechtsextremismus im Fußballstadion bestehen also ebenfalls darin, Fanprojekte materiell zu unterstützen. Neben dem finanziellen Engagement über die DFL geschieht dies häufig durch die Bereitstellung von Räumlichkeiten für Fanprojekte und/oder aktive Fans, die sie während des Spieltages im Stadion nutzen können (vgl. z.B. Bergmann 2014). Darüber hinaus beschäftigen die Vereine in der Regel Fanbeauftragte, zu deren vielfältigem Aufgabengebiet unter anderem die Punkte „Aufklärung und Aktivierung (Antirassismus und Antidiskriminierung mit Dachkampagnen sowie Workshops und Fachtagungen)" (DFL 2009: 7) gehören.

Die Auseinandersetzung des hochrangigen Vereinspersonals mit Rechtsextremismus beschränkt sich indes nicht selten auf die Verurteilung einschlägiger Vorfälle. Da Funktionäre wie Manager, Trainer oder Geschäftsführer in der Regel keine ausgebildeten Sozialarbeiter sind und im Verein andere Aufgaben wahrzunehmen haben, als präventiv mit den Fans zu arbeiten, überrascht dies wenig und ist nachvollziehbar. Für diese Tätigkeit beschäftigen Vereine Fanbeauftragte und unterstützen die Arbeit der Fanprojekte. Gleichwohl darf die Wirkung der eindeutigen Positionierungen von Vereinen gegen Rechtsextremismus nicht unterschätzt werden. Stellungnahmen gegen Rechtsextremismus werden von vielen Vereinen heutzutage multimedial kommuniziert und finden sich sowohl auf der Homepage des Clubs, in Form von Presseerklärungen oder Statements bei externen Medien sowie in der Vereinszeitung (vgl. z.B. BVB 2014; Spiegel-Online 2014; BVB-Magazin 2014: 8ff.). Die Intensität dieser Positionierung variiert indes von Verein zu Verein und es liegt auf der Hand, dass sie glaubwürdiger wirkt, wenn sie nicht erst aufgrund des öffentlichen Drucks nach rechtsextremistischen Vorfällen erfolgt.

Aktiv greifen viele Vereine mittels der Stadionordnung in den Kampf gegen Rechtsextremismus ein. Doch immer noch haben nicht alle Bundesligavereine den vom DFB angeregten Antidiskriminierungsparagraphen in ihre Stadionordnung aufgenommen. Ein positives Beispiel ist die Stadionordnung des Ernst-Abbe Sportfelds, der Heimstätte des FC Carl Zeiss Jena, in der es heißt: „Das Rufen ausländerfeindlicher, rassistischer oder rechtsradikaler Parolen sowie das Zeigen ebensolcher Transparente und Fahnen oder das Verbreiten von Flugblättern derartigen Inhaltes ist verboten. Zuwiderhandlungen werden mit Stadionverbot geahndet. Die Stadt Jena wird in jedem Einzelfall prüfen, inwieweit die Erstattung von Strafanzeige wegen Verstoßes gegen § 130 StGB (Volksverhetzung) geboten ist" (Jena.de 2012). Das soll erstens abschreckend wirken, zweitens das offensichtliche Präsentieren von rechtsextremen Symbolen, Plakaten sowie das Rufen solcher Sprüche unterbinden und damit die (offensichtlichen) direkten Anknüpfungspunkte von Rechtsextremen bekämpfen. Derart modifizierte Stadionordnungen geben drittens dem Verein das Mittel des Stadionverbots bei Zuwiderhandlungen an die Hand. Im Kampf gegen den offensichtlichen Rechtsextremismus auf der Handlungsebene hat sich die Anpassung der Stadionordnung in der Vergangenheit als recht erfolgreich erwiesen, wenngleich sie durch versteckte Codes und Symbole von Rechtsextremen relativ einfach unterlaufen werden kann (vgl. Kapitel 6).

Im aktiven Verantwortungsbereich der Vereine liegt es ferner, eine angemessene Zahl an Ordnern bei Spielen einzusetzen. Diese werden vielerorts durch Schulungen regelmäßig über Entwicklungen innerhalb der rechtsextremen Szene sowie über aktuelle Codes informiert (vgl. Wagner 2008: 83). Außerdem können Vereine mit entsprechender Satzung offensichtlich rechtsextreme Vereinsmitglieder ausschließen. Durch das Verhängen von Stadionverboten, basierend auf dem Hausrecht der Vereine, besitzen sie darüber hinaus ein weiteres Mittel, um rechtsextremistisch auffällig gewordene Fans aktiv zu bestrafen. Dieses Instrument setzen die Vereine auch häufig ein (vgl. z.B. SpiegelOnline 2013b).

Finanziert werden die Maßnahmen der Vereine im Kampf gegen Rechtsextremismus natürlich von den Vereinen selbst. Wie viel Geld die einzelnen Bundesligaclubs dafür pro Saison ausgeben und wie viel Personal sie dafür abstellen, ist jedoch schwer nachzuvollziehen, da sowohl die Zahl der (hauptamtlichen) Fanbeauftragten[78] als auch die Zahl der von den Vereinen unterstützen Projekte gegen Rechtsextremismus schwankt. Weiterhin kann von außen nicht beurteilt werden, wie viel Zeit die Fanbeauftragten tatsächlich mit der Arbeit gegen Rechtsextremismus verbringen und wie lange sie sich mit anderen Themen beschäftigen.

7.2.7. Staatliche Projekte

Es ist unmöglich, die Vielzahl aller staatlichen beziehungsweise vom Staat (mit-)finanzierten Aktionen und Maßnahmen gegen Rechtsextremismus auf gesamtgesellschaftlicher Ebene im Rahmen dieser Arbeit darzustellen. Einen verkürzten Einblick in die Verschiedenheit dieser Strategien hat Kapitel 3.2.3 gegeben. Gleichwohl wirken sich all diese gesamtgesellschaftlichen Gegenstrategien in gewisser Weise auf den Kampf gegen Rechtsextremismus im Teilbereich Fußballstadion aus. Denn wird sich mit Diskriminierung im Fußball und Anknüpfungspunkten für Rechtsextreme in diesem speziellen Kontext beschäftigt, „müssen nicht nur dem Sport immanente, sondern auch gesellschaftliche Wechselwirkungen mit dem Fußball als Grundlage betrachtet werden" (Endemann/Dembowski 2010: 22). Ein insgesamt demokratisches Klima im Staat sowie Bürger mit ausgeprägter Zivilcourage erschweren es rechtsextremen Agitatoren in allen Bereichen des täglichen Lebens, auch im Fußballstadion, Fuß zu fassen und Nachwuchs zu rekrutieren. Da sich diese Arbeit im Allgemeinen sowie dieses Kapitel im Besonderen jedoch mit konkreten Projekten gegen Rechtsextremismus im Fußballstadion beschäftigt, soll in der Folge lediglich auf diese abgehoben und gesamtgesellschaftliche Projekte gegen Rechtsextremismus nicht näher beleuchtet werden.

---

78 Borussia Dortmund beschäftigte zum Beispiel in der Saison 2013/2014 sechs hauptamtliche Fanbeauftragte (vgl. BVB 2014b), der FC Augsburg lediglich zwei (vgl. FC Augsburg 2014).

Im Kontext des Fußballs engagieren sich staatliche Akteure, besonders die Länder, das Familienministerium sowie die Kommunen mittels der Finanzierung von zivilgesellschaftlichen Projekten gegen Rechtsextremismus (vgl. Abbildung 17 in Kapitel 7.2.3). Die maßgebliche Unterstützung von Fanprojekten, der KOS und anderen Institutionen durch Bereitstellung der nötigen Infrastruktur für deren Arbeit gleicht also dem ähnlich gelagerten Engagement der Verbände, die auf dem wirtschaftlichen Handlungsfeld tätig sind (vgl. Kapitel 7.2.5).

Darüber hinaus agieren staatliche Akteure hauptsächlich auf konfrontativer Zielsetzungsebene gegen Rechtsextremismus im Fußballstadion. Mit dem Einsatz von Polizei und Kameraüberwachung trägt der Staat insofern zum Kampf gegen Rechtsextremismus bei, als er rechtsextremistische Straftaten verfolgt und Schutz vor rechtsextremen Handlungen bietet.[79] Mit der Durchsetzung ihres Gewaltmonopols wirken staatliche Stellen also durchaus auch aktiv im Kampf gegen Rechtsextremismus mit. Allerdings ist zu beobachten, dass dank geschickter Codierung und cleverem Auftreten von Rechtsextremen nicht alle als tendenziell rechtsextrem zu bewertenden Handlungen auch zwangsläufig strafrechtlich verfolgt werden können. Ein Paradebeispiel dafür ist das Trikot mit der Nummer 88 als Codierung für ‚HH‘, den Hitlergruß, wobei die 8 für den achten Buchstaben des Alphabets steht (vgl. Kulick/Staud 2009: 288). Die bislang durchgeführten Schulungen von Polizisten im Hinblick auf rechtsextreme Symbole und Codes sind vor diesem Hintergrund zwar zu begrüßen, gleichwohl bringen sie hinsichtlich der strafrechtlichen Verfolgung der Träger dieser rechtsextremen Zeichen wenig, solange diese nicht verboten sind.

Staatliche Maßnahmen wie der Einsatz der Polizei bei Fußballspielen werden vom Staat finanziert. Besonders im Hinblick auf die Kosten von Polizeieinsätzen bei Fußballspielen wird von Politikern jedoch immer wieder gefordert, dass die Vereine und/oder Verbände für diese Kosten aufkommen beziehungsweise sich zumindest daran beteiligen müssten (vgl. z.B. Irler 2013). Dies geschieht bislang freilich noch nicht und es bleibt abzuwarten, wie sich die Diskussion darüber entwickeln wird.

---

79 Auf die komplizierte Situation zwischen Fans und Polizei soll an dieser Stelle nicht ein weiteres Mal eingegangen werden.

7.3. Ergebnisse und Einordnung in die Systematik

Das vorherige Kapitel hat die existierenden Projekte gegen Rechtsextremismus im Fußballstadion ausführlich dargestellt. Die folgende Tabelle fasst die daraus resultierenden zentralen Erkenntnisse zusammen und ermöglicht eine weiterführende Analyse.

Tabelle 19 zeigt, in welchen Bereichen der in Kapitel 3 entwickelten zweidimensionalen Systematik die Maßnahmen aus der Praxis angesiedelt sind, wobei die Darstellung nicht alle existierenden Einzelmaßnahmen umfasst. Gleichwohl ist sie breit genug angelegt, um einen sehr detaillierten Überblick zu geben.

Tabelle 19: Existierende Maßnahmen gegen Rechtsextremismus in Fußballstadien: systematisiert nach Handlungsfeld und Zielsetzung (eigene Darstellung)

Legende: Maßnahmen der Fanprojekte, Maßnahmen der Vereine, Maßnahmen der vereinsübergreifenden Fanzusammenschlüsse, Maßnahmen des Staats, Maßnahmen der Verbände, Maßnahmen der staatlich/wirtschaftlich geförderten Projekte

Handlungsfeld / Zielsetzung	Staat	Zivilgesellschaft	Wirtschaft
Prävention	- Kameraüberwachung	- Sportveranstaltungen unter einem Motto gegen Rechtsextremismus (Fußballturniere) - Unterstützung antirassistischer Faninitiativen - antirassistische Stadionfeste - multikultureller Austausch - Choreographien gegen Rechtsextremismus - Trikotschriftzug gegen Rechtsextremismus - Aktionstage gegen Rechtsextremismus - Arbeit mit Schulklassen - Arbeiten gegen Rechtsextremismus den jeweils vorhandenen Gegebenheiten anpassen	- Stadionordnung anpassen - Eindeutige Positionierung gegen Rechtsextremismus

Handlungsfeld / Zielsetzung	Staat	Zivilgesellschaft	Wirtschaft
		- Musiksampler gegen Rassismus - Konzerte gegen Rechtsextremismus - Projektwochen gegen Rechtsextremismus - Aktionswoche zu bestimmten Themen - Begegnung mit Vereinen aus Migrationsmilieus - Suche nach rechtsextremistischen Tags und Sprüchen im Stadionumfeld - Regelmäßige Treffs - Authentisches Auftreten - Produktion von Fanmaterialien mit Aussagen gegen Rechtsextremismus - Selbstregulierung der Fanszene fördern - Klare Positionierung gegen Rechtsextremismus - Demos	
Aufklärung		- Fußballfilmfestival - Dialog mit Flüchtlingen - Präsentationen auf Veranstaltungen des Vereins - Infostände bei Heimspielen - Informationsveranstaltungen zu verschiedenen Themen - Aufklärungsveranstaltungen zu Neonazi-Codes - Podiumsdiskussionen - Fahrten zu NS-Gedenkstätten - Begegnung von Fußballfans mit Zeitzeugen aus NS-Zeit	- Informationskampagnen - Schulungen von Ordnern

Handlungsfeld / Zielsetzung	Staat	Zivilgesellschaft	Wirtschaft
		- Rechtsextreme Fangesänge/Handlungen nennen und problematisieren - Homepage - Ausstellungen mit Beispielen von Rechtsextremismus im Stadion - Gedächtnislauf gegen Rechtsextremismus - Wanderausstellung	
Verbesserung der Infrastruktur	- Finanzierung von Fanprojekten - Finanzierung der KOS	- Forum zur Arbeit gegen Rechtsextremismus bieten - Koordinierung der Fan (-projekt-)arbeit gegen Rechtsextremismus - Austausch mit Projekten aus dem Ausland - Aus- und Fortbildung von Multiplikatoren - Entwicklung und Überwachung von Qualitätsstandards (der Fanprojekte) - Öffentlichkeitsarbeit - Beratung nationaler und internationaler Gremien - Austausch innerhalb der Fanprojekte fördern - Vernetzung fördern - Gemeinsames Vorgehen verschiedener Akteure gegen Rechtsextremismus koordinieren - Aktivierung lokaler Netzwerke gegen Rechtsextremismus - Entwicklung von Gegenstrategien - Fankongresse - Koordinierende Treffen	- Finanzierung von Fanprojekten - Entwicklung von Musterstadionordnungen - Einführung eines Meldesystems von rechtsextremen Vorfällen - Preis für Engagement gegen Rechtsextremismus - infrastrukturelle Unterstützung durch Räumlichkeiten

Handlungsfeld / Zielsetzung	Staat	Zivilgesellschaft	Wirtschaft
Konfrontation	- Kameraüberwachung - Starke Polizeipräsenz - Stadionverbote		- Stadionverbote - Ordner

Der überwiegende Teil der dargestellten Maßnahmen wird von den Fanprojekten umgesetzt, ist also auf dem zivilgesellschaftlichen Handlungsfeld angesiedelt. Die große Mehrheit dieser Maßnahmen ist wiederum den Zielsetzungen Prävention und Aufklärung zuzuordnen. Die Grenzen zwischen diesen beiden Zielsetzungsebenen sind dabei häufig fließend. Die Fahrt zu einer NS-Gedenkstätte hat beispielsweise zunächst aufklärerischen Charakter. Aber diese Erfahrungen können und sollten idealerweise in den Reihen der Fans auch präventiv wirken, um die Zielgruppe resistenter gegen rechtsextreme Argumentationsmuster zu machen. Ähnlich verhält es sich bei vielen existierenden Maßnahmen, die sich nicht eindeutig (nur) der Zielsetzungsebene Aufklärung oder Prävention zuordnen lassen, sondern miteinander in gewisser Wechselwirkung stehen.

Ebenfalls auf dem zivilgesellschaftlichen Handlungsfeld sind die Maßnahmen von staatlich sowie wirtschaftlich geförderten Projekten wie etwa der KOS anzusiedeln. Im Unterschied zu den (natürlich ebenfalls staatlich und wirtschaftlich geförderten) Fanprojekten haben jedoch die von ihnen durchgeführten Maßnahmen in erster Linie koordinierenden Charakter. Sie dienen einer Verbesserung der Infrastruktur für die Arbeit konkreter Projekte gegen Rechtsextremismus und sind deshalb unter dieser Zielsetzung subsumiert. Die KOS oder die BAG arbeiten also auf der Mesoebene, um die präventiv-aufklärerische Arbeit der Fanprojekte auf Mikroebene zu unterstützen. Auf der Makroebene sind die Akteure aus Wirtschaft (Vereine/Verbände) und Staat (Kommune, Land, Familienministerium) angesiedelt, die sowohl die Arbeit der Meso- (KOS, BAG) also auch der Mikroebene (Fanprojekte) finanzieren und damit überhaupt erst möglich machen (vgl. dazu auch Abbildung 17 in Kapitel 7.2.3).

Der Blick auf die vereinsübergreifenden Zusammenschlüsse von Fans zeigt, dass diese ebenfalls auf dem zivilgesellschaftlichen Handlungsfeld agieren. Anders als Fanprojekte oder staatlich/wirtschaftlich geförderte Projekte sind sie jedoch auf allen Zielsetzungsebenen (mit Ausnahme der Konfrontation) aktiv. Das unterstreicht, dass es sich bei diesen Zusammenschlüssen um ambivalente Akteure handelt, die einerseits zum Beispiel mit Demonstrationen oder Ausstellungen präventiv-aufklärerisch wirken. Andererseits weisen sie aber auch koordinierende Elemente zur Verbesserung der Infrastruktur mit dem Ziel einer besseren Artikulation von Faninteressen sowie der besseren Strukturierung ihrer Arbeit (gegen Rechtsextremismus) auf. Das äußert sich zum Beispiel in Form von regelmäßigen Treffen oder der Organisation von Fankongressen.

Staatliche Maßnahmen sind offensichtlich auf dem staatlichen Handlungsfeld angesiedelt und haben erstens die konfrontative Durchsetzung des staatlichen Gewaltmonopols zum Ziel (Polizeieinsätze). Zweitens zielen sie auf eine Verbesserung der Infrastruktur für Projekte gegen Rechtsextremismus, indem sie Maßnahmen wie Fanprojekte oder die KOS finanzieren. Präventive Ziele kann drittens mitunter die Kameraüberwachungen verfolgen, wenngleich dies aus mehreren Gründen strittig ist (vgl. Kapitel 6.2).

Neben der Durchführung von präventiv-aufklärerischen Informationskampagnen zu unterschiedlichen Themen sowie der eindeutigen Positionierung gegen Rechtsextremismus haben die Maßnahmen der Verbände, auf dem Handlungsfeld Wirtschaft angesiedelt, hauptsächlich die strukturelle Verbesserung von Möglichkeiten der Projekte gegen Rechtsextremismus zum Ziel, die sie konkret finanziell unterstützen.

Vereine, ebenfalls im wirtschaftlichen Handlungsfeld angesiedelt, unterstützen zivilgesellschaftliche Projekte ebenfalls infrastrukturell, indem sie ihnen zum Beispiel Räumlichkeiten zur Verfügung stellen. Darüber hinaus verfolgen ihre Maßnahmen präventive (Antidiskriminierungsparagraphen in Stadionordnung aufnehmen), aufklärerische (Schulungen von Ordnern) sowie konfrontative (Stadionverbote, Erhöhung der Ordnerzahl) Ziele.

Es bleibt daher festzuhalten, dass die konkreten inhaltlichen sowie sozialpädagogisch orientierten Maßnahmen zum Thema Rechtsextremismus mit den Fans hauptsächlich von den Fanprojekten auf präventiver und aufklärerischer Zielsetzungsebene durchgeführt werden. Sie sind daher zum überwiegenden Teil auf dem zivilgesellschaftlichen Handlungsfeld angesiedelt. Die implementierten Maßnahmen der Akteure aus den Handlungsfeldern Wirtschaft und Staat sind hauptsächlich darauf ausgerichtet, die aktive Arbeit mit den Fans zu unterstützen, indem sie dafür auf der infrastrukturellen Zielsetzungsebene die nötigen Voraussetzungen schaffen. Abgesehen davon setzen vor allem staatliche und mit Abstrichen wirtschaftliche Akteure die konfrontativen Maßnahmen im Kampf gegen Rechtsextremismus im Stadion um.

In der Folge sollen die existierenden Gegenmaßnahmen mit den in Kapitel 5 erarbeiteten theoretischen Grundlagen, besonders den Anknüpfungspunkten von Rechtsextremismus im Fußballstadion, in Verbindung gebracht werden.

Abbildung 18: Gegenmaßnahmen in Bezug auf theoretische Anknüpfungspunkte von Rechtsextremismus im Fußballstadion (eigene Darstellung)[80]

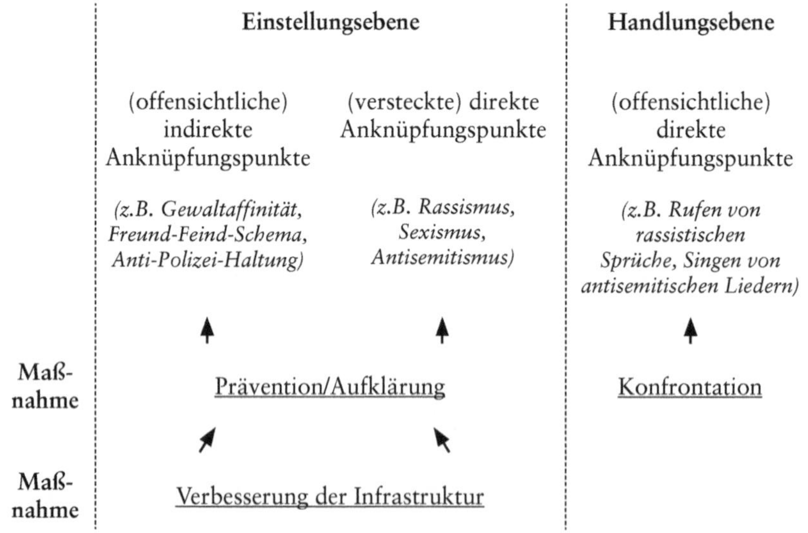

	Einstellungsebene		Handlungsebene
	(offensichtliche) indirekte Anknüpfungspunkte	(versteckte) direkte Anknüpfungspunkte	(offensichtliche) direkte Anknüpfungspunkte
	(z.B. Gewaltaffinität, Freund-Feind-Schema, Anti-Polizei-Haltung)	*(z.B. Rassismus, Sexismus, Antisemitismus)*	*(z.B. Rufen von rassistischen Sprüche, Singen von antisemitischen Liedern)*
Maß-nahme	↑ Prävention/Aufklärung	↑	↑ Konfrontation
Maß-nahme	↗ Verbesserung der Infrastruktur	↖	

---

80 Wie in Kapitel 5.3 dargestellt, könnte man durchaus argumentieren, dass auch auf der Handlungsebene indirekte Anknüpfungspunkte existieren. Dies wurde jedoch als wenig zielführend bewertet und daher in diesem Schaubild nicht näher berücksichtigt. Interessant wäre es indes, vor diesem Hintergrund zu untersuchen, inwieweit sich das konfrontative Vorgehen gegen solche etwaigen indirekten Anknüpfungspunkte auf der Handlungsebene, wie zum Beispiel das

Diese Abbildung macht deutlich, wo die Stärken der jeweiligen existierenden Maßnahmen im Kampf gegen Rechtsextremismus im Fußballstadion liegen.

Ansätze auf den Zielsetzungsebenen Prävention und Aufklärung bekämpfen die (offensichtlichen) indirekten sowie die (versteckten) direkten Anknüpfungspunkte auf der Einstellungsebene. Sie entfalten ihre Wirkung vor allem, indem sie die (offensichtlichen) indirekten Anknüpfungspunkte besetzen, die durch Rechtsextreme okkupiert werden könnten. An diesen Stellen zeigen sie alternative Handlungsoptionen auf und können so entweder präventiv der Unterwanderung der Fanszenen von Rechtsextremen vorbeugen oder diese aktiv bekämpfen. Gelingt es beispielsweise, die Fans zu überzeugen, dass eine Rivalität zu gegnerischen Fans zwar akzeptabel ist, jedoch nicht auf menschenverachtenden Dimensionen des Rechtsextremismus beruhen darf, wird es für Rechtsextreme schwer, das klassische Freund-Feind-Schema innerhalb der Fanszenen (vgl. Kapitel 5.2.1) für ihre Zwecke zu instrumentalisieren. Ähnliche Effekte kann beispielsweise der Besuch eines ehemaligen Konzentrationslagers entfalten, nach dem sich viele Fans sicherlich fragen werden, ob sie den Begriff ‚Jude' wirklich als Schimpfwort benutzen wollen.

Die Auseinandersetzung mit gefestigten rechtsextremistischen Einstellungsmustern, das heißt mit (versteckten) direkten Anknüpfungspunkten, kann allerdings nur bis zu einem gewissen Grad von den Akteuren (aller Handlungsfelder) innerhalb des Kontexts Fußballstadion geführt werden. Ihre präventive und aufklärerische Tätigkeit kann natürlich dazu beitragen, diese Einstellungen abzulegen, doch die Arbeit von Projekten gegen Rechtsextremismus im Fußballstadion darf nicht überfrachtet werden. Die

---

Durchführen von Choreographien, auf die Akzeptanz des konfrontativen Vorgehens gegen direkte Anknüpfungspunkte der Handlungsebene, wie zum Beispiel das Präsentieren rassistischer Plakate, auswirkt. Das heißt, inwieweit nach einem generellen Verbot der Mitnahme von Zaunfahnen, Doppelhaltern usw. (evtl. indirekte Anknüpfungspunkte auf der Handlungsebene) ein Verbot von Plakaten mit rechtsextremen Sprüchen (direkte Anknüpfungspunkte auf der Handlungsebene) eventuell nur deshalb als negativ angesehen wird, da in der Fanszene die Meinung vorherrscht, es solle damit ein weiterer Teil ihrer Kultur eingeschränkt werden. Insbesondere vor dem Hintergrund der Sicherheitsdebatte in den Stadien erscheint dies als eine lohnende Fragestellung künftiger Arbeiten.

Zielgruppen von Fanprojekten sind zum Beispiel in erster Linie fußballzentrierte (und erlebnisorientierte) Fans, deren Interesse primär dem Fußball gilt. Da es jedoch äußerst schwierig und zeitintensiv ist, gefestigte rechtsextreme Einstellungsmuster aufzubrechen, kann es kaum Aufgabe der beschriebenen Projekte sein, die geschlossene Ideologiewelt bekennender Neonazis zum Einsturz zu bringen. Vielmehr sind die meisten der konkreten Maßnahmen im Kampf gegen Rechtsextremismus im Fußballstadion auf diejenigen Fans gerichtet, die noch nicht über derart gefestigte rechtsextreme Einstellungsmuster verfügen, politisch neutral sind oder allenfalls ein diffus rechtsextremes Weltbild haben. In der Regel ist dies die große Mehrheit der Fans. Außerdem sollen präventiv-aufklärerische Maßnahmen diejenigen Fans stärken, die sich aktiv gegen Rechtsextremismus im Stadion aussprechen, um rechtsextremen Hegemonien in den Fanszenen die Basis zu entziehen.

Während präventive und aufklärende Maßnahmen wie aufgezeigt in direktem Kontakt mit den Fans arbeiten, stellen ihnen Maßnahmen zur Verbesserung der Infrastruktur die dafür nötigen Mittel zur Verfügung. Die Finanzierung der KOS, die Förderung der Arbeit von Fanprojekten oder die konsequente Vernetzung der verschiedenen Akteure verbessern die Möglichkeiten, gute präventive und aufklärerische Arbeit zu leisten und somit die (offensichtlichen) indirekten sowie (versteckten) direkten Anknüpfungspunkte von Rechtsextremismus auf der Einstellungsebene im Stadion wirksam zu bekämpfen.

In der Auseinandersetzung mit (offensichtlichen) direkten Anknüpfungspunkten, also mit rechtsextremistischen Handlungen im Umfeld des Fußballstadions, entfalten vor allem die konfrontativen Maßnahmen ihre Wirkung. Dies sind vor allem Aktionsfelder von Staat und Vereinen, die ihr Gewaltmonopol beziehungsweise ihr Hausrecht durchsetzen, um zum Beispiel das Tragen rechtsextremer Kleidung, das Schwenken rechtsextremer Fahnen oder das Anbringen rechtsextremer Plakate zu unterbinden. Obwohl die Leistungen dieser konfrontativen Maßnahmen im Kampf gegen Rechtsextremismus im Fußballstadion zweifelsohne von immenser Bedeutung sind, stoßen sie aber auch an Grenzen. Codierte rechtsextreme Handlungen wie das Tragen symbolischer Zahlenkombinationen oder einschlägiger Kleidungsmarken kann man kaum verbieten. Dazu werden sie, selbst wenn zum Beispiel bestimmte Kleidungsmarken per Stadionordnung verboten sind, häufig von den kontrollierenden Instanzen (Ordner, Sicherheitspersonal, Polizei) übersehen. Hier sind wiederum Schulungen nötig, die der Zielsetzungsebene Aufklärung zuzuordnen sind, jedoch eine effizientere Konfrontation zum Ziel haben. In diesem Fall ermöglichen also aufklärerische Maßnahmen eine effizientere Nutzung konfrontativer, was die Interdependenz von Strategien gegen Rechtsextremismus im Fußballstadion sowie die Wichtigkeit eines mehrdimensionalen Vorgehens unterstreicht.

Freilich können über eine umfassende Bekämpfung der (offensichtlichen) indirekten Anknüpfungspunkte auf der Einstellungsebene ebenfalls Änderungen auf der Handlungsebene herbeigeführt werden. Während konfrontative Maßnahmen die (offensichtlichen) direkten Anknüpfungspunkte auf der Handlungsebene nur extern blocken, wäre die nachhaltigste Lösung, diese (offensichtlichen) direkten Anknüpfungspunkte durch die Etablierung einer toleranten Fankultur von innen heraus zu eliminieren. Dominiert in einer Fankurve Toleranz statt Ignoranz, setzen sich die Fans im Idealfall selbständig, eventuell unterstützt durch das präventiv wirkende Fanprojekt, gegen die Andockversuche von Rechtsextremen auf der Handlungsebene zur Wehr. Dies kann zum Beispiel durch sofortiges Unterbinden rechtsextremer Lieder geschehen. Im Idealfall herrscht innerhalb der Fanszene jedoch ein Klima, in dem sich überzeugte Rechtsextremisten gar nicht trauen, in ihrem Sinne zu agieren und Fans ohne gefestigte rechtsextremistische Einstellungen gar nicht auf die Idee kommen, rechtsextrem zu handeln.

Gleichwohl bleibt eindeutig festzuhalten, dass die Stärken von präventiven und aufklärerischen Maßnahmen ganz klar im Kampf gegen (versteckte) direkte sowie vor allem gegen (offensichtliche) indirekte Anknüpfungspunkte von Rechtsextremismus im Stadion auf der Einstellungsebene liegen. Sie werden dabei unterstützt von Maßnahmen zur Verbesserung der Infrastruktur, die keine Auswirkung auf die direkte Arbeit mit den Fans haben, diese durch die Schaffung des dafür nötigen Rahmens jedoch erst möglich machen. Konfrontative Maßnahmen haben ihre Stärken im Kampf gegen (offensichtliche) direkte Anknüpfungspunkte auf der Handlungsebene, wenngleich sie auch hier an Grenzen stoßen. Während präventiv-aufklärerische Ansätze vor allem von Trägern aus der Zivilgesellschaft, allen voran durch die Fanprojekte, umgesetzt werden, wird die Verbesserung der Infrastruktur maßgeblich durch Akteure des staatlichen und wirtschaftlichen Handlungsfeldes gewährleistet. Der konfrontative Ansatz wird hauptsächlich durch Akteure des Staates und mit Abstrichen der Wirtschaft verfolgt.

Betrachtet man vor diesem Hintergrund die These, wonach Fanprojekte das Rückgrat der Arbeit gegen Rechtsextremismus in deutschen Fußballstadien bilden und daher breiter gefördert werden müssten, ist dieser insofern zuzustimmen, als Fanprojekte, wie dieses Kapitel gezeigt hat, zumindest im Kampf gegen (offensichtliche) indirekte und (versteckte) direkte Anknüpfungspunkte auf der Einstellungsebene die maßgeblichen und mit Abstand wichtigsten Träger von Strategien gegen Rechtsextremismus sind. Im Kampf gegen (offensichtliche) direkte Anknüpfungspunkte auf der Handlungsebene sind sie dagegen eher wirkungslos oder, wie beschrieben, allenfalls indirekt wirksam. Die Fanprojekte als Rückgrat der Arbeit gegen Rechtsextremismus zu bezeichnen, ist unter Bezugnahme auf die große Rolle, die Fanprojekte in diesem Feld seit ihrer flächendeckenden Einführung durch das NKSS (vgl. Kapitel 4 und 6.2) gespielt haben und ihre Verankerung in der Fanszene, durch die sie in der Regel hohe Akzeptanz bei aktiven Fans erfahren, dennoch vertretbar. Auch der Ruf nach einer breiteren Finanzierung ist aufgrund der in Kapitel 7.2.3 dargelegten Problematik der chronischen Unterfinanzierung von Fanprojekten samt der damit einhergehenden Überlastung ihrer Mitarbeiter durchaus angemessen. Gleichwohl dürfen Fanprojekte auf keinen Fall als alleinig erfolgsversprechend im Kampf gegen Rechtsextremismus angesehen werden, da sie, wie das theoretische Modell (vgl. Abbildung 18) gezeigt hat, auf der ebenfalls relevanten Handlungsebene Anknüpfungspunkte des Rechtsextremismus nur bedingt bis gar nicht angreifen können.

Dies unterstreicht mit Blick auf eine zu erarbeitende Gesamtstrategie gegen Rechtsextremismus einmal mehr die Wichtigkeit eines mehrdimensionalen Vorgehens, abgestimmt zwischen allen zentralen Akteuren aus den relevanten Handlungsfeldern, um rechtsextreme Anknüpfungspunkte im Fußballstadion auf allen Ebenen konsequent bekämpfen zu können.

In diesem Kapitel wurde systematisierend herausgearbeitet, welche Maßnahmen in den deutschen Fußballstadien im Kampf gegen Rechtsextremismus existieren. Darüber hinaus wurde klar, auf welchen Ebenen die differierenden Strategien im Kampf gegen die verschiedenen

Anknüpfungspunkte des Rechtsextremismus im Fußballstadion effektiv eingesetzt werden können und an welchen Stellen sie keine Wirkung entfalten. Im folgenden Kapitel wird nun die Verbindung zwischen Theorie und Praxis hergestellt, indem zunächst verglichen wird, welche theoretischen Handlungsempfehlungen aus der Wissenschaft in der Realität tatsächlich umgesetzt werden.

8. Theorie und Praxis – Handlungsempfehlungen im Spannungsfeld zwischen Forschung und Realität

8.1. Methodische Überlegungen

Nach den umfangreichen sowohl empirischen wie theoretischen Erörterungen der vorangegangenen Kapitel soll im Folgenden das Spannungsfeld zwischen wissenschaftlichen Handlungsempfehlungen und deren praktischer Umsetzung thematisiert werden. Zur Erinnerung: Kapitel 2 hat die theoretischen sowie begrifflichen Grundlagen zum Thema Rechtsextremismus aufgearbeitet. In Kapitel 3 wurde eine zweckmäßiges Systematik zur Verortung der Maßnahmen gegen Rechtsextremismus im Fußballstadion entwickelt. Kapitel 4 skizzierte die besondere Situation im Fußballstadion. Kapitel 5 entwickelte unter Bezugnahme auf allgemeine Überlegungen der Rechtsextremismusforschung (Kapitel 2) und unter Berücksichtigung des speziellen Settings in Fußballstadien (Kapitel 4) ein theoretisches Fundament für Strategien gegen Rechtsextremismus in Fußballstadien, indem verschiedene Ausprägungen von Anknüpfungspunkten für Rechtsextreme auf unterschiedlichen Ebenen in Fußballstadien identifiziert wurden. Kapitel 6 stellte durch intensive Aufarbeitung der vorliegenden Literatur die wissenschaftlichen Handlungsempfehlungen zum Kampf gegen Rechtsextremismus im Fußballstadion dar und setzte diese durch die ausführliche Auswertung von Experteninterviews ins Verhältnis zur Meinung von im Feld tätigen Akteuren aller relevanten Handlungsfelder. Kapitel 7 machte deutlich, welche konkreten Maßnahmen im Kampf gegen Rechtsextremismus bereits implementiert wurden und verortete diese innerhalb der zweidimensionalen Systematik aus Kapitel 3. Weiterhin wurden die inhaltlichen Charakteristika der Gegenstrategien auf das theoretische Fundament aus Kapitel 5 bezogen. Dabei wurde deutlich, welche Anknüpfungspunkte auf welchen Ebenen von welchen Gegenstrategien angegriffen werden können.

Bereits beantwortet ist an diesem Punkt also erstens die Frage, welche Strategien gegen Rechtsextremismus in deutschen Fußballstadien existieren (Kapitel 7). Außerdem ist klar geworden, welche Strategien in der wissenschaftlichen Literatur diskutiert und empfohlen werden (Kapitel 6.2).

Geklärt wurde ferner, dass diese Handlungsempfehlungen aus der Wissenschaft nicht immer mit den Ansichten von Experten aus der Praxis übereinstimmen (Kapitel 6.4).

Ebenfalls konnte deutlich gemacht werden, dass Strategien gegen Rechtsextremismus im Fußballstadion bislang darunter litten, eines theoretisch-konzeptionellen Fundaments weitgehend zu entbehren. Dieses theoretische Fundament hat die vorliegende Arbeit auf Basis der herausgearbeiteten Anknüpfungspunkte des Rechtsextremismus in Fußballstadien gelegt. Dadurch konnte die Eingangsthese, wonach das Fehlen einer theoretischen Grundlage für Strategien gegen Rechtsextremismus darauf zurückzuführen ist, dass bisher noch kaum systematisierend herausgearbeitet wurde, wo die Anknüpfungspunkte des Rechtsextremismus im Fußballstadion liegen, bislang weitgehend verifiziert werden (Kapitel 5).

Darüber hinaus konnte die These, wonach Fanprojekte das Rückgrat der Arbeit gegen Rechtsextremismus in deutschen Fußballstadien bilden und daher breiter gefördert werden müssten, mit Einschränkungen ebenfalls bestätigt werden (Kapitel 7.3).

Zu klären bleibt, ob die bereits realisierten Projekte gegen Rechtsextremismus im Fußballstadion die Handlungsempfehlungen aus der Forschung umsetzen. Dies soll in Kapitel 8.2 geschehen, indem die Ergebnisse aus Kapitel 7 (implementierte Maßnahmen) mit denen aus Kapitel 6.2 (Handlungsempfehlungen aus der Literatur) in Verbindung gebracht werden. Darüber hinaus soll mit Hilfe der in Kapitel 3 erarbeiteten Systematik analysiert werden, in welchen Bereichen dies besser beziehungsweise schlechter gelingt. Außerdem soll unter Rückgriff auf das theoretische Fundament für Gegenstrategien dargestellt werden, welche Anknüpfungspunkte von den bereits umgesetzten Strategien auf welchen Ebenen bereits angegriffen werden und wo die Auseinandersetzung mangels bereits realisierter Maßnahmen noch nicht oder lediglich in geringerem Maße erfolgt.

Die Gründe für eine (Nicht-)Umsetzung von wissenschaftlichen Handlungsempfehlungen sollen in Kapitel 8.3 unter Bezugnahme auf die qualitative Auswertung der Experteninterviews (Kapitel 6.3.5) ausführlich diskutiert werden. Dabei soll intensiv auf die Schwierigkeiten und Chancen derjenigen Gegenstrategien eingegangen werden, die in dieser Arbeit herausgearbeitet wurden. Im Vorfeld dieser Diskussion soll in Verbindung mit den empirischen Daten der Experteninterviews systematisch dargestellt werden, in welchen Bereichen Maßnahmen umgesetzt werden, die von Experten kritisiert werden und in welchen Bereichen Maßnahmen nicht umgesetzt werden, die von Experten unterstützt werden. Diese Analyse soll auch mit Blick auf die Anknüpfungspunkte des Rechtsextremismus im Fußballstadion erfolgen. Weiterhin sollen ‚Umsetzungskriterien' erarbeitet werden, deren Erfüllung für eine Realisierung der wissenschaftlich empfohlenen Maßnahmen notwendig ist.

Abschließend soll in Kapitel 8.4 diskutiert werden, ob für einen erfolgreichen Kampf gegen Rechtsextremismus im Fußballstadion lediglich die Handlungsempfehlungen aus der Wissenschaft konsequent umgesetzt werden müssten oder ob eine starre Befolgung dieser Maßnahmen vielleicht sogar hinderlich sein könnte. Vor dem Hintergrund der bisherigen Erkenntnisse dieser Arbeit wird dazu die These formuliert, dass die wissenschaftlichen Handlungsempfehlungen keine universellen Allzweckwaffen sind, deren blinde Befolgung oberstes Ziel für Strategien gegen Rechtsextremismus in Fußballstadien sein sollte, sondern dass sie vielmehr eine Art Katalog darstellen (der in dieser Arbeit sinnvoll geordnet wurde), aus dem sich die Akteure vor Ort, idealerweise untereinander abgestimmt, situativ und kontextabhängig bedienen sollten. Diese soll anhand eines Beispiels überprüft werden.

8.2. Setzen existierende Projekte gegen Rechtsextremismus im Stadion die Handlungsempfehlungen aus der Forschung um?

Von zentralem Interesse für diese Arbeit ist die Frage, ob respektive inwiefern die existierenden Projekte gegen Rechtsextremismus im Fußballstadion die Handlungsempfehlungen aus der Forschung tatsächlich umsetzen und in welchen Bereichen dies häufiger beziehungsweise seltener geschieht. Um dies zu klären, wird auf die in Kapitel 6.2 herausgearbeiteten Handlungsempfehlungen aus der aufgearbeiteten wissenschaftlichen Literatur zurückgegriffen. Als Basis für weiteren Untersuchungen dient dabei Tabelle 13. Die darin dargestellten Ergebnisse bilden die Handlungsempfehlungen der aktuellen Forschung systematisiert ab. In der Folge soll diese Darstellung daraufhin untersucht werden, ob die darin aufgeführten Handlungsempfehlungen auch in der Praxis umgesetzt werden. Dazu wird eine Verbindung zu den Erkenntnissen aus Kapitel 7 gezogen, in dem herausgearbeitet wurde, welche Maßnahmen gegen Rechtsextremismus im Fußballstadion in der Praxis tatsächlich existieren.[81]

Tabelle 20: Handlungsempfehlungen aus der wissenschaftlichen Literatur und ihre Umsetzung in der Praxis (eigene Darstellung)

Legende: In der Praxis (größtenteils) umgesetzt, teilweise umgesetzt, (größtenteils) nicht umgesetzt

Handlungsfeld / Zielsetzung	*Staat*	*Zivilgesellschaft*	*Wirtschaft*
Prävention	- Kamera- überwachung im Umfeld des Stadions - Authen- tische, regelmäßige Kampagnen und keine PR-Kampa- gnen	- Gegenkräfte stärken - Rechtsextreme Hegemo- nien durchbrechen - Arbeit auf die jeweilige Zielgruppe/Fanszene anpassen - Bei Arbeit gegen Rechts- extremismus auch ande- re Fanthemen beachten - Spezielles Training für Schlüsselpersonen aus der Fanszene - Anerkennung/Förderung von Faninitiativen gegen Rechtsextremismus - Rechtsextremismus indi- rekt thematisieren - Eindeutige Positionie- rung gegen Rechts- extremismus von Fanprojekten - Strategien nicht nur auf Jugendliche beschränken - Kein Hierarchisierung von Dimensionen des Rechtsextremismus - Förderung der Selbstre- gulierung der Fanszene	- Kameraüberwachung im Stadion - Anpassung der Stadionordnung - Eindeutige Posi- tionierung gegen Rechtsextremismus - Authentische, regelmäßige Kam- pagnen und keine PR-Kampagnen - Einbeziehung der Pro- fis in die Arbeit gegen Rechtsextremismus

---

81 Streng genommen wird sich dabei mitunter auf die konzeptionelle Ausrichtung der existierenden Projekte bezogen, da zum Beispiel die konkrete Arbeit aller 51 Fanprojekte im Rahmen dieser Arbeit nicht flächendeckend vor Ort beob- achtet werden konnte.

Aufklärung	- Schulung von Polizei	- Schulung von Mitarbeitern des Fanprojekts - Schulung von Fans - Aufzeigen von Widersprüchen in rechtsextremer Ideologie - Fahrten zu NS-Gedenkstätten	- Schulung von Ordnern
Verbesserung der Infrastruktur	- Aktionsfonds zur Unterstützung von konkreten Aktivitäten - Erhöhung der Mittel der Fanprojekte - Einrichtung einer interdisziplinären Arbeitsgruppe - Bessere Vernetzung - Vereinheitlichung der Organisationsstruktur von Fanprojekten	- Bessere Unterstützung von Faninitiativen - Förderung vereinsübergreifender Zusammenschlüsse von Fans - Einrichtung einer interdisziplinären Arbeitsgruppe - Bessere Vernetzung - Regelmäßiger Aktionstag gegen Rechtsextremismus - Vereinheitlichung der Organisationsstruktur von Fanprojekten	- Einrichtung einer Referentenstelle Rechtsextremismus beim DFB - Einrichtung einer Referentenstelle Rechtsextremismus bei jedem Bundesligaverein - Aktionsfonds zur Unterstützung von Faninitiativen gegen Rechtsextremismus - Anschaffung einer Wanderausstellung - Vereinheitlichung der Organisationsstruktur von Fanprojekten - Erhöhung der Mittel für Fanprojekte - Einrichtung einer interdisziplinären Arbeitsgruppe - Bessere Vernetzung - Regelmäßiger Aktionstag gegen Rechtsextremismus
Konfrontation	- Stadionverbote - Kameraüberwachung - Starke Polizeipräsenz		- Stadionverbote - Erhöhung der Zahl an Ordnern

Die Tabelle zeigt deutlich, in welchen Bereichen die Handlungsempfehlungen aus der Forschung umgesetzt werden und in welchen Bereichen dies nicht respektive seltener der Fall ist.

Auf den Zielsetzungsebenen Prävention und Aufklärung sind die meisten Handlungsempfehlungen mindestens teilweise umgesetzt. Lediglich die Einbeziehung der Profis in die Arbeit gegen Rechtsextremismus wird auf dem wirtschaftlichen Handlungsfeld kaum realisiert. Betrachtet man die umgesetzten Maßnahmen in diesen Bereichen genauer, darf jedoch Folgendes nicht außer Acht gelassen werden: Die verschiedenen Handlungsempfehlungen auf dem zivilgesellschaftlichen Feld der präventiven Zielsetzungsebene werden vor Ort jeweils individuell, das heißt insgesamt von mehreren Trägern, zumeist von Fanprojekten, umgesetzt. Daher ist eine überwiegende Umsetzung der dargestellten wissenschaftlichen Handlungsempfehlungen in der Praxis oftmals zu bejahen. Gleichwohl unterscheidet sich die Intensität der Umsetzung vor Ort durchaus. In diesem Sinne kann in den meisten Fällen nicht automatisch davon ausgegangen werden, dass diese eher grundsätzlichen Empfehlungen tatsächlich flächendeckend in allen 51 Fanprojekten identisch realisiert werden, da Fanprojekte unterschiedlich und zum Teil unter völlig anderen Voraussetzungen arbeiten. Beispielsweise muss die Handlungsempfehlung ‚Rechtsextreme Hegemonien durchbrechen' in extrem rechten Fanszenen von Fanprojekten natürlich anders implementiert werden als in insgesamt demokratischen Fanszenen, in denen nur wenige (jedoch dominante) Rechtsextreme aktiv sind. Folglich variiert die Intensität der Umsetzung dieser Handlungsempfehlung. Von einer grundsätzlichen Realisierung kann indes in beiden Fällen gesprochen werden.

Auch in differierenden finanziellen wie personellen Ressourcen liegen häufig Gründe für die unterschiedliche Intensität der Umsetzung grundsätzlicher Handlungsempfehlungen, die sich nicht selten durch eine variierende Zahl tatsächlich realisierter konkreter Einzelmaßnahmen ausdrückt.[82] So kann sich die Umsetzung der wissenschaftlichen Handlungsempfehlung ‚Gegenkräfte stärken' beispielsweise bei einigen Fanprojekten durch die Implementierung von etlichen konkreten Einzelmaßnahmen zur Stärkung

---

82 Die Umsetzung der vielfältigen konkreten Einzelmaßnahmen auf der Zielsetzungsebene Prävention, umfassend dargestellt in Kapitel 7, insbesondere in Tabelle 19, ist an dieser Stelle allerdings kein Thema, da es hier eher um grundsätzlichere Handlungsempfehlungen geht. Inwiefern diese konkreten Einzelmaßnahmen in den Fanprojekten umgesetzt werden, müsste eine genaue Beobachtung aller 51 Fanprojekte in der Praxis zeigen, die im Rahmen dieser Arbeit natürlich nicht geleistet werden konnte und an dieser Stelle überdies unzweckmäßig wäre.

der Gegenkräfte ausdrücken.[83] Bei anderen können dagegen mangels Finanzkraft nur wenige Einzelmaßnahmen zur Stärkung der Gegenkräfte realisiert werden. Gleichwohl wird die grundsätzliche, wissenschaftliche Handlungsempfehlung ‚Gegenkräfte stärken' in beiden Fällen in die Praxis umgesetzt. Lediglich die Intensität der Umsetzung differiert.

Vor diesem Hintergrund erstaunt wenig, dass die von finanziellen Ressourcen weitgehend unabhängige Umsetzung grundsätzlicher Vorschläge wie die klare Positionierung gegen Rechtsextremismus, die Einbeziehung anderer Fanthemen, um die Akzeptanz für die Arbeit innerhalb der Zielgruppe zu erhöhen, das Streben nach Durchbrechen rechtsextremer Hegemonien oder die Förderung von Gegenkräften in der Fanszene an den meisten Bundesligastandorten zu beobachten ist und eine überwiegende Realisierung dieser wissenschaftlichen Handlungsempfehlungen im systematischen Sinne von Tabelle 20 konstatiert werden kann. Die Intensität der Implementierung dieser Handlungsempfehlungen könnte indes durch die Verbesserung der finanziellen wie personellen Mittel der diese Maßnahmen durchführenden Akteure an vielen Orten verbessert werden. Einzig die Hierarchisierung von Dimensionen des Rechtsextremismus, obwohl ebenfalls weitgehend ressourcenneutral, wird noch nicht flächendeckend aufgebrochen. Dennoch bemühen sich mittlerweile viele Akteure, vor allem auf den zivilgesellschaftlichen, aber auch auf den staatlichen sowie wirtschaftlichen Feldern, darum, nicht nur gegen Rassismus, sondern auch gegen andere Dimensionen des Rechtsextremismus wie Sexismus und Homophobie vorzugehen oder sich deutlich dagegen zu positionieren.

Handlungsempfehlungen, deren Umsetzung dagegen mit höheren finanziellen Mitteln verbunden sind, wie beispielsweise die Fahrten mit Fans zu NS-Gedenkstätten, werden zwar häufig, aber keineswegs flächendeckend umgesetzt. Auch bei der Umsetzung etwas aufwendigerer Handlungsempfehlungen wie dem speziellen Training von Multiplikatoren aus der Fanszene werden Vorschläge aus der Forschung nur sporadisch in der Praxis aufgegriffen.

Innerhalb der Handlungsfelder Wirtschaft und Staat fehlt es in Bezug auf die präventiven Zielsetzungen noch immer an Kampagnen, die von

---

83 Beispiele für solche konkreten Einzelmaßnahmen zur Stärkung von Gegenkräften wären zum Beispiel Fußballturniere für Toleranz oder Konzerte gegen Rechtsextremismus (vgl. Kapitel 7.2.3).

den Fans als authentisch wahrgenommen werden. Wenngleich es auch hier gute Ansätze gibt, wirken Aktionen wie das Verlesen eines Verhaltenskodexes durch die Kapitäne der Bundesligavereine, das die Verbände zu Beginn der Saison 2012/2013 angeordnet haben, in den Augen vieler Fans eher unglaubwürdig (vgl. z.B. Schwatzgelb.de 2012c). Vereine müssten nach Ansicht der meisten Forscher überdies noch flächendeckender ihre Stadionordnungen mit Antidiskriminierungsparagraphen versehen und konsequenter das Tragen einschlägig rechtsextremer Kleidung verbieten.

Bei näherer Betrachtung der Zielsetzungsebene Aufklärung ergibt sich bezüglich der Umsetzung der Handlungsempfehlungen aus der Forschung ein sehr positives Bild. Sowohl im staatlichen als auch im zivilgesellschaftlichen Handlungsfeld werden flächendeckend Schulungen zum Erkennen von rechtsextremen Handlungsformen, Einstellungen und Codes durchgeführt. Auf wirtschaftlicher Seite gibt es hier aus Sicht der Forschung allerdings noch Verbesserungsbedarf. Viele Vereine verlassen sich noch zu stark auf ungeschulte Ordner und Sicherheitspersonal, das mit den versteckten Codes von Rechtsextremen wenig oder nichts anfangen kann. Im Extremfall wird der Ordnungsdienst sogar von Personal ausgeführt, dem eine Verbindung zur rechtsextremen Szene nachgesagt wird. Ein Beispiel dafür sind die Ordner des Chemnitzer FC, die beim Spiel gegen Wacker Burghausen Ende 2011 gegnerische Fans „angegriffen und rassistisch beleidigt" (MDR.de 2011) haben sollen. Andere Vereine achten dagegen auf die Fortbildung ihrer Ordner und klären sie insbesondere in Bezug auf die versteckten Zeichen des Rechtsextremismus in der Kurve auf. Während es bei den Schulungen der Ordner durch die Vereine also insgesamt noch Verbesserungspotential gibt, kommt es immer häufiger zu Aufklärungskampagnen innerhalb der Fanszenen, die vor allem von zivilgesellschaftlichen Akteuren initiiert werden. Die Polizei ist auf diesem Feld ebenfalls recht gut informiert, wenngleich dies nur selten dazu führt, dass sie wegen des Tragens rechtsextremer Codes einschreiten darf – denn viele dieser Codes sind nicht verboten.

Vorschläge aus der wissenschaftlichen Literatur auf der Zielsetzungsebene zur Verbesserung der Infrastruktur finden seltener praktische Beachtung. Hier gibt es bezüglich der Umsetzung von Empfehlungen aus der Forschung noch erheblichen Nachholbedarf auf allen Handlungsfeldern. Besonders in den Bereichen Wirtschaft und Staat werden bislang fast keine wissenschaftlichen Handlungsempfehlungen vollständig umgesetzt. Das liegt hauptsächlich daran, dass die Realisierung dieser Empfehlungen, im Gegensatz zur Umsetzung der eher grundsätzlichen Vorschläge auf den Zielsetzungsebenen Prävention und Aufklärung, wenig mit theoretischer Expertise zu tun hat, sondern hauptsächlich finanzieller Mittel bedarf. Und diese sind bekanntlich begrenzt. Die Errichtung eines Aktionsfonds zur Unterstützung von Anti-Rechtsextremismus-Initiativen aus den Fanszenen[84] wird in der Forschung zum Beispiel häufig als lohnender Ansatz angesehen, ist aber bislang nirgends realisiert. Denn ein solcher Aktionsfonds müsste mit Finanzmitteln von Staat und/oder Wirtschaft ausgestattet werden. Da diese Akteure jedoch bereits die Arbeit der Fanprojekte maßgeblich finanzieren, ist es nicht einfach, sie dazu zu bewegen, weitere Finanzmittel für diesen Aktionsfonds bereitzustellen. Andererseits können die unterfinanzierten Fanprojekte diese finanzielle Leistung wohl am wenigsten aus eigenen Mitteln stemmen. Daher hängt in diesem Bereich vieles am scheinbar oder tatsächlich nicht vorhandenen Geld.[85] Ähnlich sieht es bei der Forderung nach einer Erhöhung der Mittel für Fanprojekte aus, die sich an die staatlichen sowie wirtschaftlichen Akteure richtet. Auch die Einrichtung einer Referentenstelle zum Thema Rechtsextremismus beim DFB oder sogar bei den einzelnen Vereinen wird unter anderem mit der Begründung der mangelnden Finanzierbarkeit abgelehnt. Das gleiche gilt mit Abstrichen für die Forderung nach Anschaffung sowie Entwicklung einer permanenten Wanderausstellung zur Aufklärung über die verschiedenen Dimensionen des Rechtsextremismus im Stadion nach Vorbild der Tatort-Stadion-Ausstellung.[86] Auch ein bundesweiter regelmäßiger Aktionstag gegen Rechtsextremismus existiert bislang nicht, wenngleich vereinzelt Aktionstage auf dem zivilgesellschaftlichen Feld unter der Regie von Fanprojekten beziehungsweise Faninitiativen bei einigen Vereinen durchaus regelmäßig durchgeführt werden.

Dennoch liegen auch auf dieser Zielsetzungsebene Möglichkeiten, Handlungsempfehlungen der Forschung ohne größere finanzielle Anstrengungen

---

84 Inwiefern sich der mit 500.000 Euro ausgestattete und auf drei Jahre angelegte „Pool zur Förderung innovativer Fußball- und Fankultur" (DFL 2013), der ab 2014 bereitstehen soll, dazu entwickelt, bleibt abzuwarten (vgl. Kapitel 7.2.5).
85 Die Tatsache, dass der neue TV-Vertrag den Bundesligavereinen ab der Saison 2013/2014 jährlich 628 Millionen Euro einbringt, über 200 Millionen Euro mehr als zuvor, sei an dieser Stelle nur angemerkt (vgl. ZeitOnline 2012).
86 Auf die Ausstellung wird in Kapitel 7.2.2 näher eingegangen.

umzusetzen. Die Einrichtung einer regelmäßig tagenden interdisziplinären Arbeitsgruppe oder die Vereinheitlichung der Organisationsstruktur von Fanprojekten bedürften beispielsweise allenfalls geringer finanzieller Mittel. Die Nichtumsetzung dieser Handlungsempfehlung muss also andere Gründe haben. Auch die nicht immer vorhandene (ideelle) Unterstützung von einzelnen Faninitiativen sowie vereinsübergreifenden Fanzusammenschlüssen auf dem zivilgesellschaftlichen Feld kann nicht nur mit ungenügenden monetären Mitteln erklärt werden. Ebenso könnte die bereits vorhandene Vernetzung zwischen den beteiligten Akteuren aller Handlungsfelder mit relativ geringem finanziellem Einsatz weiter ausgebaut werden. Warum das nicht geschieht, soll im folgenden Kapitel 8.3 ausführlich diskutiert werden.

Die konfrontative Zielsetzungsebene ist die einzige, auf der alle Handlungsempfehlungen bereits in vollem Umfang realisiert werden. Dies geschieht auf den staatlichen und wirtschaftlichen Handlungsfeldern. Es spricht einiges dafür, dass dies nicht zuletzt deswegen der Fall ist, weil diese Lösungswege auf den ersten Blick als die vermeintlich kürzesten erscheinen und sofortige Problemlösungen versprechen – mit dem positiven Nebeneffekt, auch öffentlichkeitswirksam präsentiert werden zu können. Darüber, dass eine konsequente Umsetzung dieser Ansätze alleine jedoch nicht der Schlüssel zur Lösung der Gesamtproblematik sein kann, sind sich alle Forscher einig. Gleichwohl ist die Fußballfanszene häufig Ziel harter ‚Law-and-Order-Politik‘, die eine Durchführung konfrontativer Maßnahmen begünstigt. Beispiele dafür sind die seit Einführung des NKSS unter dem Druck der Politik immer weiter ausgebaute Kameraüberwachung in den Stadien und deren Umfeld sowie die verstärkten Polizeieinsätze.

Dass eine Konzentration auf Maßnahmen mit dieser Zielsetzung zwar durchaus einen Rückgang des (offensichtlichen) direkten Rechtsextremismus auf der Handlungsebene im Stadion begünstigen kann, wurde bereits dargestellt (vgl. Kapitel 7.3). Gegen versteckt codierte, nicht strafrechtlich relevante Formen des Rechtsextremismus sind diese Maßnahmen jedoch ebenso wirkungslos wie im Kampf gegen rechtsextreme Überzeugungen, das heißt (versteckte) direkte Anknüpfungspunkte sowie (offensichtliche) indirekte Anknüpfungspunkte von Rechtsextremen auf der Einstellungsebene (vgl. Kapitel 7.3). Außerdem bringen die meisten konfrontativen Maßnahmen im speziellen Kontext des Fußballstadions schwerwiegende Kollateralschäden wie die (zumindest von ihnen so empfundene) Kriminalisierung von nicht-rechtsextremen Fans mit sich, die sich häufig von massiven Polizeieinsätzen sowie omnipräsenter Kameraüberwachung in ihren Freiheitsrechten eingeschränkt fühlen. Dies kann innerhalb der Fanszene zu Solidarisierungseffekten im Kampf gegen den Staat im Allgemeinen sowie die Polizei im Besonderen führen, was mitunter Kooperationen zwischen rechtsextremen Agitatoren und nicht-rechtsextremen Fans begünstigt. An dieser Stelle ist also insofern ein Sonderfall zu beobachten, als Forscher vor einer Überbetonung der konfrontativen Maßnahmen auf den Handlungsfeldern Staat und Wirtschaft warnen, da sie der ebenso bedeutenden wie existierenden Selbstregulierung der Fanszene schaden könne.

Resümierend lässt sich feststellen, dass die grundsätzliche Umsetzung der Handlungsempfehlungen mit präventiven und aufklärerischen Zielen, vor allem auf dem zivilgesellschaftlichen Feld, sehr weit vorangeschritten ist. Eine noch intensivere Umsetzung wird weniger durch den fehlenden Willen der beteiligten Akteure als vielmehr durch fehlende finanzielle Mittel verhindert. Dies manifestiert sich in der mangelhaften Umsetzung der Handlungsempfehlungen auf der Zielsetzungsebene zur Verbesserung der Infrastruktur für den Kampf gegen Rechtsextremismus im Stadion. Denn deren Realisierung erfordert in der Regel eine Erhöhung der finanziellen Mittel für die präventiv-aufklärerische Fanarbeit. Es liegt daher auf der Hand, dass eine vermehrte Umsetzung von Handlungsempfehlungen infrastruktureller Natur Auswirkungen auf die weitere beziehungsweise intensivere Realisierung von Handlungsempfehlungen präventiver und aufklärerischer Natur haben würde. Erstere bilden häufig den Rahmen für Letztere. Anders sieht es bei der Umsetzung von Handlungsempfehlungen aus, die keinerlei oder lediglich geringe finanzielle Ressourcen erfordern. Eine interdisziplinäre Arbeitsgruppe, bestehend aus Vertretern von Vereinen, Verbänden, Polizei, Politik und Wissenschaft, aber vor allem auch Fans, wäre ohne große finanzielle Mühen ins Leben zu rufen. Hier muss es andere Gründe für die Nicht-Umsetzung geben.

Vollständig ausgeschöpft und an manchen Stellen sogar überbetont sind die konfrontativen Handlungsempfehlungen, die auf den staatlichen und wirtschaftlichen Feldern flächendeckend umgesetzt werden. Diese Ansätze versprechen scheinbar schnelle Lösungen, während Empfehlungen auf den Zielsetzungsebenen Prävention und Aufklärung langfristigere, aber auch nachhaltigere Strategien verfolgen. Hier warnen Forscher und Experten gleichermaßen vor einer Überbetonung der konfrontativen Säule zu

Ungunsten der präventiv-aufklärerischen Säule des Kampfes gegen Rechtsextremismus im Fußballstadion.

Wie bereits in Kapitel 7.3 ausgeführt, sind vor dem Hintergrund theoretischer Überlegungen drei wesentliche Einsatzorte für Maßnahmen im Kampf gegen Rechtsextremismus im Stadion zu unterscheiden: Präventive und aufklärerische Maßnahmen setzen beim Kampf gegen (offensichtliche) indirekte und (versteckte) direkte Anknüpfungspunkte auf der Einstellungsebene an. Dabei werden sie von Maßnahmen zur Verbesserung der Infrastruktur gestützt. Konfrontative Maßnahmen bekämpfen dagegen (offensichtliche) direkte Anknüpfungspunkte auf der Handlungsebene. Werden die in diesem Kapitel gewonnenen Ergebnisse nun auf das theoretische Fundament aus Kapitel 5 bezogen, ergibt sich ein aufschlussreiches Gesamtbild:

Abbildung 19: In der Praxis umgesetzte Gegenmaßnahmen in Bezug auf theoretische Anknüpfungspunkte von Rechtsextremismus im Fußballstadion (eigene Darstellung)

Legende: In der Praxis umgesetzt, teilweise umgesetzt, (größtenteils) nicht umgesetzt

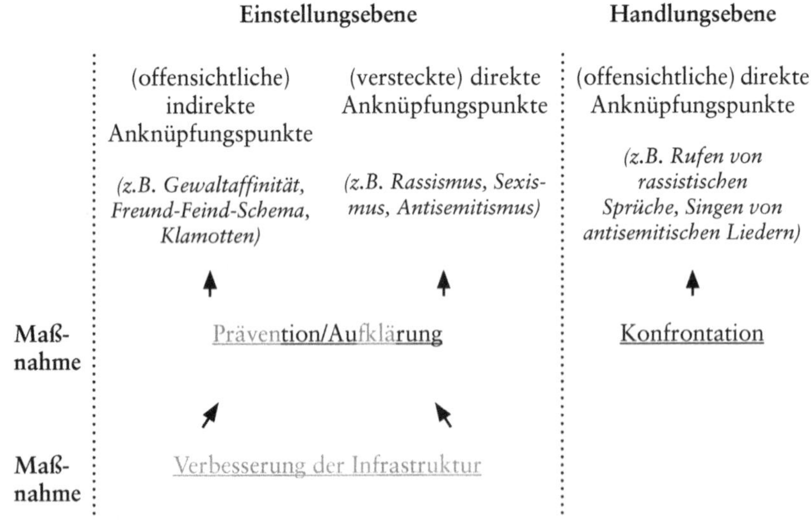

Wie dargestellt, werden die Handlungsempfehlungen aus der Forschung auf der Zielsetzungsebene Konfrontation flächendeckend umgesetzt. Diese Maßnahmen bekämpfen (offensichtliche) direkte Anknüpfungspunkten

des Rechtsextremismus auf der Handlungsebene. Der daraus resultierende Erfolg ist zumindest in den Stadien der oberen Ligen deutlich zu erkennen. Dort finden sich dank Kameraüberwachung und hoher Polizeipräsenz auf den ersten Blick kaum Zeichen von offensichtlichem Rechtsextremismus.

Nicht ganz so gut, aber immerhin respektabel ist die Umsetzung der Handlungsempfehlungen im Bereich der Prävention und Aufklärung, die häufig grundsätzlich gelingt, an vielen Stellen jedoch noch intensiviert werden kann. Maßnahmen dieser Art setzen sich nicht (primär, sondern allenfalls implizit [vgl. Kapitel 7.3]) mit den (offensichtlichen) direkten Anknüpfungspunkten des Rechtsextremismus auf der Handlungsebene im Fußballstadion auseinander. Sie bekämpfen den Rechtsextremismus an seinen (offensichtlichen) indirekten sowie den (versteckten) direkten Anknüpfungspunkten auf der Einstellungsebene. Ein Erfolg dieser Maßnahmen ist daher erstens schwer erkennbar und zweitens schwer nachweisbar. Denn Einstellungen sind eo ipso unsichtbar, solange sie nicht geäußert werden. Gleichwohl ist in der Wissenschaft unbestritten, dass die Maßnahmen zur Bekämpfung dieser Anknüpfungspunkte wesentlich nachhaltiger wirken. Die rechtsextreme Kleidung kann ein Neonazi ablegen, bevor er ins Stadion geht. Seine Gesinnung trägt er weiterhin in und mit sich. Und in der Fankurve kann sich diese ausbreiten.

Wesentlich schlechter steht es um die Umsetzung der Maßnahmen zur Verbesserung der Infrastruktur. Diese bilden jedoch das Rückgrat für die nachhaltige präventive und aufklärerische Fanarbeit. Es ist also davon auszugehen, dass eine verbesserte Umsetzung dieser infrastrukturellen Maßnahmen konstitutiv für eine intensivere Realisierung der präventiv-aufklärerischen Maßnahmen ist, das heißt, für einen verbesserten Kampf gegen die sehr gefährlichen (offensichtlichen) indirekten sowie (versteckten) direkten Anknüpfungspunkte von Rechtsextremisten im Fußballstadion notwendig ist.

An dieser Stelle ist also festzuhalten, dass die Umsetzung der konfrontativen Maßnahmen im Kampf gegen (offensichtliche) direkte Anknüpfungspunkte des Rechtsextremismus im Fußballstadion sehr weit fortgeschritten ist, während die Umsetzung der präventiv-aufklärerischen Maßnahmen zum Kampf gegen (offensichtliche) indirekte sowie (versteckte) direkte Anknüpfungspunkte aus Sicht der Forschung noch deutlich intensiviert werden müsste. Dies kann durch eine umfassendere Umsetzung der bislang nur zum geringen Teil realisierten Maßnahmen zur Verbesserung der Infrastruktur bewirkt werden.

Zusammenfassend wird mit Blick auf Tabelle 20 deutlich, dass in einigen Bereichen der Systematik deutlich mehr wissenschaftliche Handlungsempfehlungen in der Praxis umgesetzt werden als in anderen. Daraus folgt, dass der Kampf gegen bestimmte Anknüpfungspunkte des Rechtsextremismus im Fußballstadion intensiver geführt wird als der gegen andere (vgl. Abbildung 19). Mit der Frage, warum die Umsetzung mancher Handlungsempfehlungen offenbar mühelos gelingt, während andere wissenschaftliche Ansätze kaum beachtet werden, beschäftigt sich nun das folgende Kapitel.

8.3. Warum werden manche Handlungsempfehlungen aus der Forschung umgesetzt und andere nicht?

Wie im vorherigen Kapitel deutlich wurde, werden wissenschaftliche Handlungsempfehlungen zum Kampf gegen Rechtsextremismus im Fußballstadion in einigen Bereichen flächendeckend, in anderen jedoch fast gar nicht umgesetzt. Warum das so ist, soll dieses Kapitel näher analysieren.

Dazu wird der Blick zunächst auf die Experteninterviews gelegt. Bei deren qualitativer Analyse (vgl. Kapitel 6.3.5) fiel auf, dass die Befragten eine ganze Reihe kritischer Argumente bezüglich der potentiellen Umsetzung der wissenschaftlichen Handlungsempfehlungen zum Kampf gegen Rechtsextremismus in Fußballstadien vortrugen. Die quantitativen Ergebnisse der Befragung mittels des Kurzfragebogens unterstreichen diese Kritik. Überträgt man diese quantitativen Ergebnisse auf die im vorherigen Kapitel erarbeite Tabelle 20, kann diese um eine weitere, interessante Facette ergänzt werden. Sie zeigt nun, inwieweit die Handlungsempfehlungen aus der Forschung in den unterschiedlichen Bereichen in der Praxis umgesetzt werden und wie die jeweilige Handlungsempfehlung von den befragten Experten bewertet wird, ob sie also deren Umsetzung für richtig oder falsch halten.[87]

---

87 Zwar verhindert die verhältnismäßig geringe Zahl der Befragten, dass valide Schlüsse alleine auf Basis der quantitativen Auswertung des Kurzfragebogens gezogen werden können, gleichwohl wurden bei der in Kapitel 6.3.5 ausführlich dargelegten qualitativen Auswertung ebenfalls die inhaltlichen Argumente deutlich, welche zur jeweiligen Bewertung der wissenschaftlichen Handlungsempfehlung als sinnvoll oder sinnlos geführt haben. Vor diesem Hintergrund soll in der Folge die (Nicht-)Umsetzung der wissenschaftlichen Handlungsempfehlung diskutiert werden.

Tabelle 21: Zustimmung der befragten Experten zu nicht, nur teilweise oder bereits umgesetzten Maßnahmen gegen Rechtsextremismus im Fußballstadion: systematisiert nach Handlungsfeld und Zielsetzung (eigene Darstellung)

Legende:

a) <u>Unterstrichen = Zustimmung unter 4 (entspricht Ablehnung)</u>, normale Schrift = Zustimmung von 4,01 bis 5,99 (Zustimmung), GROSSBUCHSTABEN = ZUSTIMMUNG ÜBER 6 (STARKE ZUSTIMMUNG)

b) Farben: in der Praxis (größtenteils) umgesetzt, teilweise umgesetzt, (größtenteils) nicht umgesetzt

Handlungsfeld / Zielsetzung	Staat	Zivilgesellschaft	Wirtschaft
Prävention	- Kameraüberwachung im Umfeld des Stadions - AUTHENTISCHE REGELMÄßIGE KAMPAGNEN UND KEINE PR	- GEGENKRÄFTE STÄRKEN - RECHTSEXTREME HEGEMONIEN DURCHBRECHEN - ARBEIT AUF DIE JEWEILIGE ZIELGRUPPE/ FANSZENE ANPASSEN - Bei Arbeit gegen Rechtsextremismus auch andere Fanthemen beachten - Spezielles Training für Schlüsselpersonen aus der Fanszene - ANERKENNUNG/FÖRDERUNG VON FANINITIATIVEN GEGEN RECHTSEXTREMISMUS - <u>Rechtsextremismus indirekt thematisieren</u> - EINDEUTIGE POSITIONIERUNG GEGEN	- Kameraüberwachung im Stadion - Anpassung der Stadionordnung - EINDEUTIGE POSITIONIERUNG GEGEN RECHTSEXTREMISMUS - AUTHENTISCHE REGELMÄßIGE KAMPAGNEN UND KEINE PR - Einbeziehung der Profis in die Arbeit gegen Rechtsextremismus

Handlungsfeld / Zielsetzung	Staat	Zivilgesellschaft	Wirtschaft
		RECHTSEXTRE-MISMUS VON FANPROJEKTEN - STRATEGIEN NICHT NUR AUF JUGENDLICHE BESCHRÄNKEN - Kein Hierarchisierung von Dimensionen des Rechtsextremismus - FÖRDERUNG DER SELBST-REGULIERUNG DER FANSZENE	
Aufklärung	- SCHULUNG VON POLIZEI	- SCHULUNG VON MITARBEITERN DES FANPROJEKTS - Schulung von Fans - Aufzeigen von Widersprüchen in rechtsextremer Ideologie - Fahrten zu NS-Gedenkstätten	- SCHULUNG VON ORD-NERN
Verbesserung der Infrastruktur	- Aktionsfonds zur Unterstützung von konkreten Aktivitäten - ERHÖHUNG DER MITTEL FÜR FANPROJEKTE - Einrichtung einer interdisziplinären Arbeitsgruppe - Bessere Vernetzung	- BESSERE UNTERSTÜTZUNG VON FANINITIATIVEN - Förderung vereinsübergreifender Zusammenschlüsse von Fans - Einrichtung einer interdisziplinären Arbeitsgruppe - BESSERE VERNETZUNG - Regelmäßiger Aktionstag gegen Rechtsextremismus	- Einrichtung einer Referentenstelle Rechtsextremismus beim DFB - Einrichtung einer Referentenstelle Rechtsextremismus bei jedem Bundesligaverein - Aktionsfonds zur Unterstützung von Faninitiativen gegen Rechtsextremismus

	- Vereinheitlichung der Organisationsstruktur von Fanprojekten	- Vereinheitlichung der Organisationsstruktur von Fanprojekten	- Anschaffung einer Wanderausstellung - Vereinheitlichung der Organisationsstruktur von Fanprojekten - ERHÖHUNG DER MITTEL FÜR FANPROJEKTE - Einrichtung einer interdisziplinären Arbeitsgruppe - BESSERE VERNETZUNG - Regelmäßiger Aktionstag gegen Rechtsextremismus
Konfrontation	- Stadionverbote - Kameraüberwachung - Starke Polizeipräsenz		- Stadionverbote - Erhöhung der Zahl an Ordnern

Die mehrdimensionalen Tabelle gibt einen Überblick darüber, welche (nicht-)umgesetzten Handlungsempfehlungen die Experten als absolut sinnvoll (starke Zustimmung), sinnvoll (Zustimmung) und sinnlos (Ablehnung) bewertet haben. Sie zeigt, dass ein Großteil der als absolut sinnvoll eingestuften Maßnahmen bereits umgesetzt wird. Vor allem auf präventiver Zielsetzungsebene befinden sich im Handlungsfeld Zivilgesellschaft etliche Maßnahmen, die von den Experten als sehr sinnvoll bewertet werden. Die meisten werden von den Fanprojekten umgesetzt. Wie im vorherigen Kapitel erläutert, bekämpfen diese präventiven Strategien (offensichtliche) indirekte sowie (versteckte) direkte Anknüpfungspunkte des Rechtsextremismus auf der Einstellungsebene. Einzig den in vielen Fanprojekten praktizierten Vorschlag, dem Rechtsextremismus auf niedrigschwelliger Ebene auch indirekt zu begegnen, bewerten die Experten als sinnlos. Absolut sinnvoll ist ihrer Meinung nach dagegen die Durchführung authentischer Informationskampagnen anstatt bloßer PR-Kampagnen durch Wirtschaft und Staat. Vor allem der DFB setze nach Ansicht der befragten Experten jedoch immer noch zu häufig auf nicht nachhaltige Werbekampagnen wie etwa die Aktion ‚Zeig Rassismus die rote Karte' (vgl. Kapitel 6.3.5).

Hinsichtlich der aufklärerischen Zielsetzung betonen die Experten einhellig die Wichtigkeit von Schulungen, besonders von Ordnern, Polizei und Mitarbeitern der Fanprojekte. Während diese Fortbildungen Mitarbeitern der Fanprojekte sowie Polizisten regelmäßig zuteil werden, ist bei den Schulungen der Ordner noch Verbesserungspotential vorhanden. Auch diese Maßnahmen zielen vor allem darauf ab, (offensichtlichen) indirekten sowie (versteckten) direkten Anknüpfungspunkten von Rechtsextremisten im Fußballstadion entgegenzuwirken.

Auf konfrontativer Zielsetzungsebene werden sämtliche Handlungsempfehlungen bereits seit Langem in der Praxis umgesetzt. Konfrontative Ansätze des Staates durch starke Polizeipräsenz und der Wirtschaft durch eine beständige Erhöhung der Anzahl an Ordnern bewerten die Experten allerdings überwiegend als sinnlos im Kampf gegen den Rechtsextremismus im Fußballstadion. Diese konfrontativen Maßnahmen zielen in erster Linie darauf ab, (offensichtliche) direkte Anknüpfungspunkte des Rechtsextremismus in Fußballstadien auf der Handlungsebene zu bekämpfen. Sie werden in der Praxis auf staatlicher sowie wirtschaftlicher Ebene, nicht auf zivilgesellschaftlicher Ebene, bereits durchgesetzt, finden aber in weiten Teilen nicht die Zustimmung der befragten Experten.

Auf der Zielsetzungsebene zur Verbesserung der Infrastruktur gibt es viele Maßnahmen, die bislang lediglich partiell und größtenteils noch gar nicht umgesetzt wurden, von den Experten jedoch als sinnvoll oder sogar sehr sinnvoll angesehen werden. Gleichwohl korrespondiert die Nicht-Umsetzung von einigen der wissenschaftlichen Handlungsempfehlungen auf dieser Ebene mit der mehrheitlich ablehnenden Meinung der befragten Experten. Nicht umgesetzte Maßnahmen wie die Schaffung einer Referentenstelle zum Thema Rechtsextremismus bei allen Bundesligavereinen halten viele Experten für genauso sinnlos wie die Vereinheitlichung der Organisationsstrukturen der Fanprojekte. Andere überwiegend nicht umgesetzte Maßnahmen wie die Erhöhung der Mittel für Fanprojekte halten die Befragten dagegen für sehr geeignete Mittel im Kampf gegen

Rechtsextremismus, die verstärkt realisiert werden müssten. Weitere Anstrengungen sind nach Meinung der befragten Experten vor allem in einer bessern Förderung von Faninitiativen gegen Rechtsextremismus sowie in einer Vertiefung der Vernetzung der Akteure untereinander notwendig. Viele weitere erst teilweise realisierte Handlungsempfehlungen auf dieser Zielsetzungsebene beurteilen die Experten überwiegend positiv, wenngleich sie in ihren Reihen nicht unumstritten sind.

Diese Erkenntnisse lassen sich auch auf das theoretische Fundament von Gegenmaßnahmen auf Basis der Anknüpfungspunkte des Rechtsextremismus im Fußballstadion (vgl. Kapitel 5) beziehen:

Abbildung 20: In der Praxis umgesetzte Gegenmaßnahmen in Bezug auf theoretische Anknüpfungspunkte von Rechtsextremismus im Fußballstadion und ihre Bewertung durch die befragten Experten (eigene Darstellung)

Legende:
a) <u>Unterstrichen = Zustimmung unter 4 (entspricht Ablehnung)</u>, normale Schrift = Zustimmung von 4,01 bis 5,99 (Zustimmung) und GROSSBUCHSTABEN = ZUSTIMMUNG ÜBER 6 (STARKE ZUSTIMMUNG)
b) Farben: in der Praxis (größtenteils) umgesetzt, teilweise umgesetzt, (größtenteils) nicht umgesetzt

351

Die Abbildung zeigt, dass die von den befragten Experten als besonders sinnvoll eingeschätzten Handlungsempfehlungen präventiver sowie aufklärerischer Natur sind und größtenteils bis teilweise umgesetzt werden. Die von den Experten als überwiegend sinnvoll bezeichneten Vorschläge aus dem Bereich der Verbesserung der Infrastruktur werden jedoch nur zu einem geringen Teil umgesetzt, was sich auf die Möglichkeiten der intensiveren Realisierung präventiver sowie aufklärerischer Maßnahmen negativ auswirkt, da diese größtenteils durch Maßnahmen auf der Ebene der Verbesserung der Infrastruktur finanziert werden. Interessanterweise werden die von den Experten als überwiegend negativ respektive allenfalls in geringem Maße sinnvoll bezeichneten konfrontativen Handlungsempfehlungen so gut wie vollständig in der Praxis umgesetzt. Hier ist eine deutliche Diskrepanz zwischen der Meinung der Experten und den tatsächlich implementierten Maßnahmen festzustellen. Anknüpfungspunkte auf der Handlungsebene werden also (trotz Bedenken der Experten) bereits flächendeckend attackiert. In der Bekämpfung der Anknüpfungspunkte auf der Einstellungsebene liegen dagegen noch ungenutzte Potentiale, deren Aktivierung die Experten mehrheitlich empfehlen.

Die bisherigen Ergebnisse geben allerdings keine Antwort darauf, *warum* manche in der Forschung vorgeschlagenen Maßnahmen umgesetzt werden und andere nicht. Sie unterstreichen lediglich, dass bislang nicht primär diejenigen wissenschaftlichen Handlungsempfehlungen implementiert wurden, die von den befragten Experten aus unterschiedlichen Handlungsfeldern am sinnvollsten eingeschätzt werden.

Zur Beantwortung der Leitfrage nach dem ‚Warum‘ der (Nicht-)Umsetzung von Maßnahmen sollen die bislang erarbeiteten Ergebnisse dieser Arbeit nun miteinander verknüpft sowie besonders unter Berücksichtigung der Argumente aus den qualitativen Experteninterviews diskutiert werden. Methodisch werden dazu drei potentielle Umsetzungskriterien eingeführt. Sie sollen erklären, warum eine theoretische Handlungsempfehlung aus der Wissenschaft in der Praxis (nicht) umgesetzt wird. Inwieweit diese Begründung anhand dieser Umsetzungskriterien erbracht werden kann, soll in der Folge überprüft werden. Die potentiellen Umsetzungskriterien sind:

– (Politischer) Wille (Definition: Die handelnden Akteure dürfen durch die Umsetzung nicht in ihren Eigeninteressen verletzt werden).

- Finanzielle Ressourcen (Definition: Die finanziellen Ressourcen zur Umsetzung der Maßnahmen müssen vorhanden sein).
- Inhaltliche Überzeugung (Definition: Die handelnden Akteure müssen vom Sinn der umzusetzenden Maßnahme überzeugt sein).

Betrachtet man in Tabelle 21 diejenigen Handlungsempfehlungen aus der Wissenschaft, die in der Praxis größtenteils nicht umgesetzt und gleichzeitig von den Experten mehrheitlich als sinnlos eingestuft werden, liegt die Antwort auf die Frage, warum diese Maßnahmen nicht umgesetzt werden, auf der Hand: Sie erscheinen (den handelnden Akteuren) schlichtweg nicht sinnvoll im Kampf gegen den Rechtsextremismus im Fußballstadion.

Ein Beispiel dafür ist der Vorschlag, die Organisationsstrukturen der Fanprojekte zu vereinheitlichen. Die Experten nennen hinsichtlich dieser Handlungsempfehlung in den qualitativen Interviews etliche inhaltlich schlüssige Gegenargumente. Sie betonen etwa, dass nur eine auf die örtlichen Gegebenheiten angepasste Organisationsstruktur die individuelle Arbeit mit den jeweiligen Fanszenen ermögliche (vgl. AF-B: 6). Außerdem garantiere nach Meinung einiger Experten gerade die Unterschiedlichkeit der Fanprojekte die Möglichkeit, differierende Lösungsansätze erarbeiten und ausprobieren zu können (vgl. z.B. Verband-D: 14). Weiterhin würde eine Vereinheitlichung „die regional spezifischen Besonderheiten aus dem Blick" (Polizei-J: 7) verlieren und wäre demnach kontraproduktiv.

Diese Argumente überzeugen. Es ist daher schlüssig, die Nicht-Umsetzung dieser Maßnahme mit fehlender inhaltlicher Überzeugung zu erklären.

Ähnlich nachvollziehbare Argumente werden von den Experten gegen die Einrichtung einer Referentenstelle zum Thema Rechtsextremismus bei jedem Bundesligaverein vorgetragen. Für diese Aufgabe, so ihre Hauptargumentationslinie, seien die Fanbeauftragten verantwortlich, die jeder Bundesligaverein bereits unterhalte (vgl. Verband-C: 6). Demnach würde die Einrichtung einer zusätzlichen Referentenstelle Doppelstrukturen schaffen, die zudem die Clubs finanziell belasten würden (vgl. Verein-L: 5).

Wenn die Fanbeauftragten bei den Clubs diese Aufgabe tatsächlich flächendeckend wahrnehmen und die dafür nötigen personellen wie finanziellen Ressourcen vorhanden sind, wäre es in der Tat aus inhaltlichen Gründen nachvollziehbar, auf die Schaffung einer zusätzlichen Referentenstelle zum

Thema Rechtsextremismus zu verzichten. Allerdings zeigen sich an dieser Stelle erstmals Probleme bei der Begründung der Nicht-Umsetzung von Maßnahmen aus der Forschung mit fehlender inhaltlicher Überzeugung der beteiligten Akteure. Denn da nicht nachgewiesen ist, dass sich auch tatsächlich alle Fanbeauftragten der Bundesligavereine flächendeckend in ausreichendem Umfang, mit dem nötigen Fachwissen und den erforderlichen materiellen sowie personellen Voraussetzungen mit dem Themenbereich Rechtsextremismus auseinandersetzen[88], kann es durchaus sein, dass sich Akteure aus den Reihen der Vereine, die zusätzliche Referentenstellen bezahlen müssten, auf (falsche) inhaltliche Begründungen zur Nicht-Umsetzung zurückziehen, damit in Wahrheit aber ihren fehlenden (politischen) Willen zur Nicht-Umsetzung verschleiern wollen. Tatsächlich lehnen beide befragten Vertreter der Akteursgruppe ‚Vereine‘ diese Handlungsempfehlung sehr deutlich ab (vgl. Abbildung 12 in Kapitel 6.3.5). Dennoch fällt hier auf, dass nicht nur die befragten Vertreter der Vereine diese Handlungsempfehlung ablehnen, sondern auch Experten aller anderen Handlungsfelder diese Maßnahme als sinnlos bewerten (vgl. Abbildung 12 in Kapitel 6.3.5). Daher ist der Verdacht hinsichtlich eines bloß vorgeschobenen inhaltlichen Grundes zur Nicht-Umsetzung in diesem Punkt zu vernachlässigen. Dennoch zeigt sich bereits an dieser Stelle, dass bei der Begründung einer Nicht-Umsetzung mit fehlender inhaltlicher Überzeugung aufmerksam geprüft werden muss, ob die inhaltlichen Argumente tatsächlich zutreffen oder nur den eigentlichen Grund für die Nicht-Umsetzung verdecken sollen.

Insgesamt ergibt sich aus der näheren Analyse dieser Beispiele eine erste vorläufige Erkenntnis: Lehnen Experten unterschiedlicher Handlungsfelder eine theoretische Handlungsempfehlung aus der Wissenschaft mehrheitlich ab und ist diese gleichzeitig in der Praxis noch nicht implementiert worden, kann die Nicht-Umsetzung der Maßnahme in der Regel mit der fehlenden inhaltlichen Überzeugung der handelnden Akteure begründet werden.

So wenig wie die Bundesliga-Vereine verfügt der DFB bisher über eine Referentenstelle ‚Rechtsextremismus‘. Während die Experten die Einrichtung einer solchen Stelle bei den Vereinen mehrheitlich ablehnen, bewerten sie deren Einführung beim DFB jedoch tendenziell positiv (vgl. Tabelle 17).

---

88 Um diesen Nachweis zu erbringen, wären empirische Untersuchungen bezüglich der Arbeit aller Fanbeauftragten der Bundesligavereine nötig.

Die Analyse der Experteninterviews auf qualitativer Ebene zeigt, dass die Bewertungen dieser Handlungsempfehlung unterschiedlich ausfallen, an ihr durchaus Kritik geübt wird, die Mehrheit der vorgetragenen Argumente jedoch für eine Umsetzung spricht. Auch in der Wissenschaft gibt es deutliche Stimmen, die sich für die Einführung einer Referentenstelle zum Thema Rechtsextremismus beim DFB aussprechen (vgl. Kapitel 6.2). Warum wird diese dann trotz der Mehrheit an Befürwortern aus Wissenschaft und Praxis nicht geschaffen?

Zunächst geht die Einrichtung einer solchen Referentenstelle natürlich mit finanziellen Belastungen, in diesem Fall für den DFB, einher. Dass dieser in der Lage ist, finanzielle Anstrengungen leichter zu schultern als die meisten Bundesligavereine, liegt auf der Hand. Obgleich das finanzielle Argument nicht völlig außer Acht gelassen werden darf, ist es an dieser Stelle also zu vernachlässigen. Im Verhältnis zum Jahresbudget des DFBs, das nach Angaben von DFB-Präsident Wolfgang Niersbach „deutlich über 100 Millionen Euro" (Fischer 2013) liege und das die Frankfurter Rundschau auf „fast 160 Millionen Euro" (Hellmann 2013) taxiert, würden die Kosten für eine Referentenstelle kaum ins Gewicht fallen. Essentieller ist das von Experte Verein-M ausgesprochene Argumente der Angststeuerung. Diese Angststeuerung „führt eher dazu, dass man versucht den Anschein zu erwecken, dass man da ja kein Problem hat" (Verein-M: 2), weil man andernfalls als potentieller Hort von Rechtsextremen wahrgenommen würde oder aber den Anschein erwecke: „Ich habe meinen Laden nicht im Griff" (Verband-C). Die Nicht-Umsetzung der Handlungsempfehlung könnte also darauf zurückzuführen sein, dass der DFB als Verband darum bemüht ist, ein ‚sauberes' Image zu behalten. Das Einrichten einer Referentenstelle für Rechtsextremismus könnte dieses Image gefährden. Beim entscheidenden Akteur fehlt, dieser Argumentation folgend, also der Wille, die Maßnahmen umzusetzen, obwohl offensichtlich die nötigen Ressourcen dafür vorhanden wären. Dem könnte allerdings widersprechen, dass sich der DFB an anderen Stellen durchaus mit Image- respektive Informationskampagnen gegen Rechtsextremismus richtet (vgl. Kapitel 7.2.5), was jedoch wiederum unter Verweis auf den (gleichzeitigen) PR-Charakter von vielen dieser Aktionen relativiert wird. Als Grund für die Nicht-Umsetzung kann natürlich auch vorgebracht werden, dass „alle, die hauptamtlich beim DFB sind, sich das Thema zu eigen machen müssen" (Politik-H: 3), was für die fehlende inhaltliche Überzeugung der relevanten Akteure als Nicht-Umsetzungskriterium sprechen würde. Darauf muss aber schlüssig entgegnet werden, dass mit der Einrichtung einer Referentenstelle zumindest eine Person für den Themenkomplex Rechtsextremismus zuständig wäre, während die Verteilung der Verantwortlichkeit auf allen Schultern stets die Gefahr birgt, dass sich niemand wirklich um das Thema kümmert, da ja alle prinzipiell zuständig sind. Vor dem Hintergrund, dass sowohl Wissenschaft als auch die befragten Experten zu einem überwiegenden Teil die Einrichtung einer solchen Referentenstelle beim DFB befürworten, ist nach Abwägung aller Argumente davon auszugehen, dass der fehlende Wille des DFBs ausschlaggebend für eine Nicht-Umsetzung ist. Es wird also das Umsetzungskriterium des (politischen) Willens der handelnden Akteure nicht erfüllt, was zu einer Nicht-Umsetzung der Handlungsempfehlung führt.

Aus dem gleichen Grund könnte der Verzicht auf die Anschaffung einer Wanderausstellung durch die Verbände begründet werde. Sowohl die DFL als auch der DFB verfügen über die dafür nötigen finanziellen Ressourcen und die Experten betrachten diese Maßnahem mehrheitlich als sinnvoll. Es liegt jedoch der Verdacht nahe, dass auch hier aus Imagegründen von der Anschaffung einer solchen Ausstellung abgesehen wird. Diese, so könnte die Befürchtung sein, könnte durch das Veranschaulichen von rechtsextremistischen Vorfällen einige Vereine in ein vermeintlich ‚rechtsextremes‘ Licht rücken. Gleichwohl könnten die von einigen Experten vorgetragenen Kritikpunkte, wonach eine solche Ausstellung nur von denjenigen besucht würde, die sich sowieso schon gegen Rechtsextremismus einsetzen (vgl. Polizei-J: 5), bei der Nicht-Umsetzung eine Rolle spielen. Das spräche wiederum dafür, eine Nicht-Umsetzung eher mit inhaltlichen Bedenken zu erklären. Allerdings: Die meisten aufklärerischen wie präventiven Ansätze (vgl. Kapitel 7) sollen eine breite Zielgruppe erreichen. Zu dieser gehören natürlich auch Fans, die sich aus innerer Überzeugung gegen Rechtsextremismus engagieren, also diejenigen, „die wir gar nicht erreichen müssen" (Polizei-J: 5). Mit Maßnahmen wie der Wanderausstellung werden sie in ihrem Engagement bestärkt und mit dem nötigen argumentativen Rüstzeug ausgestattet, um zu verhindern, dass sich rechtsextreme Hegemonien ausbreiten können. Wird der Kampf gegen Rechtsextremismus von engagierten Fans geführt, so ist die Akzeptanz innerhalb der Fanszene dafür um ein Vielfaches höher, als wenn er von externen Akteuren in die

Fankurven getragen wird (vgl. Kapitel 6.2). Eine Weiterbildung der gegen Rechtsextremismus aktiven Fans durch Maßnahmen wie eine Wanderausstellung, ist daher erstrebenswert. Darüber hinaus, und das ist der fast noch wichtigere Punkt, werden mit der Wanderausstellung auch diejenigen erreicht, die noch keine gefestigten politischen Einstellungen ausgebildet haben. Gerde sie können durch präventiv-aufklärerische Maßnahmen wie eine Wanderausstellung sensibilisiert und gegen die menschenverachtende Ideologie des Rechtsextremismus immunisiert werden. Bei ihnen können präventive Maßnahmen dieser Art einen positiven Einfluss auf die Bekämpfung (versteckter) direkter Anknüpfungspunkte auf der Einstellungsebene haben, indem sie verhindern, dass Fußballfans antisemitische, rassistische oder andere rechtsextreme Überzeugungen herausbilden. Darüber hinaus können sie aktiv die (offensichtlichen) indirekten Anknüpfungspunkte für Rechtsextreme auf der Einstellungsebene besetzen, indem die Grundlage für ein tolerantes, nicht-ausgrenzendes Klima in der Fanszene gelegt wird. Das Argument, eine Wanderausstellung würde nur die ohnehin an der Thematik Interessierten erreichen, greift also eindeutig zu kurz. Die fehlende inhaltliche Überzeugung als Begründung für die Nicht-Umsetzung dieser Maßnahme ist daher argumentativ nicht schlüssig. Relevanter erscheint wiederum die Argumentationslinie des fehlenden (politischen) Willens, der zu einer Nicht-Umsetzung der Handlungsempfehlung führt.

An dieser Stelle wird erneut deutlich, dass die Identifizierung des relevanten Kriteriums für die Nicht-Umsetzung einer wissenschaftlichen Handlungsempfehlung nicht immer problemlos möglich ist, da häufig unterschiedliche Begründungen zur Nicht-Umsetzung vorgebracht werden können. Außerdem drängt sich der Verdacht auf, dass mitunter fehlende inhaltliche Überzeugung oder fehlende finanzielle Ressourcen vorgeschoben werden, um die eigentliche Nicht-Umsetzung aufgrund des (negativ konnotierten) Grundes ,fehlender politischer Wille der handelnden Akteure' zu verschleiern. Daher ist eine differenzierte Analyse der Gründe zur Nicht-Umsetzung einer wissenschaftlichen Handlungsempfehlung mitsamt der Abwägung verschiedener Argumente von Akteuren unterschiedlicher Handlungsfelder, wie sie an dieser Stelle exemplarisch vorgetragen wurde, unabdingbar. Es genügt nicht, nur die (potentiell) handelnden Akteure nach den Gründen für die Nicht-Umsetzung einer bestimmten

Handlungsempfehlung zu befragen. So besteht die Gefahr, dass die wahren Gründe für die Nicht-Umsetzung im Dunkeln bleiben.

Insgesamt kann an dieser Stelle resümiert werden, dass bei Handlungsempfehlungen, die noch nicht implementiert wurden, von Experten jedoch mehrheitlich als sinnvoll eingeschätzt wurden, mitunter der fehlende (politische) Wille der für die potentielle Realisierung zuständigen Akteure eine Nicht-Umsetzung schlüssiger begründen kann als (deren) inhaltliche Bedenken.

Der Vorschlag zur Einführung eines regelmäßigen Aktionstages gegen Rechtsextremismus durch die Vereine unter der Schirmherrschaft des DFBs ist, wie alle anderen bislang diskutierten Handlungsempfehlungen, ebenfalls auf der Zielsetzungsebene zur Verbesserung der Infrastruktur angesiedelt und bislang (größtenteils) noch nicht implementiert. Gleichwohl hält die Mehrheit der Experten die Realisierung dieser Maßnahme für sinnvoll. Natürlich wäre diese mit finanziellen Belastungen verbunden, die für (die meisten) Vereine schwerer wiegen als für den DFB. Doch erstens sind die mit einem Aktionstag gegen Rechtsextremismus verbundenen finanziellen Verpflichtungen, etwa im Vergleich zu den für die Schaffung einer neuen Referentenstelle für Rechtsextremismus nötigen Mitteln, eher gering. Und zweitens könnten DFB und DFL die Vereine bei diesen Aktionstagen finanziell unterstützen. Die Nicht-Umsetzung der Handlungsempfehlung aus finanziellen Gründen ist demnach nicht nachvollziehbar. Die Nicht-Umsetzung aufgrund fehlenden (politischen) Willens ist in diesem Punkt ebenfalls auszuschließen. Schließlich würde die Einführung eines bundesweiten Aktionstages, anders als eine womöglich ‚anprangernde' Wanderausstellung, nicht bloß einzelne Vereine oder einen Verband mit Rechtsextremismus in Verbindung bringen, sondern alle Bundesligavereine würden in Kooperation mit den Verbänden pro-aktiv geschlossen gegen Rechtsextremismus auftreten. Damit wäre ein solcher Aktionstag zur Imagepflege besonders geeignet und keinesfalls imageschädlich. Gleichwohl tauchen hier schlüssige inhaltliche Bedenken als Gründe für die Nicht-Umsetzung auf. FP-F merkt beispielsweise an: „Das ist einmal eine nette Aktion […] aber ich denke, kontinuierliche Arbeit ist wichtiger" (FP-F: 5). Die mangelnde Kontinuität ist also das Hauptargument gegen die Einführung eines bundesweiten Aktionstages. Würde ein solcher Tag mit der Realisierung diverser nachhaltiger Maßnamen im Kampf gegen Rechtsextremismus im Fußballstadion einhergehen, könnte sein Sinn als öffentlichkeitswirksamer Startschuss dieser Maßnahmen nachvollzogen werden. Ohne nachhaltige thematische Ausgestaltung wäre er indes tatsächlich lediglich eine ‚nette Aktion‘, was inhaltlich nicht überzeugt. Im Gegenteil: Die bloße Durchführung eines solchen jährlichen Aktionstages, ohne Bezug zu anderen Maßnahmen gegen Rechtsextremismus, birgt sogar die Gefahr, dass sich die Macher des Aktionstages, vornehmlich auf dem wirtschaftlichen Handlungsfeld, dahinter verstecken und öffentlichkeitswirksam darauf verweisen können, mit dem Aktionstag als Verein/Verband ja etwas gegen Rechtsextremismus getan zu haben. Außerdem könnten solche von oben angeordneten Aktionstage von Fans als externe Einmischung gedeutet werden und damit das (vorhandene) Engagement in den Fanszenen torpedieren. Diese Kritik wird von Verband-D mit Blick auf die früher von der DFL unterstützten FARE-Aktionswochen[89] auf den Punkt gebracht, wenn er beispielsweise betont, dass durch diese „Symbolik […] sehr viel von dieser Eigeninitiative […] zugrunde gerichtet“ (Verband-D: 9) wurde.

Hier ist also die fehlende inhaltliche Überzeugung der handelnden Akteure in der Tat der entscheidende Grund für die Nicht-Umsetzung der Handlungsempfehlung. Eine Verschleierung anderer Gründe zur Nicht-Umsetzung dieser Handlungsempfehlung ist nicht festzustellen.

Auf einer anderen Zielsetzungsebene, jedoch mit der gleichen Argumentationslogik zur Nicht-Umsetzung, kann die zum großen Teil fehlende Einbindung der Fußballprofis in die Arbeit gegen Rechtsextremismus begründet werden. Finanzielle Gründe für die Nicht-Umsetzung scheiden hier ebenso aus wie ideelle. Die Profis stehen bei den Clubs unter Vertrag und ihr Engagement gegen Rechtsextremismus wäre perfekte PR für den Verein. Gleichwohl überzeugen auch hier inhaltliche Gegenargumente und machen deutlich, warum diese Handlungsempfehlung aus der Theorie in der Praxis so gut wie nie umgesetzt wird: „Ich glaube, die [Fußballprofis] sind überfordert damit.“ (Verband-D: 13). Das ist kein Vorwurf an die Spieler, zumal es durchaus, wenngleich wenige, Beispiele für ein Engagement

---

89 Das FARE-Network ist ein internationaler, seit 1999 bestehender Zusammenschluss unterschiedlicher Akteure, deren Hauptziel es ist: „To bring together all those committed to combating discrimination in football“ (Fare 2014). Um das Engagement der beteiligten Akteure im Kampf gegen Rechtsextremismus öffentlichkeitswirksam zu präsentierten, führt FARE einmal im Jahr die sogenannten ‚Fare Aktionswochen‘ durch (vgl. Fare 2014b).

von Spielern gegen Rechtsextremismus gibt (vgl. z.B. Blaschke 2011: 186ff.). Allerdings sollten Spieler nicht zu diesem Engagement verpflichtet werden. Wenn sie vertraglich oder aus anderen Gründen gegen ihr persönliches Interesse zu Aktionen gegen Rechtsextremismus gezwungen werden, verlieren diese ihre Authentizität und damit ihre Überzeugungskraft. Wenn Profis nur gelangweilt gute Vorsätze oder vorgefertigte Statements gegen Rechtsextremismus vortragen, fragen sich Fans natürlich, warum sie sich mit der Thematik ernsthaft auseinandersetzen sollten, wenn sich augenscheinlich noch nicht einmal ihre Vorbilder damit beschäftigen wollen. Oder die Fans bemerken, dass die Profis von den ‚ewigen Reden über Rechtsextremismus' genauso gelangweilt sind wie sie selbst. Dieses Wirkung wäre Gift für die Arbeit gegen Rechtsextremismus im Fußballstadion. Daher ist die Nicht-Umsetzung dieser Handlungsempfehlung in der Fläche aus inhaltlichen Gründen nachvollziehbar, auch wenn sich einzelne Profis aus eigenem Antrieb immer wieder überzeugend am Kampf gegen Rechtsextremismus beteiligen. Eine Erhöhung ihrer Anzahl auf freiwilliger Basis ist wünschenswert, darf jedoch nicht erzwungen werden.

Die beiden zuletzt diskutierten Beispiele lassen den Schluss zu, dass wissenschaftliche Handlungsempfehlung manchmal auch dann aus inhaltlichen Gründen nicht umgesetzt werden, wenn die befragten Experten diese Vorschläge überwiegend als sinnvoll bewertet haben.

Eklatant ist die Diskrepanz zwischen Einschätzung der befragten Experten auf der einen und tatsächlicher Umsetzung auf der anderen Seite hinsichtlich der Handlungsempfehlung zur Erhöhung der Mittel für Fanprojekte. Die Experten unterstützen diese Empfehlung (fast) vorbehaltlos. Dennoch ist die Maßnahme bislang allenfalls partiell realisiert worden. Inhaltliche Gründe für die Nicht-Umsetzung lassen sich hier nur schwer erkennen, da die Arbeit der Fanprojekte von Akteuren aller Handlungsfelder als wesentlich im Kampf gegen Rechtsextremismus im Fußballstadion angesehen wird. Auch die mit der potentiellen Umsetzung betrauten Akteure sprechen sich mehrheitlich für die Erhöhung der Mittel für Fanprojekte aus. Der Wille, diese Maßnahme zu realisieren, ist also vorhanden. Es liegt daher nahe, die Nicht-Umsetzung mit fehlenden finanziellen Mitteln zu begründen. Der Unterhalt eines flächendeckenden Netzes von Fanprojekten ist mit erheblichen Kosten verbunden. Der angestrebte Etat von 180.000 Euro pro Fanprojekt und Jahr summiert sich bei 51 Fanprojekten an 46 Standorten zu einer beträchtlichen Summe, reicht aber im Einzelfall dennoch nur aus, um elementare Fanarbeit zu leisten (vgl. z.B. FP-F: 8). Zusätzlich muss beachtet werden, dass einerseits die anvisierten Fördersummen nicht immer erreicht werden und andererseits die Finanzierung auf mehrere Schultern verteilt ist (vgl. Kapitel 7.2.3). Während es für die Verbände in der Regel unproblematisch ist, die nötigen finanziellen Mittel bereitzustellen, tun sich verschuldete Länder sowie zum Teil hochverschuldete Kommunen häufig sehr schwer, ihren Teil zur Finanzierung beizutragen. Die Ende 2013 angekündigte Umstrukturierung der Fanprojektfinanzierung[90] ändert an dieser grundsätzlichen Problematik wenig.

Die Nicht-Umsetzung dieser Maßnahme ist also mit fehlenden finanziellen Ressourcen zu erklären.

Die Einrichtung eines Aktionsfonds zur konkreten Unterstützung von Faninitiativen gegen Rechtsextremismus erfordert ebenfalls finanzielle Mittel, die bei den meisten niedrigklassigen Bundesligavereinen in der Regel knapp sind. Indes überzeugt das Argumentationsmuster des vorangegangenen Beispiels in diesem Punkt nicht, da sich ein ligaweiter Aktionsfonds aus Strafen für diverse Vergehen der Fanszenen (Einsatz von Pyrotechnik, Platzsturm, Ausschreitungen etc.) speisen und so die Vereinskassen nicht mehr als momentan belasten würde. Außerdem könnten die Verbände ebenfalls in den Fonds einzahlen. Allerdings, und dieser Punkt ist entscheidend, gibt es hinsichtlich dieser Handlungsempfehlung durchaus ernst zu nehmende inhaltliche Bedenken von Experten aus der Praxis. Am stichhaltigsten ist die Argumentation, „dass solche Geschichten aus den Szenen heraus entstehen müssen" (FP-E: 5). Dahinter steckt der richtige Kerngedanke, dass diejenigen Aktionen, die aus der Fanszene selbst entstehen, die breiteste Akzeptanz innerhalb der Fanszene erfahren und dementsprechend am wirkungsvollsten sind. Ein externes ‚Sponsoring' birgt daher die Gefahr, dass die gesamte Aktion als extern beeinflusst wahrgenommen wird, sich weite Teile der Fanszene dagegen sperren oder den Inhalt der Aktion gegen Rechtsextremismus sogar negativ interpretieren. Diese Argumentation stösst allerdings an ihre Grenzen, wenn einzig fehlende Finanzmittel Faninitiativen daran hindern, konkrete Aktionen gegen Rechtsextremismus durchzuführen, etwa wenn eine Lesung organisiert werden soll und

---

90 Siehe Fußnote 68 in Kapitel 7.2.3.

das Geld für den Referenten fehlt oder eine Choreographie gegen Homophobie an finanziellen Hürden scheitert. In diesen Fällen könnte ein Aktionsfonds, an den sich Fans aktiv wenden können, wenn sie finanzielle Hilfe benötigen, seine volle Wirkung entfalten. Damit wäre ausgeschlossen, dass die Fanszenen Ziel eines in ihren Augen negativen Einflusses von außen werden und gleichzeitig wäre eine solide Finanzierung ihrer Aktionen gegen Rechtsextremismus gesichert. Um den Fonds nicht überzustrapazieren, würde sich die Einführung einer niedrigschwelligen Kontrollinstanz in Form eines (nicht zu komplexen) Antrags zur Förderung anbieten. So wäre einerseits der Missbrauch der Finanzmittel ausgeschlossen und andererseits gegebenenfalls eine Deckelung der Fördersumme möglich.

Nach Abwägung dieser Argumente ist es insgesamt nur ansatzweise schlüssig, die Nicht-Umsetzung der Handlungsempfehlung zum Teil auf fehlende finanzielle Ressourcen und zum Teil auf inhaltliche Bedenken zurückzuführen. Da auch der fehlende politische Wille als Nicht-Umsetzungskriterium ausscheidet, ist es sehr wahrscheinlich, dass in Zukunft eine Änderung der Bewertung durch die handelnden Akteure erfolgen wird, so dass mit einer baldigen Umsetzung dieser Handlungsempfehlung zu rechnen ist. Die jüngst erfolgte Bereitstellung des 500.000 Euro schweren „Pool[s] zur Förderung innovativer Fußball- und Fankultur" (DFL 2013) weist in diese Richtung.

Wie sich bei der Diskussion derjenigen Handlungsoptionen, die bislang nicht in die Praxis umgesetzt worden sind, gezeigt hat, gibt es nicht nur den *einen* Grund, weshalb Handlungsempfehlungen aus der Wissenschaft nicht realisiert werden. Vielmehr verbergen sich die Gründe zur Nicht-Umsetzung in einem nicht immer leicht zu durchschauenden Geflecht aus divergierenden Einzelinteressen der jeweiligen Akteure.

Dennoch haben sich im Wesentlichen die drei eingangs vorgestellten und im Einzelfall nicht umfassend erfüllten Umsetzungskriterien zur Begründung der Nicht-Umsetzung von Handlungsempfehlungen in der dargestellten Diskussion bewährt. Für die Umsetzung der theoretischen Vorschläge ist zum einen die *inhaltliche Überzeugung* wesentlich. Sind die Akteure vom Sinn einer Handlungsempfehlung nicht überzeugt, überwiegen also schlüssige Gegenargumente, so kann dies eine Nicht-Umsetzung offensichtlich überzeugend begründen. Zweitens muss der *(politische) Wille* vorhanden sein, eine Maßnahme zu realisieren. Befürchten die ausführenden

Akteure durch die Umsetzung der Maßnahme Nachteile für sich, zum Beispiel weil sie dadurch ihre positive Außendarstellung in Gefahr sehen, so kann dies mitunter eine Nicht-Umsetzung erklären, selbst dann, wenn die Mehrheit der Akteure (aus anderen Handlungsfeldern) von den Vorzügen der Implementierung überzeugt ist. Schließlich können *fehlende finanzielle Ressourcen* eine Nicht-Umsetzung der eigentlich als sinnvoll betrachteten Handlungsempfehlung zur Folge haben. Zu beachten bleibt ferner, dass Akteure ihren fehlenden Willen zur Umsetzung einzelner Maßnahme mitunter verschleiern wollen, da dieses Umsetzungskriterium, anders als die beiden übrigen, negativ konnotiert ist. Daher müssen die Diskussionen über Gründe für eine Nicht-Umsetzung umfassend und unter Einbeziehung der Argumente von Akteuren unterschiedlicher Handlungsfelder geführt werden.

Graphisch lässt sich die Nicht-Umsetzung der diskutierten Handlungsempfehlungen aus der Forschung aufgrund der mangelnden Erfüllung der erarbeiteten Umsetzungskriterien folgendermaßen darstellen:

Abbildung 21: Nicht erfüllte Umsetzungskriterien als Gründe für die Nicht-Umsetzung von Handlungsempfehlungen aus der Wissenschaft (eigene Darstellung)

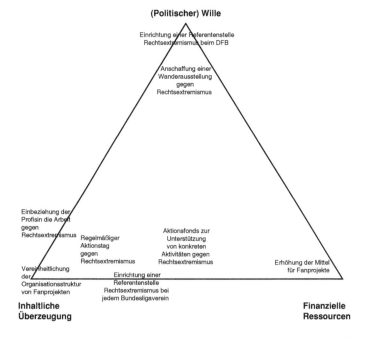

363

In der Folge soll nun anhand einiger Beispiele überprüft werden, ob die identifizierten Kriterien für die Nicht-Umsetzung auch zur Begründung der Umsetzung von Handlungsempfehlungen taugen.

Diejenigen Maßnahmen, die in der wissenschaftlichen Literatur empfohlen und von den befragten Experten überwiegend positiv bewertet wurden, werden in der Regel umgesetzt, weil die ausführenden Akteure von ihrem Sinn überzeugt sind. Die Tatsache, dass sie bereits implementiert sind, setzt darüber hinaus voraus, dass die dafür nötigen finanziellen Mittel vorhanden sind und die verantwortlichen Akteure den (politischen) Willen hatten, diese Maßnahmen umzusetzen. Dies trifft auf eine ganze Reihe der wissenschaftlichen Handlungsempfehlungen zu (vgl. Tabelle 21) und muss nicht weiter analysiert werden.

Interessanter ist die Frage, warum in der Praxis Handlungsempfehlungen umgesetzt werden, die von den befragten Experten mehrheitlich als sinnlos eingestuft wurden.

Auf der präventiven Zielsetzungsebene ist dies bei dem Vorschlag, den Rechtsextremismus lieber indirekt zu thematisieren, der Fall. Offensichtlich sprechen weder politischer Wille noch finanzielle Ressourcen gegen die Umsetzung dieser Handlungsempfehlung. Durch die indirekte Thematisierung bringt sich kein Akteur in Gefahr, eigene Interessen zu verletzen und die Tatsache, dass die Maßnahme bereits implementiert wurde, setzt voraus, dass die finanziellen Ressourcen dafür vorhanden sind. Fraglich ist jedoch, ob die inhaltlichen Voraussetzungen dafür ebenfalls gegeben sind. Zwar gibt es in der wissenschaftlichen Literatur begründete Empfehlungen, diese Maßnahme umzusetzen (vgl. Kapitel 6.2), allerdings haben die Experteninterviews gezeigt, dass diese Handlungsoption von den in der Praxis aktiven Akteuren scharf kritisiert wurde. Die Kritik drückt sich in einem quantitativen Mittelwert der Bewertungen aller befragten Experten in Höhe von 2,23 (sehr sinnlos) aus und wird dadurch unterstrichen, dass keiner der 13 Befragten diese Maßnahme als auch nur tendenziell sinnvoll ansieht. Auf qualitativer Ebene werden die Gründe für die Ablehnung deutlich. Die Experten befürchten mehrheitlich, es „könnte der Eindruck entstehen, dass man vielleicht nicht [...] ernst genug damit umgeht" (FP-E: 4) und, dass „eine indirekte Art des Angangs [...] unter Umständen als mitschwingende Akzeptanz missverstanden wird" (Politik-I: 4). Stattdessen sollten rechtsextremistische Vorfälle lieber klar und direkt thematisiert werden. Dafür spricht einiges: Rechtsextreme werden damit sofort offensiv angegangen, idealerweise isoliert und es wird allen Fans direkt gezeigt, wie die entsprechenden Akteure positioniert sind. Auch politisch noch nicht gefestigte Fans erkennen so deutlich, dass Rechtsextremismus klar benannt, problematisiert und nicht akzeptiert wird.

In der wissenschaftlichen Literatur wurde die Empfehlung jedoch im Wesentlichen damit begründet, dass es sinnvoll sei, das Thema Rechtsextremismus „anders zu verpacken" (Behn/Schwenzer 2008: 30) beziehungsweise indirekt zu thematisieren, um so nicht dem Vorwurf ausgesetzt zu sein, Politik ins Stadion zu tragen. Nun ist auch das Phänomen ‚Keine Politik im Stadion' (Football without Politics) hochproblematisch, da es als (offensichtlicher) indirekter Anknüpfungspunkt für Rechtsextreme im Fußballstadion identifiziert wurde und Nährboden für dessen Ausbreitung in Fankurven sein kann (vgl. Kapitel 5.2.1). Während also das klare Bekenntnis gegen Rechtsextremismus von Rechtsextremen und mitunter auch von rechtsoffenen Fans als unzulässige ‚Antifa-Politik' im Stadion gegeißelt wird, werden rassistische, antisemitische, homophobe und/oder sexistische Beschimpfungen von ihnen geduldet und gar nicht erst problematisiert. Das scheint zunächst die Experten in ihrem ablehnenden Urteil zu bestätigen. Doch dabei wird die Realität in manchen Fanszenen ausgeblendet. Denn herrscht dort eine starke (extrem) rechte Hegemonie und ein junges Fanprojekt befindet sich beispielsweise gerade erst im Aufbau, ist es eher kontraproduktiv, alle gegebenen Strukturen direkt als rechtsextrem zu brandmarken. Das würde die Interaktion mit bestimmten Teilen der Fanszene, besonders mit latent rechten, rechtsoffenen und politisch noch nicht ganz gefestigten Fans erheblich erschweren, wenn nicht gar von vornherein unmöglich machen. Doch gerade diese Fans gehören, anders als Fans mit geschlossenen rechtsextremem Weltbild, zur zentralen Zielgruppe der Arbeit von Fanprojekten. Natürlich muss jederzeit klar gegen Rechtsextremismus Stellung bezogen werden und auch während der Arbeit mit Fanszenen, in denen rechtsextreme Einstellungen vorherrschen, müssen klare Grenzen gezogen werden. Unter den beschriebenen Umständen ist es indes durchaus vertretbar, Rechtsextremismus in besonderen Fällen indirekt zu thematisieren, um so eventuell eine Zielgruppe überhaupt erst ansprechen zu können.[91] Eine Umsetzung dieser Handlungsempfehlung kann also durchaus mit dem inhaltlichen Umsetzungskriterium begründet werden, wenngleich auch zahlreiche inhaltliche Gegenargumente angeführt werden können.

Weiterhin sind auf der konfrontativen Zielsetzungsebene mit der Erhöhung des Polizeiaufgebots sowie der Anzahl der Ordner zwei wissenschaftliche Handlungsempfehlungen zu identifizieren, die von der Mehrheit der Befragten als sinnlos eingestuft wurden, aber dennoch flächendeckend praktiziert werden. Im Unterschied zum Vorschlag der indirekten Thematisierung von Rechtsextremismus gibt es jedoch durchaus auch Experten, die eine Umsetzung dieser beiden Empfehlungen als sinnvoll betrachten. Die Ablehnung ist also nicht durchgängig und keinesfalls so deutlich wie im vorangegangenen Punkt.

Da sowohl die starke Polizeipräsenz als auch die Erhöhung der Ordneranzahl bereits realisierte Maßnahmen sind, scheiterte ihre Umsetzung offensichtlich weder am politischen Willen noch an finanziellen Ressourcen. Besonders in Bezug auf die starke Polizeipräsenz ist dies insofern interessant, als in regelmäßigen Abständen von Polizei und Politik, also von staatlichen Akteuren, über die horrenden Kosten von Polizeieinsätzen bei Fußballspielen geklagt wird. Am hohen Polizeiaufgebot bei Fußballspielen hat dies freilich nichts geändert.[92] Der Wille zur Umsetzung dieser Maßnahme ist also zweifelsfrei vorhanden. In der Politik ist er sogar extrem stark ausgeprägt, da sich vor allem Innenpolitiker über den verstärkten

---

91 Gleichwohl bleibt dem Autor selbstkritisch anzumerken, dass diese Handlungsempfehlung im Fragebogen wohl etwas präziser hätte operationalisiert werden müssen. Wäre statt der Formulierung „Rechtsextremismus lieber indirekt thematisieren", die Formulierung „Rechtsextremismus unter Umständen in rechts(-extrem) dominierten Fanszenen lieber indirekt ansprechen" für das Item gewählt worden, wäre die Zustimmung mit Sicherheit höher ausgefallen. Dies gilt es zukünftig zu beachten.

92 Das ist durchaus interessant, denn der deutlich kostengünstigere Ruf nach mehr Mitteln für Fanprojekte respektive für präventive Fanarbeit wird mit Verweis auf fehlende finanzielle Ressourcen regelmäßig abgelehnt. Niedersachsen gab laut Recherchen Ronny Blaschkes beispielsweise im Jahre 2010 8,5 Millionen Euro für Polizeieinsätze, jedoch lediglich 90.000 Euro für präventive Fanarbeit aus (vgl. Blaschke 2010: 32).

Einsatz der Polizei gerne als harte ‚Law and Order'-Politiker profilieren (vgl. z.B. Kapitel 8.2).

Inhaltlich ist der massive Einsatz von Polizisten im Umfeld des Fußballstadions indes äußerst kritisch zu betrachten. Das hat besonders die qualitative Auswertung der Experteninterviews gezeigt, in denen etliche Argumente gegen diese Maßnahme vorgebracht wurden. Unter anderem wird bemängelt, dass die Verstärkung der Polizei gar nichts nütze, solange Rechtsextreme unter der Einschreitschwelle agieren und dass die Polizei häufig selbst dann nicht aktiv werde, wenn diese Schwelle überschritten wird (vgl. z.B. Verband-D: 13). Weiterhin wird der starke Einsatz von Polizei im Umfeld des Stadions aufgrund der festgefahrenen Situation zwischen Fans und Polizei (vgl. Kapitel 4.2.4) von Forschern und Experten als eher aggressionssteigernd denn als deeskalierend bewertet. Durch die Verbrüderung gegen das gemeinsame Feindbild Polizei können Rechtsextreme ihren Platz in der Fanszene finden und festigen (vgl. Anknüpfungspunkt ‚Anti-Polizei-Haltung' in Kapitel 5.2.1). Weiterhin wurde in dieser Arbeit deutlich, dass konfrontative Polizeiarbeit lediglich auf der Handlungsebene im Kampf gegen (offensichtliche) direkte Anknüpfungspunkte des Rechtsextremismus im Fußballstadion seine Wirkung entfaltet, beim Kampf gegen rechtsextremistische Anknüpfungspunkte auf der Einstellungsebene jedoch ineffektiv, manchmal sogar kontraproduktiv ist (vgl. Kapitel 7.3).

Trotz dieser stichhaltigen Argumente ist weitgehend unstrittig, dass eine gewisse Polizeipräsenz bei Fußballspielen notwendig ist. Ob sich diese im Hinblick auf den Kampf gegen Rechtsextremismus in der momentanen Form und Intensität manifestieren muss, ist angesichts der genannten Argumente jedoch fraglich. Im Übrigen darf nicht außer Acht gelassen werden, dass hier verschiedene Problemszenarien verschwimmen. Die Polizei ist in der aktuell großen Stärke nicht in erster Linie deshalb im Umfeld des Stadions vertreten, um gegen Rechtsextremismus vorzugehen (den sie, wie von einigen Experten vorgetragen, sogar manchmal übersieht), sondern sie ist in erster Linie damit beauftragt, Gewalt im Umfeld des Stadions zu unterbinden. Diese ist zwar ebenfalls ein wichtiger Anknüpfungspunkt für Rechtsextreme (vgl. Kapitel 5.2.1), ihre Bekämpfung überlagert in diesem Fall jedoch häufig den expliziten Kampf gegen Rechtsextremismus.

Insgesamt ist auffällig, dass diese konfrontative Handlungsempfehlung unter Einsatz beträchtlicher finanzieller Ressourcen trotz überwiegender inhaltlicher Bedenken umgesetzt wird. Als entscheidendes Umsetzungskriterium muss daher der politische Wille angesehen werden, der in diesem Fall so ausgeprägt ist, dass er sogar Bedenken hinsichtlich der beiden übrigen Umsetzungskriterien inhaltlicher und finanzieller Natur überlagert.

Analog zu dieser ausführlich dargelegten Argumentation kann die Handlungsempfehlung zur Erhöhung der Zahl der Ordner diskutiert werden. Auch hier ist der Einsatz beträchtlicher finanzieller Ressourcen weniger vollends überzeugenden inhaltlichen Gründen als vielmehr dem dominanten politischen Willen geschuldet.

Das rückt zum wiederholten Male die Crux konfrontativer Strategien in den Fokus. Zwar können diese in kurzer Zeit sichtbare Erfolge erzielen (zum Beispiel werden eher keine strafbaren rechtsextremen Sprüche geäußert, solange sich Fans im Polizeikessel befinden), nachhaltige Wirkung entfalten sie jedoch kaum. Die Umsetzung dieser Maßnahmen basiert maßgeblich auf (politischem) Willen, da mit ihrer Hilfe schnell Ergebnisse sichtbar werden, mit denen sich Politiker und andere Funktionäre in der Öffentlichkeit profilieren können.

Mit Blick auf diejenigen Maßnahmen, die trotz der überwiegend ablehnenden Bewertung der befragten Experten bereits implementiert wurden, zeigt sich also einerseits, dass konfrontative Maßnahmen häufig weniger aufgrund des inhaltlichen Umsetzungskriteriums, sondern trotz hoher finanzieller Belastung auf Basis des Umsetzungskriteriums ‚Politischer Wille' realisiert werden. Gleichwohl kommt es auch vor, dass die inhaltlichen Argumente einer Minderheit vor einem bestimmten Hintergrund schlüssiger erscheinen, als die Mehrheitsmeinung der Experten und deshalb eine Umsetzung der entsprechenden Maßnahme trotz zahlreicher Gegenargumente inhaltlich begründet werden kann.

Resümierend kann festgehalten werden, dass die drei Umsetzungskriterien geeignet sind, die praktische Umsetzung von wissenschaftlichen Handlungsempfehlungen zu erklären.

Die Anwendung der drei Umsetzungskriterien „(Politischer) Wille der entscheidenden Akteure", „Inhaltliche Überzeugung" sowie „Finanzielle Ressourcen" in einem breiten Diskurs unter Berücksichtigung diverser Expertenmeinungen sowie des in dieser Arbeit aufgearbeiteten theoretischen Hintergrunds hat gezeigt, dass die Diskussion über eine (Nicht-)Umsetzung von Handlungsempfehlungen mehrdimensional geführt werden muss und unterschiedliche Akteure nicht immer einer Meinung sind. Gleichwohl konnten wesentliche Gründe zur (Nicht-)Umsetzung von Handlungsempfehlungen aus der Wissenschaft in Form der drei entwickelten Umsetzungskriterien, die sich in der Diskussion bewährt haben, identifiziert und dargestellt werden.

Zur praktischen Umsetzung von Strategien gegen Rechtsextremismus ist es also weder ausreichend, dass konkrete Maßnahmen in der wissenschaftlich-theoretischen Literatur empfohlen, noch von in der Praxis tätigen Experten für sinnvoll befunden werden. Für die tatsächliche Implementierung müssen Handlungsempfehlungen vielmehr drei maßgeblichen Umsetzungskriterien genügen: Erstens muss für ihre Realisierung die nötige finanzielle Grundlage vorhanden sein. Zweitens müssen die handelnden Akteure den (politischen) Willen haben, die konkreten Projekte auch umzusetzen, ohne dabei ihre Eigeninteressen zu verletzen. Drittens müssen die potentiell ausführenden Akteure vor allem inhaltlich von der Handlungsempfehlung überzeugt sein. Dass unter Umständen ein besonders stark ausgeprägtes Umsetzungskriterium die anderen beiden überlagern kann, ist ausführlich dargelegt worden. Dass mitunter inhaltliche Argumente vorgeschoben werden, um das (negativ konnotierte) fehlende Umsetzungskriterium des mangelnden (politischen) Willens zu verschleiern, wurde ebenfalls deutlich. Eine zumindest elementare Erfüllung aller drei Umsetzungskriterien ist gleichwohl unabdingbare Vorraussetzung zur Implementierung von Handlungsempfehlungen aus der Wissenschaft in der Praxis.

Was dies für die weitere Umsetzung von Handlungsempfehlungen aus der Wissenschaft bedeutet, soll im folgenden Kapitel näher untersucht werden.

8.4. Müssen alle wissenschaftlichen Handlungsempfehlungen in der Praxis einfach nur konsequent umgesetzt werden?

Es scheint so einfach wie logisch: Für einen erfolgreichen Kampf gegen Rechtsextremismus im Fußballstadion müssten einfach nur alle Handlungsempfehlungen aus der wissenschaftlichen Forschung konsequent umgesetzt werden. Dass jedoch bereits die Umsetzung dieser theoretisch begründeten Vorschläge in die Praxis häufig nicht gelingt, hat das vorherige Kapitel mit Verweis auf die zu erfüllenden Umsetzungskriterien dargelegt. Dennoch kann mit Recht gefragt werden, ob darauf hingearbeitet werden sollte, alle Umsetzungskriterien zu erfüllen, damit sämtliche Handlungsempfehlungen aus der Wissenschaft realisiert werden können. Ob dies tatsächlich ein lohnendes Ziel ist, soll dieses Kapitel klären.

Dazu muss die Fragestellung im Kontext der bisherigen Ergebnisse dieser Arbeit betrachtet werden. Zweifellos bilden die wissenschaftlichen Handlungsempfehlungen wichtige Eckpunkte im Kampf gegen den Rechtsextremismus im Fußballstadion, ohne die eine zielführende Beschäftigung mit der Thematik nicht möglich wäre. In dieser Arbeit wurden die unzähligen Ansätze aus der Forschung sinnvoll strukturiert. Dabei wurde deutlich, dass differierende Maßnahmen nötig sind, um die verschiedenen Anknüpfungspunkte des Rechtsextremismus auf unterschiedlichen Ebenen zu bekämpfen.

Allerdings ist das Feld der Akteure im Umfeld des Fußballstadions extrem heterogen, deren Interessenlage ambivalent und ihr individueller Handlungsspielraum unterschiedlich groß. Ferner ist die Diskussion über den Sinn der Umsetzung einzelner Handlungsempfehlungen aus der Wissenschaft äußerst facettenreich. Besonders die Auswertung der qualitativen Experteninterviews hat gezeigt, dass es in vielen Fällen innerhalb des breiten Feldes relevanter Akteure unterschiedliche Meinungen zu bestimmten Vorschlägen aus der Wissenschaft gibt, die mitunter im Widerspruch zueinander stehen. Dass diese zum Teil dezidiert kritischen Argumente durchaus ihre Berechtigung haben, wurde unter anderem in Kapitel 8.3 dargelegt. Uneingeschränkt gültige Ansätze oder Patentlösungen zur Bekämpfung des Rechtsextremismus im Fußballstadion sind nicht in Sicht. Im Gegenteil: Die konkrete Situation vor Ort ist stets ausschlaggebend für die Auswahl der passenden Strategie im Kampf gegen Rechtsextremismus. Sie sollte also erst nach fundierter Diskussionen aller Pro- und Contra-Argumente kontextabhängig implementiert werden.

Angesichts dieser komplexen Gesamtsituation ist es zweifelhaft, ob die bloß konsequente Verfolgung *sämtlicher* in der Wissenschaft diskutierter Handlungsempfehlungen, ohne auf den situativen Kontext zu achten, Ziel aller Bemühungen im Kampf gegen Rechtsextremismus im Fußballstadion sein sollte. Vielmehr liegt der Verdacht nahe, dass die wissenschaftlichen Handlungsempfehlungen keine universellen Allzweckwaffen sind, deren blinde Befolgung oberstes Ziel für Strategien gegen Rechtsextremismus in Fußballstadien sein sollte, sondern dass diese Handlungsempfehlungen vielmehr eine Art Katalog darstellen, aus dem sich die am Kampf gegen Rechtsextremismus beteiligten Akteure vor Ort, im Idealfall untereinander abgestimmt, situativ und kontextabhängig bedienen sollten. Nicht jeder Akteur sollte also alles machen, sondern die jeweiligen Akteure sollten, auf die Situation vor Ort abgestimmt, das Richtige machen. Diese, vor dem Hintergrund der bisherigen Ergebnisse dieser Arbeit aufgestellte, These soll in der Folge anhand eines praktisches Beispiels überprüft werden.

Am Beispiel der Auflösung der Aachen Ultras, das in dieser Arbeit schon mehrmals thematisiert wurde, soll dabei dreierlei deutlich werden: Erstens soll unterstrichen werden, dass in der Praxis Probleme auftauchen können, die die Theorie nicht vorsieht und die in der Literatur bislang kaum Erwähnung gefunden haben. Zweitens soll herausgearbeitet werden, dass selbst theoretisch äußerst sinnvolle Handlungsempfehlungen in der Praxis scheitern und sich unter Umständen sogar ins Gegenteil verkehren können, wenn sie einfach nur konsequent, ohne den Blick auf den situativen Gesamtkontext vor Ort, umgesetzt werden. Drittens veranschaulicht das Beispiel, dass ein solches Scheitern eventuell verhindert werden kann, wenn alle Akteure vor Ort an einem Strang ziehen, sich abstimmen und gemeinsam, idealerweise auf Basis eines theoretisch fundierten Gesamtkonzepts, geordnet gegen Rechtsextremismus im Stadion vorgehen.

Im Prinzip hat man beim Fußballverein Alemannia Aachen vieles richtig gemacht. Es gab ein Fanprojekt und es gab Fans, die sich offensiv gegen Rechtsextremismus ausgesprochen haben. Diese Fans wurden vom Fanprojekt unterstützt. Und dennoch gilt die Alemannia nun als Musterbeispiel für ein Scheitern im Kampf gegen Rechtsextremismus, weil sich eine bekennend antifaschistische Fangruppierung unter dem Druck von Rechtsextremen aufgelöst hat. Dass Aachen in dieser Hinsicht kein Einzelfall, sondern die Blaupause einer gefährlichen Gesamtentwicklung in den Fanszenen Deutschlands ist, unterstreicht die Einschätzung von Experte AF-B: „Wo die Fanszenen bzw. Einzelgruppen sich relativ klar [gegen Rechtsextremismus] positioniert haben, wächst auch der Widerstand auf der anderen Seite" (AF-B: 1). Vor einer solchen Tendenz warnt auch die Saisonbilanz 2012/2013 des BAFF: „Es lassen sich dabei zwei einander entgegenstehende Tendenzen beobachten. In mehreren Kurven [...] ist eine regelrechte Polarisierung der Fanszene zu beobachten, wobei ein Teil beständig weiter nach rechts driftet und ein anderer sich verstärkt gegen Rechts positioniert" (BAFF 2013). Entwicklungen dieser Art sind nicht nur in Aachen, sondern auch an anderen Standorten wie zum Beispiel in Düsseldorf (vgl. Malzcaks 2013), Braunschweig (vgl. Initiative gegen rechte [Hooligan-] Strukturen 2012), Duisburg (vgl. z.B. SpiegelOnline 2013; Kohorte-Ultras 2013) und Dortmund (Gabler 2012: 7) zu beobachten. In ihrer Intensität sind die Auseinandersetzungen in diesen Fanszenen jedoch bislang (noch) nicht vergleichbar mit denen in Aachen. Das rückt die Aachener Fanszene natürlich in den Fokus des wissenschaftlichen Interesses. Warum ist es dort trotz anscheinend guter Voraussetzungen in puncto Umsetzung von wissenschaftlichen Handlungsempfehlungen dazu gekommen, dass sich mit den Aachen Ultras eine Ultra-Gruppierung unter dem Druck von rechtsextremen Fans auflösen musste?

Nun ist es hochspekulativ, über die genauen Umstände zu rätseln, die zu der besagten Entwicklung innerhalb der Aachener Fanszene geführt haben. Dies soll daher an dieser Stelle auch nicht geschehen, da für eine ausgewogene Darstellung des facettenreichen Konflikts umfassende empirische Recherchen unter Berücksichtigung der Meinungen aller Beteiligter (Ultras Aachen, Karlsbande, Fanprojekt, Verein und anderen) nötig wären, die erstens mangels Bereitschaft der Beteiligten wahrscheinlich so nicht durchzuführen wären und zweitens auch nicht Aufgabe dieser Arbeit sind. Die Aachen Ultras sind aufgelöst, die mindestens rechtsoffene Ultra-Gruppierung Karlsbande existiert weiter und das schlechte öffentliche Image muss der Verein Alemannia Aachen einstweilen ertragen. Dennoch muss der Weg zur Auflösung der Aachen Ultras in groben Zügen nachgezeichnet werden, um die zu Anfang dieses Kapitels vorgetragene These stützen oder falsifizieren zu können.

Das Aachener Fanprojekt schlug sich aus Sicht der mindestens rechtsoffenen Karlsbande anscheinend (zu) rasch und eindeutig auf die Seite der bekennend antifaschistischen Aachen Ultras.[93] Damit folgte das Fanprojekt wissenschaftlichen Handlungsempfehlungen wie der klaren Positionierung

---

93 Wenngleich diese in ihrer Erklärung zur Auflösung der Gruppe durchaus auch von Seiten des Fanprojekts fehlende Unterstützung bemängelten (vgl. Aachen Ultras 2013).

gegen Rechtsextremismus und der Stärkung von Gegenkräften innerhalb der Fanszene, die gemeinhin auch von Experten als äußerst positiv bewertetet werden (vgl. Kapitel 6.4). In diesem konkreten Fall kehrten sich jedoch die gut gemeinten Maßnahmen ins Gegenteil um. Warum genau, müsste, wie bereits erwähnt, eine genaue empirische Untersuchung unter Einbeziehung von Vertretern der Karlsbande, Aachen Ultras, Fanprojekt und Verein ans Tageslicht bringen. Fest steht jedoch, dass sich die Karlsbande in der Folge vom Fanprojekt abgewandt hat. Das Fanprojekt wurde von ihnen als den verfeindeten Aachen Ultras zugewandt betrachtet und somit als ‚links‘ abgestempelt. Hinter der ‚Football-without-Politics‘-Fassade (vgl. Kapitel 5.2.1) öffnete sich die Gruppe derweil immer weiter nach rechts und bot selbst autonomen Nationalisten der Kameradschaft Aachener Land Platz in ihren Reihen (vgl. Fritsch 2012), während den Aachen Ultras vorgeworfen wurde, linke Politik ins Stadion zu tragen und sie deswegen bekämpft wurden.

Das macht eine Gefahr deutlich, die in der Literatur bislang nur ganz selten benannt wurde und sich offenbar in Aachen zum ersten Mal manifestiert hat. Sie besteht darin, dass sich eine feste Bindung des Fanprojekts an eine bestimmte Fangruppe durchaus auch kontraproduktiv auswirken kann. Und zwar insofern, als dies zu einer Abwehrhaltung anderer Gruppen führen kann, die das Fanprojekt in der Folge aufgrund dieser Bindung meiden. Selbst wenn dadurch also bestimmte Gegenkräfte innerhalb der Fanszene durch das Fanprojekt gestärkt werden, wie in Aachen die Aachen Ultras[94], kann eben diese Gruppe am Ende trotzdem geschwächt aus der Gemengelage hervorgehen, indem sie innerhalb der Fanszene an den Rand gedrängt wird, gleichzeitig andere Gruppen die Bindung zum Fanprojekt völlig verlieren, dessen Arbeit negativ bewerten und in Teilen sogar bekämpfen.[95] Im Zuge dessen wurden in der aktiven Aachener Fanszene

---

94 Auch wenn diese Stärkung nach eigenen Angaben der Gruppe hätte deutlicher ausfallen müssen (vgl. Aachen Ultras 2013).

95 Bei Alemannia Aachen wurde beispielsweise beim Auswärtsspiel in Saarbrücken Fanprojektmitarbeitern von Mitgliedern der Karlsbande der Zutritt zum Stadion verwehrt (vgl. Ruf 2012) und auf dem Weg zu einem Auswärtsspiel wurde ein Auto mit Mitgliedern der Aachen Ultras sowie Mitarbeitern des Fanprojekts an einer Raststätte von Mitgliedern der Karlsbande angegriffen (vgl. BAFF 2013).

Aachen Ultras und Fanprojekt als kooperierende Akteure wahrgenommen, die gemeinsam von der Karlsbande und befreundeten Gruppierungen abgelehnt wurden. Da diese (rechte) Seite dennoch die Deutungshoheit in der Kurve inne hatte, körperlich und auch zahlenmäßig den (linken) Aachen Ultras weit überlegen war und auch der Verein es versäumt hat, sich klar auf Seiten der Aachen Ultras zu positionieren, entstand eine Situation, in der das Fanprojekt am Ende nahezu handlungsunfähig war. Und dies, obwohl, oder besser gesagt gerade weil, es eine von zahlreichen Experten sowie der Forschung als sinnvoll bewertete Handlungsempfehlung befolgt hat, indem es die Gegenkräfte innerhalb der Fanszene zu stärken versuchte. Das Fanprojekt konnte zwar immer noch die Aachen Ultras unterstützten, an die zahlenmäßig größere Ultra-Gruppierung der Karlsbande (und ihrer Freunde) kam es jedoch eben wegen dieser deutlichen Unterstützung der Gegenkräfte nicht mehr heran. Rechte Hegemonien dominierten die Kurve und das Fanprojekt, als maßgeblicher Träger der Waffen im Kampf gegen Rechtsextremismus im Stadion auf der Einstellungsebene, erwies sich als handlungsunfähig. So entstand ein Kreislauf, an dessen Ende die Unterstützung der Aachen Ultras durch des Fanprojekt weitgehend wirkungslos blieb, weil beide Akteure innerhalb der Fanszene massiv an Bedeutung sowie Einfluss verloren hatten.

Nun soll keinesfalls bewertet werden, ob sich das Aachener Fanprojekt in allen Punkten richtig verhalten hat, ob andere Handlungsalternativen hätten ergriffen werden können, ob der Verein hätte früher oder überhaupt handeln müssen, ob auch die Aachen Ultras eine Schuld an der Eskalation trifft und inwiefern die Karlsbande vorverurteilt wurde und das Ganze als eine Art Trotzreaktion dieser Gruppe zu bewerten ist. Fest steht jedoch, dass die Aachen Ultras in der unübersichtlichen Gesamtsituation zwischen die Fronten von Fanprojekt, Verein und Karlsbande gerieten und sich als bekennend antifaschistische Gruppe plötzlich als schwächstes Glied in der Kette wiederfanden. Es hatte sich eine Abwärtsspirale in Gang gesetzt, die weder das Fanprojekt noch sonstige Akteure haben stoppen können und die schließlich in der Auflösung der linken Fangruppe unter dem Druck von rechts gipfelte.

Im Hinblick auf die Fragestellung dieses Kapitels wird an diesem Beispiel deutlich, dass eine bloß konsequente Umsetzung der wissenschaftlichen Handlungsempfehlungen alleine nicht zwangsläufig zum Erfolg führt.

Im Gegenteil: Durch die offensive Unterstützung der Aachen Ultras hat sich das Fanprojekt isoliert und letztlich seiner elementaren Handlungsoptionen beraubt. Es kann also verneint werden, dass im Kampf gegen Rechtsextremismus im Fußballstadion einfach sämtliche Handlungsempfehlungen aus der Forschung konsequent umgesetzt werden müssten. Die Realisierung möglichst vieler wissenschaftlicher Handlungsempfehlungen macht natürlich häufig Sinn, kann aber, wie dieses Beispiel unterstrichen hat, in Einzelfällen durchaus auch negative Resultate erzeugen, wenn die Situation vor Ort dabei nicht ausreichend beachtet wird. In jedem Fall liefert das Beispiel Argumente für die Bestätigung der eingangs aufgestellten These, wonach die in dieser Arbeit systematisch aufgearbeiteten wissenschaftlichen Handlungsempfehlungen eine Art Katalog darstellen, der situativ genutzt werden kann und sollte. Weiterhin liefert es Indizien dafür, dass es sinnvoll sein könnte, wenn es eine Art Korrektiv gäbe, das Fehlentwicklungen innerhalb der Arbeit mit Fanszenen frühzeitig erkennt und gegebenenfalls überforderten Mitarbeitern des Fanprojekts[96] vor Ort temporär zur Seite steht. Mit der KOS existiert zwar eine übergeordnete Institution, die in solchen Fällen beratend helfen kann und Qualitätsstandards für die Arbeit von Fanprojekten entwickelt hat, eine situativ erforderliche Aufstockung des Fanprojekt-Personals kann die KOS jedoch nicht leisten. Sie kann allenfalls Berater entsenden. Wünschenswert wäre es indes, wenn die Fanprojekte von vornherein mit dem nötigen Personal ausgestattet würden, so dass die anspruchsvolle Entscheidung für die situativ geeignetsten und demzufolge umzusetzenden Handlungsempfehlungen letztlich nicht nur von einzelnen, häufig überlasteten Personen getroffen werden müsste.

Die Analyse dieses Beispiels führt vor dem Hintergrund der übrigen Ergebnisse dieser Arbeit zu einigen interessanten Schlussfolgerungen:

Erstens spricht wenig dafür, die Handlungsempfehlungen aus der Forschung als ‚Universalwaffen' gegen Rechtsextremismus im Stadion, ohne Blick auf das konkrete Setting innerhalb der örtlichen Fanszenen,

---

96 Das ist keinesfalls abwertend gemeint. Aber an vielen Standorten sind Fanprojekte, wie seinerzeit in Aachen, hoffnungslos unterbesetzt und somit automatisch, trotz besten Fachwissens, mit der komplexen Situation vor Ort überfordert.

einzusetzen. Stattdessen sollten sie kontextabhängig umgesetzt werden. Der wissenschaftlichen Handlungsempfehlung, die Arbeit gegen Rechtsextremismus stets auf die jeweilige Zielgruppe/Fanszene anzupassen, kommt daher gewissermaßen eine Schlüsselrolle zu.

Zweitens ist es überdies ratsam, dass übergeordnete Institutionen wie die KOS noch stärker als bisher evaluieren, in welchen Fanszenen es Probleme gibt, um die Fanprojekte gegebenenfalls präventiv zu unterstützen, wenn an bestimmten Standorten Fehlentwicklungen oder personelle Unterbesetzung festzustellen sind beziehungsweise die Akteure aus anderen Gründen überfordert erscheinen. Die nicht nur vom BAFF beschriebenen Tendenzen zur Ausdifferenzierung etlicher Fanszenen in Rechts-Links-Pole sind alarmierend. Hier muss auch die KOS als übergeordnete Institution darauf achten, dass die örtlichen Fanprojekte als zentrale Akteure im Kampf gegen Rechtsextremismus auf der Einstellungsebene nicht an Einfluss verlieren, indem sie durch eine strikte Bindung an Gegenkräfte den vollständigen Zugang zu rechten Teile der Fanszene verlieren. Das heißt freilich nicht, dass sich Fanprojekte nicht klar positionieren und die Gegenkräfte nicht unterstützen sollten. Wie beschrieben, müssen die Akteure vor Ort jedoch kontextabhängig entscheiden, wie dies im konkreten Fall geschehen kann, ob also etwa eine subtile niedrigschwellige Herangehensweise situativ geeigneter erscheint als ein offensives Vorgehen. Das Aachener Beispiel hat gezeigt, wie ein Fanprojekt so gut wie vollständig den Einfluss auf die aktive Fanszene verlieren kann. Diese Arbeit hat verdeutlich, dass jedoch gerade Fanprojekte die wesentlichen Akteure im Kampf gegen Anknüpfungspunkte des Rechtsextremismus auf der Einstellungsebene sind. Fallen sie als relevanter Akteur aus, ist es so gut wie unmöglich, einen nachhaltigen Kampf gegen den Rechtsextremismus auf dieser Ebene zu führen. Daher ist es von zentralem Interesse, dass die Fanprojekte ihren Einfluss auf die Fans nicht verlieren, so wie es in Aachen geschehen ist. Dabei gleicht ihre Rolle einem Tanz auf der Rasierklinge: Einerseits muss ein deutliches Signal gegen Rechtsextremismus gesetzt werden, anderseits hat das Aachener Beispiel gezeigt, dass sich ein Fanprojekt durch ein zu eindeutiges Signal auch ins Abseits manövrieren kann.

Umso wichtiger ist es daher, dass sich drittens alle Akteure vernetzen und gemeinsam gegen Rechtsextremismus in der Kurve vorgehen. Wenn nicht nur einzelne Akteure wie etwa isolierte Fangruppen und Fanprojekte den Kampf gegen Rechtsextremismus im Fußballstadion alleine führen müssen, sondern von einer breiten Allianz aus Fans, Fanprojekt, Verein, Verbänden, Politik, Polizei und Zivilgesellschaft gestützt werden, können womöglich ähnliche Entwicklungen wie in Aachen verhindert werden. Es kann zwar nur darüber spekuliert werden, was passiert wäre, wenn sich auch nur der Verein wesentlich deutlicher hinter die Aachen Ultras gestellt hätte, aber es ist nicht unwahrscheinlich, dass sich dann auch weite Teile der unbeteiligten Fans mit dieser Gruppe in ihrem Engagement gegen Rechtsextremismus solidarisiert hätten. Als positives Beispiel kann in diesem Zusammenhang Borussia Dortmund genannt werden, wenngleich auch diesem Verein von einigen Experten vorgeworfen wird, auf Probleme mit rechtsextremen Anhängern aus Sorge um das eigene Image erst dann eingegangen zu sein, als es „fast schon zu spät war" (Sundermeyer 2013b: 146). Dennoch ist weitgehend unbestritten, dass der Verein, als er das Problem nach langem Zögern als solches erkannt und benannt hat, zügig und umfassend auf die rechtsextremen Vorfälle der jüngeren Vergangenheit reagiert hat. Durch diverse Aktionen im Stadion, Artikel im Stadionheft, die Einberufung eines runden Tisches gegen Rechtsextremismus und mediale Positionierungen hat der BVB wiederholt betont, dass der Verein keinerlei Rechtsextremismus dulde und hinter dem Fanprojekt sowie dessen angegriffenen Mitarbeitern[97] stehe (vgl. z.B. BVB-Magazin 2013: 48). In vielen Teilen des Stadions, nicht nur in Reihen der organisierten Fanszene auf den Stehplätzen der Südtribüne, wurden daraufhin beim folgenden Heimspiel von Fans Banner, Plakate und Poster gegen Rechtsextremismus präsentiert (vgl. WAZ.de 2013). Es war also eine Form der gemeinsamen Solidarisierung der Fans im Kampf gegen Rechtsextremismus zu beobachten, die als Reaktion auf die eindeutige Positionierung des Vereins verstanden werden kann. Auch das ist freilich keine Patentlösung zur Bekämpfung des Rechtsextremismus im Stadion, aber immerhin ein lohnender Ansatz, da er verhindert, dass sich einzelne, engagierte Akteure isoliert und allein gelassen fühlen. Je breiter die Allianz der Akteure im Fußballstadion ist, desto schlagkräftiger sind ihre kumulierten Strategien gegen Rechtsextremismus.

---

97 Wie bereits in der Einleitung beschrieben, wurden beim Auswärtsspiel des BVBs in Donezk zwei Fanprojektmitarbeiter von rechtsextremen Dortmund-Fans angegriffen (vgl. Buschmann 2013b).

Sind diese vor dem Hintergrund der Erkenntnisse dieser Arbeit und insbesondere unter Rückkopplung an das theoretische Modell der diversen Anknüpfungspunkte des Rechtsextremismus im Fußballstadion (vgl. Kapitel 5.3) dann auch noch aufeinander abgestimmt und zu einem schlüssigen Gesamtkonzept verwoben, sind die Voraussetzungen für einen erfolgreichen, mehrdimensionalen Kampf gegen Rechtsextremismus im Fußballstadion gegeben.

9. Schlussbetrachtung

Rechtsextremismus im Fußballstadion ist ein komplexes Phänomen, dem es mit unterschiedlichen Strategien auf mehreren Ebenen entgegenzutreten gilt. Durch die Übertragung grundsätzlicher Erkenntnisse der Rechtsextremismusforschung auf die spezielle Situation im Fußballstadion konnte in dieser Arbeit differenziert aufgezeigt werden, dass sich Rechtsextremismus in verschiedenen Dimensionen sowohl auf der Einstellungs- als auch auf der Handlungsebene manifestiert. Auf beiden Ebenen wurden unterschiedliche Anknüpfungspunkte für Rechtsextreme im Fußballstadion identifiziert.

Auf der Einstellungsebene muss zwischen (versteckten) direkten Anknüpfungspunkten und (offensichtlichen) indirekten Anknüpfungspunkten unterschieden werden. Während dem Rechtsextremismus inhärente Einstellungsmuster (wie Rassismus oder Antisemitismus) zu ersteren gezählt werden, sind dem Fußball beziehungsweise den aktiven Fankurven immanente Einstellungen (wie das Freund-Feind-Schema oder die Anti-Polizei-Haltung) letzteren zuzurechnen. Identifizieren Rechtsextreme die direkten Anknüpfungspunkte auf der Einstellungsebene, können sie daran leicht andocken, da diese gleichzeitig Kernelemente rechtsextremer Ideologien sind. Da diese Einstellungen jedoch in Fußballstadien meist verborgen bleiben, müssen sie von Rechtsextremen erst identifiziert werden (daher *versteckte* direkte Anknüpfungspunkte).

Im Unterschied dazu sind die indirekten Anknüpfungspunkte auf der Einstellungsebene offensichtlicher Teil der Fankurven Deutschlands. Rechtsextreme müssen diese (offensichtlichen) indirekten Anknüpfungspunkte also nicht erst mühsam identifizieren, sondern können sie in Stadien problemlos erkennen. Allerdings weisen diese indirekten Anknüpfungspunkte zwar Schnittmengen zur rechtsextremen Ideologie auf, sind aber nicht notwendiger Bestandteil derselben (die Anti-Polizei-Haltung ist im Gegensatz zum Rassismus beispielsweise auch Element vieler linker Ideologien). Rechtsextreme können also durch das Andocken an (offensichtliche) indirekte Anknüpfungspunkte auf der Einstellungsebene ihren Platz in der Fanszene festigen. Zur Implementierung ihrer rechtsextremen

Ideologie müssen sie diese Anknüpfungspunkte jedoch erst für ihre Zwecke instrumentalisieren.

Auf der Handlungsebene wurden die (offensichtlichen) direkten Anknüpfungspunkte für Rechtsextreme im Fußballstadion als relevant identifiziert. Das Tragen von rechtsextremen Szeneklamotten oder das Singen antisemitischer Lieder ist sofort als rechtsextremistische Handlung zu erkennen und kann von Rechtsextremen direkt intensiviert und gefördert werden. Auch wenn von diesen rechtsextremen Taten keinesfalls kausal auf rechtsextreme Einstellungen der Handelnden geschlossen werden kann, stellen diese (offensichtlichen) direkten Anknüpfungspunkte auf der Handlungsebene wichtige Einfallstore für Rechtsextremismus im Fußballstadion dar.

Das auf Grundlage dieser Anknüpfungspunkte erarbeitete theoretische Fundament für Strategien gegen Rechtsextremismus im Fußballstadion macht auf systematischer Basis deutlich, was verschiedene Gegenstrategien in diesem speziellen Kontext erreichen können: Präventive sowie aufklärerische Strategien entfalten ihre Wirkung vor allem auf der Einstellungsebene, indem sie (versteckte) direkte und vor allem (offensichtliche) indirekte Anknüpfungspunkte des Rechtsextremismus durch vielfältige Maßnahmen wie Informationskampagnen oder das Stärken von antirechtsextremen Gegenkräften in den Fanszenen bekämpfen. Auf der Handlungsebene sind diese Strategien gleichwohl nicht effektiv und ihre positive Wirkung strahlt allenfalls indirekt auf diese Ebene ab. Hier ist dagegen der Einsatz von konfrontativen Maßnahmen wie etwa Polizeieinsätzen zur Bekämpfung der (offensichtlichen) direkten Anknüpfungspunkte strukturell geeigneter, wenngleich diese repressiven Ansätze wiederum auf der Einstellungsebene vollkommen wirkungslos sind.

Mit Blick auf die theoretische Systematik wird also deutlich, dass es nicht nur die *eine* Strategie im Kampf gegen Rechtsextremismus geben kann und darf. Die häufig diskutierte Frage, ob präventive oder repressive Ansätze ‚besser‘ sind, ist daher obsolet. Beide Arten von Gegenstrategien sind absolut notwendig, da sie dem Rechtsextremismus auf unterschiedlichen Ebenen begegnen. Gleichzeitig kann keiner dieser differierenden Ansätze das Problem alleine lösen. Eine bessere Abstimmung der verschiedenen Akteure, die im Umfeld des Stadions am Kampf gegen Rechtsextremismus auf unterschiedlichen Ebenen beteiligt sind, ist daher zwingend erforderlich. Auf Basis des dargelegten theoretischen Fundaments muss dringend ein zwischen den heterogenen Akteuren abgestimmtes, mehrdimensionales Gesamtkonzept für den Kampf gegen Rechtsextremismus in Fußballstadien erarbeitet werden. Die hierfür notwendigen theoretischen Grundlagen sind in der vorliegenden Arbeit gelegt worden.

Aufbauend auf diesen grundlegenden Erkenntnissen konnte das Spannungsfeld zwischen Theorie und Praxis, das heißt zwischen wissenschaftlichen Handlungsempfehlungen und bereits implementierten Maßnahmen gegen Rechtsextremismus im Fußballstadion, näher analysiert werden. Dabei erwies sich die vom Autor dieser Arbeit vorgeschlagene zweidimensionale Systematik zur Verortung von Strategien gegen Rechtsextremismus im Fußballstadion als äußerst zweckmäßig. Sie erlaubte die Kategorisierung von Maßnahmen auf zwei Ebenen: Einerseits unterschied sie nach den drei Handlungsfeldern Staat, Zivilgesellschaft und Wirtschaft, auf denen die im Kampf gegen Rechtsextremismus relevanten Akteure aus Politik und Polizei (Staat), die Fans und Fanprojekte (Zivilgesellschaft) sowie Verbände und Vereine (Wirtschaft) aktiv sind. Andererseits differenzierte sie die Maßnahmen hinsichtlich ihrer Zielsetzungen nach Prävention, Aufklärung, Verbesserung der Infrastruktur (für die Arbeit gegen Rechtsextremismus) und Konfrontation.

Wie die Analyse der Handlungsempfehlungen aus der wissenschaftlichen Literatur gezeigt hat, sind die diskutierten Ansätze zu Bekämpfung des Rechtsextremismus im Fußballstadion äußerst heterogen und weitgehend unsystematisch. Meist beruhen sie weniger auf ausführlichen theoretischen Vorüberlegungen, sondern vielmehr auf induktiven Schlüssen, die auf Basis mehr oder weniger ausführlicher empirischer Beobachtungen von den jeweiligen Autoren gezogen wurden. Ihre Systematisierung hinsichtlich Zielsetzung und Handlungsfeld machte deutlich, dass die wissenschaftlichen Handlungsempfehlungen auf präventiver Zielsetzungsebene mit Abstand am vielfältigsten sind, besonders häufig empfohlen werden und maßgeblich auf dem zivilgesellschaftlichen Handlungsfeld zu verorten sind. Die Infrastruktur der Arbeit gegen Rechtsextremismus ist nach Meinung vieler Forscher auf allen Handlungsfeldern zu verbessern, vor allem auf dem staatlichen und wirtschaftlichen. Aufklärungsarbeit muss nach Ansicht der Forschung ebenfalls auf allen relevanten Handlungsfeldern geleistet werden, während auf der konfrontativen Zielsetzungsebene maßgeblich staatliche und mit Abstrichen wirtschaftliche Akteure gefordert sind. Insgesamt fällt hier jedoch ein Ungleichgewicht auf, da deutlich mehr Vorschläge aus der wissenschaftlichen Literatur auf den präventiv-aufklärerischen zivilgesellschaftlichen als auf den konfrontativen staatlich-wirtschaftlichen Bereich zielen.

Betrachtet man vor diesem Hintergrund die Ergebnisse der im Rahmen dieser Arbeit durchgeführten Experteninterviews mit Vertretern aller relevanten Handlungsfelder, wird deutlich, dass die befragten Akteure aus der Praxis keineswegs alle Handlungsempfehlungen aus der Forschung positiv beurteilen. Von den 39 aus der wissenschaftlichen Literatur als Items eines Kurzfragebogens operationalisierten Handlungsempfehlungen stuften die 13 Befragten nur insgesamt 17 kritiklos als überaus sinnvoll ein. 17 weitere Handlungsempfehlungen wurden partiell kritisiert, aber dennoch insgesamt als sinnvoll bewertet. Vier Handlungsempfehlungen wurden überwiegend als sinnlos abgelehnt und eine gar als extrem sinnlos eingestuft. Insgesamt bewerten die Experten aus der Praxis die präventiv-aufklärerischen Handlungsempfehlungen aus der Wissenschaft am positivsten. Während ihre Meinung zu den Vorschlägen zur Verbesserung der Infrastruktur variiert, aber dennoch tendenziell positiv ausfällt, stehen die befragten Experten den Handlungsempfehlungen auf konfrontativer Zielsetzungsebene am kritischsten gegenüber.

Die Analyse der bereits realisierten Maßnahmen zeigte jedoch, dass mit den Handlungsempfehlungen im konfrontativen staatlich-wirtschaftlichen Bereich gerade diejenigen längst flächendeckend umgesetzt werden, die von den Experten am kritischsten bewertet und verhältnismäßig selten in der Forschung empfohlen wurden. Dazu zählen Maßnahmen wie verstärkte Polizeipräsenz, Stadionverbote und Kameraüberwachungen im Umfeld des Stadions. Zwar sind auch etliche der präventiv-aufklärerischen Empfehlungen auf dem zivilgesellschaftlichen Handlungsfeld bereits umgesetzt, doch dies geschieht bislang weder flächendeckend noch, nach Ansicht vieler Experten, intensiv genug.

Weiterhin fällt auf, dass besonders auf der Zielsetzungsebene zur Verbesserung der Infrastruktur etliche Handlungsempfehlungen aus der Wissenschaft nicht umgesetzt werden. Diese nicht realisierten Maßnahmen hätten sich häufig durch finanzielle Unterstützung der präventiv-aufklärerischen Arbeit von Akteuren auf dem Boden der Zivilgesellschaft ausgezeichnet.

Hier liegt also ein kausaler Zusammenhang zwischen der Realisierung von Maßnahmen auf infrastruktureller und den präventiv-aufklärerischen Zielsetzungsebenen vor. Dieser erklärt, warum zum Beispiel präventiv tätige zivilgesellschaftliche Akteure wie etwa Fanprojekte, die von Staat und Wirtschaft finanziert werden, häufig nur ungenügend personell und finanziell ausgestattet sind. Da die Akteure aus Wirtschaft und Staat auf der Zielsetzungsebene zur Verbesserung der Infrastruktur die Rahmenbedingungen für präventive und aufklärerische Arbeit vieler Akteure des zivilgesellschaftlichen Handlungsfeldes setzen, ist davon auszugehen, dass eine breitere Implementierung von wissenschaftlichen Handlungsempfehlungen auf der infrastrukturellen Zielsetzungsebene eine intensivere Umsetzung der Maßnahmen auf präventiv-aufklärerischer Ebene nach sich ziehen würde. Kurz: Das auf der einen Zielsetzungsebene zur Verfügung gestellte Geld ermöglicht die praktische Arbeit auf der anderen Ebene.

Während also präventiv-aufklärerische Maßnahmen bislang lediglich partiell umgesetzt werden, weil Maßnahmen zur Verbesserung der Infrastruktur bislang nur ungenügend umgesetzt wurden, sind konfrontative Maßnahmen bereits seit Langem in vollem Umfang realisiert. Dieses Missverhältnis bemängeln viele Fanvertreter sowie zahlreiche Wissenschaftler seit einiger Zeit. Auf Grundlage des theoretischen Fundaments, das mit dieser Arbeit gelegt wurde, wird nun jedoch erstmals wissenschaftlich belegt, was diese Überbetonung der konfrontativen Maßnahmen für Gegenstrategien insgesamt bedeutet: Konfrontative Maßnahmen bekämpfen lediglich die (offensichtlichen) direkten Anknüpfungspunkte des Rechtsextremismus auf der Handlungsebene, während sie bei der Bekämpfung der (versteckten) direkten sowie (offensichtlichen) indirekten Anknüpfungspunkte auf der Einstellungsebene strukturell bedingt weitgehend wirkungslos sind.

Das erklärt, warum mit einer zunehmenden Umsetzung dieser konfrontativer Strategien, maßgeblich vorangetrieben von wirtschaftlichen und vor allem staatlichen Akteuren, seit Ende der 80er Jahre ein Rückgang des offensichtlichen Rechtsextremismus in den Bundesligastadien zu beobachten ist. Träger von offensichtlich rechtsextremen Symbolen wie etwa Hakenkreuzflaggen konnten durch die zunehmende Kameraüberwachung identifiziert werden und die verstärkte Polizeipräsenz unterband strafbare rechtsextreme Handlungen durch Abschreckung sowie gegebenenfalls durch Strafverfolgung. Der Rechtsextremismus ist damit allerdings nicht aus den deutschen Fußballstadien verschwunden, sondern lediglich untergetaucht. Diesem versteckten Rechtsextremismus jedoch allein mit konfrontativen Maßnahmen zu begegnen, ist unmöglich: Erstens sind Rechtsextreme mit nicht verbotenen Symbolen und Codes unterhalb der Eingreifschwelle der Polizei weiterhin in Stadien aktiv. Zweitens, und dieser Punkt ist aus theoretischer Sicht der entscheidende, sind rein konfrontative Strategien bei der Bekämpfung von Anknüpfungspunkten auf der Einstellungsebene völlig wirkungslos und tangieren rechtsextreme Einstellungsmuster innerhalb der Fanszene überhaupt nicht. Im Gegenteil: Mitunter verstärken sich diese Tendenzen durch den intensiven Einsatz konfrontativer Maßnahmen innerhalb der Fanszenen sogar. Auf der Einstellungsebene sind stattdessen präventiv-aufklärerische Strategien gefragt, die jedoch bislang in nicht annähernd gleichem Umfang realisiert wurden wie die konfrontativen. Das hat eine historisch gewachsene Überbetonung des Kampfes gegen Anknüpfungspunkte auf der Handlungsebene unter Vernachlässigung des Kampfes gegen Anknüpfungspunkte auf der Einstellungsebene zur Folge.

Anhaltspunkte, warum dies so ist, wurden in dieser Arbeit ebenfalls deutlich. Einerseits begünstigte die jahrelang vor allem auf dem wirtschaftlichen Handlungsfeld von Vereinen und Verbänden propagierte Haltung, der Fußball sei lediglich Abbild der gesellschaftlichen Realität und folglich hätte diese auch Probleme wie Rechtsextremismus zu lösen, eine Nicht-Beschäftigung mit der Thematik, die mindestens bis zur flächendeckenden Einführung von Fanprojekten nach Verabschiedung des NKSS Mitte der 1990er Jahre vorherrschte. Andererseits ist diese Entwicklung offensichtlich der Tatsache geschuldet, dass konfrontative Maßnahmen vermeintlich schnelle Lösungen versprechen, die noch dazu (für die Öffentlichkeit) unmittelbar sichtbar werden. Das macht diese Strategien in den Augen einiger Akteure, besonders auf dem staatlichen Handlungsfeld, sehr attraktiv. Nachhaltiger wirken jedoch präventiv-aufklärerische Strategien, die den sichtbaren Rechtsextremismus nicht nur kurzfristig aus dem Stadion vertreiben, sondern die Einstellungen der Fußballfans ändern beziehungsweise dafür sorgen, dass innerhalb der Fanszenen ein tolerantes Klima geschaffen wird, das Rechtsextremen ein Andocken unmöglich macht. Gleichwohl ist diese nachhaltige Arbeit langwierig, kostenintensiv, ihr Erfolg schwer sichtbar und noch schwieriger messbar. Das macht es für viele Akteure, vor allem auf dem staatlichen und wirtschaftlichen Handlungsfeld, unattraktiv, in diese langsamen, vermeintlich unsichtbaren Maßnahmen zu investieren. Dass letztlich jedoch nur ein Zusammenspiel beider Arten von Strategien zum Erfolg führen kann, da sie den Rechtsextremismus auf unterschiedlichen Ebenen angreifen und sich somit ergänzen (müssen), haben die Untersuchungen im Rahmen dieser Arbeit auf systematisch-theoretischer Basis belegt.

Ausgehend von diesen Erkenntnissen wurden in dieser Arbeit ferner Umsetzungskriterien entwickelt, die eine (Nicht-)Umsetzung theoretischer Handlungsempfehlungen aus der Wissenschaft in die Praxis erklären können. Dabei zeigte sich, dass drei Umsetzungskriterien mindestens grundsätzlich erfüllt sein müssen, damit ein theoretischer Vorschlag auch praktisch implementiert wird: Erstens müssen die (potentiell) ausführenden Akteure inhaltlich, also vom Sinn der Maßnahme überzeugt sein. Zweitens müssen die nötigen finanziellen Ressourcen vorhanden sein. Drittens muss bei den handelnden Akteuren der politische Wille zu Umsetzung gegeben sein, das heißt, die Implementierung der Maßnahme darf ihre Eigeninteressen nicht maßgeblich verletzen. Eine nicht oder nicht ausreichende Erfüllung dieser Umsetzungskriterien kann schlüssig erklären, warum wissenschaftliche Handlungsempfehlungen (noch) nicht umgesetzt wurden. So fehlen beispielsweise für eine bessere personelle Ausstattung der Fanprojekte die finanziellen Mittel, der Einführung einer Referentenstelle für Rechtsextremismus beim DFB mangelt es offensichtlich vor allem am Willen der handelnden Akteure und von der Einbeziehung der Bundesliga-Profis in den Kampf gegen Rechtsextremismus sind die ausführenden Akteure inhaltlich nicht überzeugt.

Darüber hinaus wurde deutlich, dass mitunter eine Übererfüllung des Umsetzungskriteriums ‚(Politischer) Wille‘ eine nur partielle Erfüllung der anderen Umsetzungskriterien, die sich in Form von inhaltlichen Bedenken sowie finanziellen Hürden ausdrücken kann, überlagert. Die flächendeckende Implementierung von konfrontativen Maßnahmen wie die Ausdehnung von Polizeieinsätzen im Kontext des Fußballs ist dafür ein gutes Beispiel: Trotz erheblicher finanzieller Belastungen für den Staat und großer inhaltlicher Bedenken, unter anderem vorgetragen durch die im Rahmen dieser Arbeit befragten Experten, wird dieser Ansatz seit Jahren aufgrund des (politischen) Willens der relevanten Akteure auf dem staatlichen Handlungsfeld konstant intensiviert.

Dass die Patentlösung eines erfolgreichen Kampfes gegen Rechtsextremismus im Fußballstadion gleichwohl nicht in der bloßen Realisierung sämtlicher wissenschaftlicher Handlungsempfehlungen liegen kann, hat diese Arbeit ebenfalls unterstrichen. Diese sind keinesfalls universelle Allzweckwaffen, die überall kontextunabhängig eingesetzt werden können. Stattdessen müssen sie als eine Art Katalog betrachtet werden, aus dem sich die Akteure vor Ort, idealerweise untereinander abgestimmt, situativ bedienen sollten. Wie das warnende Beispiel aus Aachen vor Augen geführt hat, kann sich eine bloße Befolgung von Handlungsempfehlungen ohne Beachtung der gegebenen Rahmenbedingungen unter Umständen sogar als kontraproduktiv erweisen, indem sich ein Fanprojekt beispielsweise durch die zu starke Bindung an bestimmte Fangruppen des Einflusses auf die übrige Fanszene beraubt. Wenn jedoch das Fanprojekt als maßgeblicher Akteur im Kampf gegen Anknüpfungspunkte des Rechtsextremismus auf der Einstellungsebene mangels Zugriff auf die Fanszene ausfällt, sehen sich Strategien gegen Rechtsextremismus großen strukturellen Schwierigkeiten ausgesetzt, die es unbedingt zu vermeiden gilt. Übergeordnete Institutionen wie die KOS sollten daher durch intensives Monitoring Probleme von örtlichen Fanprojekten frühzeitig erkennen und gegebenenfalls intervenierend einschreiten. Da Fanprojekte häufig aufgrund von Personalmangel überlastet sind, ist es überdies umso wichtiger, dass sich alle relevanten Akteure vor Ort untereinander abstimmen, Rechtsextremismus im Fußballstadion gemeinsam bekämpfen und sich gegenseitig unterstützen. So kann vermieden werden, dass sich einzelne Akteure im Kampf gegen Rechtsextremismus alleine gelassen oder gar isoliert fühlen.

In diesem Zusammenhang wird darüber hinaus deutlich, dass die These, wonach Fanprojekte das Rückgrat der Arbeit gegen Rechtsextremismus in Deutschen Fußballstadien bilden und daher breiter gefördert werden müssten, bestätigt werden kann, da sie maßgeblicher Träger präventiver und aufklärerischer Maßnahmen für den Kampf gegen Rechtsextremismus auf der Einstellungsebene sind und durch ihre Verankerung in der Fanszene hohe Akzeptanz erfahren. Dennoch darf ihre Rolle nicht überschätzt werden, denn im Kampf gegen Anknüpfungspunkte auf der Handlungsebene sind die Fanprojekte weitgehend wirkungslos und nicht annähernd so effektiv wie konfrontative Maßnahmen.

Vor dem Hintergrund der rasch voranschreitenden Ausdifferenzierung vieler Fanszenen in rechts und links ist es dringend erforderlich, zeitnah ein umfassendes, theoretisch fundiertes und zwischen allen beteiligten Akteuren abgestimmtes Gesamtkonzept zu entwickeln, mit dem der Rechtsextremismus im Fußballstadion zielgerichtet bekämpft werden kann. Die jüngsten Übergriffe auf sich deutlich gegen Rechtsextremismus positionierende Fangruppen unterstreichen diese Dringlichkeit. Das in dieser Arbeit entworfene und auf den Anknüpfungspunkten des Rechtsextremismus im Fußballstadion basierende theoretische Fundament kann und sollte dafür als Grundlage dienen. Es macht deutlich, auf welchen Ebenen sich der Rechtsextremismus in welchen Dimensionen manifestiert. Darauf aufbauend kann zielgenau differenziert werden, welche Gegenmaßnahmen welche Anknüpfungspunkte auf welchen Ebenen angreifen. Unter Berücksichtigung dieser Systematik lässt sich also eine ebenso scharfe wie sinnvolle Aufgabentrennung zwischen den verschiedenen Akteuren definieren. So können kontraproduktive Dopplungen der Aktivitäten von Akteuren aus unterschiedlichen Handlungsfeldern, resultierend aus mangelnder Absprache in Kombination mit einem fehlenden theoretischen Fundament, künftig vermieden werden.

Konkret empfiehlt sich also die Einsetzung einer Arbeitsgruppe[98] mit Vertretern aller relevanten Akteure (Politik, Polizei, aktive Fans, Fanprojekte, Vereine und Verbände), die unter Berücksichtigung der Ergebnisse dieser Arbeit ein Gesamtkonzept erarbeitet, auf dessen Basis schließlich jeder Akteursgruppe eine klar umrissene Rolle mit konkreten Kompetenzen und Aufgaben im Kampf gegen Rechtsextremismus im Fußballstadion zugewiesen wird. Dieses Konzept könnte, verkürzt dargestellt, in groben Zügen etwa so aussehen:

Die Stärken der *Polizei* liegen im konfrontativen Bereich. Daher sollte es künftig ihre Aufgabe sein, sich auf konfrontative Maßnahmen zu konzentrieren und dementsprechend Anknüpfungspunkte auf der Handlungsebene

---

98 Die Mitglieder der Arbeitsgruppe sollten nicht den Status Quo erhalten wollen, sondern tatsächlich von der Notwendigkeit der Einführung eines effektiven Gesamtkonzepts gegen Rechtsextremismus überzeugt sein.

zu bekämpfen. Damit muss freilich auch eine zunehmende Sensibilisierung für versteckte rechtsextreme Codes und Symbolik einhergehen. Weiterhin muss bei rechtsextremen Straftaten entschieden eingegriffen werden. Dabei sollte jedoch klar kommuniziert werden, dass die Täter nicht etwa deshalb bestraft werden, weil sie Fußballfans sind, sondern weil sie rechtsextremistische Straftaten begangen haben, die nicht tolerabel sind. Ohne diese Kommunikation kann es zu Solidarisierungstendenzen innerhalb der Fanszene kommen, die den rechtsextremen Tätern einen Märtyrer-Status verleihen und somit die entsprechende konfrontative Maßnahme konterkarieren würden. Die Bekämpfung der Anknüpfungspunkte auf der Einstellungsebene sollte die Polizei aufgrund ihres angespannten Verhältnisses zur Fußballfanszene anderen Akteuren überlassen.

Die präventive und aufklärerische Arbeit liegt maßgeblich in den Händen der *Fanprojekte*. Ihre Aufgabe ist es daher, Anknüpfungspunkte auf der Einstellungsebene zu bekämpfen. Fanprojekte haben direkten Zugang zu den aktiven Fans, sie sind in der Regel von der Fanszene akzeptiert und deswegen dafür prädestiniert, Maßnahmen auf diesen präventivaufklärerischen Zielsetzungsebenen kontextabhängig vor Ort zu implementieren. Dafür müssen sie ihrer zentralen Rolle entsprechend finanziell und personell besser ausgestattet werden als bisher, da überforderte Fanprojektmitarbeiter im schlimmsten Fall sogar kontraproduktive Maßnahmen umsetzen und den Zugriff auf bestimmte Teile der Fanszene verlieren können. Aus diesem Grund muss überdies darauf geachtet werden, dass der Aufgabenbereich von Fanprojekten nicht überfrachtet wird. Keinesfalls dürfen sie in den Augen der Fans zu ‚Handlangern‘ von Polizei, Verein, Verbänden und/oder Politik werden. Damit würden sie ihre Glaubwürdigkeit und den damit verbundenen Einfluss auf weite Teile der Fanszenen verlieren. Konfrontative Aufgaben dürfen dem Fanprojekt daher in der Regel nicht abverlangt werden. Diese Aufgaben müssen vor allem Polizei oder in Ausnahmefällen andere Akteure wie etwa der Verein übernehmen.

Fans sind die Zielgruppe der Strategien gegen Rechtsextremismus im Fußballstadion. Sie sollten (und können) nicht zu Aufgaben im Kampf gegen Rechtsextremismus verpflichtet werden. Dennoch kommt ihnen dabei eine Schlüsselrolle zu. Aktionen gegen Rechtsextremismus sollten idealerweise aus den Reihen der Fanszene selbst entstehen, da ihnen so die größte Akzeptanz innerhalb der Fanszene entgegengebracht wird.

Das Fanprojekt (und nur das Fanprojekt) kann solche Entwicklungen durch gezielte, situativ abgestimmte, hochsensible Förderung intensivieren. Externe materielle Unterstützungen für Fans in ihren Bemühungen gegen Rechtsextremismus sind allenfalls zulässig, wenn sie sich aus freien Stücken dafür aussprechen. Fonds zur Förderung von Aktionen gegen Rechtsextremismus, aus denen sich Fans bei Bedarf bedienen können, sind ein Beispiel für solche wichtigen, aber dennoch zurückhaltenden externen Unterstützungsmöglichkeiten von Akteuren aus den staatlichen und/oder wirtschaftlichen Handlungsfeldern. Vom Verein subventionierte Fahrten zu NS-Gedenkstätten, federführend durchgeführt vom Fanprojekt, sind weitere Beispiele. In der Regel sollte von solchen offensichtlich externen Unterstützungen jedoch abgesehen werden und die dafür vorgesehenen finanziellen Mittel sollten lieber dem Fanprojekt zur situativ einsetzbaren freien Verfügung gestellt werden. Fans sind theoretisch also keine Akteure, die im Rahmen des Gesamtkonzepts mit bestimmten Aufgaben betraut werden. Idealerweise – und das muss zentrales Ziel allen Handelns sein – engagieren sie sich jedoch aus freien Stücken gegen Rechtsextremismus in ihrer Fankurve sowie deren Umfeld und bekämpfen Anknüpfungspunkte damit sowohl auf der Einstellungs- als auch auf der Handlungsebene. Dieses Engagement zu generieren und zu unterstützen, muss primäres Ziel aller Bemühungen auf der präventiven Zielsetzungsebene des Kampfes gegen Rechtsextremismus im Fußballstadion sein.

Vereine müssen sich klar und sichtbar gegen Rechtsextremismus positionieren. Kommt es innerhalb der Fanszene zu Konflikten mit rechtsextremem Hintergrund, muss sofort deutlich gemacht werden, dass im Umfeld des Vereins kein Platz für rechtsextremes Gedankengut ist. Es ist wenig überzeugend, wenn diese Reaktion erst Tage oder gar Wochen später aufgrund des öffentlichen und medialen Drucks erfolgt. Es ist daher zu empfehlen, dass sich Vereine unabhängig von konkreten rechtsextremen Vorfällen klar gegen Rechtsextremismus positionieren und die aus etwaigen Sorgen um das Vereinsimage resultierende Scheu vor ernsthaften Auseinandersetzungen mit dieser Problematik ablegen. Durch die konsequente Positionierung der Vereine können zwar weder die Einstellungen von überzeugten Rechtsextremisten geändert noch die daraus resultierenden (versteckten) direkten Anknüpfungspunkte auf der Einstellungsebene bekämpft werden, doch im Idealfall werden so die politisch nicht gefestigten sowie vermeintlich ‚unpolitischen‘, dem Verein jedoch treuen Fans für die Problematik sensibilisiert. So kann der Verein seinen Teil dazu beitragen, dass indirekte (offensichtliche) Anknüpfungspunkte auf der Einstellungsebene von Rechtsextremen nicht ohne weiteres instrumentalisiert werden können. Gleichwohl muss der Verein in Absprache mit dem Fanprojekt durch Stadionverbote dann konfrontativ tätig werden, wenn nach Meinung der geschulten Fanprojektmitarbeiter rechtsextreme Akteure in der Fanszene gar nicht mehr zu erreichen sind und die Gefahr droht, dass sich durch ihre Agitation rechtsextreme Hegemonien in der Kurve verfestigen. Da diese Akteure jedoch erfahrungsgemäß nach Stadionverboten nicht einfach verschwinden, ist dieses Mittel äußerst dosiert einzusetzen und die Gründe für das Stadionverbot müssen klar kommuniziert werden. Weiterhin sollten Vereine auf der Zielsetzungsebene der Verbesserung der Infrastruktur insofern aktiv werden, als sie Fans respektive Fanprojekt Räume zur Verfügung stellen, damit die aktiven Fans in unmittelbarer Nähe zu ihrem Verein einen Platz zur Entfaltung haben und dort unter Begleitung des Fanprojekts eine lebendige, tolerante Fanszene entstehen kann.

Neben der klaren Positionierung gegen Rechtsextremismus sollten *Verbände* vor allem davon Abstand nehmen, bloße PR-Kampagnen unter dem Motto des Kampfes gegen Rechtsextremismus durchzuführen. Das macht sie in den Augen der Fans unglaubwürdig. Die dafür bereitgestellten finanziellen Mittel sollten lieber auf der Zielsetzungsebene zur Verbesserung der Infrastruktur eingesetzt werden, wo sie zum Beispiel Fanprojekten zugutekommen könnten. Dies würde freilich bedeuten, dass DFB und DFL auf werbewirksame, aber wenig nachhaltige PR-Maßnahmen wie die Aktion ‚Zeig‘ Rassismus die rote Karte‘ verzichten müssten. Die Einstellung eines Referenten zur Koordinierung der Arbeit bezüglich des Problemfelds Rechtsextremismus, der unter anderem auch die Verbindung zur KOS halten und somit als Schnittstelle zwischen Fanprojekten und Verbänden agieren könnte, ist zu empfehlen. So wäre die Verantwortlichkeit für dieses Thema bei einer Person angesiedelt und würde sich nicht im Zuständigkeitsbereich vieler Akteure innerhalb der Verbände verlieren. Ein solcher Referent könnte überdies Vereinen unterstützend zur Seite stehen, falls dort rechtsextreme Probleme auftreten. Was die KOS als übergeordnete Instanz für die Fanprojekte ist, wäre ein solcher Referent als übergeordnete Instanz für die Fanbeauftragten der Vereine. Weiterhin müssen die

Verbände in Verbindung mit staatlichen Akteuren auf der Zielsetzungsebene der Verbesserung der Infrastruktur dafür Sorge tragen, dass die
Fanprojekte materiell so ausgestattet sind, dass sie ihren anspruchsvol-
len Aufgaben in vollem Maße gerecht werden können. Das Geld dafür ist
dank des millionenschweren Fernsehvertrags der Bundesliga und der sehr
hohen Einnahmen aus der Vermarktung der Nationalmannschaft zweifellos vorhanden.

Die *Politik* ist als Dienstherr der Polizei verstärkt in den konfrontativen
Kampf gegen Anknüpfungspunkte auf der Handlungsebene involviert. Die
politischen Akteure sollten jedoch darauf achten, Fußballstadien nicht als
Ort zur Profilierung als Law-and-Order Politiker zu missbrauchen. Wenn
Vertreter demokratischer Parteien aktive Fußballfans weiterhin nur medi-
enwirksam als gewaltverherrlichende Täter darstellen, statt eine ernsthafte,
vorurteilsfreie Diskussion mit ihnen zu suchen, erleichtert das Rechtsextremen ein Andocken innerhalb der Fanszenen. Das haben die Parteien des
äußersten rechten Randes längst erkannt und versuchen, in dieses Vakuum
vorzustoßen. Die Anbiederungsversuche der NPD an Fußballfans unterstreichen dies. Wenn sich Politiker der demokratischen Parteien ernsthaft
darum bemühen, das Gespräch mit Vertretern der Fußballfanszenen zu suchen, können diese rechtsextremistischen Annäherungsversuche gezielt unterbunden werden. Dafür müssen freilich Fußballfans als gleichberechtigte
Gesprächspartner wahrgenommen und beachtet werden. Geschieht dies
nicht, werden sie in die Rolle des Außenseiters gedrängt, was sich rechtsextreme Parteien wie die NPD zu Nutzen machen. Weiterhin muss die Politik
(ebenso wie die Verbände) auf der Zielsetzungsebene der Verbesserung der
Infrastruktur dafür sorgen, dass vor allem Fanprojekte mit den nötigen
finanziellen Mitteln ausgestattet werden, um ihren umfassenden Aufgaben gerecht zu werden. Hier sind speziell Kommunen und Länder gefragt.
Über ein Engagement des Bundes, etwa in Form von Sondermitteln aus
dem Etat des Familienministeriums, kann ebenfalls nachgedacht werden.

Ausblick

Die vorliegende Arbeit hat die Vorraussetzungen für eine Vielzahl darauf aufbauender Untersuchungen geschaffen. Beginnend bei der systematischen Analyse der Qualität bereits implementierter Maßnahmen im

Kampf gegen Rechtsextremismus im Fußballstadion über eine empirische Befragung aller Fanprojekte, mit dem Ziel, eine Art ‚best-practice-guide‘ zu erstellen, ergeben sich viele interessante Forschungsfelder. Darüber hinaus können durch einen internationalen Vergleich von Strategien gegen Rechtsextremismus im Fußballstadion unter Beachtung der landesspezifischen Besonderheiten eventuell neue Anregungen für eine effektivere Bekämpfung der zahlreichen Anknüpfungspunkte des Rechtsextremismus gewonnen werden. Weiterhin bietet sich die Untersuchung der Fragestellung an, inwieweit die in dieser Arbeit skizzierte Gesamtsituation im Fußballstadion tatsächlich die Entstehung rechtsextremer Einstellungen begünstigt oder gar verhindert. Empirisch kann darüber hinaus analysiert werden, ob bei der praktischen Arbeit von Fanprojekten wirklich die Ziele erreicht werden, die laut theoretischen Zielsetzungen erreicht werden sollen. Schließlich wäre ein äußerst lohnendes Forschungsobjekt die Klärung der Frage, ob die organisatorischen Strukturen von DFB und DFL eine effektive Bekämpfung des Rechtsextremismus in Fußballstadien behindern und inwiefern diese Strukturen gegebenenfalls optimiert werden können.

Das Fundament für all diese weiterführenden Untersuchungen ist mit dieser Arbeit gelegt worden, das nötige Handwerkszeug liegt bereit. Die große wissenschaftliche Baustelle ‚Strategien gegen Rechtsextremismus im Fußballstadion‘ ist allerdings gerade erst eröffnet worden, bis zum Richtfest wird es noch vieler wissenschaftlicher Analysen bedürfen.

10. Verzeichnisse

10.1. Literatur

12doppelpunkt12 2012: Hintergrund. Auf: http://www.12doppelpunkt 12.de/hintergrund/ (20.11.13).

1953international 2012: Startseite. Auf: http://1953international.de/ (12. 07.12).

Aachen Ultras 2013: Erklärung. Auf: http://www.aachen-ultras.de/files/ acu99_erklaerung.pdf (11.09.13).

ABB (Am Ball bleiben) 2012: Die Idee. Auf: http://www.amballbleiben. org/html/projekt/projektidee.html (11.07.12).

ABB (Am Ball bleiben) 2012b: Die Ziele. Auf: http://www.amballbleiben. org/html/projekt/projekziele.html (11.07.12).

Achilles, Sven / Pilz, Gunter A. 2002: Maßnahmen zum Umgang mit rechten Tendenzen im Fußballfanumfeld von Hannover 96. Bericht zu den Ergebnissen der interdisziplinären Arbeitsgruppe zur Bekämpfung rechter Umtriebe im Fußballbereich (idAG BrUF). Auf: http://www.sportwiss. uni-hannover.de/fileadmin/sport/pdf/onlinepublikationen/pil_rass_96. pdf (24.04.2012).

Adorno, Theodor W. / Frenkel-Brunswik, Else / Levinson, Daniel J. / Sanford, R. Nevitt 1950: The Authoritarian Personality, New York.

Agentur für soziale Perspektiven 2004: Versteckspiel. Lifestyle, Symbole und Codes von neonazistischen und extrem rechten Gruppen, Berlin.

Ahrens, Peter 2007: Fußballstars und Rechtsextremismus. Playstation statt Zivilcourage, vom 28.02.2007. Auf: http://www.spiegel.de/sport/ fussball/0,1518,469067,00.html (17.03.10).

Albrecht, Uwe 2007: Fußball – Gewalt – Rechtsextremismus. Existieren im Fußball als Zuschauersport Faktoren, die Gewalt und Rechtsextremismus fördern?, Norderstedt.

Apmann, Jan-Philipp / Fehlandt, Gabriel 2012: Pyrotechnik. Der Kampf um eine Legalisierung. In: Thein, Martin / Linkelmann, Jannis (Hrsg.): Ultras im Abseits? Porträt einer verwegenen Fankultur, Göttingen, S. 180-192.

Arzheimer, Kai / Schoen, Harald / Falter, Jürgen W. 2000: Rechtsextreme Orientierungen und Wahlverhalten. In: Schubarth, Wilfried / Stöss, Richard (Hrsg.): Rechtsextremismus in der Bundesrepublik Deutschland. Eine Bilanz, Opladen, S. 220-245.

Augsburger Allgemeine.de 2011: Hoeneß und die Ultras. Der „Metzger" und die Meute, vom 06.04.2011. Auf: http://www.augsburger-allgemeine. de/sport/Hoeness-und-die-Ultras-der-Metzger-und-die-Meute-id14596346.html (22.11.13).

Backes, Uwe 1989: Politischer Extremismus in demokratischen Verfassungsstaaten, Opladen.

Backes, Uwe / Jesse, Eckhard 1989: Politischer Extremismus in der Bundesrepublik Deutschland. Band II: Analyse, Köln.

Backes, Uwe / Jesse, Eckhard 1993: Politischer Extremismus in der Bundesrepublik Deutschland, 3. Auflage, Bonn.

BAFF (Bündnis aktiver Fußballfans) 2004: Die 100 „schönsten" Schikanen gegen Fußballfans. Repression und Willkür rund ums Stadion, Hanau.

BAFF (Bündnis aktiver Fußballfans, AG Repression) 2004b: „Chaoten und Wahnsinnige". Wie werden gefährliche Fans gemacht? In: BAFF (Hrsg.): Ballbesitz ist Diebstahl. Fußballfans zwischen Kultur und Kommerz, Göttingen, S. 165-178.

BAFF (Bündnis aktiver Fußballfans) 2012: Wer ist BAFF? Und was machen wir so...., vom 03.01.2011. Auf: http://aktive-fans.de/ index.php?option=com_content&view=article&id=50&Itemid=41 (25.04.12).

BAFF (Bündnis aktiver Fußballfans) 2012b: Zum Hintergrund. Auf: http:// archiv.aktive-fans.de/01a9d793eb001ce0d/50146094ee019c42a/index. html (11.07.12).

BAFF (Bündnis aktiver Fußballfans) 2012c: History von BAFF. Auf: http:// archiv.aktive-fans.de/01a9d793eb001ce0d/index.html (11.07.12).

BAFF (Bündnis aktiver Fußballfans) 2012d: Erste Demo und Umbennung 1995-1997. Auf: http://archiv.aktive-fans.de/01a9d793eb001ce0d/501 46094ee01a473a/index.html (11.07.12).

BAFF (Bündnis aktiver Fußballfans) 2013: BAFF Saisonbilanz 2012/2013, vom 08.07.2013. Auf: http://aktive-fans.de/index.php?option=com_

content&view=article&id=119:baff-saisonbilanz-20122013&catid=1: aktuelle-nachrichten&Itemid=50 (11.09.13).

BAFF (Bündnis aktiver Fußballfans) 2014: Werde Mitglied bei BAFF. Auf: http://aktive-fans.de/index.php?option=com_content&view=article&id =22&Itemid=29 (16.04.2014).

BAG (Bundesarbeitsgemeinschaft der Fanprojekte) 2012: Organisationsstruktur. Auf: http://www.bag-fanprojekte.de/index.php?option=com_ content&view=article&id=16&Itemid=30 (11.07.12).

BAG (Bundesarbeitsgemeinschaft der Fanprojekte) 2012b: Die Bundesarbeitsgemeinschaft der Fanprojekte – Grundsätze und Struktur. Auf: http://www.bag-fanprojekte.de/index.php?option=com_content& view=category&layout=blog&id=25&Itemid=27 (11.07.12).

BAG (Bundesarbeitsgemeinschaft der Fanprojekte) 2012c: Grundsätze. Auf: http://www.bag-fanprojekte.de/index.php?option=com_content& view=article&id=15&Itemid=29 (11.07.12).

BAG (Bundesarbeitsgemeinschaft der Fanprojekte) 2012d: Die Fanprojekte. Auf: http://www.bag-fanprojekte.de/index.php?option=com_content& view=article&id=14&Itemid=28 (11.07.12).

BDT (Bündnis für Demokratie und Toleranz – gegen Extremismus und Gewalt) / ABB (Am Ball bleiben) / KOS (Koordinierungsstelle Fanprojekte) 2008: 11 Fragen nach 90 Minuten. Was tun gegen Rassismus und Diskriminierung im Fußball?, 2. Auflage, Frankfurt am Main.

Becker, Julia / Wagner, Ulrich / Christ, Oliver 2007: Nationalismus und Patriotismus als Ursache von Fremdenfeindlichkeit. In: Heitmeyer, Wilhelm (Hrsg.): Deutsche Zustände. Folge 5, Frankfurt, S. 131-149.

Behn, Sabine / Schwenzer, Victoria 2006: Rassismus, Fremdenfeindlichkeit und Rechtsextremismus im Zuschauerverhalten und Entwicklung von Gegenstrategien. In: Pilz, Gunter A. / Behn, Sabine / Klose, Andreas / Schwenzer, Victoria / Steffan, Werner / Wölki, Franciska: Wandlungen des Zuschauerverhaltens im Profifußball, Schorndorf, S. 320-458.

Behn, Sabine / Schwenzer, Victoria 2008: „Politik gehört nicht ins Stadion?" Fandiskurse, Selbstregulierungsmechanismen der Fanszene und antirassistische Strategien der sozialen Arbeit im Fußballkontext.

In: Glaser, Michaela / Elverich, Gabi (Hrsg.): Rechtsextremismus, Fremdenfeindlichkeit und Fußball. Erfahrungen und Perspektiven der Prävention, Halle, S. 24-34.

Bengtsson, Anders 2011: Wo zum Teufel sind all die Anderen? In: 11 Freunde, Nr. 114, Mai 2011, S.92-97.

Bergmann, Achim 2014: Horido! Fürth kriegt jetzt auch ein Fanprojekt, vom 16.01.2014. Auf: http://www.nordbayern.de/region/fuerth/horido-furth-kriegt-jetzt-auch-ein-fanprojekt-1.3398038 (25.02.14).

Beyer, Fabian 2013: Evolution Ultrà. In: Thein, Martin (Hrsg.): Fussball, deine Fans. Ein Jahrhundert deutsche Fankultur, Göttingen, S. 203-215.

Blaschke, Ronny 2007: Fankongress. Ultras, Hooligans, Hooltras?, vom 21.06.2007. Auf: http://www.spiegel.de/sport/fussball/0,1518, 488211,00.html (25.10.11).

Blaschke, Ronny 2008: Im Schatten des Spiels. Rassismus und Randale im Fußball, 2. Auflage, Göttingen.

Blaschke, Ronny 2010: Clinch der Kulturen. Gewalt im Fußball. DFB und DFL widersprechen der Politik. In: Süddeutsche Zeitung, 23. April 2010, S. 32.

Blaschke, Ronny 2011: Angriff von Rechtsaußen. Wie Neonazis den Fußball missbrauchen, Göttingen.

Blaschke, Ronny 2011b: Runder Tisch ohne Fans. Der Innenminister hat zu einem Gipfel zur Gewalt beim Fußball geladen. Zu erwarten sind Auflagen und Verbote – aber nichts, was den Kern des Problems angeht. In: Süddeutsche Zeitung, Nr. 262, 14. November 2011, S.24.

Blaschke, Ronny 2011c:,Das Stadion ist der einzige Ort, wo Abwertungsmuster eine breite Öffentlichkeit erreichen – ohne Sanktionen'. Der Sportjournalist Ronny Blaschke im Interview mit Wilhelm Heitmeyer, Gewaltforscher. Auf: http://library.fes.de/pdf-files/akademie/online/09871.pdf (20.02.14).

Blaschke, Ronny 2011d: Bierhoff und die ewig gestrigen Schlagzeilen über schwule Fußballer, vom 10.04.2011. Auf: http://www.zeit.de/sport/2011-03/schwul-nationalelf-bierhoff-tatort-bild-fussball (25.02.14).

Blaschke, Ronny 2012: Vom Rassismus zur Gruppenbezogenen Menschenfeindlichkeit in Fußballstadien. Entwicklungen der Debatte. In: Heitmeyer, Wilhelm (Hrsg.): Deutsche Zustände. Folge 10, Berlin, S. 276-286.

Bock, Andreas 2013: Souleymane Sané. In: 11 Freunde, Nr. 140, Juli 2013, S. 106-110.

Bogner, Alexander / Torgersen, Helge (Hrsg.) 2005: Wozu Experten? Ambivalenzen der Beziehung von Wissenschaft und Politik, Wiesbaden.

Bogner, Alexander / Menz, Wolfgang 2005: Das theoriegenerierende Experteninterview. Erkenntnisinteresse, Wissensformen, Interaktion. In: Bogner, Alexander / Littig, Beate / Menz, Wolfgang (Hrsg.): Experteninterviews. Theorien, Methoden, Anwendung, 2. Auflage, Wiesbaden, S. 33-70.

Bogner, Alexander / Menz, Wolfgang 2009: Experteninterviews in der qualitativen Sozialforschung. Zur Einführung in eine sich intensivierende Methodendebatte. In: Bogner, Alexander / Littig, Beate / Menz, Wolfgang (Hrsg.): Experteninterviews. Theorien, Methoden, Anwendungsfelder, 3. Auflage, Wiesbaden, S. 7-31.

Bogner, Alexander / Menz, Wolfgang 2009b: Das theoriegenerierende Experteninterview. Erkenntnisinteresse, Wissensformen, Interaktion. In: Bogner, Alexander / Littig, Beate / Menz, Wolfgang (Hrsg.): Experteninterviews. Theorien, Methoden, Anwendungsfelder, 3. Auflage, Wiesbaden, S. 61-98.

Boßmann, Boris 2012: Nazi-Angst im deutschen Fußball. In: SportBild, Nr. 45, 7. November 2012, S. 22.

Braun, Tobias 2012: ZIS-Statistik sagt nichts aus!, vom 07.12.2012. Auf: http://www.liga3-online.de/kommentar-zis-statistik-sagt-nichts-aus/ (17.02.14).

Brenner, David 2009: Neues aus der Fankurve. Wie Ultras und andere Fangruppierungen die Fankultur verändern, Marburg.

Brüggemeier, Franz-Josef 2006: Zuschauer, Fans und Hooligans. In: Informationen zur politischen Bildung, Nr. 290, 1. Quartal 2006, Bonn, S. 39-44.

Brunßen, Pavel / Römer, Peter 2012: Eine verfahrene Situation. In: Transparent Magazin, Nr. 3 – 2012, S. 10-15.

Brunßen, Pavel 2013: Am Ball bleiben. In: Transparent Magazin, Nr. 7 - 2013, S. 10-15.

Bundesministerium des Inneren 2004: Verfassungsschutzbericht 2003, Berlin.

Bundesministerium des Inneren 2009: Verfassungsschutzbericht 2008, Berlin.

Bundesministerium für Familie, Senioren, Frauen und Jugend 2008: Hintergrundinformation. Das Bundesprogramm „Vielfalt tut Gut. Jugend für Vielfalt, Toleranz und Demokratie". Auf: http://www. vielfalt-tut-gut.de/content/e4458/e7619/Hintergrundinfo_VTG_ Service_Stand_Jan2010.pdf (01.03.11).

Bunte Kurve 2012: Willkommen. Auf: http://www.bunte-kurve.de/ (12.07.12).

Buschmann, Rafael 2013: Rechtsextremes Netzwerk. Hooligans und Neonazis bedrohen deutschen Fußball, vom 13.11.2014. Auf: http:// www.spiegel.de/sport/fussball/rechtsextreme-im-fussball-hooligans- und-nazis-vernetzen-sich-a-933194.html (13.11.13).

Buschmann, Rafael 2013b: Vorfall in Donezk. Rechtsextreme attackieren Dortmunder Fanprojekt, vom 16.02.2013. Auf: http://www.spiegel. de/sport/fussball/vorfall-in-donezk-rechtsextreme-attackieren-bvb- fanprojekt-a-883759.html (11.09.13).

Butterwege, Christoph 1996: Rechtsextremismus, Rassismus und Gewalt. Erklärungsmodelle in der Diskussion, Darmstadt.

BVB 2012: Stadionverbot nach Beleidigungen auf Transparenten. Auf: http://www.bvb.de/?%87%ECZ%1B%E7%F4%9C%5Ei%E4%87% 9C (04.04.12).

BVB 2012b: Spieltagspakete bei Borussia Dortmund. Auf: http://www. bvb.de/templates/stadion/gastronomie/spieltagspakete-bvb–12-13.pdf (10.07.12).

BVB 2014: BVB spricht Stadionverbot bis 2020 gegen Rechtsextremen aus, vom 25.02.2014. Auf: http://www.bvb.de/News/Uebersicht/BVB-spricht- Stadionverbot-bis-2020-gegen-Rechtsextremen-aus (25.02.14).

BVB 2014b: Fanbeauftragte. Auf: http://www.bvb.de/Fans/Fanbeauftragte (25.02.14).

BVB Fanclub Heinrich-Czerkus 2012: Wir nennen uns Heinrich Czerkus BVB-Fanclub. Auf: http://www.bvb-fanclub-heinrich-czerkus.de/home. html (12.07.12).

BVB Fanclub Heinrich-Czerkus 2014: Heinrich-Czerkus-Gedächtnislauf 2014. Auf: http://www.bvb-fanclub-heinrich-czerkus.de/html/gedacht-nislauf.html (11.06.14).

BVB-Magazin 2013: Kein Platz für Rassismus und Gewalt. In: BVB-Magazin, Heft 54, Saison 2012/2013, 02.03.2013, S. 48.

BVB-Magazin 2014: BVB-Fanabteilung. Ein tragender Pfeiler. In: BVB-Magazin, Heft 69, Saison 2013/2014, 25.01.2014, S. 8-11.

BVB Merchandise GmbH 2013: Der BVB-Katalog. Saison 2013/2014, Dortmund.

BVerfGE (Entscheidungen des Bundesverfassungsgerichts) Band 2: Urteil vom 23. Oktober 1952 – Feststellung der Verfassungswidrigkeit der Sozialistischen Reichspartei, Tübingen, S. 1-79.

BVerfGE (Entscheidungen des Bundesverfassungsgerichts) Band 5: Urteil vom 17. August 1956 – Verfahren über den Antrag der Bundesregierung auf Feststellung der Verfassungswidrigkeit der Kommunistischen Partei Deutschlands, Tübingen, S. 85-393.

Catougno, Claudio 2013: Sicherheit in Fußballstadien. Spiele mit dem Feuer, vom 11.12.2012. Auf: http://www.sueddeutsche.de/sport/sicherheit-in-fussballstadien-spiele-mit-dem-feuer-1.1548042 (04.11.13).

Cöln, Christoph / Gartenschläger, Lars / Röhn, Tim / Wolf, Julien 2013: An jedem verdammten Samstag. In: Welt am Sonntag, Nr. 36, 8. September 2013, S. 24/25.

DasVersteckspiel.de 2013: Thor Steinar. Auf: http://www.dasversteckspiel. de/index.php?id=28&stufe=28&finder=1&artikel=69 (18.10.13).

Davolio, Miryam Eser 2007: Wissenschaftliche Evaluation von Ansätzen gegen Rechtsextremismus. In: Frölich, Margrit / Hafeneger, Benno / Kaletsch, Christa / Oppenhäuser, Holger (Hrsg.): Zivilgesellschaftliche Strategien gegen die Extreme Rechte in Hessen, Frankfurt am Main, S. 77-92.

Decker, Oliver / Brähler, Elmar 2005: Rechtsextreme Einstellungen in Deutschland. In: Aus Politik und Zeitgeschichte, Nr. 42/2005, 13. Oktober 2005, Bonn, S. 8-17.

Decker, Oliver / Brähler, Elmar (unter Mitarbeit von Norman Geißler) 2006: Vom Rand zur Mitte Rechtsextreme Einstellungen und ihre Einflussfaktoren in Deutschland. Auf: http://library.fes.de/pdf-files/do/04088a.pdf (02.03.11).

Decker, Oliver / Rothe, Katharina / Weißmann, Marliese / Geißler, Norman / Brähler, Elmar (unter Mitarbeit von Franziska Göpner und Kathleen Pöge) 2008: Ein Blick in die Mitte. Zur Entstehung rechtsextremer und demokratischer Einstellungen in Deutschland, Berlin.

Decker, Oliver / Brähler, Elmar 2008b: Bewegung in der Mitte. Rechtsextreme Einstellungen in Deutschland 2008. Mit einem Vergleich von 2002 bis 2008 und der Bundesländer, Berlin.

Decker, Oliver / Weißmann, Marliese / Kiss, Johannes / Brähler, Elmar 2010: Die Mitte in der Krise. Rechtsextreme Einstellungen in Deutschland 2010. Auf: http://library.fes.de/pdf-files/do/07504.pdf (02.03.10).

Degele, Nina / Janz, Caroline 2011: Hetero, weiß und männlich? Fußball ist viel mehr! Eine Studie der Friedrich-Ebert-Stiftung zu Homophobie, Rassismus und Sexismus im Fußball, Bonn.

Degele, Nina 2013: Fußball verbindet – durch Ausgrenzung, Wiesbaden.

Denzer, Wolfgang / Fischer, Gerd 2012: Fans und Problemfans. Auf: http://www.polizei.rlp.de/internet/nav/9a8/broker.jsp?uMen=9a8509c6-071a-9001-be59-2680a525fe06&uCon=9d92311b-8484-2014-4b94-615af5711f80&uBasVariantCon=22222222-2222-2222-2222-222222222222&uTem=21b50783-53b3-a001-be59-2680a525fe06 (10.07.12).

Dembowski, Gerd 2004: Spieler kommen, Trainer gehen – Fans bleiben. Kleine Standortbestimmung der Fußballfans. In: BAFF (Hrsg.): Ballbesitz ist Diebstahl. Fußballfans zwischen Kultur und Kommerz, Göttingen, S. 8-35.

Dembowski, Gerd / Noack, Ronald 2004b: Am Tatort Stadion. Neonazistische Beschleuniger in Deutschlands Fußballfanszenen. In: BAFF (Hrsg.): Ballbesitz ist Diebstahl. Fußballfans zwischen Kultur und Kommerz, Göttingen, S. 106-121.

Dembowski, Gerd 2007: Rassismus: Brennglas Fußball. In: Heitmeyer, Wilhelm (Hrsg.): Deutsche Zustände. Folge 5, Frankfurt am Main, S. 217-225.

Dembowski, Gerd 2008: Zur Rolle von Fußballfans im Engagement gegen Rassismus und Diskriminierung. In: Glaser, Michaela / Elverich, Gabi (Hrsg.): Rechtsextremismus, Fremdenfeindlichkeit und Fußball. Erfahrungen und Perspektiven der Prävention, Halle, S. 53-62.

Dembowski, Gerd 2012: Der Gipfel und die Fackel. In: Transparent Magazin, Nr. 2 – 2012, S. 20-21.

Dembowski, Gerd 2013: Organisierte Fanszenen: Zwischen empfundener Enteignung und Self-Empowerment. In: Aus Politik und Zeitgeschichte, Nr. 27-28/2013, 01. Juli 2013, Bonn, S. 35-40.

Dembowski, Gerd 2013b: Beharrliche Suche nach Dialoglücken. In: Transparent Magazin, Nr. 6 – 2013, S. 50-53.

Deutsche Sportjugend 1992: Arbeitsgruppe Nationales Konzept Sport und Sicherheit – Ergebnisbericht, 1. aktualisierter Nachdruck (2003), Frankfurt am Main.

DFB 2008: Richtlinien zur einheitlichen Behandlung von Stadionverboten. Auf: http://www.dfb.de/uploads/media/SV_RiLi_ab_31032008_01.pdf (26.10.11).

DFB 2011: DFB-Info. Auf: http://www.dfb.de/index.php?id=46 (25.10.11).

DFB 2011b: Richtlinien zur Verbesserung der Sicherheit bei Bundesspielen. Auf: http://www.dfb.de/uploads/media/Richtlinien-Verbesserung-Sicherheit-Bundesspielen-27-11-09.pdf (26.10.11).

DFB 2011c: Viele Farben – ein Spiel. Gegen die Diskriminierung von Homosexuellen im Fußball, Flyer, o.O. (vermutlich Frankfurt).

DFB 2012: Integration. Auf: http://www.dfb.de/index.php?id=508798 (11. 07.12).

DFL 2008: „Zeig' Rassismus die Rote Karte!", vom 17.10.2008. Auf: http://www.bundesliga.de/de/liga/news/2008/meldung.php?f=77056. php (11.11.13).

DFL 2009: Fanarbeit 2010 – Handbuch für Fanbeauftrage. Auf: http://www.kos-fanprojekte.de/fileadmin/user_upload/media/regeln-richtlinien/pdf/DFL-Fanbeauftragtenhandbuch_s.pdf (17.04.14).

DFL 2011: Bundesliga mit Zuschauerrekord. 12,8 Millionen Fans verfolgten die Saison 2010/11, vom 10.06.2011. Auf: http://www.bundesliga.de/de/liga/news/2010/index.php?f=0000184901.php (25.01.12).

DFL 2011b: 10-Punkte-Plan für mehr Sicherheit im Fußball. Auf: http://www.bundesliga.de/media/native/autosync/dfl_bl_broschuere_10punkte_150dpi.pdf (11.07.12).

DFL 2012: Informationen und Diskussionen über weitere Schritte zur Umsetzung der Ergebnisse der Sicherheitskonferenz in Berlin und der Innenministerkonferenz („Sicheres Stadionerlebnis"). Mitgliederversammlung des Ligaverbandes, vom 27.09.2012. Auf: http://www.12doppelpunkt12.de/wp-content/uploads/Kommission-Sicherheit_Mitgliederversammlung_27-09-20121.pdf (20.11.13).

DFL 2013: DFL ruft neues Fanprojekt „PFIFF" ins Leben: Neuer Mosaikstein in der Fanarbeit, vom 03.12.2013. Auf: http://www.bundesliga.de/de/liga/news/2013/dfl-ruft-neues-fanprojekt-pfiff-ins-leben-neuer-mosaikstein-in-der-fanarbeit_0000280916.php (21.01.14).

Dittmar, Norbert 2009: Transkription. Ein Leitfaden mit Aufgaben für Studenten, Forscher und Laien, 3. Auflage, Wiesbaden, 2009.

Drucksache 15/3842 des Landtags Rheinland-Pfalz vom 01.10.2009: Antwort des Ministeriums des Inneren und Sport auf die Große Anfrage der Fraktion der SPD – Drucksache 15/3677. Rechtsextremismus als Gefahr für Demokratie und Gesellschaft – Ideologie, Struktur und Strategien rechtsextremer Parteien und Organisationen, Mainz.

Drucksache 16/4807 des Deutschen Bundestages vom 22.03.2007: Antrag der Abgeordneten Ulla Jelpke, Petra Pau, Klaus Ernst, Dr. Martina Bunge, Sevim Dagdelen, Diana Golze, Katja Kipping, Jan Korte, Kersten Naumann, Wolfgang Schneider (Saarbrücken), Dr. Ilja Seifert, Frank Spieth, Jörn Wunderlich und der Fraktion Die Linke. Beratungsobjekte gegen Rechtsextremismus dauerhaft verankern und Ergebnisse der wissenschaftlichen Begleitforschung berücksichtigen, Berlin.

Druwe, Ulrich (unter Mitarbeit von Susanne Mantino) 1996: Rechtsextremismus. Methodologische Bemerkungen zu einem politikwissenschaftlichen Begriff. In: Falter, Jürgen W. / Jaschke, Hans-Gerd, Winkler, Jürgen R. (Hrsg.): Rechtsextremismus. Ergebnisse und Perspektiven der Forschung. Politische Vierteljahresschrift, Sonderheft 27/1996, Opladen, S. 66-80.

Duben, Daniel 2009: Millionen für den Linksextremismus? Fördern Projekte gegen Rechts wirklich nur eine andere Form des Extremismus?, Wiesbaden.

Dubiel, Helmut / Freidburg, Ludiwg v. / Schumm, Wilhelm 1994: Einleitung. Rechtsextremismus, Rassismus, Fremdenfeindlichkeit. Begriffe und Dimensionen der Diskussion. In: Institut für Sozialforschung (Hrsg.): Rechtsextremismus und Fremdenfeindlichkeit. Studien zur aktuellen Entwicklung, Frankfurt am Main / New York, S. 9-27.

Eichener, Michael 2004: Keine Politik im Stadion? Über das politische im so genannten Unpolitischem. In: BAFF (Hrsg.): Ballbesitz ist Diebstahl. Fußballfans zwischen Kultur und Kommerz, Göttingen, S. 161-164.

Eisenberg, Christiane 2006: Fußball als globales Phänomen, Ein englischer Sport auf seinem Weg um die Welt. In: Der Bürger im Staat, Heft 1, 56. Jahrgang 2006, Stuttgart, S.14-19.

Elias, Norbert / Dunning, Eric 2003: Die Suche nach Erregung in der Freizeit. In: Blomert, Reinhard et al. (Hrsg.): Norbert Elias Gesammelte Schriften. Band 7: Elias, Norbert / Dunning, Eric: Sport und Spannung im Prozeß der Zivilisation, Frankfurt am Main, S. 121-168.

Elias, Norbert 1977: Über den Prozeß der Zivilisation. Soziogenetische und psychogenetische Untersuchungen. Erster Band, 3. Auflage, Frankfurt am Main.

Elias, Norbert 1977b: Über den Prozeß der Zivilisation. Soziogenetische und psychogenetische Untersuchungen. Zweiter Band, 3. Auflage, Frankfurt am Main.

Emminghaus, Christoph / Lindner, Markus / Niedlich, Sebastian / Stern, Tobias 2007: Evaluation des Bundesprogramms XENOS. Abschlussbericht. Auf: http://www.esf.de/portal/generator/7120/property=data/2009__03__18__xenos__evaluationsbericht__2007.pdf (01.03.11).

Endemann, Martin / Dembowski, Gerd 2010: Die wollen doch nur spielen. Fußballfanszenen und Fußballvereine als Andockpunkte für neonazistische Einflussnahme im ländlichen Raum. In: Burschel, Friedrich (Hrsg.): Stadt-Land-Rechts. Brauner Alltag in der Deutschen Provinz, Berlin, S. 22-51.

Endemann, Martin / Dembowski, Gerd 2010b: Immer noch U-Bahnen nach Auschwitz. Antisemitismus im deutschen Fußball. In: Blecking,

Diethelm / Dembowski, Gerd (Hrsg.): Der Ball ist bunt. Fußball, Migration und die Vielfalt der Identitäten in Deutschland, Frankfurt am Main, S. 181-189.

Exit Deutschland 2011: Startseite. Auf: http://www.exit-deutschland.de/ (02.03.11).

Falter, Jürgen W. (in Zusammenarbeit mit Markus Klein) 1994: Wer wählt rechts? Die Wähler und Anhänger rechtsextremistischer Parteien im vereinigten Deutschland, München.

Falter, Jürgen W. 2000: Politischer Extremismus. In: Falter, Jürgen W. / Gabriel, Oscar W. / Rattinger, Hans (Hrsg.): Wirklich ein Volk?, Opladen, S. 403-433.

Fanprojekt Dresden 2014: Über uns. Auf: http://www.fanprojekt-dresden.de/uber-uns/entstehung/ (17.01.14).

Fanprojekt Karlsruhe 2012: Geschichte. Auf: http://www.fanprojekt-karlsruhe.de/?pid=1 (12.07.12).

Fanprojekt Köln 2012: Anti-Rassismus-Aktionen. Auf: http://koelner-fanprojekt.de/info/ (12.07.12).

Fanprojekt Mainz 2011: Tatort Stadion 2. Ausstellung zum Thema Diskriminierung im Stadion, Flyer, o.O. (vermutlich Mainz).

Fare 2014: About Fare. Auf: http://www.farenet.org/about-fare/ (21.01.14).

Fare 2014b: Fare Action Weeks. Auf: http://www.farenet.org/campaigns/fare-action-weeks/ (21.01.14).

FAZ.net 2006: Aktionswoche „Zeig dem Rassismus die Rote Karte", vom 19.10.2006. Auf: http://www.faz.net/aktuell/sport/sportpolitik/aktionswoche-zeig-dem-rassismus-die-rote-karte-1381595.html (18.01.14).

FC Augsburg 2014: Fanbeauftragte. Auf: http://www.fcaugsburg.de/cms/website.php?id=/index/fans/fanbeauftragte.htm (25.02.14).

FC St. Pauli 2012: Stadionordnung. Auf: http://www.fcstpauli.com/staticsite/staticsite.php?menuid=485&topmenu=113 (25.04.12).

Feldmann-Wojtachnia, Eva 2008: Praxishandbuch. Aktiv Eintreten gegen Fremdenfeindlichkeit – Seminarbausteine zur bewussten Auseinandersetzung mit Identität und Toleranz, Schwalbach/Taunus.

Fischer, Christoph 2013: DFB-Chef im Exklusiv-Interview: „Es geht um unsere Zukunft", vom 24.10.2013. Auf: http://www.gea.de/sport/fussball/dfb+chef+im+exklusiv+interview++es+geht+um+unsere+zukunft.3405756.htm (13.10.14).

Flemming, Lars 2003: Das gescheiterte NPD-Verbotsverfahren. Wie aus dem „Aufstand der Anständigen" der „Aufstand der Unfähigen" wurde. In: Backes, Uwe / Jesse, Eckhard (Hrsg.): Jahrbuch Extremismus und Demokratie 15, Baden-Baden, S. 159-176.

Flutlicht 2014: Flutlicht stellt sich vor. Auf: www.flutlicht.org/about.html (17.04.14).

Flutlicht 2014b: BallArbeit – Fußball & Migration. Auf: www.flutlicht.org/ausstellung.html (17.04.14).

Flutlicht 2014c: Home. Auf: www.flutlicht.org/ausstellung.html (17.04.14).

Focus.de 2012: Zwanziger mit Leo-Baeck-Preis ausgezeichnet, vom 04.11.2009. Auf: http://www.focus.de/sport/fussball/wm-2010/dfb-zwanziger-mit-leo-baeck-preis-ausgezeichnet_aid_451070.html (11.07.12).

Franzke, Rainer 2012: Stehen erlaubt! Die Fans tagten für sich, Verbände und Vereine auch. Kehrt jetzt Friede in den Stadien ein? In: Kicker Sportmagazin, 19. Juli 2012, S: 22.

Freudenbergstiftung 2011: Themenschwerpunkt – Demokratische Kultur in Schule&Gemeinde. Auf: http://www.freudenbergstiftung.de/index.php?id=447 (01.03.11).

Fritsch, Oliver 2011: Kampf gegen Rassismus. Wie der DFB die Gesellschaft verbessern will, vom 31.03.2011. Auf: http://www.zeit.de/sport/2011-03/zwanziger-dfb-rassismus-vorfelder (11.11.13).

Fritsch, Oliver 2012: Die rechten Rattenfänger vom Tivoli. Auf: http://www.zeit.de/sport/2012-02/aachen-karlsbande-ultras-alemannia (31.5.12).

Fritsch, Oliver 2013: Gewalt im Fussball. Rechte Fans prügeln linke Fans, vom 22.10.2013. Auf: http://www.zeit.de/sport/2013-10/msv-duisburg-nazis-kohorte-division (04.11.13).

Gabler, Jonas 2009: Ultrakulturen und Rechtsextremismus. Fußballfans in Deutschland und Italien, Köln.

Gabler, Jonas 2010: Einfach Ultra – Was ist die Ultra-Fankultur und wie politisch ist sie? In: Lotta, Nr. 39, Sommer 2010, Oberhausen, S. 15-16.

Gabler, Jonas 2011: Die Ultras. Fußballfans und Fußballkulturen in Deutschland, 3. Auflage, Köln.

Gabler, Jonas 2012: Nazis in der Kurve? Neonazismus und Rassismus im Fussball. Rechtsradikalismus und Rassismus in der Fußballfankultur in Deutschland. In: AG Rechtsextremismus / Antifaschismus beim Bundesvorstand der Partei die Linke, Rundbrief Nr. 1/2, Berlin, S. 4-8.

Gabriel, Oscar W. 1996: Rechtsextreme Einstellungen in Europa: Struktur, Entwicklung und Verhaltensimplikationen. In: Falter, Jürgen W. / Jaschke, Hans-Gerd, Winkler, Jürgen R. (Hrsg.): Rechtsextremismus. Ergebnisse und Perspektiven der Forschung. Politische Vierteljahresschrift, Sonderheft 27/1996, Opladen, S. 344-360.

Gabriel, Michael 2004: Ultra-Bewegungen in Deutschland. Von Doppelhaltern und Choreographien – die Antwort der Kurve auf den Fußball als Event. In: BAFF (Hrsg.): Ballbesitz ist Diebstahl. Fußballfans zwischen Kultur und Kommerz, Göttingen, S. 179-194.

Gabriel, Michael 2008: Eine Fankurve ohne Nazis und Rassisten – Möglichkeiten und Grenzen der sozialpädagogischen Fan-Projekte. In: Glaser, Michaela / Elverich, Gabi (Hrsg.): Rechtsextremismus, Fremdenfeindlichkeit und Rassismus im Fußball. Erfahrungen und Perspektiven der Prävention, Halle, S.35-52.

Gabriel, Michael 2009: Eine Fankurve ohne Nazis und Rassisten – Möglichkeiten und Grenzen der sozialpädagogischen Fanprojekte. In: KOS (Hrsg.): Unsere Kurve – kein Platz für Rassismus. Die Arbeit der Fanprojekte gegen Rassismus, Frankfurt am Main, S. 4-7.

Gabriel, Michael 2010: Eine Fankurve ohne Nazis und Rassisten – Möglichkeiten und Grenzen der sozialpädagogischen Fanprojekte. In: KOS (Hrsg.): Unsere Kurve – kein Platz für Rassismus. Die Arbeit der Fanprojekte gegen Rassismus, 2. Auflage, Frankfurt am Main, S. 6-9.

Gaserow, Vera 2006: Projekte gegen rechts stehen bald ohne Geld da. In: Frankfurter Rundschau, 62. Jahrgang, 13.09.2006, S.1.

Geisler, Alexander / Gerster, Martin 2009: Fußball als Extrem-Sport – Die Unterwanderung des Breitensport als Strategieelement der extremen Rechten. In: Braun, Stephan / Geisler, Alexander / Gerster, Martin

(Hrsg.): Strategien der extremen Rechten. Hintergründe – Analysen – Antworten, Wiesbaden, S. 189-207.

GdP (Gewerkschaft der Polizei) 2011: „Feindbilder im Abseits" – Fußball-Kongress von DFB, DFL und GdP. Polizei Fußball und Fans im Dialog und Widerspruch, vom 13.01.2011. Auf: http://www.gdp.de/id/DE_Feindbilder_in_Abseits (26.10.11).

GdP (Gewerkschaft der Polizei) 2013: GdP-Bundesvorsitzender für mehr Sicherheit rund um den Fußball, vom 08.08.2013. Auf: http://www.gdp.de/id/pl130801?open&l=DE&ccm=000 (06.11.13).

Gehring, Uwe W. / Weins, Cornelia 2009: Grundkurs Statistik für Politologen und Soziologen, 5. Auflage, Wiesbaden.

Genenger, Kirsten 2008: Projekttage und anderweitige Schulöffnung. In: Molthagen, Dietmar / Klärner, Andreas / Korgel, Lorenz / Pauli, Bettina / Ziegenhagen, Martin (Hrsg.): Gegen Rechtsextremismus. Handeln für Demokratie. Ein Handbuch für die praktische Auseinandersetzung mit dem Thema Rechtsextremismus in Schulen und Kommunen, in der Jugendarbeit und in der politischen Bildung, Bonn, S.158-167.

Gläser, Jochen / Laudel, Grit 2006: Experteninterviews und qualitative Inhaltsanalyse als Instrumente rekonstruierender Untersuchungen, 2. Auflage, Wiesbaden.

Glaser, Michaela 2008: Zum Stand der pädagogischen Auseinandersetzung mit Rechtsextremismus, Fremdenfeindlichkeit und Rassismus im Fußballsport. Ergebnisse einer quantitativen Untersuchung zu Ansätzen, Praxiserfahrungen und Herausforderungen. In: Glaser, Michaela / Elverich, Gabi (Hrsg.): Rechtsextremismus, Fremdenfeindlichkeit und Rassismus im Fußball. Erfahrungen und Perspektiven der Prävention, Halle, S.124-154.

Glaser, Michaela / Elverich, Gabi (Hrsg.) 2008b: Rechtsextremismus, Fremdenfeindlichkeit und Rassismus im Fußball. Erfahrungen und Perspektiven der Prävention, Halle.

Goll, Volker / Gabriel, Michael 2008: Vorwort. Fanprojekte – eine gute Erfindung. In: KOS (Koordinierungsstelle Fanprojekte): Fanprojekte 2009. Zum Stand der sozialen Arbeit mit Fußballfans, Frankfurt am Main, S. 4-6.

Granovetter, Mark 1978: Treshold Models of Collective Behavior. In: The American Journal of Sociology, Vol. 83, No. 6 (May 1978), S. 1420-1443.

Auf: http://www.stanford.edu/dept/soc/people/mgranovetter/documents/
granthreshold.pdf (17.07.13).

Gruener, M. / Richter, M. 2013: 2017 könnte Kind alleine regieren. In:
Kicker Sportmagazin, Nr. 94, 18. November 2013, S. 17.

Häder, Michael 2010: Empirische Sozialforschung. Eine Einführung, 2.
Auflage, Wiesbaden.

Hahn, Florian 2011: Offener Brief an den Deutschen Fußballbund. Auf:
http://www.natural-born-ultras.de/wacker/offener_brief.htm
(24.04.12).

Handelsblatt.com 2012: Bundesliga soll sich an Kosten beteiligen, vom
08.12.2012. Auf: http://www.handelsblatt.com/politik/deutschland/
polizeigewerkschaft-bundesliga-soll-sich-an-kosten-beteiligen/
7495428.html (10.09.13).

Hebenstreit, Stefan 2012: Sozialwissenschaftliche Fußballforschung.
Zugänge – Konzepte – Kritik. In: Christian Brandt / Fabian Hertel /
Christian Stassek (Hrsg.): Gesellschaftsspiel Fußball. Eine sozialwissen-
schaftliche Annäherung, Wiesbaden, S. 19-37.

Heckmann, Friedrich 2004: Islamische Milieus: Rekrutierungsfelder für
islamistische Organisationen? In: Bundesministerium des Inneren 2004
(Hrsg.): Extremismus in Deutschland, Berlin, S. 273-290.

Heitmeyer, Wilhelm / Peter, Jörg-Ingo 1988: Jugendliche Fußballfans.
Soziale und politische Orientierungen, Gesellungsformen, Gewalt,
Weinheim / München.

Heitmeyer, Wilhelm (Hrsg.) 1997: Was hält die Gesellschaft zusammen?
Bundesrepublik Deutschland auf dem Weg von der Konsenses- zu
Konfliktgesellschaft. Band 2, Frankfurt am Main.

Heitmeyer, Wilhelm 2002: Gruppenbezogene Menschenfeindlichkeit. Die
theoretische Konzeption und erste empirische Ergebnisse. In: Heitmeyer,
Wilhelm (Hrsg.): Deutsche Zustände. Folge 1, Frankfurt am Main,
S. 15-34.

Heitmeyer, Wilhelm 2006: Gruppenbezogene Menschenfeindlichkeit.
Gesellschaftliche Zustände und Reaktionen in der Bevölkerung aus
2002 bis 2005. In: Heitmeyer, Wilhelm (Hrsg.): Deutsche Zustände.
Folge 4, Frankfurt am Main, S. 15-38.

Heitmeyer, Wilhelm (Hrsg.) 2007: Deutsche Zustände. Folge 5, Frankfurt am Main.

Heitmeyer, Wilhelm 2012: Gruppenbezogenen Menschenfeindlichkeit (GMF) in einem entsicherten Jahrhundert. In: Heitmeyer, Wilhelm (Hrsg.): Deutsche Zustände. Folge 10, Berlin, S. 15-41.

Hellmann, Frank 2012: Pflegen wie die Sponsoren. In: Frankfurter Rundschau, Nr. 206, 68. Jahrgang, 4. September 2012, S. 27.

Hellmann, Frank 2013: Eine Säule wackelt, vom 24.10.2013. Auf: http://www.fr-online.de/sport/dfb-wolfgang-niersbach-eine-saeule-wackelt,1472784,24766798.html (13.03.14).

Hettfleisch, Wolfgang / Leppert, Georg 2011: Ein brennendes Verlangen. In: Frankfurter Rundschau, Nr. 11, 67. Jahrgang, 14. Januar 2011, S. 24.

Heute-Journal 2011: Tendenz: Mehr Krawalle im Stadion, Sendung vom 25.10.2011 ab Minute 7. Auf: http://www.zdf.de/ZDFmediathek/beitrag/video/1475840/ZDF-heute-journal-vom-25.-Oktober-2011 (26.10.11).

Hirschfeld, Uwe 2005: Gutachten für das NDC. Das Konzept der Projekttage, Dresden.

Hofstadter, Richard 1955: The Pseudo-Conservative Revolt. In: Bell, Daniel (Hrsg.): The Radical Right, 3. Auflage von 2002, New Brunswick / London, S. 75-95.

Hofstadter, Richard 1963: Anti-intellectualism in American Life, 6. Auflage, New York.

Hornby, Nick 1992: Fever Pitch, London.

Hotop, Reinhard 2007: Von der „Frontstadt" zur Stadt der Zivilcourage: Das Bürgerbündnis in Schleusingen. In: Friedrich-Ebert-Stiftung (Hrsg.): Signale für Demokratie. Beispiele für die zivilgesellschaftliche Auseinandersetzung mit dem Rechtsextremismus, Erfurt, S. 30/31.

Hufer, Klaus-Peter 2006: Argumente am Stammtisch. Erfolgreich gegen Parolen, Palaver und Populismus, Schwalbach/Taunus.

Inglehart, Ronald 1989: Kultureller Umbruch. Wertewandel in der westlichen Welt, Frankfurt am Main / New York.

Initiative gegen rechte (Hooligan-)Strukturen 2012: Kurvenlage. Rechte Aktivitäten in der Fanszene, Braunschweig.

Irler, Klaus 2013: Polizeieinsätze bei Fussballspielen. Wer zahlt?, vom 04.12.2013. Auf: http://www.taz.de/!128739/ (18.01.14).

Jaschke, Hans-Gerd 1994: Rechtsextremismus und Fremdenfeindlichkeit. Begriffe, Positionen, Praxisfelder, Opladen.

Jaschke, Hans-Gerd 2003: Rechtsextremismus: aktuelle Lage und Entwicklung. In: Ahlheim, Klaus (Hrsg.): Intervenieren, nicht resignieren. Rechtsextremismus als Herausforderung für Bildung und Erziehung, Schwalbach/Ts., S. 11-24.

Jaschke, Hans-Gerd 2006: Politischer Extremismus, Wiesbaden.

Jaschke, Hans-Gerd 2012: Zur Rolle der Schule bei der Bekämpfung von Rechtsextremismus. In: Aus Politik und Zeitgeschichte, Nr. 18-19/2012, 30. April 2012, Bonn, S. 33-39.

Jena.de 2012: Stadionordnung für das Ernst-Abbe-Sportfeld. Auf: http://www.jena.de/fm/694/f08.pdf (12.07.12).

Jesse, Eckhard 1991: Der Totalitarismus-Ansatz nach dem Zusammenbruch des real-existierenden Sozialismus. In: Die Neue Gesellschaft/Frankfurter Hefte, 11/1991, Bonn, S. 983-992.

Jesse, Eckhard 2007: Politischer Extremismus und Parteien. In: Jesse, Eckhard / Niedermeier, Hans-Peter (Hrsg.): Politischer Extremismus und Parteien, Berlin, S. 11-22.

Jesse, Eckhard 2008: „Extremistische Parteien": Worin besteht der Erkenntnisgewinn? In: Aus Politik und Zeitgeschichte, Nr. 47/2008, 17. November 2008, Bonn, S. 7-11.

Jörger, Carl Steffen 2012: Politisierung von Fußball. Eine empirische Analyse unter dem Aspekt des Rechtsextremismus, unveröffentlichte Diplomarbeit, Landau.

Jünger, David 2004: Der neue Ort des Fußballs. Kommerzialisierung, Rassimus und Zivilgesellschaft. In: BAFF (Hrsg.): Ballbesitz ist Diebstahl. Fußballfans zwischen Kultur und Kommerz, Göttingen, S. 36-49.

Kaase, Max 1996: Politischer Extremismus. In: Nohlen, Dieter (Hrsg.): Wörterbuch Staat und Politik, München, S.606.

Kailitz, Steffen 2004: Politischer Extremismus in der Bundesrepublik Deutschland. Eine Einführung, Wiesbaden.

Kelle, Udo / Erzberger, Christian 2010: Qualitative und quantitative Methoden: kein Gegensatz. In: Flick, Uwe / von Kardorff, Ernst / Steinke, Ines (Hrsg.) 2010: Qualitative Forschung. Ein Handbuch, 8. Auflage, Hamburg, S. 299-309.

Kein Zwanni 2012: Hintergründe. Auf: http://kein-zwanni.de/de/hintergruende.html (23.04.12).

Kicker.de 2012: FCK verurteil rechtsradikale Beleidigungen beim Training, vom 27.02.2012. Auf: http://www.kicker.de/news/fussball/bundesliga/startseite/565220/artikel_fck-verurteilt-rechtsradikale-beleidigungen-beim-training.html (27.02.12).

Kicker.de 2014: DFL kooperiert mit Aussteigerinitiative „Exit", vom 19. 01.2014. Auf: http://www.kicker.de/news/fussball/bundesliga/startseite/598125/artikel_dfl–kooperiert-mit-aussteigerinitiative-exit.html (02.04.14).

King, Nigel 1994: The qulitative research interview. In: Cassel, Catherine / Symon, Gillian (Hrsg.): Qualitative Methods in Organizational Research. A Practical Guide, 4. Auflage, London, S. 14-36.

Klein, Markus / Falter, Jürgen W. 1996: Die dritte Welle rechtsextremer Wahlerfolge in der Bundesrepublik Deutschland. In: Falter, Jürgen W. / Jaschke, Hans-Gerd / Winkler, Jürgen R. (Hrsg.): Rechtsextremismus. Ergebnisse und Perspektiven der Forschung. Politische Vierteljahresschrift, Sonderheft 27/1996, Opladen, S. 288-312.

Kleinert, Corinna / de Rijke, Johann 2000: Rechtsextreme Orientierungen bei Jugendlichen. In: Schubarth, Wilfried / Stöss, Richard: Rechtsextremismus in der Bundesrepublik Deutschland. Eine Bilanz, Bonn, S.167-198.

Kohlstruck, Michael 2010: Expertisen für Demokratie. Zur aktuellen Debatte um politische Gewalt in der Metropole Berlin. Auf: http://library.fes.de/pdf-files/do/07342.pdf (02.03.11).

Kohorte-Ultras 2013: Stellungnahme zu dem Angriff auf unsere Gruppe nach dem Heimspiel gegen Saarbrücken, vom 20.10.2013. Auf: http://www.stimmungsblock.blogspot.de/2013/10/stellungnahme-zu-dem-angriff-auf-unsere.html (20.10.13).

König, Thomas 2002: Fankultur. Eine soziologische Studie am Beispiel des Fußballfans, Münster.

Kopfball 2011: Fußball ist mehr als Unterhaltung – Plädoyer für Engagement. Interview mit Ronny Blaschke, vom 04.09.2011. Auf: http://kopfballduesseldorf.de/?p=197 (28.08.12).

Korb, Corinna / Seckendorf, Ute 2004: Zwischenbericht zum Stand der Umsetzung des Programms „CIVITAS – initiativ gegen Rechtsextremismus in den Neuen Bundesländern" 2001 – 2003. Auf: http://www.bmfsfj.de/RedaktionBMFSFJ/Abteilung5/Pdf-Anlagen/zwischenbericht-civitas,property=pdf,bereich=bmfsfj,sprache=de,rwb=true.pdf (01.03.11).

KOS (Koordinierungsstelle Fanprojekte) 2008: Fanprojekte 2009. Zum Stand der sozialen Arbeit mit Fußballfans, Frankfurt am Main.

KOS (Koordinierungsstelle Fanprojekte) 2009: Unsere Kurve – kein Platz für Rassismus. Die Arbeit der Fanprojekte gegen Rassismus, Frankfurt am Main.

KOS (Koordinierungsstelle Fanprojekte) 2010: Porträts des KOS-Teams: Gerd Wagner, vom 11.02.2010. Auf: http://www.kos-fanprojekte.de/index.php?id=news-11-02-2010 (27.08.12).

KOS (Koordinierungsstelle Fanprojekte) 2010b: Unsere Kurve – kein Platz für Rassismus. Die Arbeit der Fanprojekte gegen Rassismus, 2. Auflage, Frankfurt am Main.

KOS (Koordinierungsstelle Fanprojekte) 2011: Über die KOS. Auf: http://www.kos-fanprojekte.de/index.php?id=kos (26.10.11).

KOS (Koordinierungsstelle Fanprojekte) 2013: Über die KOS. Auf http://www.kos-fanprojekte.de/index.php?id=kos&PHPSESSID=f42bc7db01b72aa4784523696a346671 (07.11.13).

KOS (Koordinierungsstelle Fanprojekte) 2013b: Die Fanprojekte. Auf: http://www.kos-fanprojekte.de/index.php?id=fanprojekte&PHPSESSID=04395f25b0bbd72b6224181ee3af507b (12.12.2013).

KOS (Koordinierungsstelle Fanprojekte 2014. Über die KOS. Auf: http://www.kos-fanprojekte.de/index.php?id=kos (02.04.2014).

Kreisky, Eva / Spitaler, Georg 2010: Rechte Fankurve oder Fankurve der Rechten? Fußballfans, Rechtsextremismus und Männlichkeit. In:

Claus, Robert / Lehnert, Esther / Müller, Yves (Hrsg.): „Was ein rechter Mann ist…" Männlichkeiten im Rechtsextremismus. Texte – Rosa-Luxemburg-Stiftung, Band 68, Berlin, S. 195-208.

Küchler, Manfred 1996: Xenophobie im internationalen Vergleich. In: Falter, Jürgen W. / Jaschke, Hans-Gerd, Winkler, Jürgen R. (Hrsg.): Rechtsextremismus. Ergebnisse und Perspektiven der Forschung. Politische Vierteljahresschrift, Sonderheft 27/1996, Opladen, S. 66-80.

Kuhlhoff, Benjamin 2012: „Drei Sekunden, dann steht das Kind in Flammen", vom 26.12.2012. Auf: http://www.11freunde.de/artikel/so-ein-jahr-so-wunderschoen-kerner-und-die-pyrotechnik, (04.11.13).

Kulick, Holger / Staud, Toralf (Hrsg.) 2009: Das Buch gegen Nazis. Rechtsextremismus – Was man wissen muss, und wie man sich wehren kann, Köln.

Lamnek, Siegfried 2010: Qualitative Sozialforschung, 5. Auflage, Weinheim.

Landesrat für Kriminalitätsvorbeugung Mecklenburg Vorpommern 2007: Gegen Gewalt und Rassismus im Amateurfußball. 100 Hinweise und Empfehlungen für die Präventionsarbeit, Rostock.

Lauth, Hans-Joachim 2002: Regimetypen: Totalitarismus – Autoritarismus – Demokratie. In: Lauth, Hans-Joachim (Hrsg.): Vergleichende Regierungslehre. Eine Einführung, Wiesbaden, S. 105-130.

Leistner, Alexander 2008: Zwischen Entgrenzung und Inszenierung – Eine Fallstudie zu Formen fußballbezogener Zuschauergewalt. In: Sport und Gesellschaft – Sport and Society, Jahrgang 5 (2008), Heft 2, S. 111-133. Auf: http://www.sportundgesellschaft.de/index.php/sportundgesellschaft/article/view/83/77 (27.11.13).

Lichtenberg, Marco / Paesen, Thorsten 2008: Sozialpädagogische Fanprojekte in Theorie und Praxis, Bonn.

Lodde, Eva 2006: Rassismus. Der Wahnsinn liegt auf dem Platz, vom 31.03.2006. Auf: http://www.spiegel.de/politik/deutschland/rassismus-der-wahnsinn-liegt-auf-dem-platz-a-408914.html (17.01.14).

Lützenkirchen, H.-Georg 2006: „EDFF". Wissenschaftliche Begleitung/ Dokumentation des Projekts „Ein Dach für Fans". Vorgelegt im Auftrag der Friedrich-Ebert-Stiftung. Auf: http://www.mynetcologne.de/~nc-luetzeh/endbericht.pdf (05.06.13).

Malzcaks, Johannes 2013: Comeback der Gewalt, vom 17.01.2013. Auf: http://www.11freunde.de/artikel/rueckkehr-der-hooligans-ultras-duesseldorf-ziehen-sich-zurueck (10.09.13).

MDR.de 2011: Schwere Vorwürfe gegen CFC-Ordner, vom 08.12.2011. Auf: http://www.mdr.de/sport/fussball_3l/cfc-randale100.html (28.08.12).

Meininghaus, Felix 2011: „Ich schäme mich" – Dresdner Randale in Dortmund. Auf: SpiegelOnline, http://www.spiegel.de/sport/fussball/0,1518,794026,00.html (26.10.11).

Micksch, Jürgen / Schwier, Anja 2000: Fremde auf dem Lande, Frankfurt am Main.

Ministerium für Bildung, Wissenschaft, Jugend und Kultur Rheinland-Pfalz 2011: (R)AUSwege aus dem Extremismus. Auf: http://www.mbwjk.rlp.de/jugend/rechtsextremismus/rauswege/ (02.03.11).

Ministerium des Inneren des Landes Brandenburg (Hrsg.) 2013: Feindbild Polizei. Wie reden Rechtsextreme über die Polizei. Auf: http://www.mi.brandenburg.de/media_fast/4055/Feindbild%20Polizei.pdf (13.03.2014).

Ministerium für Inneres und Kommunales des Landes Nordrhein-Westfalen 2013: Nationales Konzept 2012. Auf: http://www.mik.nrw.de/themen-aufgaben/schutz-sicherheit/sport-und-sicherheit/nationales-konzept/nationales-konzept-2012.html (12.12.13).

Molthagen, Dietmar 2007: Sommermärchen – Herbstdepression – Winteraktionismus. Rechtsextremismus im Fußball ein Jahr nach dem öffentlichen Aufschrei. Bericht von der Veranstaltung am 06.09.2007 in der Friedrich-Ebert-Stiftung. Auf: http://www.fes-gegen-rechtsextremismus.de/pdf_07/070906_bericht.pdf (16.03.10).

Moreau, Patrick / Lang, Jürgen P. 1996: Linksextremismus. Eine unterschätzte Gefahr, Bonn.

NDC (Netzwerk für Demokratie und Courage) 2010: Qualitätskriterien Netzwerk für Demokratie und Courage e.V., Langfassung, Dresden.

NDC (Netzwerk für Demokratie und Courage) 2011: Netzwerkpartner in Rheinland-Pfalz. Auf: http://www.netzwerk-courage.de/web/152-938.html (01.03.11).

Neugebauer, Gero 2000: Extremismus – Rechtsextremismus – Linksextremismus: Einige Anmerkungen zu Begriffen, Forschungs-konzepten, Forschungsfragen und Forschungsergebnissen. In: Schubarth, Wilfried / Stöss, Richard (Hrsg.): Rechtsextremismus in der Bundesrepublik Deutschland. Eine Bilanz, Bonn, S. 13-37.

Neugebauer, Gero 2008: Extremismus – Linksextremismus – Rechtsextremismus. Begriffsdefinitionen und Probleme, vom 09.04.2008. Auf: http://www.bpb.de/politik/extremismus/linksextremismus/33591/definitionen-und-probleme?p=all (20.03.14).

Neugebauer, Gero 2010: Einfach war gestern. Zur Strukturierung der politischen Realität in einer modernen Gesellschaft. In: Aus Politik und Zeitgeschichte, Nr. 44/2010, 1. November 2010, Bonn, S. 3-9.

Netz-gegen-Nazis 2012: Startseite. Auf: http://www.netz-gegen-nazis.de/ (11.07.12).

NPD 2013: Sport frei! Politik raus aus dem Stadion! Für eine lebendige, selbstständige und vielfältige Fankultur im Fußball. Auf: http://www.npd-thueringen.de/?page_id=2439 (12.11.13).

NPD 2013b: Imperialismus. Auf: http://www.npd.de/html/251/artikel/detail/172/ (16.07.13).

NPD 2013c: Nein zum Syrienkrieg – nein zum US-Imperialismus! Auf: http://www.npd-lausitz.de/nein-zum-syrienkrieg-nein-zum-us-imperialismus/3531 (17.12.13).

Oesterreich, Detlef 1996: Flucht in die Sicherheit. Zur Theorie des Autoritarismus und der autoritären Reaktion, Opladen.

Özaydin, Cetin / Aumeier, Harald 2008: Rechtsextremismus und Ausgrenzungserfahrungen aus der Sicht des Vereins Türkiyemspor Berlin e.V.. In: Glaser, Michaela / Elverich, Gabi (Hrsg.): Rechtsextremismus, Fremdenfeindlichkeit und Fußball. Erfahrungen und Perspektiven der Prävention, Halle, S. 110-123.

Olschewski, Doreen 2007: Das Projekt „Für Demokratie Courage zeigen". In: Friedrich-Ebert-Stiftung (Hrsg.): Signale für Demokratie. Beispiele für die zivilgesellschaftliche Auseinandersetzung mit dem Rechtsextremismus, Erfurt, S. 23-25.

Pearson, Geoff 2012: An ethnography of English football fans. Cans, cops and carnivals, Manchester.

Pfahl-Traughber, Armin 2001: Rechtsextremismus in der Bundesrepublik, München.

Pfeiffer, Thomas 2007: Menschenverachtung mit Unterhaltungswert. Musik, Symbolik, Internet – der Rechtsextremismus als Erlebniswelt. In: Glaser, Stefan / Pfeiffer, Thomas (Hrsg.): Erlebniswelt Rechtsextremismus. Menschenverachtung mit Unterhaltungswert. Hintergründe, Methoden, Praxis der Prävention, Schwalbach/Taunus, S. 36-53.

Pilz, Gunter A. 2005: Vom Kuttenfan und Hooligan zum Ultra und Hooltra – Wandel des Zuschauerverhaltens im Profifußball. In: Deutsche Polizei, Nr. 11, 54. Jahrgang 2005, Hilden, S. 6-12.

Pilz, Gunter A. 2006: „Tatort Stadion" – Wandlungen der Zuschauergewalt. Jugendliche Fankulturen und die Inszenierung von Gewalt. In: Der Bürger im Staat, Heft 1, 56. Jahrgang 2006, Stuttgart, S.44-49.

Pilz, Gunter A. 2006b: Massenemotion in der Sportarena – beherrschbare Sicherheitsrisiken? Einführender Vortrag auf dem Symposium des Instituts für Bauplanung und Baubetrieb der ETH Zürich und der Fachgruppe für integrales Planen und Bauen zum Thema „Neue Stadien – Sicherere Erlebniswelten?", vom 06.09.2006 im Audimax der ETH Zürich. Auf: http://www.sportwiss.uni-hannover.de/fileadmin/sport/pdf/onlinepublikationen/pil_sportarena.pdf (24.04.12).

Pilz, Gunter A. 2006c: Ultras und Supporter. Nicht alle Ultras bekennen sich zur Gewaltlosigkeit. Auf: http://www.bpb.de/gesellschaft/sport/fussball-wm-2006/73626/ultras-und-supporter?p=5 (24.04.12).

Pilz, Gunter A. / Wölki, Franciska 2006d: Ultraszene in Deutschland. In: Pilz, Gunter A. / Behn, Sabine / Klose, Andreas / Schwenzer, Victoria / Steffan, Werner / Wölki, Franciska: Wandlungen des Zuschauerverhaltens im Profifußball, Schorndorf, S.63-238.

Pilz, Gunter A. / Behn, Sabine / Klose, Andreas / Schwenzer, Victoria / Steffan, Werner / Wölki, Franciska 2006e: Wandlungen des Zuschauerverhaltens im Profifußball, Schorndorf.

Pilz, Gunter A. 2008: Rechtsextremismus, Rassismus und Diskriminierung im Fußballumfeld – Herausforderungen für die Prävention. In: Glaser, Michaela

/ Elverich, Gabi (Hrsg.): Rechtsextremismus, Fremdenfeindlichkeit und Fußball. Erfahrungen und Perspektiven der Prävention, Halle, S. 16-23.

Pilz, Gunter A. 2008b: Fanarbeit und Fanprojekte – Von der Repression zu Prävention – von der Konfrontation zur Kooperation. Geschichte und Perspektiven einer gelungenen Zusammenarbeit. In: Deutsche Sportjugend (Hrsg.): 60 Jahre Deutsche Sportjugend. Statements zur Entwicklung in den Jahren 2000 bis 2010, Frankfurt, S.80-89.

Pilz, Gunter A./Wölki-Schumacher, Franciska 2009: Tagungsdokumentation zur der deutsch-französischen Zukunftswerkstatt der Daniel Nivel Stiftung „Fußballfans und Polizei – Abbau der Feindbilder" vom 19.-21.06.2009, Hannover / Karlsruhe / Zürich.

Pilz, Gunter A. 2009b: Rassismus und Fremdenfeindlichkeit im Fußballumfeld – Herausforderungen für die Prävention. In: Braun, Stephan / Geisler, Alexander / Gerster, Martin (Hrsg.): Strategien der extremen Rechten. Hintergründe – Analysen – Antworten, Wiesbaden, S. 564-578.

Pilz, Gunter A. / Wölki-Schumacher, Franciska 2010: Übersicht über das Phänomen der Ultrakulturen in den Mitgliedstaaten des Europarates im Jahre 2009. Expertise für den Europarat, Hannover. Auf: http://www. kos-fanprojekte.de/fileadmin/user_upload/media/regeln-richtlinien/pdf/ultras-in-europa-pilz-woelki-schumacher-17012010.pdf (12.03.11).

Pilz, Gunter A. 2010b: Von der Ultra- zur Gewalt-Event-Kultur – Gewalt und Rassismus im Umfeld des Fußballs in Deutschland. Auf: http://www. fussball-kultur.org/fileadmin/redaktion/pdfs/1_Spielfelder/Recherchen/Ultra-_zur_Gewalt-Event-Kultur.pdf (27.11.13).

Pro Asyl 2011: Über uns. Auf: http://www.proasyl.de/de/ueber-uns/ (01.03.11).

ProFans 2012: 8-Punkte-Plan, Stand Juni 2009. Auf: http://www.profans. de/8-punkte-plan (11.07.12).

ProFans 2013: Unterstützung von Rechts? Nein Danke!, vom 27.02.2013. Auf: http://www.profans.de/pressemitteilung/unterstutzung-von-rechts-nein-danke (12.09.13).

Proud Generation Duisburg 2013: Stellungnahme zu den Vorfällen nach dem Saarbrücken-Spiel, vom 20.10.2013. Auf: http://www.pgdu.de/pgdublog/wordpress/?p=1602 (24.10.13).

Publikative.org 2012: Gewaltorgie beim Hallenturnier: Des Reatsels Lösung, vom 08.01.2012. Auf: http://www.publikative.org/2012/01/08/des-ratsels-losung/ (9.11.12).

Pyrotechnik Legalisieren 2011: Kampagne. Auf: http://www.pyrotechnik-legalisieren.de/blog/kampagne.html (26.10.11).

Queerpass St.Pauli 2012: Das Aktionsbündnis. Auf: http://aktion.queerpass-stpauli.de/Willkommen.html (12.07.12).

Raack, Alex 2013: Rechtsextremismus-Expertin Claudia Luzar über Dortmunds Nazi-Problematik. „Die Ultras sind mitverantwortlich", vom 21.02.2013. Auf: http://www.11freunde.de/interview/rechtsextremismus-expertin-claudia-luzar-ueber-dortmunds-nazi-problematik (17.03.14).

Rauch, Stephan 2010: Kontaktfreudig & Profitorientiert. Das rechte Business mit dem Fußball. In: Lotta, Nr. 39, Sommer 2010, Oberhausen, S. 12-14.

Regiestelle Vielfalt 2011: Abschlussbericht der Bundesprogramme „VIELFALT TUT GUT. Jugend für Vielfalt, Toleranz und Demokratie" und „kompetent. für Demokratie – Beratungsnetzwerke gegen Rechtsextremismus" Förderphase 2007 – 2010, Berlin.

Reisin, Andrej 2013: Anhänger-Problematik bei Braunschweig. Eintracht sperrt linke Ultra-Gruppe aus, vom 27.09.2013. Auf: http://www.spiegel.de/sport/fussball/eintracht-braunschweig-belegt-linke-ultra-gruppe-mit-stadionverbot-a-925014.html (04.11.13).

Riebler, Angelika 2008: Interkulturelles Konfliktmanagement im Jugend- und Amateurfußball. In: Glaser, Michaela / Elverich, Gabi (Hrsg.): Rechtsextremismus, Fremdenfeindlichkeit und Fußball. Erfahrungen und Perspektiven der Prävention, Halle, S. 95-109.

Römer, Peter / Müttel, Kea 2013: Das Recht des Stärkeren? In: Transparent Magazin, Nr. 4 – 2013, S. 10-17.

Römer, Peter 2013b: Fussball ist Politik und Politik war schon immer Fussball. In: Transparent Magazin, Nr. 5 – 2013, S. 30-33.

Roose, Jochen / Schäfer, Mike S. / Schmidt-Lux, Thomas 2010: Einleitung. Fans als Gegenstand soziologischer Forschung. In: Roose, Jochen / Schäfer, Mike S. / Schmidt-Lux (Hrsg.): Fans. Soziologische Perspektiven, Wiesbaden, S. 9-27.

418

Roth, Roland 2010: Demokratie braucht Qualität! Beispiele guter Praxis und Handlungsempfehlungen für erfolgreiches Engagement gegen Rechtsextremismus, Berlin.

RP-Online.de 2013: MSV Duisburg. Der für die Saison geplante Zuschauerschnitt fällt morgen, vom 13.09.2012. Auf: http://www.rp-online.de/sport/fussball/vereine/msv/der-fuer-die-saison-geplante-zuschauerschnitt-faellt-morgen-1.3674072 (09.10.13).

Ruf, Christoph 2012: Ultra-Fehde bei Alemannia: Alarmstimmung in Aachen, vom 26.01.2012. Auf: http://www.spiegel.de/sport/fussball/ultra-fehde-bei-alemannia-alarmstimmung-in-aachen-a-811049.html (11.09.13).

Ruf, Christoph 2012b: Fußballdebatte bei Plasberg: Bengalische Wortgefechte, vom 22.05.2012. Auf: http://www.spiegel.de/kultur/tv/fussballgewalt-als-thema-bei-plasberg-a-834353.html (08.07.13).

Ruf, Christoph 2013: Angriff auf die Ultras der Kohorte. In: Süddeutsche Zeitung, Nr. 161, 15. Juli 2013, S. 29.

Ruf, Christoph 2013b: Willkommene Absage. Energie Cottbus hat Probleme mit seiner rechte Fan-Szene. In: Süddeutsche Zeitung, Nr. 245, 23. Oktober 2013, S. 27.

Ruf, Christoph 2013c: Kurven-Rebellen. Die Ultras. Einblicke in eine widersprüchliche Szene, Göttingen.

Ruf, Christoph 2013d: Ein Jahr DFL-Sicherheitspapier: Alles bleibt besser, vom 03.12.2013. Auf: http://www.spiegel.de/sport/fussball/bilanz-nach-einem-jahr-dfl-sicherheitspapier-a-937029.html (18.01.14).

Ruf, Christoph 2014: Hitzlsperger über Homosexualität und Profifußball. Wider den Zwang zur Lebenslüge, vom 09.01.2014. Auf: http://www.spiegel.de/sport/fussball/hitzlsperger-und-sein-coming-out-homosexualitaet-im-fussball-a-942544.html (14.04.14).

Scheiss-dsf.de 2011: Startseite. Auf: http://scheiss-dsf.de/ (26.10.11).

Schellenberg, Britta 2009: Strategien zur Bekämpfung des Rechtsextremismus in Europa. Auf: http://www.cap.lmu.de/download/2009/CAP-Analyse-2009_02.pdf (01.03.11).

Scheuble, Verena / Wehner, Michael 2006: Fußball und nationale Identität – Fußballspiele sind von nationalem Überschwang nicht zu trennen. In: Der Bürger im Staat, Heft 1, 56. Jahrgang 2006, Stuttgart, S.26-31.

Scheuch, Erwin K / Klingemann, Hans D. 1967: Theorie des Rechtsradikalismus in westlichen Industriegesellschaften. In: Hamburger Jahrbuch für Wirtschafts- und Gesellschaftspolitik, 12. Jahr, Tübingen, S. 11-29.

Scheuch, Erwin K. 1974: Politischer Extremismus in der Bundesrepublik. In: Löwenthal, Richard / Schwarz, Hans-Peter (Hrsg.): Die zweite Republik. 25 Jahre Bundesrepublik Deutschland – Eine Bilanz, Stuttgart, S. 433-469.

Schickeria München 2014: Gegen Rassismus. Auf: http://www.schickeria-muenchen.org/index.php?id=gegenrassismus (12.06.14).

Schindelbeck, Dirk 2006: „Nun siegt mal schön!", Eine kleine Geschichte der Kommerzialisierung des Fußballs. In: Der Bürger im Staat, Heft 1, 56. Jahrgang 2006, Stuttgart, S.32-37.

Schmitt, Maximilian 2013: „Der stete Tropfen höhlt den Stein", Interview mit Antje Hagel vom ‚Bündnis aktiver Fussballfans'. In: Transparent Magazin, Nr. 6 – 2013, S. 54-57.

Schmitt, Maximilian 2014: Betreten verboten! – Ausgesperrt in der eigenen Stadt. In: Transparent Magazin, Nr. 8 – 2014, S. 32-35.

Schubarth, Wilfried 2000: Pädagogische Strategien gegen Rechtsextremismus und fremdenfeindliche Gewalt – Möglichkeit und Grenzen schulischer und außerschulischer Prävention. In: Schubarth, Wilfried / Stöss, Richard (Hrsg.): Rechtsextremismus in der Bundesrepublik Deutschland. Eine Bilanz, Bonn, S. 249-270.

Schubert, Florian 2009: Rechtsextreme Fans beim Bundesligafußball. Ihre Strategien und die Maßnahmen der Vereine – Eine Fallstudie am Beispiel des HSV, Saarbrücken.

Schumann, Siegfried 2001: Persönlichkeitsbedingte Einstellungen zu Parteien. Der Einfluss von Persönlichkeitseigenschaften auf Einstellungen zu politischen Parteien, München / Wien.

Schwatzgelb.de 2012: „The one who does not remember history…". Auf: http://www.schwatzgelb.de/2011-09-08_reportage_the-one-who-does-not-remember-history.html?searched=auschwitz&advsearch=oneword&highlight=ajaxSearch_highlight+ajaxSearch_highlight1 (12.07.12).

Schwatzgelb.de 2012b: 8. Heinrich Czerkus Gedächtnislauf am Karfreitag. Auf: http://www.schwatzgelb.de/2012-03-15_kurzbericht_czerkus-lauf-2012.html (12.07.12).

Schwatzgelb.de2012c: Gedanken zur Gestaltung einer Eröffnungszeremonie. Auf: http://www.schwatzgelb.de/2012-08-27_unsa_senf_gedanken-zur-gestaltung.html (28.08.12).

Schwickerath, Bernd 2013: Ende der „Aachen Ultras": Kapitulation im Kampf gegen Rechts, vom 13.01.2013. Auf: http://www.spiegel.de/sport/fussball/aachen-ultras-loesen-sich-auf-a-877215.html (21.11.13).

Seiler, Lisa 2012: Stadionverbote bewirken oft das Gegenteil von dem, was man will. Interview mit Fan-Forscher Gunter A. Pilz, vom 23.03.2012. Auf: http://www.emsdettenervolkszeitung.de/nachrichten/region/hierundheute/Stadionverbote-bewirken-oft-das-Gegenteil-von-dem-was-man-will;art1544,1595822 (23.04.12).

Sommerey, Marcus 2010: Die Jugendkultur der Ultras. Zur Entstehung einer neuen Generation von Fußballfans, Stuttgart.

Sommerey, Marcus 2012: Entwicklungsgeschichte der deutschen Ultra-Bewegung. In: Thein, Marcus / Linkelmann, Jannis (Hrsg.): Ultras im Abseits? Porträt einer verwegenen Fankultur, Göttingen, S. 26-37.

Spahn, Helmut 2009: Änderung der DFB-Richtlinien zur einheitlichen Behandlung von Stadionverboten zum 31. März 2008 – Ergebnis der Evaluierung mit Stand Januar 2009, maschinengeschriebenes Manuskript, Frankfurt.

SpiegelOnline 2006: Deutschland in Schwarz-Rot-Gold: Köhler und Künast erfreut über Fahnenmeer, vom 18.06.2006. Auf: http://www.spiegel.de/kultur/gesellschaft/deutschland-in-schwarz-rot-gold-koehler-und-kuenast-erfreut-ueber-fahnenmeer-a-422011.html (20.02.14).

SpiegelOnline 2007: Fußball und Gewalt: „Die Polizei wird über den Tisch gezogen", vom 16.04.2007. Auf: http://www.spiegel.de/sport/fussball/0,1518,476762,00.html (25.10.11).

SpiegelOnline 2012b: Gewalt in Fußballstadien: Friedrich droht mit Abschaffung der Stehplätze, vom 30.05.2012. Auf: http://www.spiegel.de/politik/deutschland/friedrich-droht-mit-abschaffung-der-stehplaetze-in-fussballstadien-a-836129.html (04.11.13).

SpiegelOnline 2013: Gewalt im Fußball: Hooligans attackieren Duisburger Ultras, vom 19.10.2013. Auf: http://www.spiegel.de/sport/fussball/hooligans-attackieren-duisburger-ultras-a-928848.html (20.10.13).

SpiegelOnline 2013b: Rechte Geste beim Spiel gegen Stuttgart: BVB verhängt bundesweites Stadionverbot nach Nazigruß, vom 14.11.2013. Auf: http://www.spiegel.de/sport/fussball/bvb-verhaengt-bundesweites-stadionverbot-nach-nazigruss-a-933560.html (18.12.13).

SpiegelOnline 2014: Nazi-Ruf beim HSV-Spiel: Sechs Jahre Stadionverbot für BVB-Fan, vom 25.02.2014. Auf: http://www.spiegel.de/sport/fussball/sechs-jahre-stadionverbot-fuer-bvb-fan-wegen-nazi-ruf-beim-hsv-a-955508.html (25.02.14).

Spiller, Christian 2010: Fans drängen NPD-Politiker aus dem Stadion, vom 09.08.2010. Auf: http://www.zeit.de/sport/2010-08/hansa-rostock-npd-fans-pastoers (10.09.13).

Stern.de 2010: DFL will sich nicht an Polizeikosten beteiligen, vom 14.04.2010. Auf: http://www.stern.de/sport/fussball/fussball-ist-milliarden-wert-dfl-will-sich-nicht-an-polizeikosten-beteiligen-1558380.html (10.09.13).

Stern.de 2010b: Ein Weltclub vor dem Kollaps, vom 20.01.2010. Auf: http://www.stern.de/sport/fussball/manchester-united-ein-weltclub-vor-dem-kollaps-1537136.html (26.10.11).

Stöss, Richard 1989: Die extreme Rechte in der Bundesrepublik. Entwicklung – Ursachen – Gegenmaßnahmen, Opladen.

Stöss, Richard 2000: Ideologie und Strategie des Rechtsextremismus. In: Schubarth, Wilfried / Stöss, Richard (Hrsg.): Rechtsextremismus in der Bundesrepublik Deutschland. Eine Bilanz, Bonn, S. 101-130.

Stöss, Richard 2000b: Rechtsextremismus im vereinten Deutschland, 3. Auflage, Bonn. Auf: http://respectabel.de/ger/downloads/arbeitsmaterialien/fes1.pdf (28.01.14).

Stöss, Richard 2005: Rechtsextremismus im Wandel, Berlin.

Stubert, Joel 2012: Weniger Polizei = mehr Sicherheit?, vom 31.10.2012. Auf: http://www.stern.de/sport/fussball/gewalt-im-fussball-weniger-polizei-mehr-sicherheit-1918850.html (17.02.14).

Sueddeutsche.de 2011: Hansa Rostock gegen St. Pauli – Rot, Randale und Bananen, vom 19.11.2011. Auf: http://www.sueddeutsche.de/sport/hansa-rostock-gegen-st-pauli-rot-randale-und-bananen-1.1194422 (23.04.12).

Sundermeyer, Olaf 2013: Im hässlichen Scheitelpunkt der Kurve. In: Thein, Martin (Hrsg.): Fussball, deine Fans. Ein Jahrhundert deutsche Fankultur, Göttingen, S. 170-179.

Sundermayer, Olaf 2013b: Braune Flecken auf der Gelben Wand. Der BVB und die Neonazis. In: Ruf, Christoph (Hrsg.): Kurven-Rebellen. Die Ultras. Einblicke in eine widersprüchliche Szene, Göttingen, S. 143-149.

Supporters Club Düsseldorf 2011: Offener Brief an den Spielleiter der Deutschen Fußball Liga, Herrn Götz Bender. Auf: http://www.scd2003. de/index.php?option=com_content&task=view&id=542&Itemid=53 (26.10.11).

SZ (Süddeutsche Zeitung) 2013: Rassistische Parolen beim FCK. Empörung und Entschuldigung. In: Süddeutsche Zeitung, 29. Februar 2012, S: 28.

Taler, Ingo 2010: Rechte Fanszene lokal – Das Beispiel Borussia Dortmund. In: Lotta, Nr. 39, Sommer 2010, Oberhausen, S. 17-18.

Tatortstadion.blogsport.de 2013: Ausstellungsorte. Auf: http:// tatortstadion.blogsport.de/ausstellungsorte/ (18.10.13).

Thein, Martin / Linkelmann, Jannis (Hrsg.) 2012: Ultras im Abseits? Porträt einer verwegenen Fankultur, Göttingen.

Ticher, Mike 1995: Heysel, Hillsborough und die Folgen. Die Fan-Bewegung in Großbritannien. In: Schulze-Marmeling, Dietrich (Hrsg.): „Holt euch das Spiel zurück" – Fans und Fußball, Göttingen, S. 213-224.

UEFA 2014: No to Racism. Auf: http://www.uefa.org/social-responsibility/ respect/no-to-racism/index.html (11.06.14).

UK (Unsere Kurve) 2012: Über uns. Auf: http://www.unserekurve.de/cms/ pages/ueber-uns.php (11.07.12).

UK (Unsere Kurve) 2012b: Positionen. Auf: http://www.unserekurve.de/ cms/pages/positionen.php (11.07.12).

UK (Unsere Kurve) 2014: Mitglieder. Auf: http://www.unserekurve.de/ cms/pages/mitglieder.php (25.02.14).

UK (Unsere Kurve) 2014b: Mitglieder/Düsseldorf. Auf: http://www. unserekurve.de/cms/pages/mitglieder/dFCsseldorf.php (25.02.14).

UK (Unsere Kurve) 2014c: Mitglieder/Mainz. Auf: http://www.unserekurve. de/cms/pages/mitglieder/mainz.php (25.02.14).

UK (Unsere Kurve) 2014d: Mitglieder/München. Auf: http://www. unserekurve.de/cms/pages/mitglieder/muenchen.php (25.02.14).

Ultras.ws 2011: Gunter A. Pilz – Pappa Oberschlumpf der Fanszene. Auf: http://www.ultras.ws/gunter-a-pilz--vader-abraham-der–fanszene-t7012.html (26.10.11).

Unzicker, Kai 2008: Gutachten zu den Wirkungen von Bildungsmaßnahmen des Projekts Netzwerk für Demokratie und Courage in Sachsen e.V., Träger: Courage – Werkstatt für demokratische Bildungsarbeit e.V., im Rahmen der Evaluation des Landesförderprogramm „Weltoffenes Sachsen für Demokratie und Toleranz" im Auftrag der Staatskanzlei Sachsen, o.O. (vermutlich Dresden).

Utz, Richard / Benke, Michael 1997: Hoools, Kutten, Novizen und Veteranen. In: SpoKK – Arbeitsgruppe für Sozialwissenschaftliche Politik-, Kultur- und Kommunikationsforschung an der Justus-Liebig-Universität Gießen (Hrsg.): Kursbuch Jugendkultur. Stile, Szenen und Identitäten vor der Jahrtausendwende, Mannheim, S. 102–115.

Ulrich, Ron 2013: Polizei-Statistik über Gewalt im Fußball. Verzerrte Zahlen, vom 16.10.2013. Auf: http://www.11freunde.de/artikel/polizei-statistik-ueber-gewalt-im-fussball (14.02.14).

Van Ooyen, Hans 1986: Vom Fußballspiel zum Naziterror. In: Biemann, Georg / Krischka Joachim (Hrsg.): Nazis, Skins und alte Kameraden, Dortmund, S:.22-42.

Vieregge, Elmar 2012: Fußball im Wandel. In: Thein, Martin / Linkelmann, Jannis (Hrsg.): Ultras im Abseits? Portrait einer verwegenen Fankultur, Göttingen, S. 10-25.

Wagner, Gerd 2008: Prävention von Rechtsextremismus und Fremdenfeindlichkeit – die Rolle des DFB und der Verbände. In: Glaser, Michaela / Elverich, Gabi (Hrsg.): Rechtsextremismus, Fremdenfeindlichkeit und Fußball. Erfahrungen und Perspektiven der Prävention, Halle, S. 75-87.

WAZ.de 2013: BVB-Fanssetzten Zeichen gegen Rechts, vom 03.03.2013. Auf: http://www.derwesten.de/staedte/dortmund/bvb-fans-setzten-zeichen-gegen-rechts-id7677708.html (16.10.13).

Weingart, Peter / Carrier, Martin / Krohn, Wolfgang 2007: Nachrichten aus der Wissensgesellschaft. Analysen zur Veränderung der Wissenschaft, Weilerswist.

Welt.de 2013: Stadionverbot für NPD-Chef in Braunschweig, vom 22. 05.2013. Auf: http://www.welt.de/sport/fussball/2-bundesliga/article 116432500/Stadionverbot-fuer-NPD-Chef-in-Braunschweig.html (04.11.13).

Weltfussball.de 2013: 2. Bundesliga 2011/2012 – Zuschauer – Heimspiele, Auf: http://www.weltfussball.de/zuschauer/2-bundesliga-2011-2012/1/ (10.09.13).

Winkler, Jürgen R. 1996: Bausteine einer allgemeinen Theorie des Rechtsextremismus. Zur Stellung und Integration von Persönlichkeits- und Umweltfaktoren. In: Falter, Jürgen W. / Jaschke, Gerd / Winkler, Jürgen R. (Hrsg.): Rechtsextremismus. Ergebnisse und Perspektiven der Forschung. Politische Vierteljahresschrift, Sonderheft 27/1996, Opladen, S. 25-48.

Winkler, Jürgen R. 2000: Rechtsextremismus: Gegenstand – Erklärungsansätze – Grundprobleme. In: Schubarth, Wilfried / Stöss, Richard (Hrsg.): Rechtsextremismus in der Bundesrepublik Deutschland. Eine Bilanz, Bonn, S. 38-68.

Winkler, Jürgen R. 2007: Fremdenfeindlichkeit und Rechtsextremismus als Forschungsobjekt der Politikwissenschaft (Graphik). In: Reader zum Seminar ‚Rechtsextremismus in der Bundesrepublik Deutschland‘ am Institut für Politikwissenschaften der Johannes Gutenberg-Universität, Sommersemester 2007, Mainz, S.8.

YouTube.de 2012: Hart aber Fair. „Gewaltige Leidenschaft – wer schützt den Fußball vor seinen Fans?", Sendung vom 21.05.2012. Auf: http://www.youtube.com/watch?v=ArwX5Qdp2yM (07.08.12).

ZDK Gesellschaft Demokratische Kultur gGmbH 2011: Startseite. Auf: http://www.zentrum-demokratische-kultur.de/ (02.03.11).

ZEDF (Zum Erhalt der Fankultur) 2012: Startseite. Auf: http://erhalt-der-fankultur.de/blog/body/start/c.html (11.07.12).

ZeitOnline 2011a: Fußballgericht lockert 50 plus 1 Regelung, vom 30. 08.2011. Auf: http://www.zeit.de/sport/2011-08/vereinsuebernahmen-fussball-hannover96 (26.10.11)

ZeitOnline 2011b: „DFB und DFL haben uns schön verarscht", Interview mit Jannis Busse, vom 08.09.2011. Auf: http://www.zeit.de/

sport/2011-09/pyrotechnik-verbot-dfb/seite-1 und http://www.zeit.de/
sport/2011-09/pyrotechnik-verbot-dfb/seite-2 (26.10.11)

ZeitOnline 2012: Neuer TV-Vertrag bringt Bundesliga 2,5 Milliarden
Euro, vom 17.04.2012. Auf: http://www.zeit.de/sport/2012-04/fussball-
bundesliga-fernsehrechte (28.08.12).

ZIS (Zentrale Informationsstelle Sporteinsätze) 2000: Jahresbericht
Fußball Saison 1999/2000, Dezernat 43 (ZIS), gekürzte Fassung. Auf:
http://www.polizei-nrw.de/media/Dokumente/99-00_Jahresbericht.pdf
(14.02.14).

ZIS (Zentrale Informationsstelle Sporteinsätze) 2011: Startseite – Zentrale
Informationsstelle Sporteinsätze. Auf: http://www.polizei-nrw.de/lzpd/
wir_ueber_uns/zis/ (25.10.11).

ZIS (Zentrale Informationsstelle Sporteinsätze) 2012: Jahresbericht
Fußball Saison 2011/2012. Berichtszeitraum 01.07.2011 – 30.06.2013.
Auf: http://www.polizei-nrw.de/media/Dokumente/Behoerden/LZPD/
130912_ZIS_Jahresbericht_11_12.pdf (14.02.14).

ZIS (Zentrale Informationsstelle Sporteinsätze) 2013: Jahresbericht Fußball
Saison 2012/2013. Berichtszeitraum 01.07.2012 – 30.06.2013. Auf:
http://www.polizei-nrw.de/media/Dokumente/12-13_Jahresbericht_
ZIS.pdf (06.11.13).

10.2. Tabellen

10.3. Abbildungen

10.4. Online-Daten

Folgende Daten sind online unter www.peterlang.com/?266296 abrufbar:

1) Abbildungen 8 bis 15
2) Fragebogen
3) Musteranschreiben Anfrage Experten
4) Transkribierte Experteninterviews

9 783631 662960